Mittelhochdeutsche Studiengrammatik

Michael Graf

Mittelhochdeutsche Studiengrammatik

Eine Pilgerreise

Max Niemeyer Verlag
Tübingen 2003

Bibliografische Information der Deutschen Bibliothek

Die Deutsche Bibliothek verzeichnet diese Publikation in der Deutschen Nationalbibliographie; detaillierte bibliografische Daten sind im Internet über *http://dnb.ddb.de* abrufbar.

ISBN 3-484-64022-7

Printed in Germany.
Gedruckt auf alterungsbeständigem Papier.
Satz: Michael Graf
Druck: AZ Druck und Datentechnik GmbH, Kempten
Einband: Nädele Verlags- und Industriebuchbinderei, Nehren

Inhalt

Vorwort ... 9

Ausrüstung

Eine Pilgerreise auf sich nehmen ... 10
Mantel, Hut, Tasche, Stab ... 13
  Einen Lektüretext wählen ... 13
  Mit Textausgaben bewusst arbeiten ... 16
  Ein Wörterbuch wählen ... 18
  Die Schnittstelle zur Standardgrammatik kennen ... 20
  Hoch zu Ross? ... 21

Ein Blick zurück

Im finstern Tal der Sprachgeschichte wandern? ... 27
  Die Sprachbezeichnung ‚Deutsch' ... 28
  Die zeitliche Dimension ... 30
  Die räumliche Dimension ... 31
  Vom Althochdeutschen zum Mittelhochdeutschen ... 33
  Höfische Kunstsprache über dialektaler Vielfalt ... 36

Unterwegs

Den Wörtern Stimme und Gehör verleihen ... 42
  Die Aussprache der Vokale ... 43
  Die Aussprache der Konsonanten ... 46
  Die Betonung ... 51

Der erste Kuckuck: Lautwandel ... 56

Pilger Parser kollabiert: Den Satzbau klären ... 61

Ins Netz gegangen: Die Negation 64
Die Formen der Negation wahrnehmen 64
Von Unterscheidung der Geister: Die Negation im Nebensatz 67

Einfacher und komplexer Satz 70
Einfache Sätze betrachten 70
Komplexe Sätze gliedern 73
Im Mondschein und im Fluss: Die Satzverbindung 73
Satzgefüge mit Nebensatz ohne Einleitung 76
Satzgefüge mit Relativsatz 77
Satzgefüge mit indirektem Fragesatz 79
Die Zwingburg Hypotaxis 80

Das Verb 85
Hortus verborum 85
Schwache Verben erkennen 89
Die Verben mit ‚Rückumlaut' 89
Die Verben *vürhten* und *würken* 94
Das Paradigma des schwachen Verbs 94
Starke Verben einordnen 95
Die 4 Stammformen in den Klassen I bis VII 95
Das Paradigma des starken Verbs 99
Besondere Verben lernen 100
Die Präterito-Präsentien 100
Die Wurzelverben 102
Die kontrahierten Verben 103
Die Verben mit gemischter Konjugation 104
Das Verb *wellen* 104
Das Tempus, Wigand, wie wird es verwendet? 105
Versklavung entgangen: Zum Gebrauch des Konjunktivs 111
Wie wird das Passiv gebildet? 115

In guter Gesellschaft: Begleiter – Stellvertreter 116
Das Personalpronomen 116
Das Reflexivpronomen 118
Das Possessivpronomen 119
Einfaches Demonstrativpronomen und bestimmter Artikel 121
ander – jener – selp 123
Das zusammengesetzte Demonstrativpronomen 123
Pilgerpicknick: Das Interrogativpronomen 123
Das Relativpronomen 125
Ein Menschenfreund? Das Indefinitpronomen 125
Der unbestimmte Artikel *ein* 127

Am Ziel

Das Substantiv ... 130
Einleitung ... 130
Massenpanik in der Basilika: Das Flexiv ... 133
Anleitung ... 137
Klasse 1 ... 139
Klasse 2 ... 142
Klasse 3 ... 145
Klasse 4 ... 146
Esthers Daniel: Die Deklination der Eigennamen ... 149

Dubiose Unterkunft: Die Fälle im Satz ... 150
Ausgeschlossen: Der Nominativ ... 150
Wirtsgeschäfte: Der Genitiv ... 151
beim Verb ... 151
beim Substantiv ... 155
beim Adjektiv ... 157
bei Pronomen ... 159
bei Numeralien ... 160
bei Interjektionen ... 160
Es dem Leben geben: Der Dativ ... 161
Den Falschen angeklagt: Der Akkusativ ... 165

Im Paradies: Das Adjektiv ... 169
Starke Deklination ... 170
Schwache Deklination ... 172
Die Steigerung ... 173
Die Verwendung im Satz ... 174

Die Translation der Reliquien ... 180
Adverbien ... 180
Präpositionen ... 190
Numeralien ... 193

Heimwärts

Ein Gewitter ... 199
Die Metrik der Verse: Schritte im Nachtwald ... 201
Grundbegriffe ... 203
Zum Reim ... 211
Hilfsverfahren ... 214
Die metrische Analyse ... 216
Nicht nüchtern heim: Rhythmus – Sinn – Rezitation ... 225

Epilog

Zur Hochschuldidaktik des Mittelhochdeutschen 235

* * *

Anhang

Mittelhochdeutsch 250
Wörterbücher – Wortgeschichte – Etymologie 250
Konkordanzen – Indices 252
Grammatiken – Einführungen 254
Althochdeutsch 255
Frühneuhochdeutsch 256
Altniederdeutsch (Altsächsisch) 257
Mittelniederdeutsch 257
Altfranzösisch 257
Mittellatein 258

Lexika in der Germanistischen Mediävistik 259

Literaturverzeichnis 261
Primärliteratur 261
Zitatnachweis 263
Sekundärliteratur 265

Bildnachweis 278

Sachindex 279
Wortindex 285

Vorwort

Das höfische Mittelhochdeutsch, gesprochen und vernommen vor 800 Jahren. Eine leuchtende Kunstsprache, in Bildern wie Gedanken nachhallend aus vielen Sinndimensionen. Zu ihr führt dies Buch. Brauchts noch eine Einführung? Ja. *ein berendiu vruht al niuwe?* Neu ist die Form, alt die Materie.

Auf sprachdidaktischem Fundament bietet diese synchronische Studiengrammatik den Lehrenden der Germanistischen Mediävistik ein systematisch integratives Lehrbuch des Mittelhochdeutschen. Es überträgt auf die alte Sprache konträre sprachdidaktische Konzepte und verschmilzt sie neu zur Synthese. Das Buch soll Lehrveranstaltungen bedeutsam begleiten, aber behutsam, ohne Lehrende bei ihrer Lektürewahl anzubinden, ohne sie in ein theoretisches Laufgitter zu sperren. Es soll Studierende auf leisen Sohlen zu hoher Konzentration verlocken, einführend und beim Auffrischen oder Nachschlagen. Es soll germanistisches Handwerk stetig entwickeln, translatorisches Wissen und Können auf solidem Grund hochziehen. Neben der sprachdidaktischen Pflicht bleibt dann mehr Zeit für die Kür, das eigentliche Interesse einer Literaturwissenschaft: die Deutung der Texte. *ein âventiure hie stât.* Lehrende können versuchen, ob sie gut ausgeht, mit dem Buch frei schaltend und waltend. Erlaubt es auch autodidaktisches Lernen an der Massenuniversität, so vermittelt gleichwohl der lebendige Kommentar, der persönliche Stil, der mitlehrende Mensch vor Menschen Wesentliches. Die didaktische Analyse im Schlusskapitel.

Was bringt das Buch Studierenden? Die neue Darstellung möchte Sachpräzision mit Sprachreflexion verbinden, und das in klarer, durchsichtiger Diktion. Sie ist unbeirrt auf das getreue Erlernen einer geheimnisvoll fremd vertrauten Sprache ausgerichtet. Wird sich unterwegs mittelhochdeutscher Lernfrust zu ebensolcher Lernlust wandeln? Führt die große Reise zu Autonomie im Über-Setzen? Regt sie zum Nachdenken über vergangene, heutige, fremde und – im Zentrum – eigene Sprache an? *daz wære wunders genuoc.*

Mein erster Dank gilt Prof. Dr. Dr. h. c. Horst Sitta vom Deutschen Seminar der Universität Zürich. Seine Unterstützung über Fachbereichsgrenzen hinaus, sein menschlicher Rat ermöglichten das Gelingen. Ich danke Prof. Dr. Dr. h. c. Stefan Sonderegger für die sorgfältige Durchsicht sprachgeschichtlicher Teile und Prof. Dr. Paul Michel für die Vermittlung von Textdateien sowie eines Konkordanzprogramms. Für Durchsicht und wertvolle Anregungen bin ich Prof. Dr. Dres. h. c. Siegfried Grosse dankbar. Dr. Stefan Deeg danke ich für harmonische Zusammenarbeit bei der Autor-unabhängigen Evaluation einer Probeversion. Auch eigene Studierende haben Versionen ausprobiert, Arbeitserfahrungen mitgeteilt; wacher Enthusiasmus ebenso wie konstruktive Kritik aus der Sicht von Lernenden haben die Konzeption mit beeinflusst. Don Alejandro von der Kathedrale in Santiago de Compostela und Don José von Santa Maria del Naranco in Oviedo danke ich für ihre freundliche Erlaubnis zum Fotografieren. – Freundinnen und Freunde sind auf den Wegen der Sprachheiligen mit herumgezogen, haben beraten und Mut gemacht. Ihnen gilt mein herzlicher Dank, namentlich Lic. phil. Paul Wicki, Renate Bräuniger, Bellazmira Garcia. – Diese Grammatik stützt sich auf etliche tausend Belegstellen. Trotz großer Sorgfalt ist denkbar, dass sich Versehen finden. Hinweise nehme ich gerne entgegen.

Ich widme das Buch Frau Monica Baals-Garduhn. M. G.

Ausrüstung

Eine Pilgerreise auf sich nehmen

Da hadert Herr Heinrich, zerfressen von Krankheit, zu seinen Füßen ein Bauernmädchen, weltmüde. Dort hängt Helmbrecht, weniger gewaltgeil jetzt: krähengekämmt. Pantaleon, Wunderheiler, Todesstrafe zwecklos. Gregorius, büßt 17 Jahre für unbewussten Inzest, Seelenhirte zu Rom. Ritter Moriz, sucht seine Liebe zu Schiff über Land – heim. Daniel, König von Cluse, wo jede Dame einen Vogel hat, vielseitig verwendbar. An Prominenz: Artus, Ginover, Parzival, Condwiramurs, Tristan, Isolde, Erec, Enite, Iwein, Laudine …

Diese Grammatik begleitet Sie auf einer Sprachpilgerreise zur deutschen Literatur des 12. und 13. Jahrhunderts. Sie lernen Mittelhochdeutsch auf ungewöhnlichen Wegen: ein Zwischenreich aus Wort, Bild, Zahl, Erzählung passierend. Die formale Schulung, ob gemeinsam im Hochschulunterricht oder einsam im Studiergehäuse, geschieht unterwegs im Literaturtext. Sollten Sie über dem Erschließen, den Inhalt in der Form umkreisend, etwas spiralförmig Zentrierendes wahrnehmen, sind Sie in spirituelle Thermik geraten –

Die Reise führt nach Belieben durch einen von zehn klassischen Studientexten. Sie kann später im Studium über der Lektüre eines anderen Textes wiederholt werden, abgekürzt, ausgedehnt, umgestellt. Wie im Mittelalter gibt es viele Pilgerwege und Pilgerziele.

Abendländische Pilgerrouten in Antike und Mittelalter

Allmählich entfaltet sich eine **allegorische Landschaft** vor Ihrem geistigen Au– Bitte? Die neuen Cyborgstudis!? – Alles klar. Das Teil lädt Ihnen curricular spiralförmig über Textmodule die Initial-/Upgrade-Software, hält Auxiliärtools in gestufter Lernorganisation auf Stand-by, simuliert fiktional Situativitä– was? Der Mensch sei wieder das Maß? Fein.

Im Grundstudium macht es guten Sinn, diese Sprachpilgerreise über eine Mindeststrecke hin – 88 Seiten ab Seite 42 sowie 35 Seiten ab Seite 199 – auf sich zu nehmen. Schritt für Schritt durchlaufen Sie eine machtvolle, systematische Initiation. Zusammen mit dem Ermitteln der Wortbedeutungen erwerben Sie grundlegende Übersetzungsfähigkeit, erkunden dabei das Fundament wissenschaftlichen Umgangs mit deutscher Literatur des Hochmittelalters. In der Regel liest man zur Einführung eine nicht zu lange Erzählung: *Gregorius, Der arme Heinrich, Helmbrecht, Moriz von Craûn, Pantaleon.* Vom sprachlichen Schwierigkeitsgrad her eignen sich auch die längeren Romane *Erec* und *Iwein.*

Im Hauptstudium ist eine andere Vorgehensweise angezeigt, nämlich autonomeres Lernen und Repetieren. Sie werden von Interessen gezogen oder von Problemen gestoßen, möchten für eine Studienarbeit eine Stelle grammatisch analysieren, haben manches vergessen. Zu Ihrem Text nehmen Sie sich nun eine Etappe hier vor, eine Art kleine Fahrt aus aktuellem Bußbedürfnis – o. Ä. Diese ungeführte Lernart zielt auf höhere Weihen, hilft bei Übersetzungsfragen, dient der Prüfungsvorbereitung oder stützt die Lektüre eines großen Romans: *Erec, Iwein, Parzival, Tristan, Daniel von dem Blühenden Tal.*

Wallen will zwei Beine, Sprache **Inhalt** und **Form**. Braucht die Lektüre demnach zwei Augen? Unbedingt. Auf der Seite des Inhalts erblicken Sie Dichtung des Mittelalters, vergangene Deutungsmodelle unseres Kultur- und Seelenraums, so anziehend und faszinierend wie abstoßend und fremd. Auf der Seite der Form sticht derweil dauernd eine Vielzahl von Sprachphänomenen ins Auge, als Summe ein Regelsystem der deutschen Literatursprache im Hochmittelalter. Zwei – geistige – Augen allein vermessen die weiten, wilden Sinnlandschaften dieser Dichtung gut: sowohl plastisch als auch scharf.

Inhalte im Sinne von Wortbedeutungen vermittelt grundsätzlich ein **Wörterbuch**. Wohl bekommt man auch hier ein paar Bedeutungen zugesteckt, doch das sind nur Notrationen unterwegs oder Lemmatisierungshilfen für die Zuordnung im Wörterbuch. Das vorliegende Buch konzentriert sich also auf die Formseite der Texterschließung. Denn mit dem Wörterbuch sind die Inhalte grob greifbar, doch begriffen sind sie oft nur scheinbar: Die formale Unbewusstheit übersetzt beflissen mit, allerdings nicht zum Guten. Hier hilft **Grammatik** weiter; eine These, die für Texte historisch fremder Sprachstufen ähnlich gilt, wie sie „bei toten Fremdsprachen mit Sicherheit richtig" ist. (Boettcher/Sitta: *Der andere Grammatikunterricht*, 1981, 260) Erst der formbewusste Blick fasst den Inhalt klar, professionell, möglicherweise begeistert ins Auge: Grammatik und Dichtung – verwandt? Roman Jakobson (1969, 1971) sprach von der Poesie der Grammatik und der Grammatik der Poesie. Wieviel Grammatik kommt? Fürs Erste soviel das Übersetzen der Texte, fürs Zweite soviel das Begründen der Übersetzung braucht. Mit Frequenzerhebungen in einem Textkorpus von 82'544 Versen wird das zu Verstehen und Erklären ermächtigende formale Wissen empirisch eingegrenzt und auf zehn Texte angewendet. Jeder dieser Texte ist für ein Germanistikstudium repräsentativ, jeder wird wie von innen durchleuchtet. Da literarische Texte Sprachreichtum bewahren, erschließt sich die vergangene Muttersprache grundlegend für weitere mhd. Texte. Ein längst versunkenes **Sprachgefühl** erwacht.

Die **Sprachwissenschaft** ist als Wissenschaft von den älteren deutschen Sprachstufen Hilfswissenschaft der Germanistischen Mediävistik. Linguistische Fachausdrücke wie ‚Diphthong' oder ‚Valenz' werden im Text knapp erklärt oder so eingesetzt, dass sich ihre Bedeutung im Kontext ergibt. Auch manche grammatischen Ausdrücke werden beiläufig verdeutlicht und repetiert. Sie können die Begriffe vorerst nachschlagen im *Lexikon der Sprachwissenschaft* von Bußmann, 2002. – Wichtige Hilfsmittel zur Erfassung von Frequenzen und bei der Beispielsuche waren Computerkonkordanzen und Textdateien im PC. Eine Bemerkung zur Suchmethodik beim Entwickeln des Buches steht auf Seite 77.

In diesen schattigen Hainen finden Sie **Hinweise** oder **Handlungsanleitung**. – Gleich ein Hinweis zur Darstellung mit Zahlen. Gesetzt den Fall, Sie haben eine Drachenphobie, diese Dinger sind im Kommen. Weiter wolle es der leidige Teufel, dass das mhd. Wort *wurm* Thema ist, es bedeutet etwa – ‚Drache'. Zu Recht wollen Sie wissen, ob in Ihrem Lesetext, sagen wir im *Erec*, ein *wurm* steckt. Siehe! Denn siehe!! Beim Kürzel *Er* erspähen Dracophobiker jene Zahl, die verrät: In Vers 1925 grinst ein gr- grauenvolles Wort – und freut sich auf wen alldort? Eben. Man wählt einen *wurm*-freien Text. Oder rüstet sich.

Er	Gr	AH	Iw	MC	Pz	Tr	Da	Hb	Pn
1925	–	–	3840	–	104 11	–	4045	–	–

Was bei Drachen klappt, klappt bei Sprachen. Darum finden Sie viele Zahlen in diesem Buch. Auf den ersten Blick können sie Phobien aktivieren. Auf den zweiten entdeckt man darin höfischen Lernkomfort. Heimgekehrte Pilgersleute schwören sogar, Drachentöter vernähmen in den Zahlen das Wehen alter Pfingstfeste. Andere wieder wollen darin eine federleichte Rüstung schimmern sehen. Die Auflösung der Textkürzel auf Seite 14 f.

In Sachen **Lerntechnik** verträgt kein Mensch Belehrung – nur soviel: Gewaltmärsche bringen Blasen. Lernpsychologisch adäquat sind häufige konzentrierte Kurzexerzitien, integriert in Lektüre- und Übersetzungsetappen. Markieren Sie zuerst die Zahlenroute zu Ihrem Text. Gut speichern sie den Stoff, wenn Sie ihn handelnd strukturieren. Man streicht – ein Vorschlag – Sprachphänomene in der Textausgabe an, notiert dazu die Seitenzahl dieses Buchs und setzt zu neuen Fällen die Verszahl des Beispiels. Im Text und – mirabile dictu – in Ihnen wächst so jenes Netz heran, das natürliche Mnemo- und Informationstechnik sichert. Wie sagt doch der Philosoph: „Es verfügen zwar von Natur aus die Lebewesen über Sinneswahrnehmung, aber bei einem Teil von ihnen entsteht daraus keine Erinnerung, beim andern aber schon." (ARISTOTELES, *Metaphysik*, I. Buch)

Die alte Sprache wird praktisch historisch getreu beschrieben, die Fahrt führt ins Mittelalter – und in Sprachgegenwart zugleich. Ihr Reiseführer nennt sich Tragemund, redet heute noch gern in Zungen. In der Sache ist er sachlich, am besten halten Sie sich daran, falls Sie auf andere Töne allergisch sind. Denn manchmal predigt er recht regelrecht oder philosophiert über Gott und das Geld, er sondert salopp Freestyle ab, ziseliert altväterlich oder hört – so Stimmen. Süß. Im Übrigen kocht der auch nur mit Wunderwasser, der spirituelle Output der Aventiure hängt vom spirituellen Input ab. Mittelhochdeutsch ist für Deutschsprachige eine anklingende Fremdsprache im Innern. Das Sich-Hinneigen zu ihr, diese Translation über den Sprachzeitstrom, weckt schlafende Sinne für Sprachrichtigkeit und Sprachschönheit, formt Sprachbewusstsein – Sprachethik gar? Es erinnert Sprache.

Mantel, Hut, Tasche, Stab

Die Grammatik – Relief am Kanzelfuß im Dom von Pisa (14. Jahrhundert)

Eine Textausgabe, ein Wörterbuch, eventuell eine mediävistische Einführung: Sie bilden zusammen mit vorliegender Grammatik eine Pilgerausrüstung. Wetterfeste Hüte, modische Taschen und starke Stäbe demnächst im Angebot. Zuvor noch:

Ein Abschnitt hier informiert über eine bestimmte sprachliche Erscheinung, alsdann gibt eine Tabelle an, wo in Ihrem Lesetext ein Beispiel dafür zu entdecken ist. Sie begegnen den Phänomenen direkt lesend unterwegs in einer Erzähltopographie aus dem Mittelalter. Pro Text sind es einige hundert Beispiele. Welche soll man nachschlagen und welche übergehen? **Sie entscheiden.** Liegt Iah Schbrachhail im x-treme-Pilgern, schlahgen Sea foll tsoo. Das Nachschlagen ist am Anfang ungewohnt. Es erspart aber all die mühseligen Um- und Irrwege, die die Arbeit mit einer gewohnten Grammatik schweißtreibend, zeitaufwendig, lebensgefährlich machen. Weh Wüstenskelette, wer denkt an Euch?

Durstig? Das Bild zeigt Grammatica stillend, eine Milch, zwei Kinder, umfangen, verbunden. Leicht verdaulich ist die Milch nicht jeden Tag, die Reise wird wie das Leben: auch, nicht durchweg lernhedonistisch. Sie brauchen Neugier, Biss, Nachdenklichkeit. So kommt man in wilde Gefilde. Und kann etwas erleben. Am eigenen Muttersprachleib.

Ein böser Traum? – Kirchenraum. Die Schar kniet vorm Altar. Gesang weitet die Seele. Lichterflackern, Schattentanz, Tierrufe. Wieder die Stimme, wie in sich gekehrt: *Demütig flehend bitten wir dich, diese Pilgertaschen und diese Pilgerstäbe zu segnen, damit diejenigen, die sie nun als Zeichen der Pilgerfahrt und als Stütze ihres Körpers ergreifen werden, die Fülle deiner himmlischen Gnade gewinnen und den Schutz deines Segens erhalten mögen.* Fesch, Ihr Mäntelchen. *waz welt ir sagen?* Frohe Fahrt. *ouwê durch got!*

Einen Lektüretext wählen

Dieses Buch passt zu zehn Erzähltexten, die meist in zwei Ausgaben, mit oder ohne Übersetzung, ediert sind. Mitunter differieren die Ausgaben im Wortlaut geringfügig. In ganz vereinzelten Fällen trifft der Hinweis auf ein Beispiel nur für eine Ausgabe zu; den Vorzug hat die kritische bzw. gebräuchliche Ausgabe. Für den *Tristan* ist das die von Krohn 1980; Marolds Verszählung ist ab Vers 236a zwei Zahlen tiefer, ab Vers 5271 vier höher.

Die Ausgaben sind nach der in der Forschung vertretenen Datierung (→ S. 31) der Texte chronologisch geordnet. Der *Erec* ist also wohl der früheste, der *Pantaleon* vermutlich der späteste dieser Texte. Es ist das keine streng überprüfbare, sondern nur eine annähernd wahrscheinliche Reihenfolge. Im Lehrtext wird es immer dieselbe sein. – Dies Buch erschließt auch weitere mittelhochdeutsche Texte. Die Lektüretexte hier fungieren später im Studium als **Schlüsseltexte**: Sie illustrieren als Beispielsammlung andere Texte formal. Sind dies mit zunehmender Spezialisierung Texte jenseits des Literaturkanons, dient das ‚Normalmittelhochdeutsche' bei deren Erschließung als **Referenzsprache**. (→ S. 245 f.)

Textkritische Ausgaben mit Apparat

Kürzel	Text	Autor	Ausgabe
Er	Erec	Hartmann von Aue	Erec. Hg. v. Albert Leitzmann, 6. Aufl. bes. v. Christoph Cormeau und Kurt Gärtner. Tübingen 1985 (ATB 39)
Gr	Gregorius	Hartmann von Aue	Gregorius. Hg. von Hermann Paul. Neubearbeitet v. Burghart Wachinger. 14., durchgesehene Auflage. Tübingen 1992 (ATB 2)
AH	Der arme Heinrich	Hartmann von Aue	Der arme Heinrich. Hg. v. Hermann Paul. 16., neu bearb. Auflage, besorgt v. Kurt Gärtner. Tübingen 1996 (ATB 3)
Iw	Iwein	Hartmann von Aue	Iwein. Eine Erzählung von Hartmann von Aue. Hg. v. G. F. Benecke u. K. Lachmann. Neubearbeitet v. L. Wolff. Siebente Ausgabe. Band 1: Text. Band 2: Handschriftenübersicht. Anm. u. Lesarten. Berlin/New York 1968
MC	Moriz von Craûn	Anonym	Moriz von Craûn. Hg. v. Ulrich Pretzel. Vierte Auflage. Tübingen 1973 (ATB 45)
Pz	Parzival	Wolfram von Eschenbach	Parzival. Einsprachige Studienausgabe. Mittelhochdeutscher Text nach der 6. Ausgabe von K. Lachmann. Mit einer Einführung von B. Schirok. 2. Auflage Berlin 1999
Tr	Tristan	Gottfried von Straßburg	Tristan. Hg. v. Karl Marold. Unveränderter vierter Abdruck, bes. v. Werner Schröder. Berlin/New York 1977 (Eine kritische Ausgabe fehlt; zu Überlieferung u. Text vgl. die Ausgabe von Krohn, Bd. 3, 230 ff.)
			Das Tristan-Epos Gottfrieds von Straßburg mit der Fortsetzung des Ulrich von Türheim. Hg. v. W. Spiewok. Berlin 1989 (DTM LXXV)
Da	Daniel von dem Blühenden Tal	Der Stricker	Daniel von dem Blühenden Tal. 2., neu bearbeitete Auflage. Hg. v. Michael Resler. Tübingen 1995 (ATB 92)
Hb	Helmbrecht	Wernher der Gartenære	Helmbrecht. Hg. v. Friedrich Panzer und Kurt Ruh. 10. Aufl., bes. v. Hans-Joachim Ziegeler. Tübingen 1993 (ATB 11)
Pn	Pantaleon	Konrad von Würzburg	Pantaleon. Zweite Auflage, hg. v. Winfried Woesler. Tübingen 1974 (ATB 21)

Ausgaben mit Übersetzung

Kürzel	Text	Autor	Ausgabe
Er	Erec	Hartmann von Aue	Erec. Mhd. Text nach der Ausgabe von Albert Leitzmann, übers. v. Thomas Cramer. Frankfurt a. Main 1972 ff. (Fischer 6017)
Gr	Gregorius	Hartmann von Aue	Gregorius der gute Sünder. Mhd. Text nach der Ausg. v. Friedrich Neumann, übers. v. B. Kippenberg. Stuttgart 1981 (RUB 1787)
AH	Der arme Heinrich	Hartmann von Aue	Der arme Heinrich. Mhd. Text und Prosaübers. v. Wilhelm Grimm. Hg. v. Ursula Rautenberg, Stuttgart 1987 (RUB 456)
			Der arme Heinrich. Mhd. Text und Übertragung. Auf der Grundlage der Textedition von Helmut de Boor durchges., neu übertr., m. Anm. u. einem Nachw. vers. v. Hermann Henne. Frankfurt a. M. 1990 (Fischer 6488)
Iw	Iwein	Hartmann von Aue	Iwein. 4., überarb. Auflage. Text d. siebenten Ausgabe von G. F. Benecke, K. Lachmann u. L. Wolff. Übersetzung u. Nachwort v. Thomas Cramer. Berlin/New York 2001
MC	Moriz von Craûn	Anonym	Moriz von Craûn. Mittelhochdeutsch/Neuhochdeutsch. Mhd. Text nach der Ausgabe von Ulrich Pretzel. Übersetzung, Kommentar und Nachwort von Albrecht Classen. Stuttgart 1992 (RUB 8796)
Pz	Parzival	Wolfram von Eschenbach	Wolfram von Eschenbach: Parzival. Mittelhochdeutscher Text nach der Ausgabe von Karl Lachmann. Übers. und Nachwort von Wolfgang Spiewok. Stuttgart 1981 (RUB 3681/82)
			Wolfram von Eschenbach: Parzival. Mhd. Text nach der 6. Ausg. von Karl Lachmann. Übers. v. Peter Knecht. Berlin/New York 1998
Tr	Tristan	Gottfried von Straßburg	Tristan. Nach dem Text von Friedrich Ranke neu herausgegeben, ins Nhd. übers., mit einem Stellenkommentar und einem Nachwort von Rüdiger Krohn. Stuttgart 1980 (RUB 4471–73)
Da	Daniel von dem Blühenden Tal	Der Stricker	Keine Ausgabe mit Übersetzung.
Hb	Helmbrecht	Wernher der Gartenære	Helmbrecht. Mittelhochdeutscher Text und Übertragung. Hg., übers. u. mit einem Anhang vers. v. Helmut Brackert, Winfried Frey, Dieter Seitz. Frankfurt a. M. 1972 ff. (Fischer 680)
			Helmbrecht. Mittelhochdeutsch/Neuhochdeutsch. Herausgegeben, übersetzt und erläutert von Fritz Tschirch. Stuttgart 1994 (RUB 9498)
Pn	Pantaleon	Konrad von Würzburg	Keine Ausgabe mit Übersetzung.

Anmerkungen zum Quellenkorpus

Es gibt wissenschaftlich berechtigte linguistische Bedenken gegenüber dem Literaturkorpus als alleiniger Quellenbasis einer mhd. Grammatik, speziell der Syntax. (Wegera 1990, 103 f.) Sprachdidaktisch sind sie aber gegenstandslos, da die ‚metrische' Syntax für das Verstehen von Prosa lehrreicher ist als umgekehrt.

Im Zusammenhang damit stehen Überlieferungsprobleme: Die einzige überlieferte Abschrift des *Moriz von Craûn* ist rund 300 Jahre jünger als der Text. Pretzel kam als Herausgeber bei der Rekonstruktion der ‚ursprünglichen' Sprachgestalt nicht ohne Emendationen (Verbesserungen des handschriftlichen Textes) aus, wobei er im Text inhaltlich schwer wiegende Eingriffe vornahm. (Vgl. Pretzels Begründungen im Apparat seiner textkritischen Ausgabe, dagegen das Nachwort der Ausgabe von Classen 1992, 163.) Beim Erwerb grammatischen, mithin formalen Wissens ist das insofern nicht gravierend, als sich Pretzel bei der Rekonstruktion natürlich an der Grammatik besser überlieferter Texte des 12. und 13. Jahrhunderts orientierte. Auch rechtfertigen der Umfang und die didaktischen Möglichkeiten der synoptischen Ausgabe (z. B. zu 1778), besonders aber der gattungs- und kulturgeschichtliche Rang dieser ungewöhnlich endenden Erzählung die Aufnahme in unser Korpus. Ähnliche Probleme einer dürftigen Überlieferung gelten für den *Erec* und den *Helmbrecht*, doch sind für die Rekonstruktion einige Vergleichsmöglichkeiten gegeben. Der *Pantaleon* wird an Universitäten eher selten gelesen. (Hennig 1998, XI) Aufgenommen wurde diese legendenhafte, medizinhistorisch aufschlussreiche Erzählung als eine sprachlich und künstlerisch brauchbare Alternative zu den legendenhaften Erzählungen HARTMANNs als Einführungstexte. Der *Pantaleon* ist in einer gut erhaltenen Handschrift des späten 14. Jahrhunderts überliefert, während der *Daniel* – eher als Seminartext zur Nachklassik gedacht – auf fünf Handschriften des 15. Jahrhunderts kommt.

Mit Textausgaben bewusst arbeiten

Unverkennbar Sprachwallsprache, ist Mittelhochdeutsch groß im Kommen: „Bleibt das Selbstgespräch. Da ich akzentfrei Mittelhochdeutsch spreche, so dass mich schon mancher für einen Mittelhochdeutschen gehalten hat [...], halte ich auch meine Selbstgespräche meist auf Mittelhochdeutsch", schreibt WOLFGANG HILDESHEIMER in den *Mitteilungen an Max*. (1983, 28) Soweit kommts noch. Ist dazu eine Ausgabe ohne oder eine mit Übersetzung lerngünstiger?

Eine Vorüberlegung: Wir verstehen im Mittelhochdeutschen nicht nichts, und unser Sprechen hört sich teils noch ähnlich an wie vor 800 Jahren. Die direkte Methode der kommunikativen Fremdsprachdidaktik – wenn wir zur Übung etwa mit DEM VON HILDESHEIM parlieren könnten – würde weniger im Nichtverstehen als im Missverstehen untergehen. Als inwendige Fremdsprache ist die vergangene Muttersprache in großer Nähe verborgen – bekanntlich das fast perfekte Versteck. Ihr Erwerb kommt größtenteils über **Sprachreflexion** zustande: bald bewusst das scheinbar Gleiche auseinander haltend, bald ebenso bewusst das scheinbar Ungleiche gleichsetzend. Mittelhochdeutsch lernen Deutschsprachige nicht wie eine äußere Fremdsprache, denn es geht nicht um zwei Sprachen, sondern um zwei nahferne Sprachstufen. Ob mit oder ohne äußere Übersetzung, der reflexartige Vergleich zwischen den Stufen lässt sich nicht ausschalten. (Sitta 1972, 56) Wo Reflex war, soll aber Reflexion werden.

Die Konsequenz: Reflektiert eingesetzt sind **Ausgaben mit Übersetzung** lerngünstig. Sie provozieren das geforderte Selbstgespräch mit Text und Übersetzung, geben frühzeitig eine ungefähre (!) Vorstellung vom Inhalt des literarischen Texts, spiegeln den

Sprachwandel, ermöglichen Selbstkontrolle, fordern Zustimmung oder Kritik heraus. Die Nutzung solchen Lernkomforts setzt autonomes Lernen voraus. Lernerfolg stellt sich nur ein, wenn die neuhochdeutsche Erstlektüre immer wieder mit laut gelesenen mittelhochdeutschen Abschnitten abwechselt, wenn erst nach eigenem Übersetzen die Kontrolle an der vorliegenden Übersetzung erfolgt (außer bei den vorgeschriebenen Exerzitien) und wenn eine allmähliche Emanzipation von der vorliegenden Übersetzung angestrebt und begründet wird, grammatisch, semantisch oder stilistisch. Wer dagegen noch Mühe hat, den Lernprozess autonom zu steuern – Indikator: rechtes Auge liebäugelt autonom mit Übersetzung –, arbeitet vielleicht besser mit einer einsprachigen Ausgabe, nämlich mit der textkritischen.

Deren Handhabung muss ohnehin vertraut sein. Die wissenschaftliche Arbeit ist erkenntnis-, nicht lernerorientiert. Die Verwendung einer **textkritischen Ausgabe mit Apparat** ist dabei unabdingbar. Was ist unter einem Apparat zu verstehen? Auf den ersten Blick ein Sammelsurium von Verszahlen, einzelnen mhd. Wörtern oder Wortgruppen, Buchstaben, Klammern und Namen, meist am unteren Rand einer Ausgabe, manchmal in einem separaten Anhang zu finden. Auf den zweiten Blick ist es eine Liste der Lesarten in andern Handschriften, die von der Lesart abweichen, für die sich die Herausgebenden bei ihrer Arbeit, der sog. ‚Textherstellung', entschieden haben. (Kirchner 1967, 112 f.; vgl. auch Schneider 1999) In der Einleitung textkritischer Ausgaben finden sich die Regeln, nach denen der Apparat aufgebaut ist. Meist steht hinter der Verszahl ein Wort oder eine Wortgruppe, das sog. Lemma, mit der Lesart, der die Ausgabe folgt. Die folgenden Buchstaben (Siglen) vor eckiger Klammer nennen die Handschriften mit gleicher Lesart. Hinter der Klammer stehen abweichende Lesarten anderer Handschriften. Die Entscheidungen früherer Herausgeber für eine Lesart werden mit Kursivdruck ihres Namens dokumentiert, kursiv auch Kurzbemerkungen gegenwärtiger Herausgebender.

Ein Apparat dokumentiert also vor allem die **handschriftliche Überlieferung**. Die Entscheidungen der Herausgebenden in Bezug auf die Gestalt des abgedruckten kritischen Textes werden überprüfbar. Die abweichende Lesart einer Handschrift kann bisweilen einen Hinweis für die Übersetzung und Interpretation einer unklaren Textstelle geben, doch sind Rang und Alter der Handschrift zu berücksichtigen. Wir gehen dabei im Grunde mit der Vorstellung eines originalen Textes, der einen ursprünglichen, vom Autor gemeinten Sinn in sich schließt, ans Werk – eine Vorstellung, die sich produktionsästhetisch für unser Korpus auch vertreten lässt. In der Editionstradition des 19. Jahrhunderts stehende Textausgaben versuchen demgemäß, aufgrund aller überlieferten Handschriften den Archetypus ‚herauszutüfteln', eine virtuelle älteste und originalgetreuste Textversion. Die beste Handschrift wird dabei als **Leithandschrift** zugrundegelegt und aus anderen Handschriften ‚verbessernd' ergänzt. Jüngere Editionen dagegen halten sich möglichst an das tatsächlich Überlieferte. Man druckt die Leithandschrift unverändert ab und gibt dann im Apparat die Abweichungen anderer Handschriften an. Denn auf dem Gebiet der **Textkritik** (vgl. dazu Bein 1995) ist die Vorstellung eines Originaltextes „teilweise als historisch inadäquat" (Weddige 2001, 43) anzusehen. Gerade der Vergleich handschriftlicher Varianten kann mitunter Rückschlüsse auf die gesellschaftliche Funktion von Literatur im geschichtlichen Umfeld, die Gebrauchssituation, die Produktions- und Rezeptionsbedingungen eines literarischen Werkes ermöglichen. Besonders bei der ursprünglich mündlich tradierten Dichtung (Weddige 2001, 40 ff.) hat unter diesem Blickwinkel jede Handschrift gebrauchssituativen Rang.

[§ 18] Die mittelalterlichen Handschriften weisen, ähnlich wie die Texte von Schülerinnen und Schülern, eine orthographisch wenig geregelte, u. U. selbst bei ein und demselben Schreiber uneinheitliche Schreibweise auf.

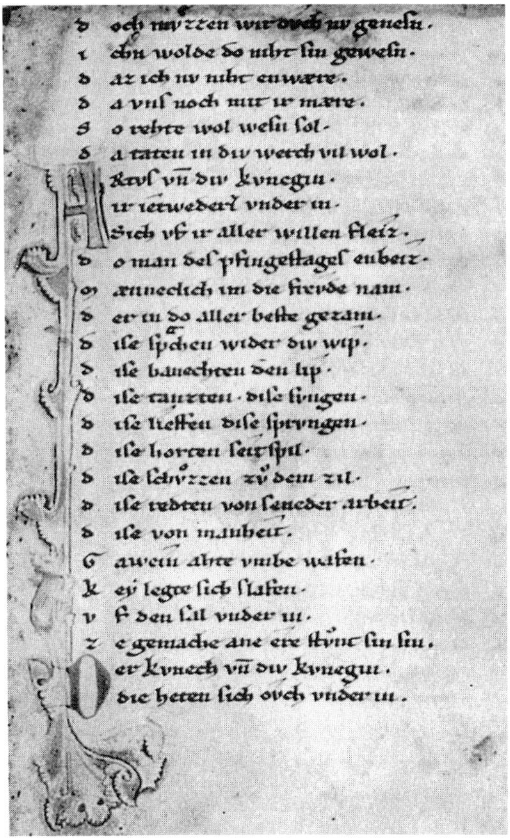

Iwein V. 53–78 in Hs. B (um 1200), vgl. S. 110

Dagegen bringen die Druckausgaben, mit denen im Hochschulunterricht gearbeitet wird, meist einen **normalisierten Text**. Die Schreibweise ist nicht eine völlig handschriftgetreue, sondern eine sozusagen ‚korrigierte'. Zwecks leichterer Lesbarkeit hat man sie einer einheitlichen Regelung unterworfen. Beispiel: Was normalisiert als s erscheint, war in der Handschrift etwa ein s oder ſ oder z. Auch offensichtliche ‚Shcreibfehler' – wurde der *schrîbære* vom Teufel in Fliegengestalt heimgesucht? – sind eliminiert. Eine Zeichensetzung nach der Leseerfahrung der Herausgebenden bzw. gemäß den Richtlinien der Reihe *Deutsche Texte des Mittelalters* wurde eingefügt, und zur Erleichterung von Aussprache und Verständnis hat man die langen Vokale mit Zirkumflex versehen: â, ê, î, ô, û.

Die Normalisierungspraxis – nicht zu verwechseln mit der Textkritik – geht zurück auf Karl Lachmann (1783–1851; vgl. Timpanaro 1971). Das normalisierte Mittelhochdeutsch ist eine sprachdidaktisch nützliche Abstraktion für literaturgeschichtliche Lehrinteressen der Germanistischen Mediävistik. „Als Verständnishilfe ist die Normalisierung durchaus positiv zu beurteilen." (Menge 1985, 1180) Für überlieferungsgeschichtliche oder historiolinguistische Forschung ist allein der Schriftlaut der Handschriften Basis.

Ein Wörterbuch wählen

Eine Übersetzung aus dem Mittelhochdeutschen besteht im Kern aus einer **grammatischen** und einer **lexikalischen Komponente**. Erstere stellt die Grammatik zur Verfügung, letztere das Wörterbuch. Ihm kommt die Funktion eines lexikalischen Speichers zu, der Bedeutungsvorschläge enthält. Diese Bedeutungsvorschläge sind wortgeschichtliche, vor allem aber kontextsensitive Interpretationen von alten Wörtern oder Wortgruppen.

Es fehlt ein aktuelles Wörterbuch des Mittelhochdeutschen, das alle Quellen erfasst. Die vorhandenen Wörterbücher werten vor allem Dichtung des 12. und 13. Jahrhunderts aus. Für unser Korpus ist das ein Vorteil, ein Nachteil aber bei spätmittelalterlichen oder nichtliterarischen Texten. So sind wir „über den mittelalterlichen deutschen Wortschatz weder, was seinen Umfang, noch was die aus der Überlieferung zu belegenden Verwendungsweisen angeht, hinreichend unterrichtet." (Stackmann 1997, 420) – Was kaufen?

Das *Mittelhochdeutsche Taschenwörterbuch* (=TWB; ^{1}1879; ^{38}1992) von Matthias Lexer (1830–1892), der ‚Kleine Lexer', ist seit Generationen das gebräuchliche Studienwörterbuch. An die Kleinschreibung muss man sich gewöhnen. Mit Interpretationshilfe seitens Lehrender ist es im altgermanistischen Unterricht und für elementare geschichtswissenschaftliche Bedürfnisse ein halbwegs brauchbares Hilfsmittel. Die neueren Auflagen decken den Wortschatz der im Germanistikstudium häufiger gelesenen mhd. Texte in aller Regel ab. Das TWB weckt mit nichtliterarischen Einträgen aus Chroniken, Stadtordnungen, Glossaren usw. wort-, kultur- und mentalitätsgeschichtliches Interesse. Dass zum Beispiel das Wort *sprâchhûs* je nach Quelle sowohl das Rathaus, die *curia*, wie auch unser heutiges ‚stilles Örtchen', die *cloaca*, bezeichnen kann, wirft doch interessante Fragen auf … Neben den semantischen vermittelt dieses Wörterbuch hilfreiche grammatische Informationen. Es gibt Wortart und Flexionsweise an – zum Beispiel stf., adj., swv. – und nennt bei einem Verb den Fall der Objekte, etwa dp., gs., as. Die Auflösung der Kürzel findet man vorn. Auch Wendungen sind verzeichnet. Beachten Sie: Wörter mit Anlaut f sind unter dem Buchstaben v zu finden, solche mit c unter k oder z, solche mit pf unter ph. Es ist in vielen Wörterbüchern und historischen Grammatiken des Mittelhochdeutschen üblich, zwischen e und ë zu unterscheiden, um ihre sprachgeschichtlich verschiedene Herkunft und allfällige minime Ausspracheunterschiede (→ S. 44) anzuzeigen. Da in den Textausgaben das Trema (¨) nicht gesetzt wird, muss man beim Nachschlagen im TWB daran denken, dass etwa neben *zemen* ‚zähmen' auch *zëmen* ‚passen' in Frage kommen könnte. – Lexers TWB hat Nachteile: Es ist seit der 19. Auflage nicht mehr durchgehend alphabetisch. Stammverwandte Wörter sind unter einem Lemma (Lexikoneintrag) verzeichnet. Sie klumpen sich dort zu Nestern (Beispiel: *lant-*), was das Finden eines Wortes erschweren kann. Lästigerweise ist das TWB seit der 29. Auflage durch Nachträge zweiteilig. Das Deutsch der Bedeutungsvorschläge ist in Einzelfällen veraltet.

Beate Hennigs *Kleines Mittelhochdeutsches Wörterbuch* ermöglicht ab der 3. Auflage von 1998 einen beschleunigten ersten Zugriff durch ein benutzerfreundliches Konzept: durchgehende alphabetische Ordnung, Beschränkung auf ein für den altgermanistischen Unterricht repräsentatives Textkorpus, überprüfte, nach Häufigkeit geordnete Bedeutungsvorschläge in aktuellem Deutsch, Verzeichnen von Wendungen, nützliche Angaben zur Grammatik und zu Nebenformen. – Die Nachteile hier? Man muss viel öfter als mit Lexers TWB auf die großen Wörterbücher – siehe unten – zurückgreifen, die nicht zum Grundbestand der Studienbibliothek rechnen. Die Arbeit mit historischen Quellen stößt noch rascher als beim TWB an Grenzen: Hennigs Wörterbuch zeigt kaum historische Realität, ‚funktioniert' kontextarm. Fremdwörter ohne mittelhochdeutsche Endung fehlen, etwa das aus dem Griechischen stammende *monîcîrus* ‚Einhorn'. (Pz 482 24) Die Bedeutungen sind gegenüber dem TWB reduziert, wortgeschichtliche Hinweise – zum Beispiel, dass *gramerzî* ‚Dank' auf altfranzösisch *grand merci* zurückgeht – gibt es nicht.

Keines der mhd. (Studien-)Wörterbücher genügt heutigen lexikographischen Forderungen. (Grubmüller 2000, 1345 f.) Während bei Lexers TWB ein ‚Philologe' alter Schule am Werk war, wörtlich ein ‚Logos-Liebender' mit tiefem wortgeschichtlichem Wissen, weht in Hennigs Wörterbuch der stromlinienförmige Pragmatismus beschleunigter Zeit.

Beim Schreiben einer Studienarbeit konsultieren Sie auch die großen mhd. Wörterbücher, den Benecke/Müller/Zarncke (BMZ) sowie Lexers *Mittelhochdeutsches Handwörterbuch* (HWB). Dann existieren mhd. Wörterbücher zu einzelnen Werken oder Autoren, zur Sprache der Urkunden, zum Jagdwesen, ferner Wörterbücher zum Althochdeutschen, zum Frühneuhochdeutschen und anderen ‚Umgebungssprachen'. Benützen Sie die Fachlexika, die zu Fragen aus dem Bereich der Mittelalterkunde in der Germanistischen Mediävistik grundlegende Informationen und Literaturhinweise geben. Sie finden eine Zusammenstellung der fachspezifischen Nachschlagewerke und Darstellungen zur mittelalterlichen Sprache und Kultur auf den Seiten 250 bis 260.

Soll man mhd. Vokabeln **auswendig** lernen? Prägen Sie sich 34 häufige Verben – warten im zarten Verbengarten (→ S. 86 f., Exerzitien Nr. 4 bis 7) – und alle Satzanschlüsse auf den Seiten 74 bis 83 ein. Benützen Sie den Wortindex auf S. 285 ff. Meist aber geht es nicht um das Memorieren von Vokabeln (‚le travail' = ‚die Arbeit'), sondern um Aufmerksamkeit für verlagerte, vielfache Bedeutung: Mhd. *arbeit* kann etwa heißen: Anstrengung, Aufgabe, Dienst, Pflicht, Arbeit, Werk, Last, Prüfung, Not, Beschwernis, Schmerz, Kindswehen usw. Welche Bedeutung wo zutrifft, kann man nicht auswendig lernen. Sinnvoller ist, im steten Dialog mit Text und Wörterbuch **‚inwendig'** zu lernen.

Die Schnittstelle zur Standardgrammatik kennen

Paragraphen in eckigen Klammern, erstmals im zweiten Abschnitt auf Seite 18, darf man vorerst übersehen. Sie korrespondieren mit der *Mittelhochdeutschen Grammatik* von Paul u. a., ^{24}1998 (auch ^{23}1989). In vorliegende didaktisierte Studiengrammatik ist so eine Schnittstelle zur (gegenwärtigen) Standardgrammatik des Mittelhochdeutschen eingebaut. Das Generationenwerk, 1881 erstmals aufgelegt, wurde v. a. 1989 von Siegfried Grosse und Peter Wiehl verdienstvoll überarbeitet. Aus letztlich nicht zu behebenden Gründen ist es heute schwer verständlich. Es beschreibt die mhd. Grammatik detailreich, schildert kurz die historische Entwicklung der Sprachperiode und gibt Auskunft über mundartliche und zeitliche Abweichungen vom Deutsch der literarischen Quellen aus dem 12./13. Jahrhundert. Paul u. a. führen direkt beim grammatischen Thema Forschungsliteratur auf. Die Paragraphen-Schnittstelle erlaubt mithin, sich Spezialinformationen gezielt zu beschaffen. Nötig wird das etwa dann, wenn Sie im Studium über den ‚Literaturkanon' hinausgehen. Ihn beschreibt vorliegende Grammatik hinsichtlich des Lernziels Übersetzungsfähigkeit präzise und korpusbezogen sehr reichhaltig. Dagegen filtert sie Spezialinformation kontrolliert weg, denn sie ist spezialisiert auf Übersetzungsfragen Noch-nicht-Spezialisierter.

Die empirische Auffrischung des oft vom einen ins andere Lehrmittel übernommenen, relativ kleinen Belegfundus tut Not. Sämtliche Belege wurden neu ermittelt und im Kontext überprüft. Die Darstellungsrelevanz ist neu gewichtet. Die Beispiele in Paul u. a. bleiben wenn immer möglich unangetastet, sodass ihr Vergleichswert erhalten bleibt.

Hoch zu Ross?

Der Ritter auf dem Streitross da im Tal tut Sie mäßig froh, nicht? – Ihr Grundherr? Der? Klar, lieber gehen als diesem Sauger den Wanst mästen, die schwarze Galle süßen, Burgsteine schleppen. „Außer punktförmigen Übeln lösten langfristig wirkende Lasten eine Wallfahrt aus, z. B. drückende Abgaben oder Dienste an den Grundherren." (Ohler 1994, 60) Wer dem Edlen besser ausweicht, schlägt sich bis Seite 27 in die Büsche. – Doch nicht? Auf den nächsten 6 Seiten geht es um die **Bedeutung der Mittelalterkunde** beim Übersetzen. Es werden Einführungen präsentiert, die mediävistisches Grundwissen vermitteln. Das Verhältnis von historischer Realität und literarischer Fiktion wird exemplarisch erläutert, wobei methodische Hinweise anfallen. Zur Kurzweil beim Pilgern eine Knacknuss: Wärs historisch denkbar, dass dort unten *ein kastelân ûf eime kastelân* reitet?

Beim Übersetzen begegnen viele unbekannte Wörter. Nehmen wir an, es begegne das Wort *kastelân* (etwa in Er 9865, Pz 121 24, Tr 5360). Was könnte ein *kastelân* sein? Ein Kastanienbaum? Ein Burgherr? Eine Schmucktruhe? Das Wörterbuch gibt Auskunft: *kastelân* ist ein Homonym, zwei Wörter mit gleicher Lautgestalt kommen in Frage. Als Neutrum (stN) ist ein *kastelân* ein span. *castellano*, ein ‚kastilisches Pferd'. Als Maskulinum (stM) ist es, in der Schreibung Lexers, ein ‚castellan', sagen wir fürs Erste: ein Burgherr. Im Rückgriff auf Grammatik wurde eine Bedeutung erschlossen. Doch die historische Wirklichkeit ist so erst in Vokabeln begriffen, die Begriffe wirken leicht blutarm.

Besser danach, wenn beim Übersetzen diese **mediävistische Komponente** mit ins Spiel kommt: Was muss man sich konkret unter einem kastilischen Pferd vorstellen? Und was unter einem Burgherrn?

Zum Pferd: „[...] was die spanischen Pferde auszeichnete und was an ihnen besonders geschätzt wurde: ihre Schnelligkeit, ihre Größe und Stärke. Spanische Ritterpferde waren so bekannt, dass das Wort *spanjôl* im Deutschen zu einer Pferdebezeichnung wurde, ebenso wie das Wort *kastellân* [seltene Schreibweise; M.G.], das auf die berühmte Pferdezucht in Kastilien hinwies. Historische Quellen bestätigen, dass spanische Pferde nach Deutschland gebracht wurden." (Bumke 1986, Bd. 1, 239 f.) Diese historische Information konkretisiert unsere Vorstellung. Das erlaubt, der Übersetzung mehr Kör-

Wachsmut von Künzingen (Codex Manesse fol. 160v)

per, Konkretheit zu verleihen: ‚Zuchtpferd aus Kastilien', ‚Prachtskastilianer', ‚kastilisches Streitross'. Wäre die Übersetzung ‚-pferd' oder ‚-ross' zutreffender? Dem mhd. *ros* entsprach im Mittellateinischen eher der *dextrarius*, das **Streitross**, das bei Gelegenheit gern mit Sprung, Biss und Hufschlag seine Eindrücke ausdrückte. Dagegen bezeichnete *pfert* eher den leichteren *palefridus*, das Reitpferd. (Bumke a. a. O., 236 f.) Noch das Neuhochdeutsche differenziert: Mit ‚-ross' würden wir beim Übersetzen eher die Bedeutungskomponenten ‚wuchtig' und ‚kraftvoll' betonen, mit ‚-pferd' die Vorstellung ‚edel' oder ‚schön'. Beim *kastelân* kann beides zutreffen, *schœne* ist in unserem Korpus sein häufigstes Beiwort; das kann ‚schön', ‚prächtig', aber auch ‚hell' bedeuten (Er 9865, Pz 121 24, 357 21, 669 10). Zu achten ist also immer auf den Kontext. Stilistisch elegant und translatorisch unverfänglich könnte man, analog zu ‚Araber', mit ‚Kastilianer' übersetzen. Eine Anmerkung könnte dann den mittelalterlichen Fachausdruck begrifflich füllen.

Nun zum Burgherrn. Der ‚Lexer' gibt für *kastelân* (stM) einfach den mittellateinischen Terminus *castellanus*. Aus den mittellateinischen Wörterbüchern (→ S. 258) geht hervor, dass dies Wort je nach Quelle, Zeit und Region ‚Burgbewohner', ‚Burgwächter', ‚Burgkommandant', ‚Burgherr' oder ‚Burggraf' bedeutete. Auch dies sind zunächst bloß lexikalische Hülsen. Zur Konkretisierung müssen wir wieder mediävistisches Wissen einholen und etwa in einem mediävistischen Lexikon (→ S. 259 f.) Informationen ermitteln. Wenn wir für das 12./13. Jahrhundert von der Bedeutung **‚Burgherr'** ausgehen, lässt sich sagen: „Der Kastellan besaß eine Burg, meist als Motte [= Holzturm auf künstlich aufgeschüttetem Hügel; M.G.] und vielfach auf einem natürlichen Bergsporn errichtet, und kontrollierte einen Bezirk, der in der Regel zwei bis zwanzig Dörfer umfasste." Er besaß obrigkeitliche Gewohnheitsrechte, konnte zu Heeresdienst, Bau- und Feldarbeit aufbieten, hielt Gericht und erhielt wirtschaftliche Abgaben. Seinerseits war er zu Schutz und Richtergerechtigkeit verpflichtet. Um 1175/80 kam es in West- und Mitteleuropa zu einem Machtverfall der Kastellaneien: „Schließlich bezeichnete ‚castellanus' nur mehr den Besitzer einer Turmburg, der oft nicht einmal mehr im Besitz von Bannrechten war." In Ostmitteleuropa (Polen, Böhmen, Ungarn) setzte der Zerfall der Kastellaneien erst im 13. Jahrhundert ein. Eine Kastellanei umfasste hier etwa 10 bis 100 km^2, sie bildete die „Basis der Administration in rechtlicher, militärischer und wirtschaftlicher Hinsicht." In Quellen wird der „meist aus dem Kreis der lokalen Adligen erwählte" Amtsinhaber als *castellanus*, im 13. Jahrhundert als *comes castellanus* ‚Burggraf' bezeichnet. Er wird von weiteren Beamten unterstützt. Als Befehlshaber einer Burg organisiert er die Landesverteidigung, als fürstlicher Repräsentant zieht er Abgaben seitens der Bevölkerung ein. (Art. <Kastellanei>, in: *Lexikon des Mittelalters*, Bd. V, 1036 ff.)

Gezeigt wurde hier exemplarisch die historische Konkretisierung von Begriffen in mhd. Literatur. Je reicher sich mediävistisches Wissen anlagert, umso bestimmter wird es in die Übersetzung einfließen und die Wortwahl vor begrifflicher Ungefülltheit, vielleicht sogar vor stilistischer Achtlosigkeit bewahren. Das Einbringen der mediävistischen Komponente erlaubt zunächst, Textstellen zu kommentieren. Später dann können längere Passagen, kann der Text als Ganzes historisch interpretierend befragt, verstanden werden:

Wie lässt sich der alte Text auf das politische Umfeld seiner Zeit beziehen? Oder wie auf das rechtliche, theologische, naturkundliche? Welche gesellschaftliche Funktion erfüllte der Text in einer Aufführungssituation für die Menschen am Hof? Von welcher historischen Poetologie und Ästhetik ist er geprägt? Gewinnt diese längst untergegangene Literatur – in der Schau ihrer existenziellen Archetypik, in der methodischen Reflexion ihrer Fremdheit – eine mehr als historische Bedeutung: „Sinn für uns“? (Jauss 1977, 10)

Zur mediävistischen Komponente gehört **Bezugswissen**, je nach Forschungsinteresse etwa zu Gesellschaft, Politik, Recht, Kirche, Sachkultur, Naturkunde, Medizin, Poetologie, Hermeneutik im Mittelalter. Ganz knapp charakterisiert seien in Auswahl erschwingliche Darstellungen, die Bezugswissen vermitteln. Die neuesten Titel sind zuerst aufgeführt. Das Neueste muss nicht das Geeignetste sein.

Germanistische Mediävistik

Die Einführung von R. Brandt: *Grundkurs germanistische Mediävistik/Literaturwissenschaft*, 1999, stellt in Kapitel V auf 228 Seiten zentrale Fachthemen in Interpretationsskizzen zu mittelalterlichen Texten vor, Sekundärliteratur kaum ausweisend. Die 74 Seiten der Kapitel I bis IV wirken wenig ausgearbeitet. – Die von V. Honemann und T. Tomasek 1999 herausgegebene Aufsatzsammlung *Germanistische Mediävistik* weckt mit ihrem Titel die Erwartung auf grundlegende Darstellung des Fachs. Der informative einleitende Aufsatz von Tomasek bahnt solche auf rund 30 Seiten an, die folgenden gehaltvollen Beiträge sind dafür zu spezialisiert, Exemplarität ersetzt nicht Übersicht. Die höfische Epik wird nur am Beispiel *Erec* vorgestellt. – Anders die Einführung von Th. Bein *Germanistische Mediävistik*, 1998: Eine grundlegende Darstellung zu Methoden, Problemen, zur Geschichte des Fachs wird aufgebaut. Der Akzent liegt auf dem Zugang über Handschriften. Meist anhand von Passagen aus *Der arme Heinrich* führt Bein, sehr schön erklärend, philologisches Arbeiten und hermeneutisches Denken vor. Auf lediglich 68 Seiten beschreibt er Epochen, Texttypen und Autoren. Wörterbücher, Grammatiken und Nachschlagewerke werden kommentiert, benutzerfreundliche Literaturhinweise unterstützen die Studierenden. – Das von G. Hahn und H. Ragotzky 1992 herausgegebene Bändchen *Grundlagen des Verstehens mittelalterlicher Literatur* präsentiert zentrale Arbeitsgebiete einer aktuellen Forschungsrichtung, die methodisch auf den Arbeiten Hugo Kuhns fußt. Der verheißungsvolle Titel ist marktgerecht allzu weit. – Einen guten Überblick über Gegenstände und Probleme des Fachs gibt die bewährte *Einführung in die germanistische Mediävistik* von H. Weddige, 1987/^{4}2001. Weddige skizziert den Welthorizont einer Gesellschaft vor 800 Jahren, erklärt poetologische Konzepte des Mittelalters, beschreibt die großen literarischen Gattungen der hochmittelalterlichen Literaturproduktion. – Zu empfehlen ist immer noch die Einführung *Ältere deutsche Literatur*, 1985/^{5}1998, herausgegeben von A. Ebenbauer und P. Krämer. Die Beiträge bieten Basiswissen zu zentralen Fachgebieten.

Geschichtswissenschaft

Der von J. Heinzle 1999 edierte Band *Modernes Mittelalter – Neue Bilder einer populären Epoche* mit Beiträgen deutscher Mediävist(inn)en möchte helfen, „sich in der Fülle und Vielfalt der mediävistischen Forschungen“ (12) zu orientieren, setzt indes grundlegende Orientierung bereits voraus: Dargestellt werden neue Forschungsergebnisse zu zentralen Themenbereichen („Höfische Kultur“, „Rede und Schrift“ usw.). – Die *Einführung in die Geschichte des Mittelalters* von H.-D. Heimann ist 1997 erschienen. Sie erklärt kurz historische Arbeitsweisen und stellt strukturgeschichtlich (79) auf aktuellem Stand Themenbereiche vor, die auch der germanistischen Mediävistik zugehören („Bilder und Zeichen“, „Geschlecht“, Mündlichkeit und Verschriftlichung“ usw.); hilfreich die eingefügten Literaturhinweise. – Der von J. le Goff 1987 herausgegebene Band *Der Mensch des Mittelalters* charakterisiert Menschentypen des Mittelalters (‚Der Krieger und der Ritter‘, ‚Der Intellektuelle‘ usw.) in Essays international namhafter Fachleute. – Reiches Bezugswissen bietet das 1986 erschienene Werk von J. Bumke, *Höfische Kultur – Literatur und Gesellschaft im hohen Mittelalter*. Methodisch reflektiert, gut lesbar, aufschlussreich für das Verständnis literarischer Texte wird die höfische Kultur umfassend porträtiert („Sachkultur und Gesellschaftsstil“, „Höfische Liebe“, „Der Literaturbetrieb der höfischen Zeit“ usw.), Textzeugnisse und Abbildungen sorgen für Anschaulichkeit. – A. Borst lässt 1973 in *Lebensformen im Mittelalter* hundert übersetzte Quellenzeugnisse zu Wort kommen. Mittelalterliche Chroniken, Biographien, Legenden, Urkunden, Briefe, Dichtungen usw. weben ein vielfältiges, widersprüchliches Bild damaliger Lebensumstände in Europa. Der Kommentar des Historikers führt „hinter den Vorhang mittelalterlicher Selbsttäuschungen und Missverständnisse." (21)

Rhetorik und Poetologie

Grammatik wird in mittelalterlichen Schulen mit Isidor von Sevilla (*Etymologiarum sive Originum libri*, II, I) definiert als *scientia recte loquendi*, als Wissenschaft vom richtigen Gebrauch der Sprache. Der grundlegenden Sprachrichtigkeit zur Seite tritt die Rhetorik, die *bene dicendi scientia*, die erlernbare Kunst, das Korrekte nunmehr auch schön und gut, effektvoll vollkommen zum Klingen zu bringen. – Geht es um eine Identifizierung rhetorischer Elemente in mittelalterlichen Texten, hilft etwa R. Brandts *Kleine Einführung in die mittelalterliche Poetik und Rhetorik*, 1986. – Ein reichhaltigeres „Hilfsmittel für akademische Übungen" (Untertitel) ist die kleine Sammlung von L. Arbusow, *Colores rhetorici*, ^{2}1963. – Als umfassendes Nachschlagewerk angelegt ist das *Handbuch der literarischen Rhetorik* von H. Lausberg, ^{3}1990.

Im Wirkungsbereich der aus der Antike tradierten Rhetorik steht die mittelalterliche Poetologie. – Zur vertieften Reflexion des Themas zu empfehlen ist die ^{2}1992 erschienene Studie von W. Haug, *Literaturtheorie im deutschen Mittelalter. Von den Anfängen bis zum Ende des 13. Jahrhunderts.* Haug analysiert die literaturtheoretischen Passagen in Prologen und Epilogen besonders der mhd. Dichtung und fügt die Ergebnisse zu einer Interpretation des literaturgeschichtlichen Prozesses zwischen Tradition und Innovation, Topik und Individualität („Programmatische Fiktionalität: Hartmanns von Aue >Iwein<–Prolog", „Ethik und Ästhetik in Gottfrieds von Strassburg Literaturtheorie", „Konrad von Würzburg: Artistische Faszination und isolierte Moral" usw.). – Sehr gute Einführung gibt M. Wehrlis *Literatur im deutschen Mittelalter*, 1984. Knapp und mit weitem Blick beschreibt Wehrli rhetorische, hermeneutische und religiöse Hintergründe mittelalterlicher Dichtung und die poetologische Einbettung der volkssprachlichen Literatur in die lateinische Tradition („Mündlichkeit und Schriftlichkeit", „Rhetorik und Topik", „Der mehrfache Sinn" usw.). – Eine Lektüre von H. Brinkmanns *Zu Wesen und Form mittelalterlicher Dichtung*, 1928 (^{2}1979), vermittelt immer noch Basisverständnis für das „spezifisch ‚Mittelalterliche'" (81) in der mhd. Literatur, etwa für ihre objektive Weltauffassung oder die stilgeschichtliche Eigenart der Autoren („Die scholastische Kunsttheorie", „Die Poetiken", „Zur Geschichte des mittelalterlichen Stiles" usw.).

Mediävistisches Wissen erhöht die Lesefreude, weil es Unverstandenes in mittelalterlicher Literatur wahrnehmen und verstehen lässt. Umgekehrt fördert die Lektüre mittelalterlicher Literatur unser Wissen über das Mittelalter. Auch fiktionale Texte können als **Quellen** gelten, solange methodische Reflexion nicht fehlt: „Wenn man sich auf den Standpunkt stellt, dass prinzipielle methodische Bedenken einen direkten Rückschluss von fiktionalen Aussagen auf außerliterarische Wirklichkeit verbieten, so ist dagegen nicht viel einzuwenden. […] Wenn man sich jedoch davon überzeugt, dass wichtige Aspekte sowohl der Gesellschaftsgeschichte als auch der Literaturgeschichte im hohen Mittelalter verborgen bleiben, sofern man die Auswertung von ästhetisch strukturierten Texten ablehnt, wird man das Bedenkliche, das dem Umgang mit poetischen Zeugnissen anhaftet, in Kauf nehmen und dadurch auszugleichen suchen, dass man die methodische Unsicherheit der Schlussfolgerungen überall mitreflektiert." (Bumke 1986, Bd. 1, 20 f.)

Unsere bisherige Vorstellung von Kastilianer und Kastellan fußt vornehmlich auf historischen Quellen. Lässt sich nun der Begriff *kastelân* (stN bzw. stM) mit literarischen Quellen weiter konkretisieren? Ach, und nebenbei: Wie stehts mit der kleinen Knacknuss? ‚*Ahî*, guck doch mal! Dort reitet, wenn mich der Teufel nicht täuscht, *ein kastelân ûf eime kastelân!*' Konnten Pilgersleute damals solches sehen? Und es so wortspielerisch sagen?

Gesucht sind literarische Belegstellen, zu finden mit einer Konkordanz (→ S. 252 f.), mit Benecke/Müller/Zarncke und Lexers *Mittelhochdeutschem Handwörterbuch*, bisweilen mit dem Wörterbuch der Brüder Grimm. Die Wörterbücher (→ S. 250 f.) bringen oft nur eine Auswahl von Belegen, dafür aus verschiedenen Texten. Die Konkordanzen nennen alle Belege, dafür nur aus einem Text oder Werk. Betrachten wir einige Belege im Kontext, immer fragend: Wo schildert der literarische Text historische Wirklichkeit? Wo ist er ‚reine' Fiktion? Welche Beziehung zwischen **Fiktion** und **Realität** besteht?

Zuerst wieder zum Kastilianer: In den 82'544 Versen unseres Korpus wird diese Pferderasse 13-mal erwähnt. Elf Belege finden sich im *Parzival*, der *Erec* und der *Tristan* steuern je einen bei. Folgende Aussagen werden gemacht:

Der erste Ritter, den Parzival als Kind erblickt und für Gott hält, reitet *ein schœne kastelân*. (121 24) Die Streitrosse sind, wie die historische Quelle (n. Bumke 1986, Bd. 1, 240) berichtet, königliche Geschenke. Genau das bestätigt unsere literarische Quelle. (210 6 ff.) Hier wird der Kastilianer zudem als Sieges- (357 21 ff.) oder Diebesbeute erwähnt. (522 25 ff.) Er ist hochbeinig (312 7, 157 26 f.), kann leichte Panzerung tragen (210 6, 211 5 ff.), kennt seine Aufgabe: Ohne Zutun des Reiters dreht sich Parzivals Kastilianer in Kampfstellung (288 7) und rettet damit den Liebesversunkenen. Den besiegten Gegner jedoch lässt dessen Kastilianer liegen, das zügellose Tier trollt sich zur Futterkrippe. (289 3 ff.) Als der bedrückte Held wegunschlüssig ist, gibt er seinem *kastelân* den Zügel frei und sagt: ‚Geh nach Gottes Beschluss!' Das Pferd findet zu einem Einsiedler. (452 1 ff.) Zur Willkommensrunde vor Damen und Rittern wählt König Artus einen Kastilianer. (671 21) – Betrachten wir die eine Stelle im *Erec*. (9865) Für einen Trauerzug von adligen Witwen werden schwarze Pferde, passend zu deren ‚schmerzfarbener' Kleidung, ausgelesen. Zur Begleitung der Trauernden wählt der Burgherr sein edelstes Pferd, es ist *ein schœne kastelân*. Der kontrastierende Anblick des schönen bzw. hellen Tieres soll, so lässt sich annehmen, die Trauernden ehren, aufrichten. Er sichert adlige Identität zu. Umgekehrt lässt sich Adelsehre empfindlich schmähen, beleidigen, niederdrücken durch einen elenden Gaul. (Iw 4934 ff., Pz 256 11 ff., vgl. 312 7) – Eine Passage in ULRICHs VON ZATZIKHOFEN *Lanzelet* (nach 1210) widerspiegelt qualitativ die historische Wirklichkeit königlicher Geschenke. Quantitativ dürfte es sich um Fiktion handeln: Artus muss seiner Rolle als freigebigster König nachkommen. Bei einer festlichen Gelegenheit verhindert ein Guinness-Buch-verdächtiger Geschenkkorb Peinlichkeiten: *tûsent kastelân* stellt der gute Mann vorsorglich bereit. Ist nicht genug für alle da, kann er auf *zwelf hundert râvîde* [= Araber] *unde mêre* zurückgreifen. (5607 ff.) – In GOTTFRIEDs *Tristan* werden *ûfe castelânen vil ritter Britûne* ‚viele bretonische Ritter auf Kastilianern' erwähnt.

Und nun zum Kastellan. Können wir auch dieses Wort mit Hilfe literarischer Quellen begrifflich füllen? In unserem Korpus ist das Wort *kastelân* (stM) nicht belegt. (Vgl. aber Pz 348 16, 378 21.) Der große Lexer verweist auf den *Willehalm* des ULRICH VON DEM TÜRLIN. Entstanden ist das Werk zwischen 1253 und 1278 am Hof König OTTOKARs II. VON BÖHMEN. Der Autor huldigt ihm in der achten Strophe. ULRICH behauptet zwar, französische Sitten zu schildern (169 16, 171 11), benützt jedoch keine französischen Quellen. Die hier interessierende Passage spielt in der Provence. (Zum Vergleich lesen Sie auf Seite 22 nochmals die wissenschaftliche Kurzbeschreibung der Kastellanei besonders in Ostmitteleuropa bzw. Böhmen.) Folgende Aussagen macht die literarische Quelle:

Der *kastelân* (auch *tschahtelûr* und *schachtelûr*) beherrscht eine Insel namens Montanar, zehn Meilen lang und acht Meilen breit. (166 6-9) Sein gut geschütztes *kastel* auf einer Anhöhe weist zur Deckung von Burg und Hafen mehrere hohe Türme auf. (154 10 f.) Ein zweites, mit Schleudermaschinen versehenes *kastel* liegt *ûf dem mer an einem plân* (166 22), von einem ritterlichen Verwandten bewohnt. Dieser wird vom ersten *kastelân* wiederum als *mîn kastelân* bezeichnet. (167 8) Der Vorrat an Feld- und Baumfrüchten sowie Fleisch macht eine Belagerung der Insel zwecklos. (158 2 ff.) Dem von heidnischen Schiffen verfolgten Markgrafen Willehalm bietet der erste *kastelân* Zuflucht und Schutz; er sagt: *ir sît mîn herre der markîs*. (155 19) Die hochadligen Flüchtlinge – mit dem Markgrafen flieht Königin Arabel – werden ehrenvoll und höfisch empfangen. (156 24 ff.) Der Markgraf benützt das beste Ritterross des Gastgebers, ein schnelles Tier namens Punzel. (175 8-11) Betont wird die militärische Umsicht (161) des Kastellans bei der Landesverteidigung. Er kann sechstausend Mann aufbieten. (166 5) Für treuen Dienst wird ihm reicher Lohn versprochen. Als der Markgraf um Geleit an den Königshof bittet, berät sich der Kastellan mit seiner Frau, die als *burggrævinne* bezeichnet wird. Sie rät zur Zusage, da dies das gesellschaftliche Ansehen sehr fördern könne. (183 15-22) Die Bezeichnung *kastelân* für den ersten Kastellan wird zunehmend ersetzt durch *burggrâve*, während sie beim zweiten beibehalten wird. (174 9) Am Königshof ist nur noch vom *burggrâve* die Rede. (241 4 f.) Seine Verdienste werden nun mit Geschenken reich belohnt: Er erhält ein besonders schönes Pferd (253 28 f.), dazu ein Ritterross, dessen Wucht im Galopp ausdrücklich betont wird und das der Markgraf einst seinerseits als königliches Geschenk bekommen hatte. (323 16 ff.)

Lässt sich die fiktional in der Provence angesiedelte Erzählpassage nun interpretierend auf die feudalpolitischen Entwicklungen im Böhmen OTTOKARs II. beziehen? (Behr 1989) Reflektiert sie die Entwicklung der Kastellaneien in Ostmitteleuropa? Diese auf eine historische Textinterpretation zielenden Fragen mögen offen bleiben, zur Klärung wären Quellen und Literatur heranzuziehen. – Da läuft noch unsere Pilgermeditation im Hinterkopf.

Einen *kastelân ûf eime kastelân*, gabs das? Soviel lässt sich historisch dazu sagen: Kastilianer waren wuchtige Ritterrosse von hohem Prestigewert, geeignet als königliche Geschenke. In einer literarischen Quelle, dem *Willehalm* des ULRICH VON DEM TÜRLIN, wird geschildert, wie ein Kastellan als Geschenk ein Pferd mit den genannten Qualitäten bekommt. Ein höfisches Publikum wird sich dabei öfter einen Kastilianer vorstellen. Die Annahme, ein begüterter *kastelân* mit militärischen Verdiensten habe als Streitross ein *ros von Spanje* (Er 2327), etwa einen Kastilianer, geritten, lässt sich mit literarischen Belegen stützen. Überprüfbar ist die Hypothese kaum, doch historisch reale Fälle von ‚Kastellan auf Kastilianer' sind von der literarischen Quelle her wahrscheinlich: Gut möglich, dass eine pilgernde Pferdenärrin einem Waldrand des Mittelalters Obiges zu Ohren brachte.

Eine schriftliche Belegstelle aus der höfischen Zeit für unsern *kastelân ûf eime kastelân* ist andererseits ganz unwahrscheinlich. Warum? Der sprachliche Gleichklang von Edelmann und Reittier wäre ein böser Missgriff in der Stilhöhe. Ein höfisches Publikum könnte nämlich bereits als deplaciert empfinden, wenn zuviel Worte um ein Pferd gemacht werden. (Er 7450 ff.) Höfische Dichter im Mittelalter lieben verdichtende Wortspiele wie *den orsen ein ors gelîch gevar* (Pz 474 3), aber ein die Stilhöhe bewusst durchbrechender *kastelân ûf eime kastelân* steht poetologisch quer zur Klassik. Solches zu erkennen, braucht es Wissen zur historischen Poetologie, zur Kultur- und Mentalitätsgeschichte, ein Nachdenken über das Verhältnis von literarischer Fiktion und historischer Realität.

Beim Übersetzen kommen Sie ein gutes Stück weit zu Fuß, pilgernd mit Wörterbuch und Grammatik. Im Grunde vollziehen Sie dabei bereits ein Interpretieren im kleinräumigen Kontext. Allmählich wird eine mediävistische Komponente differenzierend mit einfließen, denn die eigentliche Textinterpretation stützt sich auf Bezugswissen, auf einen literaturspezifischen historischen Ansatz. Kurz: Wollen Sie interpretieren, besteigen Sie ein historisches Reittier. – Wer auf der Philologenhatz den *kastelân ûf eime kastelân* einfängt, darf *daz schœniste kastelân* an König Artus' Hof küssen. Oder muss es reiten.

Ein Blick zurück

Die 15 Seiten dieses Kapitels geben einen ersten Begriff der Termini ‚Althochdeutsch‘ und ‚Mittelhochdeutsch‘: ein kleinerer Erstflug zur raumzeitlichen Sicht auf unser Deutsch – doch ist das oberste **Lernziel Übersetzungsfähigkeit** davon nicht abhängig. Am Studienbeginn dürfte Sie das Kapitel leicht überfordern – luftig dosiert.

Haben Sies eilig? Dann überfliegen Sie das Kleingedruckte. Rein gar keine Muße, einen Flug in die Sprachschlucht zu wagen? Ihre Buße? Drei Spracheunser. Dann Hut und Tasche voraussegeln lassen, Anlauf holen und – Pilgerstabhochsprung bis auf Seite 42.

Foz de Lumbier am Pilgerweg nach Santiago de Compostela. Der Bogen der alten Pilgerbrücke ist eingestürzt. Adler nisten im Fels, segeln mit der Thermik der ersten Sonne aus.

Im finstern Tal der Sprachgeschichte wandern?

Wo in Zeit und Raum ist das früh- und hochmittelalterliche Deutsch zu lokalisieren? Welche gesellschaftliche und kulturelle Eigenart verlieh den überlieferten Sprachzeugnissen ihr Gepräge? Welche lautlichen, lexikalischen und stilistischen Merkmale waren zentral? Antworten darauf in einer durchfliegenden Schau – es geht dabei um Orientierung, atmosphärische Strömung, Wahrnehmung der Charakteristika. Im Weiteren bleibt die Geologie der Sprache oft im Untergrund verborgen – nicht weil sie Wandern im finstern Tal bedeutete, sondern weil unser Lernziel Sprachkompetenz ist, nicht Sprachgeschichtskompetenz. Oft erwächst gerade daraus Interesse für deutsche Sprachgeschichte.

Handbuchartig reich, solide, dabei gut verständlich ist die *Geschichte der deutschen Sprache*, begründet von W. Schmidt, mit Beiträgen von acht Autor(inn)en (^{8}2000). Nach rund 170 Seiten Sprachgeschichte folgen gute Kurzgrammatiken (Althochdeutsch/Mittelhochdeutsch/Frühneuhochdeutsch). – Ein Studienbuch mit Aufgaben ist die *Deutsche Sprachgeschichte* von G. Wolff, ^{3}1994. Wolff betont die Verflechtung von Sprachwandel und Sozialgeschichte, referiert jeweils kurz auch den Forschungsstand. – J. Schildt stellt in der *Kurze(n) Geschichte der deutschen Sprache*, 1991, die „kommunikative Situation" (8) ins Zentrum; das illustrierte Bändchen legt leicht verständlich eine Basis. – Ch. J. Wells, *Deutsch: eine Sprachgeschichte bis 1945*, 1990, verbindet klug „Kapitel aus der historischen Grammatik mit soziolinguistisch orientierten Kapiteln zur Geschichte der Sprachgemeinschaft" (ix). – F. Tschirch, *Geschichte der deutschen Sprache*, ^{3}1989, und H. Eggers, *Deutsche Sprachgeschichte*, ^{2}1986, stellen Sprachgeschichte im Zusammenhang mit der Geschichte von Literatur und Kultur einer Gesellschaft und Epoche dar. – Die durch die Epochenabschnitte verfolgbaren *Grundzüge deutscher Sprachgeschichte* stellt St. Sonderegger 1979 in einer „mehr übergreifenden Analyse der diachronischen Entfaltung des deutschen Sprachsystems" (VII) vor Augen.

Die Sprachbezeichnung ‚Deutsch'

[§ 3] Was meint ursprünglich ‚Deutsch'? Beim Vergleich der westeuropäischen Sprachnamen lassen sich grob zwei Typen ihrer Herleitung unterscheiden. Einige werden aus einem Volks- oder Stammesnamen erklärt, so ‚Dänisch' oder ‚Englisch'. Andere werden aus Namen von Landschaften erklärt, so ‚Holländisch' oder ‚Lateinisch'. ‚Deutsch' aber macht eine Ausnahme. Die Bezeichnung bezieht sich von Anfang auf die Sprache selbst. Das althochdeutsche Adjektiv *thiutisk/diutisk* bedeutet **‚volkssprachlich'**, ‚wie das eigene Volk spricht'. Es ist abgeleitet von ahd. *thiota/diota* bzw. *thiot/diot*, was ‚Stamm' oder ‚Volk' heißt. Im Wort ‚Deutsch' zeigt sich also früh ein Unterscheiden von Eigenem und Fremdem: Hier haben wir unsre eigene Sprache – dort ist die Sprache der Fremden: Romanisch, Slawisch, Lateinisch. (Sonderegger 1979, 38 f.)

Auch das mittelhochdeutsche Adjektiv beziehe sich, so gibt der ‚Große Lexer' an, (I, 443), anfänglich noch auf die Sprache als „eine Sprache des Volkes" (vgl. aber Reiffenstein 1985, 1719). Es gibt die Formen *diutsch*, *diutisch*, *tiutsch*, *tiutisch*, *tiusch*. Sie tragen die uns vertraute Hauptbedeutung ‚deutsch'.

Er	Gr	AH	Iw	MC	Pz	Tr	Da	Hb	Pn
8004	172	–	–	1778	314 21	4739	8152	759	2146

Exkurs: Interpretation zu den Nebenbedeutungen von *diutsch* in Vers 1626 des *Gregorius*

‚Typisch deutsch', was hieß und heißt das konnotativ? Seelenvoll – tiefgründig – gründlich – systematisch – unelegant – grob – niederwalzend – barbarisch – monströs? „Die jeweiligen Konnotationen sind abhängig vom jeweiligen emotionalen Gehalt des Begriffes ‚deutsch'." (a. a. O., 1722)

Es gibt kontextuelle Anzeichen dafür, dass in Gr 1626 das Wort *diutsch* vielschichtig verwendet wird. HARTMANN scheint auf die ältere Bedeutung ‚in der Sprache des eigenen Volkes' noch anzuspielen und ihr einen Nebensinn ‚in der Sprache der eigenen Gruppe' abzugewinnen. – Die folgende Interpretation setzt voraus, a) dass etwa um 1185 im mhd. Adjektiv *diutsch* ein Bedeutungsmoment ‚volkssprachlich' für eine ältere Generation noch mitschwingen konnte (Wiessner/Burger ^{3}1974, 189 f., 252 f.), und b), dass dieses Bedeutungsmoment im spezifischen Kontext einen Beiklang ‚gruppensprachlich' erhalten konnte.

In Gregorius, dem herangewachsenen Klosterzögling, regt sich die adlige Herkunft. Er beabsichtigt fortzureisen, Ritter zu werden, was den Abt mäßig begeistert. Doch Gregorius „versetzt seinen Mentor

[...] in einer bravourösen Lobesrede über ritterliche Technik in helles Erstaunen.“ (Wells 1990, 130) Die Rede (1558–1624) wirkt mit den Lehnwörtern aus dem Altfranzösischen eigenartig authentisch: *turnieren* (urspr. ‚das Pferd kunstvoll hin und her wenden‘, ‚turnieren‘), *surzengel* (‚Obergurt‘), *puneiz* (‚Anritt zum Lanzenstoß‘), *gejustieren* (‚ritterlichen Lanzenkampf ausführen‘), *gevælen* (‚beim Lanzenkampf nicht treffen‘); die Formen *ritter* statt *rîter* und *ors* statt *ros* hatten zudem einen modernen flämischen Beiklang. Hochwürden, eine Generation älter und mit der älteren Bedeutung ‚in der Sprache des eigenen Volkes‘ noch im Ohr, antwortet hierauf leicht pikiert: *sun, dû hâst mir vil geseit, manic ‚tiutsch‘ wort vür geleit, [...].* Zu übersetzen wäre: ‚Sohn, du hast mir viel erzählt, manch ‚volkssprachliche‘ Vokabel aufgetischt, [...].‘ Mitzuhören wären sprachkritische Ironie und erstaunte Resignation.

Inwiefern ironische Sprachkritik? Das Gegenteil des Gesagten trifft zu. Gregorius verwendet nicht *manec diutsch wort*, sondern diverse französische Lehnwörter. Die Bemerkung des Abtes muss sich genau darauf beziehen. Gründe: Die Rede als Ganzes ist bereits erwähnt. (1625) Dass sie auf Deutsch gehalten wird, muss nicht betont werden, alle vorherigen Dialoge sind auch deutsch. *wort* steht im Singular, gemeint sind also diverse (1634: *sîn*; vgl. App.) Einzelwörter eines Lernpensums (1631 ff.), d. h. Vokabeln. Sie sind von der Art, dass sie Befremden über den Sprecher auslösen (1627 f.); fast wörtlich gleich (Gr 1629 ~ Hb 756) formuliert im *Helmbreht* der Vater sein Befremden über die fremdsprachigen Brocken des Sohns. Vor allem aber: Ebenso gut, behauptet der Abt (1630), hätte er Griechisch verstanden. „Griechischkenntnisse waren im westeuropäischen Mittelalter allgemein gering. Als eine der >drei heiligen Sprachen< findet das Griechische zwar [...] Interesse, wird aber nur von wenigen Gelehrten wirklich beherrscht [...].“ (Artikel <Griechischkenntnisse>, in: *Sachwörterbuch der Mediävistik*, 1992, 317) Da zudem die deutschen Ritterausdrücke (1595 ff.) nicht dermaßen ‚fachchinesisch‘ sind, lässt sich schließen: Der alte Geistliche stößt sich an den Lehnwörtern des Jungen. Solche Fachausdrücke sind kennzeichnend für die Ausrichtung der staufischen Adelskultur am französischen Rittertum. Die deutschen Sätze mit französischen Wörtern zu *strîfeln*, ‚bunt zu machen‘, galt am Hof, aber sicher nicht im Kloster, als vornehm und lehrreich. (Bumke 1986, I, 114) Gregorius möchte werden wie die Ritter aus Flandern und Brabant (1575 f.), die romanischen Einfluss vermitteln. HARTMANN entlarvt ironisch die kritische Haltung des Abts – von Sprachpurismus zu sprechen, wäre historisch verfehlt –, indem er ihm ein lateinisch-deutsches *crêde mich* (→ S. 34 Hypothese v. Wells) in den Mund legt, das gewiss nicht weniger gruppensprachlich charakteristisch ist. (1628)

Inwiefern erstaunte Resignation des Abtes? Er ist mit Ritterkultur bekannt (1646 ff.) und hat sich mit vielen Kundigen darüber unterhalten. (1547 f., 1563) Trotz pädagogischer Gesichtswahrung vor dem Zögling (1629 f.) weiß er dieses ‚Griechisch‘ leider nur zu gut einzuordnen: *dû bist daz merke ich wol daran des muotes niht ein klôsterman.* (1635 f.) Das ist nicht die Sprache friedfertiger Klosterbrüder. Per negationem: Da redet sein Gottesgeschenk doch exakt den Jargon streitbarer Turnierbrüder! Gregorius kann die Ausdrücke weder in der Klosterschule memoriert noch im vormaligen Fischermilieu aufgeschnappt haben. Woher stammen sie? Offenbar wirkt ein Numinosum: Der Findling greift französische Rittertermini aus der Luft selbst noch eines Klosters. Aus seinem Innersten dringt – und auf diese nachklingende ältere Bedeutung spielt der alte Ersatzvater an – manche Vokabel ‚in der Sprache des eigenen Volkes‘, im Kontext: manch ‚gruppensprachliche‘ Vokabel. Die soziolektalen Einsprengsel bezeugen eine Gruppenzugehörigkeit, gegen die alle geistliche Sozialisation machtlos war. (Vgl. Lk 2, 49 f.) Gregorius‘ Tafel hatte dem Abt ja einst die adlige Genetik äußerlich offenbart. (1040 ff.) Nun wird ihm an den lexikalisch persuasiven Wortfremdkörpern von numinoser Herkunft die innere Ritteranlage klar: *nû wil ich dichs niht wenden mê. got gebe daz ez dir wol ergê und gebe dir durch sîne kraft heil ze dîner ritterschaft.* (1637 ff.) In Gregorius‘ Bewusstsein ist die ritterliche Vorstellungswelt seit der Phase kindlicher Gewissensbildung (1569 ff.) spontan gegenwärtig. Die Vokabeln gehen – das suggeriert der Text dem höfischen Publikum ideologisch willig – letztlich auf die adlige Herkunft, die Ritterstämmigkeit zurück.

„Aus der Gruppensprache der Ritter gelangte das höfische Vokabular dann einerseits (zum Teil) in die Gemeinsprache, andererseits in die mhd. literarischen Werke.“ (Lüdtke 1984, 873; grundlegend ist Öhmann 1974, Zusammenstellung bei Keller 1978, 320 ff., vgl. auch Bumke 1986, Bd. 1, 83 ff.)

Die zeitliche Dimension

Das alte Deutsch erscheint als seltenes Motiv in der neuhochdeutschen Literatur, etwa im HILDESHEIMER-Zitat oben auf Seite 16 als Chiffre für Fremdsein unter seinesgleichen, für Verlust und Suche. In CHRISTA WOLFs *Nachdenken über Christa T.* besucht die Protagonistin die Universität. An der Wandtafel im Hörsaal steht ein metrisch bezeichneter Vers WALTHERs VON DER VOGELWEIDE (L 39, 1): *úns hât der wínter geschádet überál.* In Erwartung des Sommers beginnt das Gedicht. In dem Moment bemerkt die junge Frau ihre Beinahe-Freundin von damals, Christa T., in der vorderen Bank. (1999, 34) In HERMANN BURGERs *Die künstliche Mutter* stellt sich der auf der Muttersuche verzweifelnde Privatdozent Schöllkopf in der Gotthardgegend auf einen Granitblock, deklamiert seine früheste Wunde althochdeutsch, vom Muttergestein herab in Stabreimen schreiend: *O filu firinlihho muoter, o gutinna giwaltigun in wuostinnom ...* ‚O ihr schrecklichen Mütter, o gewaltige Göttinnen in der Einöde [...]'. (1982, 110)

[§ 7] Steinalte Sprache, und hervorgegangen aus noch älterer: Deutsch ist eine der germanischen Sprachen, und die germanischen Sprachen gehören zur indogermanischen Sprachgruppe. Sonderegger (1979, 181) gibt die folgende im Allgemeinen anerkannte **Periodisierung** der verschiedenen Sprachstufen innerhalb des Deutschen und gliedert anschaulich Ober- und Unterbegriffe. In Klammern stehen die fließenden Ansätze.

Die zeitliche Einteilung der deutschen Sprachgeschichte

600–1070	Frühmittelalterliches Deutsch
600–1070	1. Althochdeutsch
600–800	1.1. Frühalthochdeutsch
1. Hälfte 9. Jh.	1.2. Normalalthochdeutsch (= Ostfränkisch)
950–1070	1.3. Spätalthochdeutsch
1070–(1500)	Hochmittelalterliches Deutsch
1070–(1500)	2. Mittelhochdeutsch
1070–1180	2.1. Frühmittelhochdeutsch
1180–1300	2.2. Höfisches Mittelhochdeutsch
1180–1230	2.2.1. Hochhöfisch
1230–(1300)	2.2.2. Späthöfisch
1300–(1500)	Spätmittelalterliches Deutsch
1300–(1500)	2.3. Spätmittelhochdeutsch
(1500)–	Deutsch der Neuzeit
(1350)–	3. Neuhochdeutsch
(1350)–(1650)	3.1. Frühneuhochdeutsch
(1650)–1800	3.2. Älteres Neuhochdeutsch
1800–1945	3.3. Jüngeres Neuhochdeutsch
1945–	3.4. Gegenwartsdeutsch

‚Mittelhochdeutsch' bezeichnet die Sprachstufe zwischen dem Althochdeutschen und dem Neuhochdeutschen, die Komponente ‚Mittel-' meint hier eine zeitliche Abgrenzung gegen das ‚alte' und das ‚neue' Hochdeutsch.

Die ältere Forschung setzte den Übergang vom Mittelhochdeutschen zum Neuhochdeutschen gemäß 2.3. an, indem sie den Einfluss LUTHERs (1483–1546) bei der Schaffung einer nhd. Schriftsprache noch zu eigenständig einschätzte oder sich an das außersprachliche Kriterium des Anbruchs der Neuzeit hielt. Aktueller ist die unter 3. gegebene Periodisierung, wobei hier im einzelnen Forschungskontroversen bestehen. Penzl (1989, 13) rechnet alle Texte und Handschriften nach 1350 zum Frühneuhochdeutschen, dies aufgrund innersprachlicher Veränderungen, die von außen durch politischen, kulturellen und wirtschaftlichen Wandel aber angestoßen worden sein können. Doch ist mit regionalen Periodisierungsunterschieden zu rechnen, wobei das Alemannische mhd. Sprachstand bis ins 15. Jahrhundert aufweist.

Die Texte unseres Korpus fallen wie ersichtlich in die hoch- und spàthöfische Periode des Mittelhochdeutschen. Sie werden von der Forschung mit einer gewissen Bandbreite wie folgt datiert:

Er	Gr	AH	Iw	MC	Pz	Tr	Da	Hb	Pn
1180 bis 1190	nach dem *Erec*	vor dem *Iwein*	1191 bis 1203	1180 bis 1230	1200 bis 1210	um 1210	1220 bis 1250	1250 bis 1280	1270 bis 1277

Fazit: Das hier zu erlernende mittelalterliche Deutsch gehört einer rund 120-jährigen Periode innerhalb der rund 1400-jährigen deutschen Sprachgeschichte an.

Die räumliche Dimension

[§ 4] Die Umrisse des gesamten ‚deutschsprachigen' Raums waren im hohen Mittelalter nicht deckungsgleich mit den **Grenzen des deutschen Reichs**. Die Reichsgrenzen „ragten im Westen weit über die deutsch-französische Sprachgrenze hinaus und umschlossen von Flandern bis zum Mittelmeer einen breiten Gürtel französischer Kultur. Seit dem 10. Jahrhundert beanspruchten die deutschen Könige auch die Herrschaft über Italien. Im Osten gab es gegenüber den dort siedelnden slawischen Stämmen keine festen Grenzen […]." (Bumke 1990, 9)

Generell waren die **Grenzen des deutschen Sprachraums** im Westen und Norden relativ fest, während sie sich im Osten sehr und im Süden geringfügig ausdehnten. – Im Westen verlief eine deutsch-französische Sprachgrenze seit dem 10. Jahrhundert im Elsass und in Lothringen. (Rautenberg 1985, 1120 f.) Im Norden nimmt man hypothetisch eine Grenze gegen das Dänische etwa bei der Eider an. (Hartig 1985, 1072) Anders im Osten und Süden: „Das herausragende Ereignis ist […] die Kolonisation weiter Gebiete östlich der Elbe und Saale (12.–14.Jh.), in denen sich die Mundarten der deutschen Siedler gegen das Slawische der einheimischen Bevölkerung durchsetzten." (Rautenberg, a. a. O.) Im Südosten weitete sich das Bairische in das Gebiet des heutigen Österreich aus, im Süden erreichte das Alemannische die Walliser Alpen mit dem Monte Rosa.

Die genannte „Kolonisation“ bedeutete oft die schonungslose Unterdrückung der slawischen Bevölkerung mit der Folge der Leibeigenschaft, dies unter Vorschützung christlicher Gründe. (Wells 1990, 108) Der wichtigste Grund für die ‚Auswanderung‘ der bäuerlichen Siedler war der Anstieg der Bevölkerungszahl im alten Siedlungsraum des deutschen Reiches: Für die 300 Jahre von 1050 bis 1350 rechnet man mit einer Zunahme von 3,5 auf 6,4 Millionen Menschen. Weder die Fortschritte im Landbau noch die teilweise Rodung und Kultivierung der binnenländischen Urwälder – Bayerischer Wald, Oberpfälzer Wald, Schwarzwald – konnten die Ernährung sichern.

Dieser deutsche Sprachraum wurde im Innern durch die **zweite oder hochdeutsche Lautverschiebung** geteilt. Sie hob das Althochdeutsche langsam vom Germanischen ab, indem die ursprünglich germanischen Konsonanten p, t und k sowie b, d und g in bestimmter Weise ‚verschoben‘ wurden. Es wurde zum Beispiel altsächsisches (germ.) *makôn* im Althochdeutschen zu *mahhôn*, im Mittelhochdeutschen bereits wie im Neuhochdeutschen *machen* geschrieben.

Die zweite Lautverschiebung dauerte etwa vom 6. bis zum 9. Jahrhundert. Seither ist der deutsche Sprachraum geografisch geteilt in das **Hochdeutsche** und das **Niederdeutsche**. Die Verschiebung lässt sich im Alpenraum zuerst nachweisen. Sie ist im Alemannischen und im Bairischen am konsequentesten durchgeführt. Ihr Ursprung wird daher im Süden angenommen. Gegen Norden schwächt sie sich ab und kommt an der sog. *maken/machen*-Linie zum Stillstand. Weiter nördlich ist der Lautstand dann unverschoben. Die fetteste Linie (= a) auf folgender Karte (aus Paul u. a. 1998, 6) markiert den Stillstand der Verschiebung an der *maken/machen*-Linie, also die Grenze zwischen dem Hoch- und dem Niederdeutschen, soweit sie sich aus den schriftlichen Zeugnissen für die mittelhochdeutsche Zeit erschließen lässt. Die Grenze ist in der Wirklichkeit ein Band von

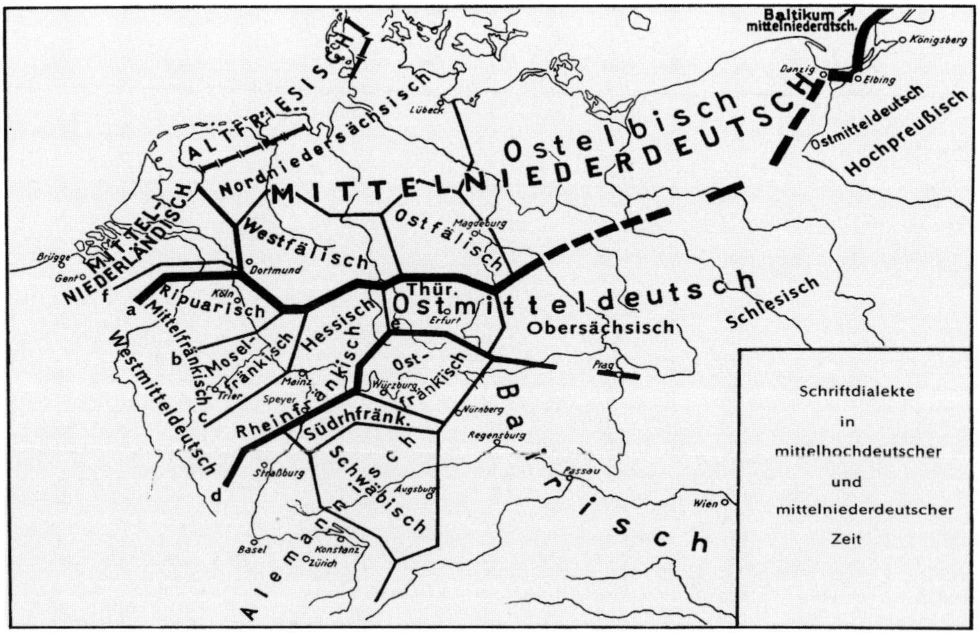

einigen Kilometern Breite. Sie heißt nach dem Ort, wo sie den Rhein überquert, auch die Benrather Linie. Heute verläuft sie etwa von Aachen über Benrath bei Düsseldorf, das Rothaargebirge, über Kassel südlich an Magdeburg vorbei nach Wittenberg und Frankfurt an der Oder. Während der mhd. Sprachperiode verlief sie vor allem im Osten etwas weiter südlich. – Die Komponente ‚-hoch-' im Begriff ‚Mittelhochdeutsch' steht demnach für räumliche Abgrenzung gegen das Mittelniederdeutsche.

Die Linie d nennt man *appel/apfel*-Linie. Sie unterteilt das Mittelhochdeutsche seinerseits in das **Mitteldeutsche** und das Oberdeutsche. – Die Begriffskomponente ‚Mittel-' in ‚Mitteldeutsch' bezieht sich, anders als oben, nicht auf den Zeitraum, sondern auf den geografischen Raum. Die kurze Linie e, *pund/fund*-Linie genannt, unterteilt das Mitteldeutsche in das Westmitteldeutsche und das Ostmitteldeutsche. Das Ostmitteldeutsche Obersachsens (Meißen) wird später die Basis der neuhochdeutschen Schriftsprache.

Unsere Korpustexte entstammen dem Gebiet des **Oberdeutschen**, wo p zu pf (Apfel) verschoben ist. Das Oberdeutsche umfasst das Alemannische, das Schwäbische, das Bairische und einen Teil des Fränkischen. Aus dem Raum stammen fast alle großen höfischen Autoren, doch gab es bereits um 1150 ein literarisches Zentrum am Mittelrhein.

Fazit: Die Texte unseres Korpus repräsentieren die geschriebene Kunstsprache von Literaten aus dem oberdeutschen Raum. Die von ihnen im Alltag gesprochene Sprache dagegen war der alemannische, schwäbische, bairische oder fränkische Dialekt.

Vom Althochdeutschen zum Mittelhochdeutschen

Die Sprachkultur im deutschen Mittelalter zeigt im Übergang vom Althochdeutschen zum Mittelhochdeutschen einige kennzeichnende Veränderungen besonders soziokultureller, lautlicher [§ 12] und stilistischer Art.

Die **Träger** einer althochdeutschen schriftlichen Überlieferung sind die Mönche in den klösterlichen Schreibstuben. Die Ausbildung der Schriftkultur ist an die Christianisierung gebunden. Das Vaterunser wird aus dem Lateinischen in die Sprache des Volkes übertragen, auch der Glaubensartikel, Beichtformulare oder Bibelstellen. Stilistisch prägend ist der Stabreim, auch ‚Alliteration' genannt, ein Stilmittel ursprünglich der germanisch-heidnischen, mündlichen Erzähltradition:

dar ni m*ac denne* m*ak andremo helfan uora demo* m*uspille.*

„Stabreim heißt Schallreim gleicher Anfangskonsonanten oder Konsonantengruppen im Anlaut und [...] aller anlautenden Vokale zusammen." (Sonderegger 1979, 292) Er ist auf Nomen und Verben beschränkt, begegnet heute etwa in der Sprache des Journalismus.

Im Ton prophetisch, beschwörend, beklemmend, in der Stabreimtechnik allerdings recht unregelmäßig, sei als Beispiel eine Stelle aus dem *Muspilli* (9. Jh.) angeführt, interlinear die Übersetzung. Elias kämpft mit dem Antichrist, eine der „Glanzstellen der althochdeutschen Literatur." (Pickering 1966, 104) Sein Blut tropft auf die Erde. Der Weltbrand geht los.

so daz Eliases pluot *in erda kitriufit*
Wenn das Blut des Elias auf die Erde träuft,

so inprinnant die perga, *poum ni kistentit*
so entbrennen die Berge, kein Baum bleibt stehen,

enihc in erdu, *aha artruknent,*
keiner auf Erden, die Wasser vertrocknen, [Lesehilfe:]

muor varsuuilhit sih, *suilizot lougiu der himil,* [*uu* = w, *u* in *suilizot* = w]
das Moor verschlingt sich, es schwelt im Feuer der Himmel,

mano uallit, *prinnit mittilagart,* [*u* = f]
es fällt der Mond, der Erdkreis brennt.

denni kistentit eik in erdu, *uerit denne stuatago in lant* [*u* in *uerit* = f]
Dann steht keine Eiche mehr (?) auf der Erde, wenn dann der Gerichtstag fährt ins Land,

uerit mit diu uuiru *uiriho uuison* [*uui* = fui, *u* in *uiriho* = f, *uu* = w]
wenn er herfährt mit Feuer, heimzusuchen die Menschen.

dar ni mac denne mak andremo *helfan uora demo muspille.* [*u* = f]
Da kann kein Verwandter dem andern helfen angesichts der Zerstörung der Welt.

(Verse 50–57, zitiert nach Braune, *Ahd. Lesebuch*, Nr. XXX; Übersetzung und Vers 55 nach Haug, *Das* >*Muspilli*<, 1977, 43.)

Das *Muspilli* war überregional verbreitet, ist aber nur in einem Bruchstück überliefert, eingetragen „durch eine des Schreibens offenbar ungeübte Hand auf den Anfangs- und Schlußseiten eines lateinischen Codex [...].“ (Kartschoke 1990, 135) Das Schreckensgedicht steht ganz im Bann der Apokalypse: Tod, Seelenkampf, Weltuntergang, Himmel, Hölle, Jüngstes Gericht. Das zentrale, aber nicht mit einem Titel gleichzusetzende Wort *muspilli* hat zwar Entsprechungen in weiteren altgermanischen Sprachen, ist aber „ungeklärter Herkunft, unsicherer Etymologie und nur vage bestimmbarer Bedeutung.“ Es signalisiere „die äußerste Steigerung des zu benennenden Schreckens“ (a. a. O., 136 f.); säkulare Teilinhalte des ahd. Wortes mag das heutige Wort ‚Holocaust‘ ausdrücken. Der Text folgt insgesamt keiner bestimmbaren Vorlage. Das aber ist die Ausnahme.

In der Regel nämlich ist der **Wortschatz** der ahd. Dichtung stark vom Lateinischen beeinflusst, die deutsche Literatur ist in den ersten anderthalb Jahrhunderten Übersetzungsliteratur. „Die Übersetzungen, zu allererst nur in einzelnen Glossen [Erläuterungen zu unverständlichen Textstellen; M. G.] bestehend, entwickeln sich rasch weiter zu vollständigen Interlinearversionen.“ (Eggers 1986, 189) Es sind geduldige Übungen über Tage und Wochen und Monate und Jahre mit dem Ziel, zum ersten Mal die Bedeutungen der lateinischen Wörter in der eigenen Sprache zu unterscheiden, ihre Mitte zu treffen, eigene Sprache zu finden. Hinter festen Mauern geschieht lautlos sprachliche Rodungsarbeit. Möglicherweise hat sich im Klosteralltag eine gelehrte lateinisch-deutsche Mischsprache ergeben, vergleichbar der Sprache LUTHERS in den *Tischreden.* (Wells 1990, 56)

Auf dem kargen Gelände wird dann NOTKER DER DEUTSCHE (950–1022), auch LABEO, der Breitlippige, genannt, zum bedeutendsten, unerhört sprachschöpferischen Übersetzer. NOTKER, ein pädagogisch-didaktisches Naturtalent, ist Mönch in St. Gallen, leitet Bibliothek und Klosterschule. „Kein anderer althochdeutscher Autor verfügt über einen so umfangreichen und so differenzierten Wort- und Ausdrucksschatz wie der

St. Galler Gelehrte. Er ist in seiner vollkommenen Sprachbeherrschung der eigenen Zeit um Jahrhunderte voraus, und erst auf der Höhe der höfischen Literatur um das Jahr 1200 finden sich – auf anderem sprachlichen Felde – wenige hervorragende deutsche Dichter, deren Ausdrucksfähigkeit sich mit Notkers Werk messen kann.“ (Eggers 1986, 192) NOTKER übersetzt den Psalter, Werke von ARISTOTELES, VERGIL, TERENZ, MARTIANUS CAPELLA, BOETHIUS. Er habe als junger Mann in klösterlicher Kleidung einen Wolf getötet, beichtet der lebenslängliche Philologe im Alter von zweiundsiebzig Jahren als die schwerste begangene Sünde. Im Mönchsgewand wünscht er begraben zu werden, um den Körper die Kette, die er zeitlebens getragen hat. Er stirbt an der Pest.

Von den Bakterien zu den Lauten. Beim **Lautstand** betreffen die Veränderungen vom Althochdeutschen zum Mittelhochdeutschen insbesondere den Vokalismus (Vokalbestand). Es kommt im Mittelhochdeutschen zu einer **Vermehrung** der bedeutungsunterscheidenden vokalischen Laute, weil ein ursprüngliches i der Folgesilbe die Laute a, â, o, ô, u, û, ou und uo umlautend beeinflusst (^ = lang). Es wird also z. B. ahd. *mohti* zu mhd. *möhte*. Neu zur Verfügung stehen damit ä, æ, ö, œ, ü, iu (= langes ü, spätahd. noch als Doppellaut íu gesprochen, mhd. nur noch so geschrieben), öü und üe. Die Umlautung setzt bereits ahd. ein, wird aber erst in mhd. Zeit schriftlich vollständiger bezeichnet, weil ihr erst dann phonemische (bedeutungsunterscheidende) Funktion zukommt. (Zum Terminus ‚Umlaut‘ finden Sie mehr Information auf Seite 93 f.)

Stilistisch bedeutsam für die mhd. Dichtung wird die Abschwächung der Nebensilben, ursprünglich im Germanischen (1. Jahrtausend v. und n. Chr.) ausgelöst durch die Verlagerung der Betonung auf den Wortanfang. Später dann, im Mittelhochdeutschen, resultiert daraus eine **Abschwächung** der nicht betonten vollen ahd. Vokale a, i, o und u zu unbetontem e. Manchmal fällt dieses ganz weg. Es wird zum Beispiel ahd. *gibirgi* zu mhd. *gebirge* oder ahd. *turi* zu mhd. *tür*. Weitere Beispiele zeigt obige *Muspilli*-Stelle. Warum ist das stilistisch bedeutsam? Der Zusammenfall von Flexionsendungen macht den Endreim viel einfacher: In Iw 7293 f. etwa haben wir einen Reim *sinnen – minnen*; im Althochdeutschen wäre das für den Endreim untaugliches *sinnan – minnôn*. „Der reiche und rhythmische Vers der Dichtung des dreizehnten Jahrhunders beruht gerade auf den vielen nichtflektierten Silben.“ (Wells 1990, 40)

Nach NOTKERs Tod im Jahre 1022 reißt die Überlieferung von fortlaufenden deutschen Texten ab. Den Neueinsatz der Überlieferung um 1070 und damit den Beginn der frühmittelhochdeutschen Periode markiert Bibeldichtung, inhaltlich noch von der lateinischen Dichtung abhängig, sprachlich bereits „eigenständig und unbeeinflusst von der lateinischen Rhetorik.“ (Rautenberg 1985, 1122) Die Verfasser geistlicher Dichtung im 11. und 12. Jahrhundert sind „in den unteren Rängen der geistlichen und gegebenenfalls weltlichen Hierarchie zu suchen. Dabei kann es sich um Mönche oder Weltpriester, Stiftsherren oder Scholastici handeln.“ (Kartschoke 1990, 219) Auch an Laien und fahrende Spielleute ist zu denken. Im Hochmittelalter entsteht dann eine besonders von adligen Laien getragene weltliche Dichtung.

Fazit: Schriftliche deutsche Texte keimen im Althochdeutschen auf dem umfassenden Nährboden der kirchlichen, lateinischsprachigen Schriftkultur und lösen sich seit dem Frühmittelhochdeutschen zunehmend davon ab. Sonderegger spricht von der Konstante „Verdeutschung der Überlieferung“. (1979, 227 ff.)

Höfische Kunstsprache über dialektaler Vielfalt

[§§ 9/11] Die deutsche Sprachgeschichte von etwa 1180 bis etwa 1230 scheint an die Literaturgeschichte dieser Zeit gebunden, weil bevorzugt epische und lyrische Dichtungen verschriftlicht wurden, die der Germanistik als **Quellen** dienen: die höfischen Romane und Erzählungen, die Minnelyrik, die Spruchdichtung, die Heldenepik. Die Quellen sind nicht Niederschriften der Autoren selbst, treten nicht ‚sogleich' als Autographen zu Tage. Es sind mehr oder weniger getreue Abschriften, die teils viel später (→ Anm. S. 16) als die Texte entstanden sind. Zusätzlich getrübt sind die Quellen durch Normalisierung (→ S. 18), Editionspraxis (vgl. Bein 1998, 102 ff., Weddige 2001, 32 ff.) und – was leicht außer Acht fällt – eingefügte Interpunktion. (→ S. 61, 70) – Ein so entstandenes Bild des Mittelhochdeutschen gleicht einer zurechtgezupften Blüte – die Metapher hat hier viel für sich. Der Rest der Pflanze, vor allem ihre Wurzel im Sprechdialekt, bleibt im Dunkel.

Die literarischen Quellen zeigen eine poetologisch wache, bis ins lautliche Detail hellhörige Kunstsprache, die ihren geistigen Reichtum – virtuose Natürlichkeit, formstrenge Sublimierung, spirituelle Sinndichte – nah beim materiellen Reichtum des Publikums platziert ... mit Humor, Anspielung, Ironie, mit Lakonie, Sarkasmus und Groteske feiert sie höfisches Darüberstehen. Das Verlies ist unten. Erst spätere Literatur wird das Alltägliche, Vulgäre, Obszöne, Perverse in Erinnerung rufen. Minnesang und höfische Epik stehen im Mittelpunkt des literarischen Lebens an den Fürstenhöfen. Für kleinere Adelssitze ist der Vortrag von Spruchdichtung nachweisbar. (Bumke 1990, 42 f.)

Im **Minnesang** dilettieren Abkömmlinge historisch bezeugter Adelshäuser, vom niedern Adligen bis zum Kaiser. (Vgl. Weddige 2001, 35 ff., 243 ff.) Minnesang ist eine ‚Sing-Performance' von Liebeslyrik in geselliger Hofrunde, meist dargeboten und mit Saiteninstrument begleitet von adligen Berufskriegern. Möglicherweise hat das Publikum dazu getanzt. Worte und Melodie wurden mündlich tradiert, bei Bedarf aber auch notiert. (Bumke 1990, 44 ff.) Die Kunst wird von den in der Regel lese- und schreibunkundigen Herren nicht nur dilettantisch betrieben, wenn wir das literarische Zeugnis so verstehen dürfen: Der Herr Heinrich *sanc vil wol von minnen.* (AH 71) Allerdings erforderte das Waffenhandwerk rohe Kraft, das Spiel eines Saiteninstruments feine Motorik. Hohes Niveau erreichten eher nichtadlige fahrende Musikerdichter. Tristan, Volker – nur Literatur?

Die **höfischen Romane** wachsen heran in der jahrelangen Arbeit von oftmals unfreien ministerialen Berufsdichtern, in Auftrag gegeben von weltlichen Fürsten, die sich als *illiterati*, als ungelehrte Analphabeten, für diese Literatur interessieren. „Die fürstlichen Mäzene ziehen die Dichter an ihre Höfe, besorgen die – meist französischen – Vorlagen und das teure Schreibmaterial; sie stellen die Schreiber zur Verfügung und entlohnen die Dichter." (Rautenberg 1985, 1126) Diese von Fürstengunst und -lohn Abhängigen sind meist *litterati*: Sie haben Kloster- oder Domschulen durchlaufen, sind bewandert in den Sieben Freien Künsten, verstehen oft Latein und Französisch. In ihre Werke lassen sie kampftechnische, theologische, juristische, naturkundliche und medizinische Kenntnisse einfließen. Man nimmt an, dass die in Schrift festgehaltenen und kostenintensiv weiterkopierten Werke im Kreis der Hofgesellschaft oder der Familie über das Ohr aufgenommen wurden, vorgetragen aus einer manchmal erst im Entstehen begriffenen Handschrift durch den Dichter selbst, durch einen Kleriker oder eine der gebildeten adligen Frauen:

ir lesen was eht dâ vil wert, wird von der Tochter eines adligen Paares gesagt, die ihre alten Eltern bei der Lektüre im Baumgarten zum Lachen bringt: ‚Ihr Vortrag galt halt da sehr viel.‘ (Iw 6470) Daneben wird auswendige Rezitation wie auch stille Augenweide beim Lesen der Handschrift vorgekommen sein. (Bumke 1990, 46 ff.)

Wer **Spruchdichtung** feilhält, am Hof, beim Turnier, auf der Gasse, zieht als *wol sprechender spilman* (Er 2199) mit den rechtlosen Fahrenden, ist unter Musikern, Artisten, Zauberern, Steinzerbeißern und Konsorten sozusagen ein hoffender Hausierer und unbehauster Hofierer mit Lyrikware. Etliche dieser Berufsdichter sind gelehrt, doch nur wenige haben es wirklich zu Ansehen und Anwesen gebracht. Ihr Metier fasst die Formel *guot umb êre nemen*: eine Belohnung für Herrenlob ergattern, das Auskommen mit dem Ansehen bezahlen. HARTMANN schildert im höfischen Roman (Er 2166–2204) eine utopisch reiche Belohnung von Spruchdichtern und Spielleuten: Eine Aufforderung an den Mäzen, den Beutel auch für gebeutelte Berufsgenossen zu öffnen, eine Mahnung zur *caritas*? Oder eigene Profilierung und Schutz vor dem allgegenwärtigen *nît* (2188) der Spruchdichter? Wohl auch ein melancholisches Ringen um Würde ist deren Klage über das Fahrendenschicksal oder die Herrenschelte. Weiter wird über die Freigebigkeit, über Welt und Gesellschaft, Politik und Religion, Moral und Lebenserfahrung, Jugend- und Ständelehre, Kunst und Werte – gesungen! „Sprüche wurden keineswegs nur gesprochen, sondern wie Minnelieder gesungen.“ (Weddige 2001, 277; zu dem Problem der Gattungsabgrenzung a. a. O. und Scholz 1989) Neben den metrisch-musikalischen Gemeinsamkeiten mit dem Minnesang gibt es solche der Tradierung. Auch Spruchdichtung lebt im Gedächtnis des Mündlichen, wird nicht immer verschriftlicht. Das soziale Gefälle zwischen adligen Minnesängern und fahrenden Spruchdichtern verringert sich durch vergleichbare Aufführungs- und Tradierungspraxis aber nicht. Ein Indiz: Minnesang und Sangspruchdichtung werden in den Handschriften deutlich gesondert. (Scholz 1989, 431)

Spezifisch in den etwa fünf Jahrzehnten vor und nach 1200 ist deutsche Literatur an den Höfen **höfische Literatur**. Von der Tautologie abgesehen ist damit eine Aussage über den Ort, die Mentalität und die ideologische Funktion dieser literarischen Kultur gemeint. – Der Ort, an dem das Vortragen und Hören, Schreiben und Lesen von literarischen (und urkundlichen) Texten statthat, ist nicht länger nur das Kloster, der Bischofssitz. Das „Bildungsmonopol der Geistlichkeit“ (von Polenz 1978, 53) ist gebrochen. Literatur wird zur Domäne auch der weltlichen Zentren, besonders der Fürstenhöfe mit ihren Kanzleien; genannt seien Kleve, Braunschweig, Eisenach, die Wartburg in Thüringen, Zähringen, Altdorf-Weingarten, Andechs-Meran, Regensburg und Wien (eine Karte bei Rautenberg 1985, 1127 (n. Bumke 1979)). – Diese am Hof produzierte und rezipierte Literatur ist vom Ideal des Höfischen durchdrungen. Sie zielt damit auf die Mentalität ihres adligen Publikums: Freude an festlicher Hofhaltung, gehobenes Wir-Bewusstsein, christliches Ritterethos, Frauendienst, Geselligkeit im Kunstgenuss und gepflegte Umgangsrituale schließen sich zusammen zur Emanzipation von geistlicher Weltdeutung. Der Idee einer Welt- und gleichwohl auch Gottgefälligkeit mag im Seelischen ein Nachlassen der eschatologischen Angstbereitschaft entsprochen haben. (Als ‚psychohistorische‘ Gegenstücke kann man die *Muspilli*-Stelle auf Seite 34 und Iw 646–672 verstehen.) – Da höfische Literatur sich auf eine Mentalität bezieht, von der ihr Entstehenkönnen zugleich materiell abhängig ist – streng genommen gilt dies nur für die Romane und Erzählungen –, wird ihr eine ideologische Funktion zuteil: Sie vermittelt und bestärkt ein adliges Selbstbewusstsein, das sich im höfischen Tugendideal hochstilisiert und so weltliche Machtansprüche legitimiert. Natürlich haben diese Geschichten auch spannend unterhalten, und ihre Individuationsmodelle formten abendländische Lebensentwürfe archetypisch mit.

Ein früher Vorreiter aus dem südniederländisch-limburgischen Raum, HEINRICH VON VELDEKE (c. 1145 –1210), gilt den oberdeutschen Dichtern mit seiner *Eneide* als Begründer literarischer Hofkultur. Der Alemanne HARTMANN VON AUE (c. 1160–1210) führt dann mit dem *Erec* und dem *Iwein* den Artusroman in Deutschland ein. Für die Zeitgenossen ist HARTMANN ein „Dichter von höchster Vorbildhaftigkeit, der in seinen Erzählungen Modellfälle der Harmonie von Sprache und Sinn geschaffen" hat. (Mertens 1989, 166) Er selbst beschreibt sich als ein Bücher liebender Ritter (Iw 21 ff.), dabei mag er an die toposnahe Vorstellung der Harmonie von *kunst unde kraft* (Iw 7003) gedacht haben: Seine literarischen Haudegen wüssten Vorlesungen zu bestreiten – jedenfalls über Kampfkunst. (Iw 7004 f.) An weiteren Autoren und höfischen Romanen von weltliterarischem Rang sind im Ostfränkischen WOLFRAM VON ESCHENBACH (c. 1170 –1220) mit dem *Parzival*, im Alemannischen GOTTFRIED VON STRASSBURG (um 1210) mit dem *Tristan* zu nennen. Besonders WOLFRAM brilliert mit Wissen, handkehrum wendet er sich gegen das Abenteuer aus dem Geiste der Schulbildung, markiert den Berufsmilitär. (Pz 115 11/27 ff.) Weniger martialisch gibt sich Magister GOTTFRIED, der beim Erzählen glänzende Vertrautheit mit „Theologie, Mythologie, Musik, Rechtskunde, Philosophie, ritterlichen Bräuchen und höfischer Lebenshaltung" (Krohn 1989, 222) zelebriert. Auf dem Gebiet des Minnesangs und, eine grundlegende thematische Neuerung, der politisch engagierten Sangspruchlyrik ist der bairische WALTHER VON DER VOGELWEIDE (c. 1170–1230) überragend, ein Fahrender, nach GOTTFRIED die *meisterinne von der Vogelweide*. (Tr 4800 f.) Genannt sei auch sein Dichtergegner REINMAR VON HAGENAU (um 1200) aus dem alemannischen Sprachraum, die *leitevrouwe* ‚Leitherrin' der Lyriker. (Tr 4780) – In dem heldenepischen *Nibelungenlied* (um 1200), der bekanntesten Dichtung der Zeit, stehen höfische Gesellschaftsdarstellung und pessimistischer Grundton im Widerspruch.

[§ 9] Bauern und Bürger sind kein großes Thema dieser Literatur, und auch in **Wortschatz** und **Stil** bekundet sie entschieden Vorliebe und Distanz. (Die Lautveränderungen seien noch ausgespart, da sie uns unten (→ S. 56 ff.) praktisch beschäftigen werden.)

Heiße Vorliebe empfing **französischen Einfluss**. Denn nach dem antiken Troja und dem berühmten Rom, so glaubt die Creme Deutschlands um 1200, hat seit Karl dem Großen freudig gestimmtes Rittertum seinen Sitz in Frankreich: *ezn stuont dehein lant ie baz ze vröuden, swâ ieman gesaz, danne Kerlingen tuot*. Solche politisch-kulturelle Blüte wird im *Moriz von Craûn* letztlich erotisch begründet: Der Liebeslohn für Frauendienst ist in Frankreich eben besser als irgendwo sonst. (MC 231–262) Für das 12. Jahrhundert sind 350 französische **Lehnwörter** nachgewiesen, für das 13. Jahrhundert 700, nur im *Parzival* schon über 400. (Bumke 1986, 1, 117) Einige kulturtypische Beispiele: *baniere* ‚Lanzenwimpel', *zimier* ‚Helmschmuck', *schapel* ‚Kopfschmuck aus Blumen', *melodîe*, *kurtôsîe* ‚höfisches Auftreten', *kondewieren* ‚geleiten', *leisieren* ‚Zügel lassen'. Beachten Sie die **Wortbildungssuffixe** *-îe* bei Substantiven und *-ieren* (wie nhd.) bei Verben. (Erben 1993, 125) Auch niederdeutsch-niederländische Formen sprechen diese Ritterkultur an. Sie sind von der zweiten Lautverschiebung (→ S. 32 f.) nicht erreicht: *wâpen* steht manchmal für das hochdeutsche *wâfen* ‚Waffe', *muote* für *muoze* ‚Kampfbegegnung', *dörper* ‚Bauer' gehört zu niederdeutsch-niederländisch *dorp*, entsprechend hochdeutsch *dorf*. Eine Lehnbildung zum altfranzösischen *vilenie* ist *dörperheit* ‚Tölpelhaftigkeit', *courtois* ergibt so *hövesch*, und dem *chevalier* entspricht der *ritter*.

Favorisiert wird ferner die sprachschöpferische **Zusammensetzung**: *ebenwâc* ‚ruhige See', *hasenwint* ‚Windhund für Hasenjagd', *hellehirte* ‚Höllenhirte', *klebewort* ‚Haftwort', ‚Losungswort unter Verliebten' (Tr 12993), *tôtriuwesære* ‚Todesschmerzerleider', *valscheitswant* ‚Verratbeseitiger', *igelmæzec* ‚igelartig' (Pz 521 12 von der Frisur eines Knappen). – [§ 9 3.] Der höfischen Sprache beliebt dann **abstrakter Ausdruck** mittels unpersönlicher Formulierung wie *ir gesehet mich nimmer mêre* (Er 135), mittels passivischer Formulierung wie *des wart im dô genâde gesaget* (Er 2711) oder mittels Personifikation wie *daz rieten im diu tumben jâr* ‚Die unklugen Jahre gabens ihm ein'. (Gr 5)

Distanz aber gilt Wörtern, die in der Heldenepik des 12. und 13. Jahrhunderts anlässlich der feierlichen Schilderung einstiger Heldentaten für gattungsspezifisches Kolorit (Wells 1990, 134) sorgen: *wîgant, helt, recke, degen* ‚Krieger', ‚Held', ‚Hüne', ‚Kämpfer', *gêr* ‚Wurfspieß', *brünne* ‚Brustpanzer', *marc* ‚Streitross' und *wîc* ‚Schlacht'. In der eleganten Waffenwelt der Ritterromane wären das leicht schwerfällige Souvenirs – man kennt neuere Waffentechnik. Die **Meidung heldenepischer Wörter** ist je nach Autor, Thema und wohl auch dialektaler Herkunft unterschiedlich ausgeprägt. Neben reimbedingter kommt pathetische (Er 9987, Iw 3249 f.) und auch scherzhafte Verwendung vor. (Wiessner/Burger 1974, 233) Gemieden wird zudem das im Minnesang und in der Mystik begegnende *vriedel* ‚Geliebter'. – Ferner sind **dialektale Klänge weggefiltert** im Hinhören auf eine mehrere Dialekte übergreifende Literatursprache. Der Gebrauch von charakteristischen Dialektausdrücken unterbleibt. Aus dem Weg gegangen wird jedem Reim, der in einem der berücksichtigten Dialekte unrein gewesen wäre. (Klein/Minis 1985, 90) „Ein Alemanne, der etwa den bequemen Reim *kam : nam* oder *gân : hân* verwendete, musste auf die Kritik bairischer Leser gefasst sein, in deren Dialekt *kom : nam, gên : hân* nur einen höchst unreinen Reim ergab." (von Polenz 1978, 56) Gründe für die bestimmt anstrengende Ausbildung einer dialektneutralen Literatursprache gab es genug: leichte Umsetzbarkeit in einen anderen Sprachstand, Sicherung überregionaler Verständlichkeit, Hoffnung auf Anklang im ‚Ausland' durch Wohlklang. Damit kommt die Ästhetik ins Spiel: „Normierung durch Auslese war ein künstlerisches Prinzip, das nicht nur die Reimpraxis bestimmt hat, sondern den ganzen höfischen Stil." (Bumke 1990, 27) Endlich spricht aus dieser Literatur eine Mentalität der Abkehr vom geistig Engen, ‚Nationalistischen' (Gr 1573 ff.), eine ‚globale' Weltoffenheit auf der Erdenscheibe, eine „dem Universalen zugeneigte Haltung". (Paul u. a. 1989, 15) In der Synthese mag „das gemeinsame Bewusstsein einer maßstabsetzenden hochdeutschen Literatursprache" (Grubmüller 1985, 1769) resultiert haben.

Das literarisch vermittelte Selbstverständnis bleibt für den Adel auch dann noch Leitbild, als gegen Ende der hochhöfischen Epoche ein ästhetischer und gesellschaftlicher Wandel einsetzt. (Bumke 1990, 207 ff.) Den nachklassischen Dichtern wie KONRAD VON WÜRZBURG (c. 1230–1287) oder RUDOLF VON EMS († 1250/1254) werden die Vorgänger zu Idolen. In stilistischer Nachfolge tradieren sie den literarischen Daseinsentwurf des Höfischen – zum Publikum gehört nun zunehmend auch die städtische Oberschicht etwa in Straßburg, Erfurt, Basel und Zürich. Die Nachfolger laden mit literarischer Anspielung auf die Werke der Vorgänger zum gesellschaftlichen Bildungsspiel ein. Damit wird aber zugleich die Reflexion über literarisch vermittelte Werthaltungen, über den höfischen Daseinsentwurf angestoßen. Ein neues Literaturverständnis zeigt sich, auf die verblassende literarische Kultur wird konservativ Bezug genommen, aber auch innovativ: Einige Dichter des 13. Jahrhunderts gelangen über das bloße Epigonentum hinaus zu erneuerter

Originalität. Der in Baiern und Österreich wirkende NEIDHART (c. Ende 12. Jh.–1250) demaskiert mittels Parodie das Ideologische am hochhöfischen Minnesang. Der STRICKER (c. Ende 12. Jh.–1250), wohl aus dem südfränkischen Raum stammend, führt schwankhafte Verserzählungen in die deutsche Literatur ein. Ohne französische Vorlage, getreulich in der Nachfolge des ‚klassischen' Artusromans gekonnt leicht zu weit gehend, spiegelt sein listiger *Daniel* da und dort Rittertum als gnadenlose Burleske, Groteske zurück.

Die oberdeutsche höfische Kunstsprache mit einer Tendenz zu überdialektaler Einheit basierte auf dem alemannischen [§ 160] und dem fränkischen [§ 161] Dialekt. (Karte → S. 32) Gerade die Wegfilterung dialektaler Klänge zeigt indirekt, dass es eine verbindliche Sprachnorm über den Dialekten nicht gegeben hat. Es war unmöglich, in ein normiertes Standarddeutsch zu wechseln, man sprach deutsch *nâch unserem site* (Hb 752): in der altvertrauten Weise seiner angestammten Sprachlandschaft.

Der sprachgeschichtliche Nährboden unserer überlieferten Dichtungsblüte war also **gesprochene dialektale Vielfalt**. Zur schriftlichen Fixierung von umgangssprachlichem Dialekt hatte man jedoch in aller Regel weder Anlass noch Geld bzw. Mittel. Das vor Zeugen gesprochene Wort ist erinnerter Vertrag. Welcher Kanzlist schreibt denn die Sätze von Bauern, Bürgerinnen, Pilgerfamilien im Hospital, selbst von Adligen auf sündhaft teure Tierhaut, wenn sogar volkssprachige Literatur oft nirgends als im Gedächtnis ihr Engramm-Dasein fristet? Eine Art Gegenbild zur Auslagerung von Gedächtnis heute.

Lässt sich aus den überlieferten Schrifttexten die **gesprochene Hofsprache** erschließen? Der Zeugniswert ist unsicher. Einerseits vermeiden die Autoren ja dialektale Charakteristika, zudem handelt es sich um gereimte Verse, und die Sprechweise der Figuren charakterisiert diese minim. Andererseits „war der Abstand zwischen gesprochener und geschriebener Sprache sehr viel enger, als es heute der Fall ist." (Grosse 1985, 1187) Man kann *Reflexe gesprochener Sprache im Mittelhochdeutschen* (a. a. O.; vgl. auch die Neufassung 2000) mit einiger Wahrscheinlichkeit erkennen in den kontrahierten Verben (→ S. 103), in Anrede und Gruß (→ S. 116 und 150), in manchen Interjektionen, dann in Schimpfwörtern auf niederer Stilebene, in Dialogpartien bei schnellem Sprecherwechsel, in Parenthesen, generell im höfischen Wortschatz. Die „höfische Sprachkultur wird von den Dichtern bezeugt; und es ist sicher, dass die Dichter dabei auf die gesellschaftlichen Gegebenheiten an den großen Höfen Bezug genommen haben." (Bumke 1990, 28)

Auch die **Schriftdialekte** der höfischen Zeit sind in den Quellen schlecht fassbar (Rautenberg 2000, 1301 f.) und zudem durch Normalisierung verdeckt. Die Grenzlinien jener Schriftdialekt-Karte (→ S. 32) „täuschen also gesicherte Ergebnisse vor, die noch lange Zeit ausstehen werden, wenn sie aufgrund der Überlieferungssituation überhaupt zu gewinnen sind." (Menge 1985, 1183) Letztlich werden heutige sowie frühneuhochdeutsche Dialektverhältnisse auf die mhd. Epoche extrapoliert. (Wolf 2000, 1388)

Ein Bild der schreibdialektalen Vielfalt zeigt die Textsammlung im *Corpus der altdeutschen Originalurkunden bis zum Jahre 1300* (Wilhelm 1931 ff.); ferner gibt es das *Verzeichnis der altdeutschen literarischen Handschriften der österreichischen Nationalbibliothek* (Menhardt 1960–1961), die Übersicht *Die deutschsprachigen Handschriften im 11. und 12. Jahrhundert* (Hellgardt 1988), das *Verzeichnis der altdeutschen [...] Handschriften in der Universitätsbibliothek Jena* (Pensel 1986) und das *Verzeichnis der deutschen mittelalterlichen Handschriften in der Universitätsbibliothek Leipzig* (Pensel/Stahl 1998). – Eine grammatische Einführung in die mhd. Dialekte gibt Penzl 1989. Empfehlenswert zur Arbeit an dialektalen Texten auf der Ebene der Laute (und Formen) sind auch die §§ 157–170 in Paul u. a. 1998; zur Forschungslage Besch u. a. 1983: *Dialektologie. Ein Handbuch zur deutschen und allgemeinen Dialektforschung.* – Eine mehrbändige, auf Handschriften beruhende Grammatik des Mittelhochdeutschen wird gegenwärtig von Th. Klein, Bonn, H. J. Solms, Halle, und K.-P. Wegera, Bochum, erarbeitet.

Die Schreibsprache der höfischen Literatur hatte keine kontinuierliche Entwicklung über das 13. Jahrhundert hinaus. [§ 10] Das höfische Mittelhochdeutsch ist in die später normierte Schriftsprache kaum eingegangen. (Sonderegger 1979, 323 f.)

Zur Mitte des 13. Jahrhunderts hin ändert sich die **Quellenlage**. Deutsch wird vermehrt in Gesetzestexten – etwa im *Mainzer Landfrieden* (1235) – und Rechtsbüchern – etwa im *Sachsenspiegel* (1220–1235) – gebraucht, ist in Chroniken, Urkunden, Urbaren, Steuerlisten, in Fachprosa zu Medizin, Jagd und Naturkunde, zu Kriegs- und Hauswesen, in Predigten, Legenden, Bibelübersetzungen und geistlichen Liedern fassbar; in pragmatischeren Textsorten demnach, die zuvor dem Lateinischen vorbehalten waren. (Kästner/Schirok 2000, 1376) ‚Deutsche Mystik' zuletzt – eine Art Gebrauchsliteratur auch das, doch mit einer sprachschöpferischen ‚Sondersprache', die verweist auf eine jenseits der Sprache liegende Erfahrung des Einsseins mit dem Göttlichen.

Fazit: Das höfische Mittelhochdeutsch ‚schwebte' über gesprochener dialektaler Vielfalt. Es war die geschriebene Kunstsprache einer kulturellen Elite, erfüllt von Einheitsgefühl. Die normalisierten Editionen in der Germanistischen Mediävistik vermitteln insofern ein domestiziertes Einheitsbild dieser Sprache, als sie den Schriftlaut der Handschriften ‚normierungsverzerrt' darbieten, sprachdidaktisch sinnvoll einen „grammatischen Idealtypus" (Wilhelm 1931, LX) zeigen. Ihnen liegt also eine äußerst kultivierte Wildblume deutscher Sprachgeschichte ein klein bissel zurechtgezupft vor. In natura ist die Schöne wilder.

So, hohe Zeit für die niedere Rekreationsphase. Der Vogel da wird feuchtfröhlicher Gesellschaft viel abgewinnen, nur eins: Obwohl es der Stein nahe legt, begrüßen Sie den Seelenwanderer nicht mit: ‚Na, Waltherfalter?' Er ist das leider gewohnt, gewöhnlich jedoch leid, hasst er doch fremde Federn. Der große Walther pilgert im 16. Jahrhundert längst nimmer hienieden – *in disem ellende*, wie er vielleicht sinniert hätte: in dieser Fremde.

Pilgerrast am Wegrand mit ausgezogenem Schuh: «Ich gehe ein harten weg mit eygenen füssen.» (Holzschnitt d. Petrarca-Meisters, 1520)

Unterwegs

Öde Gegend. Souverän umschiffen? (Unter uns – die Pilgerfahrt übers Meer: randriskant! Da draußen sind Sie die ideale Sollbeute von *Grâmaticâ*. Sadistisch reimt ihr Enterruf so: *‚slege tuont selten iemen vrô!'* Madame ist Cholerikerin, viel verletzt und zorngefangen. Sie müssen wohl oder übel zu Fuß durch ihr Reich. Am Pilgerkomfort solls nit fehlen ...)

Die Grammatik - Kathedrale von Chartes (Mitte 12. Jahrhundert)

In der Bildallegorie des Hochmittelalters wird die Grammatik als Frau mit äh – Buch in der Hand dargestellt. Bitte? In der anderen? Ungedeutet! Die Grammatik, eine der Sieben Freien Künste, wurde aufgefasst als die „Wissenschaft vom richtigen Reden, vom richtigen Schreiben und vom richtigen Verstehen des Geschriebenen." (Weddige 2001, 52) Bei der Sprachproduktion steuert sie die Gedanken wohlbehalten in die Expression: *sie kan gedanke wol ze worten wîsen*, betont ein Meisterlied jener Kolmarer Handschrift. (Bartsch 1862, 320) Bei der Rezeption lässt sie Texte richtig verstehen; hier sind das mittelalterliche Werke, schwer verständlich durch Zeitabstand. Nicht zuletzt aus dem Grund entstand die Grammatik in der griechischen Antike. Einige Jahrhunderte nach HOMER (8. Jh. v. Chr.) bereitete das Verstehen seiner Sprache Mühe. Die im Umkreis der alexandrinischen Philologen entstehende *grammatike* war eine Technik und Kunst, den Zugang zu kulturell grundlegender Literatur zu bewahren. (Steinthal 1961, I, 28 ff.)

Damit Ihr Pilgerweg zügig Textverständnis bewirkt und doch nicht zu steil ansteigt, weist Sie Tragemund auf gute Landlernwege. Abweichen ist erlaubt. Wagen Sie das **Gelübde**, bis Seite 130 mitzuhalten? Weiter hinten holen Sie Hilfsinformation, mit Inhaltsverzeichnis und Index sich orientierend. Zum Beispiel geraten Sie wahrscheinlich bald an eine unwahrscheinliche Genitivkonstruktion und erledigen sie mit Abstecher. Auf Seite 151 ff.

Den Wörtern Stimme und Gehör verleihen

Das Mittelhochdeutsche ist eine nur schriftlich belegte Sprache. Die Aussprache lässt sich nicht mehr bis in alle Einzelheiten ermitteln. Bei Beachtung einiger Ausspracheregeln ist eine annähernd stimmige Wiedergabe der historischen Aussprache aber möglich. Deren automatisierte Beherrschung erlaubt, eine Vorstellung von der damaligen **Intonation** zu entwickeln, also von der Akzent-, Pausen- und Tonhöhenstruktur. Das wiederum unterstützt die hinhörende Sinnerfassung. Wer sich demnach um ‚historische Aufführungspraxis' bemüht, folgt dem Sinn des Mittelhochdeutschen ‚gehöriger', übersetzt lebendiger.

Eine Ausspracheregel wird hier nur bei Abweichung der historischen Aussprache oder Schreibung von der nhd. Standardsprache formuliert. Die mhd. Lautwerte sind in Vergleichsbeispielen ausgedrückt; phonetische Umschrift (IPA) würde die Lesbarkeit mindern, ohne präziser zu sein. – Beim Sprechen gehen Sie in der deutschen Sprachgeschichte rund 800 Jahre zurück. Dabei wird auf der Ebene der Laute manche Dehnung, Kürzung, Monophthongierung, Diphthongierung, Rundung, Entrundung u. Ä. rückgängig gemacht. Später beschäftigen diese Begriffe wieder. Sie beschreiben den Lautwandel (→ S. 56 ff.) vom Mittelhochdeutschen zum Neuhochdeutschen.

Schleifen Sie die historische Aussprache gut ein, indem Sie die Beispiele laut sprechen. Zahlen bezeichnen Verse, Sie brauchen aber noch nicht nachzuschlagen. Die Methode ist isoliertes Fertigkeitstraining, das **Lernziel** die völlige Automatisierung der historischen Graphem-Phonem-Assoziation beim lauten Lesen. Sobald Sie diese Kampftechnik beherrschen, wird die Klangprobe (→ S. 61) so richtig wirksam. Beobachten Sie Ihre emotionale Reaktion auf den alten Sprachklang: Assoziationen, Bilder, Gefühle, Widerstände.

Die Aussprache der Vokale

a i o u ö ü

[§§ 19/60 ff.] Die einfachen Vokale ohne Zirkumflex (^) und die Umlaute *ö* und *ü* sind kurz zu sprechen. Hier nhd. Vergleichsbeispiele (Penzl 1989, 52): Das *a* wird wie in ‚Wald' ausgesprochen, *i* wie in ‚Sitte', *o* wie in ‚stolz', *u* wie in ‚Brunnen', *ö* wie in ‚möchte', *ü* wie in ‚Hütte'. Als Textbeispiele wurden bewusst möglichst wieder erkennbare Wörter ausgewählt. Sie müssen aber befremdend kurz klingen, außer wenn der nhd. Vokal ohnehin kurz ist. Vermeiden Sie ‚Rückfall' in die nhd. Aussprache mit Dehnung!

Er	4	*erhaben*	13	*wol*	84	*dir*
Gr	8	*jugent*	25	*erkorn*	130	*öl*
AH	3	*geschriben*	33	*tugent*	74	*hövesch*
Iw	5	*künec*	7	*lobe*	11	*name*
MC	2	*vür komen*	18	*tage*	43	*urbor*
Pz	1 19	*hase*	82 26	*ölboume*	206 3	*igel*
Tr	8	*vernemen*	13	*zimet*	30	*übele*
Da	32	*getobet*	108	*vil*	178	*zagen*
Hb	12	*tal*	17	*vogel*	44a	*mir*
Pn	69	*schaden*	71	*gebot*	74	*übel*

â î ô û

[§§ 19/70 ff.] Die entsprechenden Vokale mit Zirkumflex sind lang auszusprechen, wie in nhd. ‚Hase', ‚Igel', ‚Vogel' und ‚Jugend'. Zum Vergleich oben die mhd. Aussprache.

Er	11	*wîben*	9	*sâhen*	36	*gebôt*
Gr	1	*hât*	2	*mîne*	4	*lône*
AH	1	*sô*	10	*dâ mite*	106	*nû*
Iw	4	*gît*	48	*jâmert*	61	*ûf*
MC	3	*wârlîchem*	22	*Trôilus*	224	*tûsent*

Pz	1 1	*zwîvel*	1 12	*nâch*	3 28	*nû*
Tr	35	*nît*	54	*lâze*	150	*Thômas*
Da	3	*âne*	42	*hovelîches*	47	*Artûs*
Hb	14	*hûben*	42	*ôren*	43	*genât*
Pn	84	*jâmers*	181	*sîten*	165	*grûs*

œ iu

[§§ 19/75/77] Der Umlaut von *ô* wird *œ/oe* geschrieben, gesprochen als langes ö wie in ‚Söhne'. Ein langes ü wird mit dem Graphem (Schriftzeichen zur Wiedergabe eine Lauts) *iu* bezeichnet, gesprochen wie in ‚Bühne'.

Er	13	*schœne*	37	*iuch*
Gr	58	*tiuvel*	25	*bœsern*
AH	15	*liuten*	27	*erlœse*
Iw	13	*lantliute*	26	*hœren*
MC	6	*hœren*	101	*von diu*
Pz	1 8	*beidiu*	9 23	*hoehe*
Tr	136	*mîniu*	352	*lœsen*
Da	11	*tiutschen*	20	*zerstœret*
Hb	29	*erziuget*	953	*frœlîche*
Pn	14	*kœren*	224	*erliuhten*

e ä ê æ

[§§ 19/59/61–64/71 f.] Ein Graphem *e* in einer betonten Silbe eines Wortes (→ S. 51 f.) wird wie das erste e in nhd. ‚Schnecke' kurz gesprochen, ein *e* in unbetonter Silbe wie das zweite e: kurz und unbetont neutral; [§ 59] es handelt sich um das sog. Schwa. Ein *ä* kann man kurz und sehr offen sprechen [§ 41 Anm. 2]; im Neuhochdeutschen kommt der Laut nicht vor, er klingt etwa wie in engl. ‚fat', aber kürzer. Ein *ê* wird gesprochen wie in ‚sehr'. Das Graphem *æ/ae* gilt für den Umlaut von *â*, es wird gesprochen wie in ‚wäre'.

Er	6	*neben*	62	*sêre*	50	*mære*
Gr	8	*den*	19	*êhafte*	57	*älliu*
AH	1	*gelêret*	10	*swære*	30	*herre*
Iw	3	*êre*	9	*gelebet*	2193	*härmîn*
MC	48	*tegelîchen*	48	*sêre*	62	*burgære*
Pz	1 1	*herzen*	2 8	*lêre*	1 10	*unstaete*
Tr	1	*Gedæhte*	9	*velschen*	113	*mêre*
Da	6	*werken*	9	*wälscher*	64	*mê*
Hb	25	*bêde*	15	*wæhe*	1475	*wägen*
Pn	2	*sælden*	38	*sêlen*	45	*erden*

Das Mittelhochdeutsche unterschied neben dem Schwa drei kurze e-Laute: *e ë ä*. Eine ‚historische Aufführungspraxis' könnte die Kurzvokale geschlossenes *e*, offenes *ë* und überoffenes *ä* lautlich unterscheiden. [§ 64 Anm. 3] Im akademischen Unterricht ist es aber üblich, zumindest *e* und *ë* gleich auszusprechen, da die Identifikation beim Vorlesen etymologische Spezialkenntnisse verlangen und eher vom Lektüreinhalt ablenken würde. Ohnehin: „Wir müssen aus Reimen, Schreibungen der Handschriften und den Dialekten der Gegenwart annehmen, dass eine Unterscheidung von drei Kurzvokalen (e ë ä) mit dreierlei Zungenhöhe auch in den mhd. Dialekten äußerst selten war." (Penzl 1989, 40)

ie ei

[§§ 19/78/81] Dies sind Doppellaute (Diphthonge) mit Betonung der ersten Komponente, während die zweite nachklingt. Die Aussprache des *ie* ist wie in ‚Kopien'. Das *e* entspricht dem Schwa und ist nie ein Dehnungszeichen. Im Neuhochdeutschen wird es oft monophthongiert zu langem i. – Das *ei* ist generell wie ay in engl. ‚play' zu sprechen. Im bairischen Mittelhochdeutschen aber, bei WALTHER VON DER VOGELWEIDE, WERNHER DEM GARTENÆRE (Hb), beim *Nibelungenlied*, klang es wie im Neuhochdeutschen.

Er	7	*heide*	24	*die*	45	*hiez*
Gr	5	*rieten*	6	*weiz*	25	*teil*
AH	17	*die*	19	*arbeit*	25	*heiles*
Iw	11	*treit*	17	*iemer*	45	*liebte*
MC	17	*Kriechen*	38	*schreip*	28	*siechen*
Pz	1 7	*geil*	1 26	*nie*	1 29	*gein*
Tr	12	*niene*	19	*iegelîchem*	37	*Hei*
Da	7	*meister*	21	*reiniu*	39	*begie*
Hb	9	*deist*	11	*reide*	14	*vie*
Pn	10	*schier*	36	*streit*	179	*priester*

ou öu/eu/öi oi/oy

[§§ 19/79/80] Wieder fallende Diphthonge mit Betonung der ersten Komponente und Nachklingen der zweiten. Das *ou* ist etwa wie ow in engl. ‚show' zu sprechen. – Dessen Umlaut *öu* kann in Textausgaben auch *eu* oder *öi* geschrieben sein. Gesprochen wird ein öü, leicht anders als das oü (= eu) in ‚Freude'. – Bei Entlehnungen aus dem Französischen steht *oi* oder *oy*, die zweite Komponente ist als i zu sprechen. [§ 156]

Er	2	*roi*	56	*houbet*	192	*vreuden*
Gr	34	*ouch*	173	*Ouwe*	1971	*vreuderîch*
AH	5	*zOuwe*	6	*schouwe*	1094	*vröuwelîn*
Iw	659	*boum*	6110	*dreun*	6688	*keun*
MC	14	*Troie*	235	*beroubet*	252	*vröuden*
Pz	1 21	*troum*	19 11	*floitierre*	76 28	*töude*
Tr	553	*ervröuwen*	551	*loup*	3239	*cûrtois*
Da	14	*louc*	244	*Troiman*	795	*dröuwen*
Hb	8	*ougen*	41	*geutôren*	1025	*kroyieren*
Pn	138	*Eufrosîn*	149	*toufe*	373	*eröuget*

Der *oi/oy*-Klang der französischen Lehnwörter kommt bei HARTMANN VON AUE nur im *Erec* vor, meist in Namen. Das zeitmoderne Debütwerk des um 1180 ungefähr 20- bis 25-jährigen Autors zeigt in *Erec fil de roi Lac* einen betont jungen Helden. (Er 18, 930, 2285, 2324, 2331 usw.) Der ältere HARTMANN ist mit Entlehnungen sehr sparsam, was auf gewandelte stilistische Vorstellungen schließen lässt. Der Lyriker WALTHER VON DER VOGELWEIDE meidet Entlehnungen ganz, der Epiker WOLFRAM VON ESCHENBACH lässt sie reichlich einfließen. Mehr Information zu diesem Thema finden Sie auf Seite 38.

uo üe

[§§ 19/82/83] Auch dies sind Diphthonge mit Betonung der ersten Komponente und Nachklingen der zweiten. Für *uo* findet sich kein modernes Aussprachebeispiel. Achten sie auf gleitende, einsilbige Aussprache: *gúot*. Das *üe* klingt wie in ‚Müesli' (schweiz.), also nicht monophthongiert wie in ‚Müsli' (dt.).

Er	17	*guot*	28	*huop*	32	*grüeze*
Gr	138	*truoc*	579	*büezet*	3524	*grüenes*
AH	2	*buochen*	8	*suochen*	87	*süeze*
Iw	1	*güete*	5	*guote*	6	*muote*
MC	63	*wuoten*	163	*wuohs*	205	*müezen*
Pz	1 2	*muoz*	1 24	*trüebe*	3 21	*prüefen*
Tr	23	*geblüemet*	25	*unruoche*	45	*unmüezekeit*
Da	118	*huote*	164	*Blüejende*	413	*fuorte*
Hb	61	*stuont*	62	*Ruolant*	105	*geprüefet*
Pn	17	*bluot*	97	*wüesten*	167	*schuole*

Die Aussprache der Konsonanten

h/ch

[§§ 20/88/138 ff.] Das *h* wird im Mittelhochdeutschen immer ausgesprochen, es bezeichnet also nie eine Dehnung. Im Wort- und Silbenanlaut ist kein Unterschied zum Neuhochdeutschen! Ein Fehler: die Aussprache von h als ch im Silbenanlaut, gerne bei *dehein*.

Er	4	*erhaben*	7	*heide*
Gr	1	*hât*	259	*bevilhe*
AH	4	*Hartman*	33	*deheiner*
Iw	12	*habent*	12	*wârheit*
MC	27	*hôchverten*	97	*bôsheit*
Pz	1 1	*herzen*	1 3	*gesmaehet*
Tr	101	*jehe*	291	*archeite*
Da	5	*gehaz*	182	*schiuhent*
Hb	7	*hie*	58	*anderhalp*
Pn	4	*hânt*	32	*himelhort*

Im Auslaut dagegen wird ein etwas raues ch wie in nhd. ‚machen' gesprochen, auch in den Verbindungen *hs* und *ht*, hier eher schwach. Die Artikulationsstelle dieses velaren (von lat. velum: ‚Segel') Reibelauts liegt hinten beim Gaumensegel. Auslautend wird meist *ch* geschrieben. Auch inlautendes ch wie in *Kriechen* wird rau gesprochen.

Er	30	*sach*	2102	*wahsenne*	7148	*vühse*
Gr	263	*geschiht*	659	*geschach*	2257	*rihtære*
AH	9	*iht*	63	*zuht*	604	*doch*
Iw	30	*tihte*	51	*selch*	493	*vürhtent*
MC	38	*naht*	65	*vorhten*	89	*allertegelich*
Pz	1 7	*dennoch*	1 27	*wuohs*	158 14	*Mâstrieht*
Tr	1	*Gedaehte*	24	*slahte*	188	*saeleclîch*
Da	28	*giht*	58	*doch*	75	*gesach*
Hb	1	*gesiht*	8	*sach*	12	*ahsel*
Pn	25	*geschiht*	35	*durch*	1991	*sahs*

Im Neuhochdeutschen wird dagegen nach i, e, ü und ei das weiter vorn beim harten Gaumen artikulierte ch gesprochen, das weicher klingt.

Etwas Rezeptionsgeschichte oder Lautsymbolik zur Atempause? Bluemel schreibt 1929: „Liest man [...] laut, so erhält die Sprache Leben und Klangfarbe. Das Mittelhochdeutsche klingt dann nicht mehr „unbehilflich" oder „treuherzig", sondern durchaus fest und bestimmt, männlich und heldenhaft hart. Und je mehr sich jemand in die Welt der damaligen Dichter vertieft, desto mehr wird er davon ergriffen [...]; er wird nicht bloß mit dem Verstand, sondern auch mit dem Gemüt erfassen, dass die Dichtungen der mittelhochdeutschen Zeit zu den Kulturgütern unseres Volkes gehören." (48) Hat Bluemel beim velaren Reibelaut ch etwas Unverblümtes, Männliches, heldenhaft Hartes empfunden? Das Gemüt hüten. Bei Verstand bleiben. Sprachen lösen lautsymbolische Assoziationen aus. Doch sind das weder Eigenschaften der betreffenden Sprache und ihrer Sprecher/innen, noch krähen sie eine kulturgeschichtliche Morgenröte heldischer Volksbestimmung aus. „Für manche Philologen war es ein Leichtes, an idealisierte und deutschtümelnde Bilder der Vergangenheit anzuknüpfen. [...] In der Literatur – wie in der Sprachforschung –drängten ohne Not rassistische Vorurteile nach vorn." (Harth 1984, 506)

Die folgenden Lautverbindungen erinnern Deutschsprachige (!) heute (!) an kindliche Artikulationsprobleme und stellen u. U. eine **psychologische Barriere** dar: Man kann das Mittelhochdeutsche unbewusst lautsymbolisch befrachten, es für die „unbehilfliche", „treuherzige" Sprache von *herzelîn-sluzzelîn*-Deppen halten und so Literatur und Kind zugleich übergehen. *ir sultz ouch mîden, habt ir sin.* Da! Gehört? Jaja, diese Off-Stimme im Ohr. Was, Cyberhelm! Die Landesherrin hört mit, Kindchen. Weiß die Wege.

st sp sl sm sn sw

[§§ 20/152] Ein *s* vor Konsonant wurde im Anlaut als ein dem sch nahestehendes s gesprochen. Doch ist die Aussprache wie in engl. ‚sting', ‚spice' usw. im akademischen Unterricht üblich, in der nhd. Standardsprache gibt es dafür wohl kein Beispiel. Vom 13. Jahrhundert an erfolgt regional unterschiedlich die Palatalisierung (→ S. 93) zu sch.

Er	97	*sluoc*	45	*stille*
Gr	36	*sprechenne*	38	*swære*
AH	3	*swaz*	61	*spiegelglas*
Iw	1	*swer*	7	*strîten*
MC	30	*sturm*	47	*swachete*
Pz	1 16	*snel*	379 6	*Swarzwalt*
Tr	24	*slahte*	37	*stege*
Da	16	*Strickære*	56	*spræche*
Hb	26	*sleht*	141	*versniten*
Pn	56	*ensliezen*	1111	*smerzen*

[§§ 20/152] Eine ‚historische Aufführungspraxis' könnte bei den bis ungefähr 1250 entstandenen Texten (→ S. 31) das mhd. *s* nahe dem sch artikulieren. Das sollte nicht vom Textinhalt ablenken. Die Verteilung von stimmlosem scharfem und stimmhaftem weichem s entspricht der im Neuhochdeutschen.

z/tz/zz

[§§ 20/150 ff.] Das Graphem *z* steht für zwei Phoneme (Laute mit bedeutungsunterscheidender Funktion). Es bezeichnet erstens wie in nhd. ‚Nerz' die Affrikate ts, also eine

Verbindung von stimmlosem Verschluss- und Reibelaut. Zwischen Vokalen steht *tz*, wenn der vorangehende Vokal kurz ist.

Er	266	*unz*	274	*sitzen*
Gr	1	*herze*	17	*entsetzet*
AH	5	*zOuwe*	288	*lützel*
Iw	8	*zîten*	437	*antlütze*
MC	152	*arzâte*	1184	*ditze*
Pz	1 1	*zwîvel*	1 22	*antlitzes*
Tr	11	*lützelen*	41	*zît*
Da	12	*kurzwîle*	2580	*ergetzet*
Hb	42	*zeswen*	70	*Galitzen*
Pn	2	*ze*	139	*witze*

Zweitens bezeichnet *z* wie nhd. s/ss/ß den scharfen, stimmlosen Reibelaut s, also wie in nhd. ‚Wasser'. Zwischen Vokalen steht die Geminate (Doppelkonsonanz) *zz*, wenn der vorangehende Vokal kurz ist. – Bei Unsicherheit empfiehlt sich eine Klangprobe mit beiden Aussprachemöglichkeiten. Dadurch werden die Wörter meist intuitiv kenntlich.

Er	23	*ûz weln*	41	*wizzen*
Gr	64	*lâze*	129	*guzzen*
AH	2	*daz*	31	*gesezzen*
Iw	22	*ez*	70	*schuzzen*
MC	257	*gebezzert*	901	*puneiz*
Pz	1 2	*muoz*	18 19	*vazzen*
Tr	249	*genôz*	625	*vlizzen*
Da	5	*gehaz*	366	*genuzzen*
Hb	1	*waz*	39	*bezzer*
Pn	17	*vergozzen*	17	*reinez*

k/c

[§§ 20/133] Die beiden Grapheme *k* und *c* stehen für das eine Phonem k wie in nhd. ‚Koffer'. In der Regel steht *k* im (Silben-) Anlaut, dagegen steht im (Silben-) Auslaut *c*. In den Handschriften steht vor *l* und *r* aber auch häufig *c*.

Er	14	*künegin*	11	*getwerc*
Gr	29	*slac*	61	*kint*
AH	47	*gnuoc*	63	*krône*
Iw	5	*künec*	11	*truoc*
MC	9	*Kriechen*	45	*pflac*
Pz	1 13	*blanken*	1 19	*schellec*
Tr	25	*dinc*	33	*Cunst*
Da	4	*werc*	17	*kunst*
Hb	13	*volleclîchen*	39	*kom*
Pn	2	*mac*	232	*Ypocras*

b/p d/t g/c

[§§ 20/100] Die Grapheme *b*, *d* und *g* im Inlaut werden im Auslaut zu *p*, *t* und *c*, gesprochen wie im Neuhochdeutschen, *c* als k. Es werden also die **Lenes**, die mit geringer Muskelspannung und schwachem Luftdruck gesprochenen Verschluss- oder Reibelaute, im Auslaut zu **Fortes**: Die Muskelspannung wird höher, der Luftdruck stärker. Das Beispiel zum *Iwein* zeigt **Silbenauslaut vor Fortis**, auch in dieser Stellung gilt obige Regel. Solche Fortis ist, wie hier, meist ein Präteritum-*t*. (→ S. 89)

Er	27	*magedîn*	40	*maget*
Gr	185	*erstarp*	1470	*erstirbe*
AH	277	*genuoc*	1512	*genuoge*
Iw	1109	*geneiget*	5064	*neic-te*
MC	2	*unde*	30	*unt*
Pz	1 21	*blinden*	10 20	*blint*
Tr	55	*werlde*	58	*werlt*
Da	40	*lop*	45	*loblîchiu*
Hb	117	*Gotelint*	1704	*Gotelinde*
Pn	173	*gap*	545	*gegeben*

Die Erscheinung heißt **Auslautverhärtung**. Man findet sie in der Aussprache ebenso wie in der Schreibung des Mittelhochdeutschen. Dieses war ‚ohrnäher' als das Neuhochdeutsche, die Schreibung richtete sich – von der lokalen Schreibtradition abgesehen – nach der Aussprache. Im Neuhochdeutschen wird die Auslautverhärtung zwar oft gesprochen, die Schreibung dagegen folgt mehr der etymologischen Zusammengehörigkeit von Wörtern. So wird ‚Trap' gesprochen, geschrieben aber ‚Trab', passend zu ‚traben'.

v/f

[§§ 20/131 f.] Die stimmlose Aussprache wie in nhd. ‚Vater' oder ‚Schaf' ist im akademischen Unterricht üblich. Im Anlaut und zwischen Vokalen wird normalmhd. überwiegend *v* geschrieben, im Auslaut überwiegend *f*, ebenso bei Verdoppelung.

Er	3298	*vünf*	5452	*affe*
Gr	168	*valle*	86	*ûf*
AH	88	*vüeze*	90	*schrift*
Iw	43	*hove*	45	*hof*
MC	830	*vilz*	103	*krefte*
Pz	1 6	*varwe*	13 27	*touf*
Tr	9	*velschen*	75	*senfte*
Da	77	*fröute*	94	*tavel*
Hb	11	*val*	5	*fünfte*
Pn	2	*gevromen*	1233	*pfaffen*

Eine ‚historische Aufführungspraxis' könnte *v* und auch ein Graphem *f* vor *u*, *ü*, *iu*, *üe*, *ou*, *l* und *r* schwach stimmhaft sprechen, etwa wie in nhd. ‚Ventil'. Doch schwankt die Schreibung der Handschriften, zudem verfahren die kritischen Ausgaben nicht einheitlich, und die stimmhafte Aussprache ist bereits im 13. Jahrhundert in stimmlose übergegangen.

pf/ph

[§§ 20/128] Beide Grapheme bezeichnen denselben Laut, klingend wie in nhd. ‚Pfanne', nicht wie in ‚Phon'. Zur Illustrierung der Schreibvarianten wurden als Beispiele möglichst gleiche Wörter ausgewählt.

Er	278	*phlac*	296	*pherit*
Gr	277	*phlac*	147	*emphie*
AH	472	*phlac*	1022	*phärt*
Iw	25	*pflac*	954	*pfärit*
MC	245	*pflâgen*	1134	*pfellelîn*
Pz	4 3	*phlege*	63 14	*phert*
Tr	29	*pflegent*	1756	*pflac*
Da	131	*pflæge*	3166	*pfîle*
Hb	355	*pfennige*	843	*phärit*
Pn	206	*pflegen*	248	*enpfie*

ng*/*nc

[§§ 20/126/137 Anm. 2] Die nasalierte Verbindung *ng* wie in nhd. ‚klingen' wurde im Mittelhochdeutschen als nasaliertes ng plus g/k gesprochen. Das mhd. Verb *klingen* tönte also wie kling-gen, dessen Präteritum *klanc* mit Auslautverhärtung wie klang-k.

Er	5	*unlange*	2945	*gesanc*
Gr	1	*betwungen*	21	*vürgedanc*
AH	71	*sanc*	170	*gedinge*
Iw	33	*pfingesten*	106	*spranc*
MC	238	*Kerlingen*	96	*danc*
Pz	4 1	*angest*	3 16	*messinc*
Tr	274	*gedanchaft*	422	*junge*
Da	248	*Gengemôr*	261	*manclîch*
Hb	13	*lenge*	68	*betwanc*
Pn	99	*strenger*	122	*jungelinc*

w

[§§ 20/115 ff.] Im akademischen Unterricht dürfte die heutige labiodentale Aussprache als Reibelaut (Unterlippe gegen obere Schneidezähne) üblich sein. So wird seit dem 13. Jahrhundert ausgesprochen. Eine ‚historische Aufführungspraxis' könnte bei älteren Texten (→ S. 31) das *w* etwa wie im Englischen (Penzl 1989, 44) artikulieren: kurz, nicht als Reibelaut, Lippe an Lippe gesprochen, wie in ‚want'. Auf Beispiele sei verzichtet.

Wie die Reimtechnik zeigt, überwachten zumindest die Klassiker der höfischen Zeit den Klang ihrer Lautmaterie mit hellwachem Ohr, mehr dazu auf Seite 39 f. Die annähernd historische Aussprache dient heute aber nur dem Textverständnis, Purismus wäre verfehlt. Was fängt man an mit Widerständen? Analysieren. Dabei hilft eine sprachgeschichtsphilosophische Vorstellung. In 800 Jährchen dürfte ein Cyborgstudi Ihren Deutschkörper raufbeamen. Gott, diese Emoredundanz in Ihrer historischen Sprache!

Die Grammatik am Münster von Freiburg im Breisgau. (13. Jh.) Der Strafgriff zum Ohr deutet an, dass ihr der Hörsinn wichtig ist. Das unzivilisierte Adamskostüm dieses Zöglings ist erst dürftig in ein Sprachkleid gehüllt. Der Lesende ist gegen Nacktheit geschützt; auffällig die geringe Lesedistanz.

Die Betonung

Die Sätze dieser höfischen Romane und Erzählungen sind wie gegossen in **Reimpaarverse**. Wechseln sich 4 Hebungen mit Senkungen schön regelmäßig ab, liegt das metrische Grundschema vor. Ein 1- bis 3-silbiger Auftakt – Letzteres seltener – ist fakultativ. Als Beispiel Pn 511 f.:

dô sprach im der getriuwe zuo: ·|x́x|x́x|x́x|x́∧|
‚waz wiltû, vriunt, daz ich dir tuo?‘ ·|x́x|x́x|x́x|x́∧|

„Diese Verse richtig zu lesen ist ebenso wichtig wie die Beachtung der Ausspracheregeln.“ (Mettke 2000, 36) Die Betonung im Wort deckt sich mit der im Vers. Im Prinzip. Das metrische Grundschema wird von den mittelalterlichen Dichtern indessen so lebendig umspielt und expressiv genutzt, dass ein Richtiglesen der Verse nicht immer einfach ist. Es braucht Durchblick beim metrischen Bau. Er wird hier bewusst nur präfiguriert mit zentralen Informationen zur Betonung im Wort, im Satz und im Vers. Ein probierendes Sich-Einhören in die Prosodie, ein sanfter Zugang vom konkreten Vers her ist angemessener als der Weg ‚von oben nach unten‘. Mehr Halt bietet die Metrik. (→ S. 201 ff.)

Die **Wortbetonung** stimmt, wenn Sie wie im Neuhochdeutschen betonen, zumeist jedenfalls. Gehen Sie die folgenden Stellen durch, sprechen Sie den Vers. Die Beispielzahl bezeichnet den Vers im Lektüretext, die kleinere Zahl dahinter das gemeinte Wort.

[§ 21] Als Folge der germanischen Anfangsbetonung (→ S. 35) hat die Wurzelsilbe den **Hauptton** (́), und beim einfachen Grundwort, einem **Simplex**, ist das die erste Silbe.

Er	Gr	AH	Iw	MC	Pz	Tr	Da	Hb	Pn
4 4	1 2	1 2	2 1	4 1	1 *1* 2	2 4	2 2	2 2	1 4

[§ 21 Anm. 2] Anfangsbetonung haben auch *hórnuz* ‚Hornísse‘ und *lébendec*, die heute eine Tonverschiebung zur zweiten Silbe aufweisen. Im Korpus nicht belegt sind *fórhel* ‚Foréllé‘, *hólunder* und *wécholter*.

[§ 21 Anm. 1] Bei Wörtern und Namen von fremdsprachiger Herkunft bleibt die Betonung der Herkunftssprache meist erhalten, und zwar auch bei hebräischen Namen. Im Beispiel hier liegt der Hauptton auf der zweiten Silbe.

Er	Gr	AH	Iw	MC	Pz	Tr	Da	Hb	Pn
5562 2	27 2/4	180 4	92 4	621 3	178 *9* 2	7579 4	1579 5	70 5	232 1

Fremdsprachliche Betonung betrifft häufig Eigennamen. Stammen sie aus dem Französischen wie *Artûs*, *Ginovêr*, *Erec*, *Parzivâl*, *Tristan* u. a., kann der Hauptton wechseln. So liegt der Hauptton im ersten Beispiel auf der ersten Silbe, im zweiten auf der zweiten.

103 2 95 1	–	–	3846 2 3787 4	–	66 *6* 3 66 *3* 2	2220 2 2210 1	6931 4 6633 3	–	–

Nicht immer fallen Hauptton und Vokallänge auf dieselbe Silbe, was einem neuhochdeutschen Betonungsmuster widerstrebt: *árzât* ‚Arzt', *éschîn* ‚aus Esche', *glésîn* ‚gläsern', *hä́rmîn* ‚aus Hermelin', *zíndâl* ‚Zindeltaft' (Futterstoff), meist *Ártûs*, gelegentlich *gárzûn* ‚Knappe'. Ein Beispiel für dieses bei Simplicia im Neuhochdeutschen seltene Betonungsmuster ist ‚Sultan'.

Zwei- und dreisilbige Wörter können **Nebenton** (̀) haben: *húotè* ‚Aufsicht', *phíngestèn*. Vier- und mehrsilbige Wörter müssen ihn haben, wobei er deutlicher wird: *hándelùnge* ‚Bewirtung'. Das Beispiel zeigt ferner: Hat ein Substantiv mit Nebenton ein Ableitungssuffix *ære*, *îe*, *în*, *inne*, *iure*, *keit*, *lîn*, *nisse* oder *unge*, zieht dieses den Nebenton auf sich.

3 2	41 5	405 3	1202 5	702 3	13 *12* 2	5609 3	125 4	103 3	553 4

Der Nebenton in einem drei- und mehrsilbigen Wort muss nicht immer den gleichen Ort haben. Je nach Sinn und Versrhythmus passt zum Beispiel einmal *sǘezistè* besser, ein andermal *sǘezìste*.

Fast die Hälfte (n. Mettke 2000, 38) aller höfischen Reimpaarverse um 1200 endet auf ein Wort mit Haupt- und Nebenton auf den letzten zwei Silben: *gǘetè* – *gemǘetè*. Diesen Versausgang nennt man zweisilbig-klingende Kadenz. (→ S. 220)

6 f.	9 f.	7 f.	275 f.	47 f.	1 *1* 3 f.	73 f.	9 f.	5 f.	9 f.

[§ 22] Wir kommen zum **Kompositum**. Bei zusammengesetzten Substantiven liegt der Hauptton auf dem ersten Glied, der Nebenton auf dem zweiten: *tável|rùnde*.

2349 5	917 4	61 2/4	44 5	674 2	2 *18* 3	7803 5	6980 5	39 4	18 4

[§ 22 Anm. 4/5] Ausgenommen davon sind Komposita mit den Präfixen *ge* und *ver*, auch *be* und *er*. Hier trägt wie im Neuhochdeutschen die Wurzelsilbe den Hauptton, und das ist nun die zweite: *ge|wánt* ‚Kleidung', *ver|légenhèit* ‚Untätigkeit'.

544 2	2090 5	689 4	1322 3	638 2	1 *10* 3	4569 4	510 3	649 5	2106 6

Verbalkomposita (Präfix und Verb) haben den Hauptton auf dem zweiten Glied. Ein einsilbiges Präfix wie in *durch|sláhen* ist unbetont. Ein zweisilbiges wie in *ùnder|trágen* kann einen Nebenton aufweisen. Zu jedem Fall ein Beispiel (die Präfixe auf Seite 86):

Er	Gr	AH	Iw	MC	Pz	Tr	Da	Hb	Pn
13 4	17 5	82 4	159 5	1 4	20 *3* 1	4625 1	2860 3	1277 4	2 6
7905 5	2186 3	135 5	1867 2	293 5	18 *16* 5	4428 2	3395 4	1309 1	803 5

[§ 22 Anm. 2] Neben den eigentlichen Verbalkomposita gibt es Verbindungen von Partikel und Verb, zum Beispiel *ábe slân, áne blicken, bî́ stân, vúr legen, zúo rîten* usw. Die Partikel, auch Verbzusatz genannt, erhält einen etwas stärkeren Ton als das Verb.

9 1	3000 5	1075 4	3506 4	525 5	9 *22* 7	1705 6	7304 4	440 5	2087 4

Im Vers kann der stärkere Ton aber zugunsten des regelmäßigen Wechsels von Hebung und Senkung aufgehoben werden. – Bei zusammengesetzten Adverbien wechselt der Ton je nach Stellung im Vers: *álsam/alsám*; ebenso *dâvon, vürbaz* u. a. (→ S. 184)

\Die fólgen/den/ \Erschéinun/gen/ \bezíehen/ sich/ nun/ \auf \die **Sátz\betònung**/. Lesen Sie diesen Satz natürlich, also ohne die Zeichen / und \ zu beachten, dann wird hörbar: Es gibt darin Silben und Wörter mit einem Hauptton bzw. Nebenton. Daneben erscheinen schwachtonige Silben und Wörter. Sie richten sich auf eine Betonung in der Nähe wie auf einen Magnetpol aus. Tun sie dies wie das ‚auf' nach vorn, dann sind sie proklitisch, vorwärtsneigend. Vor diesen Silben und Wörtern steht ein \. Tun sie es dagegen wie das ‚sich' nach hinten, dann sind sie enklitisch, rückwärtsneigend. Nach diesen Silben und Wörtern steht ein /. – Auch in mhd. Sätzen sind schwachtonige Silben und Wörter proklitisch oder enklitisch. Schwachtonig sind meist Wörter wie diese hier:

1 1/3/5	17 1/3	6 1/3	10 1/3	2 1/2/4	2 *29* 1/3/5	77 1/3/5	4 1/3/5	10 1/4/6	11 1/4

[§ 23] Es handelt sich um kleinere Wörter, oft um Artikel, Pronomen, Präpositionen, Konjunktionen. Wie im Neuhochdeutschen können sie beim natürlichen Sprechen verkürzt, abgeschliffen, mit anderen Wörtern verschmolzen werden. So isses, ne.

Diese Eigenschaft ist beim Versbau hoch willkommen, denn das quasi elastische Sprachmaterial erleichtert den regelmäßigen Wechsel von Hebung und Senkung. Wer dichtet, muss *die rîme rihten* (MC 1779 ff.; Hs.: *rede*),die Verse/Sprache einrichten', wobei man die Wörter *spalten* ‚abtrennen' oder *zesamene valten* ‚verschmelzen' kann. Silbenzahl und Rhythmik können so halbwegs flexibel dem Versbau angepasst werden.

Verschmilzt ein schwach betontes Wort mit dem folgenden, liegt Proklise vor. Beispiel: Aus *\ze íuwerem* wird *zíuwerem* ‚zu eurem'. Das sich anlehnende Wort heißt **Proklitikon**. Verschmilzt ein schwach betontes Wort mit dem vorhergehenden, dann liegt Enklise vor. Beispiel: Aus *begínne ez/* wird *begínnez.* Das sich anlehnende Wort heißt **Enklitikon**. – Es gibt weitere solche Erscheinungen (→ S. 214 f.), doch ist deren Unterscheidung sprachdidaktisch nicht dringlich. Die vielen Kombinationsmöglichkeiten zwischen Artikeln, Pronomen, Präpositionen, Verben u. a. schaffen zahlreiche Formen.

Verschmelzungen übersieht man leicht. Unvermerkt kommt es dann zum Aufgleiten beim Übersetzen, ohne oder mit Folgen. Aufzulösen sind Verschmelzungen nicht immer so leicht. Besonders Monsieur WOLFRAM VON ESCHENBACH erlaubt sich einiges. In den Wörterbüchern sind die wenigsten verzeichnet. Verstehen Sie diese hier?

Er	Gr	AH	Iw	MC	Pz	Tr	Da	Hb	Pn
20 2	289 3	5 4	49 2	61 2	10 *7* 2	35 4	19 2	326 3	14 3
64 1	313 2	103 3	122 2	82 2	62 *21* 1/3	773 5	120 2	449 2	303 1
321 3	381 2	197 4	129 1	137 2	116 *27* 2	2818 3	4213 2	726 1	512 2
5895 2	404 2	549 2	556 2	1488 4	438 *29* 6	3811 2	4415 4	754 3	598 6

Grammatiken neigen gerne zur bevorzugten Darstellung des Seltenen. Dagegen wurde die folgende Liste von Verschmelzungen und Kürzungen mit Hilfe von Konkordanzen, der *Ranking Frequency List* bei Hall und des PC statistisch erstellt. Sie bildet einen alphabetischen Schlüssel zu den häufigsten Formen, gedacht zum **Nachschlagen**. Links in jeder Spalte haben Sie die Form im Text, in der Mitte die Vollform(en), rechts die grammatisch wörtliche(n) Bedeutung(en), die man eventuell umformulieren muss.

Nicht verzeichnete Fälle sind meist ableitbar. Formen mit und ohne Zirkumflex kommen vor. Am Rand markiert ist ein Bildungsmuster für die Verschmelzung von Pronomen und Verb, hier das hochfrequente *mugen* ‚können', ‚vermögen', ‚dürfen'. – Ein auslautendes *n* ist hier enklitisches Pronomen, sonst aber oft Negationspartikel. (→ S. 64)

anz	*an daz*	an das
bîme	*bî dem(e)*	beim
deist	*daz ist*	das ist
deiswâr	*daz ist wâr*	zweifellos, wirklich, ehrlich
dier	*die er*	die er
eime	*ein(e)m(e)*	einem
ern	*er in*	er ihn/ihnen
ers	*er des*	er des/dessen
	er es	er seiner/dessen
	er si	er sie
erst	*er ist*	er ist
erz	*er daz*	er das
	er ez	er es
hinderz	*hinder daz*	hinter das
ichs	*ich des*	ich des/dessen
	ich es	ich seiner/dessen
	ich si	ich sie
ichz	*ich daz*	ich das
	ich ez	ich es
imz	*im daz*	ihm/sich das
	im ez	ihm/sich es
inz	*in daz*	ihn/ihnen das
	in daz	in das
	in ez	ihn/ihnen es
irn	*ir in*	ihr ihn/ihnen
irs	*ir des*	ihr des/dessen
	ir es	ihr seiner/dessen
	ir si	ihr sie
irz	*ir daz*	ihr das
	ir ez	ihr es

manz	*man daz*	man das
	man ez	man es
mîme	*mînem*	meinem
mirst	*mir ist*	mir ist
mirz	*mir daz*	mir das
	mir ez	mir es
möhtestû	*möhtest dû*	könntest du
mohter	*mohte er*	konnte er
mohtens	*mohten des*	konnten dessen
	mohten es	k. seiner/dessen
	mohten si	konnten sie
möhtes	*möhte des*	könnte dessen
	möhte si	könnte sie
sim	*si im*	sie ihm
sîme	*sînem*	seinem
sin	*si in*	sie ihn/ihnen
sîtz	*sît ez*	da es, seit es
	sît ez	seid es
sîz	*sî daz*	sie das
	sî ez	sie es
smorgens	*des morgens*	am Morgen
ûf(e)z	*ûf daz*	auf das
umben	*umbe den*	um den
untz	*unt daz*	und das
ûzem	*ûz dem*	aus dem
wiez	*wie ez*	wie es
zeinem	*ze einem*	zu einem
zem	*ze dem*	zum
zer	*ze der*	zur, zu den
zim	*ze im*	zu ihm
zir	*ze ir*	zu ihr

Zurück zum probierenden Sich-Einhören in diese Verse. Ein regelmäßiger Wechsel von Hebung und Senkung, **Alternation** genannt, ergibt sich streckenweise von selbst. Nicht selten aber muss man zwischen zwei Betonungen (Hebungen) zwei unbetonte, in der Senkung stehende Silben annehmen: ... x́xxx́ ... . Ein andermal hat man den Eindruck, dass zwei benachbarte Betonungen auf bedeutsame Begriffe fallen: ... x́x́ ... .

Erlaubt sind zudem kleine Sprechhilfen. Ein *e* oder *i* im Auslaut vor anlautendem Vokal kann stumm bleiben. Die Erscheinung heißt **Elision**. Genießen Sie sie hier:

Er	Gr	AH	Iw	MC	Pz	Tr	Da	Hb	Pn
8 1	15 3	10 2	22 1	2 1	1 *29* 1	44 4	14 5	13 2	81 2

Schreibsprache ist ja konservativer als Sprechsprache. Der Schreiber hing vielleicht an einem *e*, das die Vorleserin beim Vortrag auf der Zunge zergehen ließ. Ein unbetontes *e* darf man auch mittels Apokope oder Synkope (→ S. 59) ‚wegzaubern'. Hören Sie aber gut hin, ob nicht gerade so ein ‚überflüssiges' *e* für rhythmische Variation sorgt.

Das laute Vorlesen der Verse gelingt oft auf Anhieb korrekt. Bei Leseproblemen empfiehlt sich die Besinnung auf das Prinzip, das allerdings auch einmal aufgehoben sein kann: „Die Betonung im Verse beruht auf der Betonung der natürlichen prosaischen Rede, aber die metrischen Bedürfnisse zwingen zu [...] Änderungen." (Paul u. a., 37) Die Prosabetonung ist aus metrischen und vor allem auch stilistischen Gründen möglicherweise aufgehoben zu Gunsten einer stilisierenden Tonverschiebung. (→ S. 230 f.)

Soviel dazu für jetzt. – Wann brach man zur Pilgerfahrt auf? „Im Frühjahr fanden Mensch und Reittier leichter Proviant; man konnte mit leidlich begehbaren Wegen rechnen; Stege über Bäche und kleine Flüsse waren vielleicht ausgebessert; das Hochwasser der Flüsse war abgelaufen, und Fähren wurden wieder bedient [...]." (Ohler 1994, 84) Am Karfreitag begegnet Parzival hoch zu Ross einer pilgernden Ritterfamilie:

eins mórgens wás ein dǘnner snế,	Eines Morgens lag ein feiner Schnee
iedóch sô dícke wól, gesnî́t,	geschneit, doch hoch wie der bestimmt,
als dér noch vróst den líuten gî́t.	der Menschen nochmals Frieren bringt.
ez wás ûf éinem grốzen wált.	Es war in einem großen Wald.
im wídergìenc ein rítter ált,	Ein alter Ritter schritt ihm entgegen,
des bárt al grấ wás gevár,	dessen Bart war ganz ergraut,
dâ bî́ sîn vél líeht unde clấr.	dabei hell und rein seine Haut.
die sélben várwe trúoc sîn wî́p.	Denselben Teint besaß seine Frau.
diu bḗdiu, ǘber blốzen lî́p,	Sie beide, auf dem bloßen Leib,
truogen grấwe rö́cke hértè	trugen raue graue Kleider
û́f ir bî́hte vértè.	zu ihrer Bußwallfahrt.
sîniu kínt, zwuo júncvróuwèn,	Seine Kinder, zwei Jungdamen,
die man gérne móhte schóuwèn,	die man gerne mustern mochte,
dâ gíengen ín der sélben wất,	gingen da im selben Habit,
daz ríet in kíusches hérzen rất.	was ihnen Herzensdemut riet.
si gíengen álle bárvùoz.	Sie gingen alle barfuß. (Pz 446 6–21)

Der erste Kuckuck: Lautwandel

Hören Sie? Der erste Kuckuck. – Weh! Da vorn. Oszillator ausgeflogen, ein *goukelære*. Sieht arg nach Ärger aus. Wunder wirkt allein die Kenntnis des Lautwandels vom Mittelhochdeutschen zum Neuhochdeutschen. Die Anwendung einer Lautregel lässt viele mhd. Wörter erkennen. Man bekommt diesen lautgeschichtlich oszillierenden Durchblick – tragen Sie eh latent in sich. Sie wissen, was ein *troum* ist. Der Gott der Sprache gibts den Seinen im Schlaf. Lässt sich der Durchblick als Lautregel – mhd. *ou* → nhd. au – genereller formulieren, kann man viele Ausdrücke erschließen. Die Regel erweitert zudem die Intuition. Man ahnt: Beim *goukelære* entfällt bestimmt ein *e* und *-ære* entspricht -er. Ha! Schon durchschauen Sie den Wechselbalg. Der Gaukler ist da. Momentchen. Der will honetten Pilgersleuten – Ihnen – sein Pfingstwunder-Wunderwässerchen aufschnorren? Gelobt sei die Sprache dieses Pilgerprügels. Kaufen Sie ihm nichts ab. Das Wässerchen macht Sie nur *ouch* zum *gouch*. – Wie dieser Kuckuck ruft. Man könnt närrisch werden.

Thematisch sind jetzt Laute in Ausdrücken: Es geht um die phonologische und die semiotische Ebene. Über die semantische Ebene ist damit wenig ausgesagt, denn die Wortbedeutung kann seit dem Mittelalter gleich geblieben sein oder sich gewandelt haben. **Erschließen lässt sich nur der Ausdruck, nicht dessen Bedeutung.** Beispiel: Es trifft lautgeschichtlich zu, dass mhd. *vrouwe* dem nhd. Ausdruck ‚Frau' entspricht. Aber es würde die Bedeutung meist verzerren, wenn man *vrouwe* mit ‚Frau' übersetzte.

Mögliche Ursachen für den Lautwandel sind: die Ökonomisierung der Artikulation, das Bedürfnis nach Verdeutlichung (Kontrastivität, Distinktivität) der Laute zur Sicherung der Kommunikation, das Streben nach „optimaler Selbstdarstellung in der Interaktion" (Bußmann 2002, 396) mittels prestigeträchtiger Aussprache, schließlich – eine strukturalistische Erklärung – innersprachliches Symmetriestreben. Die einzelnen Erscheinungen des Lautwandels vom Mittelhochdeutschen zum Neuhochdeutschen sind in den Mundartgebieten unterschiedlich rasch in Gang gekommen. Besonders alpine Mundarten haben z. T. noch heute alten Lautstand bewahrt, was der historischen Phonologie einigen Aufschluss über die historische Aussprache gibt. Wichtiger für die Ermittlung alter Lautung ist allerdings die Zeichenwahl in mittelalterlichen Handschriften, und auch Metrum und Reim können bezüglich Länge, Kürze und Klangfarbe aufschlussreich sein. (Penzl 1989, 36) Prozesse des Lautwandels gehen über viele Generationen hin. In der gesprochenen Sprache treten sie immer etwas früher auf als in der geschriebenen. Für die Diphthongierung – sie wird bald vorgestellt – beträgt der Vorsprung im Mittelhochdeutschen etwa ein halbes Jahrhundert.

Nicht alle Erscheinungen des Lautwandels vom Mittelhochdeutschen zum Neuhochdeutschen sind lernrelevant. Bei annähernd historischer Aussprache wird beim Konsonantismus [§§ 99–113] und bei der Dehnung [§§ 45 f.] vieles intuitiv bewältigt. Vereinzelte Fälle von Entrundung [§ 49] sind sofort im Wörterbuch nachgeschlagen. Solche u. ä. Erscheinungen werden aus der Darstellung weggefiltert. Trainieren Sie hingegen Ihren Blick für Lautwandel bei folgenden Lauten, dann legen Sie an Intuitionsreichweite sehr zu:

a â e ê ei i î ie iu m o ô ou öu s t u û ü üe uo w

Besonders das Vokalsystem ist betroffen, dazu kommen *m*, *s*, *t* und *w*. Treten Veränderungen (fast) ausnahmslos ein, liegt spontaner Lautwandel vor. Kombinatorischer Lautwandel ist von der Umgebung abhängig und erscheint mehr oder weniger häufig.

Machen Sie ein **Durchblickstraining**, indem Sie die knapp 50 nhd. Ausdrücke intuitiv oder mit Hilfe der Regel erschließen. Wenn Sie die Lautregel neben das Beispiel notieren, werden Sie sich bei neuen Fällen besser daran erinnern. Allfällige weitere Lautveränderungen brauchen nicht zu verunsichern. – Im Sinne einer Stichprobe zum Bedeutungswandel empfiehlt es sich, da und dort die Bedeutung nachzuschlagen.

î → ei *iu* → eu/äu *û* → au

[§ 42] Mhd. *î*, *iu* und *û* werden im Neuhochdeutschen fast immer zu ei, eu/äu und au. Man nennt das die nhd. **Diphthongierung**. Sie ist schon im Frühmittelhochdeutschen (→ S. 30) belegt und breitet sich bis ins 16. Jahrhundert aus. Entstehung und Ausbreitungsweise werden kontrovers beurteilt, vielleicht hat eine höfische Aussprachemode vom Südosten her (Wiener Hof) Einfluss gehabt.

Er	Gr	AH	Iw	MC	Pz	Tr	Da	Hb	Pn
1 1 23 5 32 3	1 1 9 4 49 6	16 5 21 4 148 3	7 4 14 6 32 5	2 3 19 3 25 3	1 *1* 2 1 *2* 6 1 *16* 3	16 2 1791 1 2527 4	11 5 12 2 2026 2	14 2 29 2 35 2	3 4 9 2 165 4

ie → lang i *üe* → lang ü *uo* → lang u

[§ 43] Mhd. *ie*, *üe* und *uo* werden im Neuhochdeutschen sehr oft zu langem i, ü und u. Die nhd. **Monophthongierung** breitet sich vom Westmitteldeutschen (→ Karte S. 32) seit dem 11. und 12. Jahrhundert aus. Ihre Ursache ist ungeklärt.

8722 3 10091 5 10135 4	34 3 72 4 79 5	5 1 45 5 87 2	5 4 37 3 544 3	6 5 9 2 23 2	1 *3* 3 1 *5* 3 1 *24* 2	2108 5 2876 3 3362 6	3 6 13 1 240 4	5 5 21 4 80 2	4 1 12 2 97 5

ei → ei/ai *öu/eu/öi* → äu/eu *ou* → au

[§ 44] Dem mhd. Diphthong *ei* (→ S. 45) entspricht im Neuhochdeutschen ein als ai gesprochenes ei oder ai. Mhd. *öu/eu/öi* wird zu nhd. äu oder eu. Und mhd. *ou* wird zu nhd. au. Man spricht hierbei von **Öffnung**; gemeint ist eine Erweiterung im Mundraum als Teil des Artikulationskanals. Der Vorgang beginnt im Bairischen und Schwäbischen im 13. Jahrhundert, Ursache ist das Streben nach Verdeutlichung. Jeweils ein Beispiel bezeichnet – falls belegt – ein Wort, das im Mittelhochdeutschen mit *ei*, im Neuhochdeutschen dagegen mit ai geschrieben wird, meist um gleichlautende Wörter (Homophone) in der Schreibung zu unterscheiden. Im Neuhochdeutschen schreibt man äu, wenn der etymologische Zusammenhang mit au eräugbar ist, sonst wird freudig eu geschrieben.

133 2 198 3 278 4 1157 4	217 2 1035 3 1059 4 1192 6	40 1 40 6 49 4 1094 1	929 6 1595 1 3119 6 6694 6	9 3 16 5 111 3 235 4	1 *12* 3 13 *11* 2/3 153 *7* 6 194 *19* 4	53 4 60 6 551 3 2096 3	21 3/5 747 5 3811 6 6891 3	8 5 21 2 411 4 611 4	18 4 31 3 67 2 89 5

[§ 26 Tabelle] Die Ergebnisse der Öffnung und der nhd. Diphthongierung sind lautlich identisch, die Linguistik spricht von Phonemzusammenfall. *inâ, gouch! waz sol diz sîn?* Phantastische Nummer, Madame! Wenn Ihr so wollt: zwei Kuckuckseier, aus denen das gleiche Vögelchen schlüpft. *jâ stât dir spotlîch der munt*. Nein, im Ernst. Ehrenwort! – *??*

â → kurz a *ê* → kurz e *î* → kurz i *ô* → kurz o

[§ 47] Im Gegensatz zu den bisherigen Erscheinungen kann man bei der frühnhd. **Kürzung** keine allgemeine Regel formulieren, nur bedingende Faktoren nennen. (Penzl 1989, 56) Kürzung tritt fast immer ein vor *(c)ht*. Auch erscheint sie vor *r* + Konsonant, vor den Nebensilben *er*, *el*, *en*, dann in zusammengesetzten Wörtern und in Namen, ferner schon mhd. bei der Adjektivendung im Wechsel von *lîch* und *lich*, bei der Adverbendung im Wechsel von mhd. *lîche(n)* und *liche(n)*, bei der Namenendung *rîch* und *rich*. Der Konsonant nach Kürzung ist im Neuhochdeutschen oft verdoppelt.

Er	Gr	AH	Iw	MC	Pz	Tr	Da	Hb	Pn
117 6	211 3	57 2	35 4	17 3	1 *1* 4	54 2	39 4	458 3	76 2
288 5	538 5	875 2	624 2	83 6	3 *5* 4	1140 3	91 6	622 3	84 3
4021 2	674 4	985 2	1310 2	104 3	4 *3* 2	1627 2	95 2	1017 2	104 5
4294 3	3249 1	1123 5	6448 3	209 4	35 *14* 3	4689 4	6339 3	1883 4	436 5

ie → kurz i *üe* → kurz ü *uo* → kurz u

Auch die Diphthonge *ie*, *üe* und *uo* erfahren häufig Kürzung. Für Häufigkeit sorgen die hochfrequenten Verben *müezen* mit *uo*/*üe*, *gân* und *vâhen* mit *ie* im Präteritum.

365 2	185 3	359 3	140 6	5 3	1 *2* 2	582 4	112 2	124 5	48 4
968 2	1348 2	472 4	1289 2	158 3	6 *9* 6	1789 4	421 2	366 2	98 5
2284 4	3391 4	624 2	1538 4	196 5	6 *20* 5	9452 4	1075 2	581 4	204 2

â → lang o *e* → ö *i* → ü *ie* → lang ü

[§ 48 u. Anm. 1] Mhd. *â*, *e*, *i* und *ie* erscheinen im Neuhochdeutschen gelegentlich als lang o, als ö, ü und lang ü. Das Phänomen heißt **Rundung**, die betroffenen Vokale werden mit ‚gerundeten' Lippen – wie beim Trinken mit Halm – artikuliert. Schriftlich erscheint die Rundung bei *e* und *i* seit dem Anfang des 13. Jahrhunderts im Alemannischen, sie breitet sich etwa nordöstlich aus. Dagegen erscheint in den Quellen *ô* statt *â* im 12. Jahrhundert im Bairischen und breitet sich nordwestlich aus. Als Ursache wird Artikulationserleichterung angenommen. Bei *liegen* ‚lügen' und *triegen* ‚betrügen' (so lautet der Infinitiv zu *trouc* in AH 400) kommt analogische Angleichung in Betracht.

42 1	29 2	21 2	338 5	7 1	1 *9* 5	5733 2	3 5	167 4	1291 3
763 4	306 4	(400 2)	1472 5	54 3	172 *14* 5	12307 2	1075 5	671 6	1405 4
5094 4	934 3	692 4	2183 5	162 8	219 *16* 4	13498 4	6969 5	1008 1	1851 4
5204 4	3895 4	792 3	6554 1	1580 4	452 *16* 3	16707 2	6884 5	1189 1	1877 2

ü vor *m*/*n* → ö *u* vor *m*/*n* → o

[§ 50] Die mhd. Kurzvokale *ü* und *u* vor den Nasalen *m* und *n* werden im Neuhochdeutschen bisweilen zu ö und o, teils gedehnt. Die Zunge liegt dabei etwas tiefer, man spricht von **Senkung**. Sie entsteht im Mitteldeutschen bereits in frühmhd. Zeit, zeigt sich vom 14. zum 16. Jahrhundert im Schwäbischen, Obersächsischen, Bairischen, gilt dann in der nhd. Standardsprache. Die Ursache ist wie oben Ökonomisierung der Artikulation.

1571 2	184 2	812 3	59 4	710 4	4 *3* 3	327 1	2549 6	109 4	5 3
4462 2	1123 5	1340 3	2111 3/5	958 4	5 *17* 1	15302 4	5133 2	1478 3	2153 4

e → ø

[§§ 52–56] Wohl als Nachwirkung der germanischen Akzentverlagerung (→ S. 35) schwindet im Neuhochdeutschen oft der unbetonte Nebensilbenvokal mhd. *e*. **Apokope** nennt man den Schwund eines *e* im absoluten Wortauslaut. Häufig ist er bei den Suffixen *ære*, *inne*, *nisse*, *unge*, auch begegnet er bei Substantiven und Adjektiven. Die voll betonten Adverbien *âne*, *abe*, *mite*, *obe* zeigen als schwach betonte Präpositionen *e*-Schwund.

Er	Gr	AH	Iw	MC	Pz	Tr	Da	Hb	Pn
13 1	119 1	6 5	664 4	877 2	1 *30* 4	64 2	1898 2	137 3	267 2
21 2	165 1/3	10 2	1039 4	1015 4	3 *3* 2	70 3	2464 2	291 2	277 1
110 3	422 2	308 3	1394 3	1036 5	16 *22* 3	284 6	2472 4	385 2	628 6
189 2	628 2	344 5	3262 5	1038 2	61 *2* 2	517 1	2482 4	1303 7	629 2
5161 4	2257 4	812 3	5804 2	1196 2	391 *16* 2	5470 1	6509 3	1715 2	631 3

[§§ 52–56] **Synkope** heißt der Schwund von *e* im Inlaut. Ist die Vor-, die Mittel- oder die Endsilbe betroffen? – Manchmal lassen sich nhd. Formen nun nach Lautwandlungsregeln aus dem Mittelhochdeutschen herleiten: *gelîmet* etwa wird über Diphthongierung und Synkope zu nhd. ‚geleimt' – zum Bedeutungswandel: Ihr Oberteil ist etwas *gelîmet*.

927 2	944 4	21 4	293 5	17 1	1 *5* 1	712 4	11 6	44a 5	3 6
2368 3	998 5	231 3	489 6	18 2	1 *21* 1	4530 2	31 5	158 5	8 4
4074 4	1189 6	349 2	983 4	31 1	4 *1* 3	6118 3	47 5	417 2	18 4
6023 4	1786 3	594 2	2272 5	48 1	8 *10* 3	6364 2	394 2	1464 2	19 5
7797 6	3144 5	1099 5	6086 3	76 4	24 *13* 2	10929 2	1322 2	1869 2	122 5

w → ø

[§§ 41 Anm.7/117] Ein mhd. *w*, das zwischen mhd. *ou*, *öu*, *iu*, *û* oder *uo* und nachfolgendem *e* steht, entfällt im Neuhochdeutschen.

21 2	75 4	49 4	122 4	15 4	2 *1* 3	175 3	969 6	76 2	119 5
911 2	173 4	196 1	124 1	16 5	3 *1* 5	219 4	1115 5	278 5	1198 6
3653 4	523 4	381 3	794	31 1	19 *20* 3	543 4	3881 3	1041 4	1430 2
6586 2	2805 2	663 3	3643 1/3	89 2	29 *26* 5	646 4	6159 3/4	1401 3	1932 5
8131 2	3254 1	1094 1	7815 1	305 2	117 *17* 2	8605 2	6825 2	1883 4	2071 3

w → b

[§ 117] Mhd. *lw* und *rw* wird nhd. lb und rb (außer wenn *lw* oder *rw* auf die Fuge von Präfix und Stamm fallen, wie etwa in *ver|würken*.) Der Wandel erscheint am Ende des 13. Jahrhunderts im Schwäbischen. Ein Sonderfall: Im Lehnwort *âventiure* wird *v* zu b.

189 2	1950 5	545 4	3337 1	712 1	1 *6* 3	8602 3	6911 2	272 3	1199 4
324 5	3852 5	1139 3	3696 5	1650 5	301 *29* 3	8616 4	8189 3	1645 3	1200 3

s → sch

[§ 155] Anlautendes *sl*, *sm*, *sn* und *sw* wird nhd. zu schl, schm, schn und schw, auch *rs* zu rsch. Bei *st* und *sp* erhält sich die Schreibung, während nhd. sch gesprochen wird.

276 5	358 2	118 3	383 2	778 4	1 *3* 1	37 4	773 5	26 5	71 6
330 5	955 1	450 6	895 5	792 2	1 *11* 3	443 1	3370 7	38 3	837 4
863 2	2771 7	470 5	2126 2	1168 5	1 *16* 6	3417 7	3662 2	141 1	985 3
6088 5	3108 5	509 2	3277 5	1531 3	3 *5* 4	3737 3	5050 5	263 6	1059 4

mb → mm

[§§ 125/130] In der Verbindung *mb* passt sich *b* artikulatorisch dem *m* an, man spricht von **Assimilation**. Schon früh erscheint sie im Mitteldeutschen. (→ Karte S. 32) Es resultiert die Geminate mm, die dann nhd. steht, wobei auch einfaches m vorkommt.

Er	Gr	AH	Iw	MC	Pz	Tr	Da	Hb	Pn
3325 3 3328 2	347 4 2141 2	292 2 400 6	481 4 489 6	441 4 828 2	1 *16* 2 13 *25* 3	1045 2 3322 2	1202 4 3691 5	149 1 1030 1	3 5 745 3

t → tt *m* → mm *n* → nn *v/f* → ff

[§§ 45/99] Wenn ein mhd. Kurzvokal auch im Neuhochdeutschen ungedehnt bleibt –siehe erste Ausspracheregel auf Seite 43 –, kommt es zur **Gemination** des folgenden Konsonanten. Häufig sind nhd. tt und mm, seltener nn und ff, vereinzelt begegnen andere.

303 2 7192 2 9944 3	344 5 963 5 1047 2	145 4 153 4 1340 3	651 4 3305 6 6305 4	101 5 364 2 1690 3	1 *9* 2 1 *16* 6 1 *20* 1	2427 5 4402 4 4914 4	109 2 116 3 671 5	426 5 478 3 648 6	14 4 16 5 161 6

Treiben die Mühle doll, die Sprachwunderwässerchen. Weiß jemand zur Pfingstfeier ein original tiefsinnig Schlusszitätele? *‚et hoc quod continet omnia scientiam habet vocis.‘* Sie, da steckt ja mächtig was drin, verdorbene Junggrammatikerin. Woher haben Sie das nun wie– Einsiedeln? Codex 121, sagen – Sekundesekun– ach da, ja! Pagina 255, nicht? Alles klar. Wunderbar tiefsinnig. Kein Wunder, haben die Brüder eine Frau in ihre Bibliothek reingelassen. Die Dinge müssen doch zur Sprache kommen.

Gaukler mit Äffchen – das im Baum kein Gauch. Holzschnitt aus dem Blockbuch «Wirkung der Planeten» (um 1470)

Pilger Parser kollabiert: Den Satzbau klären

Der Text liegt vor, eine Reihe von Sätzen, strukturiert gebaut aus Wörtern. Um die Sätze zu verstehen, müssen wir erstens die Bedeutungen von Wörtern und Wortgruppen einsetzen und zweitens die **Satzstruktur** klären. (Keller/Leuninger 1993, 197 ff.) Recht oft geschieht beides ganz von selbst, wie im Neuhochdeutschen. Recht oft auch nicht.

Dann überkommt einer von zwei Krisenzuständen unser un/edelstes Organ. Beim ersten stellt der so genannte Parser – ist im Hirn treu besorgt um die Satzanalyse – die Satzstruktur kristallklar vors innere Auge, allein die Bedeutung bleibt auf der Strecke und man landet unsanft im – Wörterbuch. Beim zweiten sind alle Wortbedeutungen mit Händen zu greifen, allein Pilger Parser schnauft gar schwer, schwitzt hinterher, schwankt und befiehlt zu guter Letzt sich um sich selbst drehend dem Herrn seinen – Kollaps. *beginnet er nu siechen zehant und muoz belîben sîner vart?* Er stirbt nicht grad, Madame. Nur der Satzbau ist unklar. Heute hilft man dem Alten mit operationalen Verfahren auf die Beine. *daz wunder daz gesach ich nie.* Ihr schwört auf Schläge? *lâ bœse rede und tuo diu werc!*

Aber immer. – Zur Erfassung der Satzstruktur muss man wenigstens intuitiv die Satzteile Subjekt, Prädikat, Objekt und eventuell weitere unterscheiden. Dazu muss man die Wortarten Substantiv, Verb, Pronomen und eventuell weitere erkennen. Zwar ist dies durch die Kleinschreibung und die Gefahr der Formenverwechslung erschwert, doch lässt sich ein gut Teil Erschwernis vorweg austricksen. Wie?

Machen Sie die **Klangprobe**. Der Satz wird laut und zügig gesprochen und abgehört, möglichst auswendig und blind: Das Auge ruht etwas, das Ohr übernimmt. Die Satzbaupläne des Mittelhochdeutschen sind denen des Neuhochdeutschen relativ ähnlich, zu ihrer Erfassung ist unser Sprachgehör immer noch hilfreich. Der ‚Sprung' in die intuitive Erfassung des Satzbauplans erfolgt manchmal erst ab einem gewissen Sprechtempo. Das bedingt, dass die phonetische Umsetzung der Schriftzeichen automatisiert abläuft. Gutes Training der Aussprache (→ S. 43 ff.) ist darum zur Sinnerfassung sinnvoll. Die Klangprobe ist eine Trial-and-error-Methode, die Wiederholung empfiehlt sich. Sie ist zudem geeignet, psychologische Barrieren (→ S. 47) bewusst zu machen.

Die Vernachlässigung der Aussprache in vielen Darstellungen übergeht einen historischen Wesenszug höfischer Literatur: ihr Gesprochen-und-vernommen-worden-Sein.

Die Herausgebenden machen mit der Interpunktion (→ S. 70) Vorschläge zur Gliederung in Teilsätze. Mit dieser Zeichensetzung als Lesehilfe wird eine „Interpretationsmöglichkeit präsentiert." (Paul u. a., 283) Die Klangprobe eignet sich, sie autonom zu überprüfen. Vertrauen Sie auf das eigne Gehör. Nur nicht zu früh.

Ergebnis negativ? Dann rücken Sie dem Satz mit Einzelstrategien zu Leibe.

Fragen Sie: Wo steckt das finite **Verb**? Sie überführen es anhand der Personalendung. (→ S. 94, 99) Denken Sie an die Möglichkeit von ‚Valenzturbulenz' (→ S. 86 Allgemeines, S. 151 ff. zum Genitiv, S. 161 ff. zum Dativ und S. 165 ff. zum Akkusativ). Oder behindert eine der häufigen Kontraktionen (→ S. 103) das Verständnis? Denken Sie auch daran, dass Verben wie *beginnen* mit Infinitiv beim Übersetzen ein ‚zu' (→ S. 71) brauchen.

Fragen Sie weiter: Was ist **Subjekt**? Es steht immer im Nominativ: ‚Wer oder was ... ?‘ Vielleicht hilft bei der Suche die **Kongruenzprobe**: Finites Verb von Singular zu Plural ändern oder umgekehrt: Das Satzglied, das sich mit ändern muss, ist das Subjekt. Es ist oft durch ein Pronomen *er, si, ez, si* vertreten. – **Objekte** sind dementsprechend etwa *in, si, im* oder *ir*. Bei artikellosen Substantiven (besonders im Genitiv) wirkt die **Erweiterungsprobe** klärend: Es wird ein Artikel – etwa *des, der, eines, einer* usw. – im vermuteten Fall mitgedacht.

Negativ? Falls nun ein harmloser einfacher Satz oder ein kurzer komplexer Satz Probleme machen zu müssen meint, wallen Sie hier weiter. Tut es langes Satzgefüg: runterspringen.

Machen Sie die **Verschiebeprobe**. Wörter oder Satzteile werden so verschoben, dass der Satzbau durchsichtiger wird, ohne dass schwerwiegende Bedeutungsveränderungen entstehen. Die Korrektheit solcher Hilfsvarianten können wir im strengen Sinne nicht beurteilen. [§ 300] Meist gibt es mehrere Möglichkeiten. Eine gute ist, das vermutete Subjekt an den Anfang des Satzes, das vermutete Verb an die zweite Stelle zu rücken. So werden die außersyntaktischen Einflüsse auf die Wortstellung (→ S. 73) im Reimpaarvers (→ S. 51, 212) aufgehoben, der Satz wird ‚rechtsläufig‘ und ist leichter zu analysieren. Diese Operation verdeutlicht den Fall der Objekte, aber auch allfällige [§ 340] Inkongruenzen (→ S. 73, 125, 153) treten verschärft hervor. Im folgenden Beispiel geben die größeren Zahlen die Verse, die kleineren die einzelnen Wörter an.

Er	18 – 20		18 + 19 4/1/2/3 + 20
Gr	1 – 4		1 1/2/3 + 2 2/3/1 + 1 4 + 3 1/2/4/5/6/3 + 4 1/2/5/3/4/6
AH	8 – 11		8 4/3/1/2/5 + 9 1/2/5/3/4 + 10 + 11 2/3/1
Iw	8 – 11		8 + 9 2/3/1 + 10 1/2 + 11 1 + 10 3/4/5 +11 2/3/5/6/4/7
MC	527 – 29	wird zum Beispiel	527 4 + 528 4 + 527 1/2/3 + 528 1/2/3 + 529 1/3/2/4/5
Pz	1 26 f.	verschoben zu	26 1/2/3 + 27 2/3/4/5 + 26 4/5/6/7 + 27 1
Tr	55 f.		56 2/3/1 + 55 1/2/3/4/5 + 56 4/5
Da	1950		1950 3/2/4/5/1/6
Hb	26 – 29		27 2/1/3/4/5 + 28 1/2/3/4 + 29 1 + 28 5 + 29 2 + 26
Pn	20 – 23		20 1/2/3 + 22 1/2/3 + 20 4 + 21 1/4/2/3 + 23 1/4/2/3/5

[§§ 493 ff.] Mittelhochdeutsche Dichter bauen nicht immer glatte, logisch eindeutige, grammatisch klare Sätze. Besonders bei WOLFRAM VON ESCHENBACH begegnen Apokoinu-Konstruktionen, Anakoluthe u. Ä. Kann man sie ‚äquivalent inkorrekt‘ übersetzen? Das ist anspruchsvoll. Also einen Versuch wert.

Bei langen Satzgefügen sind, wenn es denn sein muss, Amputationen indiziert – seufz. In MARTIANUS CAPELLAS Werk *De nuptiis philologiae et mercurii* (5. Jahrh. n. Chr.) ist die Grammatik weder stillende Mutter noch rabiate Zuchtmeisterin wie im Hochmittel– au! *dû bist gnuoc tumprœze!* (Gottver✂!) In Gestalt einer Ärztin bringt sie dem Brautpaar Philologia und Merkur ihre Wünsche. „Beschrieben als charmante und betagte Dame, trägt sie ein aus Griechenland stammendes Gewand, das sie ‚grammata‘ nennt. Als Ärztin versteht sie es, die verschiedenartigsten sprachlichen Gebrechen zu behandeln und zu heilen. Ihre Attribute sind denn auch verschiedene chirurgische Instrumente (darunter ein scharfes Messer), Verbandszeug und Salben.“ (Rütimann 1993, 87) – Die war echt nett.

Machen Sie die **Weglassprobe**. Einige oder alle fakultativen Teile eines längeren Satzgefüges (→ S. 76 ff.) werden gedanklich amputiert: Adjektive, eingeschobene und angehängte Teilsätze, Orts-, Zeit-, Umstandsangaben (besonders im Genitiv), das zweite Substantiv eines Substantivpaars, Appositionen. Die Aussage wird reduziert, dafür tritt die Satzstruktur hervor. – Die Zahlen hinter der Verszahl des Beispiels geben die nach der Weglassprobe noch verbleibenden Wörter an. Sie bilden einen Hauptsatz oder ein transparentes Satzgefüge. Lassen Sie uns nun zum uralten Attribut der Grammatik greifen. Aber keine Kunstfehler. *ein scharphez mezzer!!!* Nit so gierig. Nicht drängeln, bitte! He!

Er	Gr	AH	Iw	MC	Pz	Tr	Da	Hb	Pn
5 alle 6 – 7 1/2/3 8 – 9 2/3 10 1/2 11 – 12 – 13 –	7 1 8 1/2/6 9 1/2/5 10 – 11 1/2/3 12 alle 13 – 14 – 15 – 16 alle	18 alle 19 alle 20 – 21 alle 22 1/2 23 1/2/3 24 alle 25 4/5/6	31 alle 32 – 33 3 34 – 35 alle 36 1/2 37 2/3/4	20 alle 21 – 22 – 23 – 24 alle 25 5/6 26 alle 27 1/3 28 1/2/5/6 29 alle	2 *26* 1/4/5 *27* alle *28* – *29* 1–3/6/7 *30* – 3 *1* alle *2* –	71 alle 72 3/4 73 1/2 74 1/4 75 1/3/4 76 alle	75 alle 76 alle 77 1–4 78 1/2 79 1/2/3 80 1/2 81 1/2/4 82 alle	32 2/3/4 33 4/5/6 34 – 35 1/2/5/6 36 – 37 –	56 1–5 57 1/2 58 alle 59 1/2/3 60 1/2/3

Verflucht wenig Wehgeschrei – ach, Montpellier, sagen Sie, arabische Medizin studiert? Das Resultat der Weglassprobe kann – notfalls – mittels Verschiebeprobe weiteroperiert werden. Man erfasst die Satzstruktur mit den operationalen Verfahren plötzlich sozusagen schneidig, also Vorsicht: „So ein Parser ist ganz schön fix.“ (Keller/Leuninger 1993, 202) Der vorliegende Pilgerweg trainiert unsern fixen Alten aufs Alter hin aufs alte Deutsch – schon wieder kollabiert? Sie und er gehören gewiss dringend in ein Spital. „Auf dem Weg von Pavia nach Rom, dem belebtesten Pilgerweg des Mittelalters, für den die Wallfahrer gut einen Monat brauchten, fand man Spitäler ähnlich dicht wie in anderen Landstrichen Klöster. So soll im Raum von Lucca der mittlere Abstand von Spital zu Spital nur fünf bis sechs Kilometer betragen haben.“ (Ohler 1994, 146) „Keine Hirnamputation, Madame!“, delirierte vorgestern eine auf der Bahre. Weiß die Teufelin, wie die kranke Schwester auf sowas –

Mittelalterliche Spitalszene (Jehan Petit Saint-Gelais: Le vergier d'Honneur, um 1500)

Ins Netz gegangen: Die Negation

Das nichtssagende Spinnchen in seim spinnerten Netzchen da hätten Sie übersehen, nicht? Von Herzen fromme Pilgersleute betrachten im Wallen die wunderbare *hantgetât* Gottes: *‚diu spinne von der lufte wirt, dâ von sie ir webe in die luft mac heften mit listen.‘* Haben wir im Mittelalter gemeint, ts. Ist das nicht ägh –? Pfui Deibel! Was kreucht denn da? Die Mama der Schöpfung Gottes!? Netzbraut, du, wallst ohne – Schuh!!? – Wies saftet, gell.

So! Ein guter Einstieg in das hautnahe Verstehen des Mittelhochdeutschen führt über die Negation: Wird etwas in diesen mhd. Sätzen verneint? Falls ja: Wie wird es das? Die Antwort darauf macht klar, welcher Sinn in den Sätzen positiv ist und nicht wankt noch weicht. Der Text – von lat. textus ‚Gewebe‘ – wird auf Fangfäden der Negation hin gemustert. Denn wer Fangfäden übersieht, bleibt eben – igitt – leicht kleben. [§ 438] Das Mittelhochdeutsche hat bei der Negation spezifische **Merkmale**. In einem Satz oder Teilsatz können zwei oder drei Negationen – igittigitt bzw. igittigittigitt – stehen, die sich gegenseitig nicht neutralisieren, „der Sinn des Satzes bleibt negativ.“ (Paul u. a., 400) In abhängigen Sätzen ist bejahende und verneinende Ausdrucksweise manchmal sogar auswechselbar. [§ 441] Positive Ausdrücke haben negative Bedeutung, oder ein negativer Ausdruck bleibt in bestimmter Satzumgebung bedeutungslos.

Die Formen der Negation wahrnehmen

[§ 436] Wie im Neuhochdeutschen übernehmen verschiedene Wortarten und ironisch untertreibende Ausdrücke die Funktion der Verneinung.

Verschaffen Sie sich einen Überblick über die Formen der Negation, indem Sie die Beispiele den beschriebenen Befunden zuordnen. Die Sätze dürften teils noch unverständlich sein, eine gedankliche Unterfütterung mit Platzhalter-Bedeutungen sei empfohlen. **Lernziel** ist, Bejahung und Verneinung im Satz deutlich unterscheiden zu können. Wo Angaben zur Bedeutung fehlen, ist sie gleich wie im Neuhochdeutschen. Im Kontext kann sie präzisierende Akzente erhalten, weitere Bedeutungsvorschläge im Wörterbuch.

en- *-ne* *n-* *-n*

[§§ 436 f.] Die **Negationspartikel** (bzw. das Morphem) meint ‚nicht‘. „Die Hss. wechseln zwischen Zusammenschreibung der Partikel mit dem folgenden Verbum, Zusammenschreibung mit dem voraufgehenden Wort und getrennter Schreibung.“ (Paul u. a., 397) Bei Modalverben (→ S. 101) sowie *lâzen, ruochen, tuon, wizzen* steht sie oft allein. Zum Betrachten von Verben, Pronomen u. Ä. entfernt man das Spinnchen gütig. Sehen Sie es?

Er	Gr	AH	Iw	MC	Pz	Tr	Da	Hb	Pn
47	33	652 d	54 f.	497	9 24	50	39	650	234
259	800	920	127	864	18 7	3283	62	756	418
2843	1104	1247	201	1375	77 11	4859	1950	1037	478

Verwechseln Sie die Negationspartikel nicht mit dem Präfix *en* bei Verben wie *enbern, enbieten, enbîzen, enpfâhen, entweln* u. a. Im *Pantaleon* sind solche Verben recht häufig.

Er	Gr	AH	Iw	MC	Pz	Tr	Da	Hb	Pn
3438	2719	1310	6225	88	17 5	2818	1743	540	56

niht nie niene ni(e)nder(t) ni(e)m(m)er

[§§ 436 f.] Negiert wird ferner mit den adverbialen Ausdrücken *niht*, *nie*, *niene* ‚durchaus nicht', ‚absolut nicht', ‚einfach nicht', ‚nichts', ferner *ni(e)nder(t)* ‚nirgends', ‚keineswegs' und *niemer (nimmer)* ‚nie', ‚niemals', ‚nie mehr'. Mit Ausnahme von *niht* haben sie zeit- oder raumbezogene Bedeutungsanteile. In Kombination mit der vorhin vorgestellten Negationspartikel entsteht die **Standardnegation**, die demnach **zweigliedrig** ist.

21	158	147	51	31	1 26	26	34	39	335
237	697	178	54	224 f.	9 22	343	101	591	353
267	844	220	448	433	170 16	382	591	800	399
1622	908	306	484	768	238 18 Δ	637 Δ	1818 f. Δ	804	559
3265	1580 Δ	421	547 f. Δ	1150	678 26 Δ	3283	4099	1272	1277
6869 Δ	2778	1308 Δ	2300	1633 Δ	744 14	15889 Δ	7331	1619	1990

[§ 438] **Dreigliedrige** oder – etwa bei GOTTFRIED VON STRASSBURG – sogar viergliedrige **Negationen** (Δ) können semantisch durchaus die Aussage unterstreichen, zum Beispiel eine Beteuerung, ein Erstaunen, einen Zweifel, eine Unterlassung. HARTMANN VON AUE braucht sie etwa bei *wizzen*, um eine wechselseitige Bewusstseins-Isolation zweier Subjekte zu betonen, aus der objektives Heilsgeschehen erwächst. (Gr 3191) Paul u. a. (1998, 400) vermerken auf der syntaktischen Ebene ein „Bedürfnis, die Verneinung an möglichst vielen Satzteilen zum Ausdruck zu bringen."

deweder de(h/k)ein niem(a/e)n

[§§ 415/417 f./436] Auch die Pronomen *deweder* ‚keiner von beiden', ‚weder ... noch', *dehein* ‚kein', *nieman (niemen)* ‚niemand' drücken eine Negation aus.

4771	169	32 f. Δ	37	251	11 4 f. Δ	3251	239 Δ	190	544
4773	724	127	194	269	13 10	6209 Δ	349	324	795
4801	1082	882	1046	331	150 21	9500 Δ	468	384	919
4955	1332	1010	1884 Δ	453	275 25	12008	1421	1147	1278
6869 Δ	3191 Δ	1392	5762	1326	575 10	13623	4344 Δ	1275	1281

de(h/k)ein kein

[§ 417] Im Mittelhochdeutschen kann *dehein/kein* sowohl verneinende – ‚kein' – als auch bejahende – ‚irgendein' – Bedeutung haben. In schon negierten Sätzen fällt die Entscheidung manchmal schwer. Es ist dann im Neuhochdeutschen nur eine Negation einzusetzen, damit der Sinn nicht verkehrt wird. Sichern Sie bei Zweifeln kontextsensitiv ab.

117	504	241	132	105	7 21	472	98	142	161
406	664	787	258	185	11 5	3657	156	171	244
571	1069	862	894	389	17 2	5318	239	780	544
10059	1183	1047	6194	1318 f. Δ	56 27 Δ	8300	6786	1065	1278

noch

[§ 439] Negiert wird ferner mit der Konjunktion *noch*. Sie kommt allein oder kombiniert mit *dehein*, *deweder*, *en/ne*, *nie*, *niender*, *niene*, *nieman* oder *weder* vor. Je nach Kontext und Kombination übersetzt man mit ‚und nicht', ‚weder – noch', auch ‚und' bzw. ‚oder'.

Er	Gr	AH	Iw	MC	Pz	Tr	Da	Hb	Pn
247	82 ff.	553	36	104	2 15	634	321	130	235
360	144	717	386	226	14 30	1013 ▵	413	170	400
5496	170	872	2655	549	15 7	6167	532	191	419
6712	1671	1479	5006	688	80 20	19146 ▵	1681	1432	588

Ironische Untertreibung

[§§ 436/356] Ironisch untertreibende Ausdrücke wie *kleine* ‚klein', ‚gering', ‚schwach', *lützel* ‚wenig', *mæzlîche* ‚mäßig', *selten* ‚selten', ‚kaum' oder *wênec* ‚klein', ‚gering', ‚wenig', ‚kaum' können verstärkte Negation im Sinne von ‚überhaupt nicht', ‚niemals', ‚nicht im Geringsten' bedeuten: *daz weste lützel ieman* meint ‚Das wusste kein Mensch.' (Er 423) Intensiviert wird mit *vil* oder *harte* ‚sehr', ‚äußerst'. Mit Understatement begegnen auch *ein teil, ete(s)waz, genuoc, vil nâch* ‚ziemlich', ‚nicht wenig', ‚außerordentlich'.

862	1166	270	1446	58	10 6	4677	31	134	817
4686	1910	288	2113	304	78 10	6059	3272	559	1057
5048	1981	697	5471	423	114 13	14241	3527	937	1203
5506	1996	1418	6098	1173	167 22	19488	5041	1566	1213

Es handelt sich hierbei um eine Art **Litotes** (griech. ‚Schlichtheit'). So nennt man in der Rhetorik eine Stilfigur, die durch überlegene Untertreibung etwas hervorhebt. Statt eines superlativischen Ausdrucks steht die Verneinung des Gegenteils. Im definitorischen Sinne liegt also Litotes vor, wenn obige Ausdrücke verneint werden und das Gegenteil meinen: Das Glück Gimoers ist *niht kleine* ‚sagenhaft' – eine Fee betreut diesen Glückspilz aus Avalon. (Er 1933) Manchmal fragt sich, ob die Ausdrücke ironisch, schlicht verneinend oder wörtlich zu übersetzen sind. „Für den heutigen Leser ist es […] nicht immer möglich, den genauen stilistischen Wert der Aussage zu erfassen." (Paul u. a., 398)

Wenig zu *wênec* bei HARTMANN. Es ist im Erzählwerk 21-mal belegt, 17-mal allein im *Erec*. Anders als *lützel*, *kleine* und *selten* verwendet es HARTMANN nie ironisch, sondern nur wörtlich im Sinn von ‚klein' und ‚wenig'. Was könnte die Ursache sein? – Im *Erec* ist die Litotesfunktion von *wênec* wohl motivbedingt unterdrückt: Ein Zwerg, *ein sus wênic man* (119), peitscht den großen Erec und stürzt ihn in fast tödliche Scham. (129) Kleinheit/Größe von Feind oder Freund – *der wênige künec* (6819) – sind ein wiederkehrendes Motiv des Romans. (76, 2087 ff., 2103, 4313, 9049 ff. u. a.) Der Kampf gegen einen Riesen wird mit dem Kampf Davids gegen Goliath verglichen. (5561 ff.) Gegen Ende dann ist Erec der körperlich kleinere Sieger. (9318) Durch diesen Motivstrang scheint *wênec* (‚klein', ‚weinend' oder ‚zu beweinend'; ältere Form: *weinic*) auf den Wortsinn festgelegt, während *lützel* Ironie annehmen kann, etwa in 862.

Bildhaftes Substantiv

[§ 436] Bildlicher Ausdruck für Nichtiges verstärkt die Negation: *bast* ‚Bast', *ber* ‚Beere', *blat, bône, brôt, ei, grûz* ‚Sandkorn', *ihtes ihte, kein hâr, den tiuvel, sam ein melm* ‚wie Staub', *niht einer slêhen wert* ‚keine Schlehe wert', *niht einen bœsen stic sehen* ‚kein elendes Tüpfelchen sehen', *niht ein strô* ‚kein Strohhalm', *niht ein tou* ‚kein Tröpfchen', *niht ein vadem* ‚Faden', *ein wiht* ‚Wicht' oder *ein wint*. – Ein heiratswilliger Kater ist dermaßen maßlos blasiert, dass man im Vergleich damit von der Blasiertheit jedes seit Adams Fall vermittelst maßloser Blasiertheit populär Gewordenen bezeugen darf: *daz ist rehte allez ein wint* ‚Das ist grad mal alles ein Pups.' (DER STRICKER: *Der Kater als Freier*, 1 ff.)

Er	Gr	AH	Iw	MC	Pz	Tr	Da	Hb	Pn
118°	2135	1082	579°	327°	66 25°	8669	49	378°	234
(2799)	–	1196°	1440°	357	188 6°	8869°	3258	1201°	491
5810°		–	2635°	–	226 22	15991	3799	1482	1070
8279°			6273°		564 30°	16268°	7117	1757	–
8811°			6341		796 7°	16533°	7865	1851	

Die bildlichen Vergleiche sind wahrscheinlich **Reflexe gesprochener Sprache** in der höfischen Literatur. (Grosse 2000, 1391 ff.) Sie haben sich gewandelt, auch kulturhistorisch bedingt – Schlehen zum Beispiel, so Kampfkäuzchen, die Ihr Tragemund noch erlebt hat: eigenhändig ausgerottet. Übersetzen Sie darum nur notfalls mit ‚keine Schlehe wert'.

Entweder transponieren Sie den Ausdruck (Phraseologismus) aktualisierend: ‚keinen Pfennig wert', ‚keinen Pfifferling/Faden/Deut/Dreck/Krümel', ‚kein Stäubchen/Härchen/Quäntchen/Gran', ‚keine Spur', ‚nicht die Bohne', ‚gleich Null', ‚ein Kinderspiel/Pappenstiel/Klacks/Schlag ins Wasser' u. Ä. Die **Stilhöhe** muss gleich bleiben: Wer *und vrumet uns leider niht ein brôt* (AH 1082) mit ‚und nützt uns leider keinen Scheiß' übersetzt, übersetzt nicht wirklich falsch, verströmt aber mehr Sinn für Stoffwechsel als für Stilhöhe. Achten Sie auf wort- und kulturgeschichtliche **Verträglichkeit** mit dem Mittelalter und Ihrer Gegenwart. Wilhelm Grimm, von seiner Zeit im Märchenton wegaltertümelnd, übersetzte: ‚und hilft uns nicht soviel als ein Brosamen'. Dagegen ist ein Phraseologismus wie ‚keinen Schuss Pulver wert' bezogen aufs Hochmittelalter futuristisch. Für das 12./13. Jahrhundert ginge ‚keinen Pfennig' (vgl. Art. <Münzwesen>, in: *Sachwörterbuch der Mediävistik*, 562); vielleicht tritt an die Stelle von ‚keinen Pfennig' infolge der europäischen Währungsreform ‚keinen Cent'. – Die Aktualisierung der Bildlichkeit soll achtsam erfolgen, harmonisch im Kontext, widerspruchsfrei, unprätentiös gestaltend.

Oder man reduziert solche Ausdrücke auf ihre nichtbildliche, verneinende Bedeutung – um den Preis eines Verlusts an Anschaulichkeit der Sprache. Sicher ist usuelle, vom Bildhaften abstrahierende Hörweise nicht auszuschließen, hier spielt individuelles Sprachbewusstsein mit. Doch der bildliche Ausdruck erlaubt sowohl bildhafte als auch abstrakte Auffassung, die bloße Negation dagegen nur abstrakte. Solch **entsinnlichtes Übersetzen** in zweisprachigen Ausgaben wurde oben mit ° markiert. Die Stellen sind bezeichnend für eine generelle Tendenz zur Entsinnlichung beim Übersetzen.

Von Unterscheidung der Geister: Die Negation im Nebensatz

Im Mittelhochdeutschen verlangt das Übersetzen von Negationen in Nebensätzen exorzistische Basistechniken. Es herrscht da Beelzebub, der nicht verneint, es jedoch meint. Dem in die Hände dient Belial der Nichtswürdige, der zwar verneint, doch es nicht meint. Die Herren haben 6 Nummern mit 666 Tücken drin drauf.

Warnung: Dämonen im Äther! Sie können ruhig auf Seite 70 weitermachen und das Geschmeiß hier später neutrali- der Exorzismus? Meditieren Sie die Beispiele hinsichtlich der genannten Satzmerkmale im Kontext. Haben Sie dereinst **Übersetzungsprobleme** bei Negationen in Sätzen mit *daz*, mit *wænen* oder bei konjunktionslosen Nebensätzen, dann ordnen Sie vergleichend zu. Überprüfen Sie die nahtlose Passung im Kontext.

Nummer 1: Final- oder Objektsatz mit *daz* + *ie/ieman/iender/iht/immer*
[§ 441] In Final- und Objektsätzen, die mit *daz* eingeleitet werden und die keine Negation enthalten, können *ie*, *ieman*, *iender*, *iht* und *immer* Negation ausdrücken. Die positive Bedeutung, die sie in selbstständigen Sätzen haben, kehrt sich gerade um: *iht* bedeutet hier *niht* usw. – die reinste Perversion. Der abhängige *daz*-Satz steht meist im Konjunktiv.

Begriffserklärungen: Ein finaler Nebensatz drückt einen Zweck, eine Absicht aus. Ein Objektsatz kann im Hauptsatz die Stelle eines Objekts einnehmen. Hierzu das Beispiel mit dem beliebtesten Akkusativobjekt: ‚In Anbetracht derart verdrehter Beispielsätze kann vorliegendes wehrlose Buch Ihren Grammatikhass verstehen.' Und nun wird das beliebteste Akkusativobjekt durch einen Objektsatz ersetzt: ‚In Anbetracht derart verdrehter Beispielsätze kann vorliegendes wehrlose Buch verstehen, dass Sie Grammatik hassen.'

Er	Gr	AH	Iw	MC	Pz	Tr	Da	Hb	Pn
226	472 f.	19 ff.	2734	–	117 23	4664	8115	431 f.	–
828	474	538	3859		514 17	7149	–	1302	
3435	1731	800 f.	5990		757 17	9948		1384 f.	
6971	3967	–	7687		757 18	11456		1420 f.	

Nummer 2: *wænen* + konjunktionsloser Nebensatz mit *ie/ieman/iemer/iender/iht*
Ähnlich wie oben können *ie*, *ieman*, *iemer*, *iender* oder *iht* in einem konjunktionslosen Nebensatz, der von *wænen* abhängt, eine Negation ausdrücken. Wie Sie sehen, meidet HARTMANN VON AUE die Konstruktion nach dem *Erec*, was auf eine Entwicklung im Stilempfinden (→ S. 45) hindeutet. Andere große Dichter verschmähen sie nicht.

5237	–	–	–	–	265 6	6592	6789	16	–
6365					420 2	–	7520	1385	
8808					456 14		8227	1421	

Nummer 3: Ein *daz*-Nebensatz ist abhängig von einem prohibitiven Verb.
[§ 441 + Anm. 1] Boshaft selten hinterlässt Belial eine für nhd. Sprachgefühl überflüssige, nicht zu übersetzende Verneinung in mit *daz* eingeleiteten Nebensätzen, die von Verben oder verbalen Ausdrücken mit verhindernder Bedeutung abhängen: *âne angest sîn*, *behüeten*, *bewarn*, *verbieten*, *verlân*, *widerstreben* u. ä. – Auch *iht* kann anstelle solcher Verneinung stehen. Es wird nicht adverbial als ‚irgendwie' übersetzt, sondern entfällt.

3464 f.	160 f.	1262	922	–	–	1515	3019	1302	–

Brüder und Schwestern im Geist! Die Meditation zur Unterscheidung prohibitiver Geister: „‚Auf welche Art der Teufel seine unrechten Netze auswirft und den Jakobspilgern die Höhle des Verderbens öffnet, vermag ich nicht zu beschreiben.' Dieser Seufzer entfährt dem Autor der Predigt >Veneranda dies<, nachdem er in markigen Worten seinen Abscheu über Frauen bekundet hat, die in waldreichen Gegenden am Rand des Weges zum hl. Jakobus einzeln gehende Pilger zu betören trachten. Die Predigt schilt nicht die Männer, die der Versuchung erliegen, sondern fordert abschreckende geistliche, Vermögens- und Leibesstrafen für die Frauen: Sie ‚müssen nicht nur exkommuniziert, sondern von allen geplündert und durch Abschneiden der Nase öffentlich geächtet werden.' " (Ohler 1994, 166 f.) – Wo es lang geht? Alle alles der eigenen Nase nach.

Die Hölle - Kuppelmosaik im Baptisterium San Giovanni in Florenz (13. Jh.)

Nummer 4: *en/ne* ist bedeutungslos bei übergeordneter Formalnegation.

[§ 441] In konjunktionslosen Nebensätzen im Konjunktiv erscheint trotz positivem Sinn ein *en/ne*, wenn der übergeordnete Satz formal negiert ist. – Formalnegation entsteht bei Negation eines ‚negierenden' Verbs wie *abe tuon, begeben, beviln, bewarn, enbern, sich entsagen, entwenken, entwîchen, erwern, genuoc dunken/hân, gewerren, lâzen, mîden, schaden, unlange sûmen, unlougen sîn, verbern, verdriezen, vergezzen, verlougen, vermîden, widersagen, zwîveln* u. ä. Sie entsteht ferner bei Verneinung eines Substantivs wie *nôt, rât* (‚Abhilfe', ‚Ausweg', ‚Befreiung'), *zwîvel*. Selten ist sie beim Sprechakt des Bezweifelns mit rhetorischer Frage: *Waz mac in gewerren, ...?* ‚Was kann sie [denn] hindern, ... ?' = ‚Nichts dürfte sie hindern, ...' (Iw 496 ff., 1400 f.; vgl. Gr 1474 f.)

Er	Gr	AH	Iw	MC	Pz	Tr	Da	Hb	Pn
353	215	581	918	142	10 7	1722	1005	–	1521
3408	1170	842	1101	188	233 17	2330	3093		–
3712	2173	1146	1289	205	670 13	5654	6183		
6867	3473	1177	4124	1369	754 23	16486	6971		

Nummer 5: *en/ne* ist bedeutungslos bei übergeordneter Hypothese.

[§ 441] Seltener als Nummer 4 und nicht immer deutlich abzugrenzen ist dieser Fall: In konjunktionslosen Nebensätzen im Konjunktiv kann ein nicht zu übersetzendes *en/ne* auftreten, wenn das übergeordnete Satzgefüge eine gedachte Annahme ausdrückt. Die erste Ziffer bezeichnet den Nebensatz mit *en/ne*, die zweite die Annahme, oft ein Satzgefüge.

3412	1710	754	634	–	469 24	–	1171	–	–
3409 f.	1708 f.	750 ff.	632 f.		469 23		1165 ff.		

Nummer 6: *en/ne* steht in einem exzipierenden Nebensatz.

[§ 447] Konjunktionslose Nebensätze im Konjunktiv mit *en/ne* können ausnehmende Bedeutung haben. Sie geben dann die Bedingung an, unter der die Aussage im übergeordneten Satz nicht mehr zutrifft. Übersetzt wird mit ‚es sei denn dass ...', ‚außer wenn ...', ‚wenn nicht ...' usw. Das *en/ne* im exzipierenden Satz kann fehlen. Das Adverb *danne* (→ S. 77) kann als zusätzliches Merkmal dieses dämonischen Satztyps stehen.

558	1918	204	3978	334	118 15	2616	62 f.	384	–
705	2049	208	5298	692	265 23	4860	129	634	
1133	3091	560	5481	1564	516 6	6527	133	–	
6514	3895	754	5498	1748	747 8	13315	7798		

Einfacher und komplexer Satz

„Über die Technik des Epenvortrags ist nichts bekannt.“ (Bumke 1990, 47) Sprach man im Mittelalter einen Erzähltext auswendig? Fungierte die Handschrift beim Vortrag nur als Gedächtnisstütze? Oder las man vor? Selbst Tragemund kann sich nimmer entsinnen –

war es lesetechnisch überhaupt möglich aus einer handschrift unvorbereitet vorzulesen ohne publikum und werk mit lesefehlern zu peinigen man sah vor sich untereinander stehende klein geschriebene verszeilen (→ Abbildung S. 18) in manchen handschriften waren die verse gar nur mit reimpunkt getrennt dazu kam eine metrische vorerwartung doch kein komma punkt fragezeichen oder ausrufungszeichen zeigte an wo die stimme zu steigen gleichzubleiben zu fallen hatte wann kam das satzende

[§ 442] Die **Interpunktion** erfahrener Herausgeber/innen in den Textausgaben bietet gute Lesehilfe. Leider um den Preis der Vorinterpretation – man sollte sich ihrer Suggestion entziehen können und manchmal selber überprüfen: Welche Satzart liegt vor? Wie könnte dieser Satz klingen? Wo endet er? Gehören Sätze bzw. Teilsätze zusammen?

Es folgen 15 Seiten Basisinformation zur Syntax Ihres Texts: zu Prädikat und Subjekt, zu Satzfügung und Satzgelenk. **Lernziel:** Durch bewusstes Erkennen von Satzstrukturen erwerben Sie mhd. Satzgefühl. Dimmen Sie die Zeichensetzung der Textausgabe im Geist zurück. Beim Übersetzen helfen die operationalen Verfahren auf Seite 61 ff.

Einfache Sätze betrachten

[§§ 338 ff.] Wie im Neuhochdeutschen ist auch im Mittelhochdeutschen ein einfacher Satz dadurch bestimmt, dass er nur ein Prädikat, eine Satzaussage, enthält. Die anderen Satzelemente hängen davon ab. Ein **einteiliges Prädikat** besteht aus einem finiten – nach Person, Numerus, Tempus und Modus bestimmten – Verb. Sie sehen das hier:

Er	Gr	AH	Iw	MC	Pz	Tr	Da	Hb	Pn
4016 3	3653 2	294 2	317 2	934 2	25 *12* 3	9 2	365 2	620 2	32 2

In diesem Beispiel hat das finite Verb **Zweitstellung** im Satz. Es kommt nach dem Subjekt, das zum Beispiel aus einem Pronomen oder aus einem Substantiv (plus Artikel) (plus Adjektiv) besteht. Zweitstellung heißt also nicht immer: zweites Wort im Satz. Oft liegt bei Zweitstellung des finiten Verbs ein Aussagesatz vor, aber sie ist nicht auf diese Satzart beschränkt. Hier hat sie ein Fragesatz, der von einem Fragewort eingeleitet wird:

986	613	909	3994	129	1 26	14702	251	1696	193

Erststellung des finiten Verbs ist häufig in einem Aufforderungssatz. Aber sie erscheint ebenso in einem Fragesatz ohne Fragewort. Auch zu diesen Satzarten je ein Beispiel.

692 7939	255 2052 f.	(und) 634 1292 f.	5464 7844	552 1485	10 16 89 19	10636 19166	3398 7795	440 609	874 f. 994 f.

In den Beispielen eben trat zu dem finiten Verb ein weiterer Prädikatsteil. Es liegt ein **mehrteiliges Prädikat** vor. Die Teile stehen oft in der für den deutschen Satz typischen Klammerstellung. Hier etwa ‚klammern' finites Verb und trennbare Partikel (Verbzusatz):

Er	Gr	AH	Iw	MC	Pz	Tr	Da	Hb	Pn
177 2/7	465 3/6	198 2/4	740 2/6	737 1/5	4 *1* 4/6	892 2/4/7	1793 2/6	729 2/5	1887 2/6

Ein mehrteiliges Prädikat kann auch aus finitem Verb und Partizip II bestehen. Ersteres ist nun ein Hilfsverb *hân (haben)*, *sîn (wesen)* oder *werden*. Je ein Beispiel:

178	219	4	43 f.	1302 f.	8 9	3736	151 ff.	608	287
204	220	705	324	1407	9 11	4704	1846	625	458 f.
408	224	1312	4560	1765	31 30	3879	6540	1353	917

Ein mehrteiliges Prädikat kann weiter aus finitem Verb und **Infinitiv** bestehen. Das finite Verb ist häufig ein Modalverb *müezen*, *mugen*, *kunnen*, *durfen*, *suln* oder *wellen*. Auch *lân* wird zum Infinitiv gestellt. Achten Sie bei Modalverben gut auf die Bedeutung, Information finden Sie auf den Seiten 101 und 109. Zu den ersten drei Verben ein Beispiel:

488	1302	58	188	16	11 4 f.	1424	1847	375	898 f.
2121	2406	464	2310	398 f.	29 19	8426	3528	464	1416
3346	2730	1336	6345	1781	32 29	7752	4585	1240 f.	1548 f.

Obwohl wir uns mitten im Abschnitt ‚Einfacher Satz' befinden, kann ein Beispiel nun zu einem komplexen Satz gehören, da die einfachen Sätze zur Illustration nicht immer ausreichen.

Beim finiten Modalverb können ein Infinitiv *hân/haben* oder *sîn/wesen* und ein Partizip II zugleich stehen. (Zeitbedeutung: → S. 109) Hier so ein verbales Dreigespann:

545	444	222 f.	135	469	38 14	1956	1141	892	1135

[§ 335] Statt eines Modalverbs kann ein finites Verb *beginnen*, *biten*, *gedenken*, *(ge)ruochen*, *getrûwen*, *heizen*, *helfen*, *hœren*, *îlen*, *loben*, *pflegen*, *sehen*, *turren*, *varn*, *vürhten* oder *wænen* einen Infinitiv bei sich haben. Im Mittelhochdeutschen wird diese Verbindung sehr oft ohne *ze* konstruiert, beim Übersetzen aber braucht es fast immer ein ‚zu'. Auf Ihr Sprachgefühl verlassen sich solche Stellen:

22	448 f.	550	5642 f.	1096	14 24	3830	1770	834	264
3012	483 f.	1259	6272	1511	23 30	5923	3212	1904 f.	1539

[§ 338] Ein mehrteiliges Prädikat kann schließlich aus einem finiten Verb, das eine Art Sein ausdrückt, und einem Prädikativ bestehen. Eine Art Sein ausdrücken? Das tun etwa Verben wie *sîn/wesen*, *werden*, *heizen*, *belîben*, *dünken*, *stân*, *komen*, *sitzen*, *gân*, *ligen*. Und was ist ein Prädikativ? Es konkretisiert die Art des Seins, die das Verb nennt: a) als Substantiv wie in ‚ein schöner Ritter sein' (also u. U. mit Artikel/Pronomen/ Adjektiv), b) als Adjektiv wie in ‚froh werden', c) als Adverb wie in ‚drinnen bleiben' und schließlich d) als präpositionale Fügung wie in ‚auf dem Spiel stehen'. Ordnen Sie zu:

Er	Gr	AH	Iw	MC	Pz	Tr	Da	Hb	Pn
112	76	341	869	113	11 17	2780	93	250	104
6871	450	344	1853	283	27 14	3847	394	253	267
9172	603	978	5303	662	64 17	9758 f.	2490 f.	475	351
9904	3210	1399	6221	1588	115 14	10479	4001	1885	486

[§§ 336 f.] In dem alten Gemäuer da haust das **Subjekt**, dessen Kasus grundsätzlich der Nominativ ist. Das Subjekt ist oft Urheber einer im Prädikat ausgedrückten Handlung. Es kann aber auch Bezugspunkt eines Erleidens sein, eines Empfindens, eines Vorgangs, eines Zustands, einer Eigenschaft oder anderer Kategorien, je nach dem Sinn des Satzes.

Das Subjekt kann bald ein Substantiv mitsamt Artikel, Possessivpronomen und Adjektiv sein, bald auch nur ein Pronomen oder sogar bloß ein kaum ins Auge fallendes Enklitikon. (→ S. 53) Hat das Subjekt Erststellung, ist der Satzbau rasch durchschaut. Öfters wird man es aber mitten im Satz oder gar am Satzende dingfest machen müssen.

668 4/5	5 4–6	189 1/2	690 3	102 1	1 *10* 1–3	9 1	10 3	35 1/2	1 2–4
911 4	485 3	203 3	692 5/6	762 3/4/5	1 *14* 1–4	54 4	25 4/5	252 4	7 3/4
1526	830 1/2	256 4–6	890 1/2	927 2	2 *5* 3	56 2/3	2965 1–3	324 4	11 1/2

Als Subjekt fungiert mitunter ein substantivierter Infinitiv, ein substantiviertes Adjektiv.

902	224	106	332	23 3	5 10	8181	2053	447	185
4313	1963	413	4427	277 6	74 20	18154	4800	608	339

[§ 337 3.] Gelegentlich ist das Pronomen *ez* Subjekt. – Am Satzanfang begegnet weiter ein Scheinsubjekt ***ez***. Es unterstreicht den Inhalt des – nicht selten negierten – finiten Verbs oder steht aus metrischen Gründen. Zuerst ein Subjekt, dann ein Scheinsubjekt *ez*:

97	734	1211	324	1234	77 12	9612	593	13	1994 f.
1876	419	717	1278	1191 f.	74 9	2816	505	343	1

[§ 337 4.] Dort! Wanderfalken, *pilgerîne*. Fliegen, ach. – Im Himmel thront ein unpersönliches *ez* als Subjekt bei Verben für Naturvorgänge: *nahten*, *regenen*, *sumeren*, *tagen*. Ein *ez* steht u. U. bei unpersönlichen bzw. **unpersönlich konstruierten** Verben: *betrâgen* ‚ärgern', *gebresten* ‚mangeln', *ergân*, *gelingen*, *genüegen* ‚zufrieden stellen', *geschehen*, *grûsen* ‚grauen', *lüsten* ‚gelüsten', *müejen*, *nâhen*, *troumen*, *verdriezen* ‚überdrüssig sein' usw. Wenn aber Empfindung oder schicksalhafter Vorgang ausgedrückt wird, äh – *ensol iuch niht betrâgen, ir envindet doch dâ nieman.* Ganz genau. Nur, so verstehens die Leut nicht, Madame. – Will sagen, oft sei dann weder *ez* noch sonst ein Subjekt zu finden.

350	696	67	259	888	73 26	13	185	112	278
2487	966	91	470	1231	202 10	9306	1087	289	852
2976	1893	405	2076	1346	361 28	12023	2597	578	1352
2978	2080	904	3568	1680	370 6	13853	6857	585	1798
7354	2412	936	7067	1753	799 16	16923	8170	877	1910

Soviel zum Subjekt. – [§ 340] Generell herrschen zwischen Prädikat und Subjekt **Kongruenz**, die beiden musst – *rehter affe, nû sich!* – au! – in Person und Numerus übereinstimmen, sonst hat man gleich Frau Oberlehrerin mit Streichelattacken im Nacken. Wie im Neuhochdeutschen begegnet aber gelegentlich Synesis, die Konstruktion nach dem Sinn. Sie verursacht **Inkongruenz**. Sie hätten natürlich sofort gemerkt, dass hier das finite Verb mit dem Subjekt (Pn: Subjekt/Possessivpronomen) im Numerus inkongruent ist.

Er	Gr	AH	Iw	MC	Pz	Tr	Da	Hb	Pn
354 3	2801 2	373 4	7113 2	1130 f.	18 30 f.	10081	710 f.	1583 5	1138 f.

Häufiger begegnet ein finites Verb im Singular bei Doppelsubjekt, neuhochdeutsches Sprachgefühl erwartet Plural. Ganz gewöhnlich ist das bei *man unde wîp* ‚die Leute'.

2502	2826 f.	722 f.	7088	1176 f.	4 1	18953	1202 f.	510	1677

[§§ 15/301] Die **Wortstellung** des Mittelhochdeutschen ist noch nicht sehr erforscht. Es ist eine gute Übung, probeweise einige Verse zu ‚entversen'. Natürlich wird man dabei heutige Wortstellungsregeln auf die mhd. Wörter projizieren und folglich nur Behelfsprosa bekommen. Die Übung macht aber zweierlei deutlich: Die Wortstellung im Reimpaarvers ist zwar stark durch außersyntaktische Größen festgelegt, nämlich Reim, Metrum, Kadenz u. a. (→ S. 218 ff.) Doch ist im Mittelhochdeutschen „die Beweglichkeit der Wortstellung im Satz größer" (Grosse 1985, 1154) und individueller bestimmbar.

Komplexe Sätze gliedern

Ein komplexer Satz ist dadurch bestimmt, dass er zwei oder mehr einfache Sätze enthält, die man als **Teilsätze** bezeichnet. Hier zum Beispiel sind es drei:

447–450	644–647	400–404	734–736	387–390	9 24 f.	10297 ff.	505–507	135–137	56–61

[§ 443] Kann ein Teilsatz nicht für sich allein stehen, ist er also abhängig von einem anderen Teilsatz, spricht man von **Hypotaxe**, Unterordnung. Könnten die Teilsätze für sich allein stehen, spricht man von **Parataxe**, Nebenordnung.

Im Mondschein und im Fluss: Die Satzverbindung

„Ausgesprochen angenehm fuhr man [...] zu Schiff auf Rhein und Rhône; doch wurden auch kleine Flüsse noch in der Neuzeit für die Schiffahrt genutzt. Erfahrene ortskundige Schiffer fuhren gegebenenfalls sogar nachts, bei Mondschein [...]." (Ohler 1994, 106)

Nebengeordnete Teilsätze bilden eine **Satzverbindung**. Manchmal steht zwischen den Teilsätzen kein verbindendes Wort, sie stehen einfach nebeneinander. Nur ein inhaltlicher Bezug oder dann eine parallele Satzkonstruktion legt nahe, dass da wohl eine Verbindung existiert. (Penzl 1989, 129) Oder sind es doch zwei einfache Sätze mit einem Einhalt, einem ‚Punkt', dazwischen? Im Mittelalter bestand wenig Bedürfnis, das festzulegen. Für uns werden aus solchen Sätzen Teilsätze, wenn wir sie für verbunden halten.

Damals waren die Flüsse Europas kaum reguliert, und weniger geregelt als heute war auch der Satzfluss. Nehmen wir an, Sie müssten als Herausgeberin einer mittelalterlichen Handschrift oder als Schiffer bei Mondschein die nächtliche Satzflusslandschaft einschätzen: Wie weit fahren Sie von hier bis zum nächsten Anlege-Punkt?

Er	Gr	AH	Iw	MC	Pz	Tr	Da	Hb	Pn
624– ?	279– ?	412– ?	679– ?	108– ?	4 18– ?	245– ?	410– ?	291– ?	80– ?

[§ 434] Neue Sandbank. Ehrenwort. Nu hintersinnen Sie sich nicht. Ist ja noch niemand ertrunken. Darf – Sie haben da eine Muschel am Hut. – Viele Sätze verbindet eine **parataktische Konjunktion**: *aber*, *ald* ‚oder', *doch* ‚doch', ‚dennoch', *iedoch* ‚trotzdem', ‚gleichwohl', *ode(r)*, *ouch* ‚auch', ‚überdies', ‚zudem', *unde/unt* ‚und' sowie *wan* ‚denn', ‚nämlich'. Negierte Sätze verbindet *noch* ‚und auch nicht' bzw. ‚weder … noch'.

Ideal wären nun Beispiele von Satzverbindungen mit zwei einfachen Sätzen, verbunden durch eine parataktische Konjunktion. Häufig ist aber mindestens einer der so verbundenen Sätze komplex, das Ganze ist Satzverbindung und Satzgefüge zugleich. Die parataktische Funktion der Konjunktionen wird jedoch klar.

392	43	40	53	499	1 23	146	442	248	470
395	120	44	89	1216	10 21	771	2536	853	1016
610	446	139	698	1285	17 1	1373	3538 f.	1409	1064
1190	462	347	733	1371	106 18	5680	4647	1567	1128
9270	1566	756	2034	1480	122 30	15357	8120	1808	1446

Die Konjunktionen *doch*, *unde* und *wan* haben auch hypotaktische Funktion. (→ S. 80 f.) Die Konjunktionen *ald(er)* ‚oder', *joch* ‚und', *noch*, *oder* und *unde* verbinden auch Wörter und Wortgruppen. Die Konjunktionen *aber*, *iedoch* und *noch* sehen aus wie die gleich lautenden Adverbien. (→ S. 181 f.)

[§ 409] Ferner kann ein **Demonstrativpronomen** *der/diu/daz* Sätze nebenordnend verbinden. Es erscheint oft dekliniert. (→ Fallformen S. 121) Die Beispiele beschränken sich auf den Nominativ Singular und einen Genitiv *des*. (→ S. 122)

520	429	306	420	130	1 28	1146	33	110	186
619	702	408	540	432	3 29	1794	95	219	204
698	898	925	567	467	4 10	6948	147	288	287
739	1683	1321	585	1408	9 4	9736	586	508	694

Das Demonstrativpronomen sieht gleich aus wie das Relativpronomen, doch die Funktion ist eine andere. Trotzdem lässt sich nicht immer entscheiden, worum es sich handelt; ein doppeldeutiges Beispiel finden Sie auf Seite 78. – Auch der bestimmte Artikel sieht gleich aus, die Unterscheidung vom Demonstrativpronomen fällt aber leicht. – Unterscheiden Sie vom Pronomen *daz* die Konjunktion *daz* ‚dass'. (→ S. 82)

Nebenordnen kann auch ein **Adverb**: *dannoch* ‚dennoch', *dâ von* ‚also', ‚daher', *dar an* ‚daran', ‚darin', *dar umbe* ‚darum', ‚deswegen', *dar zuo* ‚dazu', ‚überdies', [§ 387] *von diu* ‚deshalb', ‚folglich'. – Unterscheiden Sie adverbiales *sô* ‚so', ‚ebenso', ‚dagegen', ‚umgekehrt' (→ S. 183) von den Konjunktionen *sô*^{1} und *sô*^{2}. (→ S. 83)

3521	87	8	259	101	1 13	8122	57	268	92
4137	617	222	1872	126	2 9	11872	1165	1571	228
6304	800	318	7120	1225	505 16	12472	8457	1692	1928

Ein Wort noch zum **zusammengezogenen Satz**. Ein Element eines Satzes oder Teilsatzes wird in einem zweiten Satz oder Teilsatz mitgedacht, erscheint aber nur einmal: *daz sult ir ûz dem muote lân und mîniu wort [sult ir] vür ernest han.* (Er 564 f.)

Er	Gr	AH	Iw	MC	Pz	Tr	Da	Hb	Pn
5487 f.	177 ff.	297 f.	2183 f.	560	1 10 ff.	351 f.	115 f.	406 f.	122 f.

Manche Informationen werden nicht unvertraut sein. Dennoch sind sie nicht überflüssig. Mittelhochdeutsch lernen heißt – vom Wortschatz abgesehen – nicht nur, historisch-grammatische Unterschiede zum Neuhochdeutschen zu sehen, sondern auch, sich halbbewusstes Grammatikwissen bewusst zu machen und auf die alte Sprachstufe begreifend anzuwenden, im Bild: Sonne in eine Mondscheinlandschaft zu tragen. Sie frischen zugleich Ihre Kenntnisse in neuhochdeutscher Grammatik auf. Die Kleider trocknen wieder.

Der >Paso Honroso< über den Orbigo im Morgenlicht
„Im Heiligen Jahr 1434 trug sich in Nordspanien auf dem Pilgerweg nach Santiago de Compostela, dem „Camino de Santiago“, das Folgende zu: Der spanische Adlige Suero de Quiñones postierte sich mit neun Kollegen auf der für den Pilgerweg strategisch wichtigen Brücke über den Fluss Orbígo (beim „Hospital de Orbígo“ zwischen León und Astorga; die Stelle auf der eindrucksvollen alten Steinbrücke ist heute durch eine Gedenksäule markiert). Er forderte ab dem 30. Juli desselben Jahres (1434) für einen Monat lang alle auf Pilgerschaft befindlichen Ritter zum Kampf für den Ruhm seiner Dame auf; angeblich soll es etwa siebenhundert Kämpfe mit spanischen, französischen, portugiesischen und deutschen Rittern gegeben haben. Kampfespreis war eine goldene Halskette, von der Suero gelobt hatte, sie ein Jahre [!] lang für seine Dame, als Zeichen seiner Unterwerfung zu tragen. Als Suero unbesiegt blieb, sah er sich von dieser „Fessel“ befreit, und er weihte die Kette dann anschließend dem Heiligen Jakobus in Santiago: dort ist sie in der großen Kathedrale noch heute am Hals einer Reliquien-Büste des Jakobus Minor in der „Capila de las Reliquias y Panteón Real“ zu sehen.“ (Müller 1999, 297) Obs die Dame freute, verschweigt die Geschicht. Obs den Heiligen freut? Der wehrt sich nicht.

Satzgefüge mit Nebensatz ohne Einleitung

Ein **Hauptsatz** sei hier verstanden als ein Teilsatz, von dem ein Nebensatz abhängig ist. Ein **Nebensatz** ist folglich ein hypotaktischer (→ S. 73) Teilsatz. Von ihm wiederum kann ein Nebensatz zweiten, dritten oder höheren Grades abhängen.

Hauptsatz , dem *hulde* schwört ein

Nebensatz 1. Grades , dem in *triuwe* anhängt ein

Nebensatz 2. Grades , dem *fianze* leistet ein …

Sehen Sie den Widerschein da vorn im Sonnenlicht? Zentrale Zwingburg von Madame. Dort werden diese Feudalismen noch grausam deutlich – Cäsar non est supra gramaticos.

Ein **Satzgefüge** besteht aus mindestens einem Haupt- und einem Nebensatz. In unserem Textkorpus gehen Satzgefüge aber oft über diese Minimalversion hinaus. – Wenden wir uns den verschiedenen Arten von Nebensätzen zu. Die erste Unterscheidung: Es gibt Nebensätze mit und Nebensätze ohne Einleitung. Zuerst zu Letzteren, erst dann zu Ersteren, nicht zuletzt im Hinblick auf jenen Himmel, in dem die Ersten die Letzten sein –

[§ 445] Bei **Nebensätzen ohne Einleitung** liegt oft Erststellung des finiten Verbs vor, wie bei einem Frage- oder Ausrufungssatz. Ein solcher Nebensatz steht meist vor dem Hauptsatz.

Er	Gr	AH	Iw	MC	Pz	Tr	Da	Hb	Pn
1001	603	1129	551	496	1 1	135	1563	1317	604

Er ist häufig **konditional**, nennt eine Bedingung: ‚Wenn ...‘, ‚Falls ...‘. So könnte man die Übersetzung einleiten. Erhalten Sie indes wie in diesem Satz hier die Uneingeleitetheit beim Übersetzen, erfüllen Sie ein translatorisches Gütekriterium von **Stiltreue**.

[§ 445 Anm. 1] Am Anfang solcher Sätze kann *und(e)/unt* stehen. (→ S. 83) „Bedeutung und Funktion dieses *und* sind schwer zu fassen.“ (Paul u. a., 408) Fügt es inhaltlich etwas hinzu? Oder ist es bloß syntaktisches Signal für den Nebensatz-Beginn?

652	3896	658	556	–	403 27	17949	7284	299	328

Uneingeleitete Nebensätze können auch in **konzessivem** Verhältnis zum Hauptsatz stehen, also eine Einräumung ausdrücken: ‚Obgleich …, so … dennoch‘, ‚Selbst wenn …, dann … doch‘. Im Hauptsatz steht häufig ein verdeutlichendes *doch*, *iedoch*, *dannoch*, einleitend bisweilen *sô*.

5078 6035	26 f. 2995	582 765	1712 f. 3035	922 f. 1492	1 28 735 12	6263 10981	2059 f. 8136	345 f. 491	–

[§ 445 Anm. 2] Auch am Anfang konzessiver Nebensätze kann obiges *und(e)/unt* stehen, vor allem aber die Partikel *al*. Im strengen Sinne sind sie dann nicht mehr ohne Einleitung. – Ein *zewâre* ‚zweifellos‘, ‚wirklich‘ tritt vor den Nebensatz insgesamt.

Die Heuristik systematisch integrativer Darstellung sei kurz transparent gemacht. Im Prinzip ist es Steinzeit-Handwerk: Hinsehen, Denken, Knochenarbeit. Der Computer dient als Faustkeil, Jagdhund und Speer. Auf dem Rechner wurden Konkordanzen durch Dritte erstellt; besonders jene von Clifton D. Hall sind benutzerfreundlich; Homonymentrennungsfehler gibt es überall, bei Siegfried Christoph öfter. Praktisch sind Textdateien im PC. Damit kann man Grapheme, Signalgruppen, Formen, Frequenzen ermitteln; im Bild: Bis zur morphologischen Sprachebene stöbert Hüdan lautlos alles auf. Nun äsen viele Beutetiere für dies Buch leider auf syntaktischer Ebene, denn deren Verständnis fördert wirksam das Textverständnis. Syntax-Beispiele lassen sich schlecht direkt finden bzw. ausschließen. Im Urwald von 82'544 Versen stößt man aber auf Spuren, Abdrücke, Anzeichen. Für die konzessiven Nebensätze auf Seite 76 unten war eine Spur zum Beispiel die Suchhypothese, dass Wörter wie *doch* unsere syntaktische Beispielbeute statistisch gehäuft verraten. Die Bildung von Suchhypothesen verlangt etwas Geländekenntnis und Jagdinstinkt, denn man sucht bloße Strukturfragmente einer komplexen Spracherscheinung, bald auf der phonologischen oder morphologischen, bald auf der lexikalischen oder semantischen Sprachebene. Manchmal hilft nur Lesen.

[§ 446] Keine Einleitung haben Nebensätze im Konjunktiv, die von Verben des Sagens, Meinens, Denkens u. ä. abhängen. Diese Sätze bezeichnen eine indirekte Aussage, geben einen Gedanken wieder oder nennen eine Wahrnehmung. Nach heutiger Kommaregelung würde oft im Versinnern ein Komma den Nebensatz sondern. Die Verszahl bezieht sich auf den Nebensatz, manchmal umfasst ein Vers gleich noch den übergeordneten Satz.

Er	Gr	AH	Iw	MC	Pz	Tr	Da	Hb	Pn
67	2194	26	2812	735	16 1	3281	79	16	1145
1411	2361	1008	3084	928	30 5	3910 f.	1312	163	1365
6102	3739	1467	5586	1398	132 6	5415 f.	3925	1561	1497

[§§ 118/249] Befremden können die Formen des häufigen Verbs *(ver)jehen* ‚(mit Nachdruck) sagen', ‚behaupten', ‚bekennen': *ich gihe, er giht* , im Präteritum: *sî jach, sî jâhen*; vgl. auch Seite 98. – Bloßes *wæn(e)* entspricht *wæn(e) ich* ‚meine ich'; beides kann auch innerhalb des Nebensatzes stehen.

[§ 447] Keine Einleitung haben ferner die Nebensätze, denen die Dämonie auf Seite 69 ausgetrieben wurde, Sie erinnern sich: Nummer 6 Beelzebubs und Belials. Ganz ähnlich können ausnehmende Nebensätze (‚außer wenn', ‚es sei denn dass') mit *dan(ne)* konstruiert werden. Nicht sehr häufig ist, dass die Negationspartikel dabei ausfällt.

4973	–	560	664	–	348 13	6939	2844	1930	–

In dieser Verwendung zählt *dan(ne)* bei Paul u. a. zu den Adverbien. (→ S. 181) Es bedeutet auch ‚dann', ‚danach', ‚denn', ‚weg' u. a. Weiter fungiert *dan(ne)* als Konjunktion, auszuspähen auf Seite 82.

Satzgefüge mit Relativsatz

[§ 449] Wir kommen zu den **Nebensätzen mit Einleitung**, davon gibt es drei Arten: Relativsätze, indirekte Fragesätze und konjunktionale Nebensätze. Wir betrachten zuerst die Relativsätze.

[§§ 224/410/450] **Relativsätze** werden im Mittelhochdeutschen wie im Neuhochdeutschen gerne durch ein Pronomen oder ein Adverb eingeleitet. Der häufigste Fall ist die

Einleitung mit dem **Relativpronomen** *der/diu/daz*. (→ S. 125) Es lautet gleich wie das einfache Demonstrativpronomen, die deklinierten Formen sind darum ersichtlich aus der Tabelle auf Seite 121. Beginnt der Relativsatz mitten im Vers, kann man verdeutlichend ein Komma mitdenken. Manchmal ist *daz* mit ,was' zu übersetzen.

Er	Gr	AH	Iw	MC	Pz	Tr	Da	Hb	Pn
3	442	498	738	106	2 15	3107	595	236	49
425	488	532	796	347	3 9	3132	1894	245	102
410	530	552	872	1714	4 7	6195	4645	277	1057

Im nhd. Relativsatz hat das finite Verb Endstellung, was der unaufdringliche Beispielsatz vor Augen führt, der sich justament im Cerebrum installiert. Im Mittelhochdeutschen ist die Stellung des finiten Verbs noch nicht so festgelegt. Zwar ist auch hier Endstellung die Regel. Aber keineswegs selten begegnen mhd. Relativsätze, die das finite Verb nicht ans Ende stellen, etwa wie in dem reizvollen Satz, der verführt Sie hier und jetzt. *ez gât dir ûf dîne hût*. Reizvolle Sätze reizen Madame, heutzutage. In jüngern Jahren freilich – autsch! – *daz dir der tiuvel tuo den tôt!!* – war sie für solche Freiheiten mehr als empfänglich.

35	2908	270 f.	1489	881	3 29	11770	1931	1142	204

Man kann zweifeln, ob das überhaupt ein Relativsatz ist. Er ist doppeldeutig. „Denn wenn sich in einem Relativsatz das finite Verb aus Gründen der Metrik, des Reims oder weil es noch nicht üblich war, nicht in der Endstellung befindet, dann wirkt das Relativpronomen wie ein Demonstrativum am Beginn eines neuen Hauptsatzes." (Paul u. a., 405)

[§§ 224/410/412] Relativsätze einleiten können weiter die **verallgemeinernden Relativpronomen** *swer/swaz* ,wer/was auch immer', ,jeder, der', ,alles was', *swelch* ,welcher auch immer', ,jeder, der' und *sweder* ,welcher von beiden auch immer', ,der von zweien, welcher'.

644	284	3	807	123	2 13	204	49	331	12
1471	1164	28	1085	319	31 24	3374	1916	333	152
7010	1509	598	1551	321	113 23	3893	1917	344	832
9110	1522	732	1568	349	266 25	8911	2882	911	884

Die Bedeutungsangaben illustrieren ein generelles **Übersetzungsproblem**, nämlich die Erhöhung der Silbenzahl: Finden Sie im Neuhochdeutschen eine knappe, geschmeidige, äquivalente Wiedergabe? – Still! Ganz fern. Wolfsgeheul. – Engel könntens übersetzen.

[§ 450] Relativsätze werden ferner von **relativen Adverbien** mit lokaler Bedeutung eingeleitet: *dâ* ,wo', ,wohin', *dar* ,(dorthin ...) wohin' und *dar nâch* ,wonach'.

30	94	250	1560	1153	1 26	3130	1356	185	763
7407	–	260	3444	1163	357 30	9701	4738	–	1957

Dazu zählen auch *wâ* ,wohin', ,wo' und *war* ,wohin', ,wonach'.

6816	3228	–	2586	7	30 2	3764	5458	–	–
3517	2327		3220	8	224 1	7602 f.	6975		

Schließlich zählen zu den relativen Adverbien die verallgemeinernden *swâ* ,wo (immer)', ,überall wo', *swar* ,wohin auch immer', ,so weit' und *swarûf* ,worauf auch immer'.

Er	Gr	AH	Iw	MC	Pz	Tr	Da	Hb	Pn
1331	313	329	1331	252	1 4	5791	601	460	8
1894	3214	1459	6072	–	29 24	14001	3988	1815	–

Beachten Sie besonders bei *swâ* und *swar* allfällige Bedeutungsmomente wie ,wenn', ,sobald', ,sowie', ,wozu immer' oder ,sooft'.

2170	311	1459	2020	–	122 8	11815	566 f.	1253	8

[§ 451] Selten sind relativisches *sô* ,das', ,was' (AH 890) und *und* ,was'. (Er 306) – Auch als Frageadverbien fungieren *wâ* und *war*, siehe Seite 80 oben. [§§ 449/450 Anm. 1] Bei manchen Adverbien und Konjunktionen gibt es Subsumierungsprobleme, da nicht wenige Konjunktionen aus Adverbien entstanden sind und sowohl konjunktional als auch adverbial gebraucht werden.

der tac sîget sêre gegen der abentzîte. Ja, blutrot die Sonne. Denn es will Abend werden. Wie gehts Ihren Füßen? Unterschlupf fällig? In der Nähe wohnt eine Fischerfamilie. Der Alte ist ein Prophet: *,ez wahset junger wolve vil in trügelîcher wât!'* Sieht überall Raubmörder in Pilgerverkleidung. Seine lebenslustige Frau wird Sie nicht den Wölfen im Wald überlassen, sieht überall Boten Gottes. Einsame Menschen. Und können einen Pfennig gebrauchen. Da lang zum See. Die Hütte hinter den Pappeln, wo Schwarzmilane kreisen.

Satzgefüge mit indirektem Fragesatz

[§§ 456 ff.] Wir kommen zur zweiten Art eingeleiteter Nebensätze, zu den **indirekten Fragesätzen**. Sie sind oft abhängig von Verben oder verbalen Ausdrücken des Fragens oder Wissen-Wollens wie *gedankhaft sîn/werden* ,nachgrübeln', *(niht) wizzen*, *wundern*, *zwîveln*, vor allem jedoch von (*der mære* ,nach Auskunft') *vrâgen*.

50 f.	1857 f.	482 f.	3623 f.	1618	822 3 f.	3877 f.	1807 f.	901 f.	376 ff.

Indirekte Fragesätze sind aber auch abhängig von Verben des Sagens oder Wahrnehmens wie *bevinden* ,entdecken', *enbieten* ,ausrichten', *gehügen* ,sich erinnern', *sagen*, *sprechen*, *sehen*, *vernemen*, *vereischen* ,erfahren' und *wâr nemen*, sogar von Verben wie *dünken*, *erzeigen*, *kriegen*, *strâfen*, *troumen*, *vergezzen*, *warten*. Sie sehen: Indirekte Fragesätze müssen keineswegs immer den Inhalt einer gesprochenen Frage wiedergeben.

Man erkennt sie am besten formal: Indirekte Fragesätze werden einmal eingeleitet von den **Pronomen** *wer/waz* (→ S. 124), *wel(c)h* und *weder* ,welcher von beiden', ,ob'.

925	543	551	1641 f.	248	16 30	167	64	7	989
1167	982	1005 f.	1671 ff.	597	26 19	5026	2608 f.	499	1354
1327	1231	1156	3847	1221	63 28	5088	6598 f.	522	1471
7082	3883	1247	4239	1584	169 8	6093	7653	1192 f.	–

[§ 386 f.] Im *Erec* begegnet 8-mal der alte Instrumental zu *waz*, lautend *wiu*. Davor tritt *von* oder *ze*, das gibt *von wiu* ,wodurch', ,weshalb' oder *zwiu* ,wozu'; Beispiele: 126, 4153; im *Helmbreht* singulär in 756.

[§ 457] Indirekte Fragesätze werden auch eingeleitet von mit *w* beginnenden **Adverbien**: *wâ* ,wo(her)', *wan(n)(e)/wen(n)(e)* ,wann', *wannen* ,woher', *war* ,wohin', *wie* ,wie'.

Er	Gr	AH	Iw	MC	Pz	Tr	Da	Hb	Pn
1504	1079	1186	2586	42	30 6	3810	1110	–	194
3517	2327	1366	3220	184	500 4	4787 f.	5306 f.		376 f.

In Verbindung mit nachgestellter Präposition werden diese Adverbien **zweigliedrig**. Die Bedeutung hängt stark vom Kontext ab. Beispiele: *wâ bî* ,wodurch', *wâ hin(e)* ,wohin', *wâ mite* ,womit', *wâ von* ,woher', ,warum', *wâ zuo* ,wozu', *war an* ,womit', *war nach* ,wonach', *war umbe* ,warum', *war zuo* ,wozu'.

47	1629	–	1875	75	112 16	503	2229	–	1356
631	2312		2472	573	308 24	11374	5992		–
6964	3491		6111	–	335 11	14846	7050		

[§ 467] Schließlich kann die Konjunktion ***ob*** einen indirekten Fragesatz einleiten. Sie hat dann kaum semantischen Eigenwert, übersetzt wird mit ,ob'.

20	60	9	746	1599	27 13 f.	8566	6263	1786 f.	322

[§ 322α/396] Fluglustige Brüder und Schwestern im Geist! Wir wollen unterscheiden. Unterscheiden Sie mit Wortindex (→ S. 285 ff.) vom Adverb *wan*^{4}*(n)(e)/wen(n)(e)* oben die Partikel *wan*^{3}, bedeutend ,Warum ... nicht ... ?' in selbstständigen Fragesätzen bzw. ,Wenn doch nur ... !' in Wunschsätzen, des Weiteren die parataktische Konjunktion *wan*^{2} (→ S. 74) und die zwei hypotaktischen Konjunktionen *wan*$^{5/6}$. (→ S. 83 (= 1/2)) Unterscheiden Sie von all dem das Adverb bzw. die ausnehmende Partikel *wan*^{1} ,außer', ,nur'. In *niht ... wan* mit Komparativ bedeutet *wan* ,als'. Unterscheiden Sie obiges *ob*^{3} von den zwei hypotaktischen *ob*$^{1/2}$. (→ S. 82) – Flügge? Hier keine Gravitationsspirale hintrudeln.

43	1338	423	735	1232	6 25	5483	3712	781	749
5895	3607	549	2214	1425	7 27	5680	4159	–	–

Die Zwingburg Hypotaxis

Wir kommen zur dritten Art eingeleiteter Nebensätze, den **konjunktionalen Nebensätzen**. Konjunktionen verbinden Teilsätze. Eine **hypotaktische Konjunktion** liegt vor, wenn sie dem Hauptsatz einen Nebensatz unterordnet. Beispiel: das ,wenn' im letzten Satz. Oft hängt der Nebensatz nicht direkt vom Hauptsatz ab, sondern von einem übergeordneten Nebensatz, wie das Schema auf Seite 76 darstellt. Die Endstellung des finiten Verbs galt im Mittelhochdeutschen noch nicht fest. Im Neuhochdeutschen dagegen ist dies der Fall. So hatte im Beispielsatz oben ,unterordnet' als finites Verb Endstellung.

Die hypotaktische Konjunktion setzt die Teilsätze zueinander in Beziehung, und zwar unter einem Aspekt: **temporal** unter dem der Zeit, **konditional** unter dem der Bedingung, **konzessiv** unter dem der Einschränkung, **kausal** unter dem des Grundes, **modal** unter dem der Art und Weise, **final** unter dem des Zwecks und schließlich **konsekutiv** unter dem der Folge. Das ‚wenn' im Beispielsatz oben leitete also einen konditionalen Nebensatz ein: ‚x liegt vor, wenn y der Fall ist.'

Das Mittelhochdeutsche fasst diese hypotaktischen Aspekte, die logische Hinsicht, ungern eindimensional. Es gibt sie umsichtig im Kontext zu verstehen. Beim Übersetzen ins Neuhochdeutsche wird der mittelalterliche Text unversehens in einer logisch festgeschriebenen, wissenschaftlichen Weltsicht eingemauert, indem moderne Konjunktionen eindeutiger sind und weniger nach dem Kontext verlangen. „Die moderne Sprache drängt danach, sich kausal, final, kopulativ, adversativ, konsekutiv etc. festzulegen. Diese Festlegung ist andererseits aber auch in gewissem Sinn eine Einschränkung, ein Verlust. Die syntaktische Orientierung auf die eine Möglichkeit schließt die anderen aus, wo der ältere Sprachzustand eben nicht festgelegt und in globaler Weise gleichsam offener war. Dies wirkt sich nicht nur in der Grammatik aus, sondern prägt auch die Kompositionsweise volkssprachlicher Dichtung der älteren Zeit und ist somit für weite Bereiche mittelalterlicher Geistigkeit Merkmal einer typischen Mentalität." (Wolf 1986, 252)

Durchdenken Sie ab und zu die Bedeutungshypothese zu einer Konjunktion auf ihre Voraussetzungen und Folgen im nahen und ferneren Kontext hin, am besten gemeinsam. Gute Übersetzungen können jenes logische Zwielicht – aus Grund und Zweck, Zeit und Grund, Zweck und Folge, Weise und Folge u. Ä. – durch geschickte Wortwahl ins Neuhochdeutsche transponieren. Wohl ein Kardinalfehler beim **Übersetzen** aus dem Mittelhochdeutschen ist ‚ausdeutschende' Überhellung – nicht nur bei Konjunktionen.

Hypotaxis liegt drüben dort hinter der Kuppe. Sei immer totenstill da oben, sagen die Leute im Dorf. Nur in klarer Winternacht bei Nordwind höre man etwas wie Wehklagen eingemauerter Seelen. Leute in Dörfern sagen viel. Die Gedanken mauern stumm. Oder sind frei: Dort am Himmel – wie schön der Adler seine Kreise aufwärts zieht. Er liest dies Land wie Sie den Text, im Sommeraufwind über Burg und Wald.

Ein Adler über dem ‚Sternenweg', so bezeichnet nach ‚Compostela', wohl von lat. campus stellae, ‚Feld des Sterns'.

Konjunktion			Aspekt		Bedeutung im Kontext				
Er	Gr	AH	Iw	MC	Pz	Tr	Da	Hb	Pn
als(e/o)[1]		[§ 459 4]	temporal		sobald, sowie, kaum, als				
3312	1847	1426	286	525	93 11	11775	1787	1643	2084
als(e)[2]		[§ 465 2]	modal		wie, wie wenn				
3311	44	90	117	227	1 6	18162	835	36	1921
biz (daz)		[§ 459 6]	temporal		bis				
–	–	–	–	1379	–	13814	7986	–	1566
dan(ne)/denne		[§ 465 7]	modal-vergleichend		als, als dass, als wenn				
5088	1959	635	139	253	460 15	1099	487	40	–
daz[1]		[§ 463]	final		damit, dass, um … zu				
71	474	24	1084	219	6 9	6530	130	431	2115
daz[2]		[§ 464]	modal-konsekutiv		(in der Weise) dass, sodass, wodurch				
7387	53	291	301	28	2 21	3251	198	582	1771
daz[3]		[§ 466]			Nur hypotaktische Funktion: dass; erläuternd: wie				
37	156	86	320	124	30 4	9330	76	803	349
die wîle (daz/und)		[§ 459 12]	temporal		so lange (wie), während				
8147	3684	621	6291	122	220 17	16	488	127	–

Hypotaxis, berüchtigte Zwingburg des grammatischen Feudalismus, erbaut nach Plänen von – hören Sie nur, wie der Nebensatz dem Hauptsatz bei den Reliquien der Heiligen im Schrein *hulde* schwören muss.

Oder ist der Lehnsherr bereits seinerseits abhängig? An der Burgmauer können Sie die Bedeutungen von Konjunktionen ausspähen – stopp! Um Gottes Willen Vorsicht! Man mauert hier nur zu gern ein – pst – da!

Er	Gr	AH	Iw	MC	Pz	Tr	Da	Hb	Pn
dô		[§ 459 1]	temporal		als, indem				
5311	186	75	3239	83	20 28	305	1112	79	1304
doch		[§ 461 1]	konzessiv		obwohl, obgleich, selbst wenn; parataktisch: doch				
942			–	–	602 21	109	6892	1260	156
durch daz[1]		[§ 462 4]	kausal		deshalb, deswegen, weil, darum dass				
1350	(35)	–	1857	–	158 26	9130	136	–	937
durch daz[2]		[§ 463]	final		damit, auf dass, um + Infinitiv + zu				
615	–	1390	7650	–	807 19	18600	–	–	556
ê (daz/denn)		[§ 459 9]	temporal		bevor, ehe				
7	1209	563	5624	388	12 20	10297	406	138	474
nû (daz)	[§§ 459 11+462 2]		temporal/kausal		wenn nun, nachdem nun, wie nun, da nun, weil				
228	200	1241	2528	–	730 14	2043	–	–	1649
ob[1]		[§ 460 1]	konditional		wenn, falls, unter der Bedingung dass				
3701	49	802	1062	1401	9 27	1477	4566	182	1880
ob[2]		[§ 461 5]	konzessiv		wenn auch, selbst wenn				
7371	470	746	1441	808	4 6	12343	3562	315	–
sam/alsam		[§ 465 4]	modal		(ganz so) wie, wie wenn				
5627	194	1364	1430	1117	–	–	570	931	270 f.

Konjunktion			Aspekt		Bedeutung im Kontext				
Er	Gr	AH	Iw	MC	Pz	Tr	Da	Hb	Pn
sît (daz)[1]		[§ 459 10]	temporal		seit, seitdem, nachdem				
5809	1569	1360	2317	1202	521 24	4779	2513	1922	–
sît (daz)[2]		[§ 462 1]	kausal/konzessiv		da, weil, wenn doch, obgleich				
5598	1132	682	5718	461	200 8	4152	2168	427	1929
sô[1]		[§ 459 3]	temporal/kondition.		als, sobald, wenn, dann, so, falls, wenn nur				
5184	20	111	823	351	138 6	539	3397	1183	998
sô[2]		[§ 465 1]	modal		so, sodass, (genauso) wie, in dem Maß wie				
179	545	301	943	407	3 1	13579	2153	1502	–
sô daz		[§ 464]	modal-konsekutiv		sodass				
1739	891	893	1790	–	3 1	2319	–	754	314
sw(e/a)nne		[§ 459 2]	temporal		wann immer, sowie, dann wenn				
5690	2305	579	933	1001	57 13	3407	12	204	167
swie[1]		[§ 461 2]	konzessiv		auch wenn, obgleich, wiewohl				
6331	842	422 ff.	785	166	27 2	10533	3236	848	–
swie[2]		[§ 465 5]	modal		wie (immer), wie ... auch				
9529	2981	41	133	1372	12 2	14890	166	570	602
und(e) [§§ 445 A.1+465 A.1]			konditional		(selbst) wenn, falls; nur syntaktische Funktion?				
3702	1421	216	912		625 20	5664	881	1756	547
unz (daz)		[§ 459 5]	temporal		(solange) bis, derweil				
3179	3854	470	304	70	5 28	286	4	858	–
wan(d)(e)[1]		[§ 462 3]	kausal		hypotaktisch: weil, da; parataktisch: denn				
1030	18	391	542	269	1 8	288	2748 f.		706
wan (daz)[2]	[§ 466 Anm. 2]		konzessiv/kondit.		wenn nicht wäre dass, nur dass, nur eben, obgleich				
4165	54	446	201	486	84 16	262	4652	1037	796
ze diu (daz)	[§§ 218+387]		final		damit, um ... zu				
6144	–	–	1564	–	–	–	–	–	–

[§ 459 8.] Im *Parzival* begegnet 8-mal *innen des* (1-mal *indes*),während', ‚indessen'; Beispiel: 260 16. Im *Tristan* begegnet 3-mal *under diu* ‚während'; Beispiel: 2620. [§ 445 Anm. 2] Als Einleitung eines konzessiven Nebensatzes begegnet einmal *al eine und* ‚selbst wenn' in Tr 222. [§ 465 3.] Im *Erec* ist 3-mal *und* mit der Bedeutung ‚wie' oder ‚als' (etwa 427) belegt, ein *und* ‚obwohl' in 1440. Im *Daniel* begegnet *und* im Sinne von ‚dass' in 1669, wohl um Häufung von *daz* zu vermeiden. [§ 460 Anm. 2] Vereinzelt begegnet ein zwar hypotaktisch wirkendes, aber wohl parataktisches *oder* ‚es sei denn, dass'; Beispiel: Er 7688.

Auch als Adverbien dienen *als(ô), dan(ne), dan(nen), dô, doch, ê, nû, ob, sam, sît, sô, unz, wan* (→ S. 175, 181 ff.); auch als Präpositionen *durch, ê* (Er 8165, Da 5739), *ob, sît, unz, ze.* (→ S. 190 ff.)

[§ 489 f.] In welcher **Reihenfolge** stehen in längeren Satzperioden die Nebensätze und der Hauptsatz? Grundsätzlich folgen sich die Teilsätze nach dem Grad ihrer Abhängigkeit, wie das Schema auf Seite 76 zeigt. Doch kann der abhängige Satz gut auch vorausgehen, wie umseitig schematisiert. – Oder die Pilgergruppe dort verbildlicht es: Das Kind springt voraus, die Frau in der Mitte, die beiden Männer hinterher. Ständig lebendig geht es da zu.

Nebensatz 2. Grades	, der abhängt von einem			
		Nebensatz 1. Grades	, der abhängt vom	
				Hauptsatz.

Es gibt viele Kombinationen, Augenblicksstellungen, die einem bestimmten Teilsatz entgegen der logischen Hierarchie eine markante Position zuteilen. „Der moderne Leser hat den Eindruck einer Beweglichkeit und Schmiegsamkeit, die in dieser Weise auf jüngerer Sprachstufe nicht mehr vorhanden ist. Sie ist, wie andere Freiheiten auch, der wachsenden Neigung zur Logisierung des Ausdrucks gewichen." (Paul u. a., 463)

[§ 493] Bei einer Apokoinu-Konstruktion – im *Parzival* wohl 31-mal belegt, generell aber selten – ist ein Satzglied zwei aufeinander bezogenen Sätzen gemeinsam; Beispiele: Iw 3951, MC 1537, Pz 592 23, Hb 677. – [§ 494] Bei Anakoluth, charakteristisch für gesprochene Sprache, wird die Konstruktion anders fortgeführt als erwartet; Beispiele: Gr 789 ff., Pz 230 26 ff., Tr 6278 ff. – Beides wird oft Stilmittel sein.

Pilgergruppe im Wald mit Pilgerzeichen am Hut. Gekreuzte Schlüssel: Rom. Muschel: Santiago. (Holzschnitt Hans Burgkmair, 1508)

Die Toranlage kann das Auge bedeuten. Surreal. Nein, Sie können nicht in der Burg übernachten. Ihre Augen gingen bestenfalls zum Jüngsten Gericht noch auf. *ir müezet verliesen den lîp, welt ir ûf die burc varn.* Nachtlager ist der schwarze Wald so kalt. Mantel muss genügen. Wie es morgen weitergeht? Wer das wüsste – Madame, weist Ihr uns die verlässlichen Wege? *vart jenen pfat – ez ist niht ein wec – dort über jenen hôhen stec in jenen boumgarten.* Danke. Wir Pilgersleute haben in Burggärten bekanntlich nicht das Geringste verloren, umso mehr dafür zu finden. Schließen Sie da so ein Steinchen in Ihre Hand. Macht unsichtbar.

Das Verb

Den Sprachkörper rekonstruieren. – Diese Grammatik ist ihrem Textkörper eingeschrieben. Bis jetzt haben wir Stimme und Gehör, dann Haut, Knochen und Gelenke erweckt: Der Text klingt und ist zu hören. Die Grenze zwischen Ja und Nein ist klar. Man kann Sätze bestimmen und sie dank Gelenken zusammenhängend bewegen.

Außerdem haben Sie ja stillstolz registriert: Im Gehen wachsen Ihre Übersetzungsmuskeln, immer plastischer wölbet sich Sinn. Ihm fehlt aber quecksilbrige Lebendigkeit. Wer verbalisiert wem wessen Wen? Im Zentrum pulsiert das Verb, von dem die Objekte abhängen. Man könnte es mit dem Herz vergleichen. Sie werden den Kopf brauchen.

Auf den Seiten 85 bis 104 folgt die Formenlehre der Verben. Dieser Abschnitt weist drei übereinander gelagerte Textebenen auf.

Erstens gibt es auf den Seiten 89 bis 104 eine sachliche Ebene der grammatischen Darstellung. Wenn Ihnen das entspricht, gehen Sie mit diesem Text *ûf âventiure*, aufs Geratewohl, an die Sache heran. Alles andere lassen Sie links liegen. – Die Einteilung der Verben hält sich an die traditionelle, kleine Abweichungen sind heuristisch bedingt. (Eine synchronische Gliederung ohne Gruppe ‚Besondere Verben‘ bei Paul u. a., 275 ff.)

Über die erste Ebene lagert sich auf den Seiten 85 bis 88 eine zweite, methodische. Ein Exerzitienweg, die schattierten Passagen von Nummer 1 bis 11 umfassend, leitet zum Lernen und zum Bestimmen von Verbformen an. Dieser Text demonstriert, wie Sie sich die Lerninhalte der ersten Ebene lerntechnisch bewusster aneignen können. Er arbeitet mit der Vorstellung des Sich-Orientierens in einem Garten. Das Netz wartet.

Über der zweiten Ebene schwebt auf den Seiten 85 bis 88 eine dritte: eine aus mittelhochdeutschen und frühneuhochdeutschen Zitaten (→ S. 263 f.) zusammengesetzte Textcollage. Sie spiegelt den Lernvorgang im Bild einer alten Liebesgeschichte im Garten.

* * *

Hortus verborum

der venster einez offen was gein dem boumgarten. dar în gienc er durch warten, durch luft und durch der vogel sanc.

1 Überblick gewinnen
Verschaffen Sie sich mit einem Morgengang durch die Gebiete auf den Seiten 89 bis 104 grobe Orientierung. Exerzitien zügig ausführen, konzentriert dabei, hierauf Nummer 2.

gar ân alle vorhte er in den garten gie. dô er in daz netze getrat: owê! wie sêre er dô erschrac! er viel nider unde lac. dis wart ein juncfrouwe gewar, diu hâte daz netze gesetzet dar. nû war umbe tete si daz?

2 Strategisch vorgehen
Vorsicht, Abenteuer-Garten. Null Improvisation zu Beginn. Man kann Sie nur teils wieder heraushauen. Schreiten Sie zur Verbformen-Bestimmung eine Zeitlang die immergleichen Pfade ab. Sobald der beschriebene Befund fehlt, wallen Sie seelenruhig Ihres Wegs. Sie lernen so den ganzen Garten kennen wie Ihre Pilgertasche, das Symbol des Glaubens. Je mehr Sie sich drin auskennen, umso gläubiger werden Sie sichere durch schnelle Wege ersetzen. Mittelalterliche Pilger gingen auf Nummer Sicher. Lang vorbei, rasch Nummer 3.

si nam des sîne sicherheit, swaz si in tuon hieze, daz er daz niht enlieze. ûz dem netze si in want unde nam in bî der hant: ‚Reut auss schnell dye kreutter unreyn, Wye es stet hernach in dem püchleyn.' er tete als die wîsen tuont, wan hie hôrte vorhte zuo –

3 Negationspartikel/Enklitikon/Präfix entfernen
Schmarotzer? Lösen Sie eine Negationspartikel (→ S. 64), den Vokal oder Konsonanten eines Enklitikons (→ S. 53 f.) und ein Präfix ab; Letzteres aber nur, wenn ein selbstständiges Verb übrig bleibt, demnach zum Beispiel nicht bei *ge|schehen*. Vor dem Nachschlagen im Wörterbuch wird das Präfix wieder hinzugenommen. Die häufigsten **Präfixe** sind:

be durch en(t) er g(e) hinder mis(se) ûf über umbe under ver vol(le) wider ze(r)

dâ smahte maniger hande chrût, dô ez sumeren begunde. ouch wâren in der wîse lût die vogele, daz berc unt tal in gelîchem galme gegen hal. ein brunne durch den garten ran, lûter unde reine. vîgen boum, grânât, öle, wîn und ander rât, des wuohs dâ ganziu rîcheit.

4 Besondere Verben ausschließen
Ein Exot? Sie traversieren das Südareal auf den Seiten 100 bis 104, schließen die 24 Fälle aus oder bestätigen einen. Fast all diese Verben sind hochfrequent, und eben darum lernt hocheffizient, wer Form und Bedeutung nicht verpe– gemütlich wallend sich einprägt.

da ersach er niderhalben sîn vröude und sîns herzen pîn, und sleich durch bluomen und durch gras hin dâ boum und brunne was. vil gâhes ruhte si hin dan. einen sûft nam si tiefe unde sach in vaste an. an ein daz schœneste gras, daz sî in dem boumgarten vant, dar vuorte sî in bî der hant, und sâzen zuo ein ander.

5 Die Satzumgebung betrachten
Kommen Sie, geführt zur Rasenbank. Lindenduft, Vogelgesang, schläfriges Plätschern der Quelle – könnte man hier nicht selig vergessen? Noch nicht! In etlichen Fällen werden Sie nun bereits erfolgreich gewesen sein. Ein Blick ins Wörterbuch liefert zusätzliche Informationen. Beachten Sie gut die Abkürzungen zur **Verbvalenz**. [§ 344] „Valenz ist die Fähigkeit eines Lexems (z. B. eines Verbs, Adjektivs, Substantivs), seine syntaktischen Umgebungen vorzustrukturieren, indem es anderen Konstituenten im Satz Bedingungen bezüglich ihrer grammatischen Eigenschaften auferlegt." (Bußmann 2002, 727) Das Verb auferlegt also dem Objekt eine Bedingung. Etwa die, dass es im Dativ bzw. Akkusativ zu

stehen hat, wie bei ‚Objekt' bzw. ‚Bedingung' eben. Oder das Verb verlangt obligatorische Objekte in einem bestimmten Fall. So ist zwar der Satz *‚Das Verb auferlegt.' hochgradig tiefsinnig, doch Madame winkt ab: Ihr fehlt ein Wem und ein Wen.

Die Informationen der Wörterbücher sind nötig, weil im Sprachzeitstrom ‚Valenzturbulenz' auftritt: Abweichung der Valenz des mhd. von der des ‚gleichen' nhd. Verbs. Beispiel: Bei *sweigen* ‚schweigen' weist das Wörterbuch auf die ungewohnte Konstruktion mit Akkusativobjekt hin: *einen sweigen* ‚jemanden beruhigen', ein Kind ‚stillen'.

vil wünne an deme garten lac. swer in solte sehen an, der muoste al sin trûren lân. si giengen ûf der Minnen plân und brâchen freuden bluomen dâ sô schœne, daz man anderswâ minneclicher nie gebrach.

6 Zwei Sonderfälle ausschließen
Stellen Sie sicher, dass es sich nicht um die Verben *vürhten* oder *(ent)würken* auf Seite 94 handelt. Die sondern sich ab, wie Erec und Enite. Sie wissen ja nun, was die da tun.

swer ouch zuo dem selben zil von geschihte in kam, der vant dâ swes in gezam von wünneclîcher ahte, boume maneger slahte, die einhalp obez bâren und andersît wâren mit wünneclîcher blüete.

7 Verben mit ‚Rückumlaut' ausschließen
Betreten Sie das Pomarium auf den Seiten 90 bis 92. Prüfen Sie alphabetisch sekundenschnell, ob einer der 145 Fälle von Klinschors Blütenzauber vorliegt. Die 10 häufigsten Verben sind fett gedruckt. Pflanzen Sie auch diese ihrem Gedächtnis ein. Damit haben Sie insgesamt 34 Verben bewusst gelernt.

der wille was dâ ungespart von manne und von wîbe. in dem rôsengarten huop sich ein michel spil. sie trâten in den anger der liehten rôsen vil, unz daz si gar vertrâten beide bluomen und gras, daz dâ niht grüeners enwas dan umbe mitte winterzît.

8 Schwache Verben im Präteritum ausschließen
Ein schwaches Verb im Präteritum weist jetzt – sonst direkt zu Nummer 10 – das auf Seite 89 vorgestellte *t* oder *d* auf; verwechseln Sie es nicht mit dem *t* der Personalendung. (→ Paradigmen S. 94 und 99) Indikativ und Konjunktiv sehen gleich aus, von wenigen Ausnahmen abgesehen. Lassen Sie *t/d* weg, allenfalls einen Zwischenvokal *e*, bilden Sie den Infinitiv, zu bestätigen im Wörterbuch. Die Bedeutung muss im Kontext passen.

Gelingt die Bestätigung nicht oder ergeben sich semantische Probleme, kann das in seltenen Fällen daran liegen, dass das *t* oder *d* zugleich zum Stamm des schwachen Verbs gehört, zum Beispiel bei *leite* ‚leitete', *schulte* ‚beschuldigte' oder *tihte* ‚dichtete'. Hier bilden Sie den Infinitiv direkt. Ein *t* im Präteritum kann im Infinitiv *d* sein: *schulden.*

dô erz aller verrest sach, vil lûte rief er unde sprach: ‚wer hât iuch esele her gebeten, daz ir mir habet nider getreten die mîne lieben rôsen rôt? des kumet ir in grôze nôt!'

9 Starke Verben mit *t/d* im Stamm ausschließen
Was jetzt noch vorliegt, ist entweder ein schwaches Verb im Präsens oder ein starkes Verb. – Bisweilen werden Sie mit Nummer 8 nicht erfolgreich gewesen sein, obwohl der Befund *t/d* gegeben war. Warum? Auch manche starke Verben haben *t/d*. Es gehört zum Stamm, signalisiert kein Präteritum und schließt es auch nicht aus. Doch wissen Sie immerhin, dass es sich in solchen Fällen um ein starkes Verb handeln muss.

Nun kommt ein Verfahren zur **Bestimmung der starken Verben** zum Einsatz. Man lasse den Blick im Kontext schweifen und bestimme, ob Präsens oder Präteritum vorliegt. Das Präsens findet sich im Prolog, im Epilog, in Dialogen, in Abschweifungen, in Bemerkungen des Erzählers und in allgemeingültig formulierten Sätzen, den Sentenzen. Präteritalformen finden sich in der Handlung – sie sind darum viel häufiger – und in der Darstellung von exemplarischen Gestalten oder Geschehnissen. Bestimmen Sie auch, ob Singular oder Plural vorliegt. Dabei leisten die Paradigmen auf den Seiten 94 und 99 gute Dienste. Nicht sehr weit kommen Sie bei isoliertem Gebrauch der betörend duftenden Paradigmen –

Richten Sie die Aufmerksamkeit auf den Tonvokal und probieren Sie aus, in welche Klasse der starken Verben auf den Seiten 96 bis 99 das Verb passt. Das Einbringen ist heikel. Man beachte die Klassenmerkmale und allfällige Hinweise zur Formbestimmung. Der Tonvokal kann umgelautet sein, Angaben dazu im Kopf der Tabelle auf Seite 96. Bestätigen Sie den rekonstruierten Infinitiv und, sofern angegeben, die Klassenzugehörigkeit im Wörterbuch. Die Bedeutung muss im Kontext passen, Valenz beachten.

sîn vriundîn sprach und nam in bî der hant: ‚niene vürhte dir! unser bluome der muoz vallen, so er aller grüenest wænet sîn. dû bist vil wol ze mir gehît.‘ sî mohte nâch betwingen mite eines engels gedanc.

10 Schwache Verben im Präsens ausschließen
Nun kommt noch ein schwaches Verb im Präsens oder ein starkes Verb ohne *t* oder *d* im Stamm in Frage. – Klären Sie wie in Nummer 9 ab, ob Präsens oder Präteritum vorliegt; bei Präteritum gleich zu Nummer 11. Ist es aber eine Präsensform, dann abstrahieren Sie von der Personalendung, ergänzen mit *en* zu einem möglichen Infinitiv und bestätigen das Verb im Wörterbuch. Falls das gelingt, ist es entweder ein schwaches oder ein starkes Verb im Präsens. Beachten Sie zur Unterscheidung die Angaben im Wörterbuch.

dannoch sprach sî mê: ‚ich wil dîn arbeit clagen, unz der garte wirt wol gesunt über al swâ er ist wunt, unz daz der schade geheile. ûf Schastel marveile wil ich mit dir kêren.‘

11 Starke Verben einordnen
Wie in Nummer 9 wird abgeklärt, ob Präsens oder Präteritum, Singular oder Plural vorliegt. Dann ermitteln Sie die Klasse und bestätigen im bekannten Verfahren.

Und wer do in disem garten arbeit und der blommen brichet und vil in disem garten spatzieret, der kümt zu leste in das sloss, das an dem ende dess garten stet.

Liebespaar im Garten vor einer Rasenbank. Handschrift des «Roman de la Rose», British Library, London (15. Jh.)

Schwache Verben erkennen

[§§ 255–266] Verben, die das Präteritum und das Partizip II mit Hilfe eines ***t* oder *d*** bilden, nennt man schwache Verben. [§ 258] Meist tritt dieser Zusatz als *(e)t(e)* auf, ab und zu lenisiert als *d(e)*. Der Zwischenvokal *e* fehlt oft nach Langsilbe. (→ S. 218)

Notieren Sie die zwei anderen Formen zu jedem Beispiel in der Textausgabe an den Rand. Bestätigen Sie den Infinitiv im Wörterbuch, dort muss ‚swv.' stehen. Gegenüber dem Präteritum zeigt der Infinitiv u. U. kleine Lautveränderungen: So wird etwa ein *c* oder ein *p* vor *t* im Präteritum zu einem *g* bzw. *b* im Infinitiv (Silbenauslautverhärtung vor Fortis → S. 48 f.). Oder es erscheint ein *c* im Infinitiv verdoppelt und wird dann *ck* geschrieben.

	Er	Gr	AH	Iw	MC	Pz	Tr	Da	Hb	Pn
Präteritum	6763 2	1816 2	1007 3	7227 2	1074 2	13 2 2	12960 2	4237 4	129 4	364 2
Partizip	3155 4	1759 7	81 1	3523 3	235 1	90 2 3	4530 2	135 1	1125 4	208 6
Infinitiv	44 6	29 1	889 4	7413 5	275 2	8 7 3	6312 4	116 4	1160 5	252 4

Die Verben mit ‚Rückumlaut'

[§ 262] Die Verben mit ‚Rückumlaut' bilden eine Untergruppe der schwachen Verben, haben also im Präteritum *t/d*. So lautet bei *lœsen* das Präsens *ich lœse*, das Präteritum *ich lôste*. Das Beispiel zeigt aber noch eine Veränderung: Ein umlautfähiger Stammvokal ist im Infinitiv und im Präsens umgelautet, im Präteritum und oft auch beim Partizip II nicht.

Regel: Der ‚Rückumlaut‘ beim Stammvokal, den diese Verben im Infinitiv haben, ist bei Präteritalformen im Text oft aufgehoben. Die zehn fett gedruckten Verben sind die häufigsten ‚Rückumlauter‘ bei HARTMANN und wohl genereller. Notieren Sie sich zu diesen Verben eine zu erwartende Präteritalform, vergleichen Sie mit der Form im Text. Er bietet zwar nicht immer die als Beispiel erwünschte Präteritalform oder obige Regel tritt, etwa dialektal bedingt, nicht ein. Doch vermittelt das Exerzitium ‚Rückumlaut‘-Sprachgefühl.

[§ 94] Durch den so genannten Primärberührungseffekt erscheint bei Verben mit *k/ck* im Infinitiv/Präsens im Präteritum oft *ht* oder *ct: recken – rahte.* [§ 36] Durch Nasalschwund sowie eine damit einhergehende Ersatzdehnung erscheint bei Verben mit Kurzvokal und Nasal *n* im Infinitiv im Präteritum Langvokal und *n*-Schwund: *dünken – dûhte* – hier auch mit Primärberührungseffekt. (Zur Lautgeschichte etwa Hennings 2001, 105 ff.) Bei Verben mit *t* im Stamm erwarten wir präterital die Verdoppelung mit *et*, die mhd. aber selten ist; also lautet das Präteritum von *antwürten* nicht etwa *antwurtete*, sondern nur *antwurt(e)*. Denken Sie daran, dass das gesuchte Verb mit Präfix bzw. mit anderem Präfix bzw. ohne Präfix auftreten könnte.

Infinitiv	Umlaut	Er	Gr	AH	Iw	MC	Pz	Tr	Da	Hb	Pn
antwürten	*ü<u*	964	1777	557	189	159	162 27	3700	2025	741	513
bedecken	*e<a*	1579	354	156	2962		320 13	665		1347	
bedenken [§ 266]	*e<a*	8120	1026	1011	3848	435	368 8	12695	3865		426
bediuten	*iu<û*	449					241 1	8799		599	
behüeten (hüeten)	*üe<uo*	2186	251		5141	1776	30 3	13704	508	429	
bekennen	*e<a*		3488			1567	76 9	3821	231	888	1716
belœsen	*œ<ô*	6095			4519						
beschetzen	*e<a*									413	
beswæren	*æ<â*	8399	281	652	3388		319 3	1855			291
betrüeben	*üe<uo*		2294					12822			1814
bewæren	*æ<â*	4432	45		6948			5443	6420	1787	292
blenden	*e<a*						217 3	17806			
blüejen	*üe<uo*					1685	28 8	300	164		1482
brennen	*e<a*					802	540 26	18829			1977
briuten [§ 262 A.2]	*iu<û*	2195									
büezen	*üe<uo*		756	553	1448	206		1513	6796	1711	1243
decken	*e<a*						(598 8)	7132			
denken [§ 266]	*e<a*	150	314	366	3140	473	37 16	495	1056	(1599)	476
diuten [§ 262 A.2]	*iu<û*	8801	384	16	4437			6795	1124		
dræjen	*æ<â*	7840					222 6	10896		648	
drôn/dröuwen [§ 41 A.7]	*öu<ou (ô)*				5285	459	153 7		7092		
drücken	*ü<u*	6792				1169	111 6		7272	1243	335
dünken [§§ 36/94]	*ü<u*	672	308	277	125	1186	12 23	2854	298	1094	1313
durchliuhten	*iu<û*		1188								
durchrecken	*e<a*	1067									
en(t)decken	*e<a*	6895	801								
engerwen (engart-)	*e<a*										1200
erdenken	*e<a*	4998	3541		841	138	566 23	19515	5722		
erdröuwen [§ 41A.7]	*öu<ou (ô)*			1075							
ergetzen	*e<a*	5113	2887		5450	1750	327 10		2580		
erhengen	*e<a*						447 27	12904		1654	
erhœren	*œ<ô*		1366	460			156 1	4905			649
erkennen	*e<a*	644	732	233	1758	438	2 5	461	2032	830	1682
erküelen	*üe<uo*	2641						17150			1342
erleschen	*e<a*	8268						16395			1291

erlœsen	*œ<ô*	9605	3776	178	5356	501	195 14	11618	1784		47
erlüejen	*üe<uo*				5057					(366)	
erschrecken (Wb.!)	*e<a*	2056				1166	457 27				1844
ersmecken	*e<a*				3885		736 14				
erstrecken	*e<a*						118 17				
ertœten	*œ<ô*							12894	2237		1356
ervürben	*ü<u*	4506	128								
erwecken	*e<a*	6596		480		1165	652 4	3849			
erzürnen	*ü<u*						463 1				1821
gellen	*e<a*		3291					11884			
genüegen	*üe<uo*	357		936	7353		202 10		2603		
gestellen	*e<a*					1142	449 3	4039			1420
glesten	*e<a*					1104	81 22	17578			
grüezen	*üe<uo*	37	1933		1416	1399	249 26	1087	1122	1712	170
gürten	*ü<u*	1557			707		157 22	6578	1111		
heften	*e<a*	5540			3469		390 29	6743	1118		(318)
hengen	*e<a*	5261	350					9161			
henken	*e<a*							13285		1250	1372
hetzen	*e<a*						298 29				
hœnen	*œ<ô*	4742		826	2785	1728	657 2	(9284)			
hœren	*œ<ô*	7179	2081	179	1447	865	21 29	3690	165	214	1064
krœnen	*œ<ô*	6035		825	6463		336 30		540	556	1707
küelen	*üe<uo*	4512						17392			(1342)
künden	*ü<u*	519	1018				4 7	320	6207	27	819
kürzen	*ü<u*	8190			6458		738 26	8044	4704	942	
küssen	*ü<u*	1760		1417	7976	614	20 25	1312	6199	1459	
lenden	*e<a*		1850				68 11	11657			
leschen	*e<a*	1780					167 19	318			
letzen	*e<a*		18	361	2933		614 21		4177	1465	
liuhten [§ 262 A.2]	*iu<û*					1106	400 14	6625	6568	203	(439)
liuten [§ 262 A.2]	*iu<û*	2939	3757					15140			
liutern	*iu<û*	6786					614 13	8291			1678
lœsen	*œ<ô*	952	1030	852	7787		107 11	2981	4142		1385
löugenen (meist *ou*)	*öu<ou*	3038			4128		321 16				
lüsten	*ü<u*	9310	3395				73 26				
merken	*e<a*	4907	2453	468	5663	1649	301 26	720	6642	920	19
mesten	*e<a*		2928							1128	
müejen	*üe<uo*	342	3685	782	6740	1730	158 27	6023	1387		1481
næjen	*æ<â*	1541			6205			4578		109	
nennen	*e<a*	554	178	4	3382	270	280 10	3826	163	24	101
nœten	*œ<ô*		2891		4488			19343	3046		
pfenden	*e<a*		314				306 2		7688		
recken	*e<a*	(1464)			3304			5424			
rennen	*e<a*	7159				975	43 12	5450	2454		
rücken	*ü<u*	3025				1524	260 15		5514		
rüefen [§ 254 A.1]	*üe<uo*	5299	2100		1366	1026	675 19		2023	1234	
rüejen	*üe<uo*					751					
rüemen	*üe<uo*				7750				212		
rüeren	*üe<uo*	760	3747		1087	1477	40 30	3553	2022	431	798
sæjen	*æ<â*						124 29	12228		270	
schenden	*e<a*	2190	1524		4886	1664	284 21		3059	575	
schenken	*e<a*		3633				228 25	12042	3243		
schepfen	*e<a*		1441		987			21			987
schiuften [§262 A.2]	*iu<û*				5966		161 21			1781	
schiuhen [§262 A.2]	*iu<û*	9808	2761	422					182		

schünden	*ü<u*		401					3113			
schürfen	*ü<u*				3905						
schütten	*ü<u*				779		603 17			406	
senden	*e<a*	34	112	1457	3453	150	12 11	4254	4334	1484	720
senften	*e<a*	3578	1211	637	705		47 22	19113			
senken	*e<a*		3501		7080		295 12	8974			
setzen (auch *gesat*)	*e<a*	1747	1220	773	7820		197 29	2340	8244	880	1307
siuften [§ 262 A.2]	*iu<û*		431		3099	(1508)	8 27	19317		1782	
smæhen	*æ<â*				3201		188 26				1833
smecken	*e<a*							7835		263	
spengen	*e<a*						151 26				
spüren [§118 A.1]	*ü<u*	5586	3327				132 29	17123			1942
st(a/e)pfen	*e<a*	2594					340 10	8966			
stecken	*e<a*	8773				717	385 21	4651			
stellen	*e<a*	7382	3437		2816	1142		1911	4625	1510	80
sterken	*e<a*	9184	124		4962			1094			20
stiuren [§ 262 A.2]	*iu<û*		4006		1803		374 9	11970			1587
stœren	*œ<ô*			1222		866	733 12		6867		2158
strecken	*e<a*	1066			5048	718	61 17	2790		1348	1606
stürzen	*ü<u*	8965					211 23		6889		
süezen	*üe<uo*		3812		3306			8307			
tœten	*œ<ô*	6089			4487		159 30	18423	1941	1845	
trenken	*e<a*								3244		
triuten [§ 262 A.2]	*iu<û*	2938					59 18	1447	6854		
trœsten	*œ<ô*	5675	551	840	4956	(502)	326 14	11546	1415		
trüeben	*üe<uo*	9662			2965		489 8				
vælen	*æ<â*	(2781)	1618								
värwen/verwen	*ä<a*	735				712	633 24	15197			
vellen	*e<a*	1248			1104	938	60 18	350	3445		1500
velschen	*e<a*	899	3133		4134		439 17	9			
verbrennen	*e<a*	3819	1842		7999	1123	16 17	9034			2123
verderben	*e<a*	6163	3361		717	369	596 26	2035			916
verhengen	*e<a*	9056	335		7334			2496	7741		
versellen [§ 261]	*e<a*		(3934)				218 12	6145	7294	356	
versmücken	*ü<u*									130	
verswenden	*e<a*						384 6	8987			
vervælen	*æ<â*	785									
vesten	*e<a*	8469									
vüegen	*üe<uo*	6868	1289		8019	1748	23 23	10081	87		391
vüeren	*üe<uo*	1374	657	1072	336	29	19 5	673	413	1474	1370
vüllen	*ü<u*	7702					10 7	579		1540	(2081)
wænen	*æ<â*	765	909	1008	502	1398	13 9	324	484	1161	1145
wecken	*e<a*		3066			1259	104 30	4770		1583	
wenden	*e<a*	2933	460	323	5058	335	288 7	2559	3946		1230
wenken	*e<a*	1352			1375	(446)	311 23	834			
wüesten	*üe<uo*		912		4473		523 26	17889			
wüeten	*üe<uo*	859				63			3821		1494
wünschen	*ü<u*	5706	2820		3756	1656	427 13	2041	1654		2152
zeln [§ 261]	*e<a*	1939	3465		836	393	284 16	3067	2531	355	972
zemen	*e<a*										1276
zerren	*e<a*	325		1193	5379		137 5		3068	1895	
ze(r)vüeren	*üe<uo*	5957	2266		5383		78 8			432	1543
zücken	*ü<u*	3879		702	1018		265 13	5450	1708		661
zünden	*ü<u*						459 9				(257)
zürnen	*ü<u*	5774			3681		90 15		4068		

Der Katalog erfasst den Wortschatz HARTMANNs, in korpusspezifischer Auswahl erweitert um praktisch alle ‚Rückumlauter‘ bei Paul u. a. (1998) und einige bei Weinhold (1877). Viele Verben bilden mit Präfix abgeleitete Verben. Seltene Ableitungen sind weggelassen, denn sie würden zur Distinktivität kaum beitragen, dagegen die Tabelle ziemlich aufschwellen. Aufgenommen wurden analogische Bildungen mit Umlaut infolge Analogie. Sie verhalten sich wie die sprachgeschichtlich erklärbaren – siehe unten – Fälle ‚echten Rückumlauts‘, sind aber durch Angleichung an Vorbilder entstanden. [§ 272] – Manche Verben mit Doppelformen [§§ 74, 261] wurden nur aus heuristisch-sprachdidaktischen Gründen synchronisch subsumiert. Paragraphen signalisieren solche Besonderheiten, sofern das Verb bei Paul u. a. verzeichnet ist.

Ein Quervergleich zu einem Verb in verschiedenen Kontexten vergegenwärtigt dessen Bedeutungsbandbreite, lässt die aktuelle Bedeutung manchmal evident aufscheinen. Das gilt besonders für die Verben, aber auch generell. Empfohlen sei deshalb für das reflektierte **Übersetzen** in schriftlichen Arbeiten der Beizug von Konkordanzen. (→ S. 252 f.) Eine vorsichtige Differenzierung der Bedeutungsangaben in Wörterbüchern ist erlaubt, aber nur kontrolliert: anhand der Wörterbücher kontextsensitiv nuancierend.

Exkurs: Die diachronische Erklärung des ‚Rückumlauts‘

Die von Jacob Grimm geprägte Bezeichnung ‚Rückumlaut‘ ist irreführend, allerdings gebräuchlich. [§ 262 Anm. 1] Grimm wählte sie in der irrigen Meinung, der bei Infinitiv und Präsens vorhandene **Umlaut** sei auch bei den Präteritalformen vorhanden gewesen und später ‚rückumgelautet‘, rückgängig gemacht worden. – Hier sei kurz vom Prinzip der synchronischen Beschreibung abgewichen. Exemplarisch für eine diachronische Sicht in der Historiolinguistik betrachten wir die Evolution dieser Verbengruppe in der Zeit.

Im Mittelhochdeutschen also sind die Präsensformen umgelautet, die Präteritumformen nicht. Bei diesen muss ein Umlaut-bewirkender Faktor im Verlauf der Sprachgeschichte weggefallen sein. Welcher? Wann ist er weggefallen? Und warum? Die Historiolinguistik erklärt, indem sie auf die gotische (4.–6. Jh. n. Chr.) und auf die althochdeutsche Sprachstufe (8.–11. Jh.) zurückschaut.

Die ‚rückumlautenden‘ Verben gehen zurück auf gotische *jan*-Verben, Verben mit der Endung *jan*. Beispiel: got. **satjan*. Das *j* in der Endung ist der gesuchte Faktor.

Zuerst zur Entwicklung bei **Infinitiv** und **Präsens**. Das *j* wirkt sich im Verlauf der Sprachgeschichte auf den vorangehenden Stammvokal *a* palatalisierend aus, d. h. der Artikulationsort verlagert sich allmählich nach hinten oben zum harten Gaumen hin, zum so genannten Palatum. Das *a* wird in der Aussprache zu *e*, ein Versuch – nicht vor höfischem Publikum – führt das zu Ohren. Die Phonetik spricht von einer regressiven partiellen Assimilation, der spätere Laut *j* hat dem *a* seine Qualität teilweise induziert. Das Resultat des eigentlich physiologischen Vorgangs ist bereits auf der althochdeutschen Sprachstufe der Umlaut *e* im Infinitiv *sezzen/setzen*, im Mittelhochdeutschen *setzen* mit der Grundbedeutung ‚sitzen machen‘. Erst vereinzelt spätahd. und dann auf der mhd. Sprachstufe zeigt sich der Umlaut schließlich auch bei den anderen umlautfähigen Vokalen: *a* wird zu *e*, später *â>æ*, *o>ö*, *ô>œ*, *u>ü*, *û>iu*, *ou>öü* und *uo* wird zu *üe*.

Vergleichen wir mit der Entwicklung bei **Präteritum** und **Partizip II**. Das Präteritum der 1. Person lautete got. **satida*. Auch diese Form weist ein *i* auf, das als Umlautungsfaktor auf das *a* wirken könnte. Doch entfällt dieses *i* schon früh durch Synkope: Der unbetonte Vokal im Wortinnern wird in der Aussprache übergangen und schwindet völlig. Er kann so keinen Umlaut bewirken. Die Synkope muss bereits vor dem Einsetzen althochdeutscher schriftlicher Überlieferung um die Mitte des 8. Jahrhunderts eingetreten sein. Denn in ahd. Texten bleibt das Präteritum *sazta* immer ohne Umlaut, ebenso im Mittelhochdeutschen *sazte*. Beim Partizip II kommen umlautlose und umgelautete Form vor.

Die Verben *vürhten* und *würken*

[§ 266] Eigens aufgeführt werden diese beiden recht häufigen schwachen Verben nur, weil sie sich sonst der Bestimmung entziehen könnten. Der **Lautwechsel** von *u/ü* und *o* [§ 34] bzw. von *k* und *h* [§ 94] würde die Ermittlung des Infinitivs durchkreuzen.

Infinitiv			1. Sing. Ind. Prät.		1. Plural Ind. Prät.			Partizip II	
Er	Gr	AH	Iw	MC	Pz	Tr	Da	Hb	Pn
vürhten [§ 266]			***vorhte***		***vorhten***			***gevorht***	
293	1363	360	1530	173	142 1	2032	2428	1586	–
*(ver)**würken*** [§ 266]			***worhte***		***worhten***			***geworht***	
1447	114	–	6196	53	148 27	1840	2966	66	1643

Das Paradigma des schwachen Verbs

Die Tabelle zeigt das **Paradigma** – das ist ein Muster der Konjugationsformen – schwacher Verben. „Bei den schwachen Verben können wir mhd. nur zwei Typen erkennen: Verben mit Zwischenvokal im Präteritum, d. h. mit *-et-* zwischen Lexiv (Stamm) und Flexiv (Personalendung) und Verben mit *-t-* ohne Zwischenvokal." (Penzl 1989, 111) Eine sichere Einteilung ist nicht möglich. Meist ist nach Langsilbe wie bei *lônen* Synkope (Vokalausfall) eingetreten – siehe unten –, dagegen nicht nach Kurzsilbe wie bei *loben* mit Präteritum *lobete*. Gegenüber dem Neuhochdeutschen bestehen nur geringfügige Abweichungen. Sehr oft sind Indikativ und Konjunktiv formal nicht zu unterscheiden. Zu beachten ist die 3. Person Plural im Indikativ Präsens. Als Beispiel dient das Verb *lônen*.

3435	1148	1111	6395	1332	145 10	1404	4918	1492	727

	Präsens		Präteritum	
	Indikativ	Konjunktiv I	Indikativ = Konjunktiv II	
ich	*lône*	*lône*	*lônte*	*lônte*
du	*lônest*	*lônest*	*lôntest*	*lôntest*
er, sî, ez, man	*lônet*	*lône*	*lônte*	*lônte*
wir	*lônen*	*lônen*	*lônten*	*lônten*
ir	*lônet*	*lônet*	*lôntet*	*lôntet*
sî, siu	***lônent***	*lônen*	*lônten*	*lônten*

Imperativ (gerufen mit Emphase)	Partizip I	Partizip II	Gerundium
lône! lônen! lônet! (jagâ! usw.)	*lônende*	*gelônet*	*lônenne(s)*

Bei vokalischem Anlaut entfällt beim Partizip II oft ein *e*: *arbeiten – g(e)arbeitet*, ebenso *garnet, gebent, geffet, geitert, gêvet, gîsôtet, gunêrt, gurbort* u. a. (Er 1046, Iw 3546, Pz 583 5, Tr 17962, Hb 765 usw.)

[§§ 237/240 Anm. 9] Das **Gerundium** ist ein substantivierter Infinitiv im Genitiv oder Dativ. Beispiele: *tihtennes (pflegen)* ‚Dichten ausüben', *nâch ezzenne* ‚nach dem Essen'. Das Gerundium bezeichnet also eine ‚substantivierte' Tätigkeit. Es kommt auch mit nur einem *n* vor. Übersetzt wird mit Infinitiv, Infinitiv mit ‚zu' oder umschreibend.

Er	Gr	AH	Iw	MC	Pz	Tr	Da	Hb	Pn
3099	53	107	5814	900	39 18	6830	3883	–	–

Starke Verben einordnen

[§§ 239 ff.] Verben, die das Präteritum nur mit Hilfe eines Vokalwechsels der Stammsilbe bilden, sind starke Verben. Der Vokalwechsel wird als **Ablaut** bezeichnet. Darunter versteht man den geregelten Wechsel bestimmter Vokale nach Qualität und Quantität in etymologisch zusammengehörigen Wörtern. Das Neuhochdeutsche kennt nur 3 Stammformen. Beispiel: singen – sang – gesungen.

Im Mittelhochdeutschen geben **4 Stammformen** an, mit welchen Vokalen die Präsens- und Präteritumformen gebildet werden. – Die erste Stammform ist der Infinitiv: *singen*. Die zweite ist die 1. Person Singular Indikativ Präteritum: *sanc*. Die dritte ist die 1. Person Plural Indikativ Präteritum: *sungen*. Die vierte ist das Partizip II: *gesungen*. Die ablautenden Vokale *i* – *a* – *u* – *u* bilden eine so genannte Ablautreihe. [§§ 28 ff.]

Man teilt die starken Verben heute meist in **7 Klassen** ein. Zur Ermittlung des Infinitivs müssen Sie ein starkes Verb im Text der richtigen Klasse zuordnen können.

Die 4 Stammformen in den Klassen I bis VII

Die lange Tabelle auf den nächsten 4 Seiten bildet eine Einheit. Sie besteht aus Tabellenkopf und Tabellenkörper. Der Kopf beeinflusst mit klassenübergreifenden Regeln die Verben im Körper. Der zeigt die 7 Klassen und nennt klassenspezifische Regeln.

Orientieren Sie sich zuerst im Tabellenkopf: Er gibt oben die 4 Stammformen an, darunter Regeln zum Geltungsbereich ihrer charakteristischen Vokale, dann Sonderregeln zu den Stammformen 2, 3 und 4. Schließlich wird ein möglicher Einfluss des so genannten **Grammatischen Wechsels** (GW) [§ 93] verzeichnet. Er bewirkt, dass die angegebenen Konsonanten in bestimmten Verben je nach Stammform wechseln.

Orientieren Sie sich hierauf im Tabellenkörper: Hier werden die 7 Klassen der starken Verben aufgeführt, teils mit Unterklassen. Bei jeder Klasse finden Sie rechts neben der Nummer (I–VII) ein Feld mit den Klassenmerkmalen. Manchmal gibt es weitere Hinweise zur Formbestimmung oder zur Klassenzugehörigkeit bestimmter Verben. Darunter sind die Ablautreihen angegeben. Es folgen Beispiele, wenn möglich ungleiche.

[§ 92] Der Grammatische Wechsel – abgeleitet von gr. gramma ‚Buchstabe', wörtlich einen Wechsel von ‚Buchstaben' bezeichnend – ist eine Lautwechselerscheinung. Sie wurde von Karl Verner 1877 erklärt in dem nach ihm benannten Vernerschen Gesetz; die Ursache liegt im Nachwirken indogermanischer Akzentverhältnisse. Eine lautgeschichtlich erklärende Darstellung finden Sie etwa bei Hennings 2001, 65–70.

Meditieren Sie zuletzt den Regeleinfluss vom Kopf zum Körper. **Lernziel** ist, folgende Fragen abklären zu können: Wie lautet der Tonvokal? Für welche Formen im Paradigma auf Seite 99 gilt er? Welches Klassenmerkmal liegt vor? Wo ist Auslautverhärtung (AV) wirksam? Wo ist Grammatischer Wechsel (GW) wirksam? – Ein Schrägstrich (x/y) steht zwischen alternativen Formen. Bei besonderen Formen steht ein Verweis auf Paul u. a. Wenn Sie die Beispiele sprechen, entwickeln Sie Ihr inneres Gehör für die Ablautreihe.

<table>
<tr><th></th><th>Stammform 1</th><th>Stammform 2</th><th>Stammform 3</th><th>Stammform 4</th></tr>
<tr><td></td><td>Infinitiv</td><td>1. Person Singular Indikativ Präteritum</td><td>1. Person Plural Indikativ Präteritum</td><td>Partizip II</td></tr>
<tr><td>Geltungs-regel:</td><td>Der Stammvokal des Infinitivs gilt auch für alle Präsensformen von Indikativ und Konjunktiv I.</td><td>Der Tonvokal dieser Form gilt auch für die 3. Person Singular Indikativ Präteritum, die am häufigsten vorkommt.</td><td>Der Tonvokal gilt für das Präteritum der 2. Person Singular, für das des Plurals Indikativ und das des Konjunktivs II.</td><td>Der Tonvokal gilt nur für diese Form.</td></tr>
<tr><td>Was Sie auch noch beachten müssen:</td><td></td><td>Bei Stammform 2 kann die auf Seite 48 f. vorgestellte Auslautverhärtung eintreten.</td><td>Bei der 2. Person Singular und beim Konjunktiv II wird umlautfähiger Vokal umgelautet: a wird zu e/ä, o zu ö, u zu ü, â zu æ, ô zu œ, û zu iu, ou zu öü/eu und uo zu üe. Ein Beispiel sehen Sie im Paradigma auf Seite 99, wo u zu ü wird. – Die Vokalkürze bewirkt oft Doppelkonsonanz.</td><td>Zusammengesetzte Verben haben statt ge ihr jeweiliges Präfix. (→ S. 86) [§ 243] Das ge fehlt bei funden, komen, troffen, worden und brâht, oft bei lâzen, mitunter bei geben und nomen, dann bei heizen und jehen als Hilfsverben. Ein e fällt meist aus bei vokalischem Anlaut: g(e)ezzen.</td></tr>
<tr><td>Grammat. Wechsel? Falls ja, bei I bis V so:</td><td colspan="2">d
h
f
s</td><td colspan="2">t
g
b
r</td></tr>
<tr><td>Dagegen so bei Klasse VI und VII:</td><td>d
h
f
s</td><td colspan="3">t
g
b
r</td></tr>
</table>

I a [§ 245]		Klassenmerkmal ist ein *î* im Infinitiv und ein *ei* bei Stammform 2.			
		î	***ei***	***i***	***i***
Er	6714	*schînen*	*schein*	*schinen*	*geschinen*
Gr	1641	*snîden*	*sneit* (AV)	*sniten* (GW)	*gesniten*
AH	139	*lîden*	*leit* (AV)	*liten* (GW)	*geliten*
Iw	3090	*begrîfen*	*begreif*	*begriffen*	*begriffen*
MC	1719	*verslîzen*	*versleiz*	*verslizzen*	*verslizzen*
Pz	7557	*bîten*	*beit*	*biten*	*gebiten*
Tr	1983	*swîgen*	*sweic* (AV)	*swigen*	*geswigen*
Da	2552	*wîzen*	*weiz*	*wizzen*	*gewizzen*
Hb	646	*rîten*	*reit*	*riten*	*geriten*
Pn	667	*verswînen*	*verswein*	*verswinen*	*verswinen*

I b
[§ 245]

Klassenmerkmal ist ein *î* im Infinitiv und bei Stammform 2 ein *ê*, entweder im Auslaut oder vor *w* oder *ch/h*. [§ 140]

		î	*ê*	*i*	*i*
Er	4786	*lîhen*	*lêch*	*ligen* (GW)	*geli(h/g)en*
Gr	1294	*schrî(g)en*	*schr(ê/ei)*	*schrirn* [§ 245 A.2]	*geschrirn/geschrît*
AH	1289	*schrî(g)en*	*schr(ê/ei)*	*schrirn* [§ 245 A.2]	*geschrirn/geschrît*
Iw	4124	*zîhen*	*zêch*	*zigen* (GW)	*gezigen*
MC	517	*zîhen*	*zêch*	*zigen* (GW)	*gezigen*
Pz	345 27	*dîhen*	*dêch*	*digen* (GW)	*gedigen*
Tr	12834	*verzîhen*	*verzêch*	*verzigen* (GW)	*verzigen*
Da	5112	*gedîhen*	*gedêch*	*gedigen* (GW)	*gedigen*
Hb	286	*verzîhen*	*verzêch*	*verzigen* (GW)	*verzigen*
Pn	1056	*schrî(g)en*	*schr(ê/ei)*	*schrirn* [§ 245 A.2]	*geschrirn/geschrît*

II a
[§ 246]

Klassenmerkmal ist ein *ie* im Infinitiv und bei Stammform 2 ein *ou*. [§§ 30/35] Im Singular Indikativ Präsens wechseln *iu* und *ie*. – Hierher *lûchen*, *sûfen*, *sûgen* mit *û* im Präsens sowie *bliuwen*, *briuwen*, *kiuwen* und *riuwen* mit *iu* im Präsens. [§ 246 Anm. 1/2]

		ie (û/iu/ou)	*ou*	*u*	*o*
Er	2824	*schieben*	*schoup* (AV)	*schuben*	*geschoben*
Gr	1309	*bliuwen*	*blou*	*bl(û/iu/ou)wen*	*gebl(û/iu/ou)wen*
AH	400	*triegen*	*trouc* (AV)	*trugen*	*getrogen*
Iw	413	*riuwen*	*rou*	*r(û/iu/ou)wen*	*ger(û/iu/ou)wen*
MC	171	*geriuwen*	*gerou*	*ger(û/iu/ou)wen*	*ger(û/iu/ou)wen*
Pz	476 27	*sûgen*	*souc* (AV)	*sugen*	*gesogen*
Tr	4667	*liegen*	*louc* (AV)	*lugen*	*gelogen*
Da	6367	*vliegen*	*vlouc* (AV)	*vlugen*	*gevlogen*
Hb	1617	*sliefen*	*slouf*	*sluffen*	*gesloffen*
Pn	829	*briuwen*	*brou*	*bruwen*	*gebr(iu/ou)wen*

II b
[§ 246]

Klassenmerkmal ist ein *ie* plus *t*, *d*, *z*, *s* oder *h* im Infinitiv. Bei Stammform 2 wird ein auslautendes *h* meist zu *ch*. [§ 140]

		ie	*ô*	*u*	*o*
Er	656	*verliesen*	*verlôs*	*verluren* (GW)	*verlorn*
Gr	3761	*kiesen*	*kôs*	*kurn* (GW)	*gekorn*
AH	244	*verdriezen*	*verdrôz*	*verdruzzen*	*verdrozzen*
Iw	3142	*niezen*	*nôz*	*nuzzen*	*genozzen*
MC	893	*schiezen*	*schôz*	*schuzzen*	*geschozzen*
Pz	17 11	*bieten*	*bôt*	*buten*	*geboten*
Tr	2284	*vliezen*	*vlôz*	*vluzzen*	*gevlozzen*
Da	2898	*ziehen*	*zôch*	*zugen* (GW)	*gezogen*
Hb	685	*diezen*	*dôz*	*duzzen*	*gedozzen*
Pn	1304	*sieden*	*sôt* (AV)	*suten* (GW)	*gesoten*

III a
[§ 247]

Klassenmerkmal ist ein *i* plus *m* oder *n* plus Konsonant im Infinitiv. Der Konsonant ist häufig ein zweites *m* oder *n*.

		i	*a*	*u*	*u*
Er	58	*gewinnen*	*gewan*	*gewunnen*	*gewunnen*
Gr	98	*entrinnen*	*entran*	*entrunnen*	*entrunnen*
AH	71	*singen*	*sanc* (AV)	*sungen*	*gesungen*
Iw	3901	*schinden*	*schant* (AV)	*schunden*	*geschunden*
MC	1217	*versinnen*	*versan*	*versunnen*	*versunnen*
Pz	602 29	*swimmen*	*swam*	*swummen*	*geswummen*
Tr	2948	*binden*	*bant* (AV)	*bunden*	*gebunden*

Da	3638	*sinnen*	*san*	*sunnen*	*gesunnen*
Hb	135	*spinnen*	*span*	*spunnen*	*gespunnen*
Pn	162	*brinnen*	*bran*	*brunnen*	*gebrunnen*

III b
[§ 247]

Klassenmerkmal ist ein *e* plus *l* oder *r* plus Konsonant im Infinitiv. [§ 32] Im Singular Indikativ Präsens wird *e* zu *i*, also *ich erwirbe*, *waz wirret dir?* usw.

		e (i)	***a***	***u***	***o***
Er	2983	*erwer(b/v)en*	*erwarp* (AV)	*erwurben* (GW)	*erworben*
Gr	2317	*bergen*	*barc* (AV)	*burgen*	*geborgen*
AH	333	*helfen*	*half*	*hulfen*	*geholfen*
Iw	946	*wer(b/v)en*	*warp* (AV)	*wurben* (GW)	*geworben*
MC	466	*verderben*	*verdarp* (AV)	*verdurben*	*verdorben*
Pz	2 21	*gelten*	*galt*	*gulten*	*gegolten*
Tr	1738	*sterben*	*starp* (AV)	*sturben*	*gestorben*
Da	1131	*werren*	*war*	*wurren*	*geworren*
Hb	523	*schelten*	*schalt*	*schulten*	*gescholten*
Pn	1872	*werden*	*wart* (AV)	*wurden*	*geworden*

IV
[§ 248]

Klassenmerkmal ist ein *e* plus *m*, *l* oder *r* meist nach, selten vor dem Stammvokal. [§ 32] Im Sing. Ind. Präsens wird *e* zu *i*. – Hierher *komen* mit Doppelform *quemen* (Aussprache wie in ‚queck'); Ind. Präs. *ich kume*, *du k(u/ü)mest*, *wir k(o/u)men*; Part. II: *komen.*

		e (o)	***a***	***â***	***o***
Er	3271	*rechen*	*rach*	*râchen*	*gerochen*
Gr	3562	*zemen*	*zam*	*zâmen*	*gez(o/e)men*
AH	104	*bern*	*bar*	*bâren*	*geborn*
Iw	2468	*rechen*	*rach*	*râchen*	*gerochen*
MC	524	*komen/quemen*	*kam/qua(m/n)*	*kâmen/quâmen*	*komen*
Pz	6 29	*sprechen*	*sprach*	*sprâchen*	*gesprochen*
Tr	8756	*heln*	*hal*	*hâlen*	*geholen*
Da	998	*steln*	*stal*	*stâlen*	*gestolen*
Hb	1848	*nemen*	*nam*	*nâmen*	*genomen*
Pn	353	*erswern*	*erswar*	*erswâren*	*ersworn*

V
[§§ 249 f.]

Klassenmerkmal ist ein Infinitiv mit *e* plus Konsonant, aber nicht *m*, *n*, *l* oder *r*. [§ 32] Im Sing. Ind. Präsens wird *e* zu *i*. – [§ 250] Einige Verben haben schon im Infinitiv *i*, so *biten*, *ligen* und *sitzen*. Hierher *enbresten*, aber mit Partizip II *enbrosten* wie Klasse IV.

		e (i)	***a***	***â***	***e***
Er	7389	*jehen* [§ 118: *giht*]	*jach*	*jâhen*	*gejehen*
Gr	750	*lesen*	*las*	*lâ(s/r)en* (GW)	*gelesen*
AH	472	*pflegen*	*pflac* (AV)	*pflâgen*	*gepflegen*
Iw	2842	*enbresten*	*enbrast*	*enbrâsten*	*enbrosten* [n. IV]
MC	1228	*ligen*	*lac* (AV)	*lâgen*	*gelegen*
Pz	3 6	*biten*	*bat*	*bâten*	*gebeten*
Tr	6582	*wegen*	*wac* (AV)	*wâgen*	*gewegen*
Da	1937	*ezzen*	*az*	*âzen*	*gezzen*
Hb	1677	*genesen*	*genas*	*genâ(s/r)en* (GW)	*genesen*
Pn	1331	*treten*	*trat*	*trâten*	*getreten*

VI
[§§ 251 f.]

Klassenmerkmal ist ein *a* im Infinitiv und ein *uo* im Präteritum. In der 2. und 3. Person Sing. Ind. Präsens wird umgelautet: *ich slahe*, aber *er sleht*. – [§ 252] Einige Vb. haben statt *a* im Präsens überall Umlaut *e*, etwa *heven*, *schepfen*, *swern* mit Partizip II *gesworn.*

		a (e)	***uo***	***uo***	***a***
Er	1814	*tragen*	*truoc* (AV)	*truogen*	*getragen*
Gr	1029	*he(b/v)en* [§ 252]	*huop* (AV+GW)	*huoben*	*erhaben*
AH	792	*twahen*	*twuoc* (AV+GW)	*twuogen*	*getwagen*

Iw	7526	*slahen/slân*	*sluoc* (AV+GW)	*sluogen*	*geslagen*
MC	163	*wahsen*	*wuohs*	*wuohsen*	*gewahsen*
Pz	12 24	*gewahen*	*gewuoc* (AV+GW)	*gewuogen*	*gewagen*
Tr	5287	*swern*	*swuor*	*swuoren*	*gesworn* [§ 252 A. 4]
Da	3024	*varn*	*vuor*	*vuoren*	*gevarn*
Hb	1361	*graben*	*gruop* (AV)	*gruoben*	*gegraben*
Pn	1486	*he(b/v)en* [§ 252]	*huop* (AV+GW)	*huoben*	*erhaben*

VII [§ 253]		Klassenmerkmal kann *a, â, ei, ou, ô* oder *uo* im Infinitiv sein. Zur Unterscheidung von VI hilft u. U. eine Probe: Verben mit nhd. Präteritum auf lang i gehören zu VII. – In der 2. u. 3. Person Sing. Ind. Präs. kommt Umlaut vor. – *eischen* ist auch schwaches Verb.			
		a â ei ou ô uo	***ie***	***ie***	***a â ei ou ô uo***
Er	5069	*halsen*	*hiels*	*hielsen*	*gehalsen*
Gr	1029	*heizen*	*hiez*	*hiezen*	*geheizen*
AH	906	*ruofen/rüefen*	*rief/ruofte*	*riefen/ruoften*	*geruofen*
Iw	297	*hâhen/hân*	*hienc/hie* (AV+GW)	*hiengen*	*gehangen/gehân*
MC	1244	*slâfen*	*slief*	*sliefen*	*geslâfen*
Pz	21 1	*eischen*	*iesch*	*ieschen*	*geeischen*
Tr	9197	*vâhen/vân*	*vienc/vie* (AV+GW)	*viengen*	*gevangen/gevân*
Da	3666	*houwen*	*hie(w)/hiu(w)*	*hiewen/hiuwen*	*gehouwen*
Hb	239	*loufen*	*lief*	*liefen*	*geloufen*
Pn	1304	*wallen*	*wiel*	*wielen*	*gewallen*

Das Paradigma des starken Verbs

Hier unterscheiden sich die Formen von Indikativ und Konjunktiv deutlicher als bei den schwachen Verben, denn im Konjunktiv Präteritum werden umlautfähige Vokale umgelautet. Zu beachten ist wieder besonders die 3. Person Plural im Indikativ Präsens. Bei der 2. Person Singular Indikativ Präteritum kann die mhd. Endung ohne *st* befremden, auch weil sie seltener ist. Als Beispiel dient das Verb *(ge)biegen* der Klasse II a. Ist es in Ihrem Text nicht belegt, wird auf ein analog konjugiertes derselben Klasse verwiesen.

Er	Gr	AH	Iw	MC	Pz	Tr	Da	Hb	Pn
7676	1600	1317	7573	1587	4 13	17759	14	975	1916 5

	Präsens		Präteritum	
	Indikativ	Konjunktiv I	Indikativ	Konjunktiv II
ich	*biuge*	*biege*	*bouc*	*büge*
du	*biugest*	*biegest*	***büge*** ‚bogst'	*bügest*
er, sî, ez, man	*biuget*	*biege*	*bouc*	*büge*
wir	*biegen*	*biegen*	*bugen*	*bügen*
ir	*bieget*	*bieget*	*buget*	*büget*
sî, sî, siu	***biegent***	*biegen*	*bugen*	*bügen*

Imperativ (gerufen mit Emphase)	Partizip I	Partizip II	Gerundium
biuc! biegen! bieget! (trinkâ! slahâ! usw.)	*biegende*	*gebogen*	*biegenne(s)*

[§ 240 Anm. 2 u. 3] In der 1. Person Plural kann bei nachgestelltem *wir* ein *n* abgeworfen werden: *des tôdes genese wir* ‚Wir retten uns durch diesen Tod'. (AH 853) Besonders im Alemannischen (HARTMANN VON AUE) wird auch die 2. Person Plural Indikativ Präsens wie die 3. Person auf *ent* gebildet: *ir biegent*.

Besondere Verben lernen

Hierher gehören 24 Verben: 9 Präterito-Präsentien, 4 Wurzelverben, 8 kontrahierte Verben bzw. Kontraktionen, 2 Verben mit gemischter Konjugation und *wellen* als Einzelfall.

Die Präterito-Präsentien

[§ 269] Die größte Untergruppe der besonderen Verben bilden die Präterito-Präsentien, wörtlich die ‚Vergangenheits-Gegenwärtler'. Die meisten sind häufig, man kennt sie bald. Dienen sie als **Modalverben**, ist gut auf ihre Bedeutung zu achten. (→ S. 101 und 109)

Zuerst zum eigenartigen Namen: Warum heißen diese Verben Präterito-Präsentien? Das ursprüngliche Präsens hat sich verloren. Das mhd. Präsens bilden abgelautete Formen, die auf Präteritumformen des Indogermanischen zurückgehen. Das paradoxe Resultat: Ursprüngliche Präteritumformen ‚transportieren' Präsens-Bedeutung.

Beispiel: Wer die Form *touc* mit dem Paradigma des starken Verbs auf Seite 99 einordnen wollte, käme auf die 1. oder 3. Person Singular Präteritum der Klasse IIa der starken Verben. Doch die Bedeutung ist präsentisch: ‚taugt', ‚nützt', ‚passt', ‚ist angemessen'. Die ursprünglich präteritale Form ‚transportiert' demzufolge Präsens. Zwischen Singular und Plural findet sich im Präsens Ablaut, wie bei den regelmäßigen starken Verben im Präteritum: *er touc*, aber *sî tugen*. Der Infinitiv wird dann mit dem Wurzelvokal der 1. und 3. Person Plural gebildet: *wir tugen*. Der Infinitiv heißt demzufolge *tugen*. – Wenn nun die präteritale Form schon mit präsentischer Bedeutung ‚befrachtet' ist, muss die präteritale Bedeutung anders gebildet werden. Deren Bildungsweise ist wie beim schwachen Verb. Das von Seite 89 her bekannte *t* oder *d* signalisiert Präteritum. So lauten die 1. und die 3. Person Singular im Indikativ Präteritum *tohte*, im Plural *tohten* (erschwerend hier mit Lautwechsel *u/o* und *gt/ht* [§§ 34/94]), und das Partizip II lautet *tugt*.

Die Präterito-Präsentien werden nach den Klassen I–VII der starken Verben geordnet, da sie im Präsens deren charakteristischen Ablaut aufweisen. Die **Tabelle** auf der nächsten Seite zeigt aber nicht die hier wenig aussagekräftigen Stammformen. Zentral ist vielmehr der Unterschied zwischen Präsens und Präteritum sowie Singular und Plural.

Absolvieren Sie in Ihrem Text – nicht immer bietet er just die Formen der Tabelle – einen Präterito-Präsentien-Parcours mit dem **Lernziel**: Bedeutungen kennen, Modi erkennen.

[§§ 269 ff.] Wie lässt sich der Modus (Indikativ oder Konjunktiv) bestimmen? Den Konjunktiv erkennen Sie im Präsens oft am auslautenden *e* wie in *er tuge*, im Präteritum am Umlaut wie in *er töhte*, *mües(t)e* usw. Bei *gunnen*, *kunnen* und *suln* begegnet der Konjunktiv auch ohne Umlaut, und bei *wizzen* sind Indikativ und Konjunktiv im Präteritum identisch. Den Modus müssen Sie hier vom Kontext ablesen. Die Beispiele berücksichtigen möglichst auch Konjunktivformen.

Die Verben mit *u* im Infinitiv können auch mit *ü* auftreten. Beispiel: *tugen/tügen*. Sie sind aber nur einmal eingetragen. Zwecks Darstellungsprägnanz sind seltene Formen weggelassen. So wird das Partizip meist gar nicht gebildet, kann aber intuitiv identifiziert werden. Eine ausführlichere Übersicht? Finden Sie in Paul u. a. (1998) auf Seite 262.

Präsens (mit Ablaut)					Präteritum (mit *t*/*d*)					
Infinitiv (= 1./3. Plural)			1./3. Singular		1./3. Plural			1./3. Singular		
Er	Gr	AH	Iw	MC	Pz	Tr	Da	Hb	Pn	Bedeutungen
wizzen [§ 270]			***weiz***		***w(e/i)sten***			***weste/w(e/i)sse***		
126	348	1135	524	322	9 24	1021	54	280	1246	wissen, verstehen,
218	522	1247	1531	724	94 8	4958	502	966	1712	kennen, jem. be-
4473	691	1388	4647	1223	112 16	9906	1155	1054	1741	wusst sein; *wiz-*
6787	1863	1410	7500	1589	804 14	14348	2864	1310	2154	*zen lân*: mitteilen
tugen [§ 271]			***touc***		***tohten***			***tohte***		
272	278	330	738	58	42 22	1198	251	1723	1672	nützen, taugen,
837	613	889	1067	407	129 13	1879	4850	–	–	angemessen oder
7082	2110	1020	3000	955	428 7	7765	4961			geeignet sein, e.
9145	2441	–	7986	–	489 12	9244	5203			Sache würdig sein
gunnen [§ 272]			***gan***		***gunden***			***g(u/o)nde***		
5848	1561	538	1928	1630	71 4	1237	3870	972	30	(ver)gönnen, über-
5853	2864	628	2068	1724	226 9	4106	4928	1524	–	lassen, erlauben,
8560	3023	741	4115	–	422 16	2600	4661	–		gewähren, anver-
9949	3154	776	8086		450 29	4875	5018			trauen, gern sehen
kunnen [§ 272]			***kan***		***kunden***			***kunde***		
887	1272	317	24	36	1 18	18	664	219	7	können, (geistig)
3771	1386	728	841	74	90 16	381	858	454	29	vermögen, sich
6453	1388	803	3973	398	155 25	3047	4170	832	409	auf etw. verstehen,
8709	1537	861	6201	1123	166 20	7296	4570	922	496	zu tun wissen
durfen [§ 272]			***darf***		***dorften***			***dorfte***		
1254	664	–	552	–	92 18	2669	322	(228)	–	bedürfen (!), brau-
6844	3358		1312		161 14	3662	2552	–		chen, nötig haben,
7153	–		2105		185 4	4410	4687			Grund haben, ver-
8862			6670		753 22	18210	6230			pflichtet sein
turren [§ 272]			***tar***		***torsten***			***torste***		
3011	55	439	1254	1591	167 26	–	1063	(657)	–	wagen, den Mut
3146	1315	1129	3020	–	209 23		1612	–		haben, sich ge-
3851	–	1130	4325		653 5		2443			trauen, die Kühn-
5497		1323	5212		–		7648			heit besitzen
suln [§ 273]			***sol*** *(sal)*		***sol(d/t)en***			***sol(d/t)e***		
344	28	245	121	129	3 13	14	24	55	280	sollen, verpflichtet
642	569	847	323	397	9 27	550	405	217	296	sein, müssen, dür-
6551	2711	1142	1169	647	25 1	2218	864	266	818	fen; als Hilfsverb:
7273	2740	1472	2276	1423	26 19	5157	874	427	1786	werden [§ 315]
mugen [§ 274]			***ma(c/g)*** *(dû maht)*		***mohten***			***m(o/a)hte***		
2121	685	552	221	77	1 7	1197	130	532	2	(körperlich) im-
5769	727	576	486	101	32 8	1235	513	754	60	stande sein, ver-
7938	1441	591	4879	141	86 27	2252	608	946	491	mögen, können,
7948	1279	1006	5312	408	88 5	6936	1048	1134	573	dürfen
müezen [§ 275]			***muoz*** *(dû muost)*		***muos(t)en***			***muos(t)e***		
375	644	159	1018	360	1 2	208	901	366	113	können, bestimmt
5770	647	660	1703	400	6 20	351	1020	788	204	sein, dürfen, müs-
6109	3010	687	6159	469	18 11	1082	2201	1354	326	sen, sollen; als
6867	3900	1517	7527	1408	169 13	1424	2798	1359	1595	Hilfsverb: werden

[§ 321] Mit *müezen* im Konjunktiv I (Konjunktiv Präsens) und einem Infinitiv kann ein **Wunsch** ausgedrückt werden: *got müeze des gastes pflegen!* ‚Gott möge den Fremden schützen!' (Iw 6719) *müezen* und besonders *suln* dienen als **Hilfsverben des Futurs**.

Die Wurzelverben

Die Wurzelverben *tuon*, *gân/gên*, *stân/stên* und *sîn* haben eine einsilbige Präsensform. Die 1. Person Singular Präsens endet auf *-n*, nhd. noch in ‚bin'. Die Grundbedeutungen entsprechen dem Neuhochdeutschen. Das Wörterbuch nennt speziellere Bedeutungen.

Wie bei den starken Verben sind die 4 Stammformen verzeichnet. Gehen Sie die Beispiele rasch durch. **Lernziel** ist, Kurzformen, Partizipien, Gerundien (→ S. 95) und Konjunktivformen intuitiv, aber kognitiv gestützt bestimmen zu können. Konjunktivformen stehen linksbündig, Indikativformen rechtsbündig. Falls Sie für eine Studienarbeit nähere Informationen brauchen: Vollständigere Paradigmen finden Sie bei Paul u. a. (1998, 267 ff.)

Infinitiv			1. Sing. Ind. Prät.		1. Plural Ind. Prät.			Partizip II	
Er	Gr	AH	Iw	MC	Pz	Tr	Da	Hb	Pn
tuon	[§ 279]		***tet(e)***		***tâten***			***getân***	
98	127	507	58	143	7 4	143	72	98	446
844	242	524	173	177	28 1	301	83	124	484
1063	1256	536	775	249	41 4	830	219	489	532
4359	1330	846	2856	377	98 8	1080	798	804	797
8990	2321	965	3181	489	99 20	1886	940	1566	840
9972	3324	1308	5271	583	305 5	2798	5691	1803	1197
gân/gên	[§ 280]		***gienc/gie***		***giengen***			***gegangen/gegân***	
173	516	359	777	452	10 13	104	511	(570)	167
317	556	470	779	662	44 25	306	580	586	300
1155	1016	588	883	1110	47 2	312	813	947	502
1373	1736	1206	2215	1379	167 25	2822	1508	1418	692
6364	1813	1230	5487	1512	533 6	13230	1741	1489	1692
8359	3391	1389	8036	1548	764 13	13647	7498	1717	1714
stân/stên	[§ 281]		***stuont***		***stuonden***			***gestanden***	
475	294	55	282	122	35 17	2050	1658	72	110
968	357	424	509	133	47 13	2639	4725	511	194
1019	1458	659	1034	647	51 12	2649	4801	620	400
1139	1787	1085	4184	875	171 20	3017	5354	945	486
5269	2468	1088	5143	1380	301 27	4454	6741	1164	1461
9071	3530	1095	6090	1731	342 25	5804	7440	1778	2079
sîn *(wesen)*	[§ 282]		***was***		***wâren***			***gewesen***	
2	162	1	21	223	5 6	65	60	36	112
88	173	26	80	602	17 17	151	62	108	155
233	993	221	500	1108	23 3	440	65	575	548
267	2837	273	4067	1112	32 26	623	486	302	1238
397	2843	300	6645	1158	54 9	2368	4185	775 f.	1788
1146	2922	902	7755	1257	268 1	2378	8396	1932	1893

[§ 282] Zu ***sîn*** ‚sein' gehört auch der Infinitiv ***wesen***. Die Formen dieses Verbs bzw. **Hilfsverbs** entstammen drei indogermanischen Wurzeln, sehen darum unterschiedlich aus: *ich bin*, *er ist*, *wir sîn/birn*, *gewesen*. Die nhd. Formen sind aber nahezu gleich. – [§ 240 Anm. 3] Das Alemannische hat in der 2. Person Plural Indikativ Präsens *ir sint* statt *sît*, im Konjunktiv Präteritum *ir wærent*. Der **Imperativ** lautet im Singular: *(w/b)is!* Im Fürstenspiegel des *Gregorius* rät der sterbende Vater seinem Sohn: *wis vrävele mit güete!* ‚Sei kühn betreffend Güte!' (Gr 250) Im Plural lautet der Imperativ *wesen! weset!*

Die kontrahierten Verben

[§ 283] Die kontrahierten oder zusammengezogenen Verben sind obigen Wurzelverben ähnlich und charakteristisch für das Mittelhochdeutsche. – Häufig begegnen *hân* und *lân* anstelle von *haben* und *lâzen*. Indikativ- und Konjunktivformen – in der Tabelle linksbündig – lassen sich formal nicht immer unterscheiden, wohl aber vom Kontext her. Volle Formen werden im Konjunktiv Präsens in der Funktion als **Hilfsverb** gebraucht.

Gelegentlich kommt *haben* mit der Bedeutung ‚halten' vor, dann wird die Vollform bevorzugt: *sî habete* ‚sie hielt'. Die Bedeutung von *hân vür* ist ‚halten für'. Die Bedeutung von *wâr hân* ist ‚Recht haben' oder ‚die Wahrheit sagen'. In der Bedeutung ‚erfüllen', ‚einlösen', ‚wahr machen', ‚in die Tat umsetzen' erscheint *wâr lân*, bezogen auf ein Versprechen oder eine Drohung.

Infinitiv			1. Sing. Ind. Prät.		1. Plural Ind. Prät.			Partizip II	
Er	Gr	AH	Iw	MC	Pz	Tr	Da	Hb	Pn
haben/hân		[§ 288]	***habete/hâte/hete***		***habeten/hâten/heten***			***gehabet/gehât*** (md.)	
294	144	50	129	821	2 6	331	18	85	4
298	1282	240	225	1126	4 8	1188	100	163	107
304	2367	739	467	1406	13 22	1494	309	284	124
3455	2643	1064	1347	1412	151 28	2630	467	448	549
5659	2726	1312	3620	1424	340 15	3088	2782	634	1701
5949	3737	1441	7005	1635	699 8	4019	7505	1087	1888
lâzen/lân		[§ 287]	***liez/lie***		***liezen***			***(ge)lâzen/(ge)lân***	
41	467	220	99	35	6 18	406	97	362	239
83	896	342	289	744	9 3	882	1460	518	245
696	1107	549	812	1076	26 20	1622	1921	661	509
710	1486	634	1942	1092	41 10	1861	2918	671	734
6801	1917	797	2391	1437	116 24	2596	3317	1087	1741
8169	3892	832	4608	1456	119 15	6810	6405	1164	2128

[§ 284] Auch *(ge)vân* ‚fangen' und *hân* ‚hängen' für *(ge)vâhen* und *hâhen* sind nicht selten. Sie gehören zur Klasse VII der starken Verben, wie sie auf Seite 99 sehen können.

vâhen/vân		[§ 253]	***vienc/vie***		***viengen***			***gevangen/gevân***	
671	220	896	1063	1150	47 1	2065	202	14	735
3372	2347	–	2309	1349	49 22	8130	800	412	2063
9294	3308		5284	–	74 29	9197	1075	1647	–
hâhen/hân		[§ 253]	***hienc/hie***		***hiengen***			***gehangen/gehân***	
5410	2625	–	2221	737	20 14	2225	–	1679	1201

[§ 284] Ferner gibt es *slahen/slân*, *smâhen/smân*, *smæhen/smæn*, *vlêhen/vlên*, *gedîhen/gedîen* und andere.

[§ 285] Die Lautverbindungen *age*, *ebe*, *ede*, *ege*, *ibe*, *ide* oder *ige* können zu *î* bzw. *ei* kontrahiert sein. Häufig: ***gît*** = *gibet*, ***lît*** = *liget*, ***leit(e)*** = *leget(e)*, ***seit(e)*** = *saget(e)*.

269	179	(184)	4	376	7 9	200	688	1	303
1775	903	–	74	781	136 22	211	747	189	329
1950	2479		256	1198	228 10	760	1542	1035	1139
2636	3818		1750	1711	303 8	5185	2235	1742	1824

Die Verben mit gemischter Konjugation

Die Verben *beginnen* und *bringen* weisen gemischte Konjugation auf. Sie werden der Klasse III a der starken Verben zugerechnet und bilden das Präsens wie diese. Das Präteritum wird jedoch wie bei den schwachen Verben mit *t* oder *d* gebildet, von *bringen* auch das Partizip II. Bei *beginnen* ist Konjunktiv selten, bei *bringen* ist er intuitiv kenntlich.

Infinitiv			1. Sing. Ind. Prät.		1. Plural Ind. Prät.			Partizip II	
Er	Gr	AH	Iw	MC	Pz	Tr	Da	Hb	Pn
beginnen [§ 268]			***begunde/began***		***begunden/begunnen***			***begunnen***	
19	1293	16	186	80	19 20	315	172	690	142
2542	1449	246	641	109	29 30	3520	173	1904	252
3024	2080	368	1250	164	137 28	4853	699	–	696
3063	2130	482	2083	168	573 24	6203	1328		851
7548	2936	1003	2251	1774	747 9	19523	2597		1547
bringen [§ 267]			***brâhte***		***brâhten***			***brâht***	
4629	972	339	957	339	6 1	380	8	565	425
4890	2160	576	1854	436	7 29	497	129	1051	980
4948	2610	602	2051	690	206 13	533	712	1057	1031
5200	2977	934	2652	723	756 14	1278	3899	1063	1685
6307	2982	1060	5364	855	763 16	6780	4841	1068	1880

Das Verb *wellen*

Bei *wellen* lauten die Formen des Singular Indikativ Präsens: *ich wil*, *du wil(t)*, *er wil*, im Plural *wir wellen/weln*, *ir wellet/welt*, *si wellen(t)*. Der Konjunktiv Präsens lautet : *ich well(e)*, *du wellest*, *er welle*, im Plural *wir wellen*, *ir wellet*, *si wellen*. Im Präteritum werden *o*-Formen gebraucht, die im Konjunktiv gleich lauten oder auch umgelautet sein können.

Infinitiv			1. Sing. Ind. Prät.		1. Plural Ind. Prät.			Partizip II	
wellen/wollen [§ 277]			***wolt(e)/wolde***		***wolten/wolden***			***gewell(e)t*** (spät)	
70	350	204	385	494	2 1	8	235	7	27
1365	444	306	802	552	7 2	53	372	384	62
4246	528	636	1549	726	21 22	197	472	460	128
6170	572	647	1902	872	56 25	262	645	503	412
9430	1447	871	4495	1350	247 25	6250	3217	866	447
10088	3067	986	8084	1480	299 22	12783	7825	1234	584

Das Verb dient zudem als **Hilfsverb des Futurs**: *ich wil dir nu von wunder sagen* ‚Ich werd dir nun Phantastisches künden.' (Pz 433 6) Bedeutungskomponenten „der subjektiven Stellungnahme, der beteiligten Meinungsäußerung, der projektierenden Zukunftsdeutung" können mitschwingen. (Brandt 1989, 108) Anders als heute bei ‚wollen' ist das Subjekt von *wellen* immer eine Person oder eine Personifikation. [§ 277 Anm. 6] Gelegentlich hat ein *si wellent* die Bedeutung ‚sie [die Leute] sind der Ansicht' oder einfach ‚man sagt'.

Das Tempus, Wigand, wie wird es verwendet?

Heilen uns die zu Ende gegangenen Wege? „Eine päpstliche Kommission untersuchte in den 1230er Jahren >Wunder<, die sich auf Fürsprache der hl. Elisabeth ereignet hätten. Die realitätsnahen Mirakel stellen auch einen gewissen, etwa 21 Jahre alten Wigand vor; mit großer Mühe habe er – hier scheint Anteilnahme der Kommission auf – in fünf Wochen seinen wohl hüftabwärts gelähmten Körper von Grünberg bis zum Grab der hl. Elisabeth nach Marburg geschleift, in der Luftlinie etwa 28 Kilometer!" (Ohler 1994, 115) Junger Wigand, Mikrokosmos, hast du die Sterne gelähmt?

Ein *schemelære* mit Krücken aus Ästen (Federzeichn. v. Hieronymus Bosch, 15. Jh.)

[§ 303] Weg mit längst Vergangenem! Zur grammatischen Zeit und zum Erzählen: Im Germanischen, rund ein Jahrtausend vor und nach Christus angesetzt, war das Bedürfnis, verschiedene Zeitebenen deutlich auseinander zu halten, geringer als im Lateinischen oder Griechischen. Sprachlich unterschieden wurden zwei Hinsichten, eine präsentische Aktionsart, die den gegenwärtigen Vollzug einer Handlung meinte, und eine präteritale Aktionsart, die die Handlung als vergangene fasste.

Im Althochdeutschen entwickeln sich aus diesen Aktionsarten dann eigentliche **Tempora**, also grammatische Zeiten. Das einfache System wird zum Mittelhochdeutschen hin allmählich verfeinert. Einerseits ist daher das „Tempussystem des hochmittelalterlichen Deutsch [...] noch altertümlich undifferenziert [...]" (Wolf 1986, 254), geprägt noch von der ursprünglich germanischen Sichtweise. Im Mittelhochdeutschen finden wir die zwei einfachen Tempora Präsens und Präteritum, wobei das einfache Tempus mehrere Zeitebenen meinen kann. Andererseits finden sich gerade „im gewachsenen Deutsch der anspruchsvollen Dichtung schon des Hochmittelalters" (Tschirch 1989, 41) auch **zusammengesetzte Formen** für das Perfekt, das Plusquamperfekt und das Futur. Hier wird die feiner abgestufte Sicht auch sprachlich realisiert. Zu den einzelnen Tempora und ihren Bedeutungen, wir beginnen mit den **einfachen Formen**.

Betrachten Sie die Beispiele im Hinblick auf die Fragen: Was bleibt im Neuhochdeutschen gleich? Wo verlangen Abweichungen erhöhte Aufmerksamkeit? Überprüfen Sie bei zweisprachigen Ausgaben gelegentlich, ob die Wiedergabe der mhd. Tempora den Sinn präzise erfasst. Sollte sich beim Übersetzen ein Spezialfall nicht zuordnen lassen, dann beachten Sie alle Sinnbezüge im Kontext und entscheiden intuitiv.

1 Präsens meint Gegenwart

[§ 304 a] Meist bezeichnet das Präsens die zeitliche Gegenwart, besonders in Dialogen.

Er	Gr	AH	Iw	MC	Pz	Tr	Da	Hb	Pn
84	6	230	171	536	3 28	2442	581	330	27

2 Präsens meint Zukunft

[§ 306 d] Aus dem Kontext hervor geht die Verwendung des Präsens zum Ausdruck zukünftigen Geschehens. Das Präfix *ge* oder Adverbien wie *balde*, *morgen*, *niemer/nimmer*, *noch* oder *schiere* können den futurischen Sinn verdeutlichen.

Er	Gr	AH	Iw	MC	Pz	Tr	Da	Hb	Pn
85	15	407	563	304	195 18	1243	6128	278	1044

3 Präsens meint Überzeitlichkeit

[§ 304 b] In Sentenzen und in Reflexionen des Erzählers oder der Figuren erscheint das Präsens zum Ausdruck überzeitlicher Gültigkeit.

168	33	105	1 ff.	314	1 1 f.	235 f.	42 f.	331 f.	18 f.

Ein Vergleich der Beispiele zum *Helmbrecht* und zum *Iwein* zeigt WERNHERS DES GARTENÆRE Technik, mit anspielendem Zitat die Klassik in der Vorstellung ‚wachzurufen'. Das „Publikum der klassischen Epik und Lyrik ist inzwischen mit einer Fülle literarischer Vorstellungen vertraut, auf die der nachklassische Autor bloß anzuspielen braucht. Er lässt den Zuhörer oder Leser damit an einem literarischen Spiel teilnehmen, das die moderne Forschung mit dem Terminus >Intertextualität< belegt hat." (Knapp 1989, 324)

4 Präsens ist Stilmittel

[§ 305 c Anm. 1] Das Präsens kann Stilmittel sein. Die Distanz zwischen Erzähler und Erzähltem fällt: „Der Erzähler unterbricht für einen Augenblick den Lauf der Geschehnisse, hebt die handelnden Personen und die Situation, in der sie sich gerade befinden, aus der Vergangenheitssphäre heraus und versetzt sie in seine Gegenwart." (Bauer 1967, 155) Auf diese wird gern mit *nû* oder *hie* verwiesen. Figuren werden wie Zeitgenossen betrachtet, eine Situation, ein Gegenstand wie gegenwärtig. Publikum oder Figuren sehen sich mitunter angeredet. Während WOLFRAM VON ESCHENBACH mit dem Stilmittel kräftiger würzt, braucht es HARTMANN VON AUE sparsam, GOTTFRIED VON STRASSBURG selten.

9129 ff.	3953 f.	–	3358	(1158)	433 15	7196	(8144)	1535 ff.	–

Im *Erec* setzt es HARTMANN mit leichtfüßigem Humor ein: Erec und Enite brechen auf von der Burg Penefrec. Zum Abschied wird Enite ihr berühmtes Pferd geschenkt. Es hat die Eigenschaft, unhörbar sanft auf die Erde zu treten. Der Erzähler zaubert es in einem Feuerwerk rhetorischer Deskription über gut eine Viertelstunde Vortragsdauer hin fast greifbar vor Augen, dann nimmt er die Handlung lakonisch auf: *nû ist zît daz si rîten, wan in sint diu ros komen.* ‚Nun ist Zeit, dass sie reiten, denn die Rosse sind ihnen besorgt.' (7767 f.) Das ‚erinnert' an die romantische Ironie eines LUDWIG TIECK (1773–1853), E. T. A. HOFFMANN (1776–1822) oder CLEMENS BRENTANO (1778–1842), wird aber von HARTMANN nur ‚augenzwinkernd' eingesetzt. (Vgl. Er 7182 ff., Hb 1537 f.)

[§ 305 c Anm. 2] Im Stil ähnlich kann ein Konjunktiv Präsens nach *nû hœret/sprechet waz* ... oder *waz welt ir daz* ... oder *nu erloubt im daz* ... ein Geschehen bezeichnen, das je nach Blickwinkel des Publikums vergangen, gegenwärtig oder zukünftig wirkt.

Er	Gr	AH	Iw	MC	Pz	Tr	Da	Hb	Pn
6902	(2605)	–	3309	–	14 12	5647 ff.	(3217)	1091 f.	–

Ein Rezitator mag einen Augenblick effektvoll gewartet haben. Manche Stellen (etwa Iw 3309, Hb 1091 f., vgl. 1093) legen ein dialogisches Intermezzo mit dem Publikum nahe.

Wir kommen zu der zweiten einfachen Form, zum **Präteritum**. Hier bestehen gegenüber dem Neuhochdeutschen markante Unterschiede. Denn die Stufung von Zeitebenen mittels unterschiedlicher Tempora wird weniger deutlich signalisiert. In mhd. Texten ist häufig „das Vergangene in globaler Sicht auf eine Ebene der Vergangenheit projiziert, in sich nicht weiter gegliedert oder temporal präzisiert, was unserer modernen verwissenschaftlichten Sprache, die auf genauere Fixierung aus ist, zuwiderläuft." (Wolf 1986, 254)

In AH 268 5 fallen präteritale und plusquamperfektische Bedeutung sogar in ein und derselben Form ‚übereinander' – ein seltener Fall wohl, doch bezeichnend.

Das einfache mhd. Präteritum verlangt übersetzt im Neuhochdeutschen oft eine Differenzierung gemäß Nummer 5 bzw. 6. Bei Nummer 7 ist die alte Indifferenz u. U. erhaltbar.

5 Präteritum meint Vergangenheit
[§ 308 a] Eine Verbform im Präteritum drückt meist die erzählte Vergangenheit aus. Es handelt sich dann um das vom modernen Deutsch her vertraute Tempus des Erzählens, das epische Präteritum.

110	3866	1049	63	266	5 24	245	39	119	67

6 Präteritum meint Vorvergangenheit
[§ 308 c] Doch meint das mhd. Präteritum oft auch das Vollzogensein in einer erzählten Vergangenheit. Diese zunächst eigenartig anmutende Verwendung ist bald vertraut. Übersetzt wird mit Plusquamperfekt.

3493	3298	351	62	1094	385 1	409	2555	109	1303

Vorvergangenheit wird auch mit dem Präfix *g(e)* signalisiert, eine „einfach-geschmeidige Form." (Tschirch 1989, 39)

2638	3313	352	329	1040	604 7	354	2542	899	1231

Dieser **Gebrauch des *ge*** ist einmal zu unterscheiden von der futurischen Bedeutung in 2 oben, dann von Fällen, wo *ge* als Präfix zum Verb gehört. Es kann weiter bei *heizen, helfen, hœren, kunnen, lâzen, müezen, mugen, sehen* und *turren* mit Infinitiv stehen, wie im nächsten Beispiel. Das hat „vielfach etwas Konventionelles" (Michels/Stopp 1979, 198), muss nicht als Zeitbedeutung aufgefasst werden. Dasselbe gilt, wenn *ge* in Sätzen mit *ie, nie, iemer, niemer, iergen* u. Ä. erscheint, und abermals gilt dasselbe in Wunschsätz– *des gestiure uns got! âmen.* – Madame sein heut sarkastisch drauf. Versündigung.

216	55	1322	418	1591	511 2	500	543	657	491

7 Präteritum meint Abgeschlossenheit in der Vergangenheit
[§ 308 b] Ein Präteritum kann perfektivische Bedeutung haben, wenn ein Geschehen in der Vergangenheit sich auf die Gegenwart auswirkt oder „indem das vergangene Geschehen subjektiv betrachtet wird." (Paul u. a., 291)

Er	Gr	AH	Iw	MC	Pz	Tr	Da	Hb	Pn
5957	5	408	3425	98	5 2	2700	178	8	2145

8 Konjunktiv II meint Zukunft
[§ 309 e] Der Konjunktiv Präteritum von perfektiven Verben – sie drücken die Vollendung eines Geschehens aus – kann im abhängigen Satz futurische Bedeutung haben. Der übergeordnete Satz muss dabei im Präteritum stehen: *[...] und enweste niht [...], wederz genæse oder læge tôt* ‚und wusste nicht, obs überleben oder umkommen werde'. (Gr 821) Perfektive Verben sind zum Beispiel *bringen, erwerben, genesen, jehen, komen, lâzen, (tôt) (ge)ligen, rechen, sitzen, slahen, stân, sterben, treffen, vâhen, vinden, werden* (im Konjunktiv Präteritum oft umlautlos, z. B. Iw 1264) und *ze(r)vüeren.* Dazu gehören auch Verben mit Präfix *er* oder *ge*, manchmal mit anderem. (Michels/Stopp 1979, 197 f.)

9110	821	236	957	1251	58 19	2424	2007	1168	474

Tausende Kilometer per pedes apostolorum – wir haben, was wir brauchen. Rechnen Sie von Lübeck aus fünf Monate für die rund 3000 Wegkilometer nach Santiago, Luftlinie 2000 Kilometer. Macht um die 20 Kilometer jeden Tag, eigentlich nicht viel. „Der Tagesdurchschnitt sank, weil man auch einmal verschnaufen wollte; ein andermal mussten die Schuhe in Ordnung gebracht werden – zu schweigen von den unfreiwilligen Pausen, bedingt durch Krankheit, Hochwasser und andere Naturereignisse." (Ohler 1994, 114)

Auf langen Wegen erst offenbaren sich uns die **zusammengesetzten Formen**. Gerne werden in der höfischen Dichtung Perfekt, Plusquamperfekt und Futur auch mit präziser abstufenden Zusammensetzungen gebildet. Dabei wird das **Hilfsverb** (*haben, sîn* oder Modalverb) konjugiert und mit **Infinitiv** oder **Partizip II** eines Verbs kombiniert. Man spricht auch von umschreibenden (periphrastischen) Tempusformen.

9 Perfekt meint Abgeschlossenheit in der Vergangenheit
[§ 311 b β] Das aus dem Partizip II und den Präsensformen von *haben* oder *sîn* zusammengesetzte Perfekt bezeichnet wie im Neuhochdeutschen ein abgeschlossenes Geschehen, meist in der Vergangenheit, doch mit Bezug auf die Gegenwart.

128	1480 f.	1480	8 f.	881	67 24	147	441	246	1929

10 Perfekt meint Abgeschlossenheit in der Zukunft
[§ 311 b α] Seltener bezeichnet es ein Geschehen, das in der Zukunft vollendet ist. Es hat dann die Bedeutung eines Futur II: ‚Das und das wird sich ereignet haben.' Unterstützend können wieder Adverbien wie bei 2 oben hinzutreten.

4346	25	733 f.	3416	1314	291 12	4478	3869	1399 f.	998

11 Plusquamperfekt meint Vorvergangenheit
[§ 312] Intuitiv verständlich ist das mit Partizip II und den Präteritumformen von *haben* und *sîn* gebildete zusammengesetzte Plusquamperfekt.

Er	Gr	AH	Iw	MC	Pz	Tr	Da	Hb	Pn
1105	100	1237	78 f.	1473	57 30 f.	337	425	1483	107

12 *suln/wellen/müezen* mit Infinitiv meint Zukunft
[§ 314 f.] Die Verbindung eines Infinitivs mit *sol*, seltener mit *wil* oder *muoz* kann eine futurische Färbung aufweisen – aber sie muss nicht. „Wie stark die modale Bedeutungskomponente in diesen periphrastischen Bildungen noch ist und wie stark die temporale, ist in jedem einzelnen Fall zu bedenken.“ (Paul u. a., 295)

806	2730	493	1902	1282	3 21	280	330	266 f.	296

„Das bedeutungshafte Element, das den Modalverben innewohnt, z. B. ein schicksalhafter Aspekt, Offenheit gegenüber äußeren Mächten oder subjektiven Impulsen, ist dabei stark ausgeprägt.“ (Wolf 1986, 255)

13 Modalverb mit Infinitiv meint Irrealität in der Vergangenheit
[§ 313] Ein Modalverb mit Infinitiv kann auch ein irreales Geschehen in der Vergangenheit ausdrücken. ‚Etwas hätte geschehen sollen, können, müssen‘ usw. – ist jedoch nicht geschehen. Ausgedrückt wird das durch präteritales Modalverb – *mugen*, *suln*, *müezen*, *kunnen*, *durfen*, *wellen* – mit einem Infinitiv Präsens (= Infinitiv).

79	3018	1304	1388	1744	77 30	2076	3218	1078	763

Nicht immer bedeutet die Verbindung Irrealität in der Vergangenheit. Oft wirkt die modale, in der erzählten Zeit gegenwärtige Auffassung angemessener: ‚Etwas sollte geschehen, könnte sein‘ usw. Manche der Beispiele eben erlauben im Kontext beide Lesarten.

von müede sîn wir swære! Sie Pilgerphlegma! Ihr Pensum ist noch nicht voll. Lassen Sie Ihren Stern nicht aus den Augen. Große Reisen wollen Krisen. Würden sonst nicht groß. Rufen Sie Wigand an, mit dem Teufel im Leib, kroch Ihr Tagespensum in fünf Wochen. *nû sehet ob ez müge sîn.* Hören Sie? Madame findt auch – welch Flaumgeflöt die Amsel für Kundschaft hervorzuwürgen weiß! Vorsicht, die will sich einschmeicheln. *dû redest uppeclîchiu dinc, dû gouch! warumbe tuostû daz?* Schwere Zeit leichter machen, Madame, AH 10 f. – klar? *vil tumber – unde wænestû, daz dû von mîner hende nû gar âne swære entrinnest?* Man tuts doch wohl für Euch! *dâ von gât gnâde vür daz reht.* (Recht ist gut.)

14 Modalverb mit Infinitiv Perfekt meint Irrealität in der Vergangenheit
[§ 313] Von der Mitte des 12. Jahrhunderts an kann Irrealität in der Vergangenheit auch mit einem präteritalen Modalverb wie bei 13 und Infinitiv Perfekt (= Partizip II plus *hân* oder *sîn*) ausgedrückt werden.

99	3415	–	7004 f.	1423	404 30	12767	2930	1701	1832 f.

Vergleichend mit Entwicklungen in bildender Kunst, Malerei und Musik sieht Tschirch auch im „Aufkommen der umschreibenden Formen des Perfekts, des Plusquamperfekts und des Futurs" eine Art „kopernikanische Wende in der abendländischen Wirklichkeitserfassung". Das Deutsche hat nach ihm nun „eine neue Dimension dazugewonnen; es ist gleichsam von einer bloß flächigen zu einer räumlichen Darstellung der Vorgänge in Leben und Welt durchgedrungen." ([1]1969, 44) Wolf hält dem skeptisch entgegen: „Vor allzu tiefsinnigen philosophischen Folgerungen über das Zeitgefühl mittelalterlicher Menschen wird man sich aber in acht nehmen müssen. Schließlich bedienen sich die literarisch Tätigen um diese Zeit ja auch des Lateins und bewegen sich in dessen subtilerem Tempussystem." (1986, 254; zum Zeitgefühl im Mittelalter: Gurjewitsch 1983, Le Goff 1987)

Dort ist Ihre Unterkunft, schauen Sie. Überblicken wir zum Schluss die schönsten mhd. Tempora aller Zeiten aus jener nachtschwarzen Sternenschau des Makrokosmos – schwereloser Ausgleich zur Staubschau des hüftabwärts gelähmten kriechenden Mikrokosmos, dessen Name ‚Krieger' bedeutete. Die Zeit, Wigand, wie wird sie verwendet?

Einfache Formen		Zusammengesetzte Formen				
		mit Partizip		mit Infinitiv		
Präsens	Präteritum	Umschriebenes Perfekt	Umschrieb. Plusquampf.	Umschriebenes Futur	Modalverb + Inf. Präsens	Modalverb + Inf. Perfekt
Gegenwart 1	Erzählte Vergangenheit 5	Abgeschlossenheit i. der Vergangenheit 9	Vorvergangenheit 11	Zukunft und Modalität 12	Irrealität in der Vergangenheit 13	Irrealität in der Vergangenheit 14
Zukunft 2	Vorvergangenheit 6	Abgeschlossenheit in der Zukunft 10				
Überzeitlichkeit 3	Abgeschlossenheit i. der Vergangenheit 7					
Gegenwart des Erzählers o. n. Blickwinkel 4	Zukunft in der Vergangenheit 8					

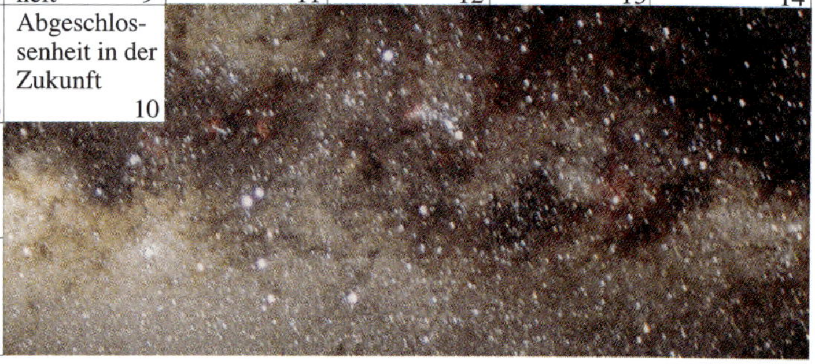

Doch müezen wir ouch nû genesen.
Ichn wolde dô niht sîn gewesen,
daz ich nû niht enwære,
dâ uns noch mit ir mære
sô rehte wol wesen sol –
dâ tâten in diu werc vil wol.

Doch mögen wir auch heut gedeihen.
Ich wollte nicht damals gewesen sein,
womit ich nun nicht wäre,
wo uns bei ihrer Geschichte noch
so richtig wohl werden wird –
das Tun tat denen da ganz gut.

(Iw 53–58; vgl. Abdruck Handschrift S. 18)

Versklavung entgangen: Zum Gebrauch des Konjunktivs

Alle Menschen sind Brüder und Schwestern, gestohlen wird überall. Sich sein Reisegeld stehlen zu lassen, hat das Besitzen im Konjunktiv und das Betteln im Indikativ zur Folge. *owê, wære ich dâ heime noch!* Falls Sie den umgekehrten Modus vorziehen, investieren Sie in einen Happen Schweinefleisch. Derzeit topaktuell. In diesem Tresor aus Unreinheit verstecken Sie Ihre Geldreserven. Wir durchqueren hier ein Stück muslimisches Gebiet. Die sollen Schweinegeld nicht anrühren.

Vergegenwärtigen Sie sich die Bildungsweise des Konjunktivs mit Hilfe der Paradigmen auf den Seiten 94 und 99, lesen Sie den erklärenden Text. Der **Konjunktiv I** wird von den Präsensformen abgeleitet, er heißt auch Konjunktiv Präsens. Der **Konjunktiv II** wird von den Präteritalformen abgeleitet, er heißt auch Konjunktiv Präteritum. [§ 318] Die Ableitung von den Tempora vermittelt aber kaum eine zeitliche, sondern vielmehr eine modale Bedeutung. Beide Konjunktive können im Haupt- und im Nebensatz erscheinen. Die Darstellung bleibt bewusst knapp, da im Kontext meist intuitiv richtig übersetzt wird.

[§ 321] Ein Konjunktiv I im Hauptsatz drückt einen erfüllbar erscheinenden **Wunsch** (im weiteren Sinne) aus; auch Sätze mit einleitendem *daz* haben diese Funktion.

Er	Gr	AH	Iw	MC	Pz	Tr	Da	Hb	Pn
133 f. 5916	1638 2845	458 1111	3668 7422	368 1500	8 16 442 9	2478 6122 f.	2743 3962	470 1394	176 212

Verstärkt wird der Ausdruck eines Wunsches mit *müezen* im Konjunktiv I bei einem Infinitiv. Ein Beispiel finden Sie auf Seite 101.

[§ 322] Auch ein Konjunktiv II im Hauptsatz kann einen Wunsch ausdrücken, doch in einem Zusammenhang der Irrealität, der Nichtverwirklichung, also im **Irrealis**.

6848	366	–	3512	33	22 9	1232	1367	(1587)	–

In selbstständigen Fragesätzen kann der Konjunktiv II als so genannter **Potentialis** auftreten. Damit wird ausgedrückt: Etwas ist zwar fraglich, aber es ist immerhin denkbar, nicht unmöglich, vielleicht sogar wahrscheinlich.

8288	3706 f.	1027 ff.	4080	34	32 6	7941	3214	988	412 ff.

Weiter findet er sich in Aussagesätzen. Hier wird ausgedrückt: Etwas ist möglich, wird gedacht, angenommen – also zum Beispiel, angenommen wir wären zu Hause oder so.

6008 ff.	1680	199	3452	1024	692 25	14741	522 f.	271 ff.	1788 ff.

mir ist der muot sô swære! Das musste ja komm– *wie wol ich dâ heime wære!!* Jaja, klar. Konjunktivkoller. Steckt subito an: Heimat! Snief! Sehnsuchtsindikativ! *ir weinet ze unzîte.* Stimmt, Madame. Melancholie ist Luxus jetzt. Zackazack, Konjunktiv im Satzgefüg!

[§ 468] Für das mhd. **Satzgefüge** (→ S. 76 ff.) gilt: Erstens können bestimmte formale Merkmale des übergeordneten Satzes den Konjunktiv im untergeordneten Nebensatz begünstigen. Zweitens gleicht sich der Nebensatz manchmal dem Konjunktiv im übergeordneten Satz an. Drittens bestimmt das subjektive Sprachempfinden mhd. Autorinnen und Autoren die Wahl von Indikativ und Konjunktiv stärker als auf jüngerer Sprachstufe. Demnach würden manche mhd. Nebensätze im Konjunktiv in einem vergleichbaren nhd. Nebensatz im Indikativ stehen. Sprachdidaktisch kann man das netto zusammenfassen: Ein mhd. Nebensatz im Konjunktiv muss nicht selten mit Indikativ übersetzt werden.

Betrachten wir zuerst vier Formmerkmale des übergeordneten Satzes, die Konjunktiv im Nebensatz begünstigen. Unter ‚übergeordneter Satz' ist ein Hauptsatz oder ein übergeordneter Nebensatz zu verstehen, wie im Schema auf Seite 76 zu sehen.

[§ 469] Der übergeordnete Satz ist **negiert** oder hat negativen Sinn. Im untergeordneten Nebensatz steht der Konjunktiv als Ausdruck der Nichtwirklichkeit des Satzinhalts.

Er	Gr	AH	Iw	MC	Pz	Tr	Da	Hb	Pn
8494	284	1262	5698	1748	167 1	2055	513	173	761

Ist davon ein weiterer Nebensatz abhängig, steht auch dieser im Konjunktiv. – [§ 470] Weiter kann ein übergeordneter Satz im **Imperativ** Konjunktiv im Nebensatz bewirken.

26	256	1265	594	371	627 8	3199	1998	365	194

Dann kann ein übergeordneter Satz mit Modalverb – meist *suln* – plus Verb im Infinitiv zur Bezeichnung eines **Wunsches** (i. w. S.) Konjunktiv im Nebensatz bewirken.

132	3967	–	7602	611	709 27	3180	3871	269	1476 f.

Oder im übergeordneten Satz steht ein Verb des Sagens, Meinens, Denkens o. Ä. Dann gibt der untergeordnete Nebensatz eine **indirekte Aussage** (‚indirekte Rede') oder einen Gedanken wieder und steht im Konjunktiv I oder II.

3611	1849	1200	1523	364	16 30	17450	56	696	1077

Soviel zu den Formmerkmalen des übergeordneten Satzes, es sind die häufigeren. – Betrachten wir noch den Gebrauch des Konjunktivs in einigen Arten von Nebensätzen.

[§ 473] Üblicherweise steht im **Relativsatz** (→ S. 77 f.) der Indikativ. Ein Konjunktiv I oder II kann aber auch hier Wunsch, Möglichkeit oder Sollen ausdrücken.

4012	1874	447 f.	200	331	173 26	14182	6619	850	644 f.

Steht bei den verallgemeinernden Relativpronomen *swer/swaz*, *swelch* und *sweder* der Konjunktiv, dann resultiert eine verallgemeinernde und potentiale Bedeutung. Dazu zuerst ein Übersetzungsbeispiel: *swaz ez nû sî des ich bite* ... ‚Was immer es nun sein mag [oder: sei], worum ich bitte ...‘. (Iw 4551) Wie würden Sie folgende Stelle übersetzen?

Er	Gr	AH	Iw	MC	Pz	Tr	Da	Hb	Pn
9496	2365	22 f.	2876	1288	42 23	10518	6737	1931	1008

Beachten Sie aber: „Steht der verallgemeinernde Relativsatz im Indikativ, dann hat die verbale Aussage nicht den Akzent der Potentialität.“ (Paul u. a., 447)

[§ 474] Beim **indirekten Fragesatz** (→ S. 79 f.) können Indikativ oder Konjunktiv vorkommen. Ist ein solcher Satz abhängig von einem Verb des Wissen-Wollens, wird der Konjunktiv bevorzugt.

39	957	483	3624	1584	21 10	5989	227	902	573

Bei Abhängigkeit von Verben des Mitteilens, Wahrnehmens, Erkennens u. a. steht meist der Indikativ, wenn der Inhalt des indirekten Fragesatzes als Faktum zu betrachten ist.

62	1028	632	529	42 f.	6 10	18762	4104	1048	686

Steht der Konjunktiv, obwohl der Inhalt des indirekten Fragesatzes als Faktum zu betrachten ist, dann zeigt sich die „Tendenz, den Konjunktiv (Prät.) zum formalen Kriterium für die Abhängigkeit des Satzes zu machen.“ (Paul u. a., 448) Dazu dies Beispiel: *und wolden alle besehen, waz hern Keiî wære geschehen* ‚Und [sie] wollten alle betrachten, was Herrn Keie geschehen war [nicht: wäre].‘ (Da 235 f.)

[§ 475] Im **temporalen Nebensatz** (→ Tabelle S. 82 f.) ist Indikativ üblich. Der Konjunktiv steht aber häufig nach *ê (daz)*, zu übersetzen ist meist im Indikativ. Der seltenere Konjunktiv nach *unz* oder *swenne* enthält die Bedeutungsnuance des Vorausschauens.

6320	1550	760	957	388	88 29	19524	3246	269	1094

Kommendes schauen – uhh ja. *mir grûset in der hiute.* Manche sind manchmal dünnhäutig. *ich fürhte, daz fremde liute uns ze schaden nâhen sîn.* So kassandrisch drauf? Ruhig Blut. Kommt statistisch nur ab und zu vor. Sie ziehen das Unheil nicht an. Die Macht haben wir nicht. – Man sollte den Reiseweg wie ein Buch zuschlagen können. Neu aufgemacht würde in einem Paradieskapitel. Wäre das nicht ein schöner Trost? *nu enmac des leider niht sîn!* Da haben Sie Recht, der Eingang zum Himmel muss auf Erden liegen. Ist auch besser so. Das gesammelte Buchzuschlagen aller Verängstigten läg wie Dauerdonner über der Welt. In der hätten wir Angst. Hat der *jungalte* klargestellt. Im Indikativ, ist aber lange her. Wär das nicht ein schöner Trost, gäbs drüben im Konjunktiv keine mehr?

[§ 476 f.] Zwischen dem **konditionalen Nebensatz** (→ S. 76, Tabelle S. 82 f.) und seinem Hauptsatz werden mit dem Modus verschiedene Nuancen der Beziehung von Bedingung und Verwirklichung ausgedrückt: Ist die Bedingung möglich, und damit auch die Verwirklichung? Oder geht aus dem Kontext hervor, dass die Bedingung ohnehin nicht gegeben ist und somit auch die Verwirklichung ganz irreal erscheint? – Stehen der konditionale Nebensatz und der Hauptsatz im Indikativ, wird darüber nichts ausgesagt.

9043	1421	586 ff.	534	603	8 10 f.	9410	2802 f.	337 f.	1533

Stehen der konditionale Nebensatz und der Hauptsatz im Konjunktiv II, dann ist die genannte Bedingung entweder irreal, also eine bloße Annahme ohne Wirklichkeit, oder sie ist potential und bezeichnet eine Möglichkeit.

Er	Gr	AH	Iw	MC	Pz	Tr	Da	Hb	Pn
8166 ff.	3356 f.	1168 f.	7873 ff.	502 ff.	4 5 f.	7930 ff.	7654 ff.	158 f.	–

Stehen der konditionale Nebensatz und der Hauptsatz im Konjunktiv II und im Plusquamperfekt (→ S. 109), dann wird Irrealität in der Vergangenheit ausgedrückt.

3259 ff.	2341 f.	1302 f.	7999 f.	518 f.	355 24 f.	9230 ff.	158 f.	1859 f.	–

Nicht selten steht der konditionale Nebensatz im Konjunktiv I und der Hauptsatz im Indikativ Präsens oder im Imperativ. Der Konjunktiv wird mit Indikativ übersetzt.

513 ff.	3804 ff.	1090 f.	802	886 f.	381 28	5146 ff.	4592	1321 ff.	322

Neben diesen häufigeren Kombinationen der Modi von konditionalem Nebensatz und Hauptsatz gibt es weitere, die weggelassen seien. [§ 479] Dieselben Kombinationen begegnen auch beim konzessiven Nebensatz. (→ S. 76, Tabelle S. 82 f.) [§ 480] Der Modus im kausalen Nebensatz ist der Indikativ, wobei Ausnahmen wohl durch Formmerkmale des übergeordneten Satzes bedingt sind. (→ S. 112) [§ 481] Der Modus im finalen Nebensatz ist der Konjunktiv, übersetzt wird je nach Sinn mit Konjunktiv oder Indikativ.

8134	37	19 ff.	1084	648	3 1	6530	84	431	58

[§ 483] Der Modus im **modalen Nebensatz** (→ Tabelle S. 82 f.) ist meist der Indikativ. Bei *dan/danne/denne* erscheinen Konjunktiv oder Indikativ, bei *als* und *sam* steht Konjunktiv, wenn ein irrealer Vergleich ‚wie wenn ...' folgt. (Beispiel Pn: → S. 107, Nr. 6)

8910	1607	1142	3095	806	53 18	6621	139	36	353

(Hinlegen! Kopf runter! Eiliger Sankt Jakobus! Wenn Sie jetzt nur noch im Bild statt auch im Wort unterwegs wären! Wie die armen Teufel da. Lösegeld oder Sklaverei. Wir haben ein Riesenschwein gehab– heiliger Strohsack! Wem sein Schweinsstück kullert ins Bild? Keinen Mucks.)

In türkische Gefangenschaft geratene Pilger im Heiligen Land (Melchior von Seydlitz, 1556)

Wie wird das Passiv gebildet?

[§ 323] Das Passiv, auch Leideform genannt, gibt das im Verb ausgedrückte Geschehen aus der Sicht der betroffenen Person (s. rechts) oder des betroffenen Dinges wieder. Es gibt im Mittelhochdeutschen ein Zustandspassiv und ein Vorgangspassiv.

[§ 324] Das **Zustandspassiv** schildert einen Zustand, das Resultat eines Geschehens. Es wird durch die Formen des Verbs *sîn/wesen* plus Partizip II bezeichnet. Die Präsensformen meinen zeitlich Gegenwart oder Überzeitlichkeit, die Präteritalformen meinen Vergangenheit.

Der Jerusalempilger Arnold von Harff wurde 1498 in Gaza gefangen. Es gab wohl hungrige Ratten.

Er	Gr	AH	Iw	MC	Pz	Tr	Da	Hb	Pn
503 2822	219 3035	108 778	16 5340	177 1765	3 23 6 8	4648 10053 f.	109 508	1400 1636	88 200

Obige Verbindung von *sîn/wesen* und Partizip II kann auch im Konjunktiv einen Zustand bezeichnen. Die Zeitbedeutung (Präsens oder Präteritum) tritt dabei in den Hintergrund. Bei Nebensätzen im Konjunktiv II bestimmt der übergeordnete Satz die Zeitumstände.

853 3597	26 415	798 1008	685 720	1112 1360	22 18 29 10	83 319	227 647	159 1021	322 1842 f.

[§ 325] Das **Vorgangspassiv** dagegen schildert einen Vorgang. Es wird gebildet durch die Formen des Verbs *werden* plus Partizip II. Hier je ein Beispiel im Indikativ Präsens bzw. Präteritum.

1351 1454	17 224	191 445	913 1037	12 299	8 6 10 12	6994 14401	31 961	476 607	10 34

Im Nebensatz kann die Verbindung von *werden* und Partizip II auch im Konjunktiv I oder II einen Vorgang bezeichnen. Der Vorgang steht bevor oder wird als möglich gedacht.

1525 4951	1619 –	178 –	913 1897	501 1332	150 24 195 14	3870 6332	133 1340	650 ff. 1397	518 1195

[§ 326] Ganz konsequent werden die beiden Passivarten nicht unterschieden. Die Verbindung von *sîn/wesen* plus Partizip II meint bisweilen auch einen Vorgang.

5998	2507	237	3406	1771	10 21	10030	126	23	1039

Eine Entscheidung zwischen Zustand und Vorgang kann in solchen Fällen schwer fallen. Ist ein Vorgang gemeint, dann ändert sich die Zeitbedeutung. Ein Satz im Präsens hat dann die Bedeutung des Perfekts, ein Satz im Präteritum die des Plusquamperfekts.

In guter Gesellschaft: Begleiter – Stellvertreter

Nein, Pilgern ist nicht ungefährlich, gute Begleitung empfiehlt sich. „Man hatte bessere Überlebenschancen, wenn man sich vertrauenswürdigen Mitmenschen zugesellen durfte, die diese Reise schon einmal gemacht hatten." (Ohler 1994, 76) Ob in einer äußeren oder einer inneren Landschaft, Pilgern bedeutet auch Mühsal. Im Spätmittelalter konnten begüterte Leute einen Stellvertreter ‚in meo nomine' die Runde machen lassen. „Die stellvertretende Wallfahrt machte es möglich, dass es berufsmäßige Pilger gab, die nach einem festen Tarif bezahlt wurden. Vor allem die Oberschicht benutzte oft diese Möglichkeit, sich zu weihen, ohne sich zu ermüden." (Sigal 1984, 86) Sind Sie reich? Oh, innerlich. Schön. Dann gehen Sie Begleitung und Stellvertretung in der Sprache höchstpersönlich an.

[§ 212] Im Hinblick auf ihre inhaltliche Funktion werden nun die Artikel und die Pronomen vorgestellt, auch Begleiter und Stellvertreter des Substantivs genannt. Sie schenken uns vertrauenswürdige Informationen über das Subjekt und über die Objekte: Ist das Subjekt oder ein Objekt ein Maskulinum, ein Femininum, ein Neutrum? Stehen die Objekte im Akkusativ, im Genitiv, im Dativ? Liegt Singular oder Plural vor? Neben den Formen werden syntaktische und semantische Unterschiede zum Neuhochdeutschen vorgestellt, die beim sorgfältigen Übersetzen zu beachten sind.

Lernziele: Vermeiden von Verwechslungen durch Homonymenkollision; Erkennen syntaktischer und semantischer Tücken. ‚Schwierige' Formen sind in den Tabellen fett gedruckt. Die restlichen Formen versteht man intuitiv, sie lassen sich bei Bedarf überprüfen. Seltene, korpusfremde Formen, verzeichnet im Wörterbuch, wurden weggefiltert.

Das Personalpronomen

[§§ 213 f.] Wie im Neuhochdeutschen wird beim Personalpronomen das Geschlecht in der 1. und 2. Person nicht unterschieden. [§ 213 Anm. 1] Das unbetonte *du* findet sich gelegentlich neben dem üblichen gedehnten *dû*.

	1. Person	2. Person	1. Person	2. Person
	Singular		Plural	
Nominativ	*ich*	*dû/du*	*wir*	*ir*
Genitiv	*mîn*	*dîn*	*unser*	*iuwer*
Dativ	*mir*	*dir*	*uns*	*iu(ch)*
Akkusativ	*mich*	*dich*	*uns*	*iuch*

Das Ihrzen in der 2. Person Plural hat sich in der deutschen Oberschicht des Mittelalters unter dem Einfluss des Französischen und Lateinischen durchgesetzt. (Lüdtke 1984, 870) Der Wechsel zwischen Duzen und Ihrzen (vgl. Pz 814 19 f.) ist in der höfischen Literatur immer bedeutungsvoll. Noch im Zorn hält Erec die **Höflichkeitsanrede** ein: *muget ir wêniger mir gesagen: wes hânt ir die maget geslagen?* ‚Würdet Ihr Kleiner mir erklären: Wofür habt Ihr das Mädchen geschlagen?' (Er 76 f.) *lâ dîn klaffen sîn*, geht ihm das Frechgezwerg zacki an die Adelsehre: ‚Hör dein Geschwätz auf!' (Er 83) – Zur 3. Person:

	3. Person				
	Singular			Plural	
	Maskulinum	Femininum	Neutrum	Mask./Fem.	Neutrum
Nominativ	*er*	*si(e), sî, siu*	*ez*	*si(e), sî*	*si(e), sî, siu*
Genitiv	*sîn,* ***es***	***ir(e)***	*sîn,* ***es***	***ir(e)***	
Dativ	*im(e)*		*im(e)*	***in***	
Akkusativ	***in***	*si(e), sî, siu*	*ez*	*si(e), sî*	*si(e), sî, siu*

[§ 214 Anm. 2] Die verschiedenen Formen von ‚sie' widerspiegeln den unterschiedlichen Gebrauch bei den einzelnen Dichtern.

Das Personalpronomen übersieht man leicht bei Verschmelzungen (→ S. 54), wo es als bloßes *s*, *r*, *m*, *n* oder *z* erscheint. Beachten Sie den Dativ Plural ***in*** ‚ihnen', der gerne mit dem Akkusativ Singular Maskulinum und mit der gleich lautenden Präposition (→ S. 191) verwechselt wird. Auch bei ***ir*** ‚ihrer', ‚ihr' kommen Verwechslungen vor. [§ 214 Anm. 4] Recht häufig erscheint bei Verben, die ein Genitivobjekt haben (→ S. 152), ***es*** ‚seiner', ‚dessen' als Genitiv Singular Neutrum, etwa zur Bezugnahme auf einen Umstand. Die Konstruktion verlangt beim Übersetzen oft Kasuswechsel. Nur selten ist ein *es* maskulin.

Er	Gr	AH	Iw	MC	Pz	Tr	Da	Hb	Pn
74	297	359	45	249	8 12	66	120	662	252
149	411	374	102	300	15 26	1291	129	707	396
6116	1637	486	244	458	23 13	2660	133	1134	480
9603	3888	915	4879	1197	126 8	5543	159	1264	505

Beim Personalpronomen können syntaktische **Unterschiede** zum Neuhochdeutschen verunsichern.

[§ 399 u. Anm. 2] Das Mittelhochdeutsche verfügt über die Möglichkeit, das Subjekt bloß durch das finite Verb und den Kontext zu bezeichnen. Es kann darum ein Personalpronomen als Subjekt entfallen, das für unser Sprachgefühl vorhanden sein müsste. – Auch wenn das Subjekt in einem komplexen Satz wechselt, kann ein erwartetes neues Pronominalsubjekt fehlen. Man muss es aus dem Zusammenhang erschließen.

159	86	52	374	1516	54 28	5912	121	1063	242
8804	2517	662	1778	1724	556 5	6124	571	1909	1615

[§ 400] Weiter kann in einem Satz dasselbe Personalpronomen der 3. Person verschiedene Personen oder Handlungsträger bezeichnen. So bezieht sich etwa *er* im selben Satz anstandslos einmal auf den Höllenhund und gleich drauf auf Gott. (Gr 335–38) Die nicht fallgebundene Erscheinung begegnet auch im satzübergreifenden Zusammenhang. Auf wen oder was bezieht sich hier *si* bzw. *er*? Durchdenken Sie den Kontext.

59–65	3284 ff.	26–29	952 f.	174–78	20 12 f.	3947	1975–77	119–21	698 f.
293 f.	3976 f.	1408–10	1658–60	1474 f.	237 25 ff.	11006–09	2066–70	601–03	1700–05

Beim Übersetzen ist abzuwägen zwischen Schwerfälligkeit und Unklarheit. Falls nötig, wird der Bezug mit dem Demonstrativpronomen verdeutlicht, auch mit ‚jene(r/s)' oder notfalls mit der Wiederholung des bereits eingeführten Nomens. – Nur nebenbei: Kinder zwischen 4 und 7 Jahren verwenden nach Piaget häufig Personalpronomen, ohne ihren Bezug deutlich zu machen. (Ginsburg/Opper 1989, 119)

[§ 399] Wie im Neuhochdeutschen bleibt der **Imperativ** fast immer ohne Pronomen, nicht selten auch in der 3. Person Singular Präsens im Konjunktiv, wenn sie imperativische Funktion hat.

Er	Gr	AH	Iw	MC	Pz	Tr	Da	Hb	Pn
8629	2582	585	180	1777	35 11	15	59	545	1357

[§ 405] Zur Antwort *jâ* oder *nein* auf eine Entscheidungsfrage, Aufforderung, Vermutung o. Ä. tritt in der 1. und 3. Person oft das Personalpronomen. Es entfällt beim Übersetzen.

7513	3885	908	5492	553	575 11	10584	6757	–	–

Manchmal verlangt die neuhochdeutsche Übersetzung eine Konstruktion mit ‚es', während dieses Pronomen im Mittelhochdeutschen oft ‚fehlt'. (→ S. 72)

180	310	453	303	474	24 18	87	1087	1135	139

[§ 401] Abschließend eine **semantische Besonderheit**. Nicht überhören sollten Sie eine allfällige hinweisende Bedeutung des Personalpronomens in der 3. Person Singular oder Plural: ‚der', ‚dieser', ‚diejenigen', ‚ein solcher'. Häufig ist das bei einem auf das Pronomen bezogenen Relativsatz, besonders mit *swer/swem/swen*. – In KONRADs VON WÜRZBURG *Pantaleon* steht aber meist das einfache Demonstrativpronomen. (→ S. 121)

226 2761 5985	2416 3958 3976	294 401 605	18 871 922	98 172 336	249 20 400 10 465 3	131 9890 16560	34 178 2002	154 197 289	242 2156 –

Das Reflexivpronomen

[§ 215] Logischerweise entfällt der Nominativ. Die Formen der 1. und 2. Person lauten gleich wie beim obigen Personalpronomen. Die Tabelle verzeichnet daher nur die Formen der 3. Person. Mit Ausnahme von *sîn* (statt *es*) und *sich* lauten sie ebenfalls gleich.

	Singular			Plural		
	Maskulinum	Femininum	Neutrum	Mask.	Fem.	Neutr.
Genitiv	*sîn*	*ir*	*sîn*		*ir(e)*	
Dativ	***im**(e)*	***ir**(e)*	***im**(e)*		***in***	
Akkusativ			*sich*			

[§ 215 Anm. 3] Fremd klingen die Dativformen ***im*** und ***ir*** und ***in***, die ‚sich' bedeuten, nicht zu verwechseln mit dem Dativ der 3. Person des Personalpronomens.

7820 8901	1807 2207	159 859	1125 1516	68 143	126 17 271 11	6922 10281	157 6668	1667 –	408 1381

Das Possessivpronomen

Eine Vorübung: Bestimmen Sie die Beispiele intuitiv nach Fall, Zahl und Geschlecht. Eventuell ist das Geschlecht des zugehörigen Nomens nachzuschlagen, das mhd. Genus kann überraschen. Wer ahnt denn schon, dass sich die Schlange im Hochmittelalter als ein Er ausgibt? Diese miese Liese. Das falsche Dingelchen. *daz der veige slange zerbreche und ouch zerspringe!!* He, so nun grad nicht. Aber ein *wurm* ist ein Wurm dagegen.

Er	Gr	AH	Iw	MC	Pz	Tr	Da	Hb	Pn
1 5	8 4	19 3	8 4	207 4	3 2 1/4	2567 3/6	99 3	225 1	261 1
80 1	13 2	38 4	870 4	365 3	7 7 6	3338 1/4	533 1	583 3	327 3
93 3	817 2	108 1	5115 5	452 1	8 *25* 5	7866 3	593 4	643 1	447 3
263 4	1593 1	307 2	5843 5	609 2	17 *6* 5	8684 1	899 1	736 1	708 1
2089 3	1651 2	471 1	7383 4	616 4	30 *3* 2	8803 3	3218 3	739 3	1774 5
8098 2	1678 4	1284 6	7460 4	1205 5	133 *24* 1/3	8805 1/4	2350 1	803 3	1781 4

Manche Formen lassen sich intuitiv identifizieren. Bei andern will die Endung des Pronomens nicht so recht zum Substantiv passen. Für unser nhd. Sprachgefühl treten Spannungen auf. Sind Kasus, Numerus oder Genus richtig erfasst?

[§ 216] Um eine Vermutung über Fall, Zahl und Geschlecht zu verifizieren, kann man die im Text fragliche Form ‚synthetisch' erzeugen. Wählen Sie aus der folgenden Tabelle das Possessivpronomen im Nominativ, das der im Text fraglichen Form am nächsten kommt.

	Singular			Plural		
	1 bis 3. Person			1. bis 3. Person		
Nominativ	*mîn*	*dîn*	*sîn/**ir**/sîn*	*unser*	*iu(we)r*	***ir***

[§ 202] Daran fügen Sie eine Flexionsendung gemäß folgender Tabelle (ø = Endungslosigkeit), entsprechend dem Substantiv, auf das sich das Pronomen vermutlich bezieht.

	Singular			Plural		
	Mask.	Fem.	Neutrum	Mask.	Fem.	Neutrum
Nominativ	*ø*	*ø*	*ø*	*(e)*		*iu/ø*
Genitiv	*(e)s*	*er(e)*	*(e)s*	*(e)r(e)*		
Dativ	*(e)m(e)*	*(e)r(e)*	*(e)m(e)*	*(e)n*		
Akkusativ	*(e)n*	*(e)*	*ø*	*(e)*		*iu/ø*

[§ 216 u. Anm. 3] Nun ist noch ein Ausnahme zu beachten: ***ir*** wird überhaupt nicht flektiert, bleibt also endungslos. Die derart rekonstruierte ‚synthetische' Form müsste bei zutreffender Hypothese mit der im Text gefundenen übereinstimmen.

Die Form *iuwerre* ‚eurer' ist femininer Genitiv oder Dativ Singular. (Pz 95 13, 170 11) – Die Possessivpronomen sind ursprüngliche „Adjektive, die sich erst später der pronominalen Art genähert haben und im allgemeinen nicht anders als gewöhnliche Adjektive flektiert werden." (Paul u. a., 218) Man spricht von Pronominaladjektiven. Die Possessivpronomen haben meist starke Flexion. Obige Tabelle verzeichnet also im Prinzip nichts anderes als die Endungen des stark flektierten Adjektivs. (→ S. 170 f.)

Betrachten wir **syntaktische Besonderheiten**. – [§ 408] Oft wird das Possessivpronomen dem Substantiv nachgestellt und zwar in der Regel flexionslos. Ein allfälliger bestimmter Artikel vor dem Substantiv entfällt beim Übersetzen.

Er	Gr	AH	Iw	MC	Pz	Tr	Da	Hb	Pn
318	586	1328	2162	951	6 25 6	658	784	174	1952 3

Besonders im *Parzival* kann vor dem Possessivpronomen *ein* stehen: *den kumt ein mîn gast ze hûs* ‚Mein Einzelgast steht denen ins Haus.' (Pz 143 24; auch 12 11 u. a.) „Die Bedeutung dieses *ein* kann verschiedene Nuancen haben, bald die des unbestimmten Artikels, bald die des Zahlworts." (Paul u. a., 372) – Auch der bestimmte Artikel kann vor dem Possessivpronomen stehen, so bei Emphase in GOTTFRIEDs *Tristan*: *die dîne stege die dîne wege wol ime der si wege und stege!* ‚Diese deine Stege, diese deine Wege: Wohl ihm, der sie bewegt und begeht!' (Tr 39 f., auch 710, Pn 1097 u. a.)

Genaue Beachtung des Kontexts ist geboten, wenn das Possessivpronomen bei Wörtern wie *haz*, *helfe*, *hulde*, *liebe*, *minne*, *triuwe*, *unwert*, *vorhte* u. ä. begegnet, also bei einem Begriff, der die Beziehung zwischen zwei Personen charakterisiert. Das Pronomen kann nämlich sowohl das **Subjekt** wie auch das **Objekt** der Beziehung meinen. Je nach Kontext heißt also *iuwer haz* ‚Eure Feindschaft (mir gegenüber)' oder ‚meine Feindschaft (Euch gegenüber)' – Ihr nehmt das nicht persönlich, Madame. Wer empfindet hier für wen Zuneigung? Feindschaft? Wer liebt oder fürchtet wen? Wer hilft oder huldigt wem?

1143 3262	3006 3245	416 (1001)	5403 7476	618 1401	84 2 137 29	899 13913	99 1526	132 184	1109 2021

Sprachreflexiver Exkurs: Allerhand im Äther

Wie autonome Wesen, die eine Person ‚besetzen' können, führen *haz*, *minne*, *triuwe* und ähnliche Begriffe ihre Existenz im Reich der Leidenschaften und Werte. Dort lauschen sie dem Erzähler, kommentieren die Erzählung, nehmen emotional Anteil. Plötzlich mischt sich etwa *vrou Minne* als **Personalallegorie** ein. Als der Erzähler HARTMANN mit ihr über die Herzensprobleme seiner Figuren disputiert, muss er sich von ihr an den Kopf werfen lassen, in demselben nicht ganz richtig zu sein. (Iw 3011 f.) Schart Frau Minne drüben passenden Hofstaat um sich? Im *Morîz von Crâun* wird ihr Unternehmensberater vorgestellt: *Schade ist Minnen râtgebe*. (MC 332) Als Enite sozial aufsteigt und standesgemäß ausstaffiert wird, gibt *vrouwe Armuot* verschämt ihr Haus auf, *Rîcheit* zieht ein. (Er 1585) Leise Dämonie schwebt im Äther, charakteristisch für die alte Literatursprache.

„Bezeichnungen, die sich auf Nichtdingliches beziehen, aber auch Vorgangsbezeichnungen neigen im Mittelhochdeutschen dazu, diesem Phänomen die Gestalt von Wesenheiten zu verleihen. Einiges davon mag, erstarrt und sinnentleert, das Mittelalter überlebt haben, im Mittelalter aber stand diese Art des Bezeichnens wiederum in einem Zusammenhang, der anders gelagert war als in der modernen Sprache. Die Personen mittelhochdeutscher Dichtung sind häufig von Wertbezeichnungen wie von Wesenheiten umgeben. So heißt es von Parzival, er sei *der tumpheit genôz*; oder von Keu, er sei der *werdekeit genôz*; vom Teufel kann man sagen, dass *untriuwe* ihn nicht meide; von der vorbildlichen Dame heißt es, dass eh und je *triuwe* ihre Begleiterin sei. In vielen dieser Fälle mag dies auch ein Stilistikum sein, eine auch von der Poetik angeregte Tendenz zur

Personifizierung. Man möchte auch an den philosophischen Realismus denken, an eine Art vornominalistischen Glaubens an die Existenz der Allgemeinbegriffe; eine altertümliche, von aller Philosophie unabhängige Sicht des Seelischen und Ethischen etc. ist aber mitzubedenken; Beispiele aus dem Altnordischen können in diesem Zusammenhang interessantes und ähnlich gelagertes Material liefern, wenn es dort z. B. von einem Gewalttäter heißt, *vighugr var á honum*, die mächtige Absicht, einen Totschlag zu begehen, kam also über ihn; die Tötungsabsicht wird gleichsam als Macht außerhalb des Menschen existierend angesehen, wogegen in der modernen Auffassung einzig und allein aus dem Inneren des Menschen diese Kräfte kommen. Wenn es im Mittelhochdeutschen heißen kann, *ein lachen wart getân*, so ist das, bei gleichzeitig durchaus vorhandener verbaler Fügung, nicht einfach gleichzusetzen mit dem verblassten modernen Ausdruck, er stimmte ein Gelächter an, sondern verweist auch auf altertümliche Erlebnisweisen.“ (Wolf 1986, 257) Ach, bitte – Ihr Pilgerpfad fühlt sich verlassen. Auch wettert Frau *Grâmaticâ* schon zum dritten Mal – die mächtige Absicht, einen Totschlag zu begehen, braut sich um Madames Brauen zusammen. *du bist ein weterwîser man!* – Was Wunder um Euch rum. – Schmoll?

Einfaches Demonstrativpronomen und bestimmter Artikel

[§ 217] Das Mittelhochdeutsche verfügt über ein einfaches sowie ein zusammengesetztes Demonstrativpronomen. Das einfache dient wie im Neuhochdeutschen auch als bestimmter Artikel (und als Relativpronomen: → S. 125).

[§ 409] Nicht immer ist die Trennlinie zwischen Demonstrativpronomen und Artikel klar. Man nimmt an, dass mit dem häufigen Gebrauch die ursprünglich deiktische (hinweisende) Bedeutung des einfachen Demonstrativpronomens abgeschwächt wurde. Es entwickelte sich funktional allmählich zum bestimmten Artikel. – Die Formen bereiten keine Schwierigkeiten, einzig bei ***diu*** können Verwechslungen passieren.

	Singular			Plural	
	Maskulinum	Femininum	Neutrum	Mask./Fem.	Neutrum
Nominativ	*der*	***diu***	*daz*	*die*	***diu***
Genitiv	*des*	*der*	*des*	*der(e)*	
Dativ	*dem(e)*	*der*	*dem(e)*	*den*	
Akkusativ	*den*	*die*	*daz*	*die*	***diu***

Wieder zentrale Hinweise zu **Syntax** und **Semantik**. [§ 218] Die deiktische Bedeutung des Pronomens wurde durch die semantische Entwicklung nicht völlig aufgelöst. Deutlich wird das beim anaphorischen (zurückweisenden) Gebrauch.

Er	Gr	AH	Iw	MC	Pz	Tr	Da	Hb	Pn
1461	167	100	351	41	41 23	8705	1330	928	684

Auf die ursprünglich deiktische Bedeutung deutet auch hin, dass das Substantiv im Mittelhochdeutschen recht häufig artikellos bleibt, wo im Neuhochdeutschen der Artikel gesetzt wird. Betrachten wir die verschiedenen Möglichkeiten.

[§ 421α] Bei einem **artikellosen Substantiv** im Singular wird ein Begriff oder ein bestimmter Sachverhalt unter generalisierendem Blickwinkel betrachtet.

Er	Gr	AH	Iw	MC	Pz	Tr	Da	Hb	Pn
2945	2551	198	355	925	1 1	5023	4427	322	23

[§ 421β] Bezeichnet ein Substantiv Singuläres, zum Beispiel *erde*, *got*, *himel*, *werlt* oder *wilde*, kann es nach einer Präposition wie *durch*, *gegen*, *ûf*, *ze* u. a. artikellos erscheinen.

356	1047	25	1381	1325	392 30	2588	3683	1596	620

Wird ein Substantiv in einem generalisierenden Sinne verwendet, kann es nach einer Präposition artikellos sein; auch in Präpositionalgefügen wie *durch schimph* ‚zum Spaß', *über lant*, *von wâne* ‚aus Ahnung', *vür houbetsünde* ‚gegen Todsünde', *ze tal* ‚hinunter'.

1188	3398	152	746	1394	7 10	412	1270	127	18

[§ 421γ] Sind zwei Substantive durch *und* formelhaft verbunden, bleiben sie artikellos. Sie werden dann generalisierend betrachtet.

2502	3523	77	3153	410	5 14	517	2319 f.	967	704

[§ 421δ] Bezeichnet ein Substantiv im Genitiv eine Beschaffenheit oder eine Eigenschaft, bleibt es oft artikellos. Dieser Genitiv der Eigenschaft kann mit *sîn* oder *werden* konstruiert sein: *der roc was grüener varwe*. (Er 324) [§ 370] Oder das Substantiv im Genitiv steht neben einem zweiten Substantiv, das oft artikellos gemäß dem ersten Fall oben ist.

4284	2607	1316	7808	53	8 11	11102	4418	493	954

Das Verstehen der oft undurchsichtigen mhd. Genitive ist einer der Schlüssel zu höheren Weihen im Übersetzen. (Genitiv der Eigenschaft: → S. 153 und 157)

[§ 420] Bei manchen Beispielen oben ist auch im Neuhochdeutschen artikelloser Gebrauch des Substantivs möglich, bei andern nicht. Es bleiben Unterschiede zum Mittelhochdeutschen. Schwierig ist die Erfassung der Nuancen, „weil das Nhd. zwar über die gleichen formalen Ausdrucksmittel wie das Mhd. verfügt (artikelloser Gebrauch des Substantivs, bestimmter Artikel, unbestimmter Artikel), aber das Bezeichnungssystem z. T. leicht, z. T. beträchtlich verschoben ist, verglichen mit dem des Mhd." (Paul u. a., 383)

[§§ 218 Anm. 7/366 5.] Abschließend zum Genitiv Neutrum ***des***. Die Form bezieht sich oft zusammenfassend auf einen geschilderten Sachverhalt, eine Feststellung, eine Überlegung, bevor eine Konsequenz entfaltet wird. Die Bedeutung ist dann etwa ‚in Bezug darauf', ‚diesbezüglich', ‚dessen'. Häufig lässt sich die Bedeutung präzisieren zum kausalen ‚deshalb' oder ‚deswegen', seltener zum temporalen ‚seither', ‚seitdem'. Das *des* kommt auch in kataphorischer (vorausweisender) Funktion vor.

4036	3	145	1072	1081	22 18	4558	1243 f.	288	186
8890	4000	608	1540	1205	80 13	17324	4613	530	448

ander - *jener* - *selp*

Diese drei einfachen Demonstrativa haben hinweisende Bedeutungen. – [§ 220] ***ander*** wird in der Bedeutung ‚zweite' gebraucht als Ordinalzahl (→ S. 197), ferner adversativ: das eine – das ‚andere'; demonstrativ: das ‚andere' von zweien; schließlich auch das ‚nächste', ‚folgende', ‚sonstige'.

Er	Gr	AH	Iw	MC	Pz	Tr	Da	Hb	Pn
1400	325	365	2200	719	56 16	820	1626	823	397

[§ 221] ***(j)ener/jeniu/jenez*** „weist auf das Entferntere hin". (Paul u. a., 227) Die Opposition ‚näher versus ferner' ist nicht in jedem Fall zwingend; so meint etwa *dirre vlôs jener gewan* (Pz 77 29) einfach verallgemeinernd: ‚Einer verlor, ein andrer gewann.'

2554	2093	–	3107	882	171 20	3912	3485	73	2077

Im *Helmbrecht* erscheint 7-mal *ener* für *jener*, das nur 2-mal vorkommt, darum dieses Beispiel. In Er 942 verweist *jener* auf den eben Genannten. In Er 9313 f. wäre *jenen* ohne deiktischen Verlust durch *in* ersetzbar, vermutlich hat es aber pejorativen Sinn: ‚den da'.

[§ 222] Schließlich verweist ***selp*** auf das Gemeinte zurück. Je nach Kontext passen die Bedeutungen ‚selbst', ‚persönlich', ‚eigenhändig', in Verbindung mit dem Possessivpronomen ‚eigenes', mit dem bestimmten Artikel ‚erwähntes', ‚ebendas', ‚vorliegendes'.

114 3389	1089 3498	26 1162	130 3996	1348 1502	6 16 19 6	1022 4475	124 157	484 797	408 529

Das zusammengesetzte Demonstrativpronomen

[§ 219] Dieses Pronomen hat hinweisende Bedeutung: ‚dieser/diese/dieses', selten ‚vergangener', ‚der andere'. (Er 702, 7304 ff.) Es entstand aus dem einfachen Demonstrativum (→ S. 121) und der hinzugetretenen deiktischen Partikel *se*. Beispiele erübrigen sich.

	Singular			Plural	
	Maskulinum	Femininum	Neutrum	Mask./Fem.	Neutrum
Nominativ	*dirre, diser*	*disiu*	*ditz(e), diz*	*dise*	*disiu*
Genitiv	*dises, disse, dis*	*dirre*	*dises, disse, dis*	*dirre, diser(e)*	
Dativ	*disem(e)*	*diser(e)*	*disem(e)*	*disen*	
Akkusativ	*disen*	*dise*	*ditze, diz*	*dise*	*disiu*

Pilgerpicknick: Das Interrogativpronomen

[§ 223] Dieses Pronomen wurde auf Seite 79 bereits vorgestellt, dort finden Sie auch Beispielverse bezeichnet. – Das Interrogativpronomen weist nur wenige Formen auf: Ein Plural entfällt, Maskulinum und Femininum sind identisch, das Neutrum weicht nur bei Nominativ und Akkusativ ab.

	Maskulinum u. Femininum	Neutrum
Nominativ	*wer*	*waz*
Genitiv	*wes*	***wes***
Dativ	*wem(e)*	*wem(e)*
Akkusativ	*wen*	*waz*

[§ 366] Der Genitiv Neutrum ***wes*** kann die kausale Bedeutung ,weshalb' annehmen.

Er	Gr	AH	Iw	MC	Pz	Tr	Da	Hb	Pn
77	1001	–	6980	–	119 13	18524	5570	–	–

Zum Instrumental *wiu* siehe Seite 79 unten; zu den Formen *wâ*, *wan*, *wannen*, *war*, *wie* siehe Seite 80.

„Mittelalterliche Pilger haben ihre Reise möglicherweise gar nicht als so strapaziös erfahren [...]. Auch deshalb darf man die Lichtseiten nicht vergessen, die dem Wallfahrer den langen Gang versüßen konnten. Dazu gehörten sicher die Freuden der Tafel, wie der Pilgerführer nach Santiago wiederholt unumwunden einräumt. Dazu dürften auch anregende Gespräche gehört haben, angenehme Überraschungen in Herbergen, unerwartete Hilfen bei der Überquerung von Flüssen und Gebirgen. Es sei dahingestellt, wie weit man sich an den Wundern der Schöpfung gefreut hat, an einer majestätischen Landschaft, an einem prächtigen Schmetterling oder einer ungewöhnlichen Blume." (Ohler 1994, 118 f.)

Welch wunderträchtig Plätzchen hier! Ruhen wir übern Mittag? Diese Sonne brennt so heiß. Mögen Sie ein Schnippelchen Birne? *gerne, der mirz gît.* Darf man fragen, was Sie da – *diz ist ein *hammeburgære guot. welt ir iht kosten?* Zu gütig, aber ´n Gelübd – *nû ezzet durch den willen sîn!* Also wenn Sie meinen – *diz sint seltsæniu dinc!!* (Bitte nit stören, Madame.)

Die Pilger (Kupferstich von Lucas van Leyden, 1508)

Das Relativpronomen

[§§ 224/410/412] Die Pronomen *der*, *diu* und *daz* erhalten durch ihre Stellung im Satz relativische Funktion. Wir sind ihnen ja bereits begegnet, ebenso den verallgemeinernden Relativpronomen *swer*, *swaz*, *swelch* und *sweder*. (→ S. 78) Hingewiesen sei an dieser Stelle auf **syntaktische Unterschiede** zum Neuhochdeutschen.

[§ 453] Irritieren kann der **Zusammenfall** des Bezugsworts im übergeordneten Satz und des Relativpronomens in einer Form. Für unser Sprachgefühl fehlt eines von beiden, die Form ‚sollte' doppelt erscheinen. Beim Übersetzen wird also ergänzt: ‚dieser, der ...' oder ‚die, die ...' oder ‚das, dessen' oder ‚das, was' usw.

Er	Gr	AH	Iw	MC	Pz	Tr	Da	Hb	Pn
3584 4	1759 1	1222 1	4276 3	851 4	694 *18* 3	13193 4	1625 3	1837 2	2012 1

Ein solches Relativpronomen kann den Fall haben, den der übergeordnete Satz fordert, oder dann den, der vom Relativsatz gefordert ist. Differieren diese Kasus, stimmt das Relativpronomen nur für einen Satz, während zum andern hin **Inkongruenz** (Nichtübereinstimmung von Zusammengehörigem im Satz bezüglich Geschlecht, Fall und Zahl) herrscht. Vor dem Pronomen kann eine Präposition stehen. Übersetzt wird zum Beispiel mit ‚der, dem', ‚das, dessen', mit Präposition etwa ‚von dem, was', ‚an der, die' usw.

167 4	1592 3	762 4	4277 1	584 1	71 *5* 1	1134 1	369 3	442 2	(1146 1)

Der *Pantaleon* KONRADs VON WÜRZBURG zeigt öfter Doppelbezeichnung des Pronomens. „Man versteht [...], dass die Doppelbezeichnung gefördert wurde, weil man die Inkongruenz zwischen den unterschiedlichen Kasus, die der übergeordnete und der abhängige Satz erfordern, als störend empfand." (Paul u. a., 417)

Ein Menschenfreund? Das Indefinitpronomen

Ultreia! Der Pilgergruß. Das Ziel ist nimmer weit. Der Filou klingt nach der berühmten Hauptstadt aller direktwerbungsfrohen Sanguiniker. Pilgerprügel schön einsatzbereit? *Meine Brüder, ich bin ein glücklicher Bürger dieser Stadt und bin nicht gekommen, um mir Kunden zu verschaffen. Wenn ihr eine gute Herberge haben wollt, quartiert euch in meinem Haus ein. Sagt meiner Frau und meiner Familie, sie mögen euch mir zuliebe gut versorgen. Ich werde euch ein Merkmal verraten, das ihr ihnen zeigen sollt.* Ein familiäres Haus wäre nach der großen Anstrengung natürlich – was denn! Ihnen händigt der seinen Ring aus!? Diese indefinite Frohnatur ist doch – Pessimismus, wirk das Optimum.

[§ 413] Die Gruppe der Indefinitpronomen umfasst Wörter, die unterschiedlichen grammatischen Kategorien zugehören. Vom Althochdeutschen zum Mittelhochdeutschen ist eine rege Entwicklung bei Bildungsweisen, Formen und Bedeutungen im Gang. Aufgrund der gemeinsamen Bedeutungskomponente, des Nicht-genau-Ein-oder-Ausgegrenzten oder des überhaupt Grenzenlosen, zählen sie primär vom Inhalt her zu einer Gruppe.

[§ 225] Das wesentliche Bildungsprinzip ist die Verbindung von **Simplicia** mit Präfixen. Einfache Grundwörter wie *ein*, *man*, *sum*, *lîch*, weiter auch die für sich noch nicht indefiniten Pronomen *wer*, *waz*, *weder*, *welch* werden mit den Präfixen *ete(s)*, *de(c)h*, *ie* oder *ge* verbunden. Zu den indefiniten Simplicia stoßen indefinite **Komposita**.

Die Tabelle nennt die im höfischen Mittelhochdeutschen üblichen Indefinitpronomen. Ist ein Indefinitpronomen Stellvertreter eines Substantivs, wird es **substantivisch** verwendet: *wan dâ verlür maneger an* ‚Denn daran ginge mancher zugrunde.' (Er 3171) Als Begleiter eines Substantivs dagegen wird es **adjektivisch** verwendet: *diu gewinnent manege süeze zît* ‚Die gewinnen viel innige Stunden.' (Iw 8147) Hier zwei Beispiele, falls belegt je eines für substantivische und für adjektivische Verwendung.

Pronomen	Bedeutung	Er	Gr	AH	Iw	MC	Pz	Tr	Da	Hb	Pn
al [§§ 231/392]	all, ganz	1277 2664	143 227	80 136	229 3807	1207 1649	3 5 29 25	3038 15533	1305 4410	353 550	1001 1055
dehein [§§ 229 f.]	kein	2380 4246	60 2182	281 1143	102 517	185 601	15 6 30 13	5890 11079	426 468	664 877	544 795
[§ 417] [§ 437]	irgendein, auch nur d. geringste	2346 6625	707 880	219 454	141 589	1138 1736	7 21 291 16	95 3503	1439 7249	142 171	1278 –
deweder [§ 229]	keiner von beiden	785 6869	3191 –	882 –	3010 4098		275 25 747 14	888 13623	1643 1421		
[§ 415] [§ 437]	einer von beiden	8492 –			7318 –		575 10 703 30	14333 –	5796 –		
ein (→ S. 127) [§§ 229/417]	(irgend-)ein, ein bestimmter	1321 1619	1864 2959	91 1487	1037 1049	15 505	575 17 600 21	164 3137	650 6935	254 528	396 756
ete(s)lîch [§§ 228 f./416]	irgendeiner, mancher	3894 6886	469 1829	168 –	1763 2687		702 23 722 5	4134 7630	2439 5927	415 –	84 1670
et(e)(s)waz [§§ 232/415]	(irgend-) etwas, ein wenig	7518 7921	1982 2468					1067 3762	1339 4838		
et(s)(e)wer [§§ 229/415]	irgendwer		2511 2576		1826 4518		86 8 577 9	4508 7628	4142 –		
ie(g/s)(e)lîch [§§ 226/416]	jeglicher, jeder	2031 7724	808 3146	1423 –	624 3372	1101 1323	108 7 173 22	647 14296	5187 6598	1561 1568	
iem(a/e)n [§§ 227/418]	(irgend-)jemand (→ S. 68)	423 6295	612 1670	229 235	960 2826	252 1311	41 20 195 13	4662 5897	31 8318	134 323	405 1354
ie(t)weder [§§ 226/415]	jeder von beiden, jeder	1554 4479	2117 3413		6974 7102	644 –	313 24 538 7	5651 8154	190 275	407 1346	
iht [§§ 232/418]	(irgend-) etwas (→ S. 68)	709 1007	986 1303	9 –	49 2917	545 1427	24 6 369 14	2486 2808	513 7282	1564 1637	885 –
kein [§§ 230/417]	keiner (→ S. 65)	517 943	504 –		132 258	711 1192	30 17 316 15	2799 3668	2164 4666	1065 1642	1392 1474
man [§§ 227/418]	man, einer	179 1076	54 85	26 120	26 52	1208 1618	3 22 4 25	284 668	11 26	24 40	3 1575
m(a/e)n(e/i)c [§§ 228/392]	viel, manch, manch einer	211 2616	2351 2668	6 703	1420 3452	32 384	10 4 12 18	646 5509	3836 5040	53 113	1204 1516
m(a/e)nneclîch [§§ 226/416]	jeder, jedermann	671 2446			63 4694		393 24 397 9		261 4396		
nehein/enhein [§ 417]	kein, irgendein						581 16 612 17		370 5620		
niem(a/e)n [§§ 227/418]	niemand	193 216	169 2249	200 1287	41 205	36 731	11 4 224 21	4659 5326	5660 6022	324 384	
niht [§§ 233/418]	nichts	84 8936	700 1957	230 713	2125 2127	141 358	117 6 523 16	3 14888	213 2879	146 665	1261 1651
s(o/e)l(î)(c)h [§§ 223/225]	solcher, derartiger	358 962	271 2341	381 752	51 548	898 1271	255 5 509 11	1923 1949	2008 5387	188 1447	

sume/sumelîch [§§ 228/414]	einige/mancher irgendeiner	4220 7635									
unmanec	wenig, kaum ein (→ Wb!)	8748 –	825 1152		3530 –			5770 –			

[§ 231 Anm. 1] Die Form *älliu* bzw. *elliu* zu *al* begegnet bei HARTMANN, WOLFRAM und GOTTFRIED dutzendfach. Es handelt sich um einen Nominativ Singular Femininum – *älliu sündigiu diet* ,die ganze sündige Schar' (Gr 57) – oder um einen Nominativ/Akkusativ Plural Neutrum – *er was der schœnste über elliu lant* ,Er war der Schönste von allen Ländern.' (Pz 258 3) [§ 392 Anm. 2] Steht *al* mit bestimmtem Artikel bzw. Possessivpronomen und Substantiv, bleibt es häufig flexionslos: *ich sagez al der werlde wol daz er ein vuntkint ist* ,Ich erzähls glatt aller Welt, dass er ein Findling ist!' (Gr 1322)

Auf *dehein* kann das Possessivpronomen folgen: *in enhete dehein sîn bôsheit in dise armuot geleit* ,Keinesfalls eigene Verfehlung hatte ihn in diese Armut gestürzt.' (Er 406 f.) [§ 419 Anm. 2] Bei HARTMANN folgt bisweilen auf *dehein* das Demonstrativpronomen *der/diu/daz* plus Substantiv: *ichn hôrte dâ ze hove sagen dehein daz mære daz iuwer iht wære* ,Ich hörte da am Hof keine [die] Meldung, die Euch betroffen hätte.' (Iw 4272 ff., 375, 3728; AH 33) *der/diu/daz* ist stützendes Bezugswort des Relativsatzes.

Nach der grammatischen Zugehörigkeit unterscheidet man drei Flexionsweisen. Wie das Interrogativpronomen (→ S. 124) flektieren *deweder*, *etewaz*, *etewer* und *ietweder*. Wie das Grundwort *man* (→ S. 139, C) bzw. *wiht* ,Ding' (→ S. 139, C; 141, C) flektieren *ieman*, *man*, *nieman*, *iht* und *niht*. Wie das starke Adjektiv (→ S. 170 f.) flektiert der Rest.

Der unbestimmte Artikel *ein*

[§ 423] Der unbestimmte Artikel flektiert wie ein starkes Adjektiv. (→ S. 170 f.) Er kann substantivisch und adjektivisch (→ S. 126) verwendet werden. Die Abgrenzung gegen das Indefinitpronomen fällt oft schwer. Im **Nominativ Singular** steht nur ***ein***: *ein mûs* ,eine Maus'. Auch im Akkusativ Singular Femininum begegnet diese flexionslose Form.

Er	Gr	AH	Iw	MC	Pz	Tr	Da	Hb	Pn
1933	651	17	203	1703	2 19	5701	570	109	20

[§ 229 Anm. 1] Die Form *eim(e)* ist durch Synkope und Assimilation aus *eineme* > *einme* > *eimme* > *eime* entstanden [§ 54 b], *ze eim* wird zu *zeim*. (Beispiele: Gr 1561, Pz 134 21, 396 16, Tr 164, Pn 286)

Es gibt semantische und syntaktische **Unterschiede** zum Neuhochdeutschen. Machen Sie sich anhand folgender Stellen mit „auffälliger Verwendung" (Spitzer 1956, 285) bewusst: Mhd. *ein* wird u. U. leicht anders gebraucht als der nhd. unbestimmte Artikel.

Erfassen Sie die Stellen zunächst intuitiv: Was könnte *ein* bedeuten? Ordnen Sie dann die Erscheinungen den Beschreibungen auf der nächsten Seite zu. Nicht jeder Text bietet aber jedes Phänomen. Gibt es Unterschiede zu Ihrer ,neuhochdeutschen' Intuition?

602 1626 7703 8943 9969	54 379 2295 2302 3753	103 164 1002 1184 1240	433 653 1315 3361 3379	120 145 327 510 1143	3 8 256 27 501 20 605 16 747 26	1318 2017 5395 13886 15228	744 3994 4176 4234 4415	10 482 619 1330 1567	250 278 662 1308 1992

[§ 422] **Abstrakta** wie *ende, ernest, güete, list, lop, mære* (im Sinne von ‚Nachricht‘), *nît, rât, site, slâf, unmanheit, urloup, zît* u. ä. kommen mit dem unbestimmten Artikel vor, wenn das Abstrakte auf die geschilderte Situation hin konkretisiert wird. Beim Übersetzen lässt man den unbestimmten Artikel in manchen Fällen weg. In anderen Fällen scheint eine Übersetzung mit ‚ein bestimmter‘, ‚jener‘ o. Ä. geboten.

[§ 423 α] Der unbestimmte Artikel bei einem **natürlichen Stoff** bezeichnet eine Teilmenge, die aus der Gesamtmenge hervortritt: *ein asche, ein blî, ein boumwol, ein erde, ein galle, ein gras, ein hagel, ein hâr, ein îs, ein melm, ein snê, ein regen, ein wahs, ein wazzer*. Im Neuhochdeutschen ist der artikellose Gebrauch üblich.

Bei einem **Vergleich** kann statt eines Materials im Ganzen eine Konkretion davon genannt werden, so dass der Vergleichsumfang eigenartig eng wirkt. Etwas ist in der Farbe nicht ‚wie braunes Glas‘ generell, sondern *als ein brûnez glas* (Er 8943), leuchtet *als ein glüendic gluot* (Pz 81 22) oder ist *wîz alse ein niuwer snê*. (Pn 1198 f.)

[§ 423 β/γ] Selbst wenn ein **Gegenstand voraussetzbar**, eine Person **schon eingeführt** ist, ist unbestimmter Artikel möglich: *[...] und beslôz im vor die tür und warf einen rigel vür* ‚und verschloss ihm die Tür und warf den Riegel vor‘. (AH 1184, vgl. Hb 1792) Im *Nibelungenlied* begegnet dies *ein* bei Appositionen zu Personennamen. Von Kraus erklärt das stilistisch: „der dichter kann sich in die handlung oder in die redenden personen so sehr hineinleben, dass er jede rücksicht auf den leser beiseite lässt und so erzählt oder reden lässt wie die handlung vor sich gieng, oder wie die personen sahen, hörten oder sprachen.“ (1930, 14)

[§ 423 δ] Weiter kann der unbestimmte Artikel im **Plural** stehen, meist als *einen*. Auch hier wird semantisch die Unbestimmtheit je nach Kontext in verschiedenem Ausmaß eingeschränkt, von ‚gewisse‘ über ‚besondere‘ bis zu ‚einmalige‘. (Gr 3753) Meist ist mit Singular zu übersetzen.

[§ 424 Anm. a)] Vor dem Substantiv kann auf den unbestimmten **zusätzlich der bestimmte Artikel** folgen. Er stützt und verdeutlicht in manchen Fällen den Anschluss eines nachfolgenden Relativsatzes und hat so syntaktische Funktion.

[§ 424 Anm. b)] Hinzu mag eine erzähltechnisch-stilistische Funktion kommen, wo eine Hyperoché eingeleitet wird. Die **Hyperoché** (gr.: ‚Übermaß‘) ist eine rhetorische Figur der Überbietung. Von einem Ding, einer Person wird enthusiastisch gesagt, es oder sie übertreffe alles Vergleichbare: *diu was ein diu schœniste maget von der uns ie wart gesaget* ‚Die war die allerschönste Jungfrau, von der uns je erzählt wurde.‘ (Er 310) Bei entflochtener Konstruktion folgt dem Substantiv mit unbestimmtem Artikel der bestimmte Artikel mit Superlativ: *dâ lac ein burc, diu beste diu ie genant wart ertstift* ‚Da lag eine Burg, die beste [von] irdischer Architektur.‘ (Pz 403 18 f., auch Da 2296 f.)

Zusammenfassend lässt sich als Tendenz festhalten, dass „die ältere sprache zum unbestimmten Artikel greifen“ kann, „während die heutige dem bestimmten den vorzug gibt.“ (von Kraus 1930, 22) Beim **Übersetzen** dürften manche Bedeutungsnuancen einer auffälligen Verwendung von mhd. *ein* verloren gehen. Grundsätzlich hat das ‚hervorhebende *ein*‘ die „function, ein einzelnes wesen oder eine einzelne sache aus der betreffenden gattung herauszuheben“. (a. a. O., 21) Dabei ist vom Kontext auszugehen und Manier zu vermeiden.

[§ 234] Schließlich noch zu zwei speziellen Bedeutungen von *ein*. Der unbestimmte Artikel wird leicht mit dem **Zahlwort** *ein* (→ S. 193) verwechselt.

Er	Gr	AH	Iw	MC	Pz	Tr	Da	Hb	Pn
309	54	532	2452	722	7 5	16135	3797	349	419

[§ 229 Anm. 1] Mit der Bedeutung ‚allein', ‚einsam', ‚für sich', ‚frei von', ‚herausgehoben', ‚privat', ‚verlassen' kommt nicht selten ***eine*** vor. Es wird als Adverb oder Adjektiv gebraucht und flektiert meist schwach; stark oft nach dem Genitiv des Personalpronomens: *er erfrüre, wærn sîn eines drî* ‚Er erfröre, gäbs von ihm allein drei.' (Pz 449 5)

2317 2470	143 2421	262 343	2878 8050	971 1704	4 7 5 10	4609 19495	90 521	470 1620	–

Pilger baden im Jordan. (Le livre des merveilles, Bibliothèque nationale de France, Paris)

Hinter dem Hügel da liegt das – Ziel!! Darum gibt es Gelegenheit zur grammatischen Geisttaufe oder zu einem spritzigen Flussbad im Jordan der Allegorie. „Man wollte sich erfrischen, gewiss; viel wichtiger war jedoch die Gewissheit, in das Wasser einzutauchen, mit dem Johannes Jesus getauft hatte." (Ohler 1994, Kommentar Tafel V.) Warum sind Sie denn plötzlich so wasserscheu? Das ist nur Sprachwasser. Lassen Sie sich da stellvertreten? Ja? Schad. Na, schadet nichts, wenn einer alle die allegorischen Mäntel und Taschen und Hüte hütet. Aber unallegorisch.

Nimmermüde Spracherweckte! Notorisch Motorische. „Am Rand des Weges, der zu einem großen Wallfahrtsort führte, gab es den >Freudenberg<, von dem aus man zum ersten Mal das Ziel sehen konnte; endlich durfte man in verdienten Jubel ausbrechen." (a. a. O., 184) Von dieser Kuppe aus sieht man nun gleich – die Turmspitze! Stadt der Sehnsucht – der Träume – der Wahrheit. – Jubeln jetzt!! – Edle steigen hier vom Pferd. Die andern gehn das letzte Stück barfuß. Was dem einen die Schuhe, sind dem andern die Füße, hat alles seine Ordnung. – Wie bitte? – Nein, die Hufeisen bleiben dran. – Also dann, bis morgen früh bei der Kathedrale, vor dem Ruhmesportal. Genau, auf der Westseite. – Der Himmel, wirkt er nicht beinah greifbar nah heute Abend? *als ob an einer vinstern naht die sterne wæren unbedaht.* Am Ende habt Ihr ein gutes Herz, Madame. *hüetet iuch vor zolle ûf dem wege.*

Am Ziel

waz touc uns diu vart? Sieht man dem Nützlichen den Nutzen sofort an? Dem Unnützen Fruchtlosigkeit? Was ist der Sinn einer Sprachpilgerreise 800 Jahre in die Vergangenheit? Das Textverständnis als wissenschaftliche Basis? Die „Freude der eigenen Sinnerkenntnis" (Sowinski 1992, 12) beim Übersetzen? Sprachverwurzelung à la recherche de la langue perdue? Nachdenken über Sprache als Medium der Heilung? Was befinden Madame? *nû jaget selbe swaz ir welt.*

Grammatik betreibt man tunlichst nicht zum Selbstzweck, selbst mittelhochdeutsche nicht. Bei Evaluationen hat sich gezeigt, dass in sprachdidaktischer Hinsicht die Themen dieses Kapitels für das Textverständnis erst vertiefend lernrelevant sind. Denn vieles ist intuitiv verständlich oder findet sich im Wörterbuch. Man verifiziert hier Grammatikhypothesen, lernt das Nuancieren, strebt **höhere Weihen** an. Sie haben etwa ein Substantiv im Plural als Singular missverstanden, da gehen Sie das Thema Substantive systematischer durch. Der tiefere Pilgerweg beginnt bekanntlich am Ziel – viele lassen sich weder Gaunerwirte noch Kirchentraum noch Reliquientranslation entgehen. Sonst wäre jetzt die Metrik ab Seite 199 anzusteuern. Heimwärts durch 800 Jahre Zauberwald. Bruchfest, Ihr Knüttel?

Das Substantiv

Einleitung

Unter semantischem Blickwinkel rücken Substantive Konkretes und Abstraktes vor Ihr geistig Auge. Die meisten Substantive der folgenden Beschreibung rücken Konkretes bis verdammt Konkretes davor. Treten wir durchs himmlische Portal. „Eine Flut von Eindrücken stürmte auf den ein, der sich langsam dem Grab des Heiligen näherte: das Gedränge erwartungsvoller Menschen; mystisch flackerndes Licht von Kerzen und Öllampen, die sich in den Edelsteinen spiegelten; Erzählungen von wunderbaren Heilungen; an der Wand Krücken derer, die ohne Stütze hatten heimgehen können; vorne der Korb, in dem ein gelähmtes Kind herangetragen worden war, das hier ebenfalls Heilung erfahren hatte; Verkrüppelte, Verwachsene, Blinde ... Viele Kranke litten an mehreren Gebrechen; manche waren kaum noch als Menschen zu erkennen – gelegentlich wird in den Protokollen offen eingeräumt, ein Mädchen mit einem grässlich verunstalteten Kopf habe einen »grausigen Anblick« geboten; in den Elisabethmirakeln ist einmal von einem »Scheusal« *(monstrum)* die Rede. Abstoßend waren offene, schwärende Wunden, ekelerregend der Gestank von Urin und Kot, trocknendem Eiter und Blut." (Ohler 1994, 186 f.)

Unter morphologischem Blickwinkel sind Substantive nach Geschlecht (Genus), Fall (Kasus) und Zahl (Numerus) bestimmbar. Bei der Bestimmung tauscht man die intuitive Erfassung und die Inhalts-Optik gegen die explizite Analyse und die Form-Optik. Aus obigem »Scheusal« zum Beispiel wird dann ein sauberes Neutrum im Dativ Singular. Möge sein tiefer Schmerz tiefere Stillung gefunden haben –

Meist wird die Flexion (‚Beugung', Deklination) des mhd. Substantivs intuitiv richtig erfasst. Das Mittel- und das Neuhochdeutsche weisen nämlich „die gleichen Flexionsmittel" auf. (Stopp/Moser 1967, 84) Bei der Aufteilung dieser Mittel nach Kasus und Numerus (etwa ein -s im Genitiv, ein -er im Plural) gibt es zwischen den beiden Sprachstufen aber doch Unterschiede. Nicht immer kann unsere heutige Sprachkompetenz intuitiv erfassen, in welchem Fall das mhd. Substantiv steht oder ob nun Einzahl oder Mehrzahl vorliegt. Auch ist **Genuswechsel** nicht selten: *der bluome* verwandelt sich sprachgeschichtlich in ‚die Blume'. Zur Illustration Beispiele für verunsichernde Substantivformen.

Er	Gr	AH	Iw	MC	Pz	Tr	Da	Hb	Pn
1069 5	658 2	60 4	206 2	15 4	1 *8* 6	151 2	561 4	686 3	16 6
2091 2	746 5	101 6	930 3	83 4	2 *4* 3	255 4	563 6	692 4	403 4
2737 2	1504 3	152 5	3067 5	87 4	2 *7* 4	465 4	1452 2/4	752 6	420 6
2799 6	2322 5	1394 5	3441 2	119 5	35 *24* 5	3644 3	3229 6	970 3	1733 2
4286 4	3646 5	1427 2	3595 6	144 4	728 *19* 3	6737 3	3256 6	1137 2	1945 6

Der Kontext gibt vielfach kompensierende Informationen. Am Artikel kann man Geschlecht, Fall und Zahl eines Substantivs oft ablesen. Schwieriger ist das bei artikellosen Substantiven, besonders häufig im *Parzival.* Doch Pronomen, Adjektive, Zahlwörter, Präpositionen oder Verbformen helfen weiter oder gestatten zumindest Vermutungen. Allerdings bilden letztere keine seriöse Übersetzungsbasis. Die Darstellung der Substantivflexion soll Zweifel ausräumen und die Vernebelungsstrategien so genannt ‚freien Übersetzens' unnötig machen. Sie teilt die mhd. Substantive bestimmten Flexionsklassen zu.

Die Klassifizierung kann man **synchronisch** oder **diachronisch** darstellen. Je nach Sichtweise fällt die Klassifizierung anders aus. Die folgende Darstellung ist synchronisch. – Die Begriffe Synchronie und Diachronie seien kurz erklärt. Alsdann wird die diachronische Sichtweise der Substantivflexion skizziert, da sie in vielen mhd. Grammatiken tradiert wird. Eher praktisch interessiert? Vorrücken auf Seite 138.

Die terminologische Unterscheidung von Synchronie und Diachronie in der Linguistik geht auf FERDINAND DE SAUSSURE (1857–1913) zurück. Die synchronische Sichtweise betrachtet am Gegenstand Sprache das Gleichzeitige, den Sprachzustand an einem zeitlich fixierten Punkt in der Sprachgeschichte. Sie legt gleichsam einen Schnitt an einer bestimmten Stelle der Sprachgeschichte und beschreibt zum Beispiel das Lautsystem um 1200. In dieser Optik zeigt sich Sprache als ein strukturell beschreibbares System voneinander abhängiger Laute, Formen, Bedeutungen. – Die diachronische Sichtweise dagegen betrachtet am Gegenstand Sprache das durch die Zeit sich Entwickelnde. Sie verfolgt den Wandel und die Ersetzung der einzelnen Elemente im Verlauf der Zeit. Sie beschreibt zum Beispiel die Entwicklung eines Einzellauts vom Indogermanischen zum Germanischen über das Althochdeutsche zum Mittelhochdeutschen. In dieser Optik zeigt sich Sprache als eine Fülle von Einzelphänomenen, die evolutionär auseinander hervorgehenden. – Die neuere sprachgeschichtliche Forschung sucht Synchronie und Diachronie, Struktur und Evolution systematisch zu verbinden. (Vgl. Jäger 1998, 819; Linke u. a. 1991, 366 f., 369)

[§§ 174 f.] Wie werden die mhd. Substantive bei der diachronischen Sichtweise klassifiziert? Man blickt vom Mittelhochdeutschen des 12./13. Jahrhunderts rund 2000 Jahre zurück zum Urgermanischen und klassifiziert nach den alten (* = rekonstruierten) Verhältnissen. Beim germanischen Substantiv lassen sich drei Elemente im Wort unterscheiden: Wurzel, Stammauslaut und Flexionsendung. Zum Beispiel setzt sich die germanische Substantivform **daganz* (= Akkusativ Plural ‚die Tage') aus der Wurzel *dag-*, dem Stammauslaut *-a-* sowie der Flexionsendung *-nz* zusammen. Der Stammauslaut ist das für eine Klasse kennzeichnende Wortelement. Unser Beispiel hat den Stammauslaut *-a-*, es gehört demnach zur a-Klasse. Andere vokalische Stammauslaute sind *-ô-*, *-i-* und *-u-*. Sie gehören zur vokalischen oder starken Deklination, ebenso die Stammauslaute *-ja-*, *-wa-*, *-jô-* und *-wô-*, die durch Halbvokal *j* bzw. *w* erweitert sind. Zur konsonantischen oder schwachen Deklination dagegen gehören die Substantive mit Konsonant als Stammauslaut: *-iz-/-az-*, *-nd-*, *-r-* und *-n-*, ferner einige Substantive ohne Stammauslaut, Wurzelnomina genannt.

Wird nun ein mhd. Substantiv nach der diachronischen Sichtweise klassifiziert, dann ergeben sich Aussagen wie: ‚Das mhd. Substantiv *gebe* ‚Gabe' gehört zur ô-Klasse und wird dementsprechend dekliniert.' Leider sind solche Aussagen für Mittelhochdeutsch-Lerner kryptisch, da der ursprüngliche Stammauslaut *-ô* von germ. **gebô* ja längst nicht mehr erkennbar ist. Schon im Althochdeutschen und noch stärker im Mittelhochdeutschen sind nämlich die ursprünglichen vokalischen Stammauslaute zu *e* abgeschwächt oder ganz geschwunden. (Abschwächung der nicht betonten vollen Vokale: → S. 35) Das führt einmal zur Formengleichheit mancher Fälle innerhalb eines Paradigmas, ersichtlich im Beispiel unten. Vor allem aber lassen sich der ursprüngliche Stammauslaut und die Flexionsendung meist nicht mehr unterscheiden, womit das kennzeichnende Merkmal der alten Flexionsklassen aufgehoben ist. Die Klassen vermischen sich und ihre Anzahl geht zurück. Die Klassifizierung nach einem Stammauslaut ist für das Mittelhochdeutsche daher nicht mehr möglich.

Ohne profundeste lautgeschichtliche Kenntnisse ist eine diachronische Darstellung der Substantivflexion translatorisch wenig nützlich. Sie ist „für das Erlernen des Mittelhochdeutschen […] erschwerend" (Mettke 1962, 139 f.), stößt seit Jahrzehnten bei Lernenden auf „gesunde[s] Unverständnis". (Stopp/Moser 1967, 96) Diachronische Darstellung schreiben fort: Gerdes/Spellerberg 1991 (7. Aufl.), Sowinski 1992, Helm/Ebbinghaus 1995 (6. Aufl.), de Boor/Wisniewski 1998 (10. Aufl.), Weddige 1999 (3. Aufl.), Berner 2000 (8. Aufl. v. Schmidt) und Hennings 2001. Bei Paul u. a. (1998) wird auf die alten Klassen Bezug genommen, soweit sie rudimentär noch zu erkennen sind. Zugleich wird aber eine knappe synchronische Darstellung geboten.

[§ 191] Die **synchronische Darstellung** unterscheidet bei den Substantivformen zwei Elemente, den Stamm und die Flexionsendung. Beispiel gefällig? Am liebsten so ein urwüchsig genverbognes Scheusälchen, stimmts? Nervenstark? Schauen Sie – da – Gott!

		Singular			Plural	
		Stamm	Endung		Stamm	Endung
Nominativ	*daz*	*kint*	*ø*	*diu*	*kint*	*ø*
Genitiv	*des*	*kind*	*es*	*der*	*kind*	*e*
Dativ	*dem*	*kind*	*e*	*den*	*kind*	*en*
Akkusativ	*daz*	*kint*	*ø*	*diu*	*kint*	*ø*

[§ 193] Niemand ekle sich vor den üblichen Variationen im **Stamm**. Oben erscheint etwa die Auslautverhärtung (→ S. 49 f.) im Wechsel von *t* und *d*, ebenfalls begegnend bei *b/p* und *c/g*. Es können *ch* und *h* wechseln (→ S. 46) wie in *verch/verhes* ‚Fleisch/Fleisches'; es kann ein Konsonant verdoppelt werden wie bei *val/valles* ‚Fall/Falles'; es kann ein *w* im Auslaut schwinden wie bei *bû/bûwes* ‚Ackerbau/Ackerbaus'; schließlich kann ein *e* im Inlaut entfallen wie in *dienest/dienstes*. – [§ 192] Die **Flexionsendung** bezeichnet Kasus und Numerus, das Zeichen ø steht für Endungslosigkeit. Bei gleich lautenden Formen muss der Kontext Fall und Zahl signalisieren. Wie oben ersichtlich, kann bei den gleich lautenden Formen von *kint* der Artikel – als Minimalkontext – zwar den Singular vom Plural unterscheiden, nicht aber den Nominativ vom Akkusativ.

Die Endungen der Substantive ergeben ein **Endungsmuster**. Für *kint* sieht dieses Endungsmuster so aus:

			Singular		Plural
Nominativ	(= N)		*ø*	→	*ø*
Genitiv	(= G)	→	*es*		*e*
Dativ	(= D)		*e*		*en*
Akkusativ	(= A)		*ø*		*ø*

[§§ 176/186] Es gibt eine **starke** und eine **schwache** Deklination, aber keine gemischte wie im Neuhochdeutschen. Die von Jacob Grimm geprägten Benennungen ‚stark' und ‚schwach' erklären nichts, sind aber üblich. Die starken Substantive haben im Genitiv Singular und im Nominativ Plural – siehe Pfeile – nie die Endung *(e)n*, die schwachen haben sie ebenda immer; *kint* ist also stark und ein Neutrum. Im ‚Lexer' steht dafür stn., sw(m./n./f.) heißt schwach. Hier wird **stN, stM, swF** usw. abgekürzt.

Wir unterscheiden **vier Klassen** von Substantiven, drei sind stark, eine ist schwach. Während in den Klassen 1, 2 und 4 alle grammatischen Geschlechter vertreten sind, liegt bei Klasse 3 ein grammatisches Frauenkloster vor.

stark (st.)			schwach (sw.)
Klasse 1	Klasse 2	Klasse 3	Klasse 4
• Maskulina • Feminina • Neutra	• Maskulina • Feminina • Neutra	• Feminina	• Maskulina • Feminina • Neutra

Wo wir ´s starke *kint* hintun? Ins Kloster! Wie der Fuchs im Hühn– *daz sî dir widerseit!!* Gut, Klasse 1 oder 2. Man vergleiche ihre Muster für Neutra mit obigem Endungsmuster.

Klasse 1 Neutra		
Singular		Plural
ø	N	*ø*
(e)s	G	*(e)*
(e)	D	*(e)n*
ø	A	*ø*

Klasse 2 Neutra		
Singular		Plural
ø	N	(U)*er*
(e)s	G	(U)*er(e)*
(e)	D	(U)*er(e)n*
ø	A	(U)*er*

Sieht man von den Klammern ab, passt *kint* perfekt in Klasse 1. *diz schœne kindelîn!* Sie hören, Madame ist selber hin. Regelrecht. *daz wære schedelich verlorn.* Hat einen Narren an dem Balg gefressen. Die Weiber. *tumber gouch.* Kümmern wir uns ums Abstrakte.

Massenpanik in der Basilika: Das Flexiv

Die eben vorgestellte Art von klammerhaltigen Mustern heiße nicht Endungs-, sondern **Flexivmuster**. Zur Erklärung ist der Begriff ‚Flexiv' zu entwickeln. – Das Muster von Klasse 1 links formuliert die Flexionsweise aller neutralen Substantive in Klasse 1. Manche flektieren exakt wie *kint*, nämlich mit obligatorischem *e*. Andere flektieren nur im Prinzip gleich, nämlich ohne *e*. Und wieder andere flektieren auch nur im Prinzip gleich, nämlich mit fakultativem *e*. Als Beispiel diene das Feld des Genitivs Singular *(e)s*. Es hat drei Lesarten (lat. vel = ‚oder auch'):

A ‚Die Endung ist *s*.'
B ‚Die Endung ist *s* vel *es*.'
C ‚Die Endung ist *es*.'

Die Lesarten entsprechen Untergruppen von Substantiven. Die Formel oder das Flexiv *(e)s* beschreibt also den Genitiv Singular von drei Untergruppen neutraler Substantive in Klasse 1.

Klasse 1 Neutra	Genitiv Singular *(e)s*					
Endung	ohne *e*		ohne oder mit *e*		mit *e*	
Beispiel:	*sper-*	*s*	*leder-*	*(e)s*	*kind-*	*es*
Untergruppe	A		B		C	

Was hier für Klasse 1 gezeigt wurde, gilt auch für die Klassen 2–4. Die **Untergruppen A, B und C** erscheinen durchgängig.

Angenommen die Klasse eines fraglichen Substantivs ist richtig getroffen, das Genus nachgeschlagen. Woher weiß man beim Übersetzen, in welche Untergruppe es gehört? Wie flektiert es konkret? Das lässt sich an Merkmalen des Stammes (→ S. 132) ablesen, Genaueres folgt auf Seite 138. Im Moment ist nur wichtig: Die Verteilung auf A, B und C ist nicht chaotisch, sondern regelhaft abhängig von Stammmerkmalen.

Die Merkmale entscheiden, ob das *e* in der Endung vorhanden ist oder nicht, in anderen Fällen, ob ein Umlaut beim Stammvokal vorhanden ist oder nicht. Stets geht es um zwei Varianten eines Flexionszeichens. Sie erzeugen, wie gezeigt, drei Lesarten. So kann man (im Sinne v. Stopp/Moser 1967, 88 ff.) definieren: Das **Flexiv** ist eine abstrakte Formel, die die konkreten Endungen von drei Substantivuntergruppen, hervorgehend aus zwei Flexionsvarianten, in einem Flexionszeichen zusammenfasst.

Was das bedeutet? Hier kommt – Ach nein, kein *wurm*. Dafür ein monstrum trinitatis!!! *ob sîn eines wæren drî, die wold ich tœten eine*. Na, na, wer wird denn gleich, Neuntöterin. Es gibt neben *e(s)* noch eine ganze Reihe von Flexiven. Genießen wir die Artenvielfalt der Dreifaltigkeiten. Bei der Substantivbestimmung (→ S. 138) weichen wir ihnen dafür aus.

Flexiv	Zu lesen: ‚Die Endung ist je nach Merkmal im Stamm ...'						
(e)	*ø*	oder	*ø*	vel	*e*	oder	*e*
(e)s	*s*	oder	*s*	vel	*es*	oder	*es*
(e)n	*n*	oder	*n*	vel	*en*	oder	*en*
	A			B			C

Die Flexive *(e)* und *(e)n* kommen auch mit Umlaut beim Vokal des Stammes vor, das lässt sich so notieren:

Flexiv	Zu lesen: ‚Die Endung ist je nach Merkmal im Stamm ...'					
$^{U}(e)$	*ø*	oder	*ø* vel *e*	oder	*e*	‚Und der Stamm
$^{U}(e)n$	*n*	oder	*n* vel *en*	oder	*en*	zeigt Umlaut.'
	A		B		C	

Weiter gibt es – wie im Neuhochdeutschen – ein Pluralflexiv $^{(U)}er$. Als Beispiel: *daz huon – diu hüener*. Umgelautet wird, sofern der Stammvokal umlautfähig ist. Hinter *er* können noch *(e)* oder *(e)n* treten.

Flexiv(e)	Zu lesen: ‚Die Endung ist je nach Merkmal im Stamm ...'					
$^{(U)}er$	*er*	‚Und der Stamm zeigt Umlaut, sofern er *a*, *o*, *u*,				
$^{(U)}er(e)$	*er*	oder	*er* vel *ere*	oder	*ere*	*â*, *ô*, *û*, *ou*
$^{(U)}er(e)n$	*ern*	oder	*ern* vel *eren*	oder	*eren*	oder *uo* hat.'
	A		B		C	

Zu erwähnen sind zuletzt regelmäßige Doppelformen bei einigen Substantiven, notiert:

Doppelform	Zu lesen: ‚Die Endung lautet ...'			
ø/*(e)*	*ø*	vel	*e*	
ø/$^{U}(e)$	*ø*	vel	*e*	‚Falls Endung *e*, tritt Umlaut ein.'

Was ist der Sinn dieser abstrakten Notation? Sie dient dem wissenschaftlichen Anliegen, die mhd. Substantive in einer systematischen Übersicht möglichst vollständig und einfach synchronisch zu klassifizieren. Eine solche Übersicht vermittelt die nächste Seite. Die Tabelle formuliert die Flexionsweise Tausender von Substantive. Sie sehen: Manche Flexivmuster sind für bestimmte Genera im Singular oder Plural identisch, weshalb sich die Darstellung unschwer weiterverdichten ließe – graphisch.

[§§ 194 f.] Graphische Einfachheit bedeutet jedoch nicht kognitive, didaktische. Wie „recht einfach" (Penzl 1989, 70) auch immer eine abstrakte Übersicht aussieht, in ihr sind letztlich doch etliche Parameter (Klasse, Untergruppe, Genus, Kasus, Numerus) mit externen Regeln der Verteilung auf A, B und C sowie regelhaften Doppelformen zusammengedrängt. Zur konkreten Flexionsweise eines Substantivs dringt man sehr oft nur mit Mühe vor oder bleibt gar elend steck-; kurz: Man fühlt sich in einer flexivischen Übersicht just wie die Pilgernden in St. Denis, von denen Abt Suger (um 1080–1151) dies berichtet: „Wegen der Beschränktheit des Raumes und der wachsenden Zahl der vielen Gläubigen, die um der Fürbitte der Heiligen willen zusammenströmten, pflegte die Basilika viele Unbilden auszuhalten; häufig und vor allem an Feiertagen musste sie, schon überfüllt, die durch alle Pforten drängenden zahlreichen Scharen abweisen und hinderte nicht nur die Einlass Heischenden am Eintritt, sondern auch die Menge derer, die hineingelangt waren, am Ausgang. Manchmal war es ein sonderbarer Anblick, wie denen, die hineinströmten, um die heiligen Reliquien, die Nägel und die Dornenkrone unseres Herrn zu verehren und

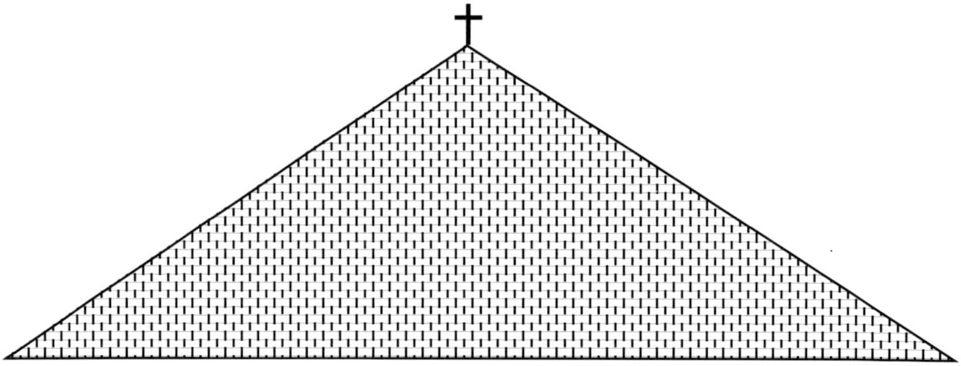

Klasse 4 (schwach)

Maskulina Singular		Maskulina Plural	Feminina Singular		Feminina Plural	Neutra Singular		Neutra Plural
ø	N	*(e)n*	*ø*	N	*(e)n*	*ø*	N	*(e)n*
(e)n	G	*(e)n*	*(e)n*	G	*(e)n*	*(e)n*	G	*(e)n*
(e)n	D	*(e)n*	*(e)n*	D	*(e)n*	*(e)n*	D	*(e)n*
(e)n	A	*(e)n*	*(e)n*	A	*(e)n*	*ø*	A	*(e)n*

Klasse 3 (stark)

Feminina Singular		Feminina Plural
ø	N	*ø*
ø	G	*(e)n*
ø	D	*(e)n*
ø	A	*ø*

Klasse 2 (stark)

Maskulina Singular		Maskulina Plural	Feminina Singular		Feminina Plural	Neutra Singular		Neutra Plural
ø	N	^{U}*(e)*	*ø*	N	^{U}*(e)*	*ø*	N	$^{(U)}$*er*
(e)s	G	^{U}*(e)*	*ø/*^{U}*(e)*	G	^{U}*(e)*	*(e)s*	G	$^{(U)}$*er(e)*
(e)	D	^{U}*(e)n*	*ø/*^{U}*(e)*	D	^{U}*(e)n*	*(e)*	D	$^{(U)}$*er(e)n*
ø	A	^{U}*(e)*	*ø*	A	^{U}*(e)*	*ø*	A	$^{(U)}$*er*

Klasse 1 (stark)

Maskulina Singular		Maskulina Plural	Feminina Singular		Feminina Plural	Neutra Singular		Neutra Plural
ø	N	*(e)*	*ø*	N	*(e)*	*ø*	N	*ø*
(e)s	G	*(e)*	*ø/(e)*	G	*(e)*	*(e)s*	G	*(e)*
(e)	D	*(e)n*	*ø/(e)*	D	*(e)n*	*(e)*	D	*(e)n*
ø	A	*(e)*	*ø*	A	*(e)*	*ø*	A	*ø*

zu küssen, die dicht zusammengeballte Menge solchen Widerstand leistete, dass unter der nach Tausenden zählenden Menge eingepfercht keiner auch nur den Fuß bewegen konnte, alle wie zu Stein gebannt standen und sich nur wunderten, noch schreien zu können. Für die Frauen war dieses unerträgliche Gedränge besonders peinlich: eingekeilt zwischen starken Männern, wie in einer Presse, wurden sie in Todesangst ohnmächtig oder schrien schrecklich wie Gebärende. Mehrere von ihnen, die elend niedergetreten waren, wurden dank der rechtschaffenen Entschlossenheit einiger Männer über die Köpfe der Leute emporgehoben und schritten nun wie auf einem Fußboden, viele aber gaben auch im Hofe der Brüder nur noch röchelnd zu aller Verzweiflung den Geist auf." (n. Ohler 1994, 187) Fazit: Um in praxi mhd. Massenpanik zu vermeiden, ist die enge Basilika durch einen großzügigen Neubau zu ersetzen. Die zehn abstrakten Flexivmuster werden entfaltet in konkrete Endungsmuster. Statt unfassbar akademischer Dreifaltigkeiten offenbaren sich dann wirkliche Endungen, die das Begreifen erlauben – strebten Menschen doch damals schon „nach unmittelbar körperlichem Kontakt mit der heiligen Stätte." (a. a. O., 189)

Die Kathedrale in Santiago de Compostela, begonnen 1074, geweiht 1211

Einem Mädchen träumte, die Säulen, Kapitelle, die Bogen, Gewölbe, alles sei aus Fleisch und Knochen, aber alles schief, verdreht und verengt, und der Altar war ein steinalt Herz, darin unbewegt ein klares Blut, in dem blinkten Wörter zu Gedanken auf, Fische, lautlos.

Anleitung

„Am Grab Elisabeths von Thüringen flehte eine Frau elf Wochen lang um Heilung ihres dreizehnjährigen, buckligen und schrecklich verwachsenen Sohnes." (a. a. O.) So große Hoffnung verdiente Mitgefühl und Gottes Wunder. Die Diagnose des Alten braucht Zeit.

Ihre Diagnose von Substantivformen geht im Vergleich damit blitzartig. Es folgt eine Anleitung zur **Substantivbestimmung**. Die Darstellung erfasst die traditionellen Beispiele (zurückgehend auf Stopp/Moser 1967), dann alle Substantive, die im *Parzival* und im Erzählwerk HARTMANNs mindestens 50-mal belegt sind, ferner einige prototypische und solche mit anderem Genus. Die Klassen bzw. Gruppen sind im Umfang ganz ungleich.

Ermitteln Sie mit dem Wörterbuch, ob das Substantiv stark oder schwach ist und welches Genus es hat. Bestimmen Sie mit dieser Tabelle die in Frage kommende(n) Klasse(n):

stark (st.)			schwach (sw.)
Klasse 1	Klasse 2	Klasse 3	Klasse 4
• Maskulina S. 139	• Maskulina S. 142		• Maskulina S. 146
• Feminina S. 140	• Feminina S. 143	• Feminina S. 145	• Feminina S. 147
• Neutra S. 141	• Neutra S. 144		• Neutra S. 148

Vergleichen Sie die Substantivform mit den Endungsmustern auf der angegebenen Seite. Die Zuordnung zu A, B oder C zeigen **Merkmale im Stamm**:

Zu **Untergruppe A** gehören alle Substantive, deren Stamm

- auf *e* endet. Beispiel: *hirte*
- einsilbig und kurz ist (also Kurzvokal und allenfalls einen Konsonanten hat) und auf *l* (Beispiel: *stil*) oder *r* (Beispiel: *sper*) endet.
- mehrsilbig und in der Tonsilbe lang ist (also Langvokal, Diphthong oder nachfolgende Mehrfachkonsonanz hat) und der auf *el* (Beispiel: *engel*), *er* (Beispiel: *vinster*), *en* (Beispiel: *wolken*) oder *em* (Beispiel: *buosem*) endet.

Zu **Untergruppe B** gehören alle Substantive, deren Stamm

- mehrsilbig und in der Tonsilbe kurz ist und der auf *el* (Beispiel: *nagel*), *er* (Beispiel: *jeger*), *em* (Beispiel: *vadem*) oder *en* (Beispiel: *wagen*) endet.
- auf Langvokal endet. Beispiel: *brâ*

Zu **Untergruppe C** gehören alle anderen Substantive. Beispiel: *tac*

Praktisch immer lassen sich die Formen im Korpus so bestimmen. Da etliche Kasusformen zusammenfallen, sind manchmal verschiedene grammatische Lesarten selbst im Kontext möglich. Auch kann je nach Text und Autor ein Substantiv zwei Genera haben oder stark bzw. schwach flektieren, u. U. schwankend beim selben Autor. Eine Klammer nennt weitere (nach Hennig 1998) belegte Genera und Flexionsweisen. – Es gibt schwierige Fälle. Falls sich eine Form auch mit Hilfe anderer Grammatiken (→ S. 254 f.; empfehlenswert: Paul u. a. 1998, Michels/Stopp 1979, Mettke 2000) nicht bestimmen lässt, ermittelt man mit Konkordanzen (→ S. 252 f.), Wörterbüchern (→ S. 250 f.) oder Texten Flexionsinformation, rekonstruiert das Endungsmuster soweit als möglich und bestimmt Klasse und Untergruppe. – [§§ 52–54] Die Verteilung auf A, B und C folgt grundsätzlich den Regeln der Apokopierung bzw. der Synkopierung.

Wie ist es der Frau mit dem verwachsenen Sohn ergangen? Als sie sieht, wie viele andere geheilt werden, erklärt sie: „‚Allem was dort geschieht, werde ich keinen Glauben schenken, da mir während so langer Zeit in meinem Sohn keine Gnade widerfahren ist.‘ In den folgenden Tagen setzt die Heilung ein.“ (Ohler 1994, 50) – Dem Glauben schenken? Nie!

Klasse 1 Maskulina (stM)

A (Endung ohne *e*)

		Singular			Plural	
		Stamm	Endung		Stamm	Endung
Nominativ	*der*	*hirte*	*ø*	*die*	*hirte*	*ø*
Genitiv	*des*	*hirte*	*s*	*der*	*hirte*	*ø*
Dativ	*dem*	*hirte*	*ø*	*den*	*hirte*	*n*
Akkusativ	*den*	*hirte*	*ø*	*die*	*hirte*	*ø*

Beispiele: *âtem*, *buosem* [n. § 192; auch C?], *bruoder* (auch n. stM 2, Sing. a. unfl.), *engel*, *heiden* (swM), *humbel*, *jâmer* (stN), *kumber*, *rîter*, *sige*, *site* (swM), *stil*, *vischære* (u. a. auf ***ære***)

B (Endung mit vel ohne *e*)

		Singular			Plural	
		Stamm	Endung		Stamm	Endung
Nominativ	*der*	*nagel*	*(e)*	*die*	*nagel*	*(e)*
Genitiv	*des*	*nagel*	*(e)s*	*der*	*nagel*	*(e)*
Dativ	*dem*	*nagel*	*(e)*	*den*	*nagel*	*(e)n*
Akkusativ	*den*	*nagel*	*(e)*	*die*	*nagel*	*(e)*

Die Klammern bezeichnen hier freie Alternativen, nicht Flexive. – **Beispiele:** *bodem*, *degen*, *jeger*, *ritter*, *slüzzel*, *vadem* (swM), *wagen*, *zagel*

C (Endung mit *e*)

		Singular			Plural	
		Stamm	Endung		Stamm	Endung
Nominativ	*der*	*tac*	*ø*	*die*	*tag*	*e*
Genitiv	*des*	*tag*	*es*	*der*	*tag*	*e*
Dativ	*dem*	*tag*	*e*	*den*	*tag*	*en*
Akkusativ	*den*	*tac*	*ø*	*die*	*tag*	*e*

Beispiele: *art* (stF/stN), *dienest* (stN), *gedanc* (swM), *genôz* (swM; Dativ Sing. u. Nom./Akk. Plural auch unflektiert), *gewalt* (stF), *got* (Plural auch *göte*), *grâl* (Genitiv Singular auch *grâls*), *haz*, *heilant*, *helt*, *hornuz*, *kneht*, *künec*, *lîp*, *list* (stF), *liut* (stN), *lop* (stN; Plural auch nur *lop*), *man* (auch überall nur *man* möglich), *muot* (Plural auch *müete*), *palas* (stN), *pîn* (swM/stF *pîne*/ swF), *plân* (stF *plâne*), *prîs*, *sê(w)* (stF), *schilt*, *siechtuom* (stN), *sin*, *stein*, *strît*, *tôt* (auch Singular *tœt*, Plural *tœde*), *ungemach* (stN), *vâlant*, *vlôz* (stN), *vriunt* (Nominativ Plural auch *vriunt*), *vîent*, *wân*, *wec*, *wiht* (stN), *wirt*, *zorn* (swM/stN)

Klasse 1 Feminina (stF)

A (Endung ohne *e*)

		Singular			Plural	
		Stamm	Endung		Stamm	Endung
Nominativ	*diu*	*krône*	*ø*	*die*	*krône*	*ø*
Genitiv	*der*	*krône*	*ø*	*der*	*krône*	*ø*
Dativ	*der*	*krône*	*ø*	*den*	*krône*	*n*
Akkusativ	*die*	*krône*	*ø*	*die*	*krône*	*ø*

Beispiele: *muoter* (Plural auch mit Umlaut nach stF 2), *swære*, *swester* (swF), *tohter* (Plural auch mit Umlaut n. stF 2), *tür* (swF)

B (Endung mit vel ohne *e*)

		Singular			Plural	
		Stamm	Endung		Stamm	Endung
Nominativ	*diu*		*ø*	*die*		*(e)*
Genitiv	*der*		*ø/(e)*	*der*		*(e)*
Dativ	*der*		*ø/(e)*	*den*		*(e)n*
Akkusativ	*die*		*ø*	*die*		*(e)*

Unbesetzt? Ein passendes Substantiv konnte nicht ermittelt werden, die Endungen müssten nach diesem Muster gehen.

C (Endung mit *e*)

		Singular			Plural	
		Stamm	Endung		Stamm	Endung
Nominativ	*diu*	*zît*	*ø*	*die*	*zît*	*e*
Genitiv	*der*	*zît*	*ø/e*	*der*	*zît*	*e*
Dativ	*der*	*zît*	*ø/e*	*den*	*zît*	*en*
Akkusativ	*die*	*zît*	*ø*	*die*	*zît*	*e*

Genitiv und Dativ Singular zeigen regelhafte Doppelformen: *zît* oder *zîte*. – **Beispiele:** *arbeit*, *art* (stM/stN), *jugent*, *manheit* (und andere auf ***heit***), *naht* (stM; auch mit Umlaut nach stF 2), *sicherheit*, *tugent* (oft im Plural, gelegentlich dringt *tugende* in den Nominativ bzw. Akkusativ Singular), *werdekeit* (und andere auf ***keit***), *werlt* (gelegentlich dringt *werlde* in den Nominativ bzw. Akkusativ Singular), *zît* (stN)

Klasse 1 Neutra (stN)

A (Endung ohne *e*)

		Singular			Plural	
		Stamm	Endung		Stamm	Endung
Nominativ	*daz*	*spil*	*ø*	*diu*	*spil*	*ø*
Genitiv	*des*	*spil*	*s*	*der*	*spil*	*ø*
Dativ	*dem*	*spil*	*ø*	*den*	*spil*	*n*
Akkusativ	*daz*	*spil*	*ø*	*diu*	*spil*	*ø*

Beispiele: *künne*, *mære* (stF), *sper* (stM), *venster*

B (Endung mit vel ohne *e*)

		Singular			Plural	
		Stamm	Endung		Stamm	Endung
Nominativ	*daz*	*weter*	*ø*	*diu*	*weter*	*ø*
Genitiv	*des*	*weter*	*(e)s*	*der*	*weter*	*(e)*
Dativ	*dem*	*weter*	*(e)*	*den*	*weter*	*(e)n*
Akkusativ	*daz*	*weter*	*ø*	*diu*	*weter*	*ø*

Die Klammern bezeichnen hier freie Alternativen, nicht Flexive. – **Beispiele:** *gadem* (stM; auch nach stN 2), *leben*, *wolken* (swM/stF/swF)

C (Endung mit *e*)

		Singular			Plural	
		Stamm	Endung		Stamm	Endung
Nominativ	*daz*	*wort*	*ø*	*diu*	*wort*	*ø*
Genitiv	*des*	*wort*	*es*	*der*	*wort*	*e*
Dativ	*dem*	*wort*	*e*	*den*	*wort*	*en*
Akkusativ	*daz*	*wort*	*ø*	*diu*	*wort*	*ø*

Beispiele: *dinc* (Plural auch nach 4), *gebot* (Genitiv Singular auch *gebots*), *golt*, *guot*, *honec* (stM), *jâr*, *kint*, *knie(w)*, *lant* (Plural auch *lender*), *leit*, *ors*, *reht*, *ros*, *schef*, *swert*, *teil* (stM), *wiht* (stM), *wîp* (auch nach stN 2), *zil*

Klasse 2 Maskulina (stM)

A (Endung ohne *e*)

		Singular			Plural	
		Stamm	Endung		Stamm	Endung
Nominativ	*der*	*apfel*	*ø*	*die*	*epfel*	*ø*
Genitiv	*des*	*apfel*	*s*	*der*	*epfel*	*ø*
Dativ	*dem*	*apfel*	*ø*	*den*	*epfel*	*n*
Akkusativ	*den*	*apfel*	*ø*	*die*	*epfel*	*ø*

Im Plural ist der Umlaut obligatorisch. – **Beispiele:** *bruoder* (auch nach stM 1, im Singular auch unflektiert), *vater* (auch nach stM 1, im Singular auch unflektiert, Plural auch *vetere*)

B (Endung mit vel ohne *e*)

		Singular			Plural	
		Stamm	Endung		Stamm	Endung
Nominativ	*der*	*zaher*	*ø*	*die*	*zeher*	*(e)*
Genitiv	*des*	*zaher*	*(e)s*	*der*	*zeher*	*(e)*
Dativ	*dem*	*zaher*	*(e)*	*den*	*zeher*	*(e)n*
Akkusativ	*den*	*zaher*	*ø*	*die*	*zeher*	*(e)*

Die Klammern bezeichnen hier freie Alternativen, nicht Flexive. Im Plural ist der Umlaut obligatorisch. – **Beispiel:** *trahen* (Plural auch *trahene*), *zaher* (stF)

C (Endung mit *e*)

		Singular			Plural	
		Stamm	Endung		Stamm	Endung
Nominativ	*der*	*gast*	*ø*	*die*	*gest*	*e*
Genitiv	*des*	*gast*	*es*	*der*	*gest*	*e*
Dativ	*dem*	*gast*	*e*	*den*	*gest*	*en*
Akkusativ	*den*	*gast*	*ø*	*die*	*gest*	*e*

Im Plural ist der Umlaut obligatorisch. – **Beispiele:** *bast* (stN), *gemach* (stN), *munt*, *rât*, *slac*, *sun* (auch *suon*), *touf* (stF), *vuoz* (nach Zahlwörtern als Maßangabe und im Dativ Singular auch unflektiert, auch Dativ Plural *(ze) vuozen*, Nominativ und Akkusativ Plural auch *vuoze*)

Klasse 2 Feminina (stF)

A (Endung ohne *e*)

		Singular			Plural	
		Stamm	Endung		Stamm	Endung
Nominativ	*diu*	Im Singular ist diese Untergruppe unbesetzt.		*die*	*müeter*	*ø*
Genitiv	*der*			*der*	*müeter*	*ø*
Dativ	*der*			*den*	*müeter*	*n*
Akkusativ	*die*			*die*	*müeter*	*ø*

Im Plural tritt Umlaut ein. Vgl. zu *muoter* und *tohter* Feminina 1.
Beispiel: *töhter*

B (Endung mit vel ohne *e*)

		Singular			Plural	
		Stamm	Endung		Stamm	Endung
Nominativ	*diu*		*ø*	*die*		*(e)*
Genitiv	*der*		*ø/e*	*der*		*(e)*
Dativ	*der*		*ø/e*	*den*		*(e)n*
Akkusativ	*die*		*ø*	*die*		*(e)*

Unbesetzt? Ein passendes Substantiv konnte nicht ermittelt werden, die Endungen müssten nach diesem Muster gehen.

C (Endung mit *e*)

		Singular			Plural	
		Stamm	Endung		Stamm	Endung
Nominativ	*diu*	*kraft*	*ø*	*die*	*kreft*	*e*
Genitiv	*der*	*kraft*	*ø/e*	*der*	*kreft*	*e*
Dativ	*der*	*kraft*	*ø/e*	*den*	*kreft*	*en*
Akkusativ	*die*	*kraft*	*ø*	*die*	*kreft*	*e*

Im Genitiv und Dativ Singular tritt mit der Doppelform auf *e* zugleich der Umlaut ein: *der krefte*. Im Plural tritt Umlaut ein. – **Beispiele:** *gewalt* (stM), *hant* (Genitiv Plural in Verbindungen auch *hande*, Dativ Plural auch *handen*), *hût*, *maget*, *naht* (auch nach stF 1), *nôt*, *rîterschaft*, *stat*, *vart*, *vlust*, *zuht*

Klasse 2 Neutra (stN)

A (Endung ohne *e*)

		Singular			Plural	
		Stamm	Endung		Stamm	Endung
Nominativ	*daz*	*tal*	*ø*	*diu*	*tel*	*er*
Genitiv	*des*	*tal*	*s*	*der*	*tel*	*er*
Dativ	*dem*	*tal*	*ø*	*den*	*tel*	*ern*
Akkusativ	*daz*	*tal*	*ø*	*diu*	*tel*	*er*

Im Plural Umlaut bei umlautfähigem Vokal. – **Beispiel:** *tal* (stM)

B (Endung mit vel ohne *e*)

		Singular			Plural	
		Stamm	Endung		Stamm	Endung
Nominativ	*daz*		*ø*	*diu*		*er*
Genitiv	*des*		*(e)s*	*der*		*er(e)*
Dativ	*dem*		*(e)*	*den*		*er(e)n*
Akkusativ	*daz*		*ø*	*diu*		*er*

Im Plural Umlaut bei umlautfähigem Vokal. – „Im Singular fehlt notwendigerweise die Unterklasse a) [hier = B], da kein Wort auf -*el*, -*er*, -*em*, -*en* den Plural auf -*er* bildet.“ (Stopp/Moser 1967, 92) (*gadem?* Es flektiert nach 1, hat im Plural aber auch *gedemer*.)

C (Endung mit *e*)

		Singular			Plural	
		Stamm	Endung		Stamm	Endung
Nominativ	*daz*	*lamp*	*ø*	*diu*	*lemb*	*er*
Genitiv	*des*	*lamb*	*es*	*der*	*lemb*	*ere*
Dativ	*dem*	*lamb*	*e*	*den*	*lemb*	*eren*
Akkusativ	*daz*	*lamp*	*ø*	*diu*	*lemb*	*er*

Im Plural Umlaut bei umlautfähigem Vokal. – **Beispiele:** *blat*, *hûs* (Dativ Singular auch *hûs*, Genitiv Plural auch *hiuser*; Plural auch *hûs*), *lit*, *rint* (Plural auch *rint*)

Klasse 3 Feminina (stF)

A (Endung ohne *e*)

		Singular			Plural	
		Stamm	Endung		Stamm	Endung
Nominativ	*diu*	*gebe*	*ø*	*die*	*gebe*	*ø*
Genitiv	*der*	*gebe*	*ø*	*der*	*gebe*	*n*
Dativ	*der*	*gebe*	*ø*	*den*	*gebe*	*n*
Akkusativ	*die*	*gebe*	*ø*	*die*	*gebe*	*ø*

Beispiele: *âventiure* (Genitiv Plural auch ohne *n*), *bekantnisse* (stN; und andere auf ***nisse***), *bete*, *brâwe* (swF; Nebenform *brâ* vgl. B), *êre* (v. allem personifiziert swF, im Plural meist stF 3), *êwe* (Nebenform *ê*), *gabel(e)* (swF), *g(e)nâde* (swF), *gürtel* (swF/ stM), *handelunge* (und andere auf ***unge***), *helfe*, *hulde*, *huote*, *küneginne* (und andere auf ***inne***), *mâze*, *minne* (personifiziert auch swF), *nâdel(e)* (swF), *rede*, *reise*, *riuwe* (swF/stM/swM), *schande* (swF), *schar* (swF), *scheitel* (swF), *schulde* (a. *schult*), *sêle* (swF), *stunde* (swF), *triuwe* (swF; oft Plural; v. a. personifiziert a. swF), *varwe*, *volge*, *vreude* (swF), *war* (stM), *witze*, *zal*

B (Endung mit vel ohne *e*)

		Singular			Plural	
		Stamm	Endung		Stamm	Endung
Nominativ	*diu*	*brâ*	*ø*	*die*	*brâ*	*ø*
Genitiv	*der*	*brâ*	*ø*	*der*	*brâ*	*(e)n*
Dativ	*der*	*brâ*	*ø*	*den*	*brâ*	*(e)n*
Akkusativ	*die*	*brâ*	*ø*	*die*	*brâ*	*ø*

Die Klammern bezeichnen hier freie Alternativen, nicht Flexive. – **Beispiele:** *brâ* (swF), *drô* (stM), *klâ* (swF), *vrävel* (stM)

C (Endung mit *e*)

		Singular			Plural	
		Stamm	Endung		Stamm	Endung
Nominativ	*diu*	*künegîn*	*ø*	*die*	*künegîn*	*ø*
Genitiv	*der*	*künegîn*	*ø*	*der*	*künegîn*	*en*
Dativ	*der*	*künegîn*	*ø*	*den*	*künegîn*	*en*
Akkusativ	*die*	*künegîn*	*ø*	*die*	*künegîn*	*ø*

Beispiel: *tjost* (?; auch *tjoste*) (stM)

Klasse 4 Maskulina (swM)

A (Endung ohne *e*)

		Singular			Plural	
		Stamm	Endung		Stamm	Endung
Nominativ	*der*	*bote*	*ø*	*die*	*bote*	*n*
Genitiv	*des*	*bote*	*n*	*der*	*bote*	*n*
Dativ	*dem*	*bote*	*n*	*den*	*bote*	*n*
Akkusativ	*den*	*bote*	*n*	*die*	*bote*	*n*

Zu Untergruppe A gehört die Mehrzahl der schwachen Maskulina. **Beispiele:** *ar(e)*, *beseme* (stM), *bluome* (swF), *breste* (stM), *fürste*, *geselle*, *haber* (stM), *herre*, *knappe*, *lewe*, *schade*, *slange* (stF/swF)

B (Endung mit vel ohne *e*)

		Singular			Plural	
		Stamm	Endung		Stamm	Endung
Nominativ	*der*	*pfâ*	*ø*	*die*	*pfâ*	*(e)n*
Genitiv	*des*	*pfâ*	*(e)n*	*der*	*pfâ*	*(e)n*
Dativ	*dem*	*pfâ*	*(e)n*	*den*	*pfâ*	*(e)n*
Akkusativ	*den*	*pfâ*	*(e)n*	*die*	*pfâ*	*(e)n*

Die Klammern bezeichnen hier freie Alternativen, nicht Flexive. – **Beispiel:** *pfâ*

C (Endung mit *e*)

		Singular			Plural	
		Stamm	Endung		Stamm	Endung
Nominativ	*der*	*van*	*ø*	*die*	*van*	*en*
Genitiv	*des*	*van*	*en*	*der*	*van*	*en*
Dativ	*dem*	*van*	*en*	*den*	*van*	*en*
Akkusativ	*den*	*van*	*en*	*die*	*van*	*en*

Beispiele: *hame*, *han(e)* (*van* auch stM)

Klasse 4 Feminina (swF)

A (Endung ohne *e*)

		Singular			Plural	
		Stamm	Endung		Stamm	Endung
Nominativ	*diu*	*zunge*	*ø*	*die*	*zunge*	*n*
Genitiv	*der*	*zunge*	*n*	*der*	*zunge*	*n*
Dativ	*der*	*zunge*	*n*	*den*	*zunge*	*n*
Akkusativ	*die*	*zunge*	*n*	*die*	*zunge*	*n*

Zu Untergruppe A gehören die meisten schwachen Feminina. – **Beispiele:** *bir(e)*, *sunne* (stF/stM/swM), *videl(e)*, *vrouwe* (stF), *wunde* (stF), *zunge* (stF)

B (Endung mit vel ohne *e*)

		Singular			Plural	
		Stamm	Endung		Stamm	Endung
Nominativ	*diu*	*krâ*	*ø*	*die*	*krâ*	*(e)n*
Genitiv	*der*	*krâ*	*(e)n*	*der*	*krâ*	*(e)n*
Dativ	*der*	*krâ*	*(e)n*	*den*	*krâ*	*(e)n*
Akkusativ	*die*	*krâ*	*(e)n*	*die*	*krâ*	*(e)n*

Die Klammern bezeichnen hier freie Alternativen, nicht Flexive. – **Beispiel:** *krâ* (auch nach stF 3)

C (Endung mit *e*)

		Singular			Plural	
		Stamm	Endung		Stamm	Endung
Nominativ	*diu*		*ø*	*die*		*en*
Genitiv	*der*		*en*	*der*		*en*
Dativ	*der*		*en*	*den*		*en*
Akkusativ	*die*		*en*	*die*		*en*

Untergruppe C ist „wohl nur“ (Stopp/Moser 1967, 94) bei den Maskulina vertreten.

Neutra Klasse 4 (swN)

A (Endung ohne *e*)

		Singular			Plural	
		Stamm	Endung		Stamm	Endung
Nominativ	*daz*	*ôre*	*ø*	*diu*	*ôre*	*n*
Genitiv	*des*	*ôre*	*n*	*der*	*ôre*	*n*
Dativ	*dem*	*ôre*	*n*	*den*	*ôre*	*n*
Akkusativ	*daz*	*ôre*	*ø*	*diu*	*ôre*	*n*

Hierher gehören nur noch *herze*, *ouge* und *wange* (stN).

B (Endung mit vel ohne *e*)

		Singular			Plural	
		Stamm	Endung		Stamm	Endung
Nominativ	*daz*		*ø*	*diu*		*(e)n*
Genitiv	*des*		*(e)n*	*der*		*(e)n*
Dativ	*dem*		*(e)n*	*den*		*(e)n*
Akkusativ	*daz*		*ø*	*diu*		*(e)n*

Unbesetzt? Ein passendes Substantiv konnte nicht ermittelt werden, die Endungen müssten nach diesem Muster gehen.

C (Endung mit *e*)

		Singular			Plural	
		Stamm	Endung		Stamm	Endung
Nominativ	*daz*		*ø*	*diu*		*en*
Genitiv	*des*		*en*	*der*		*en*
Dativ	*dem*		*en*	*den*		*en*
Akkusativ	*daz*		*ø*	*diu*		*en*

Untergruppe C ist „wohl nur“ (Stopp/Moser 1967, 94) bei den Maskulina vertreten.

Esthers Daniel: Die Deklination der Eigennamen

Das da ist Esther. Im 19. Jahrhundert wird man ihr die Brüste runtermeißeln. Wie Daniel zu ihr rüberlächelt – schaut ´s gelobte Ländle – was sagten Sie? Tatsächlich – der ähnelt dem Sohn von König Angwisiez. – Sie kannten ihn, den guten König? – Ja, dieses Weinen vor Lachen und Lachen vor – unvergesslich. – Gestürzter Engel. Verstand die Träume. Die eignen zuerst. – Nein! Waren mit dabei? Sie? Als sich in dieser Heilig-Geist-Messe das Kopfhäubchen löste? Schwirrt sein Sperber heißhungrig vor Gottesliebe durch die Kirche dem weißen Täub–! Erzählen Sie den Leuten besser von seinem Ross, wies immer nur traben wollt – Sie, ja. Ach, Gotteshaus! Sollten Sie lächelnde Geschichten nicht darbringen dürfen, wo so ernsthafter Gott in Daniels Lächeln haust? Sie brauchen bloß die Himmelsrichtungen der Namen.

Der Prophet Daniel. Skulptur von Meister Mateo am Portal der Kathedrale von Santiago (12. Jh.)

[§ 190] Männliche Namen, die auf Konsonant enden, flektieren oft stark wie *tac* auf Seite 139, doch mit Abweichung im Akkusativ: Er endet meist auf *en*. Diese Endung kann auch Dativ und die auf *e* Akkusativ bezeichnen. Vereinzelt bleiben die beiden Fälle endungslos. – Männliche Namen auf *e* flektieren oft schwach wie *bote* auf Seite 146. Bei einigen entfällt ein *e* wie in *Etzel(e)n*. – Männlich sind auch Namen von Stämmen, Geschlechtern, Bewohnern. Enden sie wie *swâp* auf Konsonant, flektieren sie in der Regel stark (auch swM: *der swâbe*), die auf *e* wie *krieche* meist schwach. Im Plural gibt es auch starke und endungslose Formen: *die Rômære*, *wir Beier*.

Weibliche Namen auf *burc*, *gunt*, *heit*, *hilt*, *lint*, *rât*, *rûn* und *trût*, auch andere wie *Isôt*, flektieren stark wie *gebe* auf Seite 145. Im Nominativ steht kein *e* [§ 183 Anm. 7]: *Gotelint*. Irritieren kann der Genitiv ohne s: *Isôte*. Schwache und endungslose Formen kommen vor. – Weibliche Namen auf *e* flektieren schwach wie *zunge* auf Seite 147.

Lateinische Namen wie *Asclêpius*, *Lavînia* oder *Equitâniâ* können lateinisch oder deutsch flektieren. Die deutsche Flexion entspricht obiger Regelung.

Er	Gr	AH	Iw	MC	Pz	Tr	Da	Hb	Pn
2	27	48	88	67	39 26	499	5117	40	114
292	173	85	891	108	137 30	2192	5305	76	359
682	785	112	2768	134	148 27	3457	5405	117	679
1395	1574	138	2792	150	156 7	3702	5483	776 f.	1065
1845	1961	865	3241	240	159 30	3705	6532	1076	1107
1973	3119	1364	3787	608	187 14	8084	7537 f.	1279 f.	1251
4714	3167	1419	5438	884	387 28	10337	7859	1458	1345
7576	3273	1422	5445	1548	464 17	10660	8065	1479	1855

Dubiose Unterkunft: Die Fälle im Satz

[§ 343 f.] Wieder draußen im Schmutz der nassen Gassen, lassen wir die syntaktischen Funktionen der Kasus Revue passieren, vom Nominativ über den Genitiv und Dativ zum Akkusativ. Vor allem eine gewandelte **Verbvalenz** (→ S. 86) befremdet unser Sprachgefühl und wirft Bedeutungsfragen auf. Es nachtet ein. Bald tut Unterkunft Not. Ach, Sie haben schon gefragt. Und? *diu hiuser sint über al beherberget vaste*. Immer das Gleiche.

Ausgeschlossen: Der Nominativ

Dem Nominativ als **Kasus des Subjekts** sind wir unterwegs schon begegnet. Die Herberge im Ort wurde diesem Subjekt verwehrt. Es hat auf Seite 72 einen Winkel gefunden.

[§ 346] Kommen Sie, bedauern Sie dafür den frierenden **isolierten Nominativ**: *ein fuhspelz sô guoter! – den brâht er sîner muoter*. (Hb 1067 f.) Er steht vor einem Satz wie ‚im Regen', also ohne an die folgende Satzkonstruktion im Fall anzuschließen. Meist ist es ein Pronomen, hier *den*, das den isolierten Nominativ aufnimmt und so syntaktisch bestimmt; es steht selbst natürlich nicht im Nominativ. Übersetzt man das Beispiel auch mit isoliertem Nominativ, so antwortet einer enthusiastisch aufstrebenden eine sarkastisch abfallende Bedeutungslinie: ‚Ein so schöner Fuchspelz! – den brachte er seiner Mutter.' Man kann einen isolierten Nominativ im Fall auch dem Bezugssatz anpassen: *ôwê Razalîc der Môr, dem du vor Pâtelamunt tæte ouch fîanze kunt!* (Pz 85 30); mit Kasusanpassung: ‚Mann, dem Mohren Razalic gabst du vor Patelamunt auch durch, was *fîanze* heißt!'

Er	Gr	AH	Iw	MC	Pz	Tr	Da	Hb	Pn
(5387)	(1649)	–	–	(37)	252 30	4967	2350	194	–

Der isolierte Nominativ bezieht sich auf den Hauptsatz, auch wenn dieser erst später anschließt: *wîrouch und mirre die beide, vil sicher dû des wesen maht, dâ mite si dich alle naht umbegât ein ganzez jâr*. ‚Weihrauch und Myrre, beides! – da kannst du ganz sicher sein –, damit umwandelt sie dich jede Nacht, ein volles Jahr.' (Hb 1306 ff.) Anders als oben nimmt hier kein Pronomen, sondern das adverbiale *dâ mite* den isolierten Nominativ auf. Nur im *Parzival*, im *Helmbreht* und im *Daniel* ist dieses Stilmittel mehr als einmal belegt. Gebräuchlicher ist es in Prosatexten der mhd. Predigtliteratur.

Inkarniert als isolierter Nominativ? „Bei Kälte und Dauerregen konnte den Pilgern eine Übernachtung im Freien nicht zugemutet werden; dann musste die Kirche nachts geöffnet bleiben. In solchen Fällen wurden wohl auch Strohlager eingerichtet; Galerien wie die in der Basilika zu Santiago eigneten sich als Notlager." (Ohler 1994, 204) Mal besser zurück zur Kirche. – Ist schon zu. Mist. Wird noch nach 1209 sein – wie denn, warum? „Die Synode von Avignon untersagt 1209 die Übernachtung in Kirchen mit folgender Begründung: Statt zu beten und zu wachen, geben sich die Menschen unpassenden Freudenbekundungen hin mit Springen, Singen von Liebesliedern und obszönen Tänzen. Missstände ergaben sich auch aus dem dichten Beieinander von Frauen und Männern." (a. a. O., 203) Paradiesisches Beten und Wachen vor 1209 – vorläufig müssen Sie das im Wirtshaus betreiben. Ob die Wirte Mittelhochdeutsch –? Und ob! In Babylon herrscht

Dauerpfingsten. Im Zweifelsfall gibts die *pârâtiere*-Probe: Sie reden Ihren Wirt korrekt im Nominativ – er ist auch der Anredefall oder [§ 347] **Vokativ** – mit *pârâtiere* ‚Betrüger' an, schon jagt er Sie als *ribbalt* ‚Landstreicher' korrekt zum Teufel, und Sie wissen: Man spricht mittelhochdeutsch und deutlich. Sonst nehmen Sie *herre, vrouwe, vröuwelîn, jungelinc, ritter, knabe, wîp, vater, muoter, sun, tohter, kint, swester, bruoder, neve, niftel* usw. Dazu treten Adjektive: *guot, liep, rîch, wâr, schœne, junc, wîse, wol getân, tugenthaft, übel, wünneclîch, sælic.* Sie flektieren stark, seltener endungslos. (→ S. 170 f.)

Er	Gr	AH	Iw	MC	Pz	Tr	Da	Hb	Pn
113	244	499	160	540	7 19	1463	494	227	171
957	425	681	5460	1448	94 5	2820	1877	715	198
1461	3067	973	7393	1481	411 19	2823	8303	1441	2016

Eher rar sind diese zwei Phänomene: Das Adjektiv beim Vokativ ist, v. a. im Plural, schwach flektiert: *er sprach ‚als ichz iu enbiute, komt wider, guoten liute.'* ‚Er sprach: ‚Sobald ichs euch kundtu, kehrt zurück, gute Leute.'' (Pz 208 30; Gr 3563, Tr 2230, 2720 u. a.) – Der Vokativ kann mit bestimmtem und selbst mit unbestimmtem Artikel stehen; ein Beispiel aus dem *Nibelungenlied*: *zeige uns überz wazzer, daz aller wîseste wîp.* (1543 4) ‚Weise uns übers Wasser, allerklügste Frau.' „Ob diesen mit dem Artikel verbundenen Anreden eine andere Nuance eigen ist als dem artikellosen Vokativ, etwa die größere Distanz zwischen Sprechendem und Angesprochenem, lässt sich vom Nhd. aus kaum entscheiden." (Paul u. a., 334)

Wirtsgeschäfte: Der Genitiv

[§ 360] Das Mittelhochdeutsche verwendete den Genitiv häufig und vielgestaltig. Die Vielfalt der Erscheinungen lässt sich nach den Wortarten ordnen. Bezieht sich der Genitiv auf ein Verb, ein Substantiv, ein Adjektiv, ein Pronomen, ein Numerale oder auf eine Interjektion? Im Folgenden finden Sie diese **Ordnung nach Wortarten**. Dabei werden semantische und syntaktische Funktionen des Genitivs als „Gebrauchstypen" (Paul u. a., 331) beschrieben und in die Ordnung nach Wortarten eingebettet. Seltenes, Singuläres bleibt weggefiltert. (Der Bezug auf Präpositionen wird auf Seite 190 ff. gezeigt.)

... beim Verb

[§ 361] Gehen wir zuerst zum Genitiv bezogen auf das Verb. Er ist im Mittelhochdeutschen sehr viel häufiger als heute, und entsprechend häufig formt man beim Übersetzen Konstruktionen mit einem Genitivobjekt um. Letzteres erscheint häufig als Pronomen.

Ein solcher **Objektsgenitiv** hat keine spezifische Bedeutung, sondern nur eine syntaktische Funktion. Beim Übersetzen signalisiert er die gegenüber dem Neuhochdeutschen veränderte Verbvalenz (→ S. 86): Während man vor 800 Jahren *des gelübedes vergaz*, vergisst man heute im Akkusativ das Gelübde. Weitere Beispiele:

417	1049	377	146	234 f.	24 28	3592	76	228	99
943	1096	413	1860	305	83 19	4517	207	252	1887
5624	2051	756	2631	420	202 13	10419	212	286	1990
8452	2297	840	5470	1612	391 16	12193	1233 f.	532	2020 f.
8648	3085	1334	5855	1724	430 22	13450	1654 f.	561 f.	2032

Gelübde? Sie wissen doch. Oder muss Sie eine Unheilige im Traum an Seite 42 mahnen? *swem ich quæme in sînen troum, er müese mîn vorhte enpfâhen!* (Hall zurück, Madame.)

Folgender Katalog von 88 Verben, bei denen ein Genitivobjekt üblich ist, erfasst viele, aber nicht alle dieser Verben. Die Genitivkonstruktion ist meist nicht die einzig mögliche, „es besteht Konkurrenz von seiten des Akkusativs oder präpositionaler Verbindungen oder einer Infinitivkonstruktion [...].“ (Paul u. a., 341) Einige Verben werden unpersönlich konstruiert (→ S. 72), eine Klammer weist darauf hin; reflexive stehen mit *sich*. Die Bedeutungsvorschläge präzisiert man im Kontext. Übersetzen Sie mit Hilfe des Katalogs die Beispiele von oben. Beobachten Sie den Zwang zum Wechsel des Falls oder zur Zuhilfenahme einer Präposition.

Genitiv bei	Bedeutungsvorschläge
bedriezen (unp.)	missfallen, anwidern
bedürfen	brauchen, bedürfen
begern	begehren, verlangen nach
beginnen	anfangen mit/zu
berâten	ausstatten, versorgen mit
berouben	berauben
beschaben	befreien von
betrâgen (unp.)	lästig sein, ärgern, langweilen
betriegen	betrügen um, täuschen
beviln (unp.)	kümmern, ärgern, stören
bewîsen	Auskunft geben über, führen
bîten	warten auf
danken	danken für
darben	entbehren, vermissen
dürfen	nötig haben, bedürfen
enbern	verzichten auf, missen
engelten	büßen, zahlen für
enphinden	fühlen, bemerken
entlîhen	borgen, austeilen
entsetzen	berauben, befreien von
entwesen	verzichten auf, fernbleiben
ergetzen	entschädigen, belohnen für
erlân	verschonen mit, erlassen
erledigen	befreien von, erlösen aus
ermanen	erinnern, mahnen an
ervürben	reinigen von
erwenden	abhalten von, hindern an
erwinden	ablassen von, zurückweichen vor
gâhen	nachjagen, streben nach
gebrechen (unp.)	mangeln, fehlen an
gebresten (unp.)	mangeln, fehlen an, versagt sein
gedagen	schweigen über, nicht erwähnen
gedingen	erhoffen, warten auf, erbitten
gehügen	denken, sich erinnern an
gelangen (unp.)	verlangen nach
gelouben	glauben, erwarten, erlauben
gelusten (unp.)	verlangen, gelüsten nach
genâden	sich erbarmen, danken für
genesen	sich erholen von, gebären
geniezen	profitieren von, erreichen mit
genüegen (unp.)	zufrieden stellen, sich begnügen
gern	begehren, verlangen, wünschen
geruochen	sich kümmern um, gestatten
gewern	gewähren, zugestehen
gunnen	wünschen, anvertrauen
hüeten	Acht geben, aufpassen auf
jehen	zusprechen, behaupten, sagen
loben	loben über
lônen	entschädigen, entlöhnen für
mangeln	vermissen, entbehren
missen	verfehlen, entbehren
muoten	verlangen, begehren
phlegen	sich kümmern um, s. annehmen
ruochen	sich kümmern, besorgt sein
sêren	verletzen, verwunden
sich abe tuon	aufgeben, verzichten
sich begeben	sich lossagen von, befreien von
sich bewegen	s. entschließen zu, abwenden von
sich entsagen	sich lossagen, zurückziehen von
sich entstân	sich bewusst sein, s. erinnern an
sich gelouben	sich enthalten, verzichten auf
sich genieten	genug haben von, s. erfreuen an
sich rüemen	prahlen, froh sein über
sich schamen	sich schämen
sich underwinden	sich kümmern um, sich aneignen
sich versehen	rechnen auf, erwarten
sich versinnen	sich verstehen auf, begreifen
sich verstân	begreifen, merken, wahrnehmen
sich vlîzen	streben nach, sich bemühen um
sich vreuwen	sich freuen über
sich warnen	sich vorbereiten, rüsten
swern	schwören, versichern
swîgen	schweigen über
trœsten	trösten über, aufmuntern
vâren	streben nach
verdriezen (unp.)	missfallen, beunruhigen
vergezzen	vergessen
verzîhen	verzichten auf, verlassen
vlêhen	anflehen, demütig bitten
volgen	beipflichten, nachkommen
vrâgen	fragen nach, sich erkundigen
vürhten	fürchten um, Angst haben vor
walten	herrschen über, auskosten
war nemen	wahrnehmen, bemerken
warten	sorgen für, pflegen, warten auf
wundern	sich wundern über, wissen wollen
wünschen	wünschen
zîhen	bezichtigen, beschuldigen

[§ 362] Der Genitiv ist bei diesen Verben der Normalfall syntaktischer Konstruktion, eine spezifische Bedeutung entsteht also nicht. – Anders ist es bei typisch transitiven Verben: *bieten, ezzen, nemen, senden, tragen, trinken* u. ä. Hier ist ein Akkusativobjekt üblich: *er âz daz brôt* ... Was ändert, wenn stattdessen ein Genitivobjekt steht? Das Genannte ist nur teilweise gemeint: ... *und tranc dâ zuo eines wazzers daz er vant* ‚und trank dazu von dem Wasser, das er fand.' (Iw 3310 f.) Das Brot des Einsiedlers isst der verwilderte Iwein ganz, das Wasser trinkt er zum Teil. Der **partitive Objektsgenitiv** (genitivus partitivus) drückt solches aus. Er ist eher selten. (Beispiel Tr bezogen auf *tranc* in 12650)

Er	Gr	AH	Iw	MC	Pz	Tr	Da	Hb	Pn
8739	–	–	3423	–	658 12	12652	2001	–	–

Stimmen Sie sich langsam ein auf professionelle Nummern im Wirtshaus. Wir beginnen schonend, mit der partitiven Fassnummer: „Man unterteilt ein Fass und lässt es mit unterschiedlichen Weinen füllen; den Pilgern reicht man zunächst den besseren zur Probe und nach dem Essen den schlechteren aus dem andern Teil des Fasses." (Ohler 1994, 156)

[§ 362] Auf das Prädikatsverb bezogen ist der **partitive Subjektsgenitiv**. Er nimmt statt eines Nominativs die Stelle des Subjekts ein. (→ S. 72) Das Substantiv im Genitiv steht oft im Plural, das Verb im Singular, sodass **Inkongruenz** (→ S. 73) entsteht. Hat das Substantiv kollektive Bedeutung, steht es im Singular: *wârens ê riuwevâr, ir leides wart nû michels mê* ‚Wirkten sie eh gequält, nun wurde ihr Schmerz vervielfacht.' (Iw 6222 f.) Eine partitive Bedeutungsnuance scheint nicht immer zwingend.

2832	3123 f.	1298	320	–	152 22	6319	6793	–	1340

[§ 364] Bei den Verben *sîn* und *werden* bezeichnet ein **Genitiv der Eigenschaft** (genitivus qualitatis) die Art einer Sache oder Person – für Menschen guten Willens etwa.

324	2268	1170	3012	–	292 4	3896	–	–	–

Welche Eigenschaften brauchen Pilgernde? Sie sollen „idoneus" sein, heißt es in lateinischen Testamenten: ‚geeignet'. Sie müssen „Kälte und Hitze, Hunger und Durst, Krankheit und Ungeziefer vertragen können, sich Dieben, Mördern und Piraten gewachsen zeigen, zu schweigen von manchen Wirten, die eher den Strang (→ S. 168: Das Bild!) als Vertrauen verdient hatten." (Ohler 1994, 83) Dies wird noch zu zeigen sein. Sehen Sie den Gestikulierer da drüben? Genau, der Einäugige. Ein Prediger, der seine Wirte kennt.

Ein **Genitiv des Besitzens** (genitivus possessivus) bei *sîn* und *werden* kann ein Besitzverhältnis, eine Zugehörigkeit ausdrücken, wobei er oft als Pronomen erscheint. „Wie lange *mîn, dîn, sîn* [Pz: *iuwer*] noch als Genitive empfunden worden sind, vermag das moderne Sprachgefühl nicht zu beurteilen." (Paul u. a., 342)

4743	1132	262	5201	1352	668 17	9425	3137	–	–

Besitz? Sie? Im Wirtshaus kein Wort davon! GEILER VON KAYSERSBERG (1445–1510), ein Straßburger Prediger, empfiehlt dem Pilger im Spätmittelalter: „den schacz den er bei im tregt den zeiget er niemant / wen es wer gar ein narreter bilgeri der gelt bei im trieg /

unnd wenn er in die würczheüser kem da liess er in yederman sehen [...].“ (*Der Bilger*, 54) Im übertragenen Sinn meint er unsere guten Werke, unser Konto im Himmel bzw. in der transzendentalen Obdachlosigkeit, was die Kontoführung mystisch macht.

[§ 365] Ein Genitiv kann, leicht mystisch, den Bereich oder die Hinsicht angeben, für den oder die die verbale Aussage gilt. Man spricht dann von **Genitiv der Beziehung**. Die Grundbedeutung ist etwa ‚in Bezug auf‘ oder ‚hinsichtlich‘, wobei sich leichtfüßigere Übersetzungen empfehlen. Auf die verbale Aussage bezieht sich ein Substantiv wie im ersten oder ein Pronomen *des* (→ S. 122) wie im zweiten Beispiel.

Er	Gr	AH	Iw	MC	Pz	Tr	Da	Hb	Pn
502	18	19	6521	97	45 12	28	1752 f.	1223	173
571	238	169	4	157	34 25	9365	1584	324	423

[§ 366] Der Genitiv der Beziehung kann spezifischere Bedeutung haben. Zur Adverbialbestimmung der Zeit wird er bei bestimmten Substantiven mit zeitlicher Bedeutung, etwa in Ausdrücken wie *des morgens*, *des tages* ‚gleichentags‘, *des sumers*, *der wîle* ‚derweil‘, *des selben mâles* ‚damals‘, *des andern âbendes* ‚am nächsten Abend‘, *des nahtes*.

172	3681	470	656	1023	225 2	15917	4533	1418	2105

Seelchen, des Nachts! Das geht flott zu, Bruder Einauge. Ist das 12. Jahrhundert resistent gegen Euer Leviten-Lesen? *Was soll ich jedoch von der Dienerin sagen, die auf Geheiß der Herrin das Wasser im Haus vergießt, damit die dürstenden Pilger in der Nacht kein Wasser finden und den Wein des Wirtes kaufen?* Ist ja nicht wahr. *Was ist mit jener, die nachts mit Zustimmung des Wirtes Hafer oder Gerste aus den Futterkrippen stiehlt?* Nun? *Sie seien verdammt! Ebenso treffe der Bann die Wirtsmägde, die sich aus Hurerei und Geldgier auf teuflisches Geheiß nachts den Pilgerbetten zu nähern pflegen!* Schickt –

Seltener wird der Genitiv der Relation bei Substantiven mit räumlicher Bedeutung zur Adverbialbestimmung des Ortes. Das Bezugsverb ist ein Verb der Bewegung: *dâ râmet ich der wilde* ‚Da strebte ich Richtung Wildnis [...].‘ (Iw 398, auch Gr 602) Gebräuchlich ist der Ausdruck *des endes* ‚dorthin‘; Beispiele: Er 5312, Iw 924, Pz 329 28, Da 7232, Pn 1581.

[§ 366] Der **Genitiv der Ursache** nennt die Ursache, den Anlass für das, was ein Verb oder ein verbaler Ausdruck meint. So bezeichnet er zum Beispiel den Grund für eine Gemütsbewegung: *angest nemen*, *erschricken*, *jâmern*, *klagen*, *lachen*, *sich vreuwen*, *smielen* ‚lächeln‘. Weiter steht er bei Verben, die Lob, Tadel, Buße, Vergeltung o. Ä. meinen: *büezen*, *loben*, *lônen*, *neigen* ‚sich verneigen‘, *schelten*, *strâfen* ‚zurechtweisen‘; ferner bei Verben, die Schwächung und Tod meinen: *engelten* ‚Schaden erleiden‘, *inne ligen* ‚im Kindbett liegen‘, *tôt ligen*, *dâ belîben* ‚umkommen‘, *niht gestân*, *sterben*.

854	1049	145	6394	88	285 20	14691	1289	1862	677

Auch die erstarrten kausalen Genitive *des* ‚deshalb‘ bzw. *wes* ‚weshalb‘ gehören hierher, Näheres dazu auf den Seiten 122 bzw. 124. Ihre Bedeutung ist „weitgehend unabhängig geworden von dem semantischen Wert des Verbums [...].“ (Paul u. a., 344)

In unserem Korpus begegnet ferner der **Genitiv der Art und Weise**: *si begunden eines mundes jehen* ‚Sie begannen einhellig auszusagen […]'. (Tr 3476)

Die Erscheinung ist selten. Belege: *si füerent roubes eine maget.* ‚Sie führen >in Raubes Weise< eine Jungfrau mit.' (Pz 122 20) Oder: *ob si beidenthalp noch lebeten und strîtes gein mir strebeten* ‚Wenn sie beiderseits noch lebten und mir >in Kampfes Weise< entgegenkämen […].' (Pz 768 5 f.) Übersetzt wurde hier verdeutlichend. – Die Abgrenzung gegen die folgenden Adverbien ist schwierig.

Werden Genitive der Art und Weise usuell, erstarren sie zu festen Adverbien: *dankes* ‚freiwillig', ‚mit Einverständnis'; *undankes* ‚unfreiwillig', ‚ungern'; *heiles* ‚zum Glück'; *sturmes* ‚im Angriff'; *unheiles* ‚fatalerweise', ‚unglücklicherweise'; *widerhæres* ‚gegen den Strich', *widersinnes* ‚entgegengesetzt', ‚verkehrt'; *vürname(n)s* ‚ganz und gar'.

Er	Gr	AH	Iw	MC	Pz	Tr	Da	Hb	Pn
9820	2213	1359	5078	–	205 26	15839	5856	–	1634

Genitive der Art und Weise sind schließlich die Adverbien *alles* ‚zweifellos', ‚völlig', ‚ständig'; *ander(e)s* ‚sonst'; *gâhes* ‚schnell', ‚voreilig', ‚überstürzt'; *langes* ‚längst', ‚der Länge nach'; *slehtes* ‚gerade(aus)', ‚gänzlich'; *stætes* ‚beständig', ‚stets'; *strackes* ‚sofort'; *twerhes* ‚schräg', ‚hämisch', ‚scheel'.

3025	2019	1044	2981	694	417 30	389	8209	1779	–

Es sind eigentlich Adjektive im Genitiv, bei denen wohl ein ursprüngliches Substantiv – z. B. Er 5966: *unwîses muotes* – eingespart wurde: *slehtes (loufes)* ‚geraden Laufs'. Im *Tristan* findet sich eine einmalige Bildung, Tristan lehrt den Jagdhund *unlûtes loufen*, >unlaut laufen<: ohne Gebell jagen. (Tr 17253)

Hochwürden, eine Prognose für Wirte im Jenseits? *Wie Judas die Strafe seiner Schuld und der Schächer den Preis seines Bekenntnisses vom Herrn Jesus Christus während seiner Passion empfing, so werden die schlechten Gastgeber die Strafen ihrer Missetaten in der Hölle, die wahren Pilger jedoch den Lohn ihrer Mühen im Himmel ernten.* Als dereinst Selige bei dereinst Verdammten logieren. Ingrimmig getröstet wenden wir uns zum Genitiv bezogen auf ein Substantiv und zur nächsten Absteige – Sie mögen Fisch?

… beim Substantiv

[§ 367] Als Erstes sei der **subjektive Genitiv** (genitivus subjectivus) beschrieben. Ein Beispiel: *Diu bete was der münche spot.* (Gr 1123) Der Genitiv *der münche* bezieht sich auf ein Substantiv, das eine Handlung bezeichnet, nämlich *spot.* Es sind Mönche, die über die Bitte eines Fischers witzeln. Sie sind Subjekt des Spotts, die Bitte des Fischers ist Objekt. Darum ist *der münche* ein subjektiver Genitiv. Er steht bei Substantiven, die Handlung, Vorgang oder Zustand bezeichnen, und bei solchen, die in enger Beziehung zu einem Verb stehen, das Handlung oder Vorgang bezeichnet: *der werlde lôn* → *lônen.*

5021	1962	596	7119	1012	1 21	17423	3836	333	1250

Herr WOLFRAM VON ESCHENBACH nimmt statt des Substantivs auch mal den substantivierten Infinitiv: *des hers loschieren was getân wol mîle lanc ûf den plân [...]* ‚Das Heereslager war erstellt, eine Meile weit gut übers Feld [...].‘ (Pz 681 15 f.)

[§ 367] Der **objektive Genitiv** findet sich ebenfalls bei Substantiven, die eine Handlung oder einen Vorgang bezeichnen, ferner bei solchen, die in enger Beziehung zu einem Verb stehen, das Handlung oder Vorgang bezeichnet. Die Übersetzung verlangt oft eine Präposition. Beispiel: *in dem sê den künec ich vant geankert ûf dem wâge – ich waene durch vische lâge.* ‚Auf dem See sah ich den König, verankert im Gewoge – ich nehme an zum Fischfang.‘ (Pz 491 20 ff.; konstruiert >zu (der) Fische Auflauerung<) Der König stellt den Fischen nach, sie sind nicht Subjekt, sondern Objekt königlichen Lauerns. – Verunsichern kann der objektive Genitiv bei den Substantiven *angest*, *liebe*, *minne*, *vorhte*, nicht selten auch bei *haz* und *helfe*. (mit Possessivpronomen: → S. 120)

Er	Gr	AH	Iw	MC	Pz	Tr	Da	Hb	Pn
4116	318	879	6804	265	664 16	9765	1716	417	1654

Auch hier kann statt des Substantivs ein substantivierter Infinitiv stehen: *âvoi nû wart dâ niht vermiten er enwürde baz emphangen dan ze Karidôl waere ergangen Ereckes emphâhen [...]* ‚Echt, nun ließ man sichs nicht nehmen, ihn besser zu empfangen als beim Empfang, den Erec zu Karidol bekommen [...].‘ (Pz 401 6 ff.) – Nebenbei: Die Termini ‚Subjekt‘ und ‚Objekt‘ werden oben nicht im grammatikalischen, sondern im philosophischen Sinn gebraucht.

Verdammt seien also die bösartigen Wirte, die durch zahllose Betrügereien die Pilger ausnehmen! Eifrig, Herr Pfaffe? *Manche gehen ihnen am Stadtrand entgegen und küssen sie, als ob sie ihre von weit angereisten Verwandten wären.* Die freuen sich eben sehr. *Sie führen sie in ihre Häuser, versprechen alle guten Dinge und handeln schlecht!* Ihr versteht Euch auf Wirtshäuser. Die Wirtin dort hat den Pilgern ‚geradezu königlichen‘ Fisch aufzutischen versprochen – würdet Ihr übersetzen? *Zwei oder drei Tage alte Fische. An denen die Pilger erkranken.* Mahlzeit. Eine Lebensmittelvergiftung kann übel verlaufen, seien Sie vorsich– *die vische sîn verwâzen!* Madame? Materie mampfen? Also wirklich.

[§ 368] **Partitiver Genitiv**, ein Teilungsverhältnis bezeichnend, steht bei Substantiven, die eine Menge nennen: *ein bütene* ‚ein Bottich‘; *ein her* ‚eine Heerschar‘; *die kraft* ‚eine Menge‘; *ein kumpf* ‚ein Gefäß‘, *ein magen* ‚eine Menge‘; *vier mütte* ‚vier Scheffel‘; *manic schar* ‚viele Gruppen‘; *ein teil* ‚ein Teil‘; *manic trahen* ‚mancher Tropfen‘; *ein vuoder* ‚eine Wagenladung‘; *siben vuoz* ‚sieben Fuß‘; *ein wunder* ‚eine Unmenge‘.

5189	1668	207	2233	708	694 14 f.	15636	4423	565	1302

[§ 369] Der **Genitiv der Zugehörigkeit** bei Substantiven drückt ein Verhältnis der Verwandtschaft, der Freundschaft, des Lehens, der Zugehörigkeit von Körperteilen und dergleichen mehr aus. – Spezifischer bezeichnet er als **Genitiv des Besitzens** (genitivus possessivus) wie im zweiten Beispiel ein Besitzverhältnis.

7237 2012	185 2094	97 1026	6418 4513	632 1696	781 28 782 25	9098 7024	3646 3804	557 1709	9 135

Was soll ich andererseits über die schlechten Wirte sagen, die das Geld der Pilger, die in ihrem Haus sterben, begierig behalten? Unser guter Hirte beneidet angelnde Wirte – als Köder ist der Fisch natürlich königlich, damit angeln die all Ihre Habe. *Anstatt sie den Klerikern und Armen als Almosen pflichtgemäß zu geben! Sie seien wahrhaft verdammt!!*

[§ 370] Der **Genitiv der Eigenschaft** (genitivus qualitatis) beim Substantiv antwortet auf die Frage nach dem Wie-Sein des im Substantiv Genannten. Er bezeichnet etwa die Abkunft, die Art, eine Farbe, ein Material, einen Stoff, eine geistige Eigenschaft.

Er	Gr	AH	Iw	MC	Pz	Tr	Da	Hb	Pn
386 5847 7866	775 1003 3482	466 484 1316	326 2818 7808	53 144 389	20 6 120 13 478 9	5947 11102 14423	4705 6209 8157	38 448 557	247 1228 2146

Wenn nun der Fisch seine ungeistigen Eigenschaften gar zögerlich entfaltet, Herr Pfaffe, was setzt man den Vitaleren vor? *Todbringende Getränke – um sich ihrer Habe zu bemächtigen.* – Da ertönt doch Fisch-runterspül-Glucksen? Madame, nicht!! *Nû sss–wîc!!*

Ist im Stand und überlebts. [§ 371] Der **definierende Genitiv** (genitivus definitivus/explicativus) legt den Begriff eines Substantivs aus, er nennt sein Worin-Bestehen, nicht selten auch im Gewand von Allegorie und Metapher.

4145 7070 f. 9891	38 f. 3525 f. 3596 f.	70 86 f. 657	10 3630 8120	509 566 587	316 11 613 9 694 13	233 8120 8126	6168 7118 7166	417 573 671	1453 1903 2016

Als Spezialfall davon mag der Genitiv der Identität gelten. Das Substantiv wird dabei durch ein Synonym (i. w. S.) ausgelegt. Von der VIP-Folterscheibe für Pantaleon – sie läuft dann leider Gottes in die falsche Richtung ... – berichtet KONRAD VON WÜRZBURG: *Si wart erziuget schône mit rîcher koste lône, als ez gebôt Maximiân* ‚Sie wurde prunkvoll gefertigt, mit Aufwand großer Kosten, wie Maximian es befohlen.' (Pn 1576 ff.) Eigentlich reichte es ja, von großem Aufwand oder von großen Kosten zu sprechen.

Der Genitiv der Identität findet sich häufig bei KONRAD (etwa Pn 1520, 1569, 2065; *Trojanerkrieg* 17406 u. a.) und bei WOLFRAM VON ESCHENBACH. (Pz 73 17, 453 15, 564 27, 654 22 u. a.) – Noch eine Eigenart WOLFRAMs ist die Genitivkette. Ein Genitiv hängt von einem Genitiv ab: *si truoc der vröuden mangels last.* (Pz 116 30) Operieren Sie bei solchen Fällen mit Erweiterungs-/Verschiebeprobe (→ S. 62): **si truoc [den] last [des] mangels der vröuden* ‚Sie trug die Last der Depression.'

Was hat Ihr Wirt gemeint? *‚die herberge ir mir rûmet! ist daz ir iuch sûmet, ich lâze iuch mînen frîman slahen!'* Die Spezialität des Hauses. Nehmen Sies unpersönlich, dort kommen Neue. Man lässt die alten Gäste zahlen, dann heißts: Flohstroh räumen, aber dalli! Sie wollten kein Fischchen fein essen, kein Weinchen rein trinken. Beleidigte den König wie lang, lang nimmer. Aber wenden wir uns zum Genitiv bezogen auf ein Adjektiv und zur nächsten Absteige. Da ist der Fisch ohne Haken, das Fleisch ohne Pferdefuß – zuerst.

... beim Adjektiv

Bei den Wortarten Verb und Substantiv unterschieden wir jeweils einige Gebrauchstypen, und der Genitiv hat da meist auch semantischen Wert. Dagegen verhält es sich bei den auf ein Adjektiv bezogenen Genitiven anders: „Die Verbindung eines Adjektivs mit einem Substantiv im Genitiv bezeichnet eine Relation zwischen beiden. Sie wird in erster Linie durch die Bedeutung des Adjektivs bestimmt, in zweiter Linie durch die des Substantivs, nicht durch verschiedene Bedeutungsnuancen des Genitivs." (Paul u. a., 347)

Die meisten Verbindungen kann man als **Genitiv der Beziehung** betrachten. Die Grundbedeutung ist, wie schon beim Verb, ‚in Bezug auf'; im Neuhochdeutschen wird häufig mit einer Präposition übersetzt. Ein Beispiel: Die Leoparden und Löwen, die Pantaleon zerreißen sollten, lecken diesen Heiligen, weil sie wittern, dass er *aller missewende blôz* ist, ‚ohne jedes Verbrechen'. (Pn 1467) – Kitzelt übrigens saumäßig.

Er	Gr	AH	Iw	MC	Pz	Tr	Da	Hb	Pn
248	1466	44 f.	156	1172	117 7	11216	7030	120	888

Die spirituell begabten Großkatzen würden garantiert auch den nächsten Wirt verschonen. Milde wie ein Heiliger stellt er Ihnen, liebe kohldampfende Brüder und Schwestern, eine Gratismahlzeit (sic!) in Aussicht. Jesses! Dafür zerfetzt ihn unser Gottesmann in der Luft? *Welch vorgetäuschte Barmherzigkeit! Welch falsche Frömmigkeit! Und welch vollkommen betrügerische Großzügigkeit!!*

[§ 374] Einige Adjektive bezeichnen eine Ausdehnung im **Raum** – etwa *breit, dic, grôz, hôch, lanc, wît* – oder in der **Zeit** wie *alt* und *lanc*, andere bezeichnen **Maß** oder **Wert** – zum Beispiel *bezzer* oder *wert*. Der darauf bezogene Genitiv erläutert die räumliche oder zeitliche Ausdehnung, das Maß oder den Wert.

8898	1603	1196	7406	1144	71 6	–	7028	172 f.	–

Memorieren wir Grammatik, mit Hochwürden den Wert einer Gratismahlzeit meditierend. *Wenn an einem Datum zwölf Pilger da sind, serviert der unfreundliche Wirt als erstes ein Fleisch- oder Fischgericht, das auf dem städtischen Fleischmarkt acht Münzen kostet, um ihnen dann zwölf Kerzen, die er auf dem städtischen Markt für insgesamt vier Schilling – jede einzelne für vier Geldstücke – erworben hat, zum Preis von sechs Schilling zu verkaufen, und betrügt so jeden um sechs Geldstücke. Ebenso gibt er das Wachs, das vier Geldstücke wert ist, für sechs Münzen ab und Wachs im Wert von vier Schillingen für sechs Schillinge; so hat er ihnen heimtückisch das Essen verkauft.* – Sammelklage.

Einige Adjektive bezeichnen eine Gemütsbewegung, so etwa *geil, gemeit, gram, riuwec* oder *vrô*. Der Genitiv mag dann eine **kausale Bedeutungsnuance** ausdrücken: *dirre bete was er vrô* ‚Dieser Bitte wegen war er froh.' (Pz 591 7)

2069	1882	1383	1751	–	33 12	11381	835	687	1705

[§ 375] Der Genitiv von *michel* ist zum Adverb *michels* geworden, es steht vor einem Komparativ und bedeutet ‚um vieles'. (Beispiele: Er 9531, Iw 2906, Pz 595 6, Da 2043, Hb 978)

[§ 394] Auf die substantivierten Adjektive *genuoc, lützel, mê(r), vil* und *wênec* ist häufig ein Genitiv mit **partitiver Bedeutungsnuance** bezogen.

5924 6109	2407 3042	424 838	6293 f. 7107	936 f. 1044	328 24 605 24	5349 11317	1904 7004	292 912	528 1424

Was gibt es noch? Fleisch und Fisch im Wert von acht Münzen, die er ihnen zum Essen gab, verkauft er ihnen in Wirklichkeit betrügerisch zu einem Preis von zwei Schillingen. Oh, welch ruchlose Macht, welch verächtlicher Wucher! Sollen aufpassen. Aber wenden wir uns zum Genitiv bezogen auf ein Pronomen und zur nächsten Absteige. Echt familiär.

... bei Pronomen

[§ 368] Ein Genitiv kann auf substantivisch gebrauchte (→ S. 126) Pronomen bezogen sein. Am häufigsten steht er bei den **Indefinitpronomen** *iht* und *niht*, ferner bei *dehein, ein, etewaz, ieman, kein, manec, nieman*. Ist der Genitiv auch ein Pronomen, ergeben sich Konstruktionen wie *iht des* ‚etwas solches', *manigen der* ‚manchen von denen' usw.

Er	Gr	AH	Iw	MC	Pz	Tr	Da	Hb	Pn
1007 9822	2833 f. 3777 f.	9 578	4274 5213	1319 1553	485 24 f. 490 27	10495 14832	4203 8146	791 1051 f.	1171 1733

Unterkunft immer noch indefinit? Moment, Sie verwahren doch diesen Ring da des Menschenfreunds von Seite 125. Wissen Sie noch? ‚Sagt meiner Frau und meiner Familie, sie mögen euch mir zuliebe gut versorgen. Ich werde euch ein Merkmal verraten, das ihr ihnen babbeldibabbeldi …' Herr Prediger, klärt bitte auf. *Mit diesen Worten gibt er als Zeichen einigen sein Messer, anderen seinen Gürtel, wieder anderen seinen Schlüssel, weiteren seinen Riemen, seinen Ring, seinen Hut oder seinen Handschuh und schickt sie zu seinem Haus.* Dieser Menschenfreund hat ein großes Herz – Sie riechen den Braten? *sneit erz halbez abe?* Schonung! Herzbraten, Sie denken verflucht aufgeklärt. – So hungrig?

[§ 368] Wenn *niht* (→ S. 65) oder *iht* (→ S. 68) eine Negation ausdrücken, bleibt die Genitivkonstruktion häufig erhalten, obwohl vom Verb her kein Genitiv gefordert ist. Dasselbe gilt für *niene* ‚nicht'.

1355 4478	158 1455	537 538	729 1237	432 1399	147 25 510 12	26 5819	466 793	362 791	1171 1340

[§ 375] Vereinzelt werden die Genitive der Pronomen *manec, iht* oder *niht* als Adverbien gebraucht: *maneges* ‚um vieles' (Tr 1006), *ihtes* ‚um etwas' (Pz 369 14), *nihtes* ‚um nichts'. (Gr 2628)

[§ 368] Auch auf das **Interrogativpronomen** *waz* kann sich ein Genitiv beziehen, manchmal mit partitiver Bedeutungsnuance. (→ S. 153)

3339	1738	–	4442	111	374 14	3235	6468	1749	989

Seltener ist der auf *wer* bezogene Genitiv: *dô vrâgte er si der mære, wer dâ ritter wære.* ‚Da fragte er sie um Auskunft, welche Ritter [>wer der Ritter<] da seien.' (Pz 65 23 f.)

[§ 368] Häufig tritt bei *waz* mit Genitiv eine Bedeutungsverschiebung ein. Es geht dann um die Beschaffenheit: ‚Was für ...'; gelegentlich auch um den Zweck: ‚Wozu ...?' In Ausrufesätzen bedeutet dieses *waz* ‚Wieviel ... !' oder ‚Welch ... !'

Er	Gr	AH	Iw	MC	Pz	Tr	Da	Hb	Pn
5159 7050	2338 f. 2954	1298 –	349 2206	694 924	384 22 461 14	5942 17771	1036 6318	410 1749	788 1175 f.

Häufig ist der Genitiv beim verallgemeinernden **Relativpronomen** *swaz* ‚was/wieviel an …'. Seltener steht er bei *swer*, vereinzelt bei *swelch* und bei *daz* im Sinne von ‚was'.

2166 5143	1579 3524	945 f. 1337	757 1393	796 798	101 2 101 5	8287 16524	3540 7964	1150 1154	238 794

Ist nicht im Grunde, wenn man so denkt, vieles relativ relativ? Der Menschenfreund, wie gings? Haben den Ring vorgezeigt – ohne Kohl? Saubere Sippe zum Willkomm im Hof versammelt – jöö, hübesch. Später gabs Huhn? Ei. Gekröööńt vom Schnäppchenkauf für gottgefälliges Wachsopfer!? Nun sag bloß. Hochwürden? *Nachdem jene zu dessen Haus gekommen sind, sich einquartiert haben und ihnen die Frau dieses Wirts das erste Gericht gebracht hat, verkauft sie Wachs im Wert von vier Münzen zu einem Preis von acht oder zehn.* Na bitte. Die Verpflichtungsnummer. Aber wenden wir uns zum Genitiv bezogen auf Numeralien und zur nächsten Absteige. Da ist der Wirt noch viel freigebiger: Ob Maulschellen, Watschen, Backpfeifen, Ohrfeigen, es ist ihm drei, vier, eh alles eins.

… bei Numeralien

[§ 368] Ein Genitiv kann auf substantivisch gebrauchte Zahlwörter bezogen sein. Ist der Genitiv ein Pronomen, ergeben sich Konstruktionen wie *ir einer* ‚einer von ihnen', *der vieriu* ‚vier davon'. Je nach Kontext kann partitive Bedeutung entstehen. (→ S. 153)

3392 f. 6361	474 850	–	3455 5273	–	19 12 384 30	10026 16731	3981 8152	395 1664	1984 2085

[§ 368 Anm. 1] Geradezu an den Begriff des Klonens erinnern Aussagen wie *nu lât mîn eines wesen drî* ‚Nun nehmt mal an mich gäbs zu dritt.' (Pz 4 2; auch 449 5, Da 7540, Hb 1844 f.)

vart hin, ir ribbalt! mûlslege al ungezalt sult ir hie vil enpfâhen! Das klang wirtlich, leben Sie noch? Was war denn los? Nicht doch! Sie haben Ihren Wirt mit *pârâtiere* angeredet!? Was, Seite 151! Ach, die Probe, ja. Lerneifer sehr gut. Gott sei´s geklagt. Sie probten bei der ehrlichsten Haut in der Stadt. Bei der feilschen! Wie kann man nur –! In puncto Kulturtechnik Rechnen wird sie unberechenbar. Aber wenden wir uns zum Genitiv bezogen auf Interjektionen und zur nächsten – Himmel, wir haben ein Problem. Es war die letzte.

… bei Interjektionen

ouwê dirre geschiht! Kann man [§ 378] wohl sagen, von nun an ists vorbei mit der fröhlichen Wissenschaft. Zum Trost: Sie liegen intuitiv richtig, ein Substantiv im Genitiv nach *ach*, *ouwê* und *wol* nennt das Worüber des Ausrufs. (Anderer Fall: → S. 164)

7264	2405	–	–	–	91 12	1215	–	398	–

Einerseits haben Sie sich nun Obdachlosigkeit eingebrockt. Andererseits weiter vorgearbeitet in vergangene Sprache. Das bewirkt aber (→ S. 150), dass die Kirche nachts offen bleibt. Fragen Sie nach dem Portal der Grammatikschule. In der Altarnische der hl. Maria Magdalena – gleich hinter dem Hochaltar – wohnt ein Mädchen und erzählt für etwas Kleingeld fromme Horrorgeschichten, sowas tut sie fürs Leben gern. Ihr Erzählen sieht aus, als bringe sie ein Opfer, für das sie Seelenheil erwartet – vielleicht bisschen Vergessen oder Zeitvertreib. Sicher dem Teufel vom Karren gefallen, die kleine Kirchenkatze. Ihr Repertoire an Heiligenlegenden ist enorm, eine handelt von einem sprechenden Leichnam als Kopfkissen. Sie hälts für eine gute Gutenachtgeschichte. Müde?

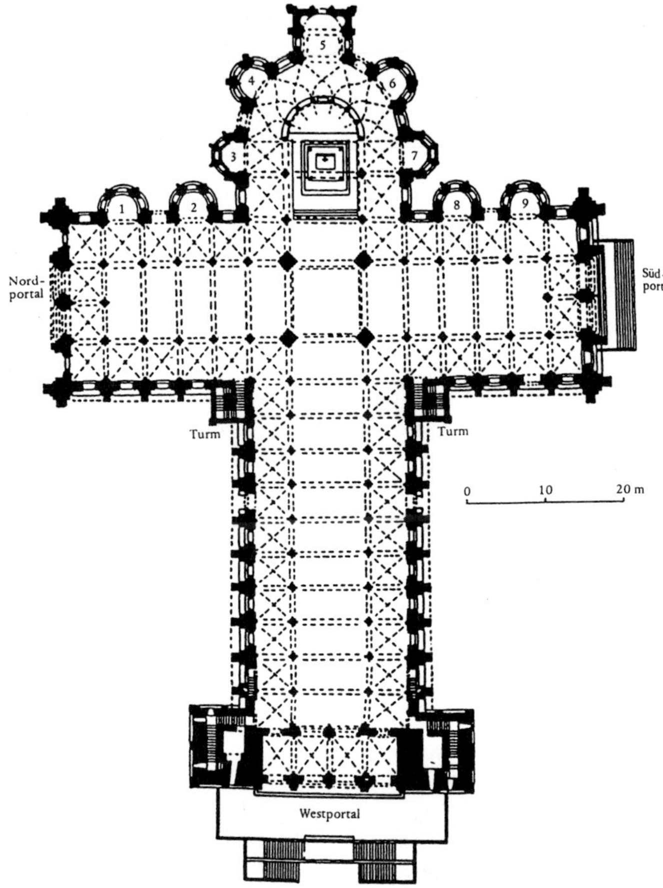

Grundriss der romanischen Kathedrale von Santiago de Compostela

Es dem Leben geben: Der Dativ

[§ 380] Der Dativ nennt oft „Personen oder lebende Wesen, denen ein verbales Geschehen zugewendet ist." (Paul u. a., 350) Mitunter sinds auch scheintote Wesen. Wem zum Beispiel würden Sie – dies das verbale Geschehen – Ihren Geist im Schlaf anvertrauen? Unsre kindliche Nachtwache weiß da eine aufschlussreiche Geschichte: *Macarius der Abt kam einst herab von der skethischen Wüste, und da er schlafen wollte, trat er in ein Grabmal, da lagen viel Heiden begraben; und zog eines Heiden Leichnam heraus und tat ihn als ein Kissen unter sein Haupt.* Jedem das Seine. Müd? Nein? Stopp mal, Kleine.

Versuchen wirs so: [§ 381] Der Dativ bezieht sich meist auf ein Verb, aber lockerer als das Akkusativobjekt. Die Valenzangaben sind annähernd zu verstehen. Wir gehen von den Verben mit freiem zu denen mit notwendigem Dativobjekt, dann kurz zum Dativ bei Adjektiven und Interjektionen. (Der Bezug auf Präpositionen folgt auf Seite 190 ff.)

[§ 382] Ein **fakultatives Dativobjekt** kann erscheinen bei Verben wie *bereiten*, *biten*, *graben*, *klagen*, *koufen*, *liegen*, *menen*, *nemen*, *niuwen*, *reinen*, *sagen*, *senden*, *vliegen* und vielen andern. Sie bilden inhaltlich keine Gruppe. Das Dativobjekt, in der Regel ein **Dativ der Person**, erscheint meist als Pronomen *mir*, *dir*, *im*, *ir*, *uns*, *iu*, *in*. Zur Illustration je ein Beispiel ohne und mit Dativobjekt beim selben Verb im selben Text.

Er	Gr	AH	Iw	MC	Pz	Tr	Da	Hb	Pn
762	880	263	3266	1290	40 9	14391	2505	169	566
780	3996	706	3824	1380	474 18	18567	4790	399	694

Wie im Neuhochdeutschen signalisiert der so genannte ethische Dativ mit *mir*, *dir*, *im* oder *ir* (Plural: *uns*, *iu*) in direkter Rede das erhöhte emotionale Engagement am Gesagten: ‚*han ich daz an im erzogen daz er mir bliuwet mîniu kint?*' ‚Hab ich das an ihm erzogen, dass der mir meine Kinder klopft!?' (Gr 1308 f.; weitere Beispiele: Gr 1147, 1765, Iw 2832, MC 1409, Pz 62 21, Tr 10206, Hb 1031/32/33, 1398 ff.)

Das Dativobjekt ist Kopfkissenzone, bald schläft man mit, bald ohne. Ha, gegähnt! Nein? Dem Macarius seins reizt die Teufel auch. *Da wollten ihn die Teufel erschrecken und riefen dem Toten, als sei er ein Weib, und sprachen ‚Steh auf und geh mit uns zum Bad!'* Eine Frage ist geweckt: Wird der Heidensuccubus unter Macarius zum Leben erwachen?

Überraschend können manche Verben **im Mittelhochdeutschen ein Dativobjekt** haben, überraschend auch die Bedeutung: *einem betten*, *bezzeren* ‚Schadenersatz leisten', *büezen* ‚wieder gutmachen', *entsliezen* ‚preisgeben', *hengen* ‚erlauben', *komen* ‚begegnen', *leiden* ‚verleiden', *lieben* ‚behagen', *mêren* ‚vermehren', *nîgen* ‚verneigen', *rihten* ‚Recht verschaffen', *tugen*, *übersehen* ‚nachsehen', *vluochen*, *warten* ‚dienen' u. a.

2172	350	13	45	206	191 10	1992	4621	523	961
3638	528	347	391	349	370 10	5235 f.	6670 f.	844	1093
7102	621	611	701	1321	375 26	10709	6846	926	1568 f.
9209	1729	1434	2014	1661	611 19	17827 f.	7848	1684	1787

[§ 348] Einige Verben können mit **Dativ oder Akkusativ** konstruiert werden. Korpusbezogen steht wohl häufiger der Dativ bei *bescheiden* ‚kundtun', *dienen* (s. u.), *enbresten* ‚entkommen', *entschuohen*, *ervollen* ‚sich füllen', ‚erfüllen', *(ge)zemen* ‚entsprechen', *gürten*, *helfen*, *lônen* ‚vergelten', *râten*, *rüefen*, *schirmen* ‚schützen', *strælen* ‚kämmen', *swâren* ‚beschweren', *verwîzen* ‚vorhalten', *verzîhen* ‚vorenthalten', ‚ablehnen', *vrumen* ‚nützen', *werren* ‚stören' oder *widerstrîten*. Aber nicht selten werden sie auch mit dem Akkusativ konstruiert. (Häufiger ‚akkusativische' Verben finden Sie auf Seite 166.) Ein Verb erscheint hier an zwei Stellen, einmal mit Dativ, einmal mit Akkusativ.

1339	110	309	296	119	191 27	795	4286	278	219
7390	665	384	748	178	217 5	4832	4918	514	230
8467	1395	500	2842	1215	238 26	5073	6145	591	702 f.
9388	1474	616	3864	1274 f.	252 7	6578	7678	626	727
9863	2077	1111	4251	1772	340 29	14925 f.	7790	1492	1798

Das Schwanken zwischen Dativ und Akkusativ scheint manchmal abhängig vom Vorhandensein bzw. Fehlen einer zusätzlichen Genitivkonstruktion. Unterschiedliche Fälle können Bedeutungsunterschiede mit sich führen, verzeichnet in den Wörterbüchern. Beispiel: *einem dienen* ‚jemandem dienen', *ez dienen* ‚es vergelten'. Den Dativ konkurrenzieren präpositionale Fügungen mit *ze/zuo*. (→ S. 192)

Macarius wälzt sich auf dem Lager. Fälle geistern. Waisenkind? *Und ein anderer böser Geist schrie unter ihm, als ob er aus dem Toten rede: ‚Ich hab einen Pilgerim auf mir und kann nicht kommen.‘* Hoffentlich wird dem Kopfkissen sein gottlos Maul bald gestopft. Die zweite Frage ist wach: Wie reagiert das Mittelhochdeutsche, wenn wir ihm das Haupt anvertrauen? *ich erschrihte von slâfe und îlte iu nâch.* Was sagten Sie? Ja wie denn, nichts gesagt! Schläfrig geflüstert? Sie nicht? Seltsam. – Most illogical!! *geswîc der kleffe dîn!!* (Die Alte. Prompt provoziert. Flüstert uns was andres. Aber vorhi– ganz deutlich, ja!)

[§ 381] Ein enger ans Verb gebundenes, für uns **erwartbares Dativobjekt** steht meist bei *antwürten, beschern, bieten, gebieten, gelouben, genâden* ‚danken‘, ‚sich erbarmen‘, *geschehen, gestrîten* ‚standhalten‘, *gevallen* ‚zufallen‘, ‚gefallen‘, *künden* ‚verkünden‘, *râten, schîn machen/sîn/tuon/werden* ‚offen legen‘, ‚einleuchten‘, *vergeben* ‚vergeben‘, ‚vergiften‘, *verjehen* ‚erzählen‘, *volgen* ‚sich anschließen‘, *widerrâten* ‚abraten‘ u. a.

Er	Gr	AH	Iw	MC	Pz	Tr	Da	Hb	Pn
36 964 10093	545 991 1530	927 1254 1513	1184 1396 3078	159 319 668	10 22 425 29 426 18	1218 4286 12121	1529 2366 4695	27 714 1013	58 539 787

Obligatorisch im strengen Sinn ist das Dativobjekt nicht, solche Verben erscheinen bisweilen anders konstruiert. Die Bedeutung des Verbs kann mit der Konstruktion wechseln: *der mâne bôt in schœne naht* ‚Der Mond gab ihnen helle Nacht.‘ (Er 6894) Und ohne Dativobjekt: *dô bôt ich mîn unschulde* ‚Da beteuerte ich meine Unschuld.‘ (Iw 731) Die Bedeutungsvarianten finden Sie wieder in den Wörterbüchern.

[§ 381] Dativ der Person begegnet uns bei **unpersönlich konstruierten Verben und Verbindungen** wie *gebresten* ‚fehlen‘, *grûsen* ‚grauen‘, *leit sîn, nôt sîn/gân, troumen, versmâhen* ‚widerstreben‘, *zorn sîn/wesen/werden* ‚zornig sein‘, *ziehen* ‚widerfahren‘. (Weitere unpersönliche Verben auf Seite 72.) Einige haben auch Akkusativ der Person.

144 4162	310 761	359 912	702 829	41 864	17 7 23 10	14571 16124	1195 1481	374 1577	294 1263

[§ 381] Endlich ist bei manchen Verben das **Dativobjekt ‚obligatorisch‘**. Es steht im Korpus stets bei *behagen, benemen* ‚hindern‘, ‚wegnehmen‘, *bîwonen* ‚nahe sein‘, *dröuwen* ‚drohen‘, *enblanden* ‚überlassen‘, *entslîfen* ‚entschlüpfen‘, *entwahsen* ‚unerreichbar sein‘, *erbunnen* (Prät. *erban*) ‚missgönnen‘, *geswîchen* ‚im Stich lassen‘, *widergân* ‚begegnen‘, *widerrîten* ‚entgegenreiten‘, *widervarn* ‚entgegenkommen‘, ‚zuteil werden‘ u. a.

2476 3396 7844 9289	74 509 1921 2366	237 327 594 708	4191 5255 6211 6694	293 326 400 1287	95 10 178 10 464 15 567 4	2597 3910 4598 14317	884 7092 7454 8158	287 492 521 1313	262 777 1665 1920

„Eine Unterscheidung zwischen dem Dativ als notwendiger Ergänzung eines Verbums […] und dem Dativ als freier Ergänzung ist nicht immer möglich.“ (Paul u. a., 350) Auch für obige Verbengruppe gilt: Das Dativobjekt ist nicht generell, sondern nur korpusbezogen ‚obligatorisch‘; darum die Anführungszeichen. Drei Ausnahmen finden sich bei *benemen*: In Tr 12356 ist ein Dativobjekt *uns* bloß vom Kontext her suggeriert; in Iw 6509 erscheint statt Dativobjekt eine Präposition mit Dativ; in Da 1189 wird es durch Passivkonstruktion mit Genitiv ersetzt. Das Wörterbuch von Hennig (→ S. 19, 250) bietet Valenzangaben für ein größeres Literaturkorpus.

[§ 383] Der **Dativ der Person bei Adjektiven** steht etwa bei *blôz*, *dienesthaft*, *erbolgen*, *friuntlich*, *geværec*, *guot*, *heimlich*, *holt*, *kunt*, *leit*, *liep*, *niuwe*, *nütze*, *sippe*, *starc*, *süeze*, *tôt*, *tump*, *verre*, *wert*, *widerzæme*, *wîs*. Er hat prädikative Funktion. (→ S. 178)

Er	Gr	AH	Iw	MC	Pz	Tr	Da	Hb	Pn
3226 6368 6497 9430	252 334 3113 3421	212 340 503 1478	1789 2947 3269 7612	303 1283 1626 1739	82 1 220 5 222 18 580 21	766 2934 5031 18294	223 5950 7945 2205	48 609 1036 1437	402 f. 414 855 1763

Auch bei **Adjektiven mit *alsô* oder *(al)ze*** begegnet der Dativ der Person: *alsô gâch* ‚so eilig', *mære* ‚ebenso beliebt', *verre* ‚so abgelegen'; dann *ze edel*, *enge*, *hôch*, *klein*, *nâhe*, *rîch*, *snel*, *strenge*, *ze sûr* ‚zu hart', *swach*, *swære*, *wênic*, *wol geborn*; auch bei den Adverbien *vil* und *wol*. Ein hohes oder gleiches Maß, ein Übermaß wird ausgedrückt.

151 6658	2849 3704	212 600	3163 4319	1343 1460	1 16 677 12	4475 16149	3608 4620	664 1016 f.	428 435

Im Übermaß, genau genommen definitiv zu bunt, muss es im Verlauf der Nacht das heidnisch Totenkopfkissen getrieben haben. Was tat unser todmüder Abt Macarius, Mädchen? *Davon erschrak Macarius nicht, sondern er schlug den Toten und sprach: ‚Steh auf und geh, so du magst.'* Makabrer Macarius. Aber Sinn fürs handgreiflich Experimentelle muss man ihm lassen. Ja, und dann? *Da flohen die Teufel und schrieen mit lauter Stimme: ‚Macari, weh, du hast uns überwunden!'* – Hätte dümmer gehen können. Viel dümmer.

[§ 385] Der Dativ der Person kann nach den **Interjektionen** *ach*, *ouwê*, *phî* ‚pfui', *wê* und *wol* gebraucht werden. Bei *phî* und *wol* steht auch Akkusativ der Person.

2996	1306	1290	–	1714	404 3	19163	5136	–	–

Sie übernachten heut ja sicher auf der Galerie oben im Stroh, vermissen vermutlich Öchsle und Esele – zum Trost: Vorliegendes Buch ersetzt jedes Kopfkissen. Zu hart? Ach was! Ein totenstilles Gewissen ist ein sanftes Ruhekissen. Die Teufel ziehen Ihre Nacht als Bühne in Betracht? In diesem Fall: ‚Steh auf und geh, so du magst!' Oder Grammatik-Lektüre, lässt selbst Teufel schlafen. Nacht!

Auf der Galerie in der Kathedrale von Santiago. Mittelalterliche Pilger schliefen gern im Chorumgang, möglichst nahe beim Altar.

Den Falschen angeklagt: Der Akkusativ

Die Nacht kein Auge zugetan? Was der Tag erst bringen mag? Wörtlich ist der Akkusativ – von lat. accusare ‚anklagen' – der ‚Anklagefall'. Die wörtliche Auffassung ist falsch, beruht auf einer Fehlübersetzung aus dem Griechischen: ptosis aitiatike bedeutet ‚Ursache und Wirkung betreffender Fall'. Die müde Altargöre veranschaulicht Ihnen das mit der Legende von der sprechenden Leiche. Nein, nicht die von gestern. Noch mehr im Keller.

Der Akkusativ bezieht sich meist auf Verben. Einige Substantive stehen als Adverbiale im Akkusativ. (Der Bezug auf Präpositionen wird auf Seite 190 ff. vorgestellt.) – [§ 348] Bei transitiven Verben steht wie im Neuhochdeutschen ein **Akkusativobjekt**.

Er	Gr	AH	Iw	MC	Pz	Tr	Da	Hb	Pn
2409 f.	476 f.	335 f.	316	9	2 1	36	8	10	27
2440	487	352 f.	317	10	2 5	41	13	16 f.	50 f.
2446	489	358	318	25	2 25	45	17	24	52 f.
3027	511	378 f.	339	26	16 13	58	26 f.	47	56 f.

Okay, die Story hier beginnt mit einem Objekt aus Silber im falschen Anklagefall. Aber die Waise polierts kultivierter auf. Los, Legendenengel.

Calixtus der Papst erzählt, dass im Jahre 1020 ein Deutscher mit seinem Sohn zu Sanct Jacob wollte wallfahrten. Als er in der Stadt Toulouse musste Herberg nehmen, machte der Wirt ihn trunken und versteckte einen silbernen Becher in seinem Mantelsack.

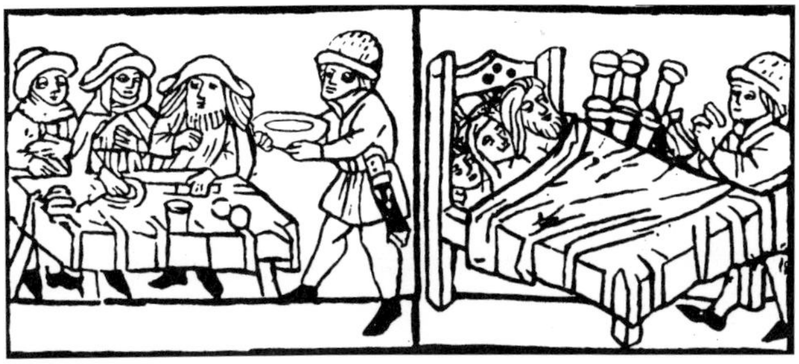

Darstellung der Legende auf einem oberdeutschen Holzschnitt um 1460. Zu erkennen sind Sohn, Mutter, Vater und der hinterhältige Wirt. Die Erzählung hat bald motivische Erweiterungen erfahren, man spricht von der „Schwelltendenz" (Gribl 1978, 39) der berühmten Legende. So ist auf dem Holzschnitt auch die Mutter zu sehen, und das letzte Bild (s. u.) zeigt neben dem Wirt seine Tochter am Galgen.

Der Halunke von Wirt hat doch Grammatikunterricht genossen und da gelernt, dass transitiv ‚zielgerichtet' meint.

[§ 348] Manches Verb kann im Mittelhochdeutschen **überraschenderweise transitiv** sein: *einen/etewaz erscheinen* ‚offenbaren', *gelten* ‚zurückzahlen', *(ge)wern* ‚gewähren', *grîfen* ‚fassen', *handeln* ‚behandeln', *klagen* ‚beklagen', *leiden* ‚verleiden', *lîden* ‚erleiden', *râten, schrîen, sûmen* ‚versäumen', *übertragen* ‚bewahren', *versprechen* ‚ablehnen', *verswern* ‚abschwören', *weinen* ‚beweinen', *wîsen* ‚leiten', *zürnen* und weitere.

852	462 f.	50 f.	318	330	11 3	272	1397	438	214
3585	1732 f.	263	541	1321	100 2	2336	1446	504	354 f.
3778	2058	278	3334	1470	616 21	3367	3212	676	828
4505	2948	650	5670	1509	653 13	14440	4058	1409	1362
5027	3351	1126	6172	1768	816 26 f.	17827	5426 f.	1414	2136

[§ 348] Einige mhd. Verben können mit **Akkusativ oder Dativ** konstruiert werden. Korpusbezogen steht wohl häufiger der Akkusativ bei *biten*, *büezen*, *clagen* ,beklagen', *dünken*, *entsliezen* ,aufschließen', *erbarmen*, *gewinnen*, *heln* ,verhehlen', *rouben* ,berauben', *sprechen*, *verswîgen*, *vlêhen* ,anflehen' und *widerreden* ,von sich weisen'. Aber nicht selten werden sie auch mit dem Dativ konstruiert. (Häufiger ,dativische' Verben finden Sie auf Seite 162.) Unsere heutige Valenzerwartung wird manchmal brüskiert. Beispiel: Das akkusativische *einen heln* wird mit Dativ übersetzt: ,jemandem verhehlen'.

Er	Gr	AH	Iw	MC	Pz	Tr	Da	Hb	Pn
462	1653	24	112	1018	219 1	1160	1738	699	159
641	2364	36	540	1186	468 19	3822	2518	752	511
2403	2426	1083	1422	1382	453 5	5233	3915	1273 f.	623
3044	2434	1398	4555	1457 f.	337 5	11249	6796	1425	950
8639	3996	1507	6008	1470	119 23	14813	8148	1903	1121

Mit dem Schwanken im Fall gehen Verwendungsunterschiede einher, verzeichnet in den Wörterbüchern. Beispiel: *einem (wol) sprechen* ,von jemandem (gut) sprechen', *einen sprechen* ,jemanden sprechen'. – Der Akkusativ wird vonseiten des Genitivs und präpositionaler Fügungen konkurrenziert.

Ziemlich verdutzt hätten anderntags der Deutsche und sein Sohn aus der Wäsche geguckt. Waise? *Da sie nun des Morgens fürbass zogen, lief der Wirt ihnen nach und hielt sie wie Räuber fest, und schuldigte sie, dass sie seinen silbernen Becher hätten gestohlen! Sie sprachen, dass er sie möge zur Strafe ziehen, so der Becher sich bei ihnen fände.* Deutsche Überich-Kultur, das. *tumber danne ein kint*. Pst! Sie beleidigen jemand.

[§ 349] Ein Akkusativ erscheint, wenn ein sonst **intransitives Verb** mit der trennbaren **Partikel *an*** (Verbzusatz: → S. 53) verbunden wird: *an blicken*, *an gâhen* ,anrennen', *an gân* ,angreifen', *an grînen* ,anknurren', *an kapfen* ,anstarren', *an komen* ,überkommen', *an lachen*, *an loufen* ,attackieren', *an springen*, *an strîten*, *an vallen* u. a.

240	1039	–	878	62	396 7	8278	855	–	956
9275	–		1731	1662 f.	572 5	8403	6082 f.		1634 f.

[§ 350] Beim **Akkusativ des Verbalinhalts** handelt es sich um einen rhetorischen Kunstgriff, zu dem WOLFRAM gerne greift. Auch in den andern Romanen, im *Moriz von Craûn* und im *Helmbrecht* findet er sich. Die Bedeutung des Verbs wird durch ein Objekt, das gleichem Wortstamm angehört, nachdoppelnd unterstrichen. Betrachten wir zuerst ein nhd. schnarchendes Beispiel: ,Der sternhagelvolle Pilger schläft den Schlaf des Gerechten.' Ein intransitives Verb – hier ,schlafen' – kann einen Akkusativ erhalten, es wird transitiviert. Aber der Akkusativ des Verbalinhalts steht auch bei typisch transitiven Verben.

863	–	–	5029	53	132 3	13084	8464	322	–

Bei der Wendung *sîne venje vallen* ,an sein Gebet niederfallen' wird die Bedeutung des intransitiven Verbs *vallen* durch den Akkusativ genauer erläutert. Sie ist im *Parzival* 3-mal belegt. (480 10, 483 19, 795 24)

[§ 351] Der **Akkusativ der Person** erscheint bei unpersönlich konstruierten Verben. Ha! Dort, die von Seite 72 laufen Ihnen nach. Hinzu kommen: *anen, an erben* ‚vererbt bekommen', *belangen* ‚genug haben', ‚sich sehnen', *betrüeben, beviln* ‚stören', *dünken, helfen, hungern, ringe heben* ‚wenig ausmachen', *unhôhe wegen* ‚kaum beeindrucken', *vriesen* ‚frieren', *wundern*. Beim Übersetzen wird etwa der Akkusativ der Person in *mich anet* zu ‚ich ahne' oder – unpersönliche Konstruktion bleibt, Stilhöhe sinkt – ‚mir schwant'.

Er	Gr	AH	Iw	MC	Pz	Tr	Da	Hb	Pn
2272 6808 9619	624 1169 2681	377 936 1063	373 2930 4792	149 1215 1612	24 28 581 3 719 22	4941 9355 18604	1378 2456 2812	530 1094 1378	1281 1313 2036

Schwant Ihnen Böses? Der Silberbecher, ja. Im Sack? Erzähl geschwind, Goldwörterkind. *Und da man den Mantelsack auftat, fand sich der Becher! Und sie wurden alsbald vor den Richter geschleppt, da ward das Urteil gegeben, dass alle ihre Habe dem Wirt verbliebe und einer von ihnen werde gehenkt.* Sie wirken so bleich. Dieser Akkusativ der Person, gell. Sie haben Ihren Pilgerplunder heute früh inspiziert? *ich enhan hie silber noch golt.* Was Sie nicht sagen! Und der Goldbecher? Da! Weiter! Ja, so um – Seite 179? *iuwer rede ist gar ze swære mir und alze starc diu vrâge!* Madame, hier streitet einer alles ab. Habt Ihr die Gepäcknummer diesmal ausgelassen? *swer er ist: er hât gelogen!* Soso –

[§ 352] Bei *an bieten, an bringen, an heben, an legen, an tragen, haben, heizen, heln* ‚verhehlen', *lâzen, lêren, machen, nennen, schaffen, sehen, tuon, verdagen* ‚verschweigen', *verhelen, verswîgen, vinden, vrumen, wizzen* u. ä. ist **doppelter Akkusativ** möglich. Genannt seien drei häufigere Ursachen. Einmal sind zwei Objekte im Akkusativ gereiht: *do versweic er iuch* [A!] *daz mære* [A] ‚da verschwieg er Euch die Nachricht'. (Iw 1836) Oder bei transitiven Verben mit *an* tritt ein akkusativisches Pronomen o. Ä. zum Akkusativobjekt hinzu: *und truog in* [A] *sînen dienest* [A] *an* ‚und wandte ihm seinen Eifer zu'. (Tr 3401) Oder es liegt ein Gleichsetzungsakkusativ vor: *daz iuwer vater ... mich* [A] *gesellen* [A] *nande* ‚dass Euer Vater ... mich Freund nannte'. (Er 553 f.)

462 3044 6551 6746 8363	104 f. 1163 1653 2342 2434	341 409 f. 420 546 f. 1033 f.	861 2199 6718 6800 f. 7546 f.	(209 ff.) 212 ff. 373 1083 –	21 18 66 27 (147 23) 202 21 f. 620 11	2349 f. 2585 (2905) 3677 f. 8370 f.	8 343 (3915) (4885) 7547	175 475 1180 (1425) 1832	133 145 (159) 218 1502 f.

Klammern bedeuten: Der doppelte Akkusativ ist nicht realisiert, indem eine Objektstelle unbesetzt bleibt. Oder die Doppelung ist nicht sichtbar bzw. verifizierbar, weil Kasusformen zusammenfallen bzw. weil ein prädikatives Adjektiv (Partizip) unflektiert bleibt. Letzteres kommt einem Gleichsetzungsakkusativ nahe.

Welcher musste dran, Galgenstricklein? *Der Vater wollte für den Sohn sterben, der Sohn für den Vater; zuletzt ward der Sohn gehenkt, und der Vater zog gen Sanct Jacob weiter mit großem Trauern.* Das Motiv des edlen Wettstreits. Im Ernstfall machen Sie edel auf Sohn. Der Vater hatte weitere Kinder, für die er sorgen musste. Ein wunderbares Happy-End ist so sicher wie das Ende.

[§ 354] Manche Substantive nennen **Räumliches**: *lant, eine welsche mîle* ‚eine welsche/ kleine Meile', *strâze, drîe tage(weide)* ‚drei Tagreisen', *tal, vuoz, wec* u. a. Ihr Akkusativ kann bei Verben der Bewegung eine räumliche Erstreckung, ein Wegmaß oder eine durchreiste Landschaft bezeichnen. Solche Verben sind *entwîchen, (er)strîchen* ‚durchziehen', *gân, gerâten, kêren, loufen, rennen, rîten, rûmen* ‚verlassen', *schaben* ‚abhauen', *tragen, treten, überziln* ‚durchstreifen', *varn, volgen, vliehen, vüeren, wîsen* u. a.

Er	Gr	AH	Iw	MC	Pz	Tr	Da	Hb	Pn
93 4196 7791 f.	97 634 2768	306 f. 1389 ff. –	277 f. 379 969 f.	–	54 30 f. 479 23 787 26 f.	8825 16604 16682	577 2395 7003	293 1456 1779	418 f. –

Ist auch ein Objektsakkusativ vorhanden, entstehen Konstruktionen mit doppeltem oder sogar dreifachem Akkusativ: *sî wîset dich* [Objektsakkusativ] *durch alliu lant* [*durch* m. Akk.; → S. 190] *wege und stege* [‚Raum'-Akkusativ] *an ir hant* ‚Sie führt dich durch alle Länder über Wege und Stege an ihrer Hand.' (Hb 1315 f.) – Adverbiale Funktion hat der Akkusativ *alle wege*, er bedeutet ‚überall', ‚durchweg', ‚immer'.

[§ 355] Andere Substantive nennen **Zeitliches**: *jâr, morgen, naht, stunde, tac, wîle, woche, zît* u. a. Ihr Akkusativ kann eine zeitliche Erstreckung oder eine Zeitangabe bezeichnen: *ûf dem plân am rivier twuog er sich alle morgen* ‚Bei der Niederung am Bach wusch er sich jeden Morgen.' (Pz 118 12 f.)

909 1070 1335	485 1872 2068	510 f. 748 794	23 269 277	32 38 1736	54 1 55 15 501 11	3671 3673 5536	79 1920 3337	376 1308 1608	327 963 1570

Einige ‚Zeit-Substantive' fungieren in festen Ausdrücken als akkusativische **Adverbiale**: *alle stunde* ‚jederzeit', *alle stunt* ‚jedesmal', *alle wîle* ‚immer', *die lenge* ‚lange Zeit', ‚auf die Länge', *die wîle* ‚solange', *ein stunt* ‚einmal', oder zusammen geschrieben *sehsstunt* ‚sechsmal'. Wie vernommen: Der Vater war in Santiago und trauerte *alle stunde*.

2463 8800	90 (App.!) 562	598 1418	1025 3485	171 1667	233 13 330 18	16 275	131 701	127 1700	413 853

Wie kam es zur Wende, Erzählerin? *Über sechsunddreißig Tage so kam er wieder und verweilte bei dem Galgen, da noch der Leib seines Sohnes hing, und klagte über ihn gar jämmerlich. Aber siehe, da hub der Sohn an zu sprechen und tröstete ihn ‚Liebster Vater, weine nicht, denn mir ward nie so wohl: wisse, Sanct Jacob hat mich bis zu dieser Stunde gehalten und mich erquicket mit himmlischer Süßigkeit'. Als der Vater das hörte, lief er eilends in die Stadt; und das Volk kam mit ihm heraus, nahmen den Sohn vom Galgen, der war gar unversehrt, und henkten den Wirt an seine Statt.* Wen oder was hat der Wirt gekriegt? Sein Fett. Nun lassen wir Kirche, Kind und Kasus – auf zum Markt, der Tag lacht!

Im Paradies: Das Adjektiv

Stilleben mit Adjektiv ‚NATURAL' in Santiago

Unsere lateinische Bezeichnung Adjektiv kommt von griech. epitheton ‚das Hinzugefügte'. Jene Farbenstrecker, Blasenkonzipierer und Sprachjudasse deuten das dann auf ihre Art. Herr Prediger? *Manche fügen den Farben gleich aussehende Erde bei; manche verkaufen den Unwissenden grünliche Erde als – griechische Farbe! Ebenso verändern sie die übrigen Farben und Gewürze mit fremden, ihnen ähnlichen Stoffen.* Herrje, was kann das gutmütige Adjektiv dafür, mit denen unter einer Decke zu stecken. Und überhaupt, der Mensch muss leben. Gemeinplatzt Ihr Fremdenführer. – Drüben dort sehen Sie den berühmten Brunnen, den der Schatzmeister Bernhard für sein und seiner Verwandten Seelenheil erbau– he! *Man kann weder sehen, woher das Wasser kommt, noch kann man sehen, wohin es geht!* Grabt uns hier kein Wasser ab, alter Pilgerführer. *Es ist jedoch ein weiches Wasser, kräftig, gesund, klar und sehr gut; im Winter ist es warm, im Sommer frisch!* Schnauze! – Was fällt denn dem ein? Das 15. Jahrhundert zerstört den – Brunnen.

[§ 201] Die Adjektivflexion lässt sich diachronisch oder synchronisch darstellen. Wie beim Substantiv wird hier synchronisch dargestellt, ausgehend von der Zweiteilung in synchronisch verstandenen **Stamm** und **Endung**: *übel|iu diet* ‚schlecht|e Leute'.

[§ 193] Und wie beim Substantiv erscheinen auch in der Flexion des Adjektivs die häufigen **Variationen** im Stamm. Sie erkennen etwa die Auslautverhärtung im Wechsel von *t* zu *d*, so bei *blint* mit Genitiv Singular *blindes* ; ebenso *p/b*, *c/g*. Es können *ch* und *h* wechseln wie bei *gâch/gâhes* ‚schnell'; oder ein Konsonant erscheint im Inlaut verdoppelt wie bei *al/alles*. [§ 200] Wollen Sie wirklich wissen, was die Adjektive *blâ* ‚blau', *gar* ‚fertig', *gel* ‚gelb', *grâ* ‚grau', *kal* ‚kahl', *mar* ‚zart', *sal* ‚schmutzig', *val* ‚blond' und *vrô* gemeinsam haben? Sie erhalten flektiert ein *w* appliziert: *salwe wât* ‚schmutzige Kleider'.

Es gibt eine **starke** und eine **schwache Deklination**. Jedes Adjektiv kann auf beide Weisen flektieren. Wiederum wie beim Substantiv gibt es die Untergruppen A, B und C. Betrachten wir zuerst die starke Deklination; als Beispiele erscheinen für alle Geschlechter die gleichen Adjektive. Dagegen erscheinen verschiedene bei den Untergruppen A, B und C, da die Adjektive ja je nach Stammmerkmal in verschiedene Untergruppen fallen. Die Buchstaben N, G, D und A bezeichnen die Fälle.

Starke Deklination

A Hierher gehören Adjektive, deren Stamm

- auf *e* endet (Beispiel: *süeze*). Irritieren kann erstens: Das *e* entfällt bei den Flexionsendungen *er*, *em* und *iu*: *ein süez/er geist.* (AH 348) Und zweitens: Einige Adjektive haben eine Form mit und eine ohne *e*: *ein reine* [auch: *rein*] *strô*. (Er 382)
- einsilbig und kurz ist (also Kurzvokal und allenfalls einen Konsonanten hat) und auf *l* (Beispiel: *val*) oder *r* (Beispiel: *bar*) endet.
- mehrsilbig und in der Tonsilbe lang ist (also Langvokal, Diphthong oder nachfolgende Mehrfachkonsonanz hat) und der auf *el* (Beispiel: *dürkel*), *er* (Beispiel: *lûter*) oder *en* (Beispiel: *tougen*) endet.

Maskulin					Feminin					Neutral			
Singular		Plural			Singular		Plural			Singular		Plural	
bitter	*ø/er*	*bitter*	*ø*	N	*bitter*	*ø/iu*	*bitter*	*ø*	N	*bitter*	*ø/z*	*bitter*	*iu*
bitter	*s*	*bitter*	*er*	G	*bitter*	*er*	*bitter*	*er*	G	*bitter*	*s*	*bitter*	*er*
bitter	*em*	*bitter*	*n*	D	*bitter*	*er*	*bitter*	*n*	D	*bitter*	*em*	*bitter*	*n*
bitter	*n*	*bitter*	*ø*	A	*bitter*	*ø*	*bitter*	*ø*	A	*bitter*	*ø/z*	*bitter*	*iu*

[§ 196] Mit Schrägstrich werden **Doppelformen** bezeichnet. Hier ist Endungslosigkeit (ø) ebenso möglich wie eine Endung, die ans einfache Demonstrativpronomen (→ S. 121) erinnert. – [§ 198 u. Anm. 3] In obigem Paradigma nicht zu sehen sind mitteldeutsche Endungen (→ Karte S. 32), die vereinzelt bei HARTMANN VON AUE begegnen. Hier kann im Dativ Singular die maskuline bzw. neutrale Endung *me* erscheinen, also *bitterme*, und dementsprechend die feminine Endung *re*, also *bitterre*. Auch im Genitiv Plural kann *re* stehen. – Im *Erec*, im *Parzival* und im *Tristan* erscheint *anderre* bzw. *anderr*. Die Form bezeichnet femininen Genitiv/Dativ Singular oder auch Genitiv Plural.

Er	Gr	AH	Iw	MC	Pz	Tr	Da	Hb	Pn
1877 7747	2500 –	109 –	6863 –	–	515 7 –	2477 –	–	–	–

Topp, alter Fremdenführer! Wir brauchen Euern Tipp. Das Paradies bewirtschaftet Ihr. Nur zu! *Hinter dem Brunnen breitet sich das Paradies aus, das mit Steinen gepflastert ist. Dort werden den Pilgern kleine Schalen von Meerestieren als Abzeichen des hl. Jakobus verkauft, ebenso Weinschläuche, Schuhe, hirschlederne Pilgertaschen, Beutel, Riemen, Gürtel, jede Art von Heilkräutern und andere Arzneien, sowie noch vieles mehr wird dort zum Verkauf angeboten. Jenes Paradies aber ist in jede Richtung einen Steinwurf groß.* Genügt, Kollega. (Pst – nit soviel Trinkgeld.) Übrigens toll, das himmlische Jerusalem soll – stopp. Sie legen den Stein hin – joo, Nachmessen ist besser. Bringt aber Ärger. Besorgen Sie sich eine Muschel, wenn Ihnen zu Hause kein Schwein nicht glaubt.

B Hierher gehören Adjektive, deren Stamm

- mehrsilbig und in der Tonsilbe kurz ist und der auf *el* (Beispiel: *edel*), *er* (Beispiel: *mager*) oder *en* (Beispiel: *eben*) endet.

Maskulin					Feminin					Neutral			
Singular		Plural			Singular		Plural			Singular		Plural	
vrevel	*ø/er*	*vrevel*	*(e)*	N	*vrevel*	*ø/iu*	*vrevel*	*(e)*	N	*vrevel*	*ø/(e)ȥ*	*vrevel*	*iu*
vrevel	*(e)s*	*vrevel*	*er*	G	*vrevel*	*er*	*vrevel*	*er*	G	*vrevel*	*(e)s*	*vrevel*	*er*
vrevel	*em*	*vrevel*	*(e)n*	D	*vrevel*	*er*	*vrevel*	*(e)n*	D	*vrevel*	*em*	*vrevel*	*(e)n*
vrevel	*(e)n*	*vrevel*	*(e)*	A	*vrevel*	*(e)*	*vrevel*	*(e)*	A	*vrevel*	*ø/(e)ȥ*	*vrevel*	*iu*

Das *e* in Klammer kann ausfallen (→ S. 59: Synkope/Apokope) oder auch nicht. Wie bei A bezeichnet der Schrägstrich **Doppelformen**. Und wie dort können mitteldeutsche Endungen (*me*, *re*) vorkommen: *michelme*, *offenre*.

[§ 198 Anm. 3] Zu den Gruppen A bzw. B gehören adjektivisch gebrauchte **Partizipien** auf *en*, etwa *gebunden*, *gevangen*, *gewunnen*, *ûf geworfen*, *verborgen* oder *vunden*. Zu Gruppe C unten gehören die Partizipien auf *(e)t*, etwa *geroubet*, *geteilet*, *gewâget* oder *verworht*. Häufig ist hier **Schwund** der Flexionssilbe *(e)n* bzw. *(e)ȥ*.

Er	Gr	AH	Iw	MC	Pz	Tr	Da	Hb	Pn
1378	1399	–	1416	980	181 15	11057	3376	457	–

Halleluja. Sperrangelweit offen steht das Paradeis, alle Engel locken froh. Herr Prediger? *Und was sage ich über jene, die zu der Zeit, wenn die Pilgerscharen kommen, Brot, Wein, Früchte, Käse, Fleisch und Vögel teurer verkaufen?* Sprecht frei. *Auf den Wegen der Heiligen gibt es Unrecht und Betrug im Überfluß!* – Was sucht denn die Waise beim Brunnen? Das Paradies kaum. Streunt wieder herum. Bleich sieht sie aus, fast krank – das Wachen. Nicht so gierig, Hirschkälbchen. Sicut cervus desiderat ad fontes aquarum – ob sie einen Arzt braucht? Sie gehört in gute Hände. Sagt, Hochwürden: Was hört man von den Ärzten dieser berühmten Stadt? *Sie fürchten sich nicht, Latwerge, gemischte Medizin, Sirup und andere Gegenmittel mit fremden Zutaten zu verändern.* Von guten Händen wird dabei niemand sprechen. *Sie fügen die schlechten den guten Substanzen bei und verkaufen die minderwertigen als wertvolle Mittel.* Danke. – Madame? *waz wilt dû?* Ihr habt früher die Heilkunst betrieben. Würdet Ihr nicht ein Auge haben auf das Mädchen mit den Augenringen? Beim Brunnen dort. Allein. *des sî mîn sêle dîn pfant.* – Sehr verbunden.

C In diese Gruppe gehören die restlichen Adjektive.

Maskulin					Feminin					Neutral			
Singular		Plural			Singular		Plural			Singular		Plural	
valsch	*ø/er*	*valsch*	*e*	N	*valsch*	*ø/iu*	*valsch*	*e*	N	*valsch*	*ø/eȥ*	*valsch*	*iu*
valsch	*es*	*valsch*	*er*	G	*valsch*	*er*	*valsch*	*er*	G	*valsch*	*es*	*valsch*	*er*
valsch	*em*	*valsch*	*en*	D	*valsch*	*er*	*valsch*	*en*	D	*valsch*	*em*	*valsch*	*en*
valsch	*en*	*valsch*	*e*	A	*valsch*	*e*	*valsch*	*e*	A	*valsch*	*ø/eȥ*	*valsch*	*iu*

Wie bei A bezeichnet der Schrägstrich **Doppelformen**. Und wie dort können mitteldeutsche Endungen (*me*, *re*) vorkommen: *endelôsme*.

Schwache Deklination

Die schwache Deklination ist gleich wie im Neuhochdeutschen. Eine kleine Ausnahme könnte theoretisch Übersetzungsfehler verursachen: Die feminine Endung im Akkusativ Singular ist *(e)n*.

Das Standardbeispiel hierzu bezieht sich auf *vrouwe* oder *juncvrouwe*, etwa *die schœnen juncvrouwen* (Iw 930), was kontextisoliert ‚die schöne Jungherrin' oder ‚die schönen Jungherrinnen' heißen kann. Ähnliche Verbindungen sind aber von Flexionsweise oder Kontext her schon klar: *in die winstern hant daz sper* ‚in die linke Hand die Lanze' (Er 6705), *die guoten salben nardas* ‚die gute Salbe [namens] Narde'. (Pz 484 15)

Entnehmen Sie die Kriterien für die Zugehörigkeit zu A, B oder C der Auflistung bei der starken Deklination. Das *e* in Klammern bei B kann ausfallen oder auch nicht.

A

Maskulin					Feminin					Neutral			
Singular		Plural			Singular		Plural			Singular		Plural	
veige	*ø*	*veige*	*n*	N	*veige*	*ø*	*veige*	*n*	N	*veige*	*ø*	*veige*	*n*
veige	*n*	*veige*	*n*	G	*veige*	*n*	*veige*	*n*	G	*veige*	*n*	*veige*	*n*
veige	*n*	*veige*	*n*	D	*veige*	*n*	*veige*	*n*	D	*veige*	*n*	*veige*	*n*
veige	*n*	*veige*	*n*	A	*veige*	*n*	*veige*	*n*	A	*veige*	*ø*	*veige*	*n*

B

Maskulin					Feminin					Neutral			
Singular		Plural			Singular		Plural			Singular		Plural	
dürkel	*(e)*	*dürkel*	*(e)n*	N	*dürkel*	*(e)*	*dürkel*	*(e)n*	N	*dürkel*	*(e)*	*dürkel*	*(e)n*
dürkel	*(e)n*	*dürkel*	*(e)n*	G	*dürkel*	*(e)n*	*dürkel*	*(e)n*	G	*dürkel*	*(e)n*	*dürkel*	*(e)n*
dürkel	*(e)n*	*dürkel*	*(e)n*	D	*dürkel*	*(e)n*	*dürkel*	*(e)n*	D	*dürkel*	*(e)n*	*dürkel*	*(e)n*
dürkel	*(e)n*	*dürkel*	*(e)n*	A	*dürkel*	*(e)n*	*dürkel*	*(e)n*	A	*dürkel*	*(e)*	*dürkel*	*(e)n*

C

Maskulin					Feminin					Neutral			
Singular		Plural			Singular		Plural			Singular		Plural	
tôt	*e*	*tôt*	*en*	N	*tôt*	*e*	*tôt*	*en*	N	*tôt*	*e*	*tôt*	*en*
tôt	*en*	*tôt*	*en*	G	*tôt*	*en*	*tôt*	*en*	G	*tôt*	*en*	*tôt*	*en*
tôt	*en*	*tôt*	*en*	D	*tôt*	*en*	*tôt*	*en*	D	*tôt*	*en*	*tôt*	*en*
tôt	*en*	*tôt*	*en*	A	*tôt*	*en*	*tôt*	*en*	A	*tôt*	*e*	*tôt*	*en*

Ob Sie der Erzählkrabbe mehr Geld hätten geben sollen? Sie bringt sich mutterseelenallein durch. Zieht Lebenskraft aus geliehenem Ohr. Ein Zuhause ist im Paradies nicht käuflich.

Anders jene Visagen. Echter Scheinheiligenschein. Gewiefte Schauspielerinnen, geborene Simulanten. Wenn das nicht nach Brustton der Entrüstung schreit, Herr Prediger, jetzt ist Zungenzeit! *Was soll ich von denen erzählen, die eine angebliche Krankheit vortäuschen und am Weg des hl. Jakobus oder anderer Heiliger sitzen, um sich den Vorüberziehenden zu zeigen? Manche weisen mit Leidensmienen auf ihre Beine und Arme hin, die sie entweder mit dem Blut eines Hasen bestrichen oder durch die Asche einer Pappel abgeschürft haben, um den Vorbeigehenden, begierig wie sie sind, ein Almosen zu entlocken. Andere färben ihre Lippen oder Wangen schwarz, weitere haben Palmen und Mäntel aus Jerusalem, bemalen ihre Gesichter und Hände mit Beeren aus den Wäldern, welche die Franken lotuessas nennen, damit sie ein krankes Aussehen erhalten. Andere geben vor, taub oder stumm zu sein, obwohl sie es nicht sind; weitere färben einen Arm oder ein Bein, das ihnen einstmals bei einem Raub abgeschnitten wurde, mit dem Blut eines Tieres, so als ob sie ihre Gliedmaßen durch Krankheit verloren hätten und zeigen dies den Vorüberzieh–* Hört auf! Erspart uns die Verdammung! Ist Verstellung Verstoß gegen Menschengrammatik, was ist dann erst Verdammung? Besitzt Ihr eine Lautlehre für Adam und Eva, eine Wortlehre für Kain und Abel, eine Satzlehre für Sem, Ham, Japhet und – dringend – Uncle Sam? Ist Euer Gott höfisch genug, Dämonen, Menschen und Engel im Paradies zur kathedralen Wohlgeformtheit von Trieben, Gefühlen und Gedanken zu weisen? Oder lässt er sie die paradiesische Geschichte ewig tun, leiden, erinnern?

Die Steigerung

[§ 203] Die bisherige Darstellung des mhd. Adjektivs betraf die Grundstufe der Komparation, den **Positiv**. Wie werden Komparativ und Superlativ gebildet? Der **Komparativ** entsteht durch Anhängen von *er*. Allfälliger Umlaut kann irritieren: *arc* ‚boshaft' – *erger*. Dagegen entlockt Ihnen die aufgehobene Auslautverhärtung (→ S. 49) jetzt höchstens noch ein überlegenes Grinsen. Hier ein Positiv und ein Komparativ beim selben Adjektiv:

Er	Gr	AH	Iw	MC	Pz	Tr	Da	Hb	Pn
653	1064	761	175	451	236 2	5974	2182	48	1440
1962	1073	1430	254	476	258 10	17894	4936	1701	1572

[§ 203 Anm. 4] Im Korpus nur in den Romanen belegt sind die Komparative *bezzerre* ‚besserer', *lûterre* ‚reiner', *schierre* ‚schneller', *tiurre* ‚wertvoller' oder *untiurre* ‚geringer', insgesamt 10-mal. Entstanden sind sie durch Ausfall eines *e* nach *r*, also *lûter(e)re*. Wie man sieht, verbleibt dafür ein sonst abgeworfenes *e* im Auslaut. – Auch nach *l* oder *n* könnte ein *e* ausfallen; ein Beispiel ist nicht begegnet.

9895	–	–	2035	–	402 27	13632	121	–	–

[§ 203] Der **Superlativ** entsteht durch Anhängen von *est*, wobei das *e* häufig ausfällt. Der Umlaut kann hinzu kommen. [§ 59 3.] Bei HARTMANN steht oft auch *ist* statt *est*. Zum Vergleich ein Komparativ (Hb: Positiv) und ein Superlativ beim selben Adjektiv.

1626	183	674	1158	23	5 4	543	1229	994	222
2346	2633	1199	5639	1595	352 15	635	1452	1000	–

[§ 204] Vier Adjektive haben **suppletive Bildungsweise**, d. h. der Komparativ und der Superlativ werden aus einem anderen Stamm als der Positiv gebildet. Es sind dies *guot* mit dem Komparativ *bezzer* und dem Superlativ *bezzest/beste*, dann *übel* ‚schlecht' mit *wirser – wirsest/wir(se)ste*, weiter *lützel* ‚klein' mit *minner/minre/minder – minnest/min(ne)ste*, schließlich *michel* ‚groß' mit *mêre/mê/merre/mêrer – meiste*. Manche Formen werden auch adverbial gebraucht, der Sinn kann leicht ändern. (→ S. 181 ff. und 187)

Er	Gr	AH	Iw	MC	Pz	Tr	Da	Hb	Pn
2946 7634	235 3611	830 1406	733 1132	1137 1495	194 25 725 21	7279 16875	1211 5970	39 964 f.	74 1726

Herr Pfaffe, liefert Ihr auch einen Beitrag zur Komparatistik des Seelenalltags? *Der betrügerische Wechsler verfügt über verschiedene, große und kleine Gewichte. Er kauft das Silber zu einem höheren, verkauft es hingegen zu einem leichteren Gewicht. Er lobt sein Gold, Silber und seine Schätze, verachtet jedoch die des anderen.* – Publizieren wir nicht.

Die Verwendung im Satz

Das Paradies zieht die falschen Beichtväter an wie der Dreck die Flieg– *Zunächst gehen sie ein Stück gemeinsam des Weges und halten erbauliche Vorträge, zählen alle Laster nacheinander auf. Dann sprechen sie mit jedem einzelnen getrennt und fragen jeden im Geheimen nach seinem Gewissen und den begangenen Sünd–* Ist schon gut, Väterchen. Inspiriert von Euren Worten wollen wir nun drei Gewissensfragen ins Auge äugen:

Ist die Verteilung der starken und der schwachen Adjektivflexion geregelt? Wie flektiert das Adjektiv bei attributiver, wie bei prädikativer Verwendung im Satz? Welche Stellung kann das attributive Adjektiv haben? – Kommen Sie hier lang, weniger Leute.

[§ 390] Zur ersten Frage: Ist die Verteilung der starken und der schwachen Adjektivflexion geregelt? Jein. Konsequent ist sie das im Mittelhochdeutschen nicht, aber eine Regelungstendenz zeichnet sich ab, im Neuhochdeutschen ist sie konsequenter durchgeführt. Die **starke Flexion** erscheint eher, wenn vor dem Adjektiv kein Artikel oder Pronomen mit charakteristischer Kasusendung steht. Die Flexion liefert dann ergänzende Information zu Fall, Zahl oder Geschlecht des Substantivs. Hier etwa lehrt uns die Adjektivendung, dass ein maskuliner oder neutraler Genitiv Singular folgt: *hovelîches lebens.* (Da 42) Die **schwache Flexion** erscheint eher, wenn vor dem Adjektiv ein Artikel oder Pronomen mit charakteristischer Kasusendung steht. Hier kündet der unbestimmte Artikel femininen Singular an: *ûf einer grôzen olbenden* ‚auf einem großen Kamel'. (Da 428) Die Adjektivendung lässt viele Möglichkeiten offen. – ‚Olbende'. Perfekt. Umtaufen, das Tier.

Herr Gotteswort, nicht derart lautstark. Diese guten Pilgersleute besichtigen das Paradies. Was predigt Ihr ihnen Olbendenohren auf? *Gewisse Heuchler – die von bösen Dämonen beherrscht sind! – trifft man als Kleriker – oder Laien, jedoch im Priestergewand – äußerlich sanft wie Schafe – innerlich aber wild wie Wölfe!! – auf den Wegen von Vézelay, Santiago, St-Gilles und Jerusalem.* Euer Aug stiert erzgrammatisch rüber: Irgendein Problem? *Sie erlegen den Pilgern oder anderen Sorglosen falsche Bußen auf–* Ha! Der Inquisitor sucht ein Opfer. Oder ist dies wild gewordene Schaf ein sanfter Wolf?

Starke und schwache Adjektivflexion sind dagegen ganz angenehm auseinander zu halten. Verwechslungen sind im Dativ Plural und im maskulinen Akkusativ Singular überall denkbar. Bei den Untergruppen A und B könnten sie an einigen Stellen auftreten, wenn Endungslosigkeit (ø) vorliegt. Übersetzungsfehler entstünden kaum. – Grammatisch – kommen Sie weg von den Ungrammatischen dort, haben Schreibfehler Gottes in den Genen – wärs Kapitalsünde. – Sie bekennen? Da ist ein Weg. – Buße? Och – lassen Sie im Gedenken an die dreißig Fehler, die den Text verraten haben, dreißig Messen lesen. – Der Priester darf aber nichts mit Frauen gehabt, nie Fleisch gegessen und nie etwas selbst besessen haben! *ob ich den noch vinde?* Vergessen Sies. – Doch. Einen hammer noch. Einen! – Der Reine. – Lebt zu weit weg. – Es sei denn, das Geld würde ihm – Wissen Sie was? Hinterlegen Sie dreißig Mäuse und Ihre Messen sind gelesen. – Nichts zu danken.

Messmäuse →

Zur zweiten Frage: Wie flektiert das Adjektiv bei attributiver und wie bei prädikativer Verwendung im Satz? Wir betrachten zuerst die **attributive Verwendung**, bei der ein Substantiv näher bestimmt wird. Zugleich klärt sich damit die dritte Frage: Welche **Stellung** kann das attributive Adjektiv haben? Gewöhnlich sind die folgenden Befunde.

[§ 391α] Das Adjektiv flektiert **vor dem Substantiv** in der Regel stark, wenn davor kein Artikel oder Pronomen mit charakteristischer Kasusendung steht.

Er	Gr	AH	Iw	MC	Pz	Tr	Da	Hb	Pn
918	2366	1022	3210	3	135 6	267	9	232	27

Anders als im Neuhochdeutschen ist im Nominativ und Akkusativ Singular aber auch Endungslosigkeit möglich. (Im Plural ist sie selten; Beispiel: Pn 955.)

488	224	294	7042	71	13 17	1129	317	506	1095

[§ 391β] Das Adjektiv **nach dem Substantiv** ist weniger häufig. Im Neuhochdeutschen wirkt diese Stellung fest gefügt wie in ‚Forelle blau', veraltet poetisch wie in ‚Röslein rot', werbeflott wie in ‚Natur pur' oder industriell wie in ‚Aluprofil gelocht'. Im Mittelhochdeutschen hat die Stellung keinen solchen Beiklang, oft ist sie reimbedingt. Vor dem Substantiv kann ein Artikel oder Pronomen stehen. Und vor dem Adjektiv kann noch ein [§ 210] **Steigerungsadverb** stehen: *alsô* ‚derart', ‚ebenso', *gar* ‚völlig', *genuoc* ‚genug', *harte* ‚ungemein', *michel* ‚sehr', *rehte* ‚recht', *sêre* ‚sehr', *sô* ‚so', *sus* ‚so', *unmâzen* ‚ungemein', *verre* ‚sehr', *vil* ‚höchst', *vol(len)* ‚gänzlich', *wol* ‚gut'. Im Schema gezeigt:

Artikel? Pronomen?	Substantiv	Steigerungsadverb?	Adjektiv

Das Adjektiv bleibt in der Regel endungslos. Flektierte Formen treten vor allem reimbedingt und beim Vokativ (→ S. 151) auf. Beim Übersetzen wechselt man die Stellung, sonst entstünde ein poetisierender Missklang, der dem Original fremd ist.

190 7068	229 2614	474 497	1261 4365	786 830	71 27 764 20	7653 16729	1344 3666	398 1897	1180 1207

[§ 391 γ] Das Adjektiv flektiert **nach dem bestimmten Artikel** (→ S. 121) in der Regel schwach. Starke Flexion – dazu gehören auch endungslose Formen – ist selten.

Er	Gr	AH	Iw	MC	Pz	Tr	Da	Hb	Pn
936	2678	120	3899	672	1 11	1824	3477	430	16

[§ 391 γ] Das Adjektiv flektiert **nach dem unbestimmten Artikel** (→ S. 127) im ganzen Nominativ in der Regel stark, nicht selten bedeutet das: endungslos. Auch im Akkusativ Femininum und Neutrum flektiert das Adjektiv meist stark, seltener endungslos, vereinzelt schwach. Beim Akkusativ Maskulinum Singular lauten starke und schwache Flexion gleich. Bestimmen Sie Kasus, Genus und Flexionsweise. (→ S. 170 ff.)

17	12	63	35	467	1 19	187	21	360	1
119	96	296	38	679	3 8	2758	1361	483	27
382	529	297	203	738	86 30	6925	1667	495	104
2077	651	410	1391	772	90 11	12183	1920	496	123
7064	944	711	1417	1386	90 21	18767	8472	1044	1950

Das Adjektiv flektiert nach dem unbestimmten Artikel im ganzen Genitiv und Dativ in der Regel schwach, bisweilen aber auch stark (= !).

289	23	–	1571	917	137 19	1313	7619!	26	1268
873 !	1038		7900	1722	408 23!	13965!	7887	1079	2109

Bei HARTMANN rückt das attributive Adjektiv im Nebensatz mit *swie* (→ S. 83) hin zur Konjunktion: *swie rûch ich ein gebûre sî* ‚So rauer Stoffel ich auch bin, ...'. (Iw 3557, auch Er 6028)

[§ 391 γ] Das Adjektiv flektiert in Kombination **mit dem Personalpronomen** (→ S. 116 ff.) und einem Substantiv stark oder schwach. Beachten Sie bei der 3. Person hinweisende Bedeutung: *er vundene dürftige* ‚dieser aufgelesene Schlucker'. (Gr 1337)

3849	2787	(971)	3299	(1415)	194 19	12311	1332	1161	332
5794	3629	(1290)	4139	(1457)	430 6	12903	1868	(1846)	(518)

[§ 391 γ] Das Adjektiv flektiert in Kombination **mit dem Possessivpronomen** (→ S. 119 f.) und einem Substantiv stark oder schwach. Die Stellung der drei Kombinationselemente ist recht frei. Ein endungsloses Adjektiv oder – zum Beispiel im *Pantaleon* – das Possessivpronomen steht auch einmal nach dem Substantiv. Bei HARTMANN steht das Adjektiv manchmal sogar vor dem Possessivpronomen, es erscheint dadurch betont. (Iw 6868 kann attributiv und prädikativ aufgefasst werden.)

970	974	137	94	244	15 15	1227	931	148	633
1384	1237	149 f.	682	1011	57 20	2051	6847	273	1511
2445	2258	462	3210 f.	1622	89 30	7608	8440	781	1826

[§ 391 γ] Das Adjektiv flektiert in Kombination **mit den Demonstrativpronomen** *dirre* oder *jener* (→ S. 123) und einem Substantiv in der Regel schwach. Starke Flexion kommt vor, ebenso Endungslosigkeit, wenn das Adjektiv nach dem Substantiv steht.

Er	Gr	AH	Iw	MC	Pz	Tr	Da	Hb	Pn
40	3087	261	2513	667	77 6	1242	817	765	655
1571	3745	696	6267	1637	526 11	2680	1304	1873	1244
7057	4001	1494	7237	1770	649 10	9787	6339	–	2020

Das Adjektiv bleibt in Kombination **mit den Indefinitpronomen** *dehein* (→ S. 126) oder [§ 392 Anm. 1] *manec* und einem Substantiv oft endungslos, besonders das nachgestellte. Es begegnet aber auch stark oder schwach flektiert. Die generelle Regelungstendenz (→ S. 174) konkurriert möglicherweise mit einer Tendenz zur Flexionsangleichung.

882	861	271	589	1059	10 4 f.	678	156	767	83
1595	1183	474	1459	1249	11 5	5193	479	1555	1219
3987	1626	497	2703	–	104 1	5890	2205	–	–
4635	2193	–	5392		263 4	7712 f.	3794		
9446	2799		7262		436 21	12552	6498		
9511	3964		7344		717 27	16791 f.	6972		

[§ 392 δ] Treten **mehrere Adjektive** auf, so können sie erstens **vor dem Substantiv** stehen. Am häufigsten ist ihre Flexion dann gleich. Auch können die endungslose und die flektierte Form der starken Flexion nebeneinander stehen. Und selbst das Nebeneinander von starker und schwacher Flexion kommt vor. Ein *unde* kann die Adjektive koppeln.

4176	711	153	306	1405	113 6	9081	3806	106	39
6028	3247	–	5229	–	141 5	15440	6578	272	1124
7177	3627		6449		293 9	15975 f.	6838 f.	717	1742

[§ 392 δ] Oder zweitens: Mehrere Adjektive rahmen das Substantiv **umschließend** ein, besonders in der Anrede. Das vorangehende Adjektiv tendiert zu starker Flexion, das nachgestellte bleibt oft endungslos, sofern nicht Reimzwang eine andere Flexion bewirkt.

1980	1307	155	433	291	138 18	3356	3178	1098	1242
7266	2614	–	6483	664	621 11	10967 f.	3773	1498	1985
9206	2767		6730	1298	743 6	18632	6912 f.	1898	2099

[§ 392 δ] Schließlich können drittens mehrere Adjektive **nach dem Substantiv** stehen. Die Adjektive sind meist endungslos, flektierte Formen finden sich bei Reimzwang.

12 f.	782	–	3830	782	125 28	10511	411	–	1576
5387 f.	3442		4365	803	236 3	15801	1648		1772
8912	–		4929	1131	546 18	17483	3999		1986

[§ 394] Kurz sei noch das **substantivierte Adjektiv** vorgestellt. Es erscheint mit Artikel, artikellos oder mit Indefinitpronomen. Im Allgemeinen flektiert es gemäß der Regelungstendenz (→ S. 174), Ausnahmen sind aber häufig. Adjektive wie *blinde*, *dürftige* ‚Bettler', *grâwe* ‚Greis', *stumbe* ‚(Taub-)Stummer', *tumbe* ‚Dummkopf', *weise* ‚Waise' und *zage* ‚Feigling' sind Substantive geworden. Sie können auch schwach flektieren.

1773	1035	412 f.	390	28	30 9	2042	513	518	309 f.
4710	1252	429	481	58	248 30	5237	4193	1165	657
5135	2886	554	7301	356	297 25	10928	6536	1768	1875

Ah, Sie haben sich eine Muschel gekauft. Passen wunderschön, die Hälften. *waz diutent dise schalen?* Die wirken wie Hände. So Meeresgrund, ne – bleiche Hände – langsam im Sande rückwärts pilgernd – über fließend sanften Gebeten – gefangen? Quatsch mit Sole. Der Pfaff wirds wissen! Wo treibt er sich –? *Die zwei Schilde der Muschel bezeichnen die zwei Vorschriften der Nächstenliebe, mit denen der Träger sein Leben festigen muß, d. h. Gott über alles und den Nächsten wie sich selbst zu lieben.* Danke, Hochwürden. Jede Auslegung sehnt sich nach Auslegung. Legen Sie mal weiter aus? So Richtung spirituelle Meeresgrundwanderung. *ich hôrte ie daz sprechen, swer den andern vreuwet sô daz er selbe wirt unvrô und swer den andern krœnet und sich selben hœnet: der triuwen sî joch ze vil.* Da spricht doch Ihr Gott aus Ihnen. – Zur zweiten Muschelhälfte der zweiten Frage.

[§ 393] Bezieht sich das Adjektiv mit bestimmten Verben auf das Subjekt oder auf das Akkusativobjekt, liegt **prädikative Verwendung** vor. Wie flektiert es hier?

Das auf das **Subjekt** bezogene Adjektiv bleibt in der Regel endungslos, wie Sie an dieser Stelle bei den Verben *wesen* und *werden* sehen können.

Er	Gr	AH	Iw	MC	Pz	Tr	Da	Hb	Pn
112 2732	211 248 ff.	123 148	267 367	696 853	1 2 1 16	716 3334 f.	527 3687	11 660	18 23

Vor allem im Nominativ Singular Maskulinum kommen vereinzelt flektierte Adjektive vor; Beispiele: Er 6468, Gr 837, AH 785 (drei grammatische Lesarten möglich: flektiert? substantiviert? Komparativ?).

Auch bei anderen Verben, etwa *bestân*, *empfâhen*, *enbresten*, *komen*, *kriechen*, *lâzen*, *ligen*, *loufen*, *rinnen*, *rîten*, *schînen*, *sitzen*, *stân*, *varn* oder *vinden*, bleibt das prädikative Adjektiv meist endungslos. Doch anders als im Neuhochdeutschen kann es im Nominativ flektiert sein: *der verlorner vunden ist* ‚der verloren [wieder] gefunden ist'. (Er 1522)

145 949 5119	161 1327 3129	386 1088 1445	1712 5048 5957 f.	70 1175 1225 ff.	258 27 288 25 807 9	7224 8228 10735	2145 3706 7236	1602 1752 1868 f.	284 433 719

Das Adjektiv (oder ein adjektivisch gebrauchtes Partizip) bleibt meist auch endungslos, wenn es auf ein **Akkusativobjekt** bezogen ist. Allerdings sind flektierte Formen nicht selten. Es findet sich bei Verben wie *behalten*, *bringen*, *(er)sehen*, *geben*, *haben*, *lâzen*, *machen*, *minnen*, *schaffen*, *slahen*, *stechen*, *tragen*, *tuon*, *vinden*, *vrumen*, *wizzen* u. a.

303 3394 3636	2547 2939 3359	420 1034 1232	928 4985 6873	381 577 1708	141 24 219 23 340 5	8982 9586 15245	2455 5699 7231	681 1164 1832	102 924 1641

Die flektierten Formen des prädikativen Adjektivs erlauben manchmal andere grammatische **Lesarten**. So kann AH 420/433 – *daz dû mich siechen bî dir lâst* – auf drei Arten übersetzt werden: ‚dass du mich krank bei dir lässt' oder ‚dass du mich bei dir krank sein lässt' oder ‚dass du mich Kranken bei dir lässt'. Überprüfen Sie Lesarten mit den Fragen von Philologinnen und Philologen: Passt meine Lesart im Kontext semantisch nahtlos? Nennt der Apparat Varianten? Harmoniert die Lesart mit der Spracheigenart des Autors?

Woher kennt man letztere? Bei wenig Leseerfahrung finden Sie Vergleichsstellen leicht mit einer Konkordanz. (→ S. 252 f.) Solche Stellen stützen oder schwächen eine Lesart.

Verborgene, lang überschriebene Handschrift erscheint, indem der Pilgerweg fruchtbare, öde, sonnige, düstere, äußere, innere Landschaften durchzieht – lesend fortzuschreiben. Gibt es Stellen mit Lesarten? Passt eine nahtlos? Sind Varianten überliefert? Was ist die Spracheigenart des Verborgenen, das uns unsere Wege schreiben heißt? Ist Ungrammatik grammatisierbar? *iu wær mîn helfe gereit.* Wie richtig, Madame: getreu gelesen, übersetzt werden. Nur sind wir Texte von wandelndem Schriftsinn. *ist dir diu beste vuore unkunt?*

Wie wussten Menschen im Mittelalter, welche oder welcher Heilige half? „Manche erhielten den entscheidenden Rat im Traum, andere von Verwandten, Freunden, Bekannten, denen gegenüber ein bestimmter Heiliger sich bewährt hatte. Wieder andere irrten monate-, vielleicht auch jahrelang an vielen Wallfahrtsorten umher auf der Suche nach Hilfe.“ (Ohler 1994, 50) Sich nicht lesen. Einander nicht mehr übersetzen können. Irre gehen. In Jerusalem Babylon fassen.

„Die ganzseitige Miniatur der babylonischen Hure ist eine Beschreibung von Apok. 17, 3–6. Auch die vom Seher genannten Farben wurden getreu übernommen. So erscheint das Tier scharlachfarben, das Weib ist mit Purpur und Scharlach bekleidet und trägt in der Hand einen goldenen Becher. Dem Tier mit den sieben Köpfen und zehn Hörnern huldigen seine der Verführung erlegenen Anhänger: in der linken Gruppe unterscheidet man Kleriker, Mönche, Nonnen und Jungfrauen, rechts gekrönte Häupter, Bischöfe, Priester und Laien. Das babylonische Weib gilt als die Gegenfigur zum himmlischen Jerusalem. Sie ist die große Verführerin, die mit dem Wein der Lästerungen und der Laster die Könige der Erde betört. Die Wasser, in denen das Tier watet, sind nach Apok. 17, 15 «Völker und Scharen und Heiden und Sprachen».“ (Kommentar z. Miniatur, S. 148)

Herrad von Landsberg: *Hortus deliciarum* (c. 1180)
Fol. 258r: Das babylonische Weib

Die Translation der Reliquien

Darzustellen bleiben Adverbien, Präpositionen und Numeralien. Gleichsam die Überbleibsel, die Reliquien unserer Grammatik. *jâ dû starker trügenære! tuo zuo dînen munt, ich bin anders wol gesunt!* Ihr seid nicht selbst gemeint, Madame. Nur Euer Konterfei auf Papier – das Ihr trotz seiner Säurefreiheit hoffentlich überdauert. Zu prüfen bleibt, ob sich nicht einige der heiligen Knöchlein in der Kathedrale bei uns daheim gesünder fühlten. *der tiuvel hât in her brâht mir ze einer harnschar.* Verhüllt im Gewand der Widerrede? *!!*

Adverbien

Die Bezeichnung Adverb kommt von lat. ad-verbum, also ‚zum Verb gehörig'. Sehr oft erläutert ein Adverb denn auch das im Verb Ausgesagte hinsichtlich zeitlicher, räumlicher, modaler oder kausaler Umstände; man nennt Adverbien auch Umstandswörter. Auch bei Adjektiven können Adverbien stehen. Sie denken stracks an die Steigerungsadverbien auf Seite 175? Völlig zu Recht. Wie im Neuhochdeutschen beziehen sich mittelhochdeutsche Adverbien zudem auf andere Adverbien, auf Substantive und ganze Sätze. Sie sind nicht flektierbar und bilden als Wortart eine heterogene Gruppe. Die Meinungen darüber, welches Wort als Adverb zu klassifizieren ist, gehen auseinander. Eine völlig konsistente Klassifizierung ist sprachdidaktisch nicht dringlich, die kontextgesicherten Angaben der Wörterbücher reichen für die Übersetzungspraxis – nennen wir sie würdig Translation.

So, rechts im Schrein. Aber bitte mit Würde. Erlaubt sind Verhaltensweisen wie Berühren, Küssen, Staub-in-Fläschchen-Füllen, Unterm-Schrein-Durchrobben u. Ä. Wer die Kralle macht, gerät in Gottes langsam mahlende Mühlen. – Es sind 405 Adverbialreliquien, alphabetisch ausgelegt. Umständlich ausgebeint wurden HARTMANNs Texte, ergänzt um Adverbien aus anderen Korpustexten. Links wird das Adverb genannt, rechts davon sehen Sie Übersetzungsvorschläge. Bei manchen Adverbien ist die Bedeutung fast unabhängig vom Kontext. Bei anderen hängt sie stark von ihm ab, mehr Bedeutungsvorschläge finden Sie in den Wörterbüchern. Bezweifeln Sie bei Varianten nicht die Echtheit einer Reliquie, für HARTMANN sind handschriftlich zum Beispiel *manlîche/manlichen/manlîchen* überliefert. Nicht wenige Adverbien gleichen Adjektiven oder sind gar, wie etwa *ringe*, formgleich; einige Tipps zur Unterscheidung: Die Endung *lîche(n)* legt dringend Adverbverdacht nahe: *emzec/lîchen.* Weiter kann die Endung *e* ein Adverb signalisieren: *lange.* Es erinnert an das Adjektiv ohne *e*, hier also an *lanc* mit Auslautverhärtung. Schließlich kann fehlender Umlaut das Adverb verraten: So ist *schône* das Adverb zum Adjektiv *schœne.* – Los gehts. Erschrecken Sie nicht über Wunder. „Was immer wieder anklang, das Wirken der Heiligen durch ihre Reliquien, konzentriert sich da, wo ihre Macht mittels der großen Schreine gerühmt wird. Die oft begegnenden Schlüsselworte sind *Virtus* und *Praesentia*, beide schwer in ihrer ganzen Fülle zu übersetzen. Virtus = allgemein Kraft und Stärke, speziell die Wundermacht; Praesentia nicht nur Gegenwart, Da-Sein der irdischen Überreste eines Heiligen, sondern eine sozusagen aktive Gegenwärtigkeit, die Fähigkeit, hier und jetzt zu helfen oder auch zu strafen." (Kroos 1985, 38) Hier und jetzt? Mal sehn.

abe	herunter, ab, von, weg	*dicke*	oft, häufig, gewöhnlich, gerne
aber	wieder(um), abermals, darauf	*die lenge*	immerfort, lange Zeit, auf die L.
after wege	hinweg, weiter, zurück	*diemüeteclichen*	demütig, kleinmütig
al	ganz, völlig, sehr, heftig	*die wîle*	solange, während, derweil
allenthalben	überall, allseits, rundum	*dô*	nun, da, dann, damals, darauf
allertegelich	jeden Tag, Tag für Tag, täglich	*dort*	dort, da
alle stunt	jedesmal, allzeit	*drâte*	schnell, sofort, unverzüglich
alle wege	überall, unentwegt, immer	*durch*	durch, dadurch, hindurch
almeist	größtenteils, mehrheitlich	*durch schimph*	zum Spaß, spaßeshalber, unernst
alrêrst	erst recht, erstmals, gerade erst	*ê*	vorher, zuvor, zuerst, eher, lieber
alsam	gleich, ebenso, genauso	*ebene*	genau, deutlich, gleich, gerade
alsô	eben(so), derart, folgendermaßen	*eht*	nur, bloß, eben, doch, wohl
alsus	so, dergestalt, damit	*eislîche*	furchtbar, schrecklich, grässlich
alters eine	ganz allein, vereinzelt, verlassen	*eine(n)*	allein, ausschließlich, nur
alumbe	ringsum, überall, umher	*eines*	einmal, zum Ersten, einst
alzan(e)	immer, ständig, gerade, sogleich	*einhalp*	auf der einen Seite, seitwärts
ande (sîn)	leid (tun), (schmerzen)	*ein teil*	ein wenig, ziemlich, etwas
anders	sonst, übrigens, anders	*ellenlanc*	ellenlang
anderhalp	gegenüber, auf der andern Seite	*emzeclîchen*	häufig, ständig
andersît	auf der anderen Seite	*enbor*	hoch, heraus, in die Höhe
anderstunt	nochmals, zum zweiten Mal	*endelichen*	endlich, sicherlich, zweifellos
anderswâ	anderswo, sonst, sonstwo	*eneben*	neben, daneben, zur Seite
anderswar	sonstwohin, anderswohin	*enein (in ein)*	überein, zusammen, gleich
âne	ohne, frei (von)	*enge*	eng, schmal, dicht, klein
âne mâze	maßlos, hemmungslos, panisch	*engegen*	entgegen, dagegen, dafür, dort
angestlîchen	schlimm, angstvoll, bedrängt	*enhalp*	auf einer Seite, seitwärts
armeclichen	armselig, erbärmlich, elend	*enmitten*	mitten, in der Mitte, inzwischen
balde	bald, unverzüglich, sofort	*ensamt*	zusammen, gemeinsam, zugleich
barschenkel	mit unbedeckten Beinen	*enteil*	zuteil
barvuoz	barfuß (Pferd: unbeschlagen)	*entriuwen*	wirklich, wahrlich, doch
begarwe	völlig, genau, total	*envreise (s. lîb.)*	unter Lebensgefahr
behendeclîchen	schnell, geschickt, kunstvoll	*enwâge*	in Gefahr, aufs Spiel (setzen)
beidenthalp	beidseits	*enwec*	weg, hinweg, dahin
belangen	endlich, schließlich	*enzelt*	im Passgang
benamen	zweifellos, wirklich, tatsächlich	*enzît*	rechtzeitig, beizeiten, sofort
bereit(e)	bequem, leicht, bereit	*enzwei*	entzwei, zerbrochen
bescheidenlîchen	verständig, klug, genau, gerecht	*enzwischen*	(da)zwischen, inzwischen
besîten	weg, zur Seite, ab	*erbermeclîchen*	erbarmungsvoll, erbärmlich
besunder	besonders, einzeln, getrennt	*êrste (von ê.)*	erstmals, zum ersten Mal, zuerst
betelîchen	maßvoll, höflich	*eteswâ*	irgendwo, manchenorts
bî (z. B. *rîten*)	daneben, mit(reiten), inne	*eteswenne*	gelegentlich, oft, einst, teils
billîchen	zurecht, billigerweise, freiwillig	*etewie*	irgendwie, ziemlich
bitterlîchen	bitterlich, sehr	*êweclichen*	auf ewig, für immer, i. Ewigkeit
bliuclichen	schüchtern, verlegen	*gâch*	eilig, dringend, ungeduldig
bœslîche	böswillig, übel, gemein	*gâhes*	schnell, unerwartet, plötzlich
bruoderlichen	brüderlich, liebevoll	*g(a/e)nzlichen*	gänzlich, völlig, vollständig
clägelîchen	kläglich, erbärmlich	*gar(we)*	ganz und gar, sehr, endlich
da (dâr)	da, dort, dorthin, darauf, dann	*gastlichen*	gastfreundlich, als Fremder
da (dâr)	wo, wohin, wonach, an dem	*geduldeclîchen*	geduldig, ruhig
dâ bî	daran, dabei, daneben, darum	*gegenwürtec*	anwesend, leibhaftig
dâ mite	damit, dadurch, dafür	*gelîch*	gleich, genauso, gleichmäßig
dan(ne)	dann, danach, darauf, denn, noch	*gemach*	gemächlich, bequem, vorsichtig
dan(nen)	davon, hinweg, dahin, hinaus	*gemeinlîchen*	sämtlich, allgemein, einstimmig
dankes (sînes d.)	freiwillig, bewusst, absichtlich	*genædeclîchen*	gnädig, freundlich, wohlwollend
dannoch	dennoch, überdies, nach wie vor	*genendeclîchen*	kühn, mutig, unerschrocken
dar an	daran, hieran	*genôte*	eifrig, nachdrücklich, inständig
dar inne	darin, innen, inwendig	*genuoc*	genug, sehr, viel, ziemlich
dâ vor	davor, vorher, darüber, zuvor	*gereite*	bereit, fertig, genau, sofort
des endes	dorthin, dort	*gerne*	gern, willentlich, häufig, leicht
des tages	dazumal, gleichentags	*geselleclîchen*	freundschaftlich, gemeinsam

gesihteclîchen	unverborgen, sichtbar	lîdenlîchen	geduldig
gester	gestern	liebe	freundlich, lustvoll, vergnüglich
gewerlîche	gefährlich, angriffig, wehrhaft	lîhte	leicht, vielleicht, eventuell
gewislîchen	gewiss, sicher, zuverlässig, fest	lîse	leise, sanft, langsam, anständig
gezogenlichen	höflich, wohlerzogen, beherrscht	lobelîche	lobenswert, vorbildlich
grimme	grimmig, wild, furchtbar, heftig	lûte	vernehmlich, öffentlich, schön
grimmeclichen	grimmig, zornig, wutentbrannt	lützel	nicht, nie, wenig, kaum
grôze	sehr, gewaltig, stark, schwer	manegen enden	allenthalben, mannigfach
grœzlîche	sehr, heftig, inständig, einhellig	manlîchen	mannhaft, tapfer, männlich
güetlîchen	gütig, freundlich, liebevoll	marterlîche	qualvoll, zur Passion gehörig
harte	hart, fest, schwer, streng, sehr	mê(r)/mêre	mehr, noch dazu, fernerhin
heftecliche	auf ernste, strenge Weise, heftig	meines/meinez	falsch, unaufrichtig
heiles	zum Glück	meiste	am meisten/besten, höchstens
heim (hein)	heim, nach Hause	michel	sehr, viel
heimischen	heimlich, verstohlen	michels	um vieles
heimlîchen	vertraulich, heimlich	mînhalp	meinetwegen, auf meiner Seite
helfeclîchen	helfend, hilfreich	minneclichen	lieblich, liebevoll, freundlich
her	her, bisher, hierher	minner	weniger
hêrlîchen	vornehm, herrlich, stolz	mite	mit
herzenlîche	herzlich	mitten	mitten, in die Mitte
hie an	hieran, daran	müelîchen	mühsam, beschwerlich, lästig
hie mite	damit, hiermit, mit dem	müezeclîchen	untätig, langsam, schrittweise
hin	fort, weg, hin	nâch	nahe, beinahe, genau
hînaht	heute/gestern Abend/Nacht	nâch sage	dem Vernehmen nach, angeblich
hinne(n)	von hier weg, hier drin	nâhen	nahe, in der Nähe, beinahe
hînte	heute/gestern Abend/Nacht	nahtes	nachts
hiute	heute	nämelichen	ausdrücklich, nachdrücklich
hô(he)	hoch, stark, laut, vornehm, weg	nider	unten, niedrig, hinunter
hœnlîche	höhnisch, spöttisch, übermütig	nie	nie, niemals
höveschlîchen	höfisch, höflich	niemer	nicht mehr, niemals wieder
ie	immer, je, irgendwann, jemals	niender	nirgends, durchaus nicht
iedoch	jedoch, dennoch, trotzdem	niene	nirgendwo, nicht
iemer	immerfort, jedesmal wieder, stets	niht	nicht
iemitten	mitten, während, inzwischen	niuwan	nur, nichts als, ausgenommen
i(e)nder(t)	irgendwo	niuwelichen	neulich, vor kurzem, eben erst
ietwederhalp	beidseits	niuwenes	kürzlich, eben erst, noch einmal
iezuo	jetzt (gleich), eben, gleich darauf	noch	noch(mals), bisher, dennoch
in allen wîs	vollkommen, umfassend	nôte	notgedrungen, ungern, besorgt
in almitten	mittendrein, mitten darunter	nû	nun, jetzt
in kurzer stunt	bald, eben, binnen kurzem	nütze	vorteilhaft, gut
inne	innen, inne, inwendig	ob(e)	oben, droben
inneclichen	innig, andächtig, bewegt	obene	von oben, oben
innen	innen, drinnen	offenlîche	öffentlich, offenbar
innerhalp	im Innern	ofte	oft, vielfach, vielenorts
jæmerlîchen	kläglich, erbärmlich, jämmerlich	ouch	auch, zudem, dagegen, ebenso
jærlîche	jährlich	phäflîchen	geistlich, priesterlich
jen(ent)halp	jenseits, auf der anderen Seite	prîslîchen	lobenswert, herrlich, beachtlich
kärclîchen	klug, schlau, listig	redelîchen	ordentlich, verantwortlich
kintlîche	kindlich, kindisch	rehte	richtig, recht, gerade, genau
kleine	wenig, gar nicht, genau	reine	rein, sauber, keusch, lauter
krefteclîchen	stark, mächtig, zahlreich	rîchlîche	reichlich, kostbar, freigebig
kriuzewîs	kreuzweise	ringe	leicht, gering, schnell, behände
kûme	mit Mühe, kaum, fast nicht	ritterlichen	ritterlich, stattlich, herrlich
kurze	kurz, kurze Zeit, bald, rasch	riuweclîchen	traurig, bekümmert, bußfertig
kurzlichen	kurz, bald	rückelingen	rücklings
lange	lange, ausgiebig	sâ	sofort, sogleich, alsbald, sodann
lære	verlassen, unbesetzt, leer	sæleclîche	glücklich, segensreich
lasterlîchen	schimpflich, schändlich	sam	so, ebenso
ledeclîchen	frei, ungehindert, völlig, ganz	sanfte	sanft, bequem, leise, angenehm
leider	leider, unglücklicherweise	schalclichen	boshaft, hinterlistig, knechtisch

schämelîchen	schamhaft, schändlich	*under wîlen*	gelegentlich, ab und zu
schedelich	schädlich, nachteilig, übel	*ungâz*	nüchtern, mit leerem Magen
schiere	bald, schnell, sogleich	*ungelîche(s)*	ungleich, unverhältnismäßig
schilthalben	schildseitig, links	*ungerne*	ungern, widerwillig
schimpflichen	scherzhaft, spöttisch, spaßig	*ungeselleclîchen*	unfreundschaftlich, treulos
schône	schön, fein, sorgfältig, freundlich	*ungezogenlîchen*	rüpelhaft, sittenlos, unanständig
seine	langsam, träge, kaum	*ungiudeclîchen*	zurückgezogen
selbedritten	zu dritt, mit zwei Begleitern	*unheiles*	unglücklich, unselig, zum Fluch
selp ander	zu zweit	*unlange*	kurze Zeit, binnen kurzem
selten	selten, nie	*unlasterlîchen*	schuldlos, ohne Schande
senelîche	sehnsüchtig	*unmæzeclîchen*	maßlos, unermesslich
senfteclîchen	ruhig, sanft, sachte, mild	*unmâzen*	maßlos, enorm, außerordentlich
sêre	schmerzlich, sehr, empfindlich	*unmüezeclîchen*	eifrig, agil, fleissig
sicher	sicher, gewiss, zuverlässig	*unnâhen*	bei weitem nicht, weitab
sînhalp	seitwärts, seitab	*unredelîche*	unvernünftig, stumm
sinneclichen	klug, bewusst, geistvoll	*unritterlîche*	unritterlich
sît	seitdem, darauf, nachher, später	*unsanfte*	mit Mühe, schwer
slehte	gerade, einfach, schlicht	*unschône*	grausam, unschön, schonungslos
snelle	schnell, rasch	*unsenfteclîche*	unangenehm, barsch
snelleclîchen	schnell, rasch, plötzlich	*unsitelîchen*	ungestüm, zornig, aufgebracht
sô	so (sehr), ebenso, dagegen	*unsprechende*	wortlos, stumm
spæhe	kunstvoll, genial, seltsam	*unstätelîchen*	zum Schaden, nachteilig
spâte	spät, zu später Stunde	*unsuoze*	schmerzhaft, brutal, furchtbar
sperhalben	lanzenseitig, rechts	*unväterlich*	unväterlich
spillîchen	fröhlich, ausgelassen	*unverre*	unweit, nahe
spotlîche	spöttisch, höhnisch, ironisch	*unvrœlîche*	freudlos, betrübt, deprimiert
stæteclîchen	beständig, fest, unbeirrbar	*unwilleclîchen*	unwillig, abgeneigt
starke	sehr, mächtig, außerordentlich	*unwirdeclîche*	unwürdig, verächtlich, entrüstet
stille	geheim, im Stillen, ruhig	*unz(e)*	solange, während
stückeht	in Stücke, zerstückelt	*ûz*	aus, heraus, hinaus, zu Ende
sunder (lougen)	beiseite, abseits (unleugbar)	*ûz der mâze*	unmäßig, extrem, ungemein
suoze	süß, weich, lieblich, lind	*ûze*	außen
sus	so, derart, sonst	*ûzen*	außen, außerhalb, hinaus
swache	armselig, schlecht, erbärmlich	*ûzerhalp*	außerhalb, außer, äußerlich
swâre	leidvoll, schwer, mühsam	*vaste*	fest, eng, stark, sehr, schnell
swinde	gewaltig, geschwind, scharf	*vergebene*	umsonst, vergeblich, kostenlos
tägelîchen	täglich	*verholne*	heimlich, verhohlen, insgeheim
tiefe	tief, lang	*verre*	fern, von weitem, inständig
tiure	wertvoll, teuer, inständig	*verstolne*	verstohlen, unbemerkt
tœrlîche	töricht, merkwürdig	*vert (= vernet)*	im vorigen Jahr
tœtlichen	tödlich	*vîentlîchen*	feindlich, aggressiv, gewaltig
tougen	heimlich, verborgen, im Stillen	*vil*	viel, sehr
trûreclîchen	traurig	*vil lîhte*	vielleicht, voraussichtlich
tugentlîchen	edel, tüchtig, gut	*vlîzeclîchen*	eifrig, sorgfältig, gründlich
tûsentvalt	tausendfach	*vlühteclîche*	flüchtig
twerhes	scheel, skeptisch, quer	*vol(len)*	vollständig, gänzlich, absolut
übele	böse, schlecht, schwierig, übel	*volleclîchen*	total, gänzlich, voll, kräftig
über (ecke)	über, her-/hinüber, mehr (davon)	*von*	fern, getrennt von
überlût	öffentlich, vernehmlich	*von geschihte*	zufällig, unabsichtlich
ûf	darauf, dabei, hinauf	*von rehte*	rechtens, legitim, rechtmäßig
umbe	um, wegen, herum, ringsum	*von sage*	vom Hörensagen
unangestlîchen	sorglos, unbekümmert	*von schulden*	zu Recht, füglich
unbarmeclîchen	skrupellos, rücksichtslos	*vor*	vor, vorn, voraus, vorher, zuvor
unbehendiclichen	ungeschickt, untrainiert, plump	*vorhteclîche*	furchtsam, unheimlich
unbescheidenlîchen	ratlos, unverständig, indifferent	*vorhtlîchen*	angsterfüllt, furchtsam, furchtbar
unbetwungen	freiwillig, frei, sorglos	*vrevellîchen*	mutig, verwegen, verbrecherisch
undâre	unfreundlich, unpassend, wenig	*vridelîchen*	friedfertig, ruhig, schützend
unde	unten, hinunter	*vrîlichen*	frei, frischweg, freimütig
under	unten, hinunter, zwischen	*vriuntlîchen*	freundschaftlich, liebevoll
under wegen	unterwegs, auf der Reise	*vrœlîchen*	fröhlich, heiter, erfreut

vrümeclîchen	gut, tapfer, ehrlich, tüchtig	*wunderlîchen*	erstaunlich, wunderbar, überaus
vruo	früh, zeitig	*wünneclichen*	lustvoll, wonnig
vür	vor, davor, hervor, vorwärts	*zagelîchen*	feige, verzagt, hasenfüßig
vürbaz	weiter(hin), vorwärts, noch mehr	*zaller vorderst*	zuvorderst
vürder	weiterhin, fortan, vorwärts	*zartlichen*	zärtlich, liebevoll, wohlwollend
vürdermâl	fernerhin, zukünftig	*zehant*	sofort, auf der Stelle, alsbald
vürnamens	insbesondere, vorzugsweise	*ze jungest*	zuletzt, jüngst, schließlich
wæhe	glänzend, kunstreich, lieb	*ze leide*	zuleide, zum Verhängnis
wan	nur, außer, ausgenommen	*ze liebe*	zuliebe, zugunsten
wærlîchen	wahrheitsgetreu, in der Tat	*ze lobe*	lobenswert, vorbildlich, achtbar
wætlîche	schön, vermutlich, schwerlich	*ze mâze*	gemäß, angemessen, genug
werde	zu Ehren, herrlich, ehrfürchtig	*ze rehte*	rechtmäßig, zu Recht
werlîchen	wehrhaft, befestigt, kampfbereit	*zesamene*	zusammen, zueinander
wider	(ent)gegen, zuwider, zurück	*ze staten*	zustatten, zu Hilfe
wîlen	einstmals, vorzeiten	*zestunt/zestunde*	plötzlich, augenblicklich
willeclîchen	willig, gutwillig, freiwillig	*zetal*	herunter, hinunter
wîplîchen	nach Frauenart, feminin, kraftlos	*zewâre*	wirklich, echt, ungelogen
wirdeclîche	ehrfürchtig, würdig, feierlich	*ze wunsche*	wunschgemäß, nach Wunsch
wirs	schlechter, übler, niedriger	*zornlichen*	wütend, empört, erbost
wîslîchen	klug, verständig, weise	*zühteclîchen*	wohlerzogen, anständig
wîten	weit, weither, weithin	*zuo*	zu, hinzu, herzu
wol	gut, sicher, leichtlich	*zwischen*	(da)zwischen, inzwischen

Sie! Was fingern Sie sich so den Knöchlein lang? Ah ja, nachzählen. Und? Stimmt, sind bloß 404 Stück, gestern haben Langfinger hingelangt. Aber die hochheilige Variante erwischt: Auerochs. Die Kirchenkatze – Eure Pflege wirkt wahre Wunder, Madame – bewacht das Korpus. Den Tag und auch alle die Nacht. Gut gesprochen, Gedächtniskind? *Mögen daher die Neider jenseits der Berge vor Scham erröten, die da behaupten, sie besäßen Reliquien oder Teile des Leichnams! Denn der Leichnam ist hier vollständig vorhanden! Er leuchtet herrlich von paradiesischen Karfunkelsteinen! Und ohne Unterlaß wird er durch göttliche Düfte verehrt, vom himmlischen Kerzenglanz geschmückt! Und Engel feiern ihn durch ihre Gunstbezeug–* Ist ja gut, glühender Engel. Nicht wieder fiebern. Keine Umstände für Umstandswörter. – Auerochs als Reliquie. Das setzt Wunder.

Wie werden Adverbien gebildet? Man unterscheidet reine Adverbien, Zusammensetzungen und Ableitungen. – **Reine Adverbien** sind etwa *aber*, *balde*, *gerne*, *gester*, *hiute*, *ie*, *lîhte*, *mêre*, *ofte* und *verre*.

Er	Gr	AH	Iw	MC	Pz	Tr	Da	Hb	Pn
251	475	366	1868	73	46 15	1896	206	770	94
1161	1002	455	2551	1149	64 21	2990	796	1489	1222
2951	2517	487	2609	1480	120 1	9871	1148	1582	1942

Zusammensetzungen sind *al/meist*, *anders/war*, *dan/noch*, *en/eben*, *ie/doch*, *über/al*, u. a. Das Adverb besteht aus zwei Wörtern, die sonst selbstständig auftreten und die sich ohne Ableitungselement (Suffix) zu einer neuen formalen und semantischen (?) Einheit fügen. Manche Zusammensetzungen, die im Neuhochdeutschen lexikalisiert sind, werden in der alten Sprache häufig getrennt geschrieben oder stehen sogar, wie auch noch in der norddeutschen Umgangssprache, weit auseinander: *dâ mite*, *dâ wider*, *hie mite*, *hin abe*, *vil lîhte* u. a. Beachten Sie gut den Kontext: Ist wirklich eine andere Bedeutung gemeint? Bedeutet zum Beispiel *vil lîhte* ‚vielleicht' oder eher ‚sehr leicht' bis ‚voraussichtlich'? Zum Bedeutungsvergleich sehen Sie zwei Stellen mit der gleichen Zusammensetzung.

Er	Gr	AH	Iw	MC	Pz	Tr	Da	Hb	Pn
426	740	172	1720	262	98 4	4923	148	196	267
1763	1690	319	3302	521	200 11	10494	1299	646	470
8407	2870	751	3322	1234	444 29	13687	7539	1689	1712

Hier kommen schon die **Ableitungen**. Nach den Wortarten, aus denen Adverbien hauptsächlich abgeleitet werden, teilt man sie in Adjektiv- und Substantivadverbien ein. Bei den **Adjektivadverbien** ist das Grundelement ein Adjektiv, daraus wird das Adverb abgeleitet. Adjektiv und Adverb sind nicht immer leicht zu unterscheiden. Wie wird abgeleitet?

Erstens kann dem Adjektiv **ein *e* angehängt** werden. Den Adjektiven *dic*, *edel*, *grôz*, *hôch*, *klein*, *kurz*, *lanc*, *liep*, *lût*, *reht*, *ring*, *sleht*, *snel*, *starc*, *swach*, *tief* und *übel* entsprechen folgerichtig die Adverbien *dicke*, *edele*, *grôze*, *hôhe*, *kleine*, *kurze*, *lange*, *liebe*, *lûte*, *rehte*, *ringe*, *slehte*, *snelle*, *starke*, *swache*, *tiefe* und *übele*.

627	1017	754	946	1706	133 27	2518	4172	1875	1693

Die Wendung *einen ringe wegen*, wörtlich ‚jemanden gering bewegen', bedeutet ‚jemandem egal sein', ‚kein Aufhebens machen'; sie erscheint 7-mal im *Parzival*. (Beispiele: 37 9, 67 12, 106 30, 161 10 u. a.)

[§ 205] Wenn aber ein Adjektiv bereits auf *e* endet, kann es **formgleich** mit dem entsprechenden Adverb sein. Je nach Kontext sind *genôte*, *grimme*, *lære*, *lîse*, *nütze*, *reine*, *seine*, *spæhe*, *stille*, *swinde*, *tiure*, *verre*, *wæhe* und andere bald Adjektiv, bald Adverb. Beachten Sie mögliche Bedeutungsunterschiede.

4717	964	1411	101	1066	358 21	9317	523	1083	1059

[§ 205] Zweitens kann einem Adjektiv mit Umlaut ein **Adverb ohne Umlaut** entsprechen. Hören Sie innerlich die Adjektive *dræte*, *enge*, *herte*, *schœne*, *senfte*, *spæte*, *süeze*, *swære*, *træge*, *undære*, *veste* und *vrüeje* ohne Umlaut? Dunkler nun tönen die Adverbien *drâte*, *ange*, *harte*, *schône*, *sanfte*, *spâte*, *suoze*, *swâre*, *trâge*, *undâre*, *vaste* und – *vruo!*

1816	625	1216	2247	1504	437 5 f.	6130	814	1600	348

Euphoriker finden, Letzteres klinge maulfaul. *alsam ein ohse lüeje*. Söhnchen, Söhnchen! Reliquien wollen Ehrfurcht im Umgang. – Eine gar früh mutige Frau aus Siegburg spottete über die Reliquien des Erzbischofs Anno († 1076) von Köln (n. Ohler 1994, 170): „Wenn Pferde- und Ochsenknochen als Reliquien von Heiligen ausgegeben und durch die Welt getragen werden, ist es sinnlos, ihnen zu Ehren aufzustehen oder ihnen entgegenzugehen." Anno, vormals Domschulmeister zu Bamberg, galt als harter Mann. Was muss er im Jenseits hören? Übles über seine Überbleibsel. Zur Strafe lässt er die Siegburgerin erblinden. Und wieder sehen, als sie an seinem Grab reumütig Abbitte leistet. *wie möhtez wunder grœzer sîn!* Madame, Ihr erweckt. *Tragemunt, dû hâst wâr! mîn lieber vriunt!*

Äh – drittens [§ 206] kann das **Suffix *lîche(n)*** ein von einem Adjektiv abgeleitetes Adverb bezeichnen: *ledec/lîche*, *rîch/liche*, *vlîzec/lîchen*, *vrî/lichen*. Die Formen mit *n* entstanden aus einem Dativ Plural, der Gebrauch schwankt je nach Autor und Text. Auch schwankt die Länge bzw. Kürze bei *î/i*. Die Form ist am Versende reimbedingt.

Er	Gr	AH	Iw	MC	Pz	Tr	Da	Hb	Pn
2941 7568	2062 3471	291 857	3263 3371	921 1607	16 12 33 20	2229 12582	6158 8405	9 1140	330 1056

Wenn aber das Adjektiv bereits auf *lîch/lich* endet? Dann wird, synchronisch betrachtet, beim Adverb nur *e(n)* angehängt: *schînlîch/e(n)*. Das Problem ist nun ähnlich wie vorhin: Flektiertes Adjektiv und Adverb sind manchmal **formgleich**, bisweilen wird auch eine endungslose Form adverbial verwendet. Man bestimmt vom Kontext her, welche Wortart vorliegt. Das gelingt intuitiv, doch ab und zu verlangt die Unterscheidung bewusstere grammatische Analyse: Das Adverb bezieht sich meist auf das Verb und seine Aussage. (→ S. 180) Das attributive Adjektiv (→ S. 175) bezieht sich auf sein Substantiv, das prädikative Adjektiv (→ S. 178) auf das Subjekt oder das Akkusativobjekt.

1520 6470 7289 7904	218 2337 2377 3556	305/10 1050 1059 1233	3271 5600 6193 8097	19 117 1230 1256	4 16 f. 310 4 521 6 570 1	4976 5518 11127 f. 17799	1370 4719 7841 8005	207 1387 1513 1702	73 1205 1329 1337

Es gibt Stellen mit zwei grammatischen Lesarten: *dâ hâten si in nider geslagen und im vrävellîche entragen aller sîner sinne kleit und hâten in an geleit vil marterlîche wunden.* (Gr 101 ff.) Während *vrävellîche* hier klar – der Bezug auf ein Substantiv ist unmöglich – Adverb zum Verb *entragen* ist, kann sich *(vil) marterlîche* grammatisch und semantisch sowohl aufs Verb *an legen* als auch auf das Substantiv *wunden* beziehen. Die Wortstellung legt uns heute den Bezug auf das Substantiv nahe. Diese Lesart fokussiert die Wunden: ‚... und hatten ihn in viel qualvolle Wunden gekleidet'. Die Wortstellung ist aber im Vers nur bedingt aussagekräftig. Die adverbiale Lesart intensivierte den euphemistischen Einkleidungsvorgang: ‚... und hatten ihn ganz qualvoll in Wunden eingekleidet'. (Weitere Beispiele: Er 1212, 7190, Tr 5525)

[§ 206] Viertens kann ein **Suffix *eclîche(n)*** ein Adverb bilden. Im Korpus erscheinen etwa *arm/eclichen*, *behend/eclîchen*, *diemüet/eclichen*, *kiusch/eclîche*, *milt/eclîche*, *snell/eclîche* und *unbehend/eclichen*. Wie in *milt(e)eclîche* kann *e* ausfallen, wie in *snel(l)eclîche* kann ein Konsonant verdoppelt werden. Gebildet wird zwar analog zu Bildungen wie *vlîzec/lîchen* (→ S. 185), doch gehört *ec (ic)* nicht zum Adjektiv, sondern zum Suffix.

2155	1539	–	6193	–	36 14	2105	–	–	1083

[§ 207] Fünftens kann ein Adjektivadverb aus **erstarrten Kasus** (→ S. 188) entstehen. Dabei ‚erstarrt' ein flektiertes Adjektiv, meist im Akkusativ oder Genitiv Singular, im Verlauf der Sprachgeschichte zum festen, nicht mehr flektierbaren Adverb. – Im Korpus erscheinen etwa *alles* ‚ganz und gar', ‚immerfort', *allez* ‚vorbehaltlos', ‚immerzu', ‚allemal', *begarwe* ‚völlig', *gâhes* ‚schnell', ‚voreilig', *gar* ‚völlig', *genuoc* ‚genug', ‚viel', *kleine* ‚wenig', ‚fein', *lützel* ‚klein', ‚wenig', *michel* ‚sehr', ‚viel', *michels* ‚um vieles', *(vil) nâch* ‚beinahe', ‚fast', *nâhen* ‚nahe', ‚vertraulich', ‚zu Herzen', *twerhes* ‚schief', ‚scheel', *vollen* ‚vollständig', *wênec* ‚wenig', ‚nicht' und *wîten* ‚weitherum'.

240 325 1235 9531 10047	959 1996 2641 3818 3851	225 401 521 1203 1432	523 738 1092 1351 2906	91 448 578 634 1215	17 19 104 14 307 22 422 6 595 6	1604 4269 4745 7769 12516	2129 3959 2385 2978 5494	488 800 838 978 1471	77 817 1057 1203 1214

[§ 208] Sechstens kann ein Adjektivadverb aus der Verbindung von **Präposition und Adjektiv** entstehen, manchmal zusammen geschrieben, manchmal getrennt. Im Korpus erscheinen etwa *belangen* (= *bî langen*) ‚endlich', *eneben* ‚daneben', *über lût* ‚öffentlich', ‚demonstrativ', *von êrste* ‚erstmals', ‚zuerst', *von verre(n)* ‚von weitem', ‚weither', *(f/v)ürbaz* ‚vorwärts', ‚weiter', *ze jungest* ‚zuletzt', ‚schließlich' und *zewâre* ‚wirklich'.

Er	Gr	AH	Iw	MC	Pz	Tr	Da	Hb	Pn
871 6525 8406 f.	174 1055 2378	134 715 1518	3300 3790 5797	7 987 1003	318 28 360 12 542 26	315 2710 3014	1537 3301 4359	183 1209 1295	1037 1210 1866

[§§ 208/210] Nun bleibt noch *wol* zu erwähnen; es ist das Adverb zu *guot*, wird aber **suppletiv** (→ S. 174) gebildet. Bei adjektivischen Partizipien (→ S. 171) kann es als Steigerungsadverb (→ S. 175) dienen. Während es im Mittelhochdeutschen meist ‚gut', ‚bestimmt', ‚leichtlich', ‚fast' bedeutet, dient unser nhd. ‚wohl' oft dem Ausdruck der Unsicherheit: ‚etwa', ‚vermutlich'. Die Translation muss im Kontext einleuchten.

91	799	58	147	1037	246 24	1349	8375	569	1367

[§ 211] Bevor wir zu den Substantivadverbien gehen, sei hier noch die **Steigerung** der Adjektivadverbien gez– Vorsicht, da robbt eine Dame unterm Schrein. Der **Komparativ** wird mittels Anhängen von *(e)r* gebildet: *billîche – billîcher* ‚vorzüglicher'. Das Adverb hat im Komparativ in der Regel keinen Umlaut: *vaste – vaster* ‚stärker' (aber *lenger* im *Daniel*). Komparativformen treten im Korpus am ehesten neben *deste(r)* oder *ie* auf: *deste dicker* ‚umso öfter', *deste drâter* ‚umso schneller', *deste gerner* ‚umso lieber', *deste lieber*, *deste harter* ‚umso fester', *deste willeclîcher* ‚umso bereitwilliger'. Auch erscheinen Ausdrücke wie *hôher stân* ‚weiter weg stehen', *niht langer tweln* ‚nicht länger warten'.

1402 6372	1416 1534	245 583	257 1667	1639 1659	7 16 77 14	904 14474	237 5095	388 1078	316 1298

[§ 211] Beachten Sie bitte in der staubigen Nische hier dieses wieder **suppletiv** gebildete Reliquienset mit *baz* ‚besser', ‚lieber', *ê* ‚früher', ‚zuvor', ‚eher', ‚lieber', *mê/mêr/mêre* ‚mehr', ‚länger', *minder/minner/minre* ‚weniger' und *wirs* ‚schlechter', übler'. Die drei Erstgenannten begegnen ähnlich hochfrequent wie die Partikeln vom Heiligen Kreuz.

461 640 1455 1868 9363	124 344 740 2716 2744	273 491 564 895 961	24 638 1605 3176 6315	251 845 1152 1323 1784	18 12 32 8 114 5 369 14 640 12	113 2744 3306 7026 7950	404 1211 6386 7489 7725	57 71 219 990 1259	262 773 777 920 1045

[§ 211] Der **Superlativ** wird mittels Endung auf *est* gebildet: *schalclichen – schalclichest* ‚am boshaftesten'. Er findet sich oft neben *mahte/mohte* und *kunde*. [§ 59 3.] Im alemannisch-schwäbischen Sprachraum (→ Karte S. 32) kommt auch die Endung auf *ist* vor.

2321	1648	1019	6242	(827)	189 25	11555	2153	335	1866

[§ 211] Im Staube hier der Superlativ zum **suppletiv** gebildeten Reliquienset, das Sie vorhin voller Ehrfurcht bewundert haben. Der Superlativ zu *wol* lautet *beste* ,am besten' (Komparativ: *baz*). Die anderen haben eine Nebenform auf *e*, nämlich *êr(e)st* mit der Nebenform *(von) êrste* ,erstmals', ,zuerst'; weiter *meist* mit *meiste* ,am meisten', *minnest* mit *minste* ,am wenigsten' und *wirsest* mit *wirste* ,am schlechtesten', ,am hässlichsten'.

Er	Gr	AH	Iw	MC	Pz	Tr	Da	Hb	Pn
814	277	96	1214	407	464 21	3376	535	1295	1037
1604	727	134	2776	–	482 22	4863	4201	1502	1472
3123	1770	244	2825		555 29	18919	5088	–	1724

Klar, nehmen Sie nur mit vom heilgen Staub. Sehen Sie da die rötliche Stelle am Schrein? Ein Deutscher begoss ihn mit Wein, im vorigen Jahr um diese Zeit. Hat alles wieder unten aufgefangen, das sei für eine kranke Frau zu Hause in Schwaben. *wâ vriesch ie man oder wîp deheiner slahte swære diu gar wære âne aller hande trôst!* Aber mit Staubwein heilen, Madame? Ihr vernahmt ja die Diagnose. Die Frau litt an – *sî ist genesen, geloube daz.*

Wenn Ihr meint – gehen wir weiter zur Darstellung der **Substantivadverbien**. (Einige wurden auf den Seiten 154 und 168 als Adverbiale präsentiert.) Bei den Substantivadverbien ist das Grundelement ein Substantiv, aus dem ein Adverb abgeleitet wird. Das kann auf zwei Weisen geschehen.

[§ 209] Ein Substantivadverb kann aus **erstarrten Kasus** entstehen. Ein flektiertes Substantiv (mit Pronomen/Artikel) – im Akkusativ, Genitiv, Dativ – ,erstarrt' im Verlaufe der Sprachgeschichte zum festen, nicht mehr flektierbaren Adverb. Im Korpus erscheinen etwa *allenthalben* ,überall', *alle stunt* ,jedesmal', *alle wege* ,unentwegt', *anderhalp/ander(t)halben* ,auf der andern Seite', *anderstunt* ,nochmals', *dankes* ,absichtlich', *des endes* ,dorthin', *des tages* ,dazumal', ,gleichentags', *die lenge* ,immerfort', *die wîle* ,solange', *ein teil* ,ein wenig', *heiles* ,zum Glück', *heim* ,heim', *ie* ,immer', *iemêr* ,immerfort', *manegen enden* ,allenthalben', *meines* ,falsch', *unheiles* ,unglücklich', *unmâzen* ,maßlos', *wîlen* ,einstmals', *winsterhalp* ,linksseitig', *zeswenhalp* ,rechtsseitig'.

1385	40	309	354	39	69 5	963	131	54	70
1748	90 App.!	555	600	429	165 25	1426	1885	58	344
1993	2167	598	2736	456	180 17	2500	3157	127	853
4686	2277	621	3878	547	181 11	2574	4345	690	1135
5312	2498	1109	5078	1023	245 25	4196	4743	774	1197
6369	3684	1461	6947	1370	504 21	15479	7232	1569	1581

Dann kann ein Substantivadverb auch aus der Verbindung von **Präposition und Substantiv** entstehen. Manche Verbindungen werden zusammen geschrieben, andre nicht. – Im Korpus erscheinen etwa *after wege* ,hinweg', *âne mâze* ,maßlos', *besîten* ,zur Seite', *durch schimph* ,zum Spaß', ,zum Vergnügen', *enmitten* ,mitten', *enwâge* ,in Gefahr', *enwec* ,weg', *enwiderstrît* ,um die Wette', *in allen wîs* ,vollkommen', *in kurzer stunt* ,bald', ,eben noch', *nâch sage* ,dem Vernehmen nach', *sunder lougen* ,unleugbar', *under wegen* ,unterwegs', *under wîlen* ,gelegentlich', *ûz der mâze/ûzer mâzen* ,ungemein', *von geschihte* ,zufällig', *von rehte* ,rechtens', *von sage* ,vom Hörensagen', *von schulden* ,zu Recht', *zehant* ,sofort', *ze leide* ,zuleide', *ze liebe* ,zuliebe', *ze lobe* ,lobenswert', weiter *ze mâze* ,gemäß', *ze rehte* ,rechtmäßig', *ze staten* ,zustatten', *ze stunde* ,plötzlich', *ze tal* ,hinunter', *z(e)wâre* ,wirklich' und *ze wunsche* ,wunschgemäß'.

Er	Gr	AH	Iw	MC	Pz	Tr	Da	Hb	Pn
280	488	184	104	17	27 16	625	92	12	88
559	1253	266	725	574	180 13	2935	755	34	759
1747	1458	595	2187	808	227 09	11103	3140	256	1553
5479	2761	1121	3274	879	273 10	12939	4359	344	1561
6731	2844	1369	3828	1652	522 12	13884	5503	684	1693
7796	3397	1384	5707	1685	568 19	18728	6616	910	1840

„Uns ist heute die strikte Zweiteilung von Materiellem und Immateriellem so eingewachsen [...], daß es aller Anstrengung bedarf, um einer Gedanken- und Vorstellungswelt nahezukommen, in der profaner, im ursprünglichen Sinn ungeweihter Raum stets vom heiligen Raum überwölbt ist; heilige Zeit stets die profane Zeit umschließt und die Grenzen zwischen beiden Bereichen durchlässig sind und schwinden und schwingen können." (Kriss-Rettenberg 1985, 19) Ja, Pilgergrenzgänger: Im Morgengrauen beginnt die Translation. Die Waise weckt Sie. Der Schrein ist bereit. Und Sie assistieren: Die Inbrünstigeren opfern Wachsgaben und beleben die Pilgerfrühmesse in der Seitenkapelle ekstasierend. In ebender heiligen Stunde beklopfen die Introvertierten die Steine da unten im Mauerwerk. Wer anklopft, dem wird aufgetan. Danach unverzüglich ab Richtung Heimat, falls Ihnen Raum und Zeit etwas sagen.

Gang im Grabmal unter dem Hochaltar der Kathedrale von Santiago

Präpositionen

[§ 433] Den Eckstein hat der Maurer auffällig eingefügt. – Präpositionen sind, wie Konjunktionen, Fügewörter: Maurer. Sie fügen ihre Bezugswörter inhaltlich in den Satzsinn ein, häufig unter dem Aspekt des Ortes (lokal), der Zeit (temporal), des Grundes (kausal) sowie der Art und Weise (modal). Dabei legen sie den Fall fest. All dies zeigt der Satz: Tief unter dem Hochaltar treffen wir uns vor Tagesanbruch wegen des notwendigen heiligen Diebstahls mit klopfendem Herzen. – Es läutet zur Frühmesse. Wird Fügung sein.

Ein Wort noch zu den **Kasus**, bevor wir zur Operation schreiten. Präpositionen können je nachdem mit Genitiv [§ 377], Dativ [§ 384] oder Akkusativ [§ 357] erscheinen. Selten sind syntaktische Verbindungen mit dem Instrumental [§ 387], einem bereits im Mittelhochdeutschen fast schon untergegangenen Fall zur Bezeichnung des beteiligten ‚Instruments', Mittels, Umstands. Die Zuordnung von Präposition und Fall ist im Mittelhochdeutschen nicht streng geregelt. Es gibt Schwankungen, vor allem dialektal bedingt.

Zum Nachschlagen folgt eine alphabetische Übersicht über die Präpositionen im Korpus. Die (nach Hennig 1998) belegten Fälle werden mit G, D, A und I bezeichnet. Manche Bedeutungen oder Vorstellungsweisen überraschen. Während wir heute etwa in Büchern lesen, las man früher *an den buochen.* Weitere Bedeutungen und Wendungen finden Sie in den Wörterbüchern, häufigere Verschmelzungen mit Präpositionen kann man auf Seite 54 sehen. – Treppchen rechts runter, leise. Unten der Mauer lang nach hinten. Die Waise wartet mit Lichtern. Suchen Sie auffällig eingefügte Steine, loses Mauerwerk. Klopfen Sie auf Hohlstellen hin ab. Falls es aus dem Stein spricht, geben Sie sich natürlich.

Er	Gr	AH	Iw	MC	Pz	Tr	Da	Hb	Pn
ab(e)	mit D: von, aus, vor, über, wegen								
951	913	257	468	607	69 22			136	418
after	mit G/D/A/I: nach, hinter, durch, in, über; *a. diu*: danach, *a. wege*: hinweg								
6731				91		6930			
alumbe	mit A/D: um, um ... herum								
8952					16 27				
an	mit D/A: an, auf, bei, durch, gegen, in (Bezug auf), mit; *an d. stunde*: sofort								
28	11	2	22	644	1 8	5902	8	86	139
ân(e)	mit A/G (auch nachgestellt): ohne, außer, ausgenommen, frei von								
42	29	21	338	810	5 2	8390	3	258	266
beneben	mit D/A (auch nachgestellt): neben								
					671 23				
bî	mit D/A: (nahe) bei, neben, zu; mit D/G: in, seit, während, mit, durch, von								
1	56	327	8	874	2 22	1335	1117	98	68
durch	mit A: durch, aus, um ... willen, wegen, auf; *durch* + Infinitiv: um zu ...								
4	35	142	83 f.	885	11 6	412	140	110	35
en = in	mit D/A: an, auf, bei, gegen, in, zu								
8204	3028				159 18				
eneben	mit D/A (auch nachgestellt): neben, auf der Seite von, auf die Seite von								
			3790						

Nicht zu laut klopf– ´ne Stimme gehört? Auf eine Art menschlich, sagen – was klagt sie? *‚ichne kan deheinen buochstap.‘* Halleluja, Sie haben WOLFRAMs Grab entdeckt! Her mit dem Schrein, rein mit dem Herrn! – Halt, kann nicht sein. Der erwartet die Auferstehung jetzt in Wolframseschen– Pfoten weg vom Stein!! Da wohnt ein reiselustiger böser Geist.

Er	Gr	AH	Iw	MC	Pz	Tr	Da	Hb	Pn
engegen	mit D/A (auch nachgestellt): gegen, gegenüber, vor, entgegen, nach, zu, in								
863	3764	180	106			3328		719	
gegen/gein	mit D (a. nachgestellt)/A: gegen, gegenüber, entgegen, an, auf, bei, für, in								
3088	1588	175	281	1690	283 26	6153	162	33	
hinder	mit G/D/A: hinter								
8669		159	744	1734	349 17	16151	4793		
in	mit D/A: an, auf, bei, gegen, in, zu, vor								
55	15	34	2258	1738	2 3	5290	53	14	83
inner(halp)	mit G/D: innerhalb, vor; *inner* (mit D): Pz 5-mal, Tr 2-mal, MC singulär								
			1269	63	225 21	10086			
mit	mit D/I: mit, bei, neben, unter, in, durch, trotz, von; *mit diu*: mittlerweile								
31	23	59	6	2	1 14	1181	17	8	4
nâch	mit D: nach, gemäß, aus, auf ... aus, auf ... hin								
278	4	22	7	152	92 3	194	125	31	504
neben	mit D/A (auch nachgestellt): neben, auf der Seite von, auf die Seite von								
9255	1605		1818	891	64 6	11009	5121		
niderhalp	mit G: unterhalb								
			7140						

Eure Miene, Kollega Fremdenführer, versteinert zusehends. *Allerdings haben einige versucht, den äußerst verehrungswürdigen Arm des hl. Bekenners aus St-Gilles in eine weit entfernte Gegend zu bringen – ohne jedoch weit zu kommen.* Hochinteressante Nummer! Bedenkt indes: Falls wir Unrecht tun, wird sich alles Heilige für seine Knochen genauso wehren, wie sich der hl. Bekenner – womit nur? – für den äußerst verehrungswürdigen Arm wehrte. Euer Tipp war weder billig noch billig. Die Stadt der Sprache – Ihr wollt sie auch künftig mit Eurer Sippe bewirtschaften? – Sicher findet sich was in der Wand hier. Hören Sie nur, wie die Frühmesse überkocht: Ekstase. Diese Pfaffenzunge! – Los, weiter.

ob	mit G/D/A: über, oberhalb, auf								
3462	1606	847	581		3 5	17985	561	12	
sît	mit G/D: seit								
	1569		2824		461 7	12611			
sunder	mit A: außer, ohne								
901		1244	669	314	5 3	4522	1095		177
über	mit D/A: über (hinaus), (je) nach, während, gegen, trotz								
7	143	255	1023	767	13 14	777	718	367	243
ûf	mit D/A: auf, zu, bei, bis auf, über								
146	42	114	40	779	11 13	11114	189	17	11
umb(e)	mit A/I: um, gegen, etwa, für, wegen, von; *umbe diu/wiu*: darum/weshalb								
105	32	308	648	839	8 21	9282	511	399	287
under	mit D/A: unter, bei, zwischen; *u. stunden*: zuweilen, *u. wegen*: unterwegs								
8343	1818	88	75	984	88 09	6053	2446	825	185

Wo steckt dieser Fremdenverführer! Wie sieht es da hinten –? *von gotes gebe niht ein ei.* Zur Heiligen Taube damit. Wir müssen Madame zu Hilfe rufen, die Zeit drängt. Ihr hört bestimmt mit, Madame. Könnt Ihr helfen? Suchen Reliquien, die sich nach neuer Heimat sehnen. Madame, hört Ihr? Madame! Ist die taub!? – Rauschen. Äther tot. Nicht ihr Stil.

Er	Gr	AH	Iw	MC	Pz	Tr	Da	Hb	Pn
	unz(e)	mit A/D: bis auf, bis zu (vor Substantiv nur mit zweiter Präposition/Adverb)							
266	30	53	1079	1769	5 20	6315	408	88	
	ûz	mit D: aus, hervor, aus ... heraus, von ... weg, außerhalb							
564	95	814	275	60	6 3	8231	9	37	236
	ûzer	mit D: aus, von							
1181	1489				138 19	12020	8400		1561
	ûzerhalp	mit G/D: außerhalb							
	563		457		324 28	16317			
	von	mit D/I: von, aus, seit, durch, vor, wegen; *von wiu/diu*: weshalb/deshalb							
4925	27	12	47	1010	2 24	7266	48	3	22
	vor	mit D/A/G: vor, von; *vor des*: zuvor							
68	257	115	119	1420	1 18	3434	118	77	44
	vür	mit D/A: für, gegen, vor, um, statt, als, über, vorbei an, von ... an							
565	200	28	689	144	2 25	3884	403		18
	wider	mit D/A: gegen, gegenüber, mit, trotz, im Vergleich mit, im Gegensatz zu							
1025	69	639	65	575	29 13	1881	779	290	752
	ze/zuo	mit D: zu, in, an, bei, samt, nebst, außer, bis (zu)							
16/31	8/106	25/331	32/70	588	4 15/22 2	6753	6	12/234	301/304
	zwischen	mit G/D/A: zwischen							
2241	3128	994	1128	727	112 25	3955	612	75	

Sagen Sie – sehen Sie da im Dunkel auch Pferdeaugen? Da. *ichn belîbe hie niht mêre!* Ruhig, Pfaffenzunge donnert noch. Wo steckt die Waise? *bî der erde an der êrsten want.* Soll Lichter bringen. *si weinet.* Hat sie jemand geschlagen? *nein ez, durch got! si enkan der karakter â b c.* Was reden Sie denn! Schriftzeichen? Wo? *an dem steine, der dâ lît.* Schnell, kommen Sie. *deiswâr uns was mit iu ze gâch.* Das meditieren Sie zuhause in der Klause. Vorsicht hier, Ihr Kopf. Da ist sie ja – ach Waisenkind, kelterst Engelswein?

Der Anfang ist undeutlich. *waz sprichet diu schrift?* Ein Name wohl. Das ist ein G, schauen Sie. Dann R, das Dritte A – GRAMA. Sieht unfertig aus. Als sei der Steinmetz gestört worden. Interessant, der Durchbruch unten in der Wand. Näher mit dem Licht. Näher. *Nun hat das Licht Schönheit in seinem Anschauen; denn es ist seine Natur, daß in seinem Anschauen alle Gnade ist, als Ambrosius lehret. Es hat auch Ausgießung ohne Trübnis; denn es giebt seinen Schein durch unreine Stätten und bleibet rein. Es hat rechten Gang ohne Krümmung und geht einen langen Weg ohne Aufenthalt* – und ohne Zweifel, so ähnlich ists, Waise. Würde mal wer der ambrosischen Süßholzraspel ganz lieb den Mund zuhalt– Menschenskind. Schauen Sie nur. – Und? Befund? *dâ lît ein gebeine.*

Vorsicht mit dem Schrein. Er passt perfekt, der lose Stein. Unheimliche Präzision. So, Öffnung ist groß genug. *hie ist ein kint inne.* Das täuscht – wir waren damals kleiner als wir. Vorsicht, alles soll zusammenbleiben, gefügt genau wie es muss. Der Wohlgeruch bedeutet Einverständnis. Liebling, erwache, fliege nun aus aus deinem toten Kerkerhaus. Das gibts nicht, Sie haben Recht. Es war ein Kind. *ein kint wol einlif jâr alt.* – Erst elf.

Numeralien

Sie brauchen nit mitzählen. Sind noch keine Stunden. Wie weit der Glockenklang übers Land hin klingt. Geleitet noch lange durch bange Nacht. Im Westen sinkt der Mond, im Osten dämmert es. Die fremde alte Erde. Geht es mit dem Schrein? *er muoz wol deste baz leben, der in treit und an siht.* Schon gut. Ablösung ist ja nah. Klappt alles? *daz pfärt dort stêt, dâ der brunne ûzem velse gêt.* Auf den Gottesmann ist noch Verlass. Seine Wehmut beim Abschied. *mit lachendem munde truobete im sîn ouge.* Ein merkwürdiger Einäuger. Wettert gegen alle Diebe der Welt um die Wette, uns legt er heiligen Diebstahl ans Herz. Zwölf sei das Kind gewesen. Wie der neunmalkluge Tempelbengel zu Jerusalem. *einlif!* Egal, heim mit der Zwölferelfe. Madame? Frisch wohlauf? Ihr steckt nicht in dem Schrein? Wär bissel eng für Euch, ne. Na? – Beunruhigend. Die Art Blitz ließ sie nie unbedonnert.

[§ 234] Wie man zwischen Blitz und Donner zä– mit **Kardinalzahlen** – wieso? Wir beginnen beim Zahlwort *ein*, nhd. ‚eins' geht zurück auf *einez*. Steht das Zahlwort anstelle eines Substantivs, liegt **substantivische Verwendung** vor: *wan zwêne sint iemer eines her* ‚Denn zwei sind stets gegen eínen Legion.' (Iw 6636) Hier flektiert es so:

1

	Maskulinum	Femininum	Neutrum
Nominativ	*einer*	*einiu*	*einez*
Genitiv	*eines*	*einer*	*eines*
Dativ	*einem/eime*	*einer*	*einem/eime*
Akkusativ	*einen*	*eine*	*einez*

[§ 229 Anm. 1] Das Zahlwort ***ein*** sieht oft wie der unbestimmte Artikel (→ S. 127 f.) aus, gelegentlich entfällt ein *e* durch Synkope oder Apokope. (→ S. 59) Das Zahlwort meint ‚ein (Einziger)', der viel häufigere Artikel in der Regel ‚(irgend)ein'. Den Genitiv des Zahlworts muss man zumeist mit einer präpositionalen Fügung übersetzen, was im Beispiel oben gut ersichtlich ist. Recht häufig meint *eine* ‚allein' o. Ä. (→ S. 129) Selten bedeutet *einez* ‚etwas', oder eine Person wird verallgemeinernd mit *einez* ‚eine/r' bezeichnet. Erkennen Sie Genus und Kasus des substantivisch verwendeten Zahlworts?

Er	Gr	AH	Iw	MC	Pz	Tr	Da	Hb	Pn
1619	1864	–	1037	351	13 13	3152	158	1	396
1861	3199		1650	404	114 8	8459	650	597	1984
2168	3356		4329	505	282 16	9089	3535	705	2085
2170	–		6911	985	416 18	10431	3797	773	–
8261			8050	1046	577 15	12669	6715	881	

Steht vor dem Zahlwort *ein* der bestimmte Artikel (→ S. 121), weist es oft, aber nicht immer schwache Flexion auf wie das Adjektiv (→ S. 172, Gruppe C): *daz eine* [Schwert] (Pz 246 3). Ist von *ein* ein Genitiv abhängig, kann es auch unflektiert bleiben: *der zwelf gesellen ein* ‚eíner der zwölf Gefährten'. (Tr 5740) Männliche und weibliche Personen können neutral mit *daz ein(e)* ‚der/die eine' bezeichnet werden. Auch Plural kommt vor.

2290	323	525	3270	962	85 9	4860	360	819	1058
2846	1490	–	6319	1216	367 13	14335	594	1331	–
3308	1864		7331	1553	823 15	19159	3488	1835	

Gleich kommt der Fels, wo das Pferd – so hören Sie auf mit der blöden Zählerei! (Steckt Interaktion mit Ihr dahinter? *die rede hân ich durch schimph getân!* Sie Unschuldslamm. Was haben Sie nur gesagt? ‚*gevar als eines affen hût treit hende diz gœbe trût!*‘ Chapeau. Maßarbeit aus WOLFRAMs Schule. War noch Zeit zu zählen? *dar nâch sluoc ein alsô kreftiger donerslac, daz ich ûf der erde gelac.* – Madames Waffentechnik, schauen Sie, schützt ein Herzchen, das träumt lauter Sphärenharmonie. Ihre Sehnsucht ist Schönheit, und sie weiß es nicht.) Madame? Begleitet Euer Ohr uns Sprachseelenwaisen nicht mehr?

Begleitet das Zahlwort ein Substantiv, liegt **adjektivische Verwendung** vor: *wir sulen haben einen muot* ‚Wir wollen eín Bestreben haben.‘ (Pz 68 6) Das adjektivisch verwendete Zahlwort *ein* ist nicht immer leicht zu erkennen. Fürs Erste, so flektiert es:

1

	Maskulinum	Femininum	Neutrum
Nominativ	*ein*	*ein*	*ein*
Genitiv	*eines*	*einer*	*eines*
Dativ	*einem/eime*	*einer*	*einem/eime*
Akkusativ	*einen*	*eine/ein*	*eine/ein*

Wenn Sie nicht sicher sind, ob das Zahlwort *ein* vorliegt, analysieren Sie die **Metrik** im Vers: Das Zahlwort ist fast immer betont (→ S. 204), der unbestimmte Artikel oft nicht. Manchmal sind beide Lesarten möglich, je nach Interpretation. In der Umgebung des Zahlworts begegnen häufig *ander*, *niuwan*, *wan* oder weitere Zahlwörter. Steht vor dem Zahlwort *ein* der bestimmte Artikel (→ S. 121), erscheint schwache Flexion wie beim Adjektiv (→ S. 172, Gruppe C): *der eine tac.* (AH 1146) Die Präposition *ze* kann mit dem Zahlwort verschmelzen (→ S. 53 f.), etwa zu *zeinem* oder *zeiner*.

Er	Gr	AH	Iw	MC	Pz	Tr	Da	Hb	Pn
309	54	259	623	229	17 15	59	2816	180	419
2090	2024	532	1187	265	127 8	101	3745	349	1444
3313	2075	1146	2387	609	173 5	531	5987	704	–
3322	3188	1245	2930	722	241 25	5483	5999	933	
7052	3325	1466	3469	1075	665 8	19158	8367	1322	

Dem Zahlwort kann das Possessivpronomen folgen (vgl. auch S. 120): *durch ein sîn lant* ‚durch sein eines Land‘. (Pz 328 18) – In Gr 806 folgt das Zahlwort unter Reimzwang dem Substantiv (s. u.), flektierend wie bei substantivischer Verwendung: *Der leide wâren driu diu diu vrouwe einiu gar an ir herzen truoc* ‚Qualen waren es drei, die die eíne Dame ganz an ihrem Herzen trug‘. Drei *iu* vor *vrouwe*, eins danach.

Aufgehende Sonne – Fels und Quelle – das junge Ross und die Reiterin: eine Epiphanie. Muss uns im Galopp umritten haben. Dass der Schrein ohne sie nicht aus der Stadt wollte! So sind Heilige. Der Torwächter träumt noch Engelsträume, wetten? Laden Sie gleich auf. *der wec dunket mich ze lanc.* Auch mit aufsitzen? Alles einverstanden? *dem pfärde ist der rücke junc!!! daz wær im alze swærer last!!!* Der Chor pilgernder Tierfreunde findet Ihre zwei Beine bewegend. Fast wie dies Paar auf seinem Pferd, die Waise und ihr – Schrein.

[§ 234] Geht es zu Fuß? Auch im Weiteren begegnen wir der substantivischen und der adjektivischen Verwendung. Bei der adjektivischen kann das **Zahlwort nach dem Substantiv** stehen, wenn davor ein Adjektiv oder Pronomen steht: *wîsen rômæren zwein* ‚zwei verständigen Römern‘. (Gr 3167) Daneben kann Reimzwang diese Stellung bewirken. Zur Inspiration Ihrer zwei Beine meditieren Sie im Gehen das Paradigma zur 2.

2

	Maskulinum	Femininum	Neutrum
Nominativ	*zwêne*	*zwô/zwuo*	*zwei*
Genitiv	*zweier*	*zweier*	*zweier*
Dativ	*zwei(e)n*	*zwei(e)n*	*zwei(e)n*
Akkusativ	*zwêne*	*zwô*	*zwei*

Er	Gr	AH	Iw	MC	Pz	Tr	Da	Hb	Pn
184	564	677	331	248	55 28	1205	257	97	786
835	777	748	466	818	58 13	1529	264	125	868
885	1150	–	615	977	97 22	2657	1319	152	1736
939	2131		3396	1046	141 7	3805	1624	222	1745
1823	3325		5068	1211	352 9	5684	2051	1656	1859

Wozu zählen Sie nun Ihre Schritte? *ich enbin nû niht müezic dar zuo daz ichz iu kunt tuo.* 2 Helbling? *ez wirt iu lîhte her nâch kunt.* – Zählmeditation? – Die allerneuste Nummer!? *ein schrit ist mir ein mîle!!* Ach, der faule Wegwegzählzauber – vorwärts ohne Rückfall geht es zu Fuß, Abkürzung ist Erzählen. *zal* ‚Zahl‘ heißt auch ‚Erzählung‘, *zeln* ‚zählen‘ auch ‚erzählen‘. Kannst du bis drei zählen, Kind? Kürz erzählend Zeit und Weg, dieweil Homo numerator Zahlen für Siebenmeilenstiefel hält. *Schnell mußte die Auffahrt sein, weil ein ungeheurer Raum gleichsam im Augenblick durchmessen ward. Denn es lehrt Rabbi Moyses, der große Weltweise, daß jeder Kreis oder jeder Himmel eines Planeten eine Länge hat von fünfhundert Jahren, das ist soviel Wegs, als einer auf ebener Erde gehen würde in fünfhundert Jahren.* Drei Stunden hätten wir. – Auffahrt? Madame? Ihr!?

3

	Maskulinum	Femininum	Neutrum
Nominativ	*drî(e)*	*drî(e)*	*driu*
Genitiv	*drîer*	*drîer*	*drîer*
Dativ	*drin/drî(e)n*	*drin/drî(e)n*	*drin/drî(e)n*
Akkusativ	*drî(e)*	*drî(e)*	*driu*

2035	474	351	554	1047	19 12	337	159	194	693
2286	777	748	923	1326	88 1	2214	295	376	1867
2699	855	994	2192	1357	97 13	9413	3540	396	1894
2896	933	1014	3395	1486	571 30	16208	4557	650	1917
8898	3832	1391	7109	–	630 26	16731	5428	1664	1955

Die Kardinalzahlen von **4 bis 12** heißen *vier(e), vünf/finf, sehs, siben, aht(e)* (Maskulinum/Femininum auch *ähte*), *niun/niwen, zehen/zên, einlif* und *zwelif/zwelf*. Sie flektieren endungslos oder, v.a. substantivisch gebraucht, wie ein starkes Adjektiv. (→ S. 170 f.) Hierzu sehen Sie das Paradigma zur 4, alsdann zuerst Beispiele mit **starker Flexion**. Nebenbei: Die 5 kommt im Erzählwerk HARTMANNs 13-mal vor, ausschließlich im *Erec*. Über Gründe mag man spekulieren: Zahlensymbolik? Zufall? Die andern Zahlen weisen etwas größere Streuung im Werk auf, der *Erec* ist aber generell reich an Zahlwörtern.

4–12

	Maskulinum	Femininum	Neutrum
Nominativ	*viere*	*viere*	*vieriu*
Genitiv	*vierer*	*vierer*	*vierer*
Dativ	*vieren*	*vieren*	*vieren*
Akkusativ	*viere*	*viere*	*vieriu*

Er	Gr	AH	Iw	MC	Pz	Tr	Da	Hb	Pn
3304	850	852	5844	1357	8 3	2437	1678	402	–
3392	1430	–	–	–	61 25	4565	4327	1619	
4224	–				394 30	4970	5168	1679	

Die Kardinalzahlen von **4 bis 12** können aber auch **endungslos** bleiben, vor allem bei adjektivischer Verwendung. Bei **Halbzahlen** wie *vierdehalp* ‚dreieinhalb‘ (!) überlege man: Genannte Zahl nur halb! Selbst erfahrene Übersetzer haben da mal Künstlerpech.

1093	188	303	2763	1125	18 19	4122	597	282	1800
2033	1158	–	4160	–	19 1	4608	649	1194	–
7473	1551		6027		646 14	4870	2598	1831	

Glück scheint die **13** zu bringen, indem die Kardinalzahlen **bis 100** fast immer unflektiert sind, manchmal haben Zahlen auf *zehen* ein *e* im Auslaut: *drîzehen, vierzehen, fünfzehen, sehzehen, sibenzehen, ah(t)zehen, niunzehene, zweinzic*, dann *drîzic, vierzec* usw. Zehner und Einer werden in der Regel mit *und(e)* verbunden, die Reihenfolge kann wechseln: *vierzec unde viere* ‚vierundvierzig‘, andersrum *fünf und zweinzic* ‚fünfundzwanzig‘. Auch zwischen Zehnern und Hundertern steht *und*, wobei der Zehner in unserem Korpus – Belege bietet nur HARTMANN – zuerst kommt: *vünfzic und hundert* ‚hundertfünfzig‘.

1697	715	1377	821	1358	390 2	4551 f.	1431	390	1570
2177	1766	–	2406	–	493 16	5336	1789	1254	–
4042	3116		6354		690 27	12546	7654	1334	

Madame? *diu vuor ûf über die sterne hôch.* Meinen Sie? Aufgefahren abgehauen? Waise, wie fern ist der siebte Himmel? Was hat dein Rabbi gelehrt? *Desgleichen ist zwischen jeglichem Himmel, als er spricht, ein Weg von fünfhundert Jahren; da nun sieben Himmel sind, so ist von der Mitte der Erde bis zum letzten Rund des Himmels des Saturn, welches der siebente Himmel ist, ein Raum von siebentausend Jahren; und also ist bis zum letzten Ende des Himmels überhaupt ein Raum von siebentausend und siebenhundert Jahren.* Nur? Ob sie den siebten Himmel überhaupt verdient? Am Ende belauscht uns die große Schwester ganz in der Nähe. Erkannt, Affenhand. – Na? – Still. Unverändert.

Offenbar ist die Alte in guter Gesellschaft, auch **100 und 1000** bleiben unverändert. Im 12. Jahrhundert erscheint statt *hundert* gelegentlich *zehenzec*, in unserem Korpus nur einmal im *Erec*. Bei mehreren Hundert oder Tausend steht die multiplizierende Zahl in der Regel getrennt: *driu hundert, fünfzehen hundert, driu tûsent, tûsent tûsent.*

1909	804	–	649	224	88 1	14776	6012	305	1501
1917	2568		1017	490	101 14	187901	8199	1035	1638
2162	–		8004	709	214 21	8851	8443	1207	–

Der Weg wird leichter. Ists denkbar, Sternenkind, hat dein Schrein Wegwegzauberkraft? *Es geschieht oft, daß in Schreinen von Gold und Edelgestein schlechtes Ding verschlossen ist, in schlechten hölzernen Schreinen aber liegt köstlicher Schmuck. Darum, wer eine Sache besitzen will, der soll nicht den Kasten schätzen, sondern den Schatz, der darin ist.* Darum, wer Zauberkraft besitzen – ´s Knochenschätzle schätzen. Nigromantie.

Teufel – die ars prohibita!! Kurios, wie das Gör mit dem jungen Pferd klarkommt. Der Kastilianer stapft so trittsicher vor, als wollte er die **Ordinalzahlen** als Erster bewiehern.

[§ 235] Erkennen kann man drei Gruppen von Ordinalzahlen. Eine **erste Gruppe** umfasst nur 1. und 2., sie sind nicht aus der Kardinalzahl gebildet (nicht: *einte*, *zweite*).

1.

	Maskulinum	Femininum	Neutrum
Nominativ	*êrste*	*êrste*	*êrste*
Genitiv	*êrsten*	*êrsten*	*êrsten*
Dativ	*êrsten*	*êrsten*	*êrsten*
Akkusativ	*êrsten*	*êrste(n)*	*êrste*

Es gibt substantivische und adjektivische Verwendung. (→ S. 193 f.) Bei letzterer wird nach Possessivpronomen gern stark (*êrster*, *êrstiu*, *êrstez*) flektiert: *ir êrstez herzeleit* ‚ihre erste Seelenqual'. (Er 3125) Substantivisch kann *der êrste* sowohl ‚der Erste' wie auch ‚als Erster' meinen: *êrec der êrste an si kam* ‚Erec geriet als Erster an sie.' (Er 2566)

Er	Gr	AH	Iw	MC	Pz	Tr	Da	Hb	Pn
1266 1971 2471	–	–	2549 4665 8041	–	89 30 174 15 285 30	2068 2083 9188	243 712 2752	684 863 –	–

Gleich bzw. ähnlich wie die Ordinalzahl *êrste* sehen die Adverbien *êrste* ‚erst(mals)' und *von êrste* ‚erstmals', ‚ursprünglich' aus. (→ S. 181)

Zu spät gewiehert! Das Ross war derart früh, dass man keinerlei Echo mehr hört. Oder? – ? – *daz daz ros unsælec sî!* Na, na. Immerhin zweiter Rang. – Die Ordinalzahl *ander* ‚zweite' ist vom Demonstrativpronomen (→ S. 123) nicht leicht zu unterscheiden, zumal wenn der Text die Sequenz von *ein – ander – dritte* zeigt, sodass *ander* zwischen eine Kardinalzahl und eine Ordinalzahl zu stehen kommt. Oft sind beide Lesarten möglich. Die Grammatiken tradieren eher die starke Flexionsweise (*anderer*, *anderiu*, *anderez*). In unserem klassischen Korpus flektiert *ander* im Sinne von ‚zweite' aber durchweg schwach.

2.

	Maskulinum	Femininum	Neutrum
Nominativ	*ander*	*ander*	*ander*
Genitiv	*andern*	*andern*	*andern*
Dativ	*andern*	*andern*	*ander(e)n*
Akkusativ	*ander(e)n*	*andern*	*ander*

2296 7143 9542	325 1492 3200	–	687 1124 5066	352 986 1047	36 25 254 3 812 12	3153 4568 8541	2678 4488 6697	823 870 1336	397 1100 –

Zurückzwingen müssen wir Madame. Mit der schwarzen Kunst. Aus heiterem Himmel. *si was ein gotinne.* Größere Nummer, das ist wahr. *man enmac diu wunder niht gesagen von ir, man muoz ir mê verdagen, der diu selbe vrouwe phlac.* Woran denken Sie speziell? *swenne si begunde ougen ir zouberlist, sô hate si in kurzer vrist die werlt umbevarn dâ unde kam wider sâ.* Nicht wahr? Man konnte nie sicher sein! *ich enweiz wer siz lêrte.*

Ein Verdacht? *sie lebete vaste wider gote.* Ein Engel war sie nicht, aber für Ordnung sehr. Ach, schwer war ihr der Kopf vom Chaos. Wie unter Zwang musste sie das bezwingen. *und daz mich daz meiste dunket: die übelen geiste, die dâ tiuvel sint genant, die wâren alle under ir hant.* Ah ja. Wie darf man das denn verstehen? *der tiuvel was ir – geselle!* Da soll doch gleich ein Donnerwetter dreinschlagen! Der Durcheinanderwerfer! Eben war sie erhaben zur Göttin erhoben. – Wollen wieder zählen statt erzählen, diabolischer Geist.

Die **zweite Gruppe** umfasst die Ordinalzahlen von **3. bis 19.**, aus der Kardinalzahl mit Suffix *te/de* gebildet: *dritte*, *vierde*, *fünfte*, *sehzehende* usw. Diese Ordinalzahlen flektieren schwach.

Er	Gr	AH	Iw	MC	Pz	Tr	Da	Hb	Pn
142 784 8262 ff.	326 f. 1181 1234	981 –	92 2940 7328	987 ff. 991 1054 f.	2 21 19 3 112 5	2057 2131 6884	1029 2787 5447	3 ff. –	–

Die **dritte Gruppe** umfasst die Ordinalzahlen **ab 20.**, aus der Kardinalzahl und dem Superlativsuffix *est* gebildet: *zweinzegest* ‚zwanzigste'.

8287	–	–	–	–	–	–	–	–	–

Hats überhört mit dem Gottseibeiuns, Gott sei Dank ists derart weit zum siebten Himmel. *Das ist ein Weg, den ein Mensch in siebentausend und siebenhundert Jahren auf ebener Straße würde durchlaufen, wenn er solange möchte leben; das Jahr dabei zu 365 Tagen gerechnet, und den Weg jedes Tages zu 40 Meilen, und jede Meile zu 2000 Schritt oder Ellen.* Und welche Autorität bürgt für deine Daten, Waise? *Solches lehrt Rabbi Moyses. Ob dies aber wahr sei, das weiß allein Gott; er weiß dieses Maß, der alles nach Zahl, Gewicht und Maß erschaffen hat.* Am Ende dein Sprachkleid, Tausendschönchen.

[§ 236] Die schwarze Kunst muss – *diu enmac uns leider niht vervân!* Das weiß allein Gott. Hat im siebten Himmel sicher Sinn für soviel Sünde. Berechnen Sie aber die Anzahl Schritte dahin: Die **Multiplikationszahlen** lauten *eines* ‚einmal', *zwir(nt)* ‚zweimal', von 3 an tritt zur Kardinalzahl *stunt*, also *drîstunt* ‚dreimal', *hundertstunt* ‚hundertmal', *tûsent stunt* ‚tausendmal' usw. Die Kardinalzahl und *stunt* können getrennt stehen.

3984 6559 8800	436 1428 –	1418 –	755 3485 5663	–	233 13 245 14 795 25	1312 3468 10380	1228 3141 5462	1264 1415 1700	–

Nicht belegt in unserem Korpus sind mit *warp (warbe, werbe)* gebildete Multiplikationszahlen: *tûsentwarp* ‚tausendmal'. Sie finden sie etwa in der *Krone* des HEINRICH VON DEM TÜRLIN, im *Trojanerkrieg* und im *Engelhard* KONRADs VON WÜRZBURG.

224'840'000'000, sagen Sie? Multipliziergenie. Sovielmal rufen wir nun simultan unsre Elfe im Schrein um Helfe an. *waz ist ez oder wie hât ez namen?* Sie stehen lexikalisch am Scheideweg. Wählen Sie richtig, finden Sie sich im siebten Himmel wieder. *ouwê –*

Die Erde liegt still, ein gestilltes Kind, träumt im Traum fernes Singen der Vögel fort, Multipliziermusik über Wäldern, den Sphären, dem Wort. Waise, wie fährt Madame? *ir swîget der munt, ir herze singet.* – Wie redest du?

Heimwärts

Ein Gewitter

Der Sommerpalast Ramiros I. von Asturien (9. Jh.) wurde schon früh zur Kirche Santa Maria del Naranco.

Dieses friedvolle Bild kennen Sie sicher von der Hinreise – das Gras, die Mauern, ein lebender, ein toter Baum, wie atmend im Himmelslicht. Ja, das Buch der Natur. Und wir mittendrin unterwegs. Ideales Cover für teuren Bildband, die Landschaft. Sowas über Gott und die Welt. Dann und wann so wallte ein Gerechter diesen kaum sichtbaren Pfad lang, miede gnadenhaft jene breite Straße des Verderbens, verschwände balde aus dem Bilde, wozu die Scharen der singenden Engel im Himmel – Herrgottnochmal!! Donnert auch immer just im heiligsten Moment. Aus heiterem Himmel. Madame kanns einfach nicht lassen. Die hohe Kunst, aus dem Jenseits Veto einzulegen. *hetez iemen anders getân der müese unsern vluoch hân!* Wir sind auf Pilgerfahrt, vergessen? Da, ein Gewitter, rasch. Ob das Haus offen ist?

Düster ist das hier drin. Schrein abladen. Am besten gerade hierhin – Vorsicht. Sagen Sie, im Eck dort, das sind doch – aber ja, die Pilgerbrüder und -schwestern von Seite 130! Ultreia! – *bien sei venûz, bêâs sir!* (Pst, Fehlanzeige. Welsche Turteltäubchen. Tun gern oberhöfisch. Wie sie die Köpfe zusammenstecken, tuscheln. Die Reliquiendiebe von Seite 184!) *geloubetz ob ir wellet.* Was soll das heißen? *nû gân wir zuo den liuten hin.* Hiergeblieben! So nehmen Sie wenigstens den Stock – geht auf Ihre Haut. *nu, guoten liute, tuot sô wol und saget mir: wer sît ir? – wir wâren wîlen baz erkant: jâ schieden wir uns under wegen!* Also doch, unsere Wegmüden. – Grüßt man neustens altfranzösisch? *wir sîn vil verre gewallet durch vremede sprâche in vremediu lant.* Fremdes Land im eigenen Geist, unterwegs, wer das Außen innen bereist. Nase voll gehabt vom Buchreisen? *âventiure vert âne der buoche stiure.* Gutes Argument. Stammt bestimmt aus dem Buch da in Ihrer Hand. Wer hats geschrieben? *ein meister, hiez Umbrîz.* Nie gehört von dem Umkreiser. Pur ist eh nur das Buch der Natur. An das sollten Sie sich halten. Draußen lädt es sich auf. *Natûre ist der ander got.* Wird zorniger, hören Sie nur. *meister! waz wil diz phärt?* Das Pferd tut Ihnen nichts, der Donner hat es erschreckt. *uns dunket daz ez uns dreu mit sînem zornigen site.* Das Tier gehört nicht in diesen Raum, Waise. Etwas Regen schadet dem nicht. *daz phärt hât iu niht getân.* Sein Augenweiß ängstigt die Neuen, verrat ihnen seinen Namen. *phärt, nu sprich und sage die wârheit: wer bistû?* Siehe, die Heilige redet mit der Kreatur. Auf eine Antwort darf man gespannt – Obacht! *ich – ne – kan – deh – ei – nen – buoch – stap!!* He! Bileams Nummer am Pferd? Bauchrednerin. Entweder gesprochener Husten oder genieste Sprache – die Exorziernummer? *wê, nein ez! durch got!* Nein? Fein – der böse Geist von Seite 191 ist mitten unter uns. Liebe Brüder und Schwestern im Geist, schauen Sie: Der Pferdebauch hier beherbergt einen Dämon, der – *meister, wer oder wannen ist diz kint, des site sô rehte schœne sint?* Fratz, erklär den Turteltäubchen, woher – was tust du da? Malst du Spiralen in die Luft? *ein geisel vüere ich in der hant.* Das soll eine Geißel sein? *dem sint die swenkel sîdîn unt der stil ein rubbîn.* Als Schlaginstrument ganz ineffizient, Exorzistin vom lieblichen Geist. Woher hast dus? Gib! *swaz mir gap mîn ander muoter, des sol vil wênic von mir komen.* Also daher weht – still! – das Wetter streicht um die Winkel. Heiliger Geist umkreist uns als Braut, ein Liebesgeflüster von Zahl und Wort, allsprachig hemisphärisch. *sî ez aber der Entecrist, sô seht, daz nieman verzage.* Klappe, Kleine. *ir sît mit der wârheit ich, swie die namen teilen sich.* Unser Problem ist, dass du des Teufels bist. *mîns lîbes namen sult ir hân.* Dann wirst du namenlos, Tragemündel. Lass das mit der Geißel, das kitzelt. *nu sît maget unde man!* Sei du erst mal Mädchen und Pferd, Engelchen. *vüeret mich mit iu hin.*

Regen-Hagel-Trommeln. Darin All aus Hall, ein Traumraum exakter Ferne. Wind streicht ums Kirchenraumschiff wie über wohl gestimmtes Instrument, ins All gezogen von Engelhochzeitsgesang. Schreibst du Geisterspiralen in die Hemisphären, Tänzerin, mit Seide und Rubin? *des blic gît ûz der vinster schîn reht als ein ander gensterlîn.* Das wird die Elektrostatik sein. Oder ein Widerschein der Blitze draußen im Edelstein. – Sie wollen auch tanzen und singen? Bitte! Ist Einlassbedingung für den Himmel, in dem nimmer sein wird Jung und Alt, Mann und Frau, Buchstabe und – ai! Pferdebauchgeist! Runter mit dem Huf vom Schuh! *vüeret mich mit iu hin.* Wie hinkend, Dreifaltsgewicht?

Dieser Raum diente wohl als Festsaal, im Untergeschoss gab es Bäder.

Die Metrik der Verse: Schritte im Nachtwald

Geht schon. Dank. Das Tier wollte nur zum Tanz auffordern. Zum Glück, die Alternation wär mordsmonoton. Sie haben gesungen, getanzt, gelacht, essend gewacht bis Anbruch der Nacht, so führt unser Heimweg durch Nachtwald, bald leicht, schwer tropfend bald. Wallfahrt im Mondlicht, romantikzaubervoll, nicht? Wirkt der Zauber auf Ihre Zeit, sind Sie gegen Morgen daheim und haben von der Pilgerreise 800 Jahre auf dem Buckel. Was nicht schadet. Waise, was macht der Schrein? *iu ze heile rîtet er durch den walt.* Edel und gut von ihm. Und das Pferd? *hei, wie rehte sanfte ez treit!* Fein. Was macht – nein.

Die Sätze höfischer Romane und Erzählungen fügen sich bekanntlich (→ S. 51) zu Reimpaarversen. Was ist das **‚Wesen'** des Verses? In Anlehnung an Andreas Heuslers *Deutsche Versgeschichte* (1925–29) oder in Auseinandersetzung mit ihr sehen bzw. hören namhafte Metriker des Deutschen das eigentlich Vershafte im **rhythmischen Erlebnis**. „Freilich ist am Phänomen des Rhythmus vieles eher erlebbar, erspürbar, erfühlbar, als daß es mit exakten wissenschaftlichen Begriffen und in ebensolchen Kategorien wiedergegeben werden könnte und insofern auch lehrbar und lernbar wäre." (Hoffmann 1981, 12) Gehen wir die Sache also fürs Erste erlebend an. Waise, weißt du ein altes Pilgerlied? *ich singe iu eines oder zwir ‚in gotes namen varen wir'.* Gute Idee. Aber einmal genügt, an dem schönen Leis* klebt Blut. *meister, erkennet mînen muot.* So singe den Leis leise, Nachtigalle. Synchronisieren Sie jeden Schritt mit Haupt- bzw. Nebenton, gemächlich.

In gótes námen fárawìr,
séiner genáden gárawìr!
nú helf úns die gótes kráft
únd das héilìg gráb,
dá got sélber ínne lág.
kýrielèis, chrístelèis, kýrielèis.
dás hilf úns der héilig géist
únd die wár gótes stím,
dás wir frölichen fárn von hín.
kýrieléisòn.

* Abkürzung für geistliches Lied mit Refrain *kyrieleis*, von griech. Kyrie eleison ‚Herr, erbarme dich'. Das Lied, als Schlachtlied gesungen, wird um 1210 erstmals in GOTTFRIEDs VON STRASSBURG *Tristan* erwähnt. (11534) Die hsl. enklitischen *a*-Formen *farawir* u. *garawir* (blasser: *fare(n) wir/gere(n) wir*) sind typisch für gesprochene Sprache [Hinweis St. Sonderegger], dem Sinn nach emphatisches ‚Lasst uns ... losziehen bzw. einfordern!' Die Wendung *frölichen farn von hin* meint einerseits den glücklichen Fortgang der Reise hienieden, andererseits das Sterben im ‚heiligen Krieg' mit Aussicht auf Himmelslohn. „Trotz der allgegenwärtigen Todesangst war das „fröhliche Sterben" kein Widerspruch." (Buchmann 1995, 70)

Das Kyrieleis mitzubrummen wär voll mittelalterlich gewesen. *ez möhte boum unde gras dorren von der grimme mîner unreinen stimme.* Erbarmen, Drachenrachen. Zur Sache: Worin bestand (in Anlehnung an Trier, n. Breuer 1999, 14 f.) das rhythmische Erlebnis?

Rhythmus braucht zur Manifestation einen **Trägerstoff**, vornehmlich Musik, Tanz oder Sprache. Er ist an **Bewegung** und **Zeit** gebunden und wirkt auf Gehör und Körper, den **akusto-motorischen Bereich**. Er enthält **Repetition**: Die Betonungen und bestimmte Klangmittel kehren in relativ gleichmäßigem Abstand wieder. Er zeigt auch **Variation**: Die Anzahl unbetonter Silben zwischen zwei Betonungen schwankt in den Beispielversen zwischen null wie bei *héilìg* und zwei wie bei *frölichen fárn*; noch weitere Elemente variieren. Dabei herrscht nicht Zufall wie beim Abtropfen der Blätter rings im mondhellen Wald, sondern Absicht: Zum rhythmischen Erlebnis gehört also **Intention**. Erfassen wir diese hörend, so überkommt uns ein Einschwingen in den Rhythmus, was eine **Vorauserwartung** der nächsten Betonung bewirkt. (In unserem Liedbeispiel hat auch der musikalische Rhythmus – obwohl taktfrei – Einfluss auf die Betonung: Rein sprachlich könnte man auch *helf*, *got* und *hilf* betonen.) – Rhythmisches Erleben kann veränderte Wachbewusstseinszustände auslösen. (Dittrich 1996, 71 ff.) Snyder nimmt eine Induktion leichter Trancezustände beim Rezitieren metrischer Dichtung an, schränkt aber ein, dass „metrically arranged words alone, without the support of other stimuli, are not likely to induce a state of trance." (1930, 22) – Einen praxisnahen Hinweis auf die Wirkung rhythmisch gebundener Rede bringt QUINTILIAN (um 30–96 n. Chr.) im elften Buch der *Ausbildung des Redners*. Diese Rhetorik war dem Mittelalter wenigstens in Auszügen bekannt. Im Kapitel über das Gedächtnis gibt QUINTILIAN Ratschläge, wie auswendig zu lernen sei. Das Gedächtnistraining sei mit dem Auswendiglernen von Dichtung zu beginnen. „Auch ein Text, der eine gute Wortfügung besitzt, wird durch seine eigene Dichte dem Gedächtnis Anhalt bieten; denn wie wir leichter Verse auswendig lernen als Prosa, so in der Prosa leichter die mit, als die ohne rhythmische Bindung." (XI 2, 39)

Das rhythmische Erlebnis wurde einleitend beschrieben. Das von QUINTILIAN angeschnittene wichtige Thema des Verhältnisses von Vers und Prosa sei auf der nächsten Seite wieder aufgenommen.

Die Darstellung ist bewusst beschränkt auf die Metrik des mhd. Reimpaarverses: Begriffe und Aussagen beziehen sich auf ihn. In Ermangelung einer allgemein akzeptierten Theorie der Metrik des deutschen Verses stützt sie sich eklektisch auf die maßgebenden Arbeiten. Sie steht damit teilweise in der Tradition von Heuslers *Versgeschichte*, die bei der metrischen Beschreibung des mhd. Reimpaarverses indirekt immer noch den Ton vorgibt. Gelehrt wird ein Analyseverfahren, das die communis opinio widerspiegelt und so möglichst gute Orientierung vermittelt. Auf die Einwände gegenüber bestimmten Positionen Heuslers (vgl. Artikel <Rhythmus> in: *Reallexikon der deutschen Literaturgeschichte*, Band 3, 1977, 471 f.; polemisch Bockelmann 1991) wird hingewiesen. Wichtig ist eine **nicht-dogmatische Hörweise**, die für sprachrhythmische Varianten ein offenes Ohr hat und mit der subjektiven Bedingtheit der Rezitation, auch mittelalterlicher, rechnet.

Die nun einzuführenden metrischen Grundbegriffe gelten auch für die mhd. Lyrik. Ein gutes Kapitel zu deren Metrik finden Sie in Hoffmanns Monographie *Altdeutsche Metrik* (1981, 97 ff.); Tervoorens Darstellung (1979) ist im Grunde zu knapp.

Grundbegriffe

Die **Metrik** ist die Lehre vom Vers in systematischem und sprachvergleichendem Sinn. Zusammen mit der Versgeschichte, die den Vers historisch untersucht und beschreibt, bildet sie die Verswissenschaft, die wiederum eine Teildisziplin der Literaturwissenschaft ist.

Ausgehend vom rhythmischen Erlebnis lässt sich unser **Vers** im weiteren Sinne bestimmen als Rede, deren Wort- und Satzbetonungen (→ S. 51 ff.) so mit der ablaufenden Zeit koordiniert sind, dass ihr Zeitabstand wahrnehmbar regelmäßig eingerichtet ist. Anschaulich, aber spekulativ hatte Trier (n. Breuer 1999, 13 f.) von ‚tanzhafter Rede' gesprochen. – Im engeren Sinn bedeutet ‚Vers' die Verszeile, die man im Mittelhochdeutschen als *rîm* ‚Reim(-vers)', ‚Verszeile' bezeichnete. Das deutsche Wort *rîm/rym/reim* wird dann gelegentlich im 16. und besonders seit MARTIN OPITZ im 17. Jahrhundert durch ‚Vers' ersetzt. – Verse sind rhythmisch geregelter, gebundener als **Prosa**. „Der Unterschied zwischen Vers und Prosa [...] liegt wesentlich im Rhythmus. Auch der Prosa eignet Rhythmus – was beide unterscheidet, ist das Maß an Regelmäßigkeit und Ordnung." (Hoffmann 1981, 2) Der weniger regelmäßige Rhythmus von Prosa erlaubt keine gleichmäßige Vorauserwartung der nächsten Betonung. Ihm wohnt selten Intention auf ein rhythmisches Erlebnis hin inne, auch kein festes Ordnungsschema, kein Metrum.

Das **Metrum** ist das dem Rhythmus zugrunde liegende abstrakte Schema, das Anzahl und Abfolge der betonten und unbetonten Versteile vorschreibt. Unsere Dichter der hoch- und spräthöfischen Zeit favorisieren den vierhebigen, paarweise gereimten Vers mit fakultativem Auftakt, dessen Metrum sich fortlaufend so notieren lässt.

(·)|x́x|x́x|x́x|x́∧| a
(·)|x́x|x́x|x́x|x́∧| a
(·)|x́x|x́x|x́x|x́∧| b
(·)|x́x|x́x|x́x|x́∧| b

Die hier verwendete **metrische Zeichensprache** wurde von Heusler in Anlehnung an die Notenschrift der Musik entwickelt. Sie dient im Folgenden der rhythmischen Interpretation des mhd. Reimpaarverses. Zu dem Zweck schränken wir sie ein auf acht Zeichen.

x	ein Viertel	´	Haupthebung
–	eine Halbe	`	Nebenhebung
◡	ein Achtel	|	Taktstrich
∧	Viertel-Pause	.	Auftaktsilbe

Oft sind nicht alle Zeichen nötig, um eine Verszeile metrisch zu beschreiben. Im folgenden Beispiel erscheinen keine Halben und keine Achtel. Dagegen kommt am Versende eine Nebenhebung vor, die metrische Notation des Verses sieht so aus:

·|x́x|x́x|x́x|x̀∧|

Er	Gr	AH	Iw	MC	Pz	Tr	Da	Hb	Pn
2306	41	153	77	13	1	112	550	187	26

Es gibt für die deutsche Dichtung keine allgemein geltende metrische Zeichensprache. Heuslers Begriffsanleihen bei der Musiknotation der Neuzeit sind unhistorisch. Gleichwohl ist seine Notationsweise für den Bereich der Rezitation, den sinngemäßen rhythmischen Vortrag, ein geeigneter Praxisbehelf. „Was aber das Instrumentarium Heuslers betrifft, so hat bisher für den Bereich der Rezitation noch niemand, auch nicht der schärfste Kritiker, ein logischeres Verfahren anbieten können.“ (Breuer 1999, 80)

Der zeitliche Grundwert der Taktteile, **Mora** genannt, beträgt ein **Viertel**. Jeder Takt besteht aus zwei Moren, auch der letzte im eben betrachteten Beispiel, der jedoch eine **Viertel-Pause** zeigt. Die Mora hat keine absolute Zeitdauer, sondern ist nur relationaler Bezugswert: Manche Silben haben den Zeitwert von zwei Moren, was eine **Halbe** ergibt; manche haben den Zeitwert einer halben Mora, was ein **Achtel** ergibt. Eine Vorübung im nächtlichen Wald: Im ersten Beispielvers erscheint eine Halbe und im zweiten erscheinen zwei Achtel. Können Sie die betreffenden Silben intuitiv heraushören?

Er	Gr	AH	Iw	MC	Pz	Tr	Da	Hb	Pn
18 4	34 53	4 17	19 150	14 26	1 22 1 29	162 61	17 6	43 116	104 56

Ist noch keine taghelle Prüfungssituation, Mond lächelt milde durchs Geäst. War da drüben in der Senkung grad ein Huschen? *der walt gât wildes vol.* Bleiben Sie nicht so weit zurück, Mensch und Wolf versuchen ihr Glück. Wir wollen dem Wald ein neues Lied singen. „Offensichtlich sangen Deutsche unterwegs besonders gern, denn sie sind damit in Frankreichs Süden aufgefallen. In den Aegidius-Mirakeln ist nämlich von einem Gefangenen die Rede, der nachts hörte, wie Scharen von Deutschen dem hl. Aegidius »in gewohnter Weise« Loblieder sangen.“ (Ohler 1994, 93) Nicht Ihre Gewohnheit? Nun ja.

Mit der metrischen Zeichensprache lassen sich drei Betonungsgrade unterscheiden. **Haupthebung** weisen die stark betonten, **Nebenhebung** die weniger betonten Silben auf. Im Folgenden unterscheiden wir Haupt- und Nebenhebung dann, wenn zwei oder mehr Hebungen auf einWort fallen: *spíegelglàs*. Ganz schwach betonte Silben wie *gel* bleiben unmarkiert, sie stehen in der **Senkung**. Meist umfasst diese nur eine Silbe, oft zwei. – Die korrekte Betonung im Wort und im Satz (→ S. 51 ff.) muss ein höfischer Dichter zur Deckung bringen mit den Hebungsstellen im Vers.

Sind die Senkungen eines Verses einsilbig, entsteht mit den Hebungssilben dazwischen ‚Rundlauf‘ von Hebung, Senkung, Hebung, Senkung (oder umgekehrt), **Alternation** (→ S. 55) genannt. Der folgende Vers alterniert. Er hat idealtypisch acht Silben; eine Silbe kann durch Auftakt hinzukommen, eine durch pausierten Schluss wegfallen.

112	325	765	67	582	6 15	1791	103	34	17

„Unter dem Einfluss der gereimten Achtsilber der altfranzösischen höfischen Epik gewinnt der freie deutsche Vierheber eine neue Regelmäßigkeit der Versform. Beispielhaft, wenn auch nicht den Neueinsatz bezeichnend, stehen für diese Entwicklung die beiden Namen: Chrétien de Troyes und Hartmann von Aue. […] Völlig regelmäßiger Wechsel von Hebung und einsilbiger Senkung, strenge Alternation, findet sich im epischen Reimpaar jedoch erst in nachklassischer Zeit, etwa bei Konrad von Würzburg (1220/30–1287), annähernd verwirklicht. Die großen Epen der Blütezeit zeigen hingegen, welche reichen

Variationsmöglichkeiten selbst in dieser – im Vergleich zum frühmittelhochdeutschen Vers – verbindlichen und glatten Form liegen.“ (Paul/Glier 1989, 53 f.) Die Alternation als Prinzip höfischer Verskunst wird also sowohl entspannend eingelöst als auch in expressiver Spannung durchbrochen. – Ein Mondlichtmeer der Stille, im Wälderwellengang von Hügel, Tal und Hügel. Wie Hebung, Senkung, Sinuswelle, tiefstfrequent durchpilgert. Warten Sie. – Ertönt nicht Musik? Da, Stimmen von Menschen. Und Trommeln. *die stimme gît uns widere mit gelîchem galme der walt.* Aufklärerin. Da war was anderes. *ein iuwel vuor über den wec.* Verwandtes tönt dem Ohr am nächsten, Bruder Lichtscheu. Ihr Pilgerprügel übrigens: aus Buche? *erst eschîn.* Brauchbar. Musik, ferne. Sind es Takte? Von dort vorn, von jenseits der Kuppe. He, Wächterin, wie weit ist die Nacht, droben bei dir im Steigbügel? Was hört dein Innenohr? *ich hœre zwêne gesellen, die uns slahen wellen.* Keine Bange. Hat scheints viel Sinn für Romantik – Zauberwald, Räuber, Ärger und das. Hörst das Gras wachsen, Nachtigall, liegst indes daneben. Die zwei Gesellen klopfen unmusikalisch an. *ich rede als ichz erkennen kan.* Ei, was ein taktvoll Ding. – Das? Echt Buche, ja. Heimisch. Bissele wuchtig halt.

Paul Klee: Der Vollmond (1919)

In der Übertragung auf unsern Vers sei unter **Takt** verstanden die Zeitspanne von Hebung zu Hebung, beginnend mit einer Hebung und endend vor der nächsten. Striche markieren die Taktgrenzen. Zwischen zwei Verszeilen markiert bei Bedarf ein doppelter Strich die Versgrenze. Beim höfischen Reimpaarvers nimmt man einen Zweivierteltakt – ach, diese Klopfgesellen! Viertelstarke! – an. Analog zur musikalischen Zeitmessung kann ein Takt also aus zwei Vierteln bestehen; oder dann aus einer Halben, aus einem Viertel und zwei Achteln, aus vier Achteln. Auf Silben gewendet heißt das: Ein Takt umfasst minimal eine und maximal vier Silben. Folgender Beispielvers zeigt nach fakultativem Auftakt einen dreisilbigen, einen zweisilbigen und zwei einsilbige Takte, der letzte Takt hat pausierten Schluss. Deutlich erkennt man die Analogie von Heuslers metrischer Zeichensprache zur musikalischen Notation.

(·)|◡́◡x|x́x|–́|x̀∧| Geklopft: 

Er	Gr	AH	Iw	MC	Pz	Tr	Da	Hb	Pn
6	188	38	31	35	13	190	7	18	33

Heuslers berühmt-umstrittene Versdefinition lautet: „‚Verse' sind uns taktierte, takthaltige Rede." ([2]1956, 4; vgl. dazu Breuer 1999, 74 ff.) Das trifft nicht, wie Heusler angenommen hat, auf die ganze deutsche Versdichtung zu und ist auch kein zureichendes Abgrenzungskriterium zur Prosa hin. Der mittelhochdeutsche Reimpaarvers allerdings „läßt sich nun in der Tat mit Hilfe des musikalischen Taktbegriffs hinreichend beschreiben. Dabei muß der Betrachter jedoch darauf verzichten, auf einem Mißverständnis zu beharren, und er muß bereit sein, dem Begriff Takt eine etwas weitere Bedeutung zu geben, als er in der Musik hat oder zu haben scheint. Das Mißverständnis liegt darin, daß man meint, was zwischen den Taktstrichen steht, sei mit der rhythmischen Grundphase identisch. Das ist auch in der Musik nur ausnahmsweise der Fall; der Taktstrich der neueren Notation ist nur eine orthographische Hilfe, um die stärksten Hebungsabstände optisch zu verdeutlichen. Die Bedeutungserweiterung betrifft diese **Hebungsabstände**. In der Musik erwartet man, daß sie in genauem Zeitabstand aufeinander folgen. Das scheint für die Versikten [Hebungen] nicht in gleichem Maß zu gelten. Dies hat darin seine Ursache, daß die Musik grundsätzlich viel empfindlicher gegen Zeitwerte ist als die Dichtung, weil deren Rhythmizomenon [rhythmischer Stoff], die Sprache, das bewußte Wahrnehmen der Zeitabstände verwischt. Dadurch aber entsteht höchstens ein Gradunterschied, der es nicht ausschließt, den Taktbegriff auf gewisse Versarten zu übertragen." (Mohr 1977, 471) [Hervorhebung/Erklärungen M.G.]

Gleich haben wir die Kuppe. Jetzt wieder. Musik, Stimmen – ganz deutlich. Zuvor rasch: Die Betonung von Silben in Versen kann grundsätzlich durch dynamischen, musikalischen oder quantitativen Akzent zustande kommen. Der dynamische Akzent ist die Betonung durch Tonstärke, also mehr Atem- und Schalldruck; der musikalische ist die Betonung durch Tonhöhe, durch Erhöhung der Stimmlage; und der quantitative ist die Betonung durch Tondauer. – Im Deutschen ist der **dynamische Akzent** am wichtigsten. Da mit der Tonstärke die Tonhöhe meist zugleich ansteigt, wirkt auch der musikalische Akzent betonend mit. Der quantitative Akzent, der im griechischen und lateinischen Vers der Antike dominiert, die Silbenbetonung durch Tondauer, spielt für die Akzentsetzung im mhd. Reimpaarvers keine Rolle: Der Akzent kann auf eine kurze oder auf eine lange Silbe (→ S. 218) fallen. Bei der sprachlichen Füllung der Takte allerdings gelten Füllungsregeln (→ S. 219 ff.) zu Silbenlänge oder -kürze. Doch später mehr, denn:

Marschtüchtig über Dynamikspitzen hin haben wir die Landschafts-Amplitude zugleich erklommen. Man möcht an eine Gottheit glauben, die uns Koinzidenzen streut. Ist vermutlich eine Wahrnehmungsfrage – rennen Sie nicht davon! Warten – sieht man was? *dâ sihe ich und hœre manege diet! die tanzent unde singent liet, tambûren, floitieren!*

Das glaubt uns daheim kein – außerirdisch – ein Mondscheinlichtung-Bildschirm! Die Menschheitsfamilie, nahfern phosphoreszierend. Gerecht, befriedet, mangellos. Paare auf leuchtendem Hintergrund. *dâ ist ein bœser man in vil swachem werde.* Aber sicher, Sie Gen-Gral. – Musiker mit Flöten, Trommeln! Sehen Sie, wer Ohren hat – Die Tafelrunde! Da, Keie. Die Inkongruenz von Wort und Tat. Spielverderber, kein Sündenbock. Das Böse ist untersungen, zertanzt von Regeln einer Sprache der Sprachen in Gedanken, Sprache, Handeln. *von guoter liute bilde den liuten allez guot geschiht.* Klingt gut. Unterschreiben Ungute gern, hier brauchts Unterscheidung der Geister. Gehen wir näher und – *jâ enwizzet ir waz ir saget!* Spielverderberin, lass uns das Gewand der Elite berühren, ja?

swie si iuch condewieren, gêt durch si und swîget stille. Schau doch, Waise: Die Kinder gesehen gehalten, und Frauen wie Ritter Lebensversprechen, Selbsterkenntnis im Blick – warum schweigen? *ir sît gewarnet.* Umtanzen die uns? Betrachten uns scheints als Gäste. *ich wil ir rede antwürte geben.* Da steht wer still. König Artus. Modellpolitiker. Der singt?

Willekome, varender man!
wô læge du hînaht?
oder wô mite wære du bedaht?
oder in welre hande wîse
bejageste kleider oder spîse?

Sie – das dürfte hohe Ehre sein – Stoff können Sie im Moment vergessen. *ich enwânde niht daz ez kœme alsus!* Ist das erste Mal auf dieser Route, damit war nicht zu rechnen. Der Willkomm tut gut. Braucht er Wirtsreferenzen? Was meint er mit der ökonomischen Gewissensfrage? Sing doch Antwort zurück, Nachtigall! *nû ruochet hœren mîniu wort.*

‚Daz hestu gefrâget einen man,	‚Gefragt hast du das einen Mann,
der dir ez in ganzen triuwen wol gesagen kan.	der es dir wahrhaftig gut berichten kann.
mit dem himel was ich bedaht	Mit dem Himmel war ich bedeckt
und mit den rôsen was ich umbestaht.	und mit den Rosen war ich umsteckt.
in eins stolzen knappen wîse	Nach Art eines stolzen Knappen
bejage ich kleider unde spîse.‘	verdiene ich Kleider und Essen.‘

Himmel ist gut. Rosen allzumal. Du neigst zum Höfischen, Waise – nur der zügellose Achtelvers – na. Könige übrigens duzt man nicht. *ez ist niuwan ein geist.* Auch wir sind ja nur Avatars. *geloubet mir, daz ich iu sage.* – Die hohe Gestalt, die sich von der Seite des Königs löst, übers Gras schwebend näher tanzt: Ginover. Sozialgrammatikerin, seit –

Nu sage mir, meister Tragemunt,*
zwei und sübenzig lant die sint dir kunt:
waz boumes birt âne bluot?
waz vogel söiget sîne junge?
waz vogel ist âne zunge?
waz vogel ist âne mage?
kanstu mir daz iutziut gesagen,
sô wil ich dich für einen weidelîchen knappen haben.

Zweiundsiebzig Länder und Sprachen dieser Welt – Gott, wie die Zeit im Raum mitläuft! Hat Mühe mit der Silbenzahl, die Königin. Ein Baum, der Frucht trägt, ohne zu blühen –

* „Tragemunt ist der Name für einen als Boten benützten fahrenden und pilgernden Mann. […] Nach O. Schade, Altdt. Wörterb. 606: Tragemunt, Trougemunt, mhd. Eigenname oder Personificirung eines weitgereisten länder- und sprachkundigen Pilgers oder Fahrenden. Mittellat. dragumanus, drogamundus, ital. dragomanno, span. dragoman, auch trujaman, franz. drogman, auch truchement, Dolmetscher: vom arab. targomân, Ausleger, vom Verb taraga, verhüllt sein, schwierig sein.“ (Böhme 1913, 350) Die Figur des Pilgers Tragemund begegnet in den Spielmannsdichtungen *Orendel* und *Wiener Oswald.*

der Lehrer vielleicht – oft umgekehrt. Haben Sie eine Idee? *ir üppec vrâgen tuot mich alt.* Die Königin liebt Ausnahmen, seltzæne Vögel. Eine kleine Nachtprüfung in Weltkunde, kaum moralisiert. Dieser Säugevogel ist der Pelikan, ernährt die Jungen mit dem eigenen Blut. Sings vom hohen Ross auf den Tisch, Waise. Gibt sicher höfisch was zu nagen.

‚Des hestu gefrâget einen man,	‚Danach gefragt hast du einen Mann,
der dirz in ganzen triuwen wol gesagen kan:	der dirs wahrhaftig gut berichten kann:
der queckolter birt âne bluot,	Der Wacholder trägt ohne Blüte,
der stork ist âne zunge,	der Storch ist ohne Zunge,
die fledermûs söiget ire junge,	die Fledermaus säugt ihre Jungen,
der swarbe ist âne magen.	der Kormoran ist ohne Magen.
ich wil dirz in ganzen triuwen sagen:	Ich will es dir ganz ehrlich sagen:
und frâgestu mich iutziut mêre,	Fragst du mich jetzt noch mehr,
ich sage dirz fürbaz an dîn êre.‘	sprech ich dir den Ruf noch leer.‘

Woher hat das das Gör? Triffst den Ton, frischer Knappe! *der alte spruch, der ist wâr: swer guoten boten sendet, sînen vrumen er endet.* Boten sendet? Wer? Da gibt man den kleinen Finger: Ja grüß Gott, Fledermaus, du Vogel! Fürbass durchs Himmelgewimmel, kehren wir in den Wald, zur Materie zurück. Sie brauchen Sachwissen zum Reim, bevor –

Nu sage mir, meister Tragemunt,
zwei und sübenzig lant die sint dir kunt:
waz ist wîzer denne der snê?
waz ist sneller denne daz rêch?
waz ist hœher denne der berg?
waz ist vinsterre den die naht?
kanstu mir iutziut daz gesagen,
sô wil ich dich für einen jegerlîchen knappen haben.

Herr Gawein. Singt schön. Der Inbegriff des Ritters, sehr integer. Für was die einen alle halten wollen! Man fühlt sich in der Gesellschaft wie hintergrundbeleuchtet. Zieht sich ein Netz aus Mondschein zu, jagderprobte Knäppin? – Gleißender als Schnee? Der übertroffene Inbegriff, candidior nive. Die Jungfrau Maria! Oder Engel. Die Seele des Gerechten? Petitcrüs Brustfell? Gib Auswahl zur Antwort, Marienkind, irgendwas passt in der Farbe.

‚Des hestu gefrâget einen man,	‚Danach gefragt hast du einen Mann,
der dirz von grunde wol gesagen kan:	der dirs von Grund auf gut berichten kann:
die sunne ist wîzer den der snê,	Die Sonne ist gleißender als der Schnee,
der wint ist sneller den daz rêch,	Der Wind ist schneller als das Reh,
der boum ist hœher den der berg,	Der Baum ist höher als der Berg,
die rame ist swerzer den die naht.	Der Rabe ist schwärzer als die Nacht.
doch wil ich dir in ganzen triuwen sagen:	Doch will ich dir ganz ehrlich sagen:
frâgestu mich iutziut mêre,	Fragst du mich jetzt noch mehr,
ich sage dirz fürbaz an dîne êre.‘	sprech ich dir den Ruf noch leer.‘

Die Reflexion des Lichts ist schwächer als die Quelle – leuchtet ein. Aber schneller als das Reh ist das Einhorn. Der kleine Baum überragt den Berg, ein schönes Bild. Bäumchen, du, liegt da Sinn darin? *maneger biutet diu ôren dar, ern nemes ouch mit dem herzen wâr, sone wirt im niht wan der dôz.* So? Die Mondschein-Prüfung ist herzhaft. Gott, wessen Rehzwillinge sind das? *ich wil iu ir namen sagen: ez ist Condwîr âmûrs, diu lieht gemâl.* Mit Geistermilch allein stillt die grammatische Kinder. Die Lichtgemalte öffnet den Mund.

Nu sage mir, meister Tragemunt,
zwei und sübenzig lant die sint dir kunt:
durch waz ist der Rîn sô tief?
oder warumbe sint frowen alsô liep?
durch waz sint die matten sô grüene?
durch waz sint die ritter sô küene?
kanstu mir daz iutziut sagen,
sô wil ich dich für ein stolzen knappen haben.

die haben hie besezzen daz ander paradîse! Vorsicht! Nur ums Eck reagieren. Wie überzeitlich im Traumbild liegt das zweite Paradies, gehoben in Allharmonie aller Gegensatz, leuchtende Menschen auf grüntiefer Natur, Geschlechterrollenfreude. Das höfische Ideal. *diu rede ist harte unmügelich.* Immerhin fließt da der Rhein. – Höfische Füllungsregeln erfüllt die Dame fast, doch die Reimtechnik wäre zu bessern. Wir sollten weiter im Stoff. Knappe, es prüft die zur Liebe Führende: Singe die Gründe schön! *meister, daz tuon ich.*

‚Des hestu gefrâget einen man,	‚Danach gefragt hast du einen Mann,
der dirz wol gesagen kan:	der dirs gut berichten kann:
von manigem ursprunge ist der Rîn sô tief,	Von vielen Quellen ist der Rhein so tief,
von hôher minnen sint die frowen liep,	von großer Liebe sind die Frauen gut,
von manigen würzen sint die matten grüene,	von vielen Kräutern sind die Matten grün,
von maniger starken wunden sint die ritter küene.	von manch schwerer Wunde sind die Ritter kühn.
unde frâgestu mich iutziut mêre,	Und fragst du mich jetzt noch mehr,
ich sage dir fürbaz an dîn êre!!‘	sprech ich dir den Ruf noch leer!!‘

Schönste Knäppin – Schlussformel wäre nicht nötig gewesen. *ez ist gastes site!* Darum könnte Verstoß so sprechend sein. Für Verstoß naht ein Spezialist, der wahre Trügemund.

Nu sagent mir, meister Tragemunt,
zwei und sübenzig lant die sint üch kunt:
durch waz ist der walt sô grîse?
durch waz ist der wolf sô wîse?
durch waz ist der schilt verblichen?
durch waz ist maniger guot geselle von dem andern gewichen?
kanstu mir daz iutziut gesagen,
sô wil ich dich hân für ein weidelîchen knaben.

Keie – dieser Gutmensch. Übersetzt in Metaphern aus Natur und Kultur: ‚Nenne moralische Ursachen kapitalen Zerfalls!‘ Da ist die Geschichte drüber weg. Externgewissen vermisst Interna. Wischt jeder vor der fremden Tür, ist die Welt gewischt. *ez ist reht daz der mist stinket swâ der ist!* Genau. Sein Du war zu respektlos. Schreit nach Schadenersatz. Advocata nostra, wie verklagt man Geister? *wâ habt ir den sin genomen, der iu diz geriet?*

‚Des hestu gefrâget einen man,	‚Danach gefragt hast du einen Mann,
der dirz von grunde wol gesagen kan:	der dirs von Grund auf gut berichten kann:
von manigem alter ist der walt sô grîse,	Vom vielen Alter ist der Wald so grau,
von unnützen gengen ist der wolf sô wîse,	von unnützen Gängen der Wolf so schlau,
von maniger starken herverte ist der schilt verblichen,	von manch schwerem Krieg ist der Schild verblichen,
unnützen Sübichen ist manig guot geselle entwichen.‘*	unnützen Beratern ist manch guter Freund entwichen.‘

Die Schlussformel hätt die liebste Knäppin hier handhaben dürfen. *Keie enhât dehein êre.* Ach. – Vom vielen Alter. Vorzeitig grauer Zellen. Unnütze Gänge. Nützen jedem seine. Schwerer Krieg. Schild ein Drachenmagnet. Unnütze Berater. Von Beratenen ernannt. – Der Mondschein-Bildschirm dunkelt ab. Regeltanz zerfällt. Haltlos treiben Kinder an die Ränder. Gehen wir heim, die Nacht – Da! Da reitet einer aus dem Wald. Sieht nach fremdem Ritter aus, klassisch. Der soll nur schön bei sich bleiben. Ist das eine Elster auf der Schabracke? Keine Helmzier. Kennt ihn wer? *ich wil rîten dar daz ich iu diu mære ervar.* Bleib, Kleine. – Der reitet nicht zum Hof, der tänzelt hierher. Hat jemand Ärger zu Hause?

Nu sage mir, meister Tragemunt,
zwei und sübenzig lant die sint dir worden kunt:
waz ist grüene alsam klê,
waz ist wîzer den der snê,
waz ist swerzer den der kol,
waz zeltet rehter den der vol?

Kommt ein Fangnetz geflogen, aus vier Rätseln simultan. Der Weltkunde-Schlussakkord. Das wird enge. Dieser gehört nicht zum Hof. – Eine Elster. Vorzeichen der Ankunft von Gästen. Fremden. – Der Fremde prüft den Fremden. – *meister! beitet unz daz diz ergê!*

‚Daz hab ich balde gesaget dir!	‚Das hab ich dir rasch gesagt!
die – ageleie ist grüene alsam der klê	Die – Elster ist grün wie der Klee
und ist wîz alsam der snê	und ist weiß wie der Schnee
und ist swerzer den der kol	und ist schwärzer als die Kohle
und zeltet reht alse der vol.	und hüpft grad wie der Zelter geht.
und frâgstu mich iutziut mêre,	Und fragst du mich jetzt noch mehr,
ich sage dirz fürbaz an dîn êre.‘	sprech ich dir den Ruf noch leer.‘

* „Sibich, der boshafte Rathgeber des Königs Ermenrich, ist als Unheilstifter sprichwörtlich, durch ihn sind die bösen Räthe in die Welt gekommen.“ (Uhland 1866, 192)

Erloschen! Großer Bildschirm! – Erloschen. Bleibt das Buch der Natur. Unberechenbar. Warte, Fledermäuschen. Hätte uns Löschung gedroht? Wie heißt die Dämonennummer? *‚ichn vürhte niht swaz mennisch ist, ich hân ouch mennischlîchen list.‘* Beim Rätsel vom charakteristischen Gang hüpft dir die Lösung parallel durch. Nur, die schwarz-weiße Elster, wo soll die grün – *ir müezet ir gevidere wol besehen.* Die Federn? – Es schillert grünes Jenseits im Schwarz, wenn mans im Licht betrachtet. Ein Jenseits des Diesseits. – Kokette Bande. Höfisch nichts zu nagen. Der Pilger hat einen Magen – Scheißkormoran. Hat im Diesseits nichts verloren, soll ihn dort der Teufel schmoren. Heim zum Reim.

Zum Reim

Im Klangmittel Reim zeigt sich Repetition im Vers am sinnenfälligsten. Der am Versende aufklingende Endreim flicht in die durchgehende ‚tanzhafte Rede‘ ein festes Band des Sich-Wiederholenden, Gleichbleibenden, Statischen. Beim Lesen verweist der Reim des ersten Verses auf den Ort der letzten Hebung(en) im zweiten Vers eines Verspaars. Jeden zweiten Vers hört man eine Zeile weit voraus, wo wieder ‚aufzusetzen‘ ist. Solche Klangantizipation erleichtert die intuitive Setzung der Hebungen im zweiten Vers. Sie unterstützt damit die Erfassung des Versrhythmus (→ S. 225) beim Lesen und Vortragen.

Hätte der Reim nicht auch in die Versdefinition (→ S. 203) gehört? Nein – generell betrachtet. Obschon wir mit unserer Lesesozialisation beim Wort ‚Vers‘ wohl meist zuerst an Endreim denken, ist Endreimbindung kein Wesensmerkmal deutscher Verse. – Im Stabreimvers, etwa im altsächsischen HELIAND oder im althochdeutschen HILDEBRANDSLIED, entsteht Bindung durch stabende Anlaute (→ S. 33); ein Beispiel aus letzterem (49): W*elaga nû* w*altant got [quad Hiltibrant]/* w*ewurt skihit* ‚Wehe nun, waltender Gott, Wehschicksal geschieht.‘ – Später bleiben ohne Endreim etwa die Blankverse LESSINGs oder WIELANDs, die freien Rhythmen KLOPSTOCKs, GOETHEs, NOVALIS´, HÖLDERLINs, HEINEs, RILKEs, BENNs oder BRECHTs, schließlich der weit überwiegende Teil moderner Lyrik vor allem seit 1945 – etliche Höhepunkte deutscher Versdichtung.

Den Endreim in deutsche Dichtung eingeführt hat OTFRID VON WEISSENBURG mit dem *Liber evangeliorum*, fertig gestellt um 863 bis 871. Die „Ablösung der freirhythmischen Stabreimtechnik durch die taktmäßig geregelte, endreimende Versordnung stellt nach einhelliger Überzeugung die einschneidendste formale Neuerung dar, die es in deutscher Dichtung je gegeben hat.“ (Nagel 1985, 32) In dieser Neuerung OTFRIDs liegt der Keim der späteren höfischen Verskunst. OTFRIDs Reimtechnik war noch unvollkommen. Für uns tönt manche Klangbindung bei Dichtern des 9. bis 12. Jahrhunderts unscheinbar. Es galt zum Beispiel bloßer vokalischer Anklang am Versende, die Assonanz, als korrekt: *thann*e– *all*e. – Reimreinheit in unserm Sinne begegnet im Deutschen erst mit HEINRICHs VON VELDEKE *Eneide* (nach 1170 bis vor 1190). Seine Bedeutung war den höfischen Dichtern vor Augen. *er inpfete daz êrste rîs in tiutischer zungen*, sagten laut GOTTFRIED VON STRASSBURG die zeitgenössischen *meister* von ihm: ‚Er pfropfte das erste Reis in deutscher Sprache‘ – gemeint: auf den Baum kultivierter Dichtersprachen seit der Antike. *ich wæne er sîne wîsheit ûz Pegases urspringe nam, von dem diu wîsheit elliu kam*, sinnt der Erzähler: ‚Ich glaube, er schöpfte seinen Kunstsinn aus der Quelle des Pegasus, von wo aller Kunstsinn gekommen ist.‘ (Tr 4726 ff.) – Die Dichter des 12. und 13. Jahrhunderts – nochmals die bedeutendsten zu nennen: HARTMANN VON AUE, GOTTFRIED VON STRASSBURG, WOLFRAM VON ESCHENBACH – übernehmen mehr oder weniger diese neuen Ansprüche an Reimreinheit, wie sie HEINRICH VON VELDEKE aufgewiesen hatte. Es kommt zum „ausnahmehaften Glücksfall der deutschen Dichtungsgeschichte“ (Nagel 1985, 84): In ihren Werken erklingt scheinbar anstrengungslose, zauberhafte Sprachmusik, an deren Glanzstellen Sinn mit Klang und Rhythmus eins wird. Diese Dichtung will „im Zug ihrer mündlichen Darbietung bewußt als Klangkunstwerk wirken [...]. Zudem haben die höfischen Epiker – trotz ihrer Bemühung um makellose Reinheit der Reime – diese nicht aufdringlich zur Geltung gebracht, sondern im Gegenteil durch häufigen Zeilensprung überspielt. Reimreinheit ging also mit Dämpfung des Reimklangs zusammen.“ (a. a. O.) Für solche Sprachmusik ist Reimklang wesentlich. Er schließt vier Takte zusammen und verbindet sie mit den nächsten vier zu einer Gruppe höherer Ordnung: zum mhd. Reimpaarvers. Speziell für ihn ist Endreim doch ein Wesensmerkmal.

Der **Endreim** wird definiert als Gleichklang vom letzten betonten Vokal an; bei zweisilbig oder dreisilbig klingender Kadenz (→ S. 220) kann er vom vorletzten betonten Vokal an klingen. – Er bindet nicht wie der Stabreim Laute, sondern Silben. Manchmal besteht der Reim nur aus einem Langvokal, so im Beispiel zum *Armen Heinrich* unten. – In unsern Texten haben wir **Paarreim**: aa bb cc usw. (Ausnahme: Tr 1–44, 131–134, 233–240 mit Kreuzreim und umarmendem Reim: abab bzw. abba) – Stimmen Vokale und Konsonanten in der Aussprache überein, liegt **reiner Reim** vor.

Er	Gr	AH	Iw	MC	Pz	Tr	Da	Hb	Pn
6 f.	3 f.	1289 f.	1 f.	7 f.	1 15 f.	55 f.	7 f.	1 f.	7 f.
b eide *h eide*	*h ât* *st ât*	*schr ê* *ouw ê*	*g üete* *gem üete*	*beg an* *bequ an*	*bîsp el* *sn el*	*l ebene* *ebene*	*zes amene* *g amene*	*ges iht* *gesch iht*	*t ôt* *n ôt*

In den Beispielen zu *Tristan* und *Daniel* ist **gleitender Reim** zu sehen. Er ist dreisilbig, umfasst Haupthebung, Senkung, Nebenhebung. – Reimt auch der Konsonant vor dem Vokal, liegt **rührender Reim** vor; **identischer Reim** mit dem gleichen Reimwort findet sich im *Tristan*-Prolog (auch Gr 949 f., Hb 755 f.); beides galt im Mittelalter als korrekt.

2 f.	3461 f.	545 f.	87 f.	19 f.	1 21 f.	75 f.	125 f.	97 f.	93 f.
Lac *ph lac*	*sp reite* *ge reite*	*al wære* *s wære*	*Gâ wein* *Î wein*	*p rîs* *Pa rîs*	*t roum* *roum*	*b ringe* *ge ringe*	*reit* *be reit*	*s tuont* *tuont*	*k risten* *v risten*

Selten begegnet **unreiner Reim**. Beim vokalisch unreinen Reim differiert Vokalqualität (Beispiel: *u/uo*) oder Vokalquantität (Beispiel: *a/â)*. Beim konsonantisch unreinen differiert die Konsonanz (Beispiel: *g/b*). GOTTFRIED VON STRASSBURG meidet ihn ganz. (Hoffmann 1981, 65) Vereinzelt haben ihn HARTMANN im *Erec* und der STRICKER im *Daniel* (letzterer in Da 2537 f. noch Assonanz). WOLFRAM VON ESCHENBACH erlaubt ihn sich relativ oft. – Unreiner Reim kann dialektal rein sein. Der Alemanne HARTMANN reimt *ersach* auf *phlac* oder *stein* auf *œheim*, im Alemannischen ergäbe das reinen Reim.

5482 f.	–	–	–	635 f.	93 23 f.	–	4311 f.	415 f.	–
r uom *h uon*				*ahte* *erd âhte*	*s elbe* *v elde*		*gef üere* *gew ürre*	*g râven* *d raven*	

Fällt der Reim auf eine Silbe und endet also auf eine Hebung, ist er **männlich**. Dabei kann die eine Reimsilbe Haupthebung, die andere Nebenhebung (→ S. 204) haben, so in den Beispielen zu *Iwein*, *Tristan* und *Pantaleon*.

Er	Gr	AH	Iw	MC	Pz	Tr	Da	Hb	Pn
1438 f.	189 f.	1 f.	35 f.	9 f.	1 5 f.	183 f.	1 f.	7 f.	35 f.

velt	*tôt*	*was*	*hôchzît*	*lant*	*muot*	*anderswâ*	*vernimt*	*geschach*	*reinekeit*
enzelt	*enbôt*	*las*	*sît*	*vant*	*tuot*	*dâ*	*gezimt*	*sach*	*streit*

Fällt der Reim auf zwei Silben, nämlich auf eine Hebung mit nachfolgender Senkung bzw. Nebenhebung, ist er **weiblich**.

1446 f.	181 f.	11 f.	3 f.	11 f.	1 3 f.	75 f.	50 f.	51 f.	19 f.

mære	*wîbe*	*machen*	*êre*	*hœret*	*gezieret*	*bringe*	*liuten*	*kielen*	*merket*
wære	*lîbe*	*sachen*	*lêre*	*zerstœret*	*parrieret*	*geringe*	*getiuten*	*vielen*	*gesterket*

Die Bezeichnungen ‚männlich' und ‚weiblich' stammen aus der französischen Metrik. Die Anzahl Silben im Vers ist hier genau vorgeschrieben. Maskuline Formen sind dann häufig einsilbig, feminine zweisilbig (etwa *fils* – *fille*).

Das Mittelhochdeutsche hat einen **Spezialfall** mit der zweisilbig-vollen Kadenz. (→ S. 219) Wohl fällt der Reim auf zwei Silben. Aber beide stehen in der Hebung, denn die Hebungsmora ist in zwei Achtel aufgeteilt. Rhythmisch endet der Vers mit raschem Doppelschlag, die Betonung auf der Wurzelsilbe. (→ S. 51)

1294 f.	21 f.	27 f.	387 f.	5 f.	1 19 f.	47 f.	21 f.	23 f.	1 f.

komen	*richet*	*mite*	*maget*	*wesen*	*hase*	*hage*	*tugent*	*erhaben*	*vernomen*
vernomen	*brichet*	*bite*	*gesaget*	*lesen*	*glase*	*trage*	*jugent*	*knaben*	*gevromen*

Klingt grad, als kläng da Reimkunst drin, wie dein Pferdchen trottet hin. Zudem schauts unpferdisch, Waise. Das schaut mehr wie – nein. Hörts Dinge tief im Zauberwald? *ez hœret zwêne gesellen, die uns slahen wellen*. Die sind längst vorbei! Sag ihm das. – Den Reim können die Dichter mit einem **Enjambement**, auch Zeilensprung genannt, überspielen. Hierbei wird ein Satz über das Ende einer Verszeile hinaus weitergeführt. So entsteht bald der Eindruck eines natürlichen und prosanahen Redens, bald der eines gehobenen, musikalischen Ineinanderfließens der Verse. Enjambement hat etwa dieser Vers:

Pferdekopfskizze Pisanellos (1395–1455)

Er	Gr	AH	Iw	MC	Pz	Tr	Da	Hb	Pn
5	1	14	1	4	13	45	8	12	6

Auch das Verhältnis von Satz (→ S. 73) und Reimpaar wird abwechslungsreich gestaltet, indem das Satzende die zwei Reimverse einmal ‚versammelt', dann ‚auseinander bricht'. WOLFRAM erwähnt im *Parzival* dies *rîme samnen unde brechen.* (337 25 f.) Beim *samnen*, man spricht von **Reimbindung**, gehören die zwei reimenden Verse demselben Satz an. Beim *brechen*, im Falle von **Reimbrechung**, tritt das Satzende zwischen sie. Besonders GOTTFRIED VON STRASSBURG und KONRAD VON WÜRZBURG zeigen hierin Virtuosität. Die folgende Darstellung zu den Versen 1-11 des *Pantaleon* nennt die elf Reimwörter und gibt den Umfang der Sätze an, Pfeile bezeichnen Stellen mit Reimbrechung.

↓ ↓ ↓

vernomen gevromen saget bejaget leben. geben tôt. nôt kündet enzündet tât.

I Hauptsatz + Nebensatz + Nebensatz I Hauptsatz I Nebensatz + Hauptsatz I

Hier noch die Stelle mit der ersten Reimbrechung in Ihrem Text – gemäß einer in den Textausgaben gesetzten Interpunktion. (→ S. 70) Oft könnte diese anders gesetzt werden, weniger oft würde dadurch der Ort der Reimbrechung ändern.

4	5	5	3	5	19	49	9	13	5

Reiterin, warum ist das Ross nervös? *ez hœret zwêne* – Sei still! Sag ihm – Die beiden Ungefügen? *sine tuont iu bî mir dehein leit.* Gut zu wissen. Hören Sie – vorn gibts Ärger.

Hilfsverfahren

... vergewaltigt worden im Wald – oh, mit Eisen beschlagen, Ihr Pilgerstab. Sehr gut. – Um für die metrische Analyse gut gerüstet zu sein, setzen wir Hilfsverfahren ein. Sie sind nicht immer ganz scharf gegeneinander abzugrenzen. Alle fallen unter den Oberbegriff des **Metaplasmus** (gr. ‚Umformung'). Gemeint sind kleine Veränderungen an Wortformen vor allem aus Gründen der Metrik und des Wohlklangs. Metaplasmen dienen der Einrichtung von Alternation (→ S. 204) und der Vermeidung von **Hiat** (lat. hiatus ‚Kluft'). So nennt man die kurze artikulatorische Unterbrechung an der Kontaktstelle zweier Vokale. Ein Hiat kann im Wortinnern vorkommen, so in ‚Chaos'. Uns beschäftigt der Hiat zwischen Wörtern. Ein Wort mit Vokal im Auslaut trifft auf eins mit Vokal im Anlaut: *diu bát si ézzen vástè.* (Pz 34 3) Das Beispiel zeigt, dass Hiat nicht immer vermieden wird. Ein Wegfall des *i* in *si* würde die Alternation stören statt einrichten.

Manche Hilfsverfahren sind schon eingeführt. Nur erinnert sei an Proklise und Enklise. (→ S. 53) Repetiert werden hier Apokope (→ S. 59), Elision (→ S. 55) und Synkope (→ S. 59), neu vorgestellt Aphärese, Synalöphe und Krasis.

[§ 53] Der Begriff **Apokope** (gr. ‚Abstoppung') bedeutet: Ausfall eines unbetonten Vokals im Auslaut. Seltener fällt eine Silbe aus, etwa bei *vrou(we) Minne* oder *od(er).* Die Apokope dient der Einrichtung von Alternation; die Sprechökonomie wirkt im Vortrag wohl ursächlich mit. Im folgenden Beispiel steht der Vokal gedruckt da. Soll man ihn nun apokopieren? Lassen Sie, im Bewusstsein der Subjektivität dieses Verfahrens, Ihr Gefühl für rhythmischen Wohlklang walten – „Andacht zum Rhythmus“. (Heusler 1956, I, 44) Auch Vortragende im Mittelalter werden es – dialektal beeinflusst – so gehalten haben. Die Rhythmik kann Sinn untermalend besetzt sein, aber sie muss es nicht. (→ S. 226)

Er	Gr	AH	Iw	MC	Pz	Tr	Da	Hb	Pn
400 2	819 1	284 2	96 5	28 4	1 *3* 2	22 4	18 2	20 4	29 3

[§ 53] Die **Elision** (lat. elidere ‚ausstoßen‘) ist ein Spezialfall der Apokope: Der Vokal im Auslaut – oft unbetontes *e*, seltener ein Vollvokal *i* – fällt aus vor Vokal im Anlaut. Die Elision ist häufig. In älteren Textausgaben wurde sie durch Unterpunktung angezeigt. Die Handschriften geben keine Hinweise, darum unterlässt man heute diese ‚Lesehilfen‘. Sie entspringen subjektivem Rhythmusgefühl, nehmen Vortrags-Entscheidung vorweg.

353 2	48 2	671 2	22 1	2 1	1 *8* 1	539 5	27 2	13 2	8 5

Die **Aphärese** (gr. aphairesis ‚Lautschwund‘) – „Gegenstück zur Elision“ (Hoffmann 1981, 71) – ist der Ausfall des anlautenden Vokals bei Länge des auslautenden Vokals im Wort davor. Sie dient der Vermeidung von Hiat, unterbleibt aber, wenn Alternation oder Metrum gestört würden. Im Beispielwort könnte anlautendes *e*/*i*/*u* ausfallen.

427 2	1017 2	762 2	3897 2	1698 3	489 *14* 5	540 5	319 2	857 2	1521 2

Das Ergebnis der Aphärese ist die **Synalöphe** (gr. synaloiphe ‚Vermischung‘), die Verschmelzung zweier Vokale bzw. Silben. Die Synalöphe kann schriftlich realisiert werden – so in der Schreibung *nûst* aus *nû ist* – oder mündlich. Der Hinweis auf ein Beispiel aus zwei Wörtern meint: Die Synalöphe ist in der Ausgabe schriftlich nicht realisiert.

4857 1	2080 2/3	141 1	3280 1	1314 1/2	3 *24* 1/2	1027 1/2	323 1/2	750 2	1685 2

[§§ 23 3./214 Anm. 7] Bei der **Krasis** (gr. ‚Mischung‘) werden zwei Wörter durch Zusammenzug zweier Vokale (im Aus-/Anlaut) zu einem Wort, wobei häufig Umlaut eintritt: *daz ist* wird zu *dêst*/*deist*, *der ist* zu *derst*, *er ist* zu *erst*, *ez ist* zu *eist*, weiter *daz er* zu *deir*/*der*, *daz ez* zu *deiz*, *daz ich* zu *deich*, mit Enklise und t-Schwund [§ 112] wird aus *daz ist wâr* ein *dêswâr*/*deiswâr*. Die Krasis gilt als metrisch und artikulatorisch bedingt.

2377	1104	799	1112	564	182 21	3098	4816	9	–

[§§ 53–55] Unter **Synkope** (gr. synkopein ‚zusammenschlagen‘) schließlich ist der Ausfall eines unbetonten Vokals zwischen zwei Konsonanten im Wortinnern zu verstehen. Im Beispielwort ist ein unbetontes *e*/*i* ausgefallen oder es könnte ausfallen.

4071 2	122 1	91 2	116 2	26 3	37 *10* 2	384 2	1668 6	184 4	82 4

Kurz sei noch das Verhältnis zur handschriftlichen Überlieferung angesprochen. Metaplasmen sind beim Sprechen üblich, doch sind sie in der konservativeren Schrift oft nicht fixiert. Die Handschriften differieren in der Schreibung. Abschreiber achteten wenig auf metrische Korrektheit, das war Aufgabe der Vortragenden. So stehen Herausgebende vor einem Dilemma: Entweder sie verzichten trotz mangelhafter Metrik auf Eingriffe in den handschriftlichen Wortlaut, oder sie greifen ein, optimieren die Metrik, glätten zur Alternation hin und tun das nach Regeln, die aus dem metrisch erst noch zu optimierenden Wortlaut von Handschriften hergeleitet wurden; methodisch liegt darin ein Zirkelschluss. Man hält sich heute mehr an das tatsächlich Überlieferte, nicht ohne Grund: „In den kritischen Ausgaben mhd. Dichtungen haben die Herausgeber in recht problematischer Weise oft weit über die hsl. Überlieferung hinaus von den genannten Möglichkeiten Gebrauch gemacht, um ein ‚glattes' alternierendes [...] Metrum zu erzielen." (Paul u. a., 37)

Miniatur im *Hortus deliciarum* (c. 1180) der Herrad von Landsberg: »Und mancher fiel unter die Räuber.«

Nun sind Sie begrifflich schon gut gerüst– Sie! Halt! Langsam, nehmen Sie unsern nächtlichen Zeitwald nicht alleine in Angriff. *wænet ir, ich sî ein zage?* Nein, bestimmt nicht. Sie wären nie so weit mitgewallt. Nur, die beiden Ungefügen – Vielleicht sollten Sie es jetzt doch wissen. Oder, Waise? *mir ist als ich ze tanze süle gân.* Dir vielleicht – aber diesen Leuten? Im Zitat gesagt: „Als ausnehmend gefährlich galt der Wald; Dichter und Theologen sahen in ihm den Ort des Bösen, der Sünde, wo daher Räuber und Mörder, ja sogar Menschenfresser ihr Unwesen trieben." (Ohler 1994, 159) – Worauf die scharf sind? Na, auf Haut und Knochen. – Ja, unsere.

Die metrische Analyse

„Die metrische Analyse und Interpretation ist Teil der Analyse und Interpretation des dichterischen Kunstwerks insgesamt." (Hoffmann 1981, V) Der Vers wird hierbei zerlegt in Verseingang, Versinneres und Versausgang: Wo liegen die Hebungen und damit die Taktgrenzen? Genügen die Silben der Takte allen Füllungsregeln? Welche Kadenz liegt vor? Schritt für Schritt gehen wir derart die Analyse durch. Nicht selten ist ein Vers metrisch mehrdeutig, dann verlangt er metrische Interpretation. – Der Schattenwurf der Stämme im Mondlicht – irritierend. Haben Sie auch solchen Hunger?

Die Analyse setzt mit **hypothetischer Skansion** ein. Man spricht eine Passage in der natürlichen Wort- und Satzbetonung aus, bestimmt betonte und unbetonte Stellen im Vers so, dass sich die natürliche Betonung mit den Vershebungen möglichst gut deckt.

„Skandieren ist noch nicht Vortragen. Aber Verse vortragen, rezitieren setzt andererseits das Skandieren, d. h. die Beachtung der natürlichen Wort- und Satzbetonungen voraus.“ (Breuer 1999, 74) Sprechen Sie folgendes Verspaar unter Beachtung der natürlichen Betonung (→ S. 51 ff.) überdeutlich ‚metrisch‘. An einer Stelle können Sie, wenn Sie das wollen, regelmäßige Alternation mit einem Hilfsverfahren (→ S. 214 f.) einrichten.

Er	Gr	AH	Iw	MC	Pz	Tr	Da	Hb	Pn
2866 f.	465 f.	1437 f.	1365 f.	195 f.	33 5 f.	251 f.	93 f.	451 f.	83 f.

Aufgegangen? Die hypothetische Skansion – nicht selten gibt es zwei Hypothesen – wird nun analytisch bestätigt oder verworfen. Auf einer bestätigten Skansion beruht die spätere Rezitation, der den Sinn ausdeutende Vortrag. (→ S. 231) Doch vorwärts in der Analyse.

Der **Verseingang** hat entweder Auftakt oder nicht. Zum **Auftakt** gehören alle Silben vor der ersten Hebung. Der Auftakt kann eine, zwei, seltener drei Silben umfassen. Im 13. Jahrhundert geht die Entwicklung Richtung einsilbiger Auftakt, die anderen Möglichkeiten treten zurück. Im Auftakt dürfen kurze oder lange Silben (→ S. 218) stehen, es gibt keine Füllungsregel. – Wenn Sie folgende Beispielverse zuerst rhythmisch klopfen (→ S. 205), vernehmen Sie vielleicht: Der Rhythmus gehört zwei Ebenen an, er ist abstrakt und sprachlich konkret zugleich. Es gelte: Die metrische Notation beschreibt den Text ohne Hilfsverfahren (→ S. 214 f.) gemäß der Schreibung in der Textausgabe.

<table>
<tr><th></th><th colspan="2">ohne Auftakt</th><th colspan="2">Auftakt einsilbig</th><th colspan="2">Auftakt zweisilbig</th><th colspan="2">Auftakt dreisilbig</th></tr>
<tr><td>Er</td><td>35</td><td>|x́x|◡́◡x|x́x|x́∧|</td><td>50</td><td>·|x́x|x́x|–́|x̀∧|</td><td>44</td><td>··|–́|x́x|x́x|◡́◡∧|</td><td>1152</td><td>···|x́x|x́x|–́|x̀∧|</td></tr>
<tr><td>Gr</td><td>2</td><td>|x́x|x́x|–́|x̀∧|</td><td>1</td><td>·|x́x|x́x|–́|x̀∧|</td><td>3</td><td>··|–́|x́x|x́x|x́∧|</td><td>656</td><td>···|x́◡◡|x́x|x́x|x́∧|</td></tr>
<tr><td>AH</td><td>5</td><td>|x́x|x́x|–́|x̀∧|</td><td>1</td><td>·|x́x|x́x|x́x|x́∧|</td><td>16</td><td>··|x́x|x́x|–́|x̀∧|</td><td>584</td><td>···|x́x|x́x|x́x|x́∧|</td></tr>
<tr><td>Iw</td><td>1</td><td>|x́x|x́x|–́|x̀∧|</td><td>10</td><td>·|x́x|x́x|–́|x̀∧|</td><td>76</td><td>··|◡́◡x|x́x|x́x|x́∧|</td><td>255</td><td>···|x́x|x́◡◡|–́|x̀∧|</td></tr>
<tr><td>MC</td><td>17</td><td>|◡́◡x|–́|x̀x|◡́◡∧|</td><td>9</td><td>·|x́x|x́x|x́x|x́∧|</td><td>405</td><td>··|x́x|x́x|◡́◡x|x́∧|</td><td>306</td><td>···|x́x|x́x|x́x|x́∧|</td></tr>
<tr><td>Pz</td><td>1 19</td><td>|x́◡◡|x́x|x́x|◡́◡∧|</td><td>1 15</td><td>·|–́|x̀x|–́|x̀∧|</td><td>1 17</td><td>··|x́x|x́x|–́|x̀∧|</td><td>122 24</td><td>···|x̀x|x́x|x́x|x́∧|</td></tr>
<tr><td>Tr</td><td>173</td><td>|x́x|x́x|x̀x|x́∧|</td><td>13</td><td>·|◡́◡x|x́x|◡́◡x|x́∧|</td><td>50</td><td>··|x́◡◡|x́x|x́x|x́∧|</td><td>1947</td><td>···|x́x|x́x|x́x|x́∧|</td></tr>
<tr><td>Da</td><td>14</td><td>|x́x|x́x|x́◡◡|x́∧|</td><td>1</td><td>·|x́x|x́x|x́x|x́∧|</td><td>29</td><td>··|x́x|x́x|–́|x́∧|</td><td>65</td><td>···|x́x|x́x|x́x|x̀∧|</td></tr>
<tr><td>Hb</td><td>1</td><td>|x́x|x́x|x́x|x́∧|</td><td>5</td><td>·|x́◡◡|x́x|–́|x̀∧|</td><td>10</td><td>··|x́x|x́x|x́x|x́∧|</td><td>290</td><td>···|x́x|x́x|–́|x̀∧|</td></tr>
<tr><td>Pn</td><td>7</td><td>|x́x|x́x|x̀x|x́∧|</td><td>17</td><td>·|x́x|x́x|x́x|x́∧|</td><td>1332</td><td>··|–́|x̀x|x́x|x́∧|</td><td>–</td><td>–</td></tr>
</table>

Meist stehen in einem mehrsilbigen Auftakt einsilbige Wörter, Pronomen, Konjunktionen, Präpositionen, auch Präfixe, seltener inhaltlich wichtige Verben oder Substantive. „Mehrsilbiger Auftakt bedeutet Lockerung und Flüssigkeit des Rhythmus, Auftaktlosigkeit (besonders wenn sich solche Verse häufen) kann Gedrungenheit und Wucht, auch Prägnanz des Stils unterstreichen.“ (Pretzel 1967, 2417)

Still! – Auch der Klopfgeist. – Bedrückende Ruhe. – Diese Schatten auf dem Waldweg. Striche, sich kreuzend, Bogen, Punkte. Das ist begehbare Schrift! *der mâne diz wunder schreip*. Sie, da steht wohl Wissenswertes. Doch ist der Stil der Leuchte dunkel.

Vom Verseingang geht es gleich zum Versausgang, das ergibt zwei Bezugspunkte für die Analyse des Versinnern. – Zuvor ein **Exkurs** zur Frage: Welche Silben sind kurz und welche lang? Denn für bestimmte Versstellen schreiben Füllungsregeln nun Länge bzw. Kürze vor. Auf Kurzvokal ausgehende **Silben** sind **kurz**. Auf Langvokal oder Diphthong ausgehende Silben sind **lang**, man spricht von Naturlänge. Auch auf einfachen oder doppelten Konsonant ausgehende Silben sind lang, sie haben Positionslänge. Die Anzahl der Phone (Laute) einer Silbe ist bezüglich metrischer Länge oder Kürze bedeutungslos.

		kurze Silben	naturlange Silben	positionslange Silben
Er	6336	*-be- -phle-*	*die die*	*her- -ren des am- -tes -gent*
Gr	4	*-de -ne*	*lô-*	*daz nâch der werl- stât*
AH	1	*ge-*	*sô -lê-*	*Ein rit- -ter -ret was*
Iw	5	*kü- -te*	*guo-*	*-nec Ar- -tûs der*
MC	1303	*sche- -de-*	*-sô -lî-*	*al- -chen dir*
Pz	1 3	*ge- -de ge-*	*-smæ- -zie-*	*-het un- -ret*
Tr	1	*Ge- -te ze -te*	*guo-*	*-dæh- mans niht*
Da	3	*-ne*	*â-*	*der wirt es sel- -ten muot*
Hb	54	*o- ge- -re*	*-wê ie -bû-*	*daz*
Pn	5	*-li- -ne le-*	*ê-*	*der -wec- -chen wun- -ben*

Der **Versausgang** heißt auch Kadenz: die Versgegend von der letzten Haupthebung an. Die Kadenzen der Verspaare sind oft – nicht immer – identisch. Ein Vergleich erleichtert die Lokalisierung der Hebungen, besonders in Versen mit mehr als einer möglichen Skansion. Analysieren Sie die Verse also mindestens auf den Partnervers bezogen.

Hat niemand nix zu beißen von gestern Abend noch? *gesoten schultern unde brôt?* Ave, Schinkenengel. Hierher damit. *des ich leider niht – enhân.* Man sollte Reisepartner, die die mittelhochdeutsche Negation neuhochdeutsch pervertieren, niemals nicht kauen dürfen. Ironie des Lebens kennt keine Absenz, mit leerem Magen zur vollen Kadenz.

Volle Kadenzen sind definiert durch Haupthebung im letzten Takt. Ist die Senkung des letzten Taktes pausiert – also der Viertelwert der Senkungsmora (→ S. 204) –, dann wird eine Kadenz als **männlich** bezeichnet. – Bei einsilbiger Hebung liegt die **einsilbig-volle Kadenz** vor; abgekürzt: 1v. Sie ist häufig. Eine Füllungsregel gibt es nicht, abgesehen davon, dass in dieser Stellung keine Kurzsilbe begegnet. Möglich ist, dass im Partnervers nur Nebenhebung (3k, s. u.) erscheint. Schematisch dargestellt sieht diese Kadenz so aus (yy = Platzhalter-Füllung von taktintern unbestimmter Rhythmik):

(y)|yy|yy|yy|x́∧| 1 v

Er	Gr	AH	Iw	MC	Pz	Tr	Da	Hb	Pn
12 f.	7 f.	3 f.	19 f.	143 f.	2 5 f.	41 f.	41 f.	19 f.	37 f.

Ein Spezialfall der einsilbig-männlichen Kadenz ist die **Stricker-Kadenz**, benannt nach dem STRICKER, der sie häufiger verwendet. Sonst wird sie vereinzelt, dafür nicht selten sinnverweisend eingesetzt. Die Beispiele zu *Gregorius*, *Parzival* und *Tristan* könnten metrisch anders gedeutet werden, die metrische Interpretation mit Stricker-Kadenz ist sinnverweisend; Iw 8061 etwa wäre ohne Stricker-Kadenz sogar sinnentstellt. Zu Grunde liegt die einsilbig-männliche Kadenz von oben. Zusätzlich zeigt der vorletzte Takt eine auf zwei Moren gedehnte Hebungssilbe eines Nachbarworts. Resultat: Zwei Haupthebungen ohne ‚Senkungspuffer' dazwischen sorgen für Hebungsprall unter zwei Wortnachbarn. **Füllungsregel:** Die vorletzte Silbe ist lang und gehört zu einem anderen Wort als die letzte.

(y)|yy|yy|–́|x́∧|	1 v Stricker-Kadenz

Er	Gr	AH	Iw	MC	Pz	Tr	Da	Hb	Pn
1152	14	91	27	135	4 27	539	28 f.	1815	–

Bei zweisilbiger Füllung der Hebungsmora im letzten Takt liegt die **zweisilbig-volle Kadenz** vor; abgekürzt: 2v. Sie ist häufig, die Partnerkadenz identisch. (Bei viersilbigen Komposita kann die Hebung mitunter auf einen Nebenton (→ S. 52) fallen.) Der für uns zunächst eigenartige Klang (→ S. 213) ging im Verlauf der sprachgeschichtlichen Entwicklung im Neuhochdeutschen verloren, da mhd. Kurzvokale der Dehnung (→ S. 43) unterlagen. **Füllungsregel:** Die erste Hebungssilbe ist kurz.

(y)|yy|yy|yy|◡́◡∧|	2 v

76 f.	3549 f.	23 f.	49 f.	29 f.	2 19 f.	1521 f.	11 f.	35 f.	401 f.

Zu den vollen Kadenzen mit Haupthebung im letzten Takt zählt schließlich die **weiblich-volle Kadenz**; abgekürzt: wv. Hier ist nicht nur die Hebung, sondern auch die Senkung im letzten Takt gefüllt. Diese Kadenz ist in der Epik selten. Ob sie vorliegt oder nicht, ist zudem oft eine Frage der metrischen Interpretation. In der Lyrik oder in THOMASINs VON ZERKLÆRE *Der Welsche Gast* (entstanden 1215/16) kommt sie häufig vor, auch war sie im frühmittelhochdeutschen Vers verbreitet. **Füllungsregel:** Die Hebungssilbe ist lang.

(y)|yy|yy|yy|x́x|	wv

112 f.	325	–	5537 f.	–	287 19 f.	3259 f.	1649 f.	383 f.	120

Unbestreitbare Fälle von weiblich-voller Kadenz sind rar. Durch metrische Interpretation – Operieren mit Auftakt und Elision o. Ä. – kann man sie oft als zweisilbig-klingende Kadenzen (s. u.) deuten, vielfach ist die Partnerkadenz nicht weiblich-voll. Dennoch: „So wie für uns die Voraussetzungen liegen, können wir uns nicht dagegen sträuben, das Nachleben dieser einst beliebten Kadenz noch in der ritterlichen Sprechdichtung anzuerkennen, und wär es auch nur in geringen Bruchzahlen […]." (Heusler 1956, II, 131)

Bevor es nun vom Vollen zum Klingenden geht – wissen Sie, wie Sprachgefühl entsteht? So: Ihr Korpus wär ganz Magen, drin außer paar raren weiblich-vollen Kadenzen: nichts. Krampft sich, Sonnengeflecht-Kerkertier, schreit. Kommt Frau Sprache, spricht es still. Sprachgefühl sei betäubter Hunger, hat guter Mond auf den Nachtschattenweg geschrieben. – Was anderes gelesen? Und was? *dâ stuont geschriben an: ‚nie veizter gans an spizze bî fiure wart gebrâten! ein guot fleisch lac dâ bî! hœret waz daz dritte sî: ein veizter kæse, der was mar!'* – Sie hat einfach kein Sprachgefühl mehr, die junge Generation.

Klingende Kadenzen sind definiert durch Haupthebung im vorletzten Takt und Nebenhebung im letzten. – Die **zweisilbig-klingende Kadenz** ist für den mhd. Reimpaarvers charakteristisch; abgekürzt: 2k. Den vorletzten Takt – gedehnt auf zwei Moren – bildet eine Silbe mit Haupthebung, den letzten eine mit Nebenhebung im selben Wort. **Füllungsregel:** Die vorletzte Silbe ist lang und gehört zum selben Wort wie die letzte.

(y)|yy|yy|–́|x̀∧| 2 k

Er	Gr	AH	Iw	MC	Pz	Tr	Da	Hb	Pn
60 f.	61 f.	5 f.	1 f.	3 f.	1 9 f.	75 f.	15 f.	3 f.	13 f.

Die besonders häufige (→ S. 52) zweisilbig-klingende Kadenz – vielleicht haben Sie sie im Ohr aus der Liedvertonung von GOETHEs *Es war ein König in Thule* – verleihe, so Pretzel, dem mhd. Reimpaarvers das „eigentümliche Melos" (1967, 2420) oder sei „ausdrucksvolle Stilisierung" (Heusler 1956, II, 128 f.) des Prosarhythmus. Zur Stärke der Nebenhebung meinte Heusler: „Man nehme diese Schlusshebung so schwach, als man irgend will! Worauf es beim klingenden Schlusse ankommt, ist das Zeitliche, nicht das Dynamische. Die Dehnung der Pänultima [= vorletzte Silbe; M.G.] – darum dreht es sich!" Mit derartiger Dehnung wird beim Rezitieren der Inhalt des betreffenden Wortes, zum Beispiel ein zentraler Begriff, leicht hervorgehoben. Natürlich sind bei weitem nicht alle Wörter auf zweisilbig-klingende Kadenz inhaltliche Schwergewichte. Auch nehmen mhd. Dichter oft gerade da Nachdruck weg, wo ihn der Kadenztyp hinlegt: Der Versausgang wird mit Enjambement (→ S. 213) fließend überspielt. Solche Gegentendenzen erlaubten beim Vortrag wirkungsvolles Variieren. Bei der Rezitation (→ S. 231) gab es danach wohl individuellen Gestaltungs-Spielraum: „Ich bin [...] nicht davon überzeugt, daß es bei Hartmanns Zeitgenossen und Nachfahren über die Rhythmisierung jedes einzelnen Verses eine communis opinio gegeben hat; dem einzelnen werden wohl weitgehend individuelle Entscheidungen offengestanden haben." (Hennig 1968, 188 f.)

Die **dreisilbig-klingende Kadenz** fällt auf ein drei- oder mehrsilbiges Wort mit zwei Silben im vorletzten Takt und einer im letzten; abgekürzt: 3k. Keine Füllungsregel.

(y)|yy|yy|x́x|x̀∧| 3k

14	3521	47	41	129	13 24	45	700	39	32

Die **stumpfe Kadenz** hat Haupthebung auf einer Silbe im vorletzten Takt, der Rest des Verses ist pausiert; abgekürzt: s. – Sagen Sie, die beiden Baumstrünke dort vorne – nä. Der Vers ist also dreihebig, die Kadenz ist um einen Takt vorverlegt. **Füllungsregel:** Es gilt das bei Kadenz 1v bzw. 2v Gesagte. – Im *Erec* finden sich rund 300 dreihebige Verse (Liste bei Hennig 1968, 242 ff. u. Anm. 143 f.), erklärbar als Unebenheit in der Tradition der frühmhd. Verstechnik. In den anderen Werken sind sie selten. Metrisch lassen sie sich oft auf vier Hebungen bringen, nur gerät man dabei in unmotivierte Überbetonung von Funktionswörtern o. Ä. – Stumpfe Kadenz haben auch die Abverse im *Nibelungenlied.*

(y)|yy|yy|x́∧|∧∧| oder (y)|yy|yy|◡́◡∧|∧∧| s

219	2822	1110	7779	1003	27 23	6546	2817	1155	–

waz werbet ir hie?! Leibhaftigster!! Die beiden Ungefügen!! ***waz werbet ir hie?!*** Das wärs. Das unheilige Paar. Kapitale Viecher. Wobei – sub specie aeternitatis gleicht er Goliath. Sie heißen nicht zufällig David? *ez möhte doch einen rîter immer mêre vergân daz er getorste si bestân.* Und ob, das vergeht selbst Pilgern. *ouch vüerent die unguoten zwô geiselruoten mit vingergrôzen strangen!* Schreiben Sausehandschrift, Schwester, yep. Riesenknabe setzt Zeichen auf Vitalpergament. Hünenmädchen hat neu Knochenkonzept. Sind ziemlich bekannt im ganzen Land, er heißt *der bûchlôse*, sie nennt sich *daz houbet.* Naturfeinde alles Ganzgefügten. Fragmentier-Demiurgen, scharf auf Haut und Knochen. Zum Beispiel die in Ihrem Korpus. ***waz werbet ir hie?!! ich binz: daz houbet!!!*** Für Frau Minne hätts niemand – das Mädchen mags, wenn mans erkennt. Sollten ihm antworten. Auf Mittelhochdeutsch, alles andere macht es rasend, Neuhochdeutsch zumal. Eine weltläufige Sprache so vor Ort sprechen zu dürfen! Bahnen Sie den Erstkontakt an? Verfängts nicht: Pilgerprügelsprache massiv parallel – kommunizieren tun die ungefüg, gleichviel, Andenken kann man austauschen. Sondieren Sie mal vorsichtig. Im Zivilton. *hêriu vrouwe* – Ja, ja! Streichen Sie ihr Honig ums – *wir sîn arme wallære unde vrâgen wan durch guot* – Keine pers–! *waz crêatiure sît ir?* – Das wars. Der Knabe ist aktiviert. ***dîn vrâgen ist mir ungemach! dû setzest enwâge dînen lîp vil sêre!! ich binz: der bûchlôse!!!*** Er meints nit – ***wer ist der hêrste hie?*** Du heilige – Nacht. Das ist ein demokratisches Unternehmen, wir trinken den Kelch sehr gemeinsam leer, ja? – He! Sie Judasse! Salomeen! ***wer ist der hêrste hie?!*** – – Gott, wenn sonst keiner die Endverantwortung über– *ich binz! ich bin diu hêrste hie, ob ich dran niht enliuge. ich hân es niht geziuge, doch wil ich mich selben loben. zelt man mir daz für ein toben, daz wil ich gerne alsô hân, daz ich iuch müeze bestân.* Kleine, zieh Leine. *seht, meister, wie ich gewâfent bin.* Eine Geißel aus Seide und Rubin! Spielzeug! Da – siehst du, was die in der Pratze führen? Reit nach hinten, weg! *nein, meister! nû entwîchet ir hindan. ich wil iuch ein spil lâzen sehen, daz ir alle müezet jehen, ez sî iu seltsæne.* ***Rît dîne strâze, tumbez kint.*** *bûchlôser herre, ich hân der namen vil. nu nennet mich: diu unsihtege.* ***ich sihe dich hie vor mir stân.*** *iuch triuget iuwer tumber wân.* ***ich vernam nie rede sô lôse als ich dich hœre sprechen!! daz wil ich an dînem meister rechen!!*** Kleine, ab!! *nein, meister! ein wunder sol hie werden schîn.* Aufgepasst, Hünenmädchen hat den Schrein im Auge! ***Waz ist dâ inne?*** *niuwan eins kindes gebeine.* ***des wirstû leider âne nû.*** *ir hât des iuch genüegen sol: ir hât zem münster ein heiltuom gestoln.* ***waz wizzet ir!?*** Die warens! Kein Wunder, krallen sie Auerochs. ***wer seite iu daz!?*** *mîniu ougen tetenz mir kunt.* ***ich zebræche dich als ein huon!! wiltû daz ich dichs erlâze, sô schabe dich, der sunnen haz!!*** Was machst –? Wozu soll – mit der Geißel den Schrein!? Nicht die Zeit für Exorzismen! – Flammenschläge! Die Aura der Translation – kristallen – das Echtmirak– corpus inlaesum! – Sie sind Zeugen!! ***waz ist hie? ich vernime ein siusen unde ein dôz – waz sol diz sîn? ouwî!*** Wissen Sie ***ahî!*** was? Genau so klangs, das Experiment mit dem Arm des hl. Bekenners. ***wer sleht mich?*** Hören Sie ***ez ist ein unsihtec geist!*** dieses Weiße Rauschen, wie ***ahî!*** abgehauen? **ich binz – diu unsihtege.** Die Frequenz ***ahî!*** der Frequenzen, ***diz kint ist der leidege tiuvel!*** unzweideutig. ***uns ist der tiuvel bî!! ahî!!***

Verweile doch. Starke Schreinnummer, Waise. *meister, sîniu wunder hie sint dâ engein kleiniu wunderlîn wider den starken wundern sîn, die er hât in manegen landen –*

Ist es nicht gleichsam ein geschichtlicher Vorauskommentar der Fügung, dass die beiden Ungefügen ausgerechnet an der Stelle ihre Aufwartung machten? Ne? Es geschehen noch Zeichen und Wunder. Denn vor dem Versinnern fassen wir die **Fugungsstelle** zwischen Versausgang und Verseingang der nächsten Zeile ins Auge. Ein **Exkurs** demnach wieder.

Die Verse werden beim Vortragen aneinander gefügt zu einem Redeband mit Fugungsstellen aus Kadenz und Auftakt. Hier kann die Alternation (→ S. 55/204) durchgehen oder unterbrochen sein. „Im ersten Fall spricht man von *Synaphie* (dazu das Adjektiv synaphisch, >gefugt<), im zweiten Fall von *Asynaphie* (dazu das Adjektiv asynaphisch, >ungefugt<).“ (Hoffmann 1981, 73) – Meist wird das pausierte Senkungsviertel im letzten Verstakt vom Auftakt des Folgeverses überlappt; nur bei der wv-Kadenz führt gerade ein Folgevers ohne Auftakt zu Synaphie. Je nach Kadenz-Auftakt-Kombination entstehen verschiedene Formen von **Synaphie**.

1v
·|ý y|yy|yy|x́∧|
2v
·|ý y|yy|yy|◡́ ◡∧|
wv
·|ý y|yy|yy|x́ x|
2k
|ý y|yy|–́|x̀∧|
3k
··|ý y|yy|x́ x|x̀∧|

Überlappt wie im letzten Fall ein zweisilbiger Auftakt das pausierte Senkungsviertel, wird man mit zwei schneller gesprochenen Achteln im Auftakt rechnen. Da fast alle Kadenzen auf eine pausierte Senkung enden und sich der einsilbige Auftakt mehr und mehr etabliert, nimmt die Synaphie im 13. Jahrhundert zu, allerdings nicht in dem Maß, dass sie dann bei KONRAD VON WÜRZBURG durchgehend herrschen würde. Auf die eine oder andere Weise zeigen zum Beispiel folgende Verse Synaphie.

Er	Gr	AH	Iw	MC	Pz	Tr	Da	Hb	Pn
146 f. 149 f. 166 f.	178 f. 188 f. 223 f.	101 f. 135 f. 149 f.	125 f. 142 f. 147 f.	240 f. 257 f. 283 f.	4 27 f. 5 1 f. 7 1 f.	431 f. 433 f. 451 f.	195 f. 205 f. 213 f.	311 f. 317 f. 327 f.	199 f. 206 f. 223 f.

Bei **Asynaphie** stoßen meist zwei Hebungen oder bei der wv-Kadenz zwei Senkungen an der Fugungsstelle zusammen, hier symbolisiert durch das Zeichen ><. Je nach Kadenz sind wieder mehrere Formen möglich. Bei stumpfer Kadenz oder bei dreisilbigem Auftakt wird die Alternation grundsätzlich unterbrochen, solche Fugungsstellen sind asynaphisch.

1v 2v wv 2k 3k s
… |x́∧|><|ý y|yy|yy|◡́ ◡∧|><|ý y|yy|yy|x́x|><·|ý y|yy|–́|x̀∧|><|ý y|yy|x́x|x̀∧|><|ý y|yy|x́∧|∧∧|><

5 f. 7 f. 46 f.	1 f. 11 f. 31 f.	1 f. 10 f. 33 f.	1 f. 18 f. 25 f.	4 f. 6 f. 10 f.	1 3 f. 1 7 f. 6 7 f.	69 f. 169 f. 425 f.	11 f. 13 f. 52 f.	10 f. 17 f. 35 f.	6 f. 14 f. 134 f.

Wo stehen wir? Hypothetische Skansion und metrische Analyse des Verseingangs sind vorgenommen. In einem Exkurs wurde die Kürze bzw. Länge von Silben definiert. Auch der Versausgang ist analysiert, in einem Exkurs wurde die Fugungsstelle betrachtet. – Weiter folgt die metrische Analyse des **Versinnern**. Es umfasst die Versgegend von der ersten Hebung an bis vor die letzte Haupthebung. Je nach Kadenz sind das die ersten zwei bis drei Takte. Bei Auftaktlosigkeit beginnt der Vers gleich mit dem Versinnern. Jeder Mag– Verzeihung! – jeder Takt des Versinnern kann ein- bis viersilbig gefüllt sein, jeder hat den Zeitwert von zwei Moren. (→ S. 204)

Beim **einsilbigen Takt** füllt eine Silbe den ganzen Takt, sie entspricht also dem Zeitwert von zwei Moren. Der Takt besteht nur aus einer Hebung, die Senkung entfällt. Da der Folgetakt mit Hebung beginnt, entsteht Hebungsprall. **Füllungsregel:** Die Silbe des einsilbigen Takts ist lang. – Im Beispielvers ist (mindestens) der zweite Takt einsilbig.

(y)|yy|–́|yy|y∧|

Er	Gr	AH	Iw	MC	Pz	Tr	Da	Hb	Pn
30	2316	355	4215	38	35 24	341	49	225	104

Ein Spezialfall des einsilbigen Takts ist die so genannte beschwerte Hebung. Sie ist keine rein metrische Erscheinung und wird deshalb im nächsten Abschnitt vorgestellt. (→ S. 227)

Den **zweisilbigen Takt** füllen zwei als Viertel gerechnete Silben, jede hat den Zeitwert einer Mora. Ein Füllungsregel gibt es nicht, sowohl lange als auch kurze Silben sind korrekt. – Der Beispielvers zeigt im Versinnern drei zweisilbige Takte. Der Auftakt ist einsilbig, die Kadenz kann 1v oder 2v sein.

· |x́x|x́x|x́x|y∧|

120	1227	120	721	145	3 8	102	58	96	150

Beim **dreisilbigen Takt** ist eines der Viertel in zwei Achtel gespalten. – Ist es das erste Viertel, liegt eine Spaltung der Hebung vor. **Füllungsregel:** Die Hebungssilbe ist kurz. – Im Beispielvers zeigt der zweite Takt Spaltung der Hebung.

(y)|yy|˘́ ˘x|yy|y∧|

110	336	6	154	135	28 15	192	20	116	1716

Ist das zweite Viertel gespalten, so liegt Spaltung der Senkung vor. **Füllungsregel:** Die Hebungssilbe ist lang. – Als Achtel sind die Senkungssilben etwas beschleunigt, oft ist die eine kurz, die andere positionslang; zwei Langsilben wird tendenziell ausgewichen. – Im Beispielvers zeigt der zweite Takt Spaltung der Senkung. Der Auftakt ist einsilbig.

· |yy|x́˘ ˘|yy|y∧|

137	85	246	150	106	4 22	81	93	20	1996

Sogar **viersilbiger Takt** kommt gelegentlich vor. Beide Viertel des Takts sind in Achtel gespalten. **Füllungsregel:** Die Hebungssilbe ist kurz. – Die als Achtel schnell gesprochenen Senkungssilben sind überwiegend kurz. Betrachten wir als Beispiel erst Vers 304 des *Tristan*. Mit vierzehn Silben ist dies wohl der silbenreichste Vers im Korpus, er weist im Versinnern gleich drei viersilbige Takte auf. Der Auftakt ist einsilbig, die Kadenz 1v.

wan |lébete und |lébete und |lébete êt |dár ‚sondern lébte und lébte so und lébte nur dahín‘

Einerseits könnten Vortragende mit Elision (→ S. 215) des unbetonten *e* vor dem *u*/*ê* drei Silben beseitigen; das ergäbe drei dreisilbige Takte mit Spaltung der Hebung, der Vers würde metrisch ‚normaler‘. Andererseits untermalt (→ S. 226) aber die schnelle Achtelsrhythmik mit Hiaten die jugendlich besinnungslose Lebensführung, von der hier die Rede ist, fast Rap-artig. – Viersilbige Takte kann man nahezu immer mit Hilfsverfahren oder mittels anderer Auftaktzählung auf drei Silben bringen. Ob man das tun will, ist eine Entscheidung beim Vortrag. – Im ersten Beispielvers ist der zweite Takt viersilbig, wie das Schema zeigt. Im zweiten Beispielvers ist es der erste oder der dritte Takt.

(y)|yy|x́ᵕᵕᵕ|yy|y∧|

Er	Gr	AH	Iw	MC	Pz	Tr	Da	Hb	Pn
102	3370	347	2909	1590	105 5	1608	6615	764	2017
4817	3131	145	1927	1127	241 13	1131	1618	522	1663

Vier-zehn Sil-ben. Wieviel Essbares ließe sich damit auf den Tisch zaubern! Der gedeckte Tisch erscheine erst, wenn mans nimmer erwartet, sagen die Leute. Kein bisschen erwartet, nein. Vor allem nicht unbewusst, gell. Dann will man in der Regel auch nicht mehr. Hat die Schnauze sozusagen schon voll. *beitet noch ein wênige wîle.* Warten, immerzu warten. Man wird darüber noch zur Pause – wo wir grad dabei sind:

Eine seltene Erscheinung im Versinnern ist die **Pause**. Eine Senkung, meist nach der zweiten Hebung, ist sprachlich nicht gefüllt und die Hebung auch nicht auf zwei Moren gedehnt. Der Vers wartet einen Moment. **‚Füllungsregel‘:** Die wenigen in der Literatur angeführten Belege zeigen vor der Pause eine positionslange Silbe (→ S. 218) mit Einfachkonsonanz, meist ist es ein einsilbiges Wort. Die Pause wird „nicht willkürlich zugelassen, sondern die Zäsur erfüllt hier einen bestimmten Sinn, indem […] ein Kontrast sich rhythmisch ausdrückt.“ (Pretzel 1967, 2423) Sie findet sich also vor allem bei Gegensätzen und Begriffspaaren, hebt allgemein Sinn durch Stille – ins Ohr.

(y)|yy|x́∧|yy|y∧|

7330	2921	781	7111	549	24 22	684	1772	1343	924
7891	4006	1520	7880	977	117 21	5707	3604	1621 2	1436

Sie dürfen jetzt auf gar keinen Fall erwarten, dass demnächst eine gedeckte Tafel kommt, die Tafelrunde der dampfenden Schüsseln als Lohn der Pilgerfahrt. Ihre Erwartung genau ließe die entschweben. Kein Trost wär, dass man zuvor noch eine schwebende Betonung schlucken – nein. Das Thema soll warten. Ruhig warten. In der Schwebe bleiben.

Das Ziel unsrer metrischen Analyse ist die **Bestätigung einer hypothetischen Skansion**: Die metrischen Füllungsregeln sind eingehalten; die Betonung ist ‚natürlich', sie genügt den Regeln zu Wort- und Satzbetonung im Mittelhochdeutschen. (→ S. 51 ff.) (Die stilisierende Tonverschiebung wird im nächsten Abschnitt vorgestellt.)

Eine metrische Analyse kann ausgehen von zwei Bezugspunkten, Verseingang oder Versausgang. Man legt die Hebungen und zugleich die Taktgrenzen von vorn her fest – damit auch allfälligen Auftakt – oder bestimmt ihre Orte von der Kadenz her rückwärts. Zwei Hinweise: Die Hebungen können räumlich, auf dem Papier eingetragen, eng nebeneinander oder weit auseinander liegen, doch ihr Zeitabstand ist relativ gleich. Und der Zirkumflex verführt gern zum Setzen einer Hebung, was richtig sein kann, aber nicht muss.

Gäbs eine Art Gesetz im Umgang mit so einer Tafel, Waise? *si hât die tugent und die art, daz nieman ir geselle wirt, wan den si von ir ezzen lât.* Unvordenklicher Ratschluss ist ihr eigen. Wenn es sie gäb, muss man aber anfügen. *der ie dehein dörperheit begât der hât ir hulde verlorn.* Wie im Alten Testament. *si hæte in schiere verkorn.* Wenn es sie denn gäb. *er getürre niemer zuo ir komen.* Es gibt keine. Darauf können Sie Gift nehmen.

Nicht nüchtern heim: Rhythmus - Sinn - Rezitation

Bald sind wir wieder in der Heimat, neu vertraut mit ihr geworden über langer Trennung. Sie haben sprachpilgernd viel Grammatik betrieben und Metrik, haben die grammatische und die metrische Form unsrer höfischen Dichtung gut oder halt guten Willens erarbeitet. Oberstes Ziel dabei war, Übersetzung und Interpretation der literarischen Kunstwerke auf formal gesicherten Grund zu bringen: „Ein bestimmtes Stück Kunstlehre wird durch die Einbeziehung der Grammatik wie der Metrik überhaupt erst ermöglicht." (Horacek 1954/55, 229) Ohne grammatische Form kommt kein Text zu Stande, sie macht die Bedeutung eines Textes mit aus. Auch die metrische Form kann sinnverweisend besetzt sein. Darum ist zu beachten, „was gerade im Kunstwerk infolge der Ausgewogenheit der Bauglieder so leicht übersehen wird, daß in der großen Mehrzahl der Fälle die sprachliche Gestaltung mit den geistigen Strukturverhältnissen konform geht, daß gedankliche und formale Variation eine Einheit bilden." (a. a. O.) Gehen wir gegen Ende langer Nacht sinnverweisender Form bei der Metrik nach – zur rechten Zeit kommen wir zum Thema Rezitation.

Vom rhythmischen Erlebnis sind wir ausgegangen, nun zum **Rhythmusbegriff**: „Wie immer man den Begriff >Rhythmus< im einzelnen definiert: Klarheit besteht darüber, daß der Versrhythmus die je individuelle, besondere Verwirklichung und Variation des metrischen Schemas meint." (Hoffmann 1981, 11) Das jedem Einzelvers innewohnende Schema (→ S. 203) wird nach Regeln sprachlich gefüllt. Rein mathematisch könnten pro Einzelvers, gemäß obigen Füllungsmöglichkeiten, Pausiertes mitkalkuliert, 3360 rhythmische Kombinationsvarianten entstehen. Bloß ein Bruchteil der Varianten erscheint sprachlich verwirklicht. Immerhin dürfte ein höfischer Roman viele Dutzend bis Hunderte einzelversrhythmische Varianten aufweisen, erzeugt durch ein einfaches Schema.

Allermeist zeigt die Rhythmik der Verse keine wesentliche Konformität mit ihrem Sinn. Das Verhältnis von Rhythmus und Semantik ist weitgehend arbiträr, manche literaturwissenschaftliche Aussage gerät da zu euphorisch. Ein und derselbe Versrhythmus kann im selben Werk natürlich ganz verschiedenem Sinn als Träger dienen. – Gleichwohl, nicht selten begegnen auch Stellen, wo der Sinn eines Wortes, eines ganzen Verses rhythmisch untermalt, wo ein zentraler Begriff rhythmisch hervorgehoben ist – und zwar bewusst. Ein evidentes Beispiel ist der auf Seite 224 angeführte Vers 304 aus dem *Tristan*, dessen rhythmische Hast in Perfektion konform geht mit dem Sinn des Verses. Der individuelle Versrhythmus ist stellenweise sinnverweisend besetzt, es kommen ihm manchmal „wirkliche Aussagefunktionen" (Saran/Nagel 1964, IX) zu. Welche trifft man an?

Geschehnisse, Eigenschaften oder Zustände können rhythmisch untermalt sein. Manchmal ist **rhythmische Untermalung** ‚ohrenscheinlich' vom Dichter beabsichtigt, besonders HARTMANN und GOTTFRIED zeigen synästhetisches Rhythmusgefühl. Ein andermal entspringt die Untermalung eher ‚nur' unbewusster Formkraft oder der lautmalerischen Qualität von Wörtern. Gut vorstellbar ist die mimisch-gestische Verdeutlichung bei der Rezitation. – Hier zum Beispiel könnte man eine rhythmische Untermalung des Sinns vernehmen, sie bezieht sich auf ganze Verse oder Einzelwörter (kleine Zahlen).

Er	Gr	AH	Iw	MC	Pz	Tr	Da	Hb	Pn
863 2382	1605 2786 2–4	1093 1217 f.	1087 2–4 6505 4/5	–	241 25 602 11	8058 17414	1682 1708	180 1031	403 1148 2

Was wird rhythmisch untermalt? Es sind etwa Geräusche der mittelalterlichen Lebens- oder Fiktionswelt, Körperbewegungen, auch Eigenschaften: Schwertkampf (Er 863; lat. Iktus ‚Schlag' = Hebung), Sparsamkeit (Er 2382), Pferdegalopp (Gr 1605), Kopf-Wiegen (Gr 2786 2–4), Herausreißen des zuckenden Herzens (AH 1093), Wetzgeräusch (AH 1217 f.), Fallgatter-Auslösung (Iw 1087 2–4), Minneschlag (Iw 6505), Schallweg durch die Ohren (Pz 241 25), Unwegsamkeit (Pz 602 11), Fiedelspiel (Tr 8058), Separiertheit (Tr 17414), Aufspringen (Da 1682), Zücken des Schwerts (Da 1708), Regelmaß der Knopfreihe (Hb 180), Fuß-Abschlagen (Hb 1031), Lebendigkeit (Pn 403), Tugendfülle (Pn 1148 2). Rhythmische Untermalung ist nicht an eine bestimmte Taktfüllung gebunden und zeigt mannigfaltige Formen. Im Kontext regelmäßiger Alternation kann deren Durchbrechung den Sinn untermalen, bei unregelmäßigem Rhythmus gerade die Rückkehr zu Regelmaß. Die Rhythmik kann imitieren – Isoldes Fiedelspiel – oder symbolisieren – Erecs Sparsamkeit oder Pantaleons Tugendfülle: hier mittels Konzentration aller Ikten auf einem Wort.

GOTTFRIED VON STRASSBURG sagt über HARTMANN VON AUE bewundernd: *wie er mit rede figieret der âventiure meine!* ‚Wie er mit dem Ausdruck auf den Erzählsinn abzielt!' (Tr 4626) GOTTFRIED denkt da wohl neben dem Versrhythmus auch an Wortwahl und Klang; aus dem *Iwein* ein Beispiel hierzu: *dise schuzzen zuo dem zil.* (70) Die im Vers verteilten s-, sch- und z-Laute imitieren das Schwirren und Auftreffen eines Pfeils lautmalerisch (vgl. dagegen Hb 961). Solche Konformität von Innen und Außen in der Sprache schrieb etwa die fast zeitgenössische *Poetria nova* (um 1210) GALFREDs VON VINSAUF vor: *Sit brevis aut longus, se semper sermo coloret/Intus et exterius, sed discernendo colorem/Ordine discreto. Verbi prius inspice mentem/Et demum faciem, cujus ne crede colori: Se nisi conformet color intimus exteriori/Sordet ibi ratio.* ‚Sei sie kurz oder lang, immer soll sich die Rede farbig schmücken, innen und außen, aber mit Unterscheidung der Farbe gemäß verständiger Ordnung. Untersuche zuerst den Geist eines Wortes, erst dann das Aussehen, und fall nicht auf dessen Farbe herein. Wenn die innere Farbe der äußeren nicht entspricht, dann ist dort der Sinn gering.' (737 ff.) HARTMANNs Erzählen, erklärt GOTTFRIED, ist außen, am Wortkörper, und innen, beim Sinn, überall farbig geschmückt. Seine ‚kristallenen Vokabeln' kommen dem Menschen nahe, geben sich ihm zu erkennen: *si tuont sich nâhen zuo dem man.* (Tr 4632)

Man fühlt sich derart leicht mit leerem Bauch, dass man in die Luft gehen – wollen nimmer drüber reden. – Deutlicher als die rhythmische Untermalung wirkt die so genannte **beschwerte Hebung**, ein Sonderfall des einsilbigen Taktes. (→ S. 223) Man versteht darunter die einen ganzen Takt bzw. zwei Moren dauernde Dehnung von Langsilben mit der Funktion, beim Vortrag bedeutsame Begriffe akustisch zu markieren. Wo vorgelesen oder auswendig rezitiert wird, kann man nicht zurückblättern, um den Kontext eines zentralen Begriffs oder den vergessenen Namen einer Figur nachzusehen, gesprochene Sprache ist flüchtig. Die beschwerte Hebung fungierte für ein Publikum mit Hör- und Gedächtniskultur wohl als „rhythmische Stichworttechnik". (Pretzel 1952/53, 326) Mit ihr konnte man „über eine ganze Verspartie hin jeweils dic wichtigsten, inhaltlich bedeutsamen Begriffe hervorheben. Solche Takte bilden geradezu die stützenden Träger eines Handlungsgerüstes und dienen in der Vortragsdichtung dem gleichen Zweck, dem in moderner Leseliteratur die Unterscheidungen des Sperrdrucks, Fettdrucks, Kursivdrucks, Kapitälchendrucks u. ä. dienen müssen." (Pretzel 1967, 2423) Formal lässt sich die Erscheinung gegen den ‚normalen' Einsilbentakt nicht abgrenzen; das Unterscheidungskriterium des bedeutsamen Begriffs basiert auf Interpretation, kann daher nicht ganz scharf sein. Beschwerte Hebungen begegnen am Werkanfang zur Exposition des Themas oder bei der Einführung von Namen. HARTMANN gebraucht sie oft und ganz gezielt, WOLFRAM und GOTTFRIED gehen sparsamer damit um, letzterer manchmal ungezielter. Am Werkanfang tragen etwa folgende Wörter – nicht berücksichtigt sind die, die exakt auf eine zweisilbig-klingende Kadenz fallen (s. u.) – beschwerte Hebung.

Er	Gr	AH	Iw	MC	Pz	Tr	Da	Hb	Pn
12 2	11 3	4 3	5 2	3 2	1 *10* 2	35 1	9 2	22 2	22 3
16 4	19 2	7 2	13 2	14 3	1 *14* 3	36 3	11 5	29 1	42 2
17 2/3	21 2	15 1	17 4	17 2	1 *15* 2	155 4	12 2	37 3	104 4
18 1	24 2	24 4	19 1	20 1/3	1 *22* 3	258 2	16 4	41 3	111 2
30 3	30 4	31 2	25 4	23 3	2 *3* 2	259 2	17 3	43 3	119 3

Auch später im Erzählverlauf findet man beschwerte Hebungen auf markanten Begriffen. Bei GOTTFRIED VON STRASSBURG und seinem stilistischen Nachfolger KONRAD VON WÜRZBURG sind sie selten, da beide regelmäßige Alternation anstreben.

3298 1/2	1604 3	429 4	6589 2/3	146 2	315 *21* 3	7649 2	4285 3	1493 1/2	1812 4
3330 2/3	3283 3	468 2	7024 1/3	319 3	317 *29* 2	17385 2/3	8173 1	1846 3	2141 2

Mimisch-gestische Expression legten vielleicht Verse nahe, die (fast) nur aus Hebungssilben bestehen. Der Name *Cond|wîr|â|mûrs* im *Parzival* (283 7, 333 23, 732 13 und unten) ist das berühmteste Beispiel dafür: Vier Hebungen huldigen den vier Silben eines Worts.

7333	3160	92 f.	459	116	187 21	326	3055	1775	674

Die zweisilbig-klingende Kadenz (→ S. 220) kann man als „Sonderfall der beschwerten Hebung" (Pretzel 1952/53, 330) betrachten, wenn ein bedeutsamer Begriff darauf fällt. Sie ist aber häufig (→ S. 52) und trägt daher oft keine speziell bedeutsamen Begriffe. „Im späteren Mittelalter verliert sich allmählich das Gefühl für die Bedeutung der beschwerten Hebung. Gleichgültige, nur eben noch metrisch passende, d. h. irgendwelche Wörter mit langer Stammsilbe, können einen einsilbigen Takt bilden." (a. a. O.)

Eine Wegkreuzung an der Stelle? Ist aber neu. *dâ sint die wege manecvalt.* Wissen Sie, ganz egal im Prinzip, welchen Weg wir jetzt nehmen. Wir haben ja vereinbart nicht mehr davon zu reden, aber auf dem erwartet uns garantiert keine Tafeltafelrunde. Auf jenem erst recht nicht. *ir müeset iuwer ezzen mit iu hân gefüeret.* Danke der Erbauung. Allein, der Mensch lebt nicht vom Brot allein, der Mensch usw. ad libitum. Dasselbe auf dem dor– *waz ist diz!?* – Ihre Netzhaut, wird da ein Objekt projiziert, das Ihr Hirn als Schwebezelt interpretiert, nachtblau mit Flammen? *sinwel als ein gezelt ez ist.* Ganz genau. Und scheint das dank Schwebung in unbeschwerter Hebung? *ez muoz von gougel geschehen!*

Wandteppich (Ende 15. Jh.) aus der Serie *Die Dame mit dem Einhorn* im Musée de Cluny, Paris. Die Serie von sechs Teppichen wird als allegorische Darstellung der fünf Sinne gedeutet, auch als symbolische Darstellung von Werdestufen der Seele; das Bild oben symbolisiere die Seele an der Schwelle zum Erwachsenenalter. (Büttner 1996, 30 f.) Das Zelt erscheint nur auf diesem Teppich. Das Motto über dem Eingang, *A mon seul désir* >Meinem einzigen Verlangen<, beziehe sich auf das >Liberum arbitrium< der Antike: die Freiheit des Willens.

Die Nummer der Nummern. Der alte Zeltmeister. Was nu, ne, zählt, ist: null Erwartung. Bleiben Sie auf dem Boden. Wollen heilig nüchtern sein. *ir sîtz, meister!* Schlägst du auf den Magen, Kleines? – Da geht jemand zu. *ez sint zwei kint.* Ein Mädchen und ein Junge. *die möhten an ir lîbe niht schœner sîn.* Fast so schön wie Ihr Mittelhochdeutsch. Fragen Sie mal, was die da treiben – aus ihrer Sicht sind Sie nun der Riese. *waz werbet ir hie?!!* Sie Ungefüger. *dâ tragen wir dise spîse her!!* Sind Kinder vom heiligen Geist, es riecht nach Taubenpastete. *wer sol sie aber ezzen hie?* Das fragen Sie noch!? *swer sie suochet.* Die Bedingung ist – erfüllt. *wer hât sie danne her gesant? – diu vrouwe ist über diz lant.* Frau Houbet ist das nicht, die Landesherrin kommt wohl selber. *kumt si selbe her iht? – lîhte kumt si, lîhte niht.* Drängt sich auch Ihnen der Eindruck auf, das Pärchen zwitschere Reimwortlauf? Schweben wir mal hinterher, überzeugt, das Zelt sei leer. Null Erwartung.

Das glaubt mal wieder – die Tafel!! In der Huld unsrer gnädigen Tafel!! Sie auch!! *dâ hât der kiusche und der vrâz alle gelîche genuoc.* Sehr freundlich. Wer aber wer ist, wird offenbar in kurzer Frist. Mitten in der Wildnis! Sauer eingelegte Neunaugen – Aal in Weinsud – gefüllter Hecht – königlich diesmal – Krebssuppe mit Nonnenfürzchen –Mus von roten Rosen – in der Mitte die Gralsburg aus vierfarbigem Teig, besetzt mit vier lebenden Staren, nach dem klassischen Rezept dressiert zu fragen *‚waz wirret dir?'* – wer die Antwort darauf nicht weiß, muss warten mit Essen, wer sie weiß, befreit überm Essen zugleich die armen Vögel, worauf sie ihr Fragen wildauf in die Freiheit tragen – wo waren wir? – hier gebackenes Hirn im Eierteig – noch ganz unbedenklich – Kalbsnierenpovesen – gefüllte Semmeln – Frauenessen vom Kuheuter – krass diskrimmi – Gans im Teigmantel – Rote Hühner – Wachtelmus – und jetzt noch höfischer: Rehbraten – ah, Schwallenbergs Sauce – Krumme Krapfen, in Schmalz gebacken – der Wein für den Tugendadel – die andern Bier, Obstwein, Met – dreifaltige Dörrbirnen – Feigen- und Weinbeerküchlein – Col ris – Weichselkirschen-Kompott – Veilchenpudding – juh! – Quark-Mandeltorte. So! Hinten noch der Beitrag vom Chefkoch unten: Schmorkormoran. Gehört Ihnen, Verstand um den Mund tut sich hier kund. *diz allez treit sich iu vergebene an! und ist ie vrisch unde niuwe!* Wohl euch, wunderschöne grammatische Kinder! Hat niemand seine Finger drin gehabt. Wir haben gesegnete Schluckarbeit vor uns. Mahlzeit!

Schauen Sie dort. Die Waise schläft. Satt von Vision. Ihr erster Schlaf. Geißel und Schrein in Berührung. Der Atem frei. Sie ist daheim im schwebenden Sommerzelt, spielt im Garten der grossen Mutter – vermutlich lügt da die Quelle. – Nein, geht leider nicht. Nicht mal Abschied. Eine Grenze bleibt. Kommen Sie? – Das Tier ist mit ihr. Es wacht.

Voller Bauch schwebt nicht gern. Der Moment ist da, als wirksame Verdauungshilfe eine **schwebende Betonung** nachzuschieben. Man postuliert die rhythmische Erscheinung vor allem bei sinnschweren Wörtern am Verseingang, seltener im Versinnern. Wo setzen Sie etwa in diesem Vers (Pz 102 28) die Hebungen? Anders gesagt: Wie skandieren Sie?

rî́cheit bî | júgent | phlác daz | wî́p oder *rî | chéit bî | júgent | phlác daz | wî́p*

Die Skansion links würde den sprachlichen Betonungsregeln entsprechen. Doch müsste man einen dreisilbigen ersten Takt (→ S. 223) mit gleich zwei langen Silben (→ S. 218) in der gespaltenen Senkung ansetzen, was die Dichter des Hochmittelalters gewöhnlich vermeiden. – Die Skansion mit Auftakt rechts würde dieses Problem umgehen und für regelmäßige Alternation sorgen. Doch würde sie den sprachlichen Betonungsregeln zuwiderlaufen. – Für „am wahrscheinlichsten“ (Hoffmann 1981, 67) hält man in derartigen Fällen schwebende Betonung. Dabei erhalten zwei Silben, hier von *rîcheit*, einen Akzent, die erste einen leichteren, als es die Sprache, die zweite einen leichteren, als es die Metrik verlangte. Eine Hebung ist zweipolig ‚schwebend‘ verteilt. Dies diene der „Einebnung des Rhythmus“ (Pretzel 1967, 2431), der Vers erhalte etwas Gleitendes, das auf den Sinn „in subtiler und vielfältiger Weise bezogen“ (Paul/Glier 1961, 58) sei – vielleicht zu subtil. Notiert wird mit Wellenlinie. Kleine Zahlen bezeichnen Wörter. (MC: Versinneres)

rîc͠heit bî | *júgent* | *phlác daz* | *wî́p*

Er	Gr	AH	Iw	MC	Pz	Tr	Da	Hb	Pn
1585 1	1766 1	–	307 1	67 3	116 *13* 1	11726 1	6529 1/2	117 1	79 1
7143 1	–		6042 1	–	542 *3* 1	11991 1	–	728 1	2123 1

Die schwebende Betonung wurde von Ranke und Pretzel gegen Andreas Heusler favorisiert. Die Literatur (Heusler §§ 58, 557–566; Ranke 1948; Pretzel 1967, 2429 ff.; Paul/Glier 1961, 58; zur Positionslänge Werner 1970, 125 ff.; Hoffmann 1981, 66 f.; zur Quantität Vennemann 1995) zeigt Widersprüche und begriffliche Unschärfen. Pretzel (a. a. O.) hat in einer wohl einflussreichen Analyse der Minnetrank-Szene im *Tristan* die schwebende Betonung als ein Kunstmittel (u. a.) dargestellt, das der „einlullenden“ Wirkung der Minne entspreche. Metrisch ist es jedoch unnötig, Eingangstakte wie *mínne diu (vérwærínnè)* (Tr 11908) schwebend zu betonen. – Dass zwei natur- oder positionslange Silben die Senkung eines dreisilbigen Taktes füllen, ist „hochmittelalterlichem Brauch“ (Hoffmann 1981, 67) wenig genehm. Aber nicht selten kommt es vor, nicht nur bei WOLFRAM. Überschwere (Eingangs-)Takte kann man metrisch interpretieren a) als Stellen mit schwebender Betonung, b) als Stellen mit Tonverschiebung (s. u.), die als gewollte Stilisierung oder als fehlerhafte Tonbeugung gilt, oder c) als Stellen, wo der Dichter eine ‚Lizenz zu überschwerer Füllung‘ beansprucht – akustisch, erzählend vorgetragen, durchaus den sprachlichen Betonungsregeln gemäß, irritieren solche Takte nicht. Am besten gesteht man wohl den Vortragenden „individuelle Entscheidungen“ (Hennig 1968, 189) zu. Die Metrik als Begriffssystem verführt leicht zu Dogmatismus.

Ähnlich sind nach Ranke (1948, 531 ff.) Verse mit **stilisierender Tonverschiebung** im Verseingang zu betonen. Von sprachgemäßer Betonung wird zu Gunsten regelmäßiger Alternation abgewichen. Die entstehende Spannung verleihe den Versen „einen eigenen Vortragsreiz“ (a. a. O., 533), vielleicht hat höfisch Publikum *Franzoyser* Art vernommen. Selten lässt sich die Tonverschiebung auf den Sinn beziehen, sie kann u. U. sogar den semantischen Bezugsbereich von Partikeln u. Ä. (Skopus) etwas verwischen. Im folgenden Beispiel (Tr 17) sei das *e* von *tiure* in der Textausgabe elidiert.

tíur unde | *wért ist* | *mír der* | *mán* oder *tiur* | *ùnde* | *wért ist* | *mír der* | *mán*

Die Skansion links entspricht den sprachlichen Betonungsregeln. Sie ist auftaktlos, die regelmäßige Alternation wird von einer zweisilbigen Senkung durchbrochen. Dies wäre die übliche, metrisch nicht zu beanstandende Skansion. Ranke hätte sie als „hüpfend“ (a. a. O., 536) abgewertet. Vielleicht ist sie adäquater mit ‚leichtfüßig‘ charakterisiert. – Die Skansion rechts stellt das sinnschwere *tiur* in den Auftakt. Der sprachgemäße Akzent ist verschoben, indem die erste Hebung auf die weniger sinnschwere Konjunktion fällt, weshalb Ranke nur eine Nebenhebung setzt. Auch eine solche Skansion „scheint in der Tat möglich, bedeutet doch die Rhythmisierung von Gotfrieds Vers eine bewußte Stilisierung des Prosarhythmus, nicht dessen Kopie.“ (Hoffmann 1981, 67) Analog rhythmisierte Verse kennt zudem die mhd. Lyrik. – Der Klang? Nach Ranke ist das im Auftakt stehende *tiur* mit einem leichten musikalischen Akzent (→ S. 206) zu versehen, mit etwas angehobener Stimme zu rezitieren, während das *und(e)* einen dynamischen Akzent erhält, zum Ausgleich lauter klingt. Er spricht von schwebender Betonung. – Stilisierende Tonverschiebung kann man für GOTTFRIEDs *Tristan* und bei KONRAD VON WÜRZBURG häufig postulieren, seltener bei den anderen höfischen Dichtern seit HEINRICH VON VELDEKE. Verse wie die folgenden mögen sie aufweisen; die kleine Zahl bezeichnet die Silbe (!) mit der verschobenen ersten Hebung im Wortlaut der Textausgabe, davor der Auftakt.

Er	Gr	AH	Iw	MC	Pz	Tr	Da	Hb	Pn
23 3	1539 3	211 2	146 2	348 2	136 *28* 2	25 3	44 2	1051 2	6 2
855 2	2566 2	231 2	159 2	951 2	314 *29* 3	187 3	255 2	1089 2	80 2
1198 3	2770 2	(256 3)	301 2	958 2	315 *13* 2	206 2	323 2	1104 2	1818 2
4042 2	3175 2	370 2	496 3	964 2	315 *19* 2	339 2	346 2	1306 2	2016 2
5096 2	3938 2	910 2	825 2	1014 2	315 *20* 2	3951 3	814 3	1354 3	2083 2

Ranke postuliert für den *Tristan* fünf Arten der Tonverschiebung im Verseingang. (a. a. O., 532 ff.) Sein ‚Beweis‘ dafür ist indirekt. Hoffmann (1981, 67) ist skeptisch dort, wo „echte Tonbeugungen“ entstünden, etwa wenn Ranke Tr 367 skandiert *hœrèt verlúst ùnde gewín* statt sprachgerecht *hœ́ret verlúst únde gewín*. Als Herausgeber hat Ranke 1930 den Text mit Glättungen, Verkürzungen, Verschleifungen in ein Ebenmaß gebracht, das seiner Hörweise von GOTTFRIEDs Formkunst entsprach. 1980 glich Krohn Rankes Textgestalt für die Reclam-Ausgabe (vgl. Bd. 3, 234) wieder behutsam dem handschriftlichen Wortlaut an.

Das Rauschen. Der Fluss. – Zuletzt kurz zur **Rezitation**: „Von der Skansion zu trennen ist die Rezitation des Verstextes, der rhythmische Vortrag, der die sinngemäße Erfassung des ganzen Verstextes zum Gegenstand hat, insbesondere das Verhältnis zwischen dem durch Skansion gewonnenen Versmaß und dem Wort- und Satzsinn.“ (Breuer 1999, 74) Wie wollten HARTMANN, WOLFRAM, GOTTFRIED und ‚Anverwandte‘ die Verse gehört, gesprochen haben? Was waren die Vorstellungen der Rezitierenden? Wie wirkte die Aufführungssituation mit? – Die mündliche ‚Performance‘ fehlt uns, erhalten ist nur Schrift. Man wird notgedrungen entlang heutigen Wort- und Satzbetonungsmustern rezitieren, mit einer vom eigenen Sprachraum beeinflussten Behelfsprosodie, weder sicher richtig noch sicher falsch. Die Metrik gibt kleinere Anhaltspunkte bezüglich **Dynamik** und **Tempo**: „Primär wird bei schwerem, auftaktlosem Einsatz oder bei Silbenarmut des Verses oder Taktes die Nachdrücklichkeit der Akzentuierung, also verstärkte Dynamik, vereint mit Verlangsamung des Tempos, bei aufgelösten Hebungen oder dem flüssigen Einsatz eines mehrsilbigen Auftaktes eine schnellere Bewegtheit oder eine Lockerung der Rede erreicht, dazu kommt natürlich im einzelnen noch anderes. Diese akustischen Wirkungen stehen bei stilsicheren, klangempfindlichen Dichtern in schönster Kongruenz mit dem Inhalt, dessen Sinn also jeweils durch den Rhythmus unterstrichen wird.“ (Pretzel 1952/53, 323) Besonders HARTMANN deutet gelegentlich mit beschwerten Hebungen die Prosodie an: *wem sólde ich dér genâden jéhen / níuwan íu zwéin nâch góte?* (AH 676 f.) Solche rhetorische Hervorhebung sollte man nicht strapazieren. – Waldrand! – Wir sind durch –

Kam man aus unendlichen Wäldern endlich heraus, trat leibhaftig vor lang nur geglaubten Rand der Wildnis – der Himmel dunkel noch, die Milchstraße tritt hervor. Alles klar.

Morgenahnung am Horizont, Erdboden hat uns wieder. Achthundert Jahre. Dutzende Generationen. Hintergrundrauschen, transgenerational. – *waz wirret iu?* Bitte? *waz wirret iu?* Ein Weilchen her. Die ersten Vögel. Die Waise würde nun das Pilgerlied zur Heimkehr singen. *wie die türne vielen und manec steinmûre?* Nein, das andere. *wie diu sunne erlasch, diu ê schein?* Nein, dieses andere – von den Lebensaltern, von Sommerzeit und Liebe, vorauseilendem Herzen, Allverbundenheit. Noch vor Tagesanbruch würde sie es singen, den Auftrag des Boten gleich selbst übernehmen – wie zweistimmig aus dem fernsten Spiegel, plötzlich springend.

Komen sint uns die liehten tage lange, *alsô sint die vogele mit gesange.* *die habent ein niuwez vunden,* *daz sis nie vor mangen stunden* *baz begunden.*	Bereit sind uns die lichten, langen Tage, und so sinds die Vögel mit Singen. Die haben sowas Neues erfunden, dass sies seit vielen Stunden nie besser angingen.
Die den winder sendes herzen wâren, *den gestuont der muot vor drîzec jâren* *nie ringer danne hiuwer.* *mägde, ir nemt des meien stiuwer,* *zogt ab iuwer.*	Die den Winter voller Sehnen waren, deren Stimmung war vor dreißig Jahren nie heiterer als dies Jahr. Mädchen, Maigabe steht euch zu, macht nur im Nu.
Junge mägde und alle stolze leien, *sult iuch gên dem lieben sumer zweien,* *so ist wünne in allen rîchen.* *ir sult iuch ze vröuden strîchen,* *lât dar wîchen.*	Junge Frauen und alle stolzen Laien*, begegnet dem lieben Sommer zu zweien, so ist Lust in allen Ländern. Ihr sollt euch zu Freuden aufspielen, lasst abzielen.
Kint, lât iu den reien wol enblanden. *lœset iuwer herze ûz senden banden* *mit snellen sprüngen ringen.* *ich hœr von der vogele singen* *den walt erklingen.*	Kinder, lasst euch viel liegen am Tanz. Erlöst euer Herz aus Sehnsuchtsbann mit schnellen, ringen Sprüngen. Ich hör vom Singen der Vögel den Wald erklingen.
Lieben boten ich heim ze lande sende. *al mîn trûren, daz sol haben ein ende.* *wir nâhen zuo dem Rîne,* *gerne sehen die vriunde mîne* *uns pilgerîne.*	Lieben Boten send ich heim ins Land. All mein Trauern, das soll zu Ende sein. Wir nähern uns dem Rhein, gerne sehen meine Freunde uns Pilgersleute.
Bote, nu sage den kinden an der strâze, *daz si niht enzürnen ûz der mâze:* *wir suln ein niuwez briuwen,* *dar nâch sî die vinger kiuwen.* *an den triuwen.*	Bote, sag nun den Kindern an der Straße, dass sie nicht zornig sind ohne Maß: Wir werden was Neues aushecken, danach sie sich die Finger schlecken. Fest versprochen.
Bote, nu sage dem liepgenæmen wîbe, *daz ze wunsche gât sô wol mîn schîbe.* *dû, sage ze Landeshuote:* *wir leben alle, in hôhem muote,* *niht unvruote.*	Bote, sag nun der liebschönen Frau, mein Glücksrad dreht zum Wunsch genau. Du, biet herum in Landshut: Wir leben alle, daseinsfroh, nicht ungemut.

* Im Mittelalter ein in der Regel Ungelehrter von weltlichem Stand, ein Nichtgeistlicher, etwa ein Bauer, Bürger, Ritter. Im Neuhochdeutschen fehlt ein Äquivalent, zentral ist hier der Gegensatz zu ‚Fachmann'.

Glockengeläut im Definitiv. *die haben dâ besezzen daz ander paradîse*. Die Vision davon, Elend-geboren. Ziehen wir heim. Die leichte Last auf der Schulter: Ihr Anteil am Schrein. Er steuert durch die Flut, über den Fluss müssen alle allein. In der Schlucht: nächste Generation ab. Keine Ruhe, der Pilgerplanet, im heilenden Regeltanz über Chaos, Tod. Doch mögen nun andere sagen, wie sie Zeit unterwegs zugebracht. Wem besser gelungen, der sag auch das. Abschied bald, bald Morgenlicht. *vüeret mich mit iu hin*. Wer spricht?

Ihm ist kein passenderes Schlussbild begegnet, vom Outfit ganz zu schweigen. So endet diese Reise mit einem romantischen Tableau von Carl Gustav Carus: *Pilger im Felsental.* In Wahrheit gebe es kein Zurück, aber Zukunft in der Gegenwart des Vergangenen, sagten früher die Leute.

Epilog

Das Schlusskapitel analysiert auf 15 Seiten Positionen und Probleme der akademischen Sprachdidaktik des Mittelhochdeutschen und leitet daraus drei Darstellungsprinzipien für dieses Buch ab. Für Studierende im Grundstudium ist das Kapitel weniger gedacht.

Zur Hochschuldidaktik des Mittelhochdeutschen

I

Oberstes Lehrziel dieser mhd. Studiengrammatik ist die übersetzungsbezogene formale Erschließung normalisierter Texte, wie sie in Editionen für den akademischen Unterricht der Germanistischen Mediävistik als einer Literaturwissenschaft vorliegen. Sie erschließt eine Sprachform, die bei der Erschließung nichtnormalisierter Texte Referenzsprache ist. Entfaltet wird ein Lebenswelt-haltiger Grammatikbegriff, der Sprachreflexion, translatorische und literaturwissenschaftliche Bezüge sowie die Metrik des Reimpaarverses mit umfasst. Die Darstellung ist synchronisch. Sie verwirklicht (sprach-)didaktische Prinzipien: Synthese eines systematisch integrativen Sprachunterrichts; Zielorientierung; autonomes Lernen; Evidenz der Lernrelevanz; curriculare Spiralförmigkeit; simulierte Situativität. Viel Gewicht haben Morphologie und Syntax, vergleichsweise geringes hat hier die Phonologie. Gute Gründe sprechen dafür, dass eine Sprachdidaktik des Mittelhochdeutschen zur Einführung mit den im akademischen Unterricht gebräuchlichen Editionen arbeitet und erst dann auf einer zweiten, spezialisierteren Studienstufe mit dem heterogenen Sprachstand der Handschriften bekannt macht. Eine mehrbändige Grammatik auf Handschriftenbasis für spezialisiertere Lehr- und für Forschungszwecke erarbeiten Thomas Klein, Hans-Joachim Solms und Klaus-Peter Wegera.

II

Eine Übersetzung aus dem Mittelhochdeutschen verlangt lexikalische und grammatische Interpretation. Von letzterer ist nun die Rede. Was leistet die grammatische Interpretation? „Die grammatische Interpretation hat zu verhindern, daß es auf Grund von Annahmen, die auf unserer Kenntnis des heutigen Deutsch beruhen, zu fehlerhaften Auslegungen der alten Texte kommt.“ (Stackmann 1997, 422) Man könnte die Aussage noch differenzieren, wichtig ist hier: Es kommt zu häufig dazu. Didaktisch formuliert: Der autonome Transfer von mhd. Grammatik auf Studientexte gelingt Studierenden der Germanistischen Mediävistik oft nicht oder hat oft nur den Status nicht begründungsfähiger, intuitiver Stimmigkeit ohne Gewissheit. Bei mündlicher Stoffvermittlung in kleinen Lehrveranstaltungen ist der Einzelfall überprüfbar, korrigierbar; grundsätzlich ist frontal-mündliche Information indes verzerrungsanfällig (Eckstein 1978, 25), notgedrungen okkasionell und später im Studium nicht systematisch abzurufen. Ohne auch autonomes Lernen geht es nicht. Wahrscheinlich gilt heute noch verschärft, was Brunner über das Erlernen des Mittelhochdeutschen vor rund dreißig Jahren sagt: „Da half dann nur Selbststudium oder die Sache gedieh nie zu einem vernünftigen Ende.“ (1999a, 43)

Zur Wirklichkeit autonomer grammatischer Interpretationsversuche aus einer Lernerperspektive. – Viele Lehrbücher des Mittelhochdeutschen geben gut Auskunft für die darstellungsinternen Textbeispiele. „Den Ausgangspunkt der Erarbeitung bilden in der Regel Belege aus den Texten im Anhang." (Bergmann/Pauly/Moulin-Fankhänel 1999, 14) Sobald der Transfer auf den real vorliegenden Studientext ansteht, treten bemühend lange Lernwege auf. Vorausgesetzt sei, dass die klärungsbedürftige grammatische Erscheinung überhaupt dargestellt ist. Sie soll eingeordnet, ihre Bedeutung erkannt oder bestätigt werden. Die gebräuchlichen grammatischen Lehrbücher und Nachschlagewerke induzieren nun viel grammatiktaxonomische und terminologische Unsicherheit: Bald ist die sprachsystematische Verortung des Problems fraglich, bald die Terminologie der (historio-)linguistischen Sprache über Sprache, nicht selten beides. Das konsultierte sprachwissenschaftliche Fachlexikon setzt Verstehen theoriebezogener Begrifflichkeit voraus. Unter Verdrängung leisen Unbehagens über irritierende Unterschiede in der Schreibung wird bei genügend Biss für das Ausgangsproblem endlich ein analog aussehendes Beispiel identifiziert; bis aber, nach zahlreichen weiteren grammatischen Fragen, unser Ausgangsproblem in veränderter Einkleidung im real vorliegenden Studientext wiederkehrt, ist gegenläufig das durch Schreibvariation irritierende Beispiel jener für sich schon erklärungsbedürftigen Grammatik, das aus einem unbekannten Text stammte und demnach seinerseits ganz losgelöst vom Kontext memoriert werden sollte, auf überlangen Lernwegen verschollen – und mit ihm die autonome grammatische Interpretation: Zweit- und Drittfragen türmen sich hinter nicht zweifellos sicheren Erstfrage-Auskünften, Lernautonomie, Motivation verliert sich in taxonomisch-terminologisch-graphematischer Sprachwildnis.

An die Stelle autonomer Übersetzung und Textdeutung in Studienarbeiten tritt, mit Odo Marquard ironisch formuliert, eine Art philologischer ‚Inkompetenzkompensationskompetenz': verschwiegene statt reflektierte Orientierung an vorliegenden Übersetzungen, ‚freies Übersetzen' als Euphemismus für ‚grammatische Unsicherheit', Überlagerung der themenbezogenen Zitatwahl durch das Kriterium der Vermeidung von Sprachproblemen, vorverdautes Primärzitieren aus der Sekundärliteratur, Ausblenden von grammatisch Undurchschautem in Kommentar und Interpretation, kurz: ein Abkommen vom autonomen Studium der Quelle. „Gerade unter Studienanfängern ist verbreitet, vor der Lektüre des Quellentextes bereits Sekundärliteratur zu konsumieren. Das aber verstellt den Blick, es verhindert, sich dem fremden Text unvoreingenommen zu nähern und die zahlreichen Probleme allererst zu erkennen und zu benennen." (Bein 1998, 93) Penzl beklagt schon 1989 ein Grammatikdefizit: „Ohne die Fähigkeit zumindest einer synchronisch-taxonomischen Formbestimmung kann kein Literaturgermanist erfolgreich mhd. Texte behandeln. Hier haben wir die Voraussetzung für literarische wie linguistische Analyse." (28) Zehn Jahre später warnt Stackmann: „In der Älteren Germanistik [...] sind sprachhistorisch-grammatische Studien weit, allzu weit in den Hintergrund getreten. [...] Es muß auf die Dauer gefährlich werden für eine Philologie, die sich nicht selbst aufgeben will. Denn ihre erste Aufgabe ist nun einmal die grammatische Interpretation der Texte." (1999, 410)

III

Eine grobe Typisierung und didaktische Charakterisierung bekannterer Lehrmittel. – 1748 publizierte Bodmer die *Proben*, ohne Grammatik. Die Didaktik des Mittelhochdeutschen im 19. Jahrhundert zeigt Lehrmittel des Typus Kompendium; sie geben das grammatisch ‚Nötigste', von Textauszügen und Wortglossaren begleitet oder ohne Beigabe. Der Typus wird immer noch produziert. Genannt seien etwa der didaktisch innovative Zupitza [1]1868, Bachmann [1]1892, Bluemel [1]o. J., [2]1925, Saran [1]1930, der *Abriss der mittelhochdeutschen Grammatik* von Helm/Ebbinghaus [1]1951, Sacker 1964, Oksaar 1965, Asher [1]1967, Pastré 1972, die *Minimalgrammatik* von Gärtner/Steinhoff [1]1976 und die *Kurzgrammatik* von Taubert [1]1991; diesem Typus zuzurechnen sind weiter die Grammatica bei Sowinski 1992 sowie Weddige [1]1996. Bezweckt wird die Bewusstmachung von ‚Besonderheiten' und ‚Abweichungen'; der Grammatikbedarf zum sicheren Übersetzen – wozu das autonome Verifizieren intuitiver Grammatikhypothesen unbedingt gehört – ist zu provisorisch abgedeckt. – Als Beispiel eine neuere Darstellung, von Weddige stammend, der 1987 eine literaturwissenschaftliche Einführung ins Fach vorlegte: *Mittelhochdeutsch – Eine Einführung*, [1]1996. Laut Umschlagwerbung ist das „Mittelhochdeutsche historisch-systematisch nach seiner Stellung innerhalb der Geschichte der deutschen Sprache" beschrieben; die Einführung sei „auf die Bedürfnisse des Mediävistik-Studiums zugeschnitten" und vermittle „die Kenntnisse, die zum Verstehen und Übersetzen mittelhochdeutscher Texte nötig sind" – all das mittels 25 Seiten Morphologie und 10 Seiten Syntax. Eine Fülle grammatischer Erscheinungen, wie sie in jedem klassischen Studientext Bedeutung konstituieren, wird schlicht nicht erwähnt, während Historiolinguistica ohne translatorischen Nutzen Raum vergeben. Es ist motivational falsch, zu versprechen: „Schon die Kenntnis weniger Regeln des lautlichen und grammatischen Wandels eröffnet einen Zugang vom Neuhochdeutschen her." (XII) – nur um später mahnen zu müssen: „Dass darüber hinaus eine genaue Übersetzung grammatikalische Korrektheit (z. B. in der Beachtung der Zeitstufen des Verbums) impliziert, versteht sich von selbst. Jedes Wort, auch die unscheinbarste Partikel (wie *dô*, *nû*) verdient Aufmerksamkeit." (1996, 139) – Alle diese Kompendien, Ad-hoc-Grammatiken enthalten, explizitem Bekenntnis zum Trotz, implizit eine demotivierende Metabotschaft: ‚Die Anforderungen zum Übersetzen aus dem Mittelhochdeutschen sind gering – grammatisch kommt man mit wenigen Minima durch – im Klartext: Der Lerngegenstand verlohnt keine philologische Genauigkeit.' Studierende merken indessen genau genug, dass ihre Schnellbleiche zur grammatischen Erschließung der teils weltliterarischen Texte nicht genügt. Demotiviert überlassen sie Lehrenden die Translationshoheit, anforderungsminimierte Kompendien entstehen: ein circulus vitiosus.

Den zweiten Typus bilden vor allem ältere diachronische Grammatiken und Lehrbücher, die mit Akzent auf Lautgeschichte und Phonologie bald knapper, bald wieder sehr umfangreich einen systematischen Aufbau entfalten. Dank junggrammatischer Solidität verkaufen sie sich in immer neuen Auflagen und sind doch für heutige Studierende nur bedingt nutzbar, denn sie fußen auf diachronisch fundierten Curricula des 19. sowie des 20. Jahrhunderts bis ungefähr Ende sechziger Jahre. Zu dem Typus zählen die materialreiche *Mittelhochdeutsche Grammatik* von Weinhold 1877, dann die *Kleine mittelhochdeutsche Grammatik* von Weinhold/Ehrismann/Moser, [1]1881 ([18]1994), das dialektal orientierte *Mittelhochdeutsche Elementarbuch* von Michels, [1]1900, als *Mittelhochdeutsche Grammatik* überarbeitet und zuletzt erschienen [5]1979, vergleichend Mausser 1932/33, Neudruck 1972, die *Mittelhochdeutsche Grammatik* von de Boor/Wisniewski, „vor vielen Jahren" (1) konzipiert, zuletzt 1998 in der 10. Auflage publiziert. Wie und was lernte man mit diesen Lehrmitteln? „Das Grundstudium war überall ziemlich schrecklich: man lernte weder vernünftig Alt- und Mittelhochdeutsch, noch erfuhr man etwas über mittelalterliche Literatur und Kultur; dafür hatte man Lautgesetze, Ablautreihen, Deklinationsklassen und anderes auswendig zu lernen – auf Texte angewendet wurden diese Kenntnisse kaum je." (Brunner 1999a, 43) Lautgeschichtlich kohärent ist nochmals die 1962 ([8]2000) in der DDR erschienene *Mittelhochdeutsche Grammatik* von Mettke. Der Autor im Vorwort: „Immer wieder habe ich erfahren, dass die Kenntnis der gesamten sprachlichen Entwicklung für den Anfänger wohl etwas schwer ist, im ganzen gesehen aber aufschlussreicher und nützlicher als das Erlernen losgelöster Fakten." Viel Aufschluss erhält man bei Mettke über Sprachgeschichte qua Lautgeschichte, wenig über grammatische Texterschließung auf syntaktischer Ebene. „Die semantische Untersuchung kann prinzipiell nicht von dem syntaktischen Zusammenhang absehen, in den ein Wort eingebettet ist oder in dem eine Wendung steht." (Schützeichel 1976, 425) Auch bei der neuesten diachronisch darstellenden *Einführung in das Mittelhochdeutsche* von Hennings (2001) liegt der Schwerpunkt auf historischer Phonologie und Morphologie, die Syntax bleibt auf „ein absolutes Minimum reduziert." Der Prüfungsstoff aus der inneren Sprachgeschichte, dem gegenwärtigen Heidelberger Lehrkanon entsprechend, wird – ähnlich Frey 1994 – mittels Aufgaben und Lösungen vermittelt. Gelehrt wird im Grunde nicht das Übersetzen aus dem Mittelhochdeutschen, trotz „notwendigen Basisinformationen" (V f.) ist das wirkliche Lehrziel kein sprachdidaktisches, wie u. a. die Fortschreibung der translatorisch wenig nützlichen diachronischen Darstellung der Substantivflexion zeigt. Sitta beschrieb 1972 die Folgen solchen Unterrichts für das Althochdeutsche, und Entsprechendes gilt für das Mittelhochdeutsche: „Die Folge war, daß auch gute Studenten (wenigstens in unmittelbarem Anschluss an das Seminar) zwar in der Lage waren, Laut- und Formenlehre an ausgewählten Beispielen des Althochdeutschen zu demonstrieren, aber nicht, auch nur einen mittelschweren Text in seiner grammatischen und semantischen Struktur wirklich zu verstehen und zu durchschauen." (40) Asher 1967 zur Trockenheit solcher ‚Sprachdidaktik': „The historical approach is also one reason why students at some universities, regarding Middle High German as an arid subject *par excellence*, avoid it. The study of a foreign language should be exciting to the student. Taught descriptively, a medieval language is this." (3) Exciting? Eine Evaluation diachronischer Mittelhochdeutsch-Didaktik würde sicher ein ganz anders aufregendes Lernresultat zeigen: „Die Kenntnisse, die man im Hauptseminar gebraucht hätte, als man plötzlich Abschnitte aus dem »Parzival« oder Lieder Walthers oder Morungens übersetzen sollte, hatte man freilich nicht erworben." (Brunner, a. a. O.)

Den dritten Lehrmittel-Typus bilden im Westen entstehende ‚Althochdeutsch-Mittelhochdeutsch-Sprachgeschichte-Allrounder', reagierend auf die achtundsechziger Legitimationskrise der ‚Altgermanistik'. Sie „befand sich damals auf dem Tiefpunkt ihres universitären und öffentlichen Ansehens." (Brunner a. a. O., 42) Die Relevanz ihrer Lehrgegenstände stand in Frage, didaktisch schien verkürzter fachlicher Allround-Mix legitim. Solchen bieten Gerdes/Spellerberg [1]1972, Bergmann/Pauly [1]1973 und Ehrismann/Ramge 1976. Die Dreifach-Kompendien sollen ins Althochdeutsche, ins Mittelhochdeutsche und gleich noch in Sprachgeschichte einführen. Charakteristisch ist neben der löchrigen Systematik eine Diffusion der Lehrziele. Das Erreichen dreier Ziele zu je einem Drittel ist nicht Erreichen eines Ziels, jede Evaluation fehlt. „>Einsichten in ... zu vermitteln<, >Grundlagen von ... darzustellen< sind allenfalls Kursbeschreibungen, aber keine Lehrzielangaben." (Eckstein 1978, 19; kritisch auch Penzl 1989, 26) – Ein schönes Gegenstück bildet die von Schmidt 1966 in der DDR edierte *Geschichte der deutschen Sprache*, ^{8}2000. Sie enthält die drei kohärentesten Kurzgrammatiken der älteren Sprachstufen des Deutschen in einem Buch, vernünftigerweise getrennt dargestellt. Auch die neuste Auflage von Bergmann u. a. (^{5}1999) kehrt diesbezüglich wieder zu mehr Klarheit zurück.

Den vierten Typus bilden Lehrmittel mit linguistischem Approach. Seidel/Schophaus konzentrieren sich ^{1}1979 wieder auf eine *Einführung in das Mittelhochdeutsche*, streben zu Recht nach Verständlichkeit „aus sich heraus" (5) und versuchen ein Defizit an historischer Grammatik linguistisch zu kompensieren. Undogmatisch sucht dieses Buch nach einem didaktischen Aufbau. Seine Progression entspricht linguistischer Perspektive: Angesetzt wird bei der Handschrift, translatorische Kernthemen kommen dagegen spät (Verben S. 118, Pronomen S. 173, Negation S. 183, Konjunktionen S. 204!). Linguistische Konzepte, speziell des Schichtungsmodells von Glinz, werden auf die alte Sprache angewendet. In Teilbereichen helfen linguistische Methoden (Sitta 1972), doch der Transfer bleibt stecken: Die grammatische Beschreibung „der hochmittelalterlichen Sprache des Zeitraums von 1170 bis 1250" (15) ist nicht detailliert genug, konzeptgebundene Terminologie setzt metasprachliche Verständnisklippen. Dies Problem führt dann didaktisch ad absurdum bei Singer, *Grundzüge einer rezeptiven Grammatik des Mittelhochdeutschen*, 1996. Wer hier Mittelhochdeutsch lernen will, steht vor einem einschüchternden Begriffsinstrumentarium der kognitiven Linguistik oder nützt die „am Schluß dieser Einleitung gegebenen Literaturempfehlungen" dazu, „sich die Grundlagen sozusagen aus den Quellen anzueignen" (5); mit „Quellen" sind Darstellungen zur kognitiven Linguistik plus Theorieumfeld gemeint. Dafür bekommt man bescheidene Grammatikauskünfte für bescheidenstes Korpus, ein Wortregister erübrigt sich. Trotz didaktischem Lippenbekenntnis unter dem Begriff „rezeptiv" (Heringer 1989) – hier Etikett zur Legitimation leerer Lehre – dürfte diese „Zugriffsgrammatik" (2) den ‚Zugriff' in praxi lahm legen. Eine systemlinguistisch-dialektologische Perspektive vertritt Penzl 1989 mit *Mittelhochdeutsch – Eine Einführung in die Dialekte*. Als solche ist das Buch zur Spezialisierung geeignet, nicht aber als Einführung auf generalistischer Studienstufe; Näheres unten.

Die *Mittelhochdeutsche Grammatik* von Paul u.a., ^{24}1998, überarbeitet von Peter Wiehl und Siegfried Grosse, ist gegenwärtig noch das wissenschaftliche Handbuch für Forschende und Lehrende. Es kann und soll einführende Komplexitätsreduktion nicht leisten. Seine zentralen Dilemmata sind bekannt: als wissenschaftliches Nachschlagewerk zu wenig handschriftenorientiert; ursprünglich als Lehrbuch konzipiert, doch mit zuviel Forschungs-Jahrringen. Trotz didaktischen Verbesserungen bleibt die Einstiegsschwelle zu hoch. – Vorliegende Studiengrammatik legt darum eine Zwischenstufe: Die integrierte Schnittstelle macht sie zum Schlüssel für das gegenwärtige Standard-Nachschlagewerk.

IV

Ein Fundament der wissenschaftlichen Gehversuche von Studierenden, das grammatische Textverständnis, trägt wenig. „Leider geht oft aus dem Thema (Elementarunterricht) und dem Personal hervor, daß nur Minimalkenntnisse der mhd. Grammatik zum besseren Verständnis der großartigen mhd. Literaturtexte das Lehrziel sind." (Penzl 1991, 171) Reicht diese Erklärung? Es liegt nicht am (Mittelbau-)Lehrpersonal, das einführend auch wortsemantische, kulturkundliche, hermeneutische, paläographische Aspekte u.a.m. mitthematisieren muss, nur schon um Demotivierung durch ein Übergewicht an Grammatik vorzubeugen. Es liegt, von Rahmenbedingungen abgesehen, ein gutes Stück weit an den Lehrmitteln. Sie geben weniger und dennoch mehr und lehren anders, als obiger Zielvorstellung „besseres Verständnis der großartigen mhd. Literaturtexte" entspricht.

Die gebräuchlichen Lehrmittel außer Paul u. a. geben weniger Grammatik, als bei der Lektüre mittelhochdeutscher Texte begegnet. Selbst noch der kürzeste Korpustext – *Der arme Heinrich* – birgt in seinen 1520 Versen einen grammatischen Reichtum, der größer oder anders – syntaktischer – ist als das, was sie darstellen. Dies gilt sowohl für Erscheinungen, bei denen historisch-grammatische Unterschiede zum Neuhochdeutschen intuitive Erschließung verunmöglichen, als auch für solche, bei denen intuitiv stimmig übersetzt wird, wo aber ohne Verifizierungsmöglichkeit Gewissheit fehlt. Ohne grammatische Gewissheit kann keine Übersetzung griffsicher nuancierend gestaltet werden.

Umgekehrt werden überflüssige (Historio-)Linguistica angelagert. Aktuellere diachronisch orientierte Lehrmittel enthalten oft im Grunde halbsystematische Reminiszenzen aus diachronischen Studiengängen; synchronisch orientierte Lehrmittel führen gleich noch linguistische Konzepte mit ein. Beides behindert den direkten grammatischen Zugang. Es gibt ihn nur gegen translatorisch funktionslosen (historio-)linguistischen Lernzoll.

Anders, als dem Ziel entspricht? Studierende der Germanistik kommen heute oft ganz ohne Vorkenntnisse zu mittelalterlicher Literatur und Kultur in Grundkurse, Seminarien. Doch diese fremdartige Literatur fasziniert vielfach, motiviert zum Studium: „Ich hatte das Fachgebiet erst im Studium entdeckt. Es hatte mich vor allem durch die Fremdheit dessen, womit man sich da beschäftigen musste, fasziniert [...], die >großen< Werke der mhd. Literatur schienen mir zunehmend (und scheinen mir noch immer) unübertroffen und der Zuwendung wert; interdisziplinäre Zusammenhänge in die verschiedensten Bereiche können und müssen hergestellt werden." (Brunner 1999a, 46) Eine durchschnittliche Motivation zum Mittelhochdeutsch-Lernen hängt am Interesse für Literatur und Kultur im Mittelalter. Die Aventiure begegnet nun in Lehrmitteln als Auszug, Fetzen-Chrestomathie. Kunstwerke teils von weltliterarischem Rang werden vorgeführt als grammatisch-sprachgeschichtliche Organbanken, literaturbekrückte Grammatiktitel wie „Kapitel 6. Hartmanns „Armer Heinrich" (Z. 1–83). Das mhd. Verb (§ 111–§ 128.2)" (Penzl 1989, 92) sollen zu grammatisch-sprachgeschichtlichem Lernen verlocken. Als Meta-Lerneffekt resultiert der Eindruck, diese Literatur sei derart passé, dass ihre linguistische Funktionalisierung völlig legitim ist – wozu ihre Grammatik lernen? „Wenn Texte und Textauszüge vorwiegend zur Illustrierung der herkömmlichen mittelhochdeutschen Grammatik herangezogen werden, geht man am Wesen der sprachlichen Äußerungen vorbei." (Endres 1971, 10 f.) Stellvertretend für den Tenor der Evaluationen zu vorliegendem Lehrmittel eine Studentin: „Es ist eine sehr gute Idee, das Ganze an einem Text zu betrachten und verschiedene Aspekte anhand von diesem vorzunehmen – gibt einen sehr guten Gesamteindruck." Die ganzheitliche Darstellung an zehn epischen Texten erlaubt Lehrenden auch eine nicht vom Lehrmittel aufgezwungene Lektürewahl.

Was sind die tieferen Ursachen der wenig lernwirksamen Darstellungstraditionen? Die Lehrmittel kranken didaktisch an einer wissenschaftsgeschichtlich induzierten Konkurrenz literaturwissenschaftlicher und linguistischer Lehrinteressen, resultierend aus den Entwicklungen in der Sprachwissenschaft und deren Auswirkungen auf germanistische Curricula: „Da alt- und mittelhochdeutsche Sprachkenntnisse nur mehr funktionalen Stellenwert für die altgermanistische Literaturwissenschaft besitzen («Übersetzungsfähigkeit» heißt das Nahziel in der Lehrpraxis), werden linguistische Beschreibungsmodelle nicht in dem Maße systematisierend und generalisierend angewandt, wie es beim Sprachstudium als Hauptzweck möglich wäre. Bei dieser Umorientierung in der mediävistischen Lehre hat die germanische Sprachwissenschaft, z. B. das Studium des Gotischen, Altnordischen, Altsächsischen, auch das des Althochdeutschen, erheblich an Boden verloren, zumal gleichzeitig innerhalb der Linguistik das Pendel nach der Seite der Systemlinguistik ausschlug. Hier hat sich jedoch die Historistik längst ihren Platz zurückerobert, so dass es im sprachwissenschaftlichen Bereich zu Überschneidungen zwischen germanistischer Linguistik und Mediävistik kommt.“ (Weddige 2001, 19) Die konkurrenzierenden Lehrinteressen im Spannungsfeld von germanistischer (Historio-)Linguistik bzw. Mediävistik führen weniger zu befruchtender Interdisziplinarität als zur Interferenz von Lehrzielen und zu ineffizienter Stoffvermittlung. Das literaturwissenschaftlich zentrale sprachdidaktische Lehrziel ‚Grammatische Erschließung mhd. Literatur‘ wird überlagert bald von einem Ziel ‚Einführung in Sprachgeschichte qua Lautgeschichte‘, bald von einem Ziel ‚Einführung in synchronlinguistische Konzepte‘, je nachdem von einem Ziel ‚Grammatische Erschließung althochdeutscher Texte‘ oder von einem Ziel ‚Bestimmen mhd. Schriftdialekte‘.

Wer Mittelhochdeutsch lernt, muss dann, von lexikalisch-semantischen Problemen abgesehen, translatorischen Grammatikbedarf in Darstellungen mit Lehrziel-Interferenzen aus einer Vielfalt halbsystematischer (Historio-)Linguistica herausfiltern, während die faszinierende Literatur linguistisch funktionalisiert begegnet. Wenn statt „Freude der eigenen Sinnerkenntnis“ (Sowinski 1992, 12) Demotivierung resultiert, ist das nachvollziehbar. Mittelalterliche Literatur bietet „eine Fülle exemplarischer Textgestaltungen, die mitunter ebenso interessant oder sogar interessanter sein können als manche literarischen Texte der Gegenwart.“ (a. a. O., 11) Doch fehlt die elementare Voraussetzung primärer Motivation: die Fähigkeit, Textstellen auf dem grammatischem Fundament ebenso wie auf dem lexikalischen des Wörterbuchs autonom zu erschließen. Das könnte dazu motivieren, mediävistische Kenntnisse zu erwerben, Stellen sprachfundiert zu deuten, mit Literatur des Mittelalters weniger absolvierungspragmatische als wissenschaftliche Gehversuche zu wagen.

V

Das erste Darstellungsprinzip lautet: Solidarische Entflechtung von literaturwissenschaftlichen und linguistischen Lehrzielen. – Im Blickfeld der Lehr- und Forschungsinteressen einer Literaturwissenschaft wie der Germanistischen Mediävistik sind Texte, Literatur im traditionellen sowie erweiterten Sinne. Sie beschreibt am Gegenstand etwa Gattungsmerkmale, Traditionslinien, Bedeutungsebenen, Rezeptionsumstände, Welthorizonte. Es besteht „zumindest grundsätzlich kein erkenntnistheoretischer und methodologischer Unterschied zur «Neueren deutschen Literaturwissenschaft» [...].“ (Weddige 2001, 19) Im Blickfeld der Lehr- und Forschungsinteressen einer Sprachwissenschaft wie der Germanistischen Historiolinguistik ist Sprache; sie beschreibt am Gegenstand etwa diachrone Entwicklungen auf verschiedenen Ebenen infolge von Sprachwandel, Schriftdialekte der

Quellen, Perioden innerer und äußerer Sprachgeschichte, genetische Zusammenhänge. – Die beiden Fächer haben unterschiedliche Lehr- und Forschungsziele und sind dennoch voneinander abhängig – jedoch ganz ungleich. Die Historiolinguistik dient der Mediävistik vorwiegend als sprachanalytische Hilfsdisziplin, etwa bei überlieferungsgeschichtlichen oder grammatischen Fragestellungen. Die Mediävistik hat umgekehrt der Historiolinguistik eher wenig Sachauskunft anzubieten, wenngleich es Überschneidungen bei den literarischen Quellen gibt. Dagegen ist sie ihr als motivationspropädeutische Hilfsdisziplin unentbehrlich. Mittelhochdeutsch-Lerner müssen, über erste Vorurteile hinweg motiviert vom Faszinosum einer fremdartigen Literatur, en passant die Germanistische Historiolinguistik zur Kenntnis nehmen, trotz jüngerer Renaissance wie die Mediävistik im Grunde auch eins der Studien-Aschenputtel: „Es ist natürlich ein bedauerlicher Zug der Zeit, dass für manche Literaturgermanisten das Studium des Mittelhochdeutschen die einzige Gelegenheit zu oberflächlicher Kenntnisnahme sprachgeschichtlicher und sprachwissenschaftlicher (linguistischer) Begriffe und Tatsachen abgibt.“ (Penzl 1989, 27) Florebat olim studium nunc vertitur in taedium – laudatio temporis acti, Zeitklage – kein wissenschaftliches Argument, sondern literarischer Topos, Begriff und Tatsache der –

Aschenputtel sollten nicht konkurrieren. Ist das Ideal philologischer Einheit des Fachs verloren, die Schwester verraten, wenn eine Grammatik des Mittelhochdeutschen ihre (Historio-)Linguistica sprachdidaktisch auf das eine Lehrziel ‚Grammatische Erschließung mhd. Literatur‘ konzentriert und so Lehrziel-Interferenzen eliminiert? – Mittelhochdeutsch, die intuitiv teilverständliche historische Muttersprache, ist geradezu prädestiniert, Studierende zum Studium der Sprachgeschichte des Deutschen zu motivieren. Das Interesse kommt spontan als Erstaunen, Verwunderung beim Vergleich von Formen und Bedeutungen, als Frage nach den Ursachen, als reflektierende Hinwendung zur inneren Fremdsprache. Wem indes spätestens im Hauptstudium dämmert, dass die erworbenen Kenntnisse in mhd. Grammatik translatorisch nicht weit tragen, dass die Hilfsdisziplin ihre Lehre nur teils auf das sprachdidaktische Lehrziel ausrichtet, teils lieber mit (historio-) linguistischen Zielen durchflicht, dass die Gegenleistung für halbherzige Übersetzungshilfe ein Lernzoll in halbsystematischer Historiolinguistik ist, ahnt doppelte Halbheit – womit man zweierlei lernt: mhd. Literatur als verstaubte Pflichtlektüre zu sehen und bei (Historio-)Linguistica die oben von Penzl monierte Berührungsscheu auszubilden. Sobald aber die (Historio-)Linguistica dem Übersetzungs-Lehrziel wirksam dienen, verweist stetig steigende Sprachkompetenz überall auf erklärungsmächtige, verständliche Hilfswissenschaft, zu der also auch wirksamer propädeutisch motiviert wird. Beherrschte Praxis setzt theoretische *curiositas* frei. Im Verein mit guter historiolinguistischer Lehre, entlastet von sprachdidaktischer Pflicht, aber assistiert von historischer Sprachkompetenz, kann auch das zweite Aschenputtel ureigene Reize offenbaren. Solidarische Entflechtung der Lehrziele dürfte das Ideal einer philologischen Einheit in der Germanistik nur fördern.

Um das Ziel ‚Grammatische Erschließung mhd. Literatur‘ zu erreichen, sind Darstellungstraditionen loszulassen. Translatorisch funktionslose (Historio-)Linguistica zählen hier nicht zum obligaten Stoff. – Als Beispiel diene die trennscharfe spachdidaktische Instrumentarisierung der Phonologica. Die grammatische Erschließung der Literaturtexte ist von der Darstellung der vormittelhochdeutschen lautgeschichtlichen Entwicklungen so gut wie unabhängig. Synchronisch orientierte Einführungen haben ihr sprachdidaktisches

Lernstoff-Gemisch diesbezüglich optimiert. Hier werden überdies die Erscheinungen des Lautwandels vom Mittelhochdeutschen zum Neuhochdeutschen mit Frequenzbeobachtungen und Überlegungen zu ihrer Lernrelevanz möglichst trennscharf so präsentiert, dass das sprachdidaktische Feinziel ,Wiedererkennen von Lexemen' wirklich zielorientiert angegangen ist. Die Darstellung zeigt überall Beispiele für dies Prinzip der Entflechtung. – Es meint nicht Stoffreduktion. Bezogen auf translatorische Auskunft, Entwicklung von Sprachgefühl, Nuancierung, Verifizierung, bietet diese Darstellung mehr als andere Grammatiken. Kurzgrammatiken sind nur scheinbar kurz: Sie nötigen in Kürze zu Umwegen in Zweitdarstellungen. Eine zielklare Grammatik dagegen erleben Studierende – das zeigten auch die Evaluationen – durch die Direktheit der Lernwege als „kurzgefasste". (Vorwort von Wiehl in Paul u. a., ^{24}1998, XVIII) Die etwas unsüße Milch historischer Grammatik wird geschluckt, weil ihr translatorischer Nährwert kurz darauf dem Bäuchlein behagt.

Und die Solidarität mit der (Historio-)Linguistik? Funktional eingebettet begegnet viel linguistische Begrifflichkeit. Man begreift sie hier translatorisch handelnd, begreift darum nachhaltiger. Ein ,fakultatives' sprachgeschichtliches Kapitel gibt Orientierung und führt hin zum vertiefenden Studium der Sprachgeschichte. Weiter wird beim Phänomen ,Rückumlaut' und bei der Sustantivflexion die diachronische Perspektive skizziert. – Die motivationspropädeutische Hilfsdisziplin ist der Schwester entflochten klarer verbunden.

VI

Die Aufgabe genauer: auf elementare Lehrinteressen der Germanistischen Mediävistik konzentrierte, repräsentative Beschreibung des hoch- und spāthöfischen Mittelhochdeutschen der Versliteratur von etwa 1180 bis 1300. Das zweite Darstellungsprinzip: Synthese von systematischem (Langue-) und integrativem (Parole-)Sprachunterricht. – Hauptproblem ist bei jenem die nicht durchgängige Lernrelevanz, bei diesem die nicht durchtragende Okkasionalität. Die Synthese aus These und Antithese ist systematisch integrativer Sprachunterricht, zwei Positionen vereinigend. Die systematische Position fragte: Welche grammatischen Erscheinungen begegnen in einem repräsentativen Quellenkorpus des hoch- und spāthöfischen Mittelhochdeutschen von etwa 1180 bis etwa 1300 und sind sprachsystematisch geordnet und möglichst vollständig zu beschreiben? Die integrative Position fragte: Welche Erscheinungen begegnen in den real vorliegenden Lektüretexten und sind als translatorisch relevante auch darstellungsnötig? Eine systematisch integrative Grammatik definiert diese empirisch in den Texten, nicht okkasionell, sondern gehalten im umfangenden Ordnungsgerüst grammatischer Systematik. Sie ist dann so systematisch, ein repräsentatives Korpus annähernd vollständig geordnet zu beschreiben, und doch genug integrativ, annähernd vollständig lern- und nachschlagerelevant zu sein.

Wie groß muss ein repräsentatives Korpus sein? Bestimmt größer als das Singers (1996), dessen rund 300-seitige Grammatik ihre Belege fast ausschließlich dem Anfang des *Iwein* entnimmt und überdies wiederholt – die Beispiele widerspiegeln nicht einmal werkintern den Stilwandel bei HARTMANN, geschweige denn die Sprache anderer Dichter. Klein (1991, 7) gibt für eine ,gesamthafte' Auswertung als Mindestumfang bei Versdichtungen etwa 2400 Verse an, entsprechend ungefähr 12'000 Wortformen, was für seltene Erscheinungen zu wenig ist. Der *Helmbrecht* hat 9948 Wortformen, im Schnitt 5,14 pro Vers. Legt man diesen Faktor den 82'544 Versen im Korpus hier zugrunde, kommt man auf rund 424'000 Wortformen. – Repräsentativ wofür? Für die in normalisierten Editionen vorliegende Versliteratur i. e. S. der höfischen Zeit; diachrone Unterschiede deuten die Belegleisten da und dort an. Wirkliche diachrone oder gar diatopische Differenzierung mit Berücksichtigung der Verzerrung durch Kopialhandschriften kann vielleicht in einer neuen Grammatik auf Handschriftenbasis nachgeschlagen werden. (Wegera 2000, 1307)

Systematisch integrative ist ‚umfangend umfangene' Grammatik. Die Eingrenzung darstellungsrelevanter Erscheinungen im Gerüst grammatischer Systematik geht deduktive und induktive Wege. Von der Deskription in wichtigen Grammatiken verlaufen computergestützt die Suchwege deduktiv zu Einzeltextbelegen und von den Erscheinungen im Text verlaufen sie induktiv zur Klassifikation im Grammatik-System, das da und dort etwas differenziert werden kann. Die Eingrenzung stützt sich stets auf Frequenzmessungen und -schätzungen, die Darstellung muss lernrelevant sein; Seltenstes ist weggefiltert, sie soll auch schlank sein. – Was bewirkt diese Art Grammatikschreibung? Ist der Grammatikbedarf empirisch eingegrenzt und für wählbare, im Studium begegnende Texte dargestellt, so resultiert grammatische Sprachlehre ad oculos: Lerninhalt, Lernweg und Lernrelevanz sind direkt vor Augen. Man ‚schraubt sich' vom textinternen zum intertextuellen und zum korpusexternen Transfer hoch. Die Belege sind mit Anfangsakzent gestreut im Ganztext, eine leise wirksame Lesemotivierung. Das gemeinsame Erlesen im Hochschulunterricht und das einsame beim autonomen Studium sind sofort mit Vergleichsstellen unterstützt.

Der Begriff ‚integrativ' meint einmal, ontologisch gedacht, In-Sein von etwas in etwas: hier das Ineinander-Sein von Grammatik und Text sowie das In-Sein der integrierten Darstellung in grammatischer Systematik. Und er meint weiter das Ganz-Machen: hier das Ganz-Belassen der Texte und die Ganzheit einer Situation. Letztere ist im gemeinsamen akademischen Unterricht durch die Situation ‚Lehrveranstaltung zur mittelhochdeutschen Sprache und Literatur' vorgegeben; mehr ‚Integration' ist unnötig, in diese Literatur integriert ist In-Halt. Darüber sei jedoch die isolierte Studiensituation aller Einzelnen nicht vergessen. Zupitza wollte vor über 130 Jahren „das lebendige Wort eines Lehrers, der nicht für jeden zu erreichen ist, nach Möglichkeit ersetzen." (IX) Auf Lernwegen in der simulierten Situation ‚Wallfahrt' begleiten hier jener uralte Pilgerdolmetscher Tragemund und seine erlösungsbedürftige Gegenspielerin Grammatica, gleichsam Lehrperson-Avatars im Medium Buch. Mittels motivational und mnestisch leise aufbauender allegorischer Einkleidung des Lernprozesses ist ein situativ integrierter *Anderer Grammatikunterricht* (Boettcher/Sitta [2]1981) auf dem hochschuldidaktischen Terrain simulierbar. Es geht nicht um oberflächliches Edutainment, sondern um Spiegelung im Bild, Reflexion, Integument.

VII

Das dritte Darstellungsprinzip lautet: Didaktisierung. – Didaktische Begrifflichkeit, vor allem aber didaktisches Denken ist in Lehrmitteln des Mittelhochdeutschen nur marginal zu finden. Das Wort ‚didaktisch' verwendet in jüngerer Zeit Penzl. (1989, 26 ff.) Eine umsichtige Didaktik für den akademischen Mittelhochdeutsch-Unterricht hat sprachdidaktische, allgemeindidaktische und andragogische Kenntnisse mit fachlicher und bezugswissenschaftlicher Kompetenz zu lernwirksamer Komposition zu vereinen. Weil Didaktik zur Forschung in einem Spannungsverhältnis steht (Sitta 1980, 836), bedarf sie der Begründung: Durch die Vermittlung von Lernautonomie leitet Didaktik die Entwicklung von

Wissenschaftlichkeit ein und wirkt als Antidot gegen massenuniversitären Qualitätsabbau. Empirisch gesichert ist, dass eine Anleitung durch zielorientierten Unterricht mit dem Erlernen autonomen Lernens bei Erwachsenen Hand in Hand geht. (Prenzel 1993, 252) – Konkreter: Warum ist aus sprachdidaktischer Sicht die Stufe ‚normalisierter' Einführung einer schriftdialektal-handschriftlichen Vertiefung vorzuschalten? Welches Korpus eignet sich einführend? Inwiefern ist eine die Lernwege mitsteuernde didaktische Progression der traditionellen sprachsystematischen Stoffanordnung überlegen?

Vom praktisch-ökonomischen Aspekt abgesehen – diplomatische Abdrucke sind für das Korpus kaum erhältlich, Filmkopien von Handschriften machen aus der Lektüre mühseliges Entziffern – empfiehlt sich eine ‚normalisierte' Mittelhochdeutsch-Sprachdidaktik aus folgenden Gründen. – Die Normalisierung führt zum Erwerb einer Referenz-Sprachform. Dies ist jene „praktische Abstraktion" (Wells 1990, 118), auf die alle, auch Fachleute, zur Erschließung schreibsprachlicher Heterogenität mental rekurrieren. Man beseitigt dann die Verwirrung, dass sich der „Benützer [...] das eine Mal einer ausgefallenen Sonder-Mund- und Schreibart gegenübersieht, das andere Mal dem normalisierten, leichter lesbaren Mittelhochdeutsch, das seit Karl Lachmann aufgrund guter Handschriften der klassischen Werke zur »Literatursprache« abstrahiert worden ist", so Max Wehrli. (1984, 289) Oder Dieter Kühn, auch er kein Mittelhochdeutsch-Anfänger, zur Lektüre von Neidhart-Handschriften (R und C): „Ich habe übersetzt nach unbearbeiteten, unredigierten Zeugnissen der Überlieferung. Das machte die Arbeit schwieriger: es sind Texte ohne Kommas, Strichpunkte, Doppelpunkte, Fragezeichen, Ausrufezeichen, Anführungsstriche, Punkte; die Schreibweise ist nicht purgiert, normiert; bei etlichen Wörtern musste ich rätseln, unter welcher Lautform sie eventuell im Lexer stehen könnten." (1996, 432) Ohne Referenznorm ist die verwirrende Schreibvielfalt der Handschriften mühsam zu lemmatisieren und praktisch unmemorierbar, denn die schreibsprachliche Heterogenität führt zu massiver Aufschwellung. Klein nimmt bei der computergestützten grammatischen Auswertung von Handschriften deshalb eine „Wortnormalisierung" vor. (1991, 19) Gärtner/Kühn fordern für wirklich brauchbare Konkordanzen: „Bei Indices und Konkordanzen zu Texten aus älteren wie neueren Sprachstufen ergibt sich im Zusammenhang mit der Lemmatisierung auch das Problem der Normalisierung der Lemmata: Soll ein Wort auffindbar bleiben, dann sollte es nicht auf eine beliebige – belegte oder künstlich geschaffene – Grundform bezogen werden, sondern auf die Grundform einer ‚Normalsprache', die dem Benutzer vertraut ist und an der er sich auch sonst zu orientieren pflegt." (1998, 730) Wohl die meisten heutigen Fachleute haben ihren Mittelhochdeutsch-Spracherwerb an normalisierten Texten absolviert, profitieren von einer mentalen Referenznorm. Sie Studierenden vorzuenthalten, käme mittelfristig dem Abbau einer fachlichen Verstehensgrundlage gleich. Eine Grammatik auf Basis normalisierter Editionen erfüllt darum immer noch eine „(wichtige) Hilfsfunktion zum Lesen und Verstehen mhd. Literatur." (Wegera 2000, 1305) – Weiter entspricht die Normalisierung dem Bedürfnis des ‚Durchschnittsnutzers'. Studierende der Germanistik wollen eine exzellente, existenziell anrührende Literatur lesen und sie übersetzen können, nicht zuletzt hinsichtlich der späteren Berufpraxis. Das normalisierte Mittelhochdeutsch „erlaubte (und erlaubt es bis heute), die Texte der mittelhochdeutschen Klassiker in einer einheitlichen Sprachform abzudrucken. In dieser Funktion ist es nicht zu entbehren, seine Einführung gehört zu den großen Leistungen der

Mittelalterphilologie." (Stackmann 1997, 421) Im germanistischen Durchschnittscurriculum ist eine Lektüre normalisierter mittelhochdeutscher Texte ein praxisbezogenes, daher sozioökonomisch legitimierbares Lehrziel. – Ein dritter Grund, eigentlich allvertraut, vielleicht fällt er darum leichter außer Acht: Die Ordnung des Lernens geht vom Elementaren zum Spezialisierten, vom normalisierten zum nichtnormalisierten Text. Handschriftliche Vielfalt erschwert den mhd. Spracherwerb beträchtlich, u.a. durch Homonymenkollisionen. Die von historiolinguistischer Seite erhobene Forderung nach einer Mittelhochdeutsch-Sprachdidaktik an nichtnormalisierten Texten ist auch Widerhall einer sehr hohen Fachspezialisierung. Die Argumentation stützt sich auf die Bezeichnung ‚Sprachrealität': „Die sprachlich ungeregelte Wildnis mancher Handschriften bringt uns dem Verständnis der Sprachrealität der Periode näher als die sauber normalisierten und von Herausgebern textkritisch behandelten Literaturtexte." (Penzl 1989, 27) Oder Wolf: „[...] wenngleich der Vorteil wohl nur in der leichteren Zugänglichkeit mittelhochdeutscher Texte für Anfänger und Nicht-Germanisten [...] zu sehen ist; dieser didaktische Aspekt bringt es mit sich, daß genau diesem Personenkreis die sprachliche Realität des Mittelhochdeutschen grundlegend verfremdet wird." (1991, 97) Wer die Zugänglichkeit von Dichtung für nur sekundär hält, eine a priori integrale Sprachrealität reduktionistisch auf das Schriftlautliche einschränkt, vertritt ‚buchstäblich' spezialisierte Sicht. Anfänger, Nicht-Germanisten oder Menschen mit Germanistik-Studienabschluss hingegen werden auf generalistischer Stufe den Erwerb ‚Geist'-aufschließender Referenzsprache schätzen, gut informiert, was Normalisierung ist und wirkt: Dass sie v.a. die Schreibung verzerrt, aber nicht eine integrale Sprachrealität „grundlegend verfremdet". Ein Verlust von Augenmaß, mediävistischer ebenso wie historiolinguistischer, arbeitet der Verständlichkeit des eigenen Fachs und seiner Attraktivität letztlich entgegen. „Das Gespräch unter den jeweiligen Spezialisten ist mittlerweile häufig so ausgeprägt und differenziert, daß die übrige Fachöffentlichkeit oft nur noch mit Staunen wahrnimmt, was sich abspielt, ein Staunen, das bisweilen in Abwendung, ja Desinteresse umschlägt." (Brunner 1999b, 225) – Zu Grunde liegt auch ein Koordinationsproblem. Notwendig wäre eine Stufung der Lernorganisation. Die generalistische Stufe führt zu einem guten Erwerb der weiterführenden Referenzsprache ‚Normalmittelhochdeutsch'. Eine zweite Stufe kann dann spezialisierend anschließen mit dem Ziel schriftdialektal-handschriftlicher Vertiefung. Sie führt spezialisierend in Richtung Forschung, und in dieser Hinsicht genügt die normalisierte Referenzsprache nicht mehr: „Trotzdem muß man vom heutigen Standpunkt der Forschung aus einen fundamentalen Mangel dieses ‚normalisierten' Mittelhochdeutschen konstatieren: Es verstellt den Blick auf die historische Wirklichkeit, wie sie durch die mittelalterlichen Handschriften repräsentiert wird; denn es ebnet den Unterschied zwischen dem jeweiligen Laut, dessen Qualität mit sprachhistorischen Methoden erschlossen werden kann, und seiner graphischen Wiedergabe in den Handschriften auf unzulässige Weise ein, und es gleicht auch die bei der Formenbildung auftretenden Differenzen zugunsten einer vom Philologen konstruierten Norm aus. Infolgedessen kennen wir die in der Überlieferung zu beobachtenden Besonderheiten der Schreibsprache, ihre regionalen und zeitlichen Varianten, lauter für die moderne, besonders an überlieferungsgeschichtlichen Fragen interessierte Forschung außerordentlich wichtige Faktoren, längst nicht genau genug." (Stackmann 1997, 421) Die gegenwärtig im Auftrag der Deutschen Forschungsgemeinschaft entstehende mehrbändige mittelhochdeutsche Grammatik auf der Basis von Handschriften wird die „große Lakune der Germanistik“ (Wegera 2000, 1304) ein Stück weit schließen.

Welches Korpus eignet sich? – Wieder gibt es gute sprachdidaktische Gründe für die einführende (!) Beschränkung auf die klassische Epik des 12. und des 13. Jahrhunderts. Das Korpus hier umfasst 5 kürzere Erzählungen und 5 große Romane. Diese Texte fungieren als Schlüsseltexte. Sie sind grammatisch reich genug, einen differenzierten Spracherwerb zu gestatten und als Beispielfundus für weitere Texte zu fungieren. Auch garantieren sie in germanistischen Curricula wiederholte Begegnungswahrscheinlichkeit (Hennig 1993, VII), was im Studium ‚spiralförmige Lernthermik‘ auslöst: Man liest etwa im Grundstudium eine Erzählung, repetiert vertiefend im Hauptseminar an einem Roman, auf höheres Niveau getragen dank Parallelerinnerung an jene Einführung. Die Texte bieten durch ihre Intertextualität eine Fülle literaturgeschichtlicher Fragestellungen an. Sie sind nicht nur grammatisch reich, sondern auch inhaltlich ansprechend, was das anfängliche Fehlen außerliterarischen historischen Bezugswissens ausgleichen kann. Eine einführende Lehrveranstaltung mit einer heterogenen Textsammlung ist gut möglich; darin könnte ein kurzer, doch grammatisch reichhaltiger Text wie *Der arme Heinrich* als Schlüsseltext dienen. Die Grammatik eines solchen Textes Schritt für Schritt durchschaut, sie an einem großen, existenziell berührenden Roman des Mittelalters repetiert zu haben, bedeutet, über die sprachliche Referenznorm, über mittelhochdeutsches Sprachgefühl zu verfügen. Es erlaubt in Verbindung mit guter schriftdialektal-handschriftlicher Einführung die autonome Erkundung von Textsortenvielfalt, das Studium lyrischer, mystischer, fachsprachlicher, prosaischer, dialektaler Texte. – Penzl fordert dagegen: „Als didaktisches Ziel sehe ich die Schulung des Lesers in Verständnis und Analyse einer möglichst großen Vielfalt von mhd. Texten, d.h. verschiedenen Textsorten und verschiedenen Schriftdialekten.“ (1989, 27) Wie steht es hierbei mit der Lernrelevanz? Die Forderung nach Textsortenvielfalt ist ein Kind der kommunikativen Wende in der Sprachdidaktik Ende der Sechzigerjahre des 20. Jahrhunderts. Auf den Ernstfall Leben sollten vielfältige Sprachhandlungs-Textmuster vorbereiten. Soweit war Lernrelevanz anzunehmen. Überträgt man die Forderung auf die historische Sprache und weitet sie aus auf Schriftdialekte, erscheint historiolinguistische Spezialisierung als generalistischer Standard. Penzls Darstellung ist geprägt vom historiolinguistischen Spezialinteresse an Lautgeschichte und Dialektologie, an der Sprachentwicklung vom Althochdeutschen über das Mittelhochdeutsche zum Frühneuhochdeutschen. Erst auf einer spezialisierteren Studienstufe macht seine Forderung Sinn. Textsortenvielfalt führt keineswegs zu grammatischer Differenziertheit, sein Korpus bzw. dessen Auswertung deckt mediävistischen Grammatikbedarf wenig ab. Ein Beispiel: Der Abschnitt *Unterordnung durch Konjunktionen* (131) nennt 6 hypotaktische Konjunktionen; im normalisierten Klassikerkorpus hier treffen Studierende 30 an, seltene nicht mitgerechnet. Der Preis ungestufter Einführung in die Dialektvariation wäre ein defizienter Spracherwerb. Penzls Lehrmittel eignet sich also nur für erste Spezialisierung hinsichtlich mhd. Schriftdialekte. Dass seine Gedanken zur Didaktik mit *Zur Dialektik des Mittelhochdeutschen* (26) überschrieben sind, tut wenig zur Sache, aber sagt viel.

Inwiefern ist eine die Lernwege mitsteuernde didaktische Progression der traditionellen systematischen Stoffanordnung überlegen? – Solche Progression steuert auf motivierende Lernwege, da sie translatorische Kernthemen schlüssig prioritär entwickelt, den

Steilheitsgrad ausgleicht, kontinuierlich hochträgt, curricular spiralförmige Lernthermik erzeugt. Nun zwingt das Medium Buch zu Linearität, während Lernwege nicht immer linear verlaufen. Zudem sind die Themen bezüglich Steilheitsgrad bald leicht, dann wieder anstrengender. Kompromisse sind unausweichlich. Aber sie sind, spezifisch für eine Studiengrammatik zum autonomen Lernen, besser als die sprachsystematische Anordnung mit ihrer Abfolge von Phonologie, Morphologie und Syntax. Grammatische Theorie stellt auseinander, was in praxi rundherum bedrängt. Vielleicht als Folge einer stark abgebauten grammatischen Schulung ist grammatiktaxonomische Verwirrung häufig: Ist das Problem auf der phonologischen, der morphologischen oder der syntaktischen Ebene anzugehen? Um direkte Wege anzulegen, folgt hier auf die morphologische rasch zentrale syntaktische Information. Dem Ganzen vorgeordnet wird die phonologische Ebene, denn elementare phonologische Kenntnisse erschließen die Ebene der Morphologie, diese die der Syntax. Häufige Lautgesetzlichkeiten werden gleich beim betroffenen morphologischen Thema ‚in Funktion' präsentiert. Beim ‚Reisen' lockt der Einführungsteil von hoher Lernrelevanz (S. 42–129/199–234) in den Vertiefungsteil, der weniger direkt lernrelevant ist und vor allem der Differenzierung des Textverständnisses, der Nuancierung der Übersetzung, der Überprüfung intuitiver Grammatikhypothesen dient. (S. 130–198) Dank einer strengen Komposition bleibt aller Freiraum beim Lernen. Wer will, kann sämtliche Abschnitte als untereinander und mit den Texten nahtlos harmonierende, modulare Bausteine ansehen, muss nicht der Progression folge. Diese weist jedoch auf gute Wege der Einführung.

VIII

Zur Konkretion. Ein sprachgeschichtlicher Überflug zieht die raumzeitlichen Koordinaten ein: Deutschland, Mittelalter, Sprache. Das grammatische Verstehen bereitet jetzt simultan Probleme auf der phonologischen, der morphologischen sowie der syntaktischen Ebene. Die Progression hält sich nahe parallel zu den Stufen eines mhd. Spracherwerbs. – Eine annähernd historische Graphem-Phonem-Assoziation wird automatisierend eingeübt, der Lautwandel vom Mittelhochdeutschen zum Neuhochdeutschen in Funktion gezeigt. Dies erweitert die Worterkennung: Zum Beispiel werden nun *vuhs* und *riuwe* erkannt, anfangs noch nicht möglich. Die nhd. Sprachkompetenz, unterstützt durch natürliches Lese- bzw. Sprechtempo infolge historischer Artikulationsfertigkeit, bewirkt intuitives Teilverstehen: Wortbedeutungen werden hypothetisch gesetzt, überprüft, korrigiert, mhd. Satzstrukturen abgehört. Bei deren Analyse helfen operationale Verfahren. Das Verstehen auf Satzebene ist nunmehr abhängig vom Satzkern, dem Verb. Bergmann u. a. ([5]1999, 17) stoßen direkt zur Morphologie des Verbs vor. Das hat Vor- und Nachteile, einige Studierende ziehen es vor, andere wieder nicht. Für die Progression bedeutet es höchsten Steilheitsgrad, was bei Transferversuchen ‚Abstürze' begünstigt und in Abhängigkeit von Lehrenden hält. Denn die Schwierigkeiten der Verbalmorphologie sind vielfältig-vertrackt, nicht nur auf Ablautreihen beschränkt. Ein leichterer Umweg garantiert mittelfristig mehr Autonomie: Verstehensbrüche kann man im Bereich der Negation sowie bei der Verknüpfung von Teilsätzen mittels Konjunktionen beobachten. Der vom Verb als strukturellem syntaktischem Zentrum erschlossene Satz bzw. Teilsatz muss auch im Kontext verankert werden können, wenn nach der verbalmorphologischen Tour de force nicht nur eine Ansammlung von Syntagmen mit logisch diffusem Wechselbezug, sondern unfragmentierter Text verstanden werden soll. Darum werden die sanfter ansteigenden, die kontextuelle Logik aufspannenden Syntax-Themen Negation und Satz der Morphologie des Verbs vorgeordnet. Das Verb als Satzkern wird dann nicht isoliert, sondern gehalten von Satzstruktur thematisiert. Ein kurzfristig etwas abstrakteres Verständnis wird in Kauf genommen, dafür gehen mit der Verbformbestimmung – ein allegorisch umspieltes Flussdiagramm baut, sich selbst abbauend, Sicherheit auf – die grammatischen Verstehensprobleme sprunghaft zurück. Noch vor der Substantivflexion sind die Pronomen und Artikel – sie können „das Textverständnis erschweren" (Grosse 1985, 1156) – darzustellen. Diese These wurde bei Evaluationen bestätigt. Es gibt wohl vier Gründe: Einmal werden die Verstehensprobleme beim Substantiv vom Kontext her oder infolge der Kongruenz mit dem Verb intuitiv leicht ausgeglättet, während bei den Pronomen und Artikeln durch Homonymenkollisionen und historiosyntaktische Unterschiede – Kongruenzschwankungen beim Personalpronomen der 3. Person oder ‚fehlendes' Bezugswort beim Relativpronomen – Verstehensbrüche zu beobachten sind; weiter haben die Stellvertreter und Begleiter des Substantivs morphologische Warn- und Schlüsselfunktion bezüglich der Substantivflexion: ‚Ist *diu kint* Plural, wenn *diu* im Singular feminin, *kint* aber ein Neutrum ist?'; dann sind Substantive eindeutiger nachzuschlagen; und schließlich erreicht die Frequenz der Begleiter und Stellvertreter ein Mehrfaches der Substantive. – Nun ist der lernrelevantere Teil zur Grammatik erarbeitet. Man springt zur Metrik oder lässt sich weiterlocken. – Das Substantiv, in einer sprachsystematischen Formenlehre (Michels/Stopp, De Boor, Mettke, Penzl) an erster Stelle, bereitet gelegentlich im Numerus, seltener bei Kasus oder Genus Probleme. Die Darstellung der Fälle im Satz, an die Substantiv-Morphologie anschließend, beinhaltet die Syntax des Substantivs. Morphologie und Syntax des Adjektivs folgen; von historiosyntaktischen Unterschieden beim prädikativen Adjektiv abgesehen, bereitet es intuitiv in der Regel kaum Probleme. Adverbien, Präpositionen und Zahlwörter runden die Darstellung der Grammatik ab. – Hier schließt die Metrik an. Gewöhnlich wird ein Abschnitt zur Metrik in mhd. Grammatiken nach vorn zum Thema Betonung gerückt, um metrisch korrekte Performanz von Anfang an zu automatisieren. Zu diesem Zeitpunkt ist aber die Kompetenz auf allen Sprachebenen gering, sodass solch frühe Forderung nach metrisch korrekter Performanz oftmals überfordert; die Metrik des Reimpaarverses bleibt nicht selten undurchschaut. Deshalb wird beim Thema Betonung nur auf die Metrik verwiesen. Zentrale Informationen präfigurieren aber früh versrhythmisches Einschwingen. – Ein Anhang zur Informationsermittlung unterstützt literaturwissenschaftliches Arbeiten.

IX

Grammatik ist nur eine Übersetzungs-Komponente. Dieses Buch dient als formales – zeitgeistig maschinendidaktisch: ‚Modul' mit definiten Funktionsgrenzen. Es enthält kein wortsemantisches Kapitel. Die lexikalisch-semantische Komponente bringen Lehrende und Lernende jedes Mal wieder neu interpretierend ein. Eine feine semantische Ergänzung zusätzlich zum Wörterbuch wären Otfrid Ehrismanns *Höfische Wortgeschichten.*

Das Mittelalter hat im Nützlichen auch das Schöne als Einsehbarkeit der Funktion gesehen. Das sprachdidaktische Modell dieser Sprachwallfahrt soll in kleinen, schnellen und in großen, langsamen Lernwegspiralen eine didaktische Architektur zu wundervoller Sprache einsehbar machen als – aedificatio.

Anhang

Der Anhang nennt in Auswahl Nachschlagewerke und Darstellungen zum Mittelhochdeutschen. Es folgen die einschlägigen Nachschlagewerke und Darstellungen zu den zeitlich, räumlich, soziokulturell ‚umgebenden' Sprachen Althochdeutsch, Frühneuhochdeutsch, Altniederdeutsch, Mittelniederdeutsch, Altfranzösisch, Mittellatein. Die dann genannten mediävistischen und bezugswissenschaftlichen Lexika vermitteln weiterführende mediävistische Sachinformation. Schließlich sind Primär- und Sekundärliteratur verzeichnet; die erwähnten Nachschlagewerke und Darstellungen sind kein zweites Mal aufgeführt, dagegen wurden viele Beiträge zum Übersetzen aus dem Mittelhochdeutschen aufgenommen. Sachbegriffe und mhd. Wörter schlagen Sie mit Sach- bzw. Wortindex nach.

Mittelhochdeutsch

Wörterbücher – Wortgeschichte – Etymologie

Bachofer, Wolfgang/von Hahn, Walther/Möhn, Dieter: Rückläufiges Wörterbuch der mittelhochdeutschen Sprache. Auf der Grundlage von Matthias Lexers Mittelhochdeutschem Handwörterbuch und Taschenwörterbuch. Stuttgart 1984

Bartsch, Karl: Der Nibelunge Nôt. 2. Theil, 2. Hälfte: Wörterbuch. Leibzig 1880. Nachdr. Hildesheim 1966

Benecke, Georg Friedrich: Wörterbuch zu Hartmanns Iwein. Nachdruck der zweiten Ausgabe von E. Wilken 1874. Wiesbaden 1965

– Wigalois, der ritter mit dem rade, getihtet von Wirnt von Gravenberch. Herausgegeben von Georg Friedrich Benecke. (Wörterbuch 511–767) Berlin 1819

Benecke, Georg Friedrich/Müller, Wilhelm/Zarncke, Friedrich: Mittelhochdeutsches Wörterbuch. Bde. I, II^1, II^2, III. Leipzig 1854–61 (Nachdrucke Hildesheim 1963 u. Stuttgart 1990) (= BMZ) [Der BMZ verzeichnet eine Fülle von Belegstellen. Substantive sind unter der etymologisch verwandten Verbform in der 1. Person Singular zu finden, etwa ‚bant stn.' unter ‚binde'. Über den Index von Koller u. a. (im Nachdruck 1990), den ‚Großen Lexer' und Nellmann ist der BMZ besser zugänglich.]

Bulst, Walther: Wörterbuch zu den Liedern Reinmars des Alten. Göttingen-Reinhausen 1934

Dalby, David: Lexicon of the Medieval German Hunt. A Lexicon of Middle High German terms (1050–1500), associated w. the Chase, Hunting with Bows, Falconry, Trapping and Fowling. Berlin 1965

Duden. Das Herkunftswörterbuch. Etymologie der deutschen Sprache. 2. Aufl. bearb. von G. Drosdowski. Mannheim 1989

Ehrismann, Otfrid: Ehre und Mut, Aventiure und Minne. Höfische Wortgeschichten aus dem Mittelalter. München 1995

Gärtner, Kurt/Gerhardt, Christoph/Jaehrling, Jürgen/Plate, Ralf/Röll, Walter/Timm, Erika (Datenverarbeitung Gerhard Hanrieder): Findebuch zum mittelhochdeutschen Wortschatz. Mit einem rückläufigen Index. Stuttgart 1992 (= FDB)

Gottschall, Dagmar/Steer, Georg (Hgg.): Der deutsche Lucidarius. (Wörterbuch von Dagmar Gottschall 163–343) Tübingen 1994

Grimm, Jacob u. Wilhelm: Deutsches Wörterbuch. Hg. v. der Deutschen Akademie der Wissenschaften zu Berlin. 33 Bde. Leipzig 1854–1971. Neubearbeitung Stuttgart/Leipzig 1965 ff. (= DWb)

Hennig, Beate: Kleines mittelhochdeutsches Wörterbuch. Tübingen [3]1998

Jelinek, Franz: Mittelhochdeutsches Wörterbuch zu den deutschen Sprachdenkmälern Böhmens und der mährischen Städte Brünn, Iglau und Olmütz. Heidelberg 1911

Kluge, Friedrich: Etymologisches Wörterbuch der deutschen Sprache. 22. Auflage, neu bearbeitet von E. Seebold. Berlin 1989

Koller, Erwin/Wegstein, Walter/Wolf, Norbert Richard: Neuhochdeutscher Index zum mittelhochdeutschen Wortschatz. Stuttgart 1990 [Führt vom nhd. Wort zu den mhd. Entsprechungen im ‚Lexer'.]

Lexer, Matthias: Mittelhochdeutsches Handwörterbuch. Zugleich als Supplement und alphabetischer Index zum Mittelhochdeutschen Wörterbuche von Benecke – Müller – Zarncke. 3 Bände, Leipzig 1872–78 (Nachdruck Stuttgart 1992) [Der sog. ‚Große Lexer'. In Klammer hinter den Einträgen stehen Band, Seite und Spalte im BMZ.]

– Mittelhochdeutsches Taschenwörterbuch. Stuttgart [38]1992

Lübben, August: Wörterbuch zu der Nibelunge Not (Liet). 3., vermehrte und verbesserte Auflage Oldenburg 1877. Nachdruck Wiesbaden 1966

Matzel, Klaus/Riecke, Jörg/Zipp, Gerhard: Spätmittelalterlicher deutscher Wortschatz aus Regensburger und mittelbairischen Quellen. Heidelberg 1989

Maurer, Friedrich/Rupp, Heinz (Hgg.): Deutsche Wortgeschichte. 3 Bände. Dritte, neubearbeitete Auflage. Berlin/New York 1974

Mosselmann, Frederik: Der Wortschatz Gottfrieds von Straßburg. Diss. Amsterdam 1953

Nellmann, Eberhard: Quellenverzeichnis zu den mhd. Wörterbüchern. Ein kommentiertes Register zum ‚Benecke/Müller/Zarncke' und zum ‚Lexer'. Stuttgart/Leipzig 1997 [Ein Hilfsmittel zu den beiden großen mhd. Wörterbüchern; es erklärt Siglen und erlaubt Belegstellen-Identifizierung in alten oder schwer zugänglichen Ausgaben.]

Paul, Hermann: Deutsches Wörterbuch. 9., vollständig neu bearbeitete Auflage von Helmut Henne und Georg Objartel. Unter Mitarbeit von Heidrun Kämper-Jensen. Tübingen 1992

Pretzel, Ulrich: Mittelhochdeutsche Bedeutungskunde. Unter Mithilfe von Rena Leppin. Heidelberg 1982

Riemer, Guido C. L.: Wörterbuch und Reimverzeichnis zu dem ‚Armen Heinrich' Hartmanns von Aue. Göttingen 1912

Sauer-Geppert, Waldtraut-Ingeborg: Wörterbuch zum Sankt Trudperter Hohen Lied. Ein Beitrag zur Sprache der mittelalterlichen Mystik. Berlin/New York 1972 (Quellen und Forschungen zur Sprach- und Kulturgeschichte der germanischen Völker, NF 50)

Schade, Oskar: Altdeutsches Wörterbuch. 2., umgearbeitete und vermehrte Auflage. Nachdruck der Ausgabe Halle/S. 1872–1882. Hildesheim 1969

Schieb, Gabriele: Eneide. Henric van Veldeken. Band III: Wörterbuch von Gabriele Schieb, unter Mitwirkung von Günter Kramer und Elisabeth Mager. Berlin 1970 (Deutsche Texte des Mittelalters 62)

Singer, Johannes: Mittelhochdeutscher Grundwortschatz auf der Grundlage der lemmatisierten Konkordanz zum Gesamtwerk Hartmanns von Aue. Bochum [3]2001

Stackmann, Karl: Wörterbuch zur Göttinger Frauenlob-Ausgabe. Unter Mitarbeit von Jens Haustein redigiert von Karl Stackmann. Göttingen 1990

Steininger, Leopoldine: Wörterbuch z. ‚Meier Helmbrecht' v. W. d. Gartenære. Diss. (Masch.) Wien 1947

Wackernagel, Wilhelm: Altdeutsches Handwörterbuch. Basel 1861

Wiessner, Edmund (Hg.): Vollständiges Wörterbuch zu Neidharts Liedern. Leipzig 1954

– Der Wortschatz von Heinrich Wittenwilers ‚Ring'. Herausgegeben von Bruno Boesch. Bern 1970

Wolf, Beat: Vademecum medievale. Glossar zur höfischen Literatur des deutschsprachigen Mittelalters. Bern/Berlin/Bruxelles/Frankfurt a. M./New York/Oxford/Wien 2002

Wörterbuch der mittelhochdeutschen Urkundensprache auf der Grundlage des ‚Corpus der altdeutschen Originalurkunden bis zum Jahr 1300'. Unter Leitung von Bettina Kirschstein und Ursula Schulze erarbeitet von Sybille Ohly und Peter Schmitt. Berlin 1986 ff. (= WMU)

Ziemann, Adolf: Mittelhochdeutsches Wörterbuch zum Handgebrauch. Quedlinburg/Leipzig 1838

Konkordanzen - Indices

Anderson, Robert: Wortindex und Reimregister zum Moriz von Craûn. Amsterdam 1975 (Indices verborum zum altdeutschen Schrifttum 2)

Anderson, Robert/Goebel, Ulrich: Wortindex und Reimregister zur ‚Heidin‘. Amsterdam 1979 (Indices verborum zum altdeutschen Schrifttum 4)

– Wortindex und Reimregister zu ‚Der Meide Kranz‘. Amsterdam 1981 (Indices verborum zum altdeutschen Schrifttum 7)

Bäuml, Franz H./Fallone, Eva-Maria: A concordance to the Nibelungenlied (Bartsch-de Boor Text). With a structural pattern index, frequency ranking list, and reverse index. Leeds 1976 (Compendia 7)

Bennewitz-Behr, Ingrid/Donaldson, Diane: Verskonkordanz zur Berliner Neidhart-Handschrift c (mfg 779). Herausgegeben von I. Bennewitz-Behr und D. Donaldson. 3 Bände. Göppingen 1984 (GAG 418)

Boggs, Roy A.: Hartmann von Aue. Lemmatisierte Konkordanz zum Gesamtwerk. Bearbeitet von Roy A. Boggs. Nendeln 1979 (Indices zur deutschen Literatur 12/13)

Bühler, Harald: Frauenlob-Index. Erlangen 1985 (Erlanger Studien 59)

Christoph, Siegfried: Lemmatisierter Index zu den Werken des Strickers. Tübingen 1997 (Indices zur deutschen Literatur 30)

Goebel, Ulrich: Corpus der altdeutschen Originalurkunden. Wortindex zum 1. Band. Bearbeitet v. U. G. Hildesheim/New York 1974

– Wortindex zur Heidlaufschen Ausgabe des ‚Lucidarius‘. Amsterdam 1975 (Indices verborum zum altdeutschen Schrifttum 1)

Hall, Clifton D.: A complete concordance to Wolfram von Eschenbach's <Parzival>. New York/London 1990 (Garland reference library of the humanities 995)

– A complete concordance to Gottfried von Straßburgs's <Tristan>. Lewiston/Queenston/Lampeter 1992

Hall, Clifton D./Coleman, Samuel: Walther von der Vogelweide. A complete reference work. University press of Colorado. Niwot/Co. 1995

Heffner, Roe-Merrill S.: Collected indexes to the works of Wolfram von Eschenbach. Madison: University of Wisconsin Press 1961

Heffner, Roe-Merrill S./Lehmann, Winfred Philipp: A word-index to the poems of Walther von der Vogelweide. Madison: University of Wisconsin Press [2]1950

Heffner, Roe-Merrill S./Petersen, Kathe: A word-index to ‚Des Minnesangs Frühling‘. (Masch.) Madison: University of Wisconsin Press 1942

Hornig, Carl August: Glossarium zu den Gedichten Walthers von der Vogelweide. Quedlinburg 1844. Nachdruck Hildesheim/New York 1979 (Mittelhochdeutsche Reimwörterbücher 2)

Janssen, Olga: Lemmatisierte Konkordanz zu den Schweizer Minnesängern. Tübingen 1984 (Indices zur deutschen Literatur 17)

Jones, George Fenwick/Mück, Hans Dieter/Mück, Heike/Müller, Ulrich/Spechtler, Franz Viktor: Verskonkordanz zur Weingartner-Stuttgarter Liederhandschrift (Lyrik-Handschrift B). Aufgrund der revidierten Transkription von Otfrid Ehrismann. Band 1: Verskonkordanz (1. Teil): A–KVMT. Band 2: Verskonkordanz (2. Teil): KVND–ZWUI. Band 3: Nachwort und Materialien. Göppingen 1978 (GAG 230, 231)

Jones, George Fenwick/Mück, Hans Dieter/Müller, Ulrich: Verskonkordanz zu den Liedern Oswalds von Wolkenstein (Handschriften B und A). 2 Bände. Göppingen 1973 (GAG 40, 41)

Jones, George Fenwick/Müller, Ulrich/Spechtler, Franz Viktor: Verskonkordanz zur ‚Kleinen Heidelberger Liederhandschrift‘ (Lyrik-Handschrift A). Band 1/2: Verskonkordanz. Band 3: Nachwort und Materialien unter Mitwirkung von Ingrid Bennewitz und Renate Schaden-Turba. Göppingen 1979 (GAG 292–294)

Jones, George Fenwick/Spechtler, Franz Viktor/Müller, Ulrich: Verskonkordanz zu den geistlichen Liedern des Mönchs von Salzburg. U. Mitwirkung v. Hans-Dieter Mück. Göppingen 1975 (GAG 173)

Kinnear, Teresa/Lofmark, Carl: A word index to Ulrich von Zatzikovens ‚Lanzelet‘. Lampeter 1972

Klein, Thomas/Bumke, Joachim: Wortindex zu hessisch-thüringischen Epen um 1200. Unt. Mitarb. v. Barbara Kronsfoth u. Angela Mielke-Vandenhouten. Tübingen 1997 (Indices z. deutschen Lit. 31)

Morrall, Eric John: Heinrich von Morungen; complete word-index. (Photoprint) London 1957

Putmans, Jean L. C.: Verskonkordanz zum ‚Herzog Ernst‘ (B, A und Kl). 2 Bände. Göppingen 1980 (GAG 277)

Sappler, Paul (Hg.): Heinrich Kaufringer. Werke. Band 2: Indices. Tübingen 1974

Schacks, Kurt: Lemmatisierte Konkordanz zu den Dichtungen der Frau Ava. Bern/Berlin/Frankfurt am Main/New York/Paris/Wien 1991

Schmidt, Klaus M.: Begriffsglossare und Indices zu Ulrich von Lichtenstein. Programmierung: Charles Osborne. 2 Bände. München 1980 (Indices zur deutschen Literatur 14/15)

– Begriffsglossar und Index zu Ulrichs von Zatzikhofen ‚Lanzelet‘. Bearbeitet von Klaus M. Schmidt. Programmierung: Charles Osborne. Tübingen 1993 (Indices zur deutschen Literatur 25)

– Begriffsglossar und Index zur Kudrun. Tübingen 1994 (Indices zur deutschen Literatur 29)

Schmidt, Margot: Wortindex zu Rudolfs von Biberach ‚Die siben strassen zu got‘. Amsterdam 1980 (Indices verborum zum altdeutschen Schrifttum 5/6)

– Rudolf von Biberach: ‚Die siben strassen zu got‘. Microfiche-Ausgabe: Klartext, Lemmatisierte Indices, Sonderlisten, Konkordanzen. 13 Microfiches. Regensburg 1980 (Regensburger Mikrofiche Materialien; Texte und Arbeitsmittel zur Sprach- und Literaturwissenschaft 6)

Scholler, Harald: A word index to the Nibelungenklage. Based on the K. Lachmann edition. Ann Arbor: University of Michigan press 1966

Senn, Alfred/Lehmann, Winfried P.: Word-Index to Wolfram‘s ‚Parzival‘. Madison 1938

Soejima, Hirohiko: Lemmatisierter Wortindex zu den Verserzählungen des Strickers. In: Language and Culture, H. 14, 237–340. (Hokkaido University, Inst. of Lang. and Culture Studies) Sapporo 1988

– Lemmatisierter Wortindex zum ‚Helmbreht‘. In: Norden. Zeitschrift für Germanistik und deren Bezugswissenschaften. H. 25, Sapporo 1988, 85–147.

Tulasiewicz, W. F.: Index Verborum zur deutschen Kaiserchronik. Berlin 1972 (DTM 68)

Valk, Melvin E.: Word-Index to Gottfried‘s ‚Tristan‘. Madison 1958

von der Burg, Udo: Indizes zu Strickers ‚Karl der Große‘. Wortindex. Reimpaarindex. Häufigkeitsindex. Göppingen 1974 (GAG 143)

Wells, David/Wisbey, Roy A./Murdoch, Brian: Condordances to the early middle high german biblical epic (Microfiche). Cambridge 1976 (Publications in Literary and Linguistic computing)

Williams, Ulla: Die Elsässische ‚Legenda aurea‘. Band III: Die lexikalische Überlieferungsvarianz. Register. Indices. Tübingen 1990 (TTG 21)

Wisbey, Roy A.: A complete word-index to the ‚Speculum ecclesiae‘. (Early Middle High German and Latin) With a reverse index to the graphic forms. Leeds 1968b (Compendia 2)

– A complete concordance to the ‚Rolandslied‘ (Heidelberg Manuscript). With word indexes to the fragmentary manuscripts by Clifton Hall. Leeds 1969 (Compendia 3)

– A complete concordance to the Vorau and Strassburg ‚Alexander‘ with a reverse index to the graphic forms, an index of rhymes and a ranking list of frequencies. Leeds 1968a (Compendia 1)

– Vollständige Verskonkordanz zur Wiener Genesis. Mit einem rückläufigen Wörterbuch zum Formenbestand. Berlin 1967

Grammatiken - Einführungen

Asher, John A.: A Short Descriptive Grammar of Middle High German with Texts and Vocabulary. London ^{2}1975 (^{1}1967)

Bachmann, Albert: Mittelhochdeutsches Lesebuch m. Grammatik und Wörterbuch. Zürich ^{20}1978 (^{1}1892)

Bergmann, Rolf/Pauly, Peter/Moulin-Fankhänel, Claudine: Alt- und Mittelhochdeutsch. Arbeitsbuch zur Grammatik der älteren dt. Sprachstufen u. z. deutschen Sprachgeschichte. Göttingen ^{5}1999 (^{1}1973)

Berner, Elisabeth: Mittelhochdeutsch. In: Schmidt Wilhelm: Geschichte der deutschen Sprache. Ein Lehrbuch für das germanistische Studium. 8., völlig überarbeitete Auflage unter d. Leitung von Helmut Langner und Norbert Richard Wolf. Stuttgart/Leipzig 2000 (^{1}1963)

Bluemel, Rudolf: Einführung in das Mittelhochdeutsche. Leipzig ^{3}1929 (^{1}o.J.)

Brenner, Oskar: Mittelhochdeutsche Grammatik. München ^{2}1889

de Boor, Helmut/Wisniewski, Roswitha: Mittelhochdeutsche Grammatik. Neunte, um eine Satzlehre erweiterte Auflage. Berlin/New York 1984 (^{10}1998)

Dolfini, Giorgio: Grammatica del medio alto tedesco. Milano 1967

Ehrismann, Otfrid/Ramge, Hans: Mittelhochdeutsch. Eine Einführung in das Studium der deutschen Sprachgeschichte. Tübingen 1976 (Germanistische Arbeitshefte)

Eis, Gerhard: Historische Laut- und Formenlehre des Mittelhochdeutschen. Heidelberg 1951

Engelmann, Lorenz: Mittelhochdeutsche Grammatik. München 1866

Gärtner, Kurt/Steinhoff, Hans-Hugo: Minimalgrammatik zur Arbeit mit mittelhochdeutschen Texten. Übersicht über die wichtigsten Abweichungen vom Neuhochdeutschen. Göppingen ^{4}1989 (^{1}1976) (GAG 183)

Gerdes, Udo/Spellerberg, Gerhard: Althochdeutsch - Mittelhochdeutsch. Grammatischer Grundkurs zur Einführung und Textlektüre. Frankfurt am Main ^{7}1991 (^{1}1972)

Hahn, Karl August: Mittelhochdeutsche Grammatik. Bearbeitet von Friedrich Pfeiffer. Basel ^{4}1884

Helm, Karl: Abriss der mittelhochdeutschen Grammatik. Bearbeitet von Ernst A. Ebbinghaus. Tübingen ^{6}1995 (^{1}1951)

Hennings, Thordis: Einführung in das Mittelhochdeutsche. Berlin/New York 2001

Jolivet, Alfred/Mossé, Fernand: Manuel de l'allemand du Moyen Age des origines au XIVe siècle. Grammaire. Textes. Glossaire. Nouvelle édition, revue et corrigée. Paris ^{2}1972 (^{1}1947)

Martin, Ernst: Mittelhochdeutsche Grammatik nebst Wörterbuch zu Der Nibelunge Nôt, zu den Gedichten Walthers von der Vogelweide und zu Laurin. Für den Schulgebrauch ausgearbeitet von Ernst Martin. Berlin ^{11}1889

Mausser, Otto: Mittelhochdeutsche Grammatik auf vergleichender Grundlage. 3 Bände. München 1932–1933. Neudruck Wiesbaden 1972

Meisen, Karl: Altdeutsche Grammatik. Band 1: Lautlehre. Band 2: Formenlehre. Stuttgart ^{2}1968 (Bonn ^{1}1947) (Sammlung Metzler 2/3)

Mettke, Heinz: Mittelhochdeutsche Grammatik. Tübingen ^{8}2000 (^{1}1962)

Michels, Victor/Stopp, Hugo: Mittelhochdeutsche Grammatik. Um ein Verzeichnis neuerer Fachliteratur erweiterter Nachdruck der 3. und 4. Auflage des Mittelhochdeutschen Elementarbuches. Heidelberg ^{5}1979 (^{1}1900)

Oksaar, Els: Mittelhochdeutsch. Texte, Kommentare, Sprachkunde, Wörterbuch. Stockholm/Göteborg/ Uppsala 1965

Pastré, Jean-Marc: Précis de langue et littérature allemandes au moyen âge. Paris 1972

Paul, Hermann/Wiehl, Peter/Grosse, Siegfried: Mittelhochdeutsche Grammatik. 24. Auflage, neu bearbeitet von Peter Wiehl und Siegfried Grosse. Tübingen 1998 (^{23}1989; ^{1}1881)

Penzl, Herbert: Mittelhochdeutsch. Eine Einf. in die Dialekte. Bern/Frankfurt a. M./New York/Paris 1989

Sacker, Hugh: An Introductory Middle High German Text. Hartmann von Aue's ‚Der arme Heinrich' as printed by C. H. Myller with Introduction, Grammar, Notes and Vocabulary. London 1964

Saran, Franz/Nagel, Bert: Das Übersetzen aus dem Mittelhochdeutschen. Eine Anleitung für Studierende, Lehrer und zum Selbstunterricht. Tübingen [6]1975 ([1]1930)

Schieb, Gabriele: Mittelhochdeutsch. In: Kurzer Grundriß der germanischen Philologie bis 1500. Band 1, herausgegeben von L. E. Schmidt, 347–385. Berlin 1970

Seidel, Kurt Otto/Schophaus, Renate: Einführung in das Mittelhochdeutsche. 2., überarbeitete Auflage. Wiesbaden 1994 ([1]1979)

Senn, Alfred: An introduction to Middle High German; a reader and grammar. New York 1937

Singer, Johannes: Grundzüge einer rezeptiven Grammatik des Mittelhochdeutschen. Paderborn/München/Wien/Zürich 1996

Sowinski, Bernhard: Probleme des Übersetzens aus älteren deutschen Texten. Bern/Berlin/Frankfurt am Main/New York/Paris/Wien 1992

Taubert, Gesine: Mittelhochdeutsche Kurzgrammatik mit Verslehre. Examensvorbereitung - Referendariat - Unterricht. Unter Mitwirkung von Elisabeth Miltschitzky. Isen [2]1995 ([1]1991)

Weddige, Hilkert: Mittelhochdeutsch. Eine Einführung. 3., neu überarb. Auflage. München 1999 ([1]1996)

Weinhold, Karl: Mittelhochdeutsche Grammatik. Paderborn 1967 ([1]1877)

– Alemannische Grammatik. Nachdruck Amsterdam 1967 ([1]1863)

– Bairische Grammatik. Neudruck Wiesbaden 1968 ([1]1867)

Weinhold, Karl/Ehrismann, Gustav/Moser, Hugo: Kleine mittelhochdeutsche Grammatik. Von K. W., fortgeführt von G. E. Neu bearbeitet von Hugo Moser. Wien [18]1994 ([1]1881)

Wilmanns, Wilhelm: Deutsche Grammatik. Gotisch, Alt-, Mittel- und Neuhochdeutsch. 4 Bände. Nachdruck Berlin 1967 ([1]1893–1909)

Wolf, Norbert Richard: Althochdeutsch – Mittelhochdeutsch. Geschichte der deutschen Sprache. Herausgegeben von Hans Moser, Hans Wellmann und Norbert Richard Wolf. Band 1. Heidelberg 1981

Zupitza, Julius: Einführung in das Studium des Mittelhochdeutschen. Ein Lehr- und Lernbuch für die Studierenden der deutschen Philologie und zum Selbstunterricht. 16. Auflage, neu bearbeitet von Fritz Tschirch. Jena/Leipzig 1953 ([1]1868)

Althochdeutsch

Althochdeutsch. In Verbindung mit Herbert Kolb, Klaus Matzel, Karl Stackmann herausgegeben von Rolf Bergmann, Heinrich Tiefenbach, Lothar Voetz. Band I: Grammatik. Glossen und Texte. Band II: Wörter und Namen. Forschungsgeschichte. Heidelberg 1987 [Forschungs-Überblick]

Bergmann, Rolf: Rückläufiges morphologisches Wörterbuch des Althochdeutschen. Auf der Grundlage des ‚Althochdeutschen Wörterbuchs' von Rudolf Schützeichel. Tübingen 1991

Bergmann, Rolf/Pauly, Peter/Moulin-Fankhänel, Claudine: Alt- und Mittelhochdeutsch. Arbeitsbuch zur Grammatik d. älteren dt. Sprachstufen u. zur deutschen Sprachgeschichte. Göttingen [5]1999 ([1]1973)

Braune, Wilhelm: Althochdeutsche Grammatik. 15. Auflage, bearb. v. E. A. Ebbinghaus. Tübingen 1989

– Althochdeutsches Lesebuch. Zusammengestellt und mit Wörterbuch versehen von Wilhelm Braune. Fortgeführt von Karl Helm. 17. Auflage, bearbeitet von Ernst A. Ebbinghaus. Tübingen 1994

Ellis, Jeffrey: An elementary Old High German grammar. Oxford 1953

Franck, Johannes: Altfränkische Grammatik. 2. Auflage von Rudolf Schützeichel. Göttingen 1971

Götz, Heinrich: Lateinisch-althochdeutsch-neuhochdeutsches Wörterbuch. Berlin 1999

Graff, Eberhard Gottlieb: Althochdeutscher Sprachschatz oder Wörterbuch der althochdeutschen Sprache. Bände I–VII. Berlin 1834–1846. Nachdruck Darmstadt 1963

Karg-Gasterstädt, Elisabeth/Frings, Theodor: Althochdeutsches Wörterbuch. Auf Grund der von Elias von Steinmeyer hinterlassenen Sammlungen im Auftrag der Sächsischen Akademie der Wissenschaften zu Leipzig bearbeitet und herausgegeben von E. K.-G. u. Th. F.; weitergeführt von Rudolf Grosse. Band I (1968): A und B. Band II (1970–1997): C und D. Band III (1971–1985): E und F. Band IV, Lieferung 1–20 (Berlin 1986–) [Umfassend; Belegstellen, Interpretation nach Form und Bedeutung.]

Köbler, Gerhard: Wörterbuch des althochdeutschen Sprachschatzes. Paderborn/München/Wien/Zürich 1993

– Taschenwörterbuch des althochdeutschen Sprachschatzes. Stuttgart 1994

– Neuhochdeutsch-althochdeutsches Wörterbuch. Giessen 1995

– Lateinisch-althochdeutsches Wörterbuch. Giessen 1996

Lloyd, Albert L./Springer, Otto/Lühr, Rosemarie: Etymologisches Wörterbuch des Althochdeutschen. Göttingen/Zürich 1988– [Gegenwärtig bei Band 2 bis *ezzo*.]

Meineke, Eckhard: Einführung in das Althochdeutsche. Unter Mitarbeit von Judith Schwerdt. Paderborn/München/Wien/Zürich 2001

Penzl, Herbert: Althochdeutsch. Eine Einführung in Dialekte u. Vorgeschichte. Bern/New York u. a. 1986

Schatz, Josef: Altbairische Grammatik. Göttingen 1907

– Althochdeutsche Grammatik. Göttingen 1927

Schützeichel, Rudolf: Althochdeutsches Wörterbuch. 5., überarb. und erweiterte Auflage. Tübingen 1995

Sonderegger, Stefan: Althochdeutsche Sprache und Literatur. Eine Einführung in das älteste Deutsch. Darstellung und Grammatik. Berlin/New York 1987 ([1]1974)

Splett, Jochen: Althochdeutsches Wörterbuch. Analyse der Wortfamilienstrukturen des Althochdeutschen, zugleich Grundlegung einer zukünftigen Strukturgeschichte des deutschen Wortschatzes. Band I,1: Einleitung. Wortfamilien A–L. Band I,2: Wortfamilien M–Z. Einzeleinträge. Band II: Präfixwörter. Suffixwörter. Alphabetischer Index. Berlin/New York 1993

Starck, Taylor/Wells, John C.: Althochdeutsches Glossenwörterbuch einschließlich des von Taylor Starck begonnenen Glossenindexes. Zusammengetr., bearb. u. hg. von John C. Wells. Heidelberg 1990

Frühneuhochdeutsch

Anderson, Robert R./Goebel, Ulrich/Reichmann, Oskar (Hgg.) (ab Band 2 U. G. und O. R.): Frühneuhochdeutsches Wörterbuch. Berlin/New York 1989 ff. (= FWB) [Angelegt auf 12 Bände, gegenwärtig erschienen bis Band 4, Lieferung 3; einzelne Lieferungen zu weiteren Bänden.]

Baufeld, Christa: Kleines frühneuhochdeutsches Wörterbuch. Lexik aus Dichtung und Fachliteratur des Frühneuhochdeutschen. Tübingen 1996 [Lektürehilfe für Studierende]

Das Frühneuhochdeutsche als sprachgeschichtliche Epoche. Werner Besch zum 70. Geburtstag. Hg. von Walter Hoffmann, Jürgen Macha, Klaus J. Mattheier, Hans-Joachim Solms u. Klaus-Peter Wegera. Frankfurt a. M./Berlin/Bern/Bruxelles/New York/Wien 1999 [Aufsatzsammlung]

Hartweg, Frédéric G./Wegera, Klaus-Peter: Frühneuhochdeutsch. Eine Einführung in die deutsche Sprache des Spätmittelalters und der frühen Neuzeit. Tübingen 1989 (Germanistische Arbeitshefte 33)

Moser, Hugo/Stopp, Hugo/Besch, Werner (ab Band III) (Hgg.): Grammatik des Frühneuhochdeutschen. Band I,1 bearbeitet von Karl Otto Sauerbeck. Heidelberg 1970. Band I,2 bearbeitet von Hugo Stopp. Heidelberg 1973. Band I,3 bearbeitet von Hugo Stopp. Heidelberg 1978. Band III: Flexion der Substantive. Bearbeitet von Klaus-Peter Wegera. Heidelberg 1987. Band IV: Flexion der starken und schwachen Verben. Bearbeitet von Ulf Dammers, Walter Hoffmann und Hans-Joachim Solms. Heidelberg 1988. Band VI: Flexion der Adjektive. Bearbeitet von Hans-Joachim Solms und Klaus-Peter Wegera. Heidelberg 1991. Band VII: Flexion der Pronomina und Numeralia. Bearbeitet von Maria Walch und Susanne Häckel. Heidelberg 1988

Penzl, Herbert: Frühneuhochdeutsch. Bern/Frankfurt a. Main 1984
Philipp, Gerhard: Einführung ins Frühneuhochdeutsche. Sprachgeschichte – Grammatik – Texte. Heidelberg 1980
Reichmann, Oskar/Wegera, Klaus-Peter (Hgg.): Frühneuhochdeutsches Lesebuch. Tübingen 1988
– (Hgg.): Frühneuhochdeutsche Grammatik. Von Peter Ebert, Oskar Reichmann, Hans-Joachim Solms und Klaus-Peter Wegera. Tübingen 1993

Altniederdeutsch (Altsächsisch)

Cordes, Gerhard: Altniederdeutsches Elementarbuch. Wort- und Lautlehre. Mit einem Kapitel ‚Syntaktisches' von Ferdinand Holthausen. Heidelberg 1973
Ergebnisse der Sprachgeschichtsforschung zu den historischen Sprachstufen II: Das Altniederdeutsche. In: Sprachgeschichte (2. Auflage), 2. Teilband (2000), 1241–1294. (s. S. 275)
Goossens, Jan (Hg.): Niederdeutsch. Sprache und Literatur. Eine Einführung. Neumünster 1983
Gallée, Johan Hendrik: Altsächsische Grammatik. 3. Auflage mit Berichtigungen und Literaturnachträgen von Heinrich Tiefenbach. Tübingen 1993
Holthausen, Ferdinand: Altsächsisches Wörterbuch. 2. Auflage. Münster/Köln 1967
Sehrt, Edward Henry: Vollständiges Wörterbuch zum Heliand und zur altsächsischen Genesis. 2. Auflage Göttingen 1966

Mittelniederdeutsch

Ergebnisse der Sprachgeschichtsforschung zu den historischen Sprachstufen IV: Das Mittelniederdeutsche. In: Sprachgeschichte. 2., vollst. neu bearbeitete u. erweiterte Auflage. Hg. v. Werner Besch, Anne Betten, Oskar Reichmann u. Stefan Sonderegger. 2. Teilband (Berlin/New York 2000), 1409–1512.
Goossens, Jan (Hg.): Niederdeutsch. Sprache und Literatur. Eine Einführung. Neumünster 1983
Lasch, Agathe: Mittelniederdeutsche Grammatik. Tübingen 1974
Lasch, Agathe/Borchling, Conrad: Mittelniederdeutsches Handwörterbuch. Fortgeführt v. Gerhard Cordes, herausgegeben v. Dieter Möhn. Neumünster 1956– [Gegenwärtig bei Band II (2000) bis *quât*.]
Lübben, August/Walther, Christoph: Mittelniederdeutsches Handwörterb. (1888) Nachdr. Darmstadt 1989
Schiller, Karl/Lübben, August: Mittelniederdeutsches Wörterbuch. 6 Bände. Bremen 1875–1881

Altfranzösisch

Einhorn, E.: Old french. A concise handbook. Cambridge University Press London/New York 1974
Godefroy, Frédéric: Dictionnaire de l'ancienne langue française et de tous ses dialectes du IXe au XVe siècle. Paris 1880–1902. [10 Bände]
– Lexique de l'ancien français. Publié par J. Bonnard et Am. Salmon. Nachdruck Paris 1965 (1901)
Greimas, Algirdas Julien: Dictionnaire de l'ancien français jusqu'au milieu du XIVe siècle. Edition revue et corrigée. Paris 1984 [Als Studienwörterbuch.]
Grosse, Ernst Ulrich: Altfranzösischer Elementarkurs. München 1986

Ineichen, Gustave: Kleine altfranzösische Grammatik. Laut- und Formenlehre. 2., überarbeitete und erweiterte Auflage. Berlin 1985

Jordan, Leo: Altfranzösisches Elementarbuch. Einführung in das historische Studium der französischen Sprache und ihre Mundarten. Leipzig 1923

Kesselring, Wilhelm: Grundlagen der französischen Sprachgeschichte. Band VII: Die französische Sprache im Mittelalter von den Anfängen bis 1300. Tübingen 1973

Rheinfelder, Hans: Altfranzösische Grammatik. Erster Teil: Lautlehre. München 1975. Zweiter Teil: Formenlehre. München 1985

Schwan, Eduard: Grammatik d. Altfranzösischen. Neu bearb. v. Dietrich Behrens. Nachdr. Darmstadt 1966

Tobler-Lommatzsch/Altfranzösisches Wörterbuch. Adolf Toblers nachgelassene Materialien, bearbeitet und herausgegeben von Erhard Lommatzsch, weitergeführt von Hans Helmut Christmann. Berlin/Wiesbaden/Stuttgart 1925 ff. [Gegenwärtig bei Band XI (91. Lieferung, 1995) bis *vonjement*.]

Voretzsch, Karl: Einführung in das Studium der altfranzösischen Sprache. Zum Selbstunterricht für den Anfänger. Bearbeitet von Gerhard Rohlfs. Tübingen 1966

Wolf, Lothar/Hupka, Werner: Altfranzösisch. Entstehung und Charakteristik. Eine Einführung. Darmstadt 1981

Mittellatein

Cremaschi, Giovanni: Guida allo studio del latino medievale. Padova 1959

Dictionary of Medieval Latin from British Sources. Volume I A – L. Prepared by R. E. Latham and D. R. Howlett. Oxford University Press 1975–1997 [Weiter fortgeschritten als das *Mittellateinische Wörterbuch* unten; geeignet etwa für rechtsgeschichtliche oder theologische Begriffe.]

Du Cange (Charles Du Fresne Sieur Du Cange): Glossarium mediae et infimae latinitatis. Paris 1678. Neu herausgegeben von L. Favre. Niort 1883–1897. Unveränderter Nachdruck Graz 1954 [10 (5) Bände; mit Vorsicht auszuwerten, da Quellen teils jung. Gut für enzyklopädische Auskünfte, Bedeutungserklärungen lateinisch.]

Habel, Edwin/Gröbel, F.: Mittellateinisches Glossar. Paderborn 1989 [Als mäßig gutes Studienwörterb.]

Kindermann, Udo: Einführung in die lateinische Literatur des mittelalterlichen Europa. Turnhout 1998

Langosch, Karl: Lateinisches Mittelalter. Einleitung in Sprache und Literatur. 3., ergänzte Auflage. Darmstadt 1975

Mantello, Frank A. C./Rigg, Arthur G. (Hgg.): Medieval Latin. An introduction and bibliographical guide. Baltimore: Catholic University of America Press 1996

Mittellateinisches Wörterbuch bis zum ausgehenden 13. Jahrhundert. Hg. v. der Bayerischen Akademie der Wissenschaften und der Deutschen Akademie der Wissenschaften zu Berlin. München 1967 ff. [Gegenwärtig bei Band III, 25. Lieferung (2000) bis *defatigo*. Ergänzend zu verwenden zum Beispiel ‚Dictionary‘ oben oder ‚Novum glossarium‘ unten.]

Niermeyer, J. F.: Mediae latinitatis lexicon minus. Leiden 1954–1976 [Erklärt französisch und englisch, Quellen aus dem deutschsprachigen Raum.]

Norberg, Dag: Manuel pratique du latin médiéval. Paris 1968

Novum glossarium mediae latinitatis ab anno DCCC usque ad annum MCC. Hg. von Franz Blatt. Kopenhagen 1957– [Bei L begonnen, vorwiegend französische Quellen, gegenwärtig bei Faszikel *Per – Perlysus* (1998)]

Stotz, Peter: Handbuch zur lateinischen Sprache des Mittelalters. Band 2: Bedeutungswandel und Wortbildung. Band 3: Lautlehre. Band 4: Formenlehre, Syntax und Stilistik. München 1996–2000

Strecker, Karl: Einführung in das Mittellatein. Berlin 1928

Lexika in der Germanistischen Mediävistik

Allgemeine Deutsche Biographie. Hg. durch die Historische Commission bei der Königlichen Akademie der Wissenschaften. 56 Bände. Leipzig 1875–1912. Neudruck Berlin 1967–1971 (= ADB) [Anders als die NDB unten zwar abgeschlossen, aber auf Grund des Alters mit Vorsicht auszuwerten.]

Biographisches Lexikon zur Weltgeschichte. Vom Mittelalter bis zur Gegenwart. Herausgegeben von Otfried Dankelmann u. a. Frankfurt a. Main 2001

Brockhaus. Die Enzyklopädie in vierundzwanzig Bänden. Zwanzigste Auflage. Mannheim 1996

Clavis Mediaevalis. Kleines Wörterbuch der Mittelalterforschung. Hg. v. Otto Meyer in Gemeinschaft mit Renate Klauser. Wiesbaden [2]1966

Das Mittelalter in Daten. Literatur, Kunst, Geschichte 750–1520. Unter Mitwirkung von Harmut Beckers u. a. herausgegeben von Joachim Heinzle. München 1993 [Synoptische Übersicht.]

Deutsches Rechtswörterbuch. Wörterbuch der älteren deutschen Rechtssprache. Hg. v. der Preußischen Akademie der Wissenschaften. Weimar 1914– [Gegenwärtig Band X (1999) bis *Pflicht* erschienen.]

Deutschsprachige Literatur des Mittelalters. Studienauswahl aus dem ‚Verfasserlexikon' (Band 1–10). Besorgt von Burkhart Wachinger. Berlin/New York 2000 [Vgl. Die dt. Literatur des Mittelalters.]

Dictionnaire de spiritualité ascétique et mystique. Doctrine et histoire. Publié sous da direction de Marcel Viller SJ. Paris 1937–1995

Die deutsche Literatur des Mittelalters. Verfasserlexikon. Begründet von Wolfgang Stammler, fortgeführt von Karl Langosch. Zweite, völlig neu bearbeitete Auflage unter Mitarbeit zahlreicher Fachgelehrter. Herausgegeben v. Kurt Ruh, zusammen m. Gundolf Keil u. a. 10 (+1) Bände. Berlin/New York 1978–1999 (= VL) [Das wichtigste literaturgeschichtliche Lexikon der Germanistischen Mediävistik, auch anonyme Texte und mittelalterliches Fach-Schrifttum verzeichnend. Band 11: Nachträge.]

Die Musik in Geschichte und Gegenwart. Allgemeine Enzyklopädie der Musik. Begründet von Friedrich Blume. Zweite, neu bearbeitete Auflage. Herausgegeben von Ludwig Finscher. Kassel/Stuttgart 1994–1999 (= MGG) [Dieser Sachteil umfasst 9 Bände und Register. Daneben gibt es einen auf 12 Bände angelegten Personenteil der MGG.]

Handwörterbuch des deutschen Aberglaubens. Hg. v. Hanns Bächtold-Stäubli. 9 Bände und Registerband. Berlin/Leipzig 1927–1942. Unveränderter Nachdruck Berlin 1987

Handwörterbuch zur deutschen Rechtsgeschichte. Herausgegeben von Adalbert Erler und Ekkehard Kaufmann (Redaktion: Dieter Werkmüller). 5 Bände. Berlin 1971–1998 (= HRG) [Für Auskünfte zu rechtsgeschichtlichen Begriffen, zum Beispiel zu *hulde*.]

Kinder, Hermann/Hilgemann, Werner (Hgg.): dtv-Atlas zur Weltgeschichte. Karten und chronologischer Abriß. I: Von den Anfängen bis zur Französischen Revolution. München 1998

Köbler, Gerhard: Historisches Lexikon der deutschen Länder. Die deutschen Territorien und reichsunmittelbaren Geschlechter vom Mittelalter bis zur Gegenwart. 6., vollst. überarb. Aufl. Darmstadt 1999

König, Werner: dtv-Atlas zur deutschen Sprache. Tafeln und Texte. Mit 155 farbigen Abbildungen. Graphiker: Hans-Joachim Paul. 10., überarbeitete Auflage. München 1994

Kühnel, Harry (Hg.): Bildwörterbuch der Kleidung und Rüstung: Vom Alten Orient bis zum ausgehenden Mittelalter. Stuttgart 1992

Lexikon der christlichen Ikonographie. Herausgegeben von Engelbert Kirschbaum SJ. 8 Bände. Rom/Freiburg/Basel/Wien 1968–1976 (= LCI) [Informationen zu christlichen Figuren und Motiven.]

Lexikon des Mittelalters. München/Zürich 1977–1999 (= LMA) [Ein „wissenschaftliche(s) Nachschlagewerk […], das sich die Darstellung der Geschichte, Kultur und Lebensformen des gesamten europäischen Mittelalters unter Einbeziehung der schriftlichen Überlieferung wie der materiellen Kultur zum Ziel gesetzt hat." (Band 1, IX f.) Die fundierten und faktenreichen Artikel enthalten wertvolle weiterführende Literaturhinweise.]

Lexikon für Theologie und Kirche. Begründet von Michael Buchberger. Dritte, völlig neu bearb. Auflage. Hg. von Walter Kaspar. Freiburg im Breisgau/Basel/Rom/Wien 1993–2001 (= LThK) [Katholisch. Gegenwärtig bei Band 10 (2001) bis *Žytomir*. Vollständig die zweite Ausgabe von 1957–1965.]

List, Claudia/Blum, Wilhelm: Sachwörterbuch zur Kunst des Mittelalters. Grundlagen und Erscheinungsformen. Stuttgart 1996

Meyer, Heinz/Suntrup, Rudolf: Lexikon der mittelalterlichen Zahlenbedeutungen. München 1987

Mönchtum – Orden – Klöster. Von den Anfängen bis zur Gegenwart. Ein Lexikon. Herausgegeben von Georg Schwaiger. 2., durchgesehene Auflage München 1994

Moorman, Eric M./Uitterhoeve, Wilfried: Lexikon der antiken Gestalten. Mit ihrem Fortleben in Kunst, Dichtung und Musik. Stuttgart 1995

Müller, Ulrich/Wunderlich, Werner (Hgg.): Mittelalter Mythen. Band 1: Herrscher, Helden, Heilige. Band 2: Dämonen, Monster, Fabelwesen. Band 3: Verführer, Schurken, Magier. St. Gallen 1996–2001

Neue Deutsche Biographie. Hg. v. der Historischen Kommission bei der Bayerischen Akademie der Wissenschaften. Berlin 1953– (= NDB) [Gegenwärtig bei Band 19 (1999) bis *Pagel*.]

Reallexikon der deutschen Literaturgeschichte. Begründet von Paul Merker und Wolfgang Stammler. Zweite Auflage. Bände I–III hg. v. Werner Kohlschmidt und Wolfgang Mohr. Bände IV–V hg. v. Klaus Kanzog und Achim Masser. Berlin 1958–1988

Reallexikon der deutschen Literaturwissenschaft. Neubearbeitung des Reallexikons der deutschen Literaturgeschichte. Gemeinsam mit Harald Fricke, Klaus Grubmüller und Jan-Dirk Müller hg. von Klaus Weimar. Berlin/New York 1997– (= RLW) [Gegenwärtig bei Band II (2000) bis *Oxymoron*.]

Reallexikon der Germanischen Altertumskunde. 2., völlig neu bearbeitete und stark erweiterte Auflage, herausgegeben von Heinrich Beck, Herbert Jankuhn, Hans Kuhn, Kurt Ranke, Reinhard Wenskus. Berlin 1973– [Gegenwärtig bei Band XVII (2001) bis *Landschaftsarchäologie*. Vollständig die erste Auflage, Straßburg 1911–1919.]

Reallexikon für Antike und Christentum. Sachwörterbuch zur Auseinandersetzung des Christentums mit der Antiken Welt. Herausgegeben von Theodor Klauser, Ernst Dassmann u. a. Stuttgart 1950– (= RAC) [Gegenwärtig bei Band 19 (2000) bis *Kaiserpriester*.]

Reallexikon zur Deutschen Kunstgeschichte. Begonnen von Otto Schmitt. Herausgegeben vom Zentralinstitut für Kunstgeschichte, München. Stuttgart 1937– (ab 1972 München) (= RDK) [Gegenwärtig bei Band IX (1997) bis *Flocktapete*.]

Religion in Geschichte und Gegenwart. Handwörterbuch für Theologie und Religionswissenschaft. Vierte, völlig neu bearbeitete Auflage. Tübingen 1998– (= RGG) [Gegenwärtig bei Band 3 bis *Hystaspes*. Vollständig ist die dritte Auflage, Tübingen 1957–1965.]

Sachwörterbuch der Mediävistik. Unter Mitarbeit zahlreicher Fachgelehrter und unter Verwendung der Vorarbeiten von Hans-Dieter Mück, Ulrich Müller, Franz Viktor Spechtler und Eugen Thurner herausgegeben von Peter Dinzelbacher. Stuttgart 1992 [Als Studien-Sachwörterbuch sehr zu empfehlen.]

Stein, Werner (Hg.): Der neue Kulturfahrplan. Die wichtigsten Daten der Weltgeschichte in synchronoptischer Übersicht: Politik, Kunst, Religion, Wissenschaft. München 1998

Thesaurus proverbiorum medii aevi. Lexikon der Sprichwörter des romanisch-germanischen Mittelalters. Begr. v. Samuel Singer. Hg. v. Kuratorium Singer der Schweiz. Akademie der Geistes- und Sozialwissenschaften. Berlin/New York 1995– (= TPMA) [Gegenwärtig bei Band 11 (2001) bis *Tröster*.]

Volker, Wilhelm: Kleines Lexikon des Mittelalters. Adel bis Zunft. München 1999 [Keine Lit.-Hinw.]

Wörterbuch der Mystik. U. Mitarb. zahlreicher Fachwissensch. hg. v. Peter Dinzelbacher. Stuttgart 1989

Literaturverzeichnis

Primärliteratur

Aristoteles: Metaphysik. Übersetzt und herausgegeben von Franz F. Schwarz. Stuttgart 1976 (RUB 7913)

Burger, Hermann: Die künstliche Mutter. Frankfurt am Main 1982

Diu spinne (Der Meissner) – Minnesinger. Deutsche Liederdichter des zwölften, dreizehnten und vierzehnten Jahrhunderts aus allen bekannten Handschriften und früheren Drucken gesammelt und berichtigt [...] von Friedrich Heinrich von der Hagen. 6 (5) Bände. Leipzig 1838–1856 [Dritter Teil. Erster Band, 118b, XVII, Nr. 15]

Felix Fabri: Galeere und Karawane. Pilgerreise ins Heilige Land, zum Sinai und nach Ägypten 1483. Bearbeitet und mit einem Nachwort versehen von Herbert Wiegand. Stuttgart/Wien/Bern 1996

Galfred von Vinsauf: Poetria nova – Faral Edmont: Les arts poétiques du XII. et XIII. siècle. Recherche et documents sur la technique littéraire du Moyen Age. Paris 1958

Geiler von Kaysersberg: Der Bilger mit seinen Eygenschafften / auch Figuren. – Johannes Geiler von Kaysersberg. Sämtliche Werke. Herausgegeben von Gerhard Bauer. Band 1. Berlin/New York 1989

Gottfried von Straßburg: Tristan. Nach dem Text von Friedrich Ranke neu herausgegeben, ins Neuhochdeutsche übersetzt, mit einem Stellenkommentar u. einem Nachwort von Rüdiger Krohn. Stuttgart 1980 (RUB 4471–4473)

Gregôrje, bâbest (Bruder Wernher) – Deutsche Lyrik des Mittelalters. Auswahl und Übersetzung von Max Wehrli. Mit 36 Abbildungen aus der Manessischen Liederhandschrift. Siebte, durchgesehene Auflage. Zürich 1988 (Manesse Bibliothek der Weltliteratur)

Hartmann von Aue: Der arme Heinrich. Herausgegeben von Hermann Paul. 15., neu bearbeitete Auflage, besorgt von Gesa Bonath. Tübingen 1984 (ATB 3)

– Das Büchlein. Nach den Vorarbeiten von Arno Schirokauer zu Ende geführt und herausgegeben von Petrus W. Tax. Berlin 1979

– Erec. Herausgegeben von Albert Leitzmann, 6. Aufl. besorgt von Christoph Cormeau und Kurt Gärtner. Tübingen 1985 (ATB 39)

– Gregorius. Herausgegeben von Hermann Paul. Neubearbeitet von Burghart Wachinger. 14., durchgesehene Auflage Tübingen 1992 (ATB 2)

– Iwein. Eine Erzählung von Hartmann von Aue. Herausgegeben von Georg Friedrich Benecke und Karl Lachmann. Neubearbeitet von Ludwig Wolff. Siebente Ausgabe. Band 1: Text. Band 2: Handschriftenübersicht. Anmerkungen und Lesarten. Berlin 1968

Heinrich von dem Türlin: Diu Crône (von H. v. d. T.). Zum ersten Male herausgegeben v. Gottlob Heinrich Friedrich Scholl. Stuttgart 1852 (Bibliothek des litterarischen Vereins in Stuttgart XXVII.)

Heinrich von Veldeke: Eneide [von] Henric van Veldeken. Band I: Einleitung. Text. Herausgegeben von Gabriele Schieb und Theodor Frings. Berlin 1964 (DTM 58)

Heliand und Genesis. Herausgegeben von Otto Behaghel. 10., überarbeitete Auflage von Burkhard Taeger. Tübingen 1996 (ATB 4)

Herrad von Landsberg: Hortus deliciarum. Herausgegeben von Otto Gillen. Pfälzische Verlagsanstalt 1979

Das Hildebrandslied – Althochdeutsches Lesebuch. Zusammengestellt und mit Wörterbuch versehen von Wilhelm Braune. 17. Auflage, bearbeitet von Ernst A. Ebbinghaus. Tübingen 1994 [Nr. XXVIII]

Hildesheimer, Wolfgang: Mitteilungen an Max über den Stand der Dinge und anderes. Mit einem Glossarium und sechs Tuschzeichnungen des Autors. Frankfurt am Main 1983

In gotes namen fara wir – Moser, Hugo/Müller-Blattau, Joseph (Hgg.): Deutsche Lieder des Mittelalters. Von Walther von der Vogelweide bis zum Lochamer Liederbuch. Texte und Melodien. Stuttgart 1968, 182 f.

Isidor von Sevilla: Isidori Hispalensis episcopi etymologiarum sive originum libri XX. Recognovit, brevique adnotatione critica instruxit W. M. Lindsay. Tomus I: Libros I–X continens. Tomus II: Libros XI–XX continens. [Reprinted] New York: Oxford University Press 1987

Jacobus de Voragine: Legenda aurea. Aus dem Lateinischen übersetzt von Richard Benz. 9. Auflage Heidelberg 1979

Komen sint uns die liehten tage lange – Die Lieder Neidharts. Herausgegeben v. Edmund Wießner. Fortgeführt von Hanns Fischer. Fünfte, verbesserte Auflage, herausgegeben von Paul Sappler. Mit einem Melodienanhang von Helmut Lomnitzer. Tübingen 1999 (ATB 44) [Sommerlied 12]

Konrad von Fußesbrunnen: Kindheit Jesu. Kritische Ausgabe von Hans Fromm und Klaus Grubmüller. Berlin/New York 1973

Konrad von Würzburg: Engelhard. Herausgegeben von Ingo Reiffenstein. 3., neubearbeitete Auflage der Ausgabe von Paul Gereke. Tübingen 1982 (ATB 17)

– Pantaleon. Zweite Auflage, herausgegeben von Winfried Woesler. Tübingen 1974 (ATB 21)

– Der Trojanische Krieg (v. K. v. W.). Nach den Vorarbeiten K. Frommanns und F. Roths zum ersten Mal herausgegeben durch Adelbert von Keller. Stuttgart 1858

Laurin – Deutsches Heldenbuch. Erster Teil. Biterolf und Dietleib. Laurin und Walberan. Mit Benutzung der v. Franz Roth ges. Abschriften u. Vergleichungen. Hg. von Oskar Jänicke. Berlin/Zürich 1963

Liber sancti Jacobi – Herbers, Klaus (Hg.): Der Jakobsweg. Mit einem mittelalterlichen Pilgerführer unterwegs nach Santiago de Compostela. Ausgewählt, eingeleitet, übersetzt und kommentiert von Klaus Herbers. Tübingen 1986

Lüstlicher Würzgarten – Schmidtke, Dietrich: Studien zur dingallegorischen Erbauungsliteratur des Spätmittelalters. Tübingen 1982, 125.

Marcus Fabius Quintilianus: Ausbildung des Redners. Zwölf Bücher. Herausgegeben und übersetzt von Helmut Rahn. Erster Teil, Buch I–VI. Zweiter Teil, Buch VII–XII. Darmstadt 1972

Martianus Capella: De nuptiis Philologiae et Mercurii. Edidit James Willis. Leipzig 1983

Martin Luther: Tischreden – D. Martin Luthers Werke. Kritische Gesamtausgabe (Weimarer Ausgabe). Tischreden. 5 Bände. Unveränderter Abdruck 1967 der bei Hermann Böhlaus Nachfolger, Weimar, erschienenen Ausgabe. Graz 1967

Meisterlieder der Kolmarer Handschrift. Herausgegeben von Karl Bartsch. Stuttgart 1862 (Bibliothek des litterarischen Vereins in Stuttgart LXVIII.) [Nr. XLVII]

Moriz von Craûn. Herausgegeben von Ulrich Pretzel. Vierte Auflage. Tübingen 1973 (ATB 45)

Muspilli – Althochdeutsches Lesebuch. Zusammengestellt und mit Wörterbuch versehen von Wilhelm Braune. 17. Auflage, bearbeitet von Ernst A. Ebbinghaus. Tübingen 1994 [Nr. XXX]

Das Nibelungenlied. Nach der Ausgabe von Karl Bartsch, herausgegeben von Helmut de Boor. 22., revidierte und von Roswitha Wisniewski ergänzte Auflage. (Nachdruck) Wiesbaden 1996

Otfried von Weissenburg: Evangelienbuch. Auswahl. Althochdeutsch/neuhochdeutsch. Herausgegeben, übersetzt und kommentiert von Gisela Vollmann-Profe. Stuttgart 1987 (RUB 8384)

Rosengarten – Spottlied, Märchen und Heldenlied vom Rosengarten. Vergleichend nebeneinandergestellt von Henrik Becker. Halle (Saale) 1955

Segensbitte – Zitiert nach der Übersetzung von Norbert Ohler: Pilgerleben im Mittelalter. Zwischen Andacht und Abenteuer. Freiburg im Breisgau/Basel/Wien 1994, 80.

Der Stricker: Daniel von dem Blühenden Tal. Hg. von Michael Resler. Tübingen 1983 (ATB 92)

– Der Kater als Freier. In: Erzählungen, Fabeln, Reden. Mittelhochdeutsch/Neuhochdeutsch. Herausgegeben, übersetzt und kommentiert von Otfrid Ehrismann. Stuttgart 1992 (RUB 8797)

– Das Katzenauge. In: Tierbispel. Herausgegeben von Ute Schwab. Tübingen 1983 (ATB 54)

Thomasin von Zirclaria: Der Wälsche Gast. Zum ersten Male herausgegeben mit sprachlichen und geschichtlichen Anmerkungen von H. Rückert. Quedlinburg und Leipzig 1852

Das Tragemundslied – Altdeutsches Liederbuch. Volkslieder der Deutschen nach Wort und Weise aus dem 12. bis zum 17. Jh. Ges. u. erläutert v. Franz M. Böhme. Zweite Auflage. Leipzig 1913 [Nr. 270]

Ulrich von dem Türlin: Willehalm. Herausgegeben von Samuel Singer. Prag 1893

Ulrich von Zatzikhofen: Lanzelet. Herausgegeben von K. A. Hahn. Mit einem Nachwort und einer Bibliographie von Frederick Norman. Berlin 1965

Veneranda dies [Predigt] – Liber sancti Jacobi (s. o.)

Verspraefatio – nach Schmidtke 1982, 76 (s. o. Lüstlicher Würzgarten)

Walther von der Vogelweide: Gedichte. 11. Aufl. auf d. Grundl. d. Ausg. v. Hermann Paul, hg. von Silvia Ranawake m. e. Melodieanh. v. Horst Brunner. Teil 1: Der Spruchdichter. Tübingen 1997 (ATB 1)

– Die Lieder Walthers von der Vogelweide. Unter Beifügung erhaltener u. erschlossener Melodien neu hg. v. Friedrich Maurer. 2. Bändchen. Die Liebeslieder. 3., verb. Aufl. Tübingen 1969 (ATB 47)

Wernher der Gartenære: Helmbrecht. Herausgegeben von Friedrich Panzer. 9., neubearbeitete Auflage, besorgt von Kurt Ruh. Tübingen 1974 (ATB 11)

Wirnt von Gravenberc: Wigalois, der Ritter mit dem Rade (v. W. v. G.). Herausgegeben von J. M. N. Kapteyn. Erster Band: Text. Bonn 1926

Wolf, Christa: Nachdenken über Christa T. Herausgegeben, kommentiert und mit einem Nachwort versehen von Sonja Hilzinger. München 1999

Wolfdietrich B – Deutsches Heldenbuch. Dritter Teil. Ortnit und die Wolfdietriche. Nach Müllenhoffs Vorarbeiten herausgegeben von Arthur Amelung und Oskar Jänicke. Unveränderter Nachdruck der 1. Auflage 1871. Frankfurt am Main 1968

Wolfram von Eschenbach: Parzival. Mittelhochdeutscher Text nach der Ausgabe von Karl Lachmann. Übersetzung und Nachwort von Wolfgang Spiewok. Stuttgart 1981 (RUB 3681)

Zitatnachweis

Aufgeführt werden die nicht im Text nachgewiesenen, meist dialogisch verwendeten Zitate; oft stammen sie aus mhd. literarischen Texten. Wie üblich im Lehrtext nachgewiesen sind ‚lehrmonologisch' verwendete Zitate von Primär- und Sekundärliteratur. Links steht die Seitenzahl dieses Buches, es folgen der Reihe nach die Zitatstellen. Ein Asterisk (*) bedeutet: Die Stelle ist nicht im Wortlaut zitiert, sondern umkonstruiert nach belegten Verwendungsweisen und grammatischen Regeln. Bei Zitaten aus dem *Liber sancti Jacobi*, der die Predigt *Veneranda dies* enthält, blieben Auslassungen aus ästhetischen Gründen unmarkiert, ebenso Änderungen der Interpunktion in Zitaten aus den *Legenda aurea*. Die Auflösung der Textkürzel auf Seite 14, bibliographische Angaben auf Seite 261 ff.

9	Pz 160 24; Er 7975; *Iw 5458
13	Segensbitte; *Iw 2120
42	Er 6556
47	Pz 506 30
57	Tr 13411, Er 7514
61	*Gr 833, 835; Iw 3023; *Iw 5009
62	*Iw 5242;
63	AH 1209
64	Diu spinne, 1 ff.
72	Pz 171 18, *Iw 1268; Er 5452
78	AH 588; Gr 2808
79	*Tr 2514 f.; Gregôrje, bâbest, 3
84	Iw 6136, 6138; Pz 511 21 ff.
85	Pz 553 6 ff.; Rosengarten, 786 4; Da 4146 ff., 4161 f.; Er 9562
86	Da 4208 ff.; Verspraefatio, 4 f.; Er 8633 f. Kindheit Jesu, 1823; MC 1680; Kindheit Jesu, 1824 ff., 1844 f.; Pz 508 11 ff./15 f.; Tr 14677 f.; Er 3025, 3027 f.; Iw 6490 ff.
87	Laurin 111, 109 f.; Engelhard 3150 ff.; Er 8715 ff.; Iw 4398 f.; Rosengarten, 772 1 f.; Er 9163 ff., 6724; Iw 710;

Laurin 259 f.
88 Er 1096, Iw 1772, 516; AH 110 f.; Er 5894; Iw 6500 f.; *Gr 740; *Pz 615 8 ff.; Lüstlicher Würzgarten (Bl. 78r)
107 Gr 4006
109 Er 3637, 511; Pn 1836 f.; Pn 1875 ff.; Gr 3822
111 Da 1367; Hb 1588, 1587; Er 8841
113 Hb 1577 ff.; AH 221
119 Pn 314 f.
121 *Er 7511
124 Iw 1219; diz ist ...: konstr. n. Iw 367 und 1218 m. *kosten*; *Er 6506; *Er 7324
125 Veneranda dies, 74
129 Er 1768 f.; Pz 531 16
130 Gr 3350; *Er 7182
133 *Iw 1917; Gr 686 f.; Er 9044
134 Hb 1844 f.
150 *Er 233 f.
152 *Da 420 f.
154 Veneranda dies, 73
155 Veneranda dies, 71
156 Veneranda dies, 71 f.; Gr 1341
157 Vener. dies, *73, 72; Er 7493; Hb 1725 f.
158 Veneranda dies, 73 f.
159 Veneranda dies, 74 f.; Tr *2974
160 Veneranda dies, 75; Pz 360 25 ff.; Er 6695
161 Legenda aurea, 117
162 Legenda aurea, 117 f.
163 Legenda aurea, 118; Gr 3703; Pn 1834
164 Legenda aurea, 118
165 Legenda aurea, 493
166 a. a. O.
167 a. a. O.; Er 4011; *Pn 428 f.; Gr 2583; Legenda aurea, 493
168 a. a. O.
169 Veneranda dies, 79; Liber sancti Jacobi, 142
170 Liber sancti Jacobi, 143
171 Veneranda dies, 78, 80; *MC 1480; *Iw 1236
173 Veneranda dies, 77
174 Veneranda dies, 78, 76 f.
175 Pz 517 6
178 *Er 4054; Veneranda dies, 66; AH 822 ff.
179 Iw 5714; *Iw 3014
180 Gr 2787; AH 585; Er 6996; Gr 1334 f.
184 Liber sancti Jacobi, 150 f.
185 *Iw 5057; Er 8431; AH 499, 430
188 *Gr 2648 ff.; *Gr 2706
191 Pz 115 27; Liber sancti Jacobi, 113
192 *AH 348, Pn 1070; Iw 5532; *Iw 6744 *MC 1199; Er 7513; *Pz 115 27, 453 15; *Das Büchlein 1617, *Iw 594; Iw 3163; *Pz 483 29; *Leg. aurea, 35 (Amb. *lehret*) *Iw 5852; Gr 1021; Er 9467
193 *Iw 2950 f.; *Pz 442 19 f., *Iw 2964 f.;
194 Das Büchl. 1523; *Pz 314 5 f., *Iw 650 f.; *Er 6639; *Pz 531 1, 70 25
195 *AH 1260 ff.; Er 4832; *Er 6642, *Legenda aurea, 367 (Rabbi *lehrt*)
196 Pz 454 25; Legenda aurea, 367, 817
197 Iw 3668; Er 5161 ff.
198 Er 5190, 5194 ff., 5205; Legenda aurea, 367 f.; *Gr 468; Er 7988; *Er 9689; Pz 351 8
199 AH 507 f.; Pz 76 11; Pz 381 28; Iw 2362; Tr 2720 f., Pz 433 1; Iw 7482; *Pz 54 9; *Wolfdietrich B 401, Tr 2063; Pz 115 29 f.
200 Er 7470; Das Katzenauge, 124; *Iw 6693 ff.; *Iw 7123; Pn 1666, *Er 7668, *Pz 140 23 f.; Pz 115 27; Er 7513; Tr 2753 f.; *Pz 314 2 ff.; *Pz 156 30 f., MC 886 f.; Pz 369 17 ff.; Iw 3634; *Pz 438 7 f.; Iw 3634
201 *Er 6126; *Er 1437; Tr 11533 f.; *Er 6291; In gotes namen fara wir
202 *Gr 3523 ff.
204 *Iw 3272
205 *Iw 618 f.; *Er 8130 f.; *Er 9087; *Er 3382 f., Iw 2859
206 *Pz 511 25 ff.; *Iw 38 f., Pn 24 f., *Er 7519
207 *Pz 511 28 f., *Iw 3474; *Gr 415; *Pn 173; Er 5483; Er 92, *Er 93 f.; Da 258; *Iw 994; Das Tragemundslied (bis S. 210); Pz 507 1; *Pz 302 6; *Er 3322, Iw 1391; Iw 7621
208 *Das Büchlein 1176; Iw 6064 ff.
209 Iw 251 ff.; *Er 9383, *Pz 740 20; *Er 9541 f.; AH 189; *Er 322; *Er 1323
210 *Iw 207 f.; Iw 1486 f.; *Iw 866, 2777; Er 70 f.; AH 1265
211 Pz 457 29 f.; *Er 7682
213 *Er 3382 f.
214 *Er 3382; *Iw 517
216 *Iw 5274, *Iw 4913; *Hb 1454, AH 1142
217 *Pz 752 20
218 Er 3492; Gr 1513
219 *Gr 733; Hb 874 f.; Hb 869; *Hb 870 f.
221 Da 2631; Da 2631; *Er 5391 ff.; Da 2631; Iw 4213, Da 1916; Da 4174; *Pz 389 24, *Tr 15716; *Er 43, *Iw 487; *Er 5477; Er 5479 f.; Iw 4213, Da 2053; *Da 6927; *Da 6927; Iw 4213, *Da 7180 ff.; *Iw 529; AH 1263, *Da 6934; Da 6935 ff.; Er 93, *Iw 7853; *Da 2135, *Hb 1329, *Pn 1424; *Pz 523 30, *Iw 1391; *Iw 6704; *Er 4429; Da 2054 f.; *Da 2056; AH 1263, *Er 9063; *Er 7145; *Iw 5428, *Pz 110 30; *Hb 167; Iw 2799; *Er 3925, *Pz 112 2, 269 2; *Er 9715; *Pz 126 6; *Er 6530, *Er 3691; Er 5483; Er 92, *Er 92 ff.; Da 258; *Iw 994; Tr 13411; Iw 2341; *Er 97; *Iw 1391; Iw 4213, *Iw 1391; *Da 3588; *MC 1561; *Pz 656 6 f.
224 *AH 1265, Er 5294
225 *Da 95 ff.
228 *Iw 264; *Hb 788 f.; *Pz 123 4;*Pz 589 13; *Pn 852
229 *Pz 614 11; *Gr 182 f.; Da 2631 ff.; *Da 2636 ff.; *Pz 238 28 f.; *Tr 16828 f.
232 *Pz 795 29; Hb 52 f.; *Iw 638
233 Komen sint uns die liehten tage lange
234 *Er 9541 f.; Iw 3634

Sekundärliteratur

Admoni, Wladimir: Historische Syntax des Deutschen. Tübingen 1990

Arbusow, Leonid: Colores rhetorici. Eine Auswahl rhetorischer Figuren und Gemeinplätze als Hilfsmittel für akademische Übungen an mittelalterlichen Texten. Göttingen 1963

Arndt, Erwin: Deutsche Verslehre. Ein Abriss. 13., bearbeitete Auflage. Berlin 1995

Assunto, Rosario: Die Theorie des Schönen im Mittelalter. 2. Auflage. Köln 1987

Auf dem Sternenweg nach Santiago. Mit Fotografien von Xurxo Lobato. Textbeiträge von Fernando Lopez Alsina, Serafin Moralejo und Luis Carandell. Vorwort: Catherine Lalumière, Generalsekretärin des Europarates. Tübingen/Berlin 1992

Bach, Adolf: Geschichte der deutschen Sprache. Neunte, durchgesehene Auflage. Heidelberg 1970

Bachofer, Wolfgang (Hg.): Mittelhochdeutsches Wörterbuch in der Diskussion. Symposion zur mittelhochdeutschen Lexikographie. Hamburg, Oktober 1985. Tübingen 1988

Bahr, Wolfgang: Tote auf Reisen. Ein makabrer Reisebegleiter. St. Pölten 2000

Baltzer, Ilse: Musik am Pilgerweg nach Santiago de Compostela. In: Der Jakobuskult in Süddeutschland. Kultgeschichte in regionaler und europäischer Perspektive. Herausgegeben von Klaus Herbers und Dieter R. Bauer. Tübingen 1995, 249–263.

Balzer, Manfred: ... et apostolicus repetit quoque castra suorum. Vom Wohnen im Zelt im Mittelalter. In: Frühmittelalterliche Studien 26 (1992), 208–229.

Batts, Michael: Doppelte Fremdheit? Moderne Übersetzungen eines mittelalterlichen Textes. In: Übersetzen, verstehen, Brücken bauen. Geisteswissenschaftliches und literarisches Übersetzen im internationalen Kulturaustausch. Herausgegeben von Armin Paul Frank, Kurt-Jürgen Maaß, Fritz Paul, Horst Turk. Mit einer Einleitung von Horst Turk. Teil 2. Berlin 1993, 647–654.

Bauer, Erika: Zweigliedrigkeit und Übersetzungstechnik. In: Untersuchungen zur Literatur und Sprache des Mittelalters. Kurt Ruh zum 60. Geburtstag. Herausgegeben von Peter Kesting. München 1975, 175–192.

Bauer, Gerhard: Einführung in die diachrone Sprachwissenschaft. Ein Lehr-, Studien- und Übungsbuch für Germanisten von G. B. 3., verbesserte, erweiterte u. vollst. überarbeitete Auflage. Göppingen 1992

Bauer, Gero: Historisches Präsens und Vergegenwärtigung des epischen Geschehens. Ein erzähltechnischer Kunstgriff Chaucers. In: Anglia 85 (1967), 138–160.

Beck, Götz/Sitta, Horst: Fragen. In: Studien zur deutschen Literatur des Mittelalters. In Verbindung mit Ulrich Fellmann herausgegeben von Rudolf Schützeichel. Bonn 1979, 171–182.

Beckers, Hartmut: Neue Wege struktureller Semantikforschung auf dem Gebiet der älteren germanischen Sprachen. In: Gedenkschrift für Jost Trier. Herausgegeben von Hartmut Beckers und Hans Schwarz. Köln/Wien 1975, 172–210.

Behaghel, Otto: Deutsche Syntax. Eine geschichtliche Darstellung. Bd. I–IV. Heidelberg 1923–32

Behr, Hans-Joachim: Literatur als Machtlegitimation. Studien zur Funktion der deutschsprachigen Dichtung am böhmischen Königshof im 13. Jahrhundert. München 1989

Bein, Thomas (Hg.): Altgermanistische Editionswissenschaft. Bern/Frankfurt a. M./New York/Paris 1995

– Germanistische Mediävistik. Eine Einführung. Berlin 1998

Besch, Werner/Knoop, Ulrich/Putschke, Wolfgang/Wiegand, Herbert Ernst: Dialektologie. Ein Handbuch zur deutschen und allgemeinen Dialektforschung. Band I,1 und I,2. Berlin/New York 1982/83

Betten, Anne: Grundzüge der Prosasyntax. Stilprägende Entwicklungen vom Althochdeutschen zum Neuhochdeutschen. Tübingen 1987

Beyschlag, Siegfried: Altdeutsche Verskunst in Grundzügen. Sechste, neubearb. Auflage. Nürnberg 1969

Bidault, Jacques/Giraud, Pierre: L'homme et la tente. Paris 1946

Blosen, Hans: Vereinfachte Darstellung der mittelhochdeutschen Substantivflexion. (Sandbjerg–Vortrag, Mai 1982) In: Augias 6 (1982), 5–26.

Bockelmann, Eske: Propädeutik einer endlich gültigen Theorie von den deutschen Versen. Tübingen 1991

– Vers – Kognition – Gedächtnis. In: Ars memorativa. Zur kulturgeschichtlichen Bedeutung der Gedächtniskunst 1400–1750. Herausgegeben von Jörg Jochen Berns und Wolfgang Neuber. Tübingen 1993, 297–312.

Bodmer, Johann Jacob (Hg.): Proben der alten schwäbischen Poesie des Dreyzehnten Jahrhunderts. Aus der Maneßischen Sammlung. Zürich 1748 (Nachdruck Hildesheim 1973)

Boettcher, Wolfgang/Sitta, Horst: Der andere Grammatikunterricht. 2., durchgesehene Auflage. München/Wien/Baltimore 1981

Böhme, Franz M. – s. Primärliteratur: Das Tragemundslied

Boretzky, Norbert: Einführung in die historische Linguistik. Reinbek 1977

Borst, Arno: Lebensformen im Mittelalter. Mit zahlreichen zeitgenössischen Abbildungen und drei Karten. Frankfurt am Main/Berlin 1988

Brandt, Rüdiger: Kleine Einführung in die mittelalterliche Poetik und Rhetorik. Mit Beispielen aus der deutschen Literatur des 11. bis 16. Jahrhunderts. Göppingen 1986

– Wortgeschichts- und Wortbedeutungsstudien. *geniezen - engelten. wellen. geil.* Frankfurt a. M./Bern/New York/Paris 1989

– Grundkurs germanistische Mediävistik/Literaturwissenschaft. Eine Einführung. München 1999

Bredenkamp, Jürgen/Wippich, Werner: Lern- und Gedächtnispsychologie. Stuttgart 1977

Breuer, Dieter: Deutsche Metrik und Versgeschichte. 4. Auflage. München 1999

Brinek, Gertrude/Schirlbauer, Alfred (Hgg.): Vom Sinn und Unsinn der Hochschuldidaktik. Wien 1996

Brinkmann, Hennig: Zu Wesen und Form mittelalterlicher Dichtung. Halle 1928 (^{2}1979)

Brühl, Gisela: Hochschullehrer als Lehrende und Lernende. Ein Beitrag zur Didaktik der allgemeinen Didaktik. Frankfurt am Main/Bern/New York/Nancy 1984

Brunner, Horst (1999a): 1968 und die Folgen für die Altgermanistik – warum ich Altgermanist geblieben bin. In: Mitteilungen des Deutschen Germanistenverbandes 46 (1999), H. 1, 42–47.

– (1999b) Bemerkungen zur Lage und zu einigen Zukunftsaufgaben der Altgermanistik. In: helle döne schöne. Versammelte Arbeiten zur älteren und neueren deutschen Literatur. Festschrift für Wolfgang Walliczek. Herausgegeben von Horst Brunner u. a. Göppingen 1999

Buchbinder, Reinhard: Übersetzungen des Nibelungenliedes. Ein Vergleich. In: Zeitschrift für deutsche Philologie 92 (1973), 37–61.

Buchmann, Bertrand Michael: Daz jemant singet oder sait ... Das volkstümliche Lied als Quelle zur Mentalitätengeschichte des Mittelalters. Frankfurt a. Main/Berlin/Bern/New York/Paris/Wien 1995

Bumke, Joachim: Höfische Kultur. Literatur und Gesellschaft im hohen Mittelalter. 2 Bände. München 1986

– Geschichte der deutschen Literatur im hohen Mittelalter. München 1990

Busse, Dietrich: Historische Semantik. Analyse eines Programms. Stuttgart 1987

Bußmann, Hadumod (Hg.): Lexikon der Sprachwissenschaft. Dritte, aktualisierte und erweiterte Auflage. Stuttgart 2002

Büttner, Gottfried: Die Dame mit dem Einhorn. Die Teppiche des Musée de Cluny. Bilder der seelischen Entwicklung. Stuttgart 1996

Bynon, Theodora: Historische Linguistik. Eine Einführung. Gegenüber dem englischen Original [1977] überarbeitete und erweiterte deutsche Ausgabe. München 1981

Dittrich, Adolf: Ätiologie-unabhängige Strukturen veränderter Wachbewußtseinszustände. Ergebnisse empirischer Untersuchungen über Halluzinogene I. und II. Ordnung, sensorische Deprivation, hypnagoge Zustände, hypnotische Verfahren sowie Reizüberflutung. 2., durchgesehene Auflage Berlin 1996

Dörfelt, Thomas: Autoren mittelhochdeutscher Dichtung in der literarischen Biographik der siebziger Jahre (Th. Mülhause-Vogeler, F. Torberg, P. Rühmkorf, E. Hilscher, B. Gloger, D. Kühn). Göppingen 1989

Donald, Janet Gail: Improving the environment for learning. Academic leaders talk about what works. San Francisco 1997 (The Jossey-Bass higher and adult education series)

Ebbesen, Sten (Hg.): Sprachtheorien in Spätantike und Mittelalter. Tübingen 1995

Ebenbauer, Alfred/Krämer, Peter (Hg.): Ältere deutsche Literatur. Eine Einführung. 5. Aufl. Wien 1998

Eckstein, Brigitte: Einmaleins der Hochschullehre. Praktische Einführung in die Grundlagen und Methoden. München 1978

Eco, Umberto: Kunst und Schönheit im Mittelalter. Aus dem Italienischen übersetzt v. Günter Memmert. 2. Auflage. München 1993

Eggers, Hans: Deutsche Sprachgeschichte. Band 1: Das Althochdeutsche und das Mittelhochdeutsche. Reinbek b. Hamburg 1986

Ehlert, Trude: Kochbuch des Mittelalters. Rezepte aus alter Zeit, eingeleitet, erläutert und ausprobiert von Trude Ehlert. Düsseldorf 2000

Ehrismann, Otfrid: „Reken, welches man hier zu Land unedel genug von Haushunden braucht.“ Romantische Kontroversen zur Übersetzung altdeutscher Dichtung. In: Festschrift für Heinz Engels zum 65. Geburtstag. Herausgegeben von Gerhard Augst, Otfrid Ehrismann, Hans Ramge. Göppingen 1991, 83–104.

Eis, Gerhard: Übersetzungen altgermanischer Heldenlieder. In: Wirkendes Wort 10 (1960), 65–68.

Endres, Rolf: Einführung in die mittelhochdeutsche Literatur. Probleme des Studiums. Blick auf die Geschichte. Nibelungenlied. Tristan. Frankfurt am Main/Berlin/Wien 1971

Erben, Johannes: Einführung in die deutsche Wortbildungslehre. 3., neubearbeitete Auflage. Berlin 1993

Erdmann, Oskar: Zu den kleinen althochdeutschen Sprachdenkmälern. In: Zeitschrift für deutsche Philologie 24 (1892), 315–317.

Erlinger, Hans Dieter: Studienbuch: Grammatikunterricht. Paderborn/München/Wien/Zürich 1988

Ermert, Karl (Hg.): Lehre an Hochschulen. Über Kriterien und Instrumente zu ihrer Evaluation und Förderung. Rehburg-Loccum 1992

Evaluation der Lehre. Ziele – Akzeptanz – Methoden. [Red.: David Verbeeke, Heike Balogh] Stuttgart/Berlin/Bonn/Budapest/Düsseldorf/Heidelberg/Wien 1995 (Hb. Hochschullehre Highlights; Band 1)

Evans, Joan (Hg.): Blüte des Mittelalters. Mit 631 Abbildungen, davon 192 in Farben, 439 Fotos, Darstellungen, Karten und Zeittafeln. München/Zürich 1966

Fourquet, Jean: Der Text und sein beiderseitiges Hinterland. Schöpfung und Nachschöpfung. In: Studien zur Texttheorie und zur deutschen Grammatik. Festgabe für Hans Glinz zum 60. Geburtstag. Herausgegeben von Horst Sitta und Klaus Brinker. Düsseldorf 1973, 113–121.

Frank, Horst J.: Handbuch der deutschen Strophenformen. 2., durchges. Auflage. Tübingen/Basel 1993

Franz, Adolf: Die kirchlichen Benediktionen im Mittelalter. 2 Bände. Freiburg im Breisgau 1909

Frey, Evelyn: Einführung in die historische Sprachwissenschaft des Deutschen. Lehr- und Übungsbuch der diachronen Linguistik mit ausführlichen Darstellungen zur Bifurkationstheorie. Heidelberg 1994

Friis-Jensen, Karsten: Horace and the Early Writers of Arts of Poetry. In: Ebbesen 1995 (s. o.), 360–401.

Fritz, Gerd: Bedeutung und Selektion. Einige Beobachtungen zu mhd. Verben des Fallens. In: Getempert und gemischet. Festschrift für Wolfgang Mohr. Herausgegeben v. Franz Hundsnurscher und Ulrich Müller. Göppingen 1972, 397–415.

– Historische Semantik. Stuttgart 1997

– Ansätze zu einer Theorie des Sprachwandels auf lexikalischer Ebene. In: Sprachgeschichte. 1. Teilband (1998), 860–874. (s. u.)

Ganz, Peter: Vom Nichtverstehen mittelhochdeutscher Literatur. Ein Vortrag. In: Wolfram-Studien V. Herausgegeben von Werner Schröder. Berlin 1979, 136–153.

– Mittelhochdeutsche Dichtung neuhochdeutsch. Bemerkungen zu einigen neueren Übersetzungen. In: Beiträge zur Geschichte der deutschen Sprache und Literatur 107 (1985), 389–408.

Gärtner, Kurt: Einleitung zum Nachdruck. In: Lexer, Matthias: Mittelhochdeutsches Handwörterbuch. Nachdruck der Ausgabe Leipzig 1872–1878. Mit einer Einleitung von K. G. Stuttgart 1992

Gärtner, Kurt/Kühn, Peter: Indices und Konkordanzen zu historischen Texten des Deutschen: Bestandesaufnahme, Typen, Herstellungsprobleme, Benutzungsmöglichkeiten. In: Sprachgeschichte. 1. Teilband (1998), 715–742. (s. u.)

Geary, Patrick J.: The Saint and the Shrine. The Pilgrims Goal in the Middle Ages. In: Wallfahrt kennt keine Grenzen. 1984, 265–273. (s. u.)

– Furta Sacra. Thefts of Relics in the Central Middle Ages. Princeton N. Y. 1990

Geith, Karl Ernst: »... wan ich den sin swerer vant denn ich hat gewenet.« Zum Übersetzen im Mittelalter. In: Stadler, Ulrich (Hg.): Zwiesprache. Theorie und Geschichte des Übersetzens. Stuttgart/Weimar 1996

Geith, Karl Ernst/Kunze, Konrad/Schütz, Eva (Hgg.): Altgermanistische Grundkurse. Modelle und Erfahrungen. Göppingen 1975

Gillespie, George: Streifzug durch deutsche und englische Literaturübersetzungen, insbesondere aus dem Mittelhochdeutschen: In: Verborum amor. Studien zur Geschichte und Kunst der deutschen Sprache. Festschrift für Stefan Sonderegger zum 65. Geburtstag. Herausgegeben von Harald Burger, Alois M. Haas und Peter von Matt. Berlin/New York 1992, 108–125.

Ginsburg, Herbert/Opper, Sylvia: Piagets Theorie der geistigen Entwicklung. 5. Auflage. Stuttgart 1989

Glinz, Hans: Wenn ein Gegenwarts-Germanist mittelalterliche Texte liest. In: Studien zur deutschen Literatur des Mittelalters, 163–170. (s. Beck/Sitta)

Gnutzmann, Claus/Königs, Frank G. (Hgg.): Perspektiven des Grammatikunterrichts. Tübingen 1995 (TBL 404)

Goetz, Hans-Werner: Moderne Mediävistik. Stand u. Perspektiven d. Mittelalterforsch. Darmstadt 1999

Gribl, Albrecht: Die Legende vom Galgen- und Hühnerwunder in Bayern. Eine ikonographische Gegenwartsspur der mittelalterlichen Fernwallfahrt nach Santiago de Compostela. In: Bayerisches Jahrbuch für Volkskunde 1976/77 (1978), 36–52.

Grimm, Gunter E./Max, Frank Rainer (Hgg.): Deutsche Dichter. Leben und Werk deutschsprachiger Autoren. Band 1: Mittelalter. Stuttgart 1989

Grondin, Jean: Die hermeneutische Dimension der Übersetzung. In: Übersetzen, verstehen, Brücken bauen. Teil 1, 151–157. (s. Batts)

Grosse, Siegfried: Sprachwandel als Übersetzungsproblem (Mittelhochdeutsch und Neuhochdeutsch). In: Wirkendes Wort 20 (1970), 242–258.

– Bedeutungsdifferenzierung als Möglichkeit der Interpretation in neuhochdeutschen Übersetzungen der Lieder Walthers von der Vogelweide. In: Studien zur deutschen Literatur des Mittelalters. Herausgegeben von Rudolf Schützeichel. Bonn 1979, 183–197.

– Reflexe gesprochener Sprache im Mittelhochdeutschen. In: Sprachgeschichte. Zweiter Halbband (1985), 1186–1191. (s. u.)

– Syntax des Mittelhochdeutschen. In: Sprachgeschichte. Zweit. Halbband (1985), 1153–1159. (s. u.)

– Reflexe gesprochener Sprache im Mittelhochdeutschen. [Neufassung] In: Sprachgeschichte. 2. Teilband (2000), 1391–1399. (s. u.)

Grosse, Siegfried/Rautenberg, Ursula: Die Rezeption mittelalterlicher deutscher Dichtung. Eine Bibliographie ihrer Übersetzungen und Bearbeitungen seit der Mitte des 18. Jahrhunderts. Tübingen 1989

Grubmüller, Klaus: *Natûre ist der ander got.* Zur Bedeutung von *natûre* im Mittelalter. In: Natur und Kultur in der deutschen Literatur des Mittelalters. Colloquium Exeter 1997. In Zusammenarbeit mit Frank Fürbeth und Ulrike Zitzlsperger herausgeg. v. Alan Robertshaw und Gerhard Wolf. Tübingen 1999, 3–17.

– Lexikologie und Lexikographie des Mittelhochdeutschen. In: Sprachgeschichte. 2. Teilband (2000), 1340–1351. (s. u.)

Gurjewitsch, Aaron J.: Das Weltbild des mittelalterlichen Menschen. Aus dem Russischen übersetzt von Gabriele Lossach. Lizenzausgabe für d. Verlag C. H. Beck. Vierte, unveränderte Auflage. München 1989

Habermann, Paul/Mohr, Wolfgang: Artikel <Hebung und Senkung>. In: Reallexikon der deutschen Literaturgeschichte. Erster Band (1958), 623–629.

Hahn, Gerhard/Ragotzky, Hedda (Hgg.): Grundlagen des Verstehens mittelalterlicher Literatur. Literarische Texte und ihr historischer Erkenntniswert. Stuttgart 1992

Hain, Mathilde: Rätsel. Stuttgart 1966

Haist, Jürgen: Schulische Rezeption mittelalterlicher Dichtung in der Bundesrepublik und der DDR. Unter Berücksichtigung gesellschaftshistorischer Aspekte. Frankfurt am Main/Bern/New York 1985

Halbach, Kurt Herbert: Frühdeutsche Lyrik und Epik in Übersetzung. In: Der Deutschunterricht 9 (1957), Heft 2, 108–120.

Harth, Dietrich: Sprachbegriff und Textauslegung unter wissenschaftsgeschichtlichem Aspekt. In: Sprachgeschichte. Erster Halbband (1984), 502–513. (s. u.)

Hartig, Joachim: Soziokulturelle Voraussetzungen und Sprachraum des Altniederdeutschen. In: Sprachgeschichte. Zweiter Halbband (1985), 1069–1074. (s. u.)

Haug, Walter: Das ›Muspilli‹ oder Über das Glück literaturwissenschaftlicher Verzweiflung. In: Wolfgang Mohr/Walter Haug: Zweimal »Muspilli«. Tübingen 1977, 24–78.

– Literaturtheorie im deutschen Mittelalter. Von den Anfängen bis zum Ende des 13. Jahrhunderts. 2., überarbeitete und erweiterte Auflage. Darmstadt 1992

Heimann, Heinz-Dieter: Einführung in die Geschichte des Mittelalters. Stuttgart 1997

Heinzle, Joachim (Hg.): Modernes Mittelalter. Neue Bilder einer populären Epoche. Frankfurt am Main/Leipzig 1999

Hell, Vera und Helmut: Die große Wallfahrt des Mittelalters. Kunst an den romanischen Pilgerstraßen durch Frankreich und Spanien nach Santiago de Compostela. Tübingen 1964

Hellgardt, Ernst: Die deutschsprachigen Handschriften im 11. und 12. Jahrhundert. Bestand und Charakteristik im chronologischen Aufriss. In: Deutsche Handschriften 1100–1400. Oxforder Kolloquium 1985. Herausgegeben von Volker Honemann und Nigel F. Palmer. Tübingen 1988, 34–81.

Hennebo, Dieter: Gärten des Mittelalters. Neu herausgegeben und mit einem Nachwort und einem erweiterten Anhang versehen sowie um zahlreiche Abbildungen erweitert von Norbert Ott unter Mitarbeit von Dorothee Nehring. München 1987

Hennig, Ursula: Untersuchungen zur frühmittelhochdeutschen Metrik am Beispiel der „Wiener Genesis“. Tübingen 1968

Herbers, Klaus: Der Jakobuskult des 12. Jahrhunderts und der „LIBER SANCTI JACOBI“. Studien über das Verhältnis zwischen Religion und Gesellschaft im hohen Mittelalter. Wiesbaden 1984

– Deutsche Jakobspilger und ihre Berichte. Herausgegeben von Klaus Herbers. Tübingen 1988

– Stadt und Pilger. Soziale Gemeinschaft und Heiligenkult. Herausgegeben von Klaus Herbers. Tübingen 1999

Herbers, Klaus/Plötz, Robert: Spiritualität des Pilgerns. Kontinuität und Wandel. Herausgegeben von Klaus Herbers und Robert Plötz. Tübingen 1993

– Nach Santiago zogen sie. Berichte von Pilgerfahrten ans »Ende der Welt«. München 1996

– Der Jakobuskult in »Kunst« und »Literatur«. Zeugnisse in Bild, Monument, Schrift und Ton. Herausgegeben von Klaus Herbers und Robert Plötz. Tübingen 1998

Heringer, Hans Jürgen: Lesen, lehren, lernen. Eine rezeptive Grammatik des Deutschen. Tübingen 1989

Hermand, Jost: Geschichte der Germanistik. Reinbek b. Hamburg 1994

Heursen, Gerd: Ungewöhnliche Didaktiken. Hamburg 1996

Heusler, Andreas: Deutsche Versgeschichte mit Einschluss des altenglischen und altnordischen Stabreimverses. 3 Bände, 1925–29. Zweite, unveränderte Auflage. Berlin 1956

Hoffmann, Werner: Altdeutsche Metrik. Zweite Auflage. Stuttgart 1981

Honemann, Volker: Santiago de Compostela in deutschen Pilgerberichten d. 15. Jahrhunderts. In: Herbers/Plötz 1998 (s. o.), 129–139.

Honemann, Volker/Tomasek, Tomas (Hgg.): Germanistische Mediävistik. Münster 1999

Hopster, Norbert (Hg.): Hochschuldidaktik ‚Deutsch'. Paderborn/München/Wien/Zürich 1979

Horacek, Blanka: Die Wortstellung in Wolframs Parzival. Sonderabdruck aus dem Anzeiger der phil.-hist. Klasse der Österreichischen Akademie der Wissenschaften. Jahrgang 1952, Nr. 9. Wien 1953

– Die Kunst des Enjambements bei Wolfram von Eschenbach. In: Zeitschrift für deutsches Altertum und deutsche Literatur 85 (1954/55), 210–229.

Huber, Ludwig (Hg.): Ausbildung und Sozialisation in der Hochschule. Stuttgart 1983

Hundsnurscher, Franz: Semantische Untersuchung einiger mittelhochdeutscher Verben der Fortbewegung. In: Getempert und gemischet, 417–443. (s. o. Fritz)

Huntemann, Willi: Unübersetzbarkeit - vom Nutzen und Nachteil eines Topos. In: Jahrbuch für Internationale Germanistik. Jahrgang XXVI (1994), H. 1, 104–122.

Istock, Ruth: Die Wiedergewinnung mittelhochdeutscher Lyrik in den Übersetzungen deutscher Romantiker. Ein Beitrag zur romantischen Poetik. Diss. Mainz 1960

Jäger, Dieter: Praxis der schulischen Altgermanistik. Theoretische Ansätze, unterrichtspraktische Beispiele und empirische Versuche. Göppingen 1989

Jäger, Ludwig: Das Verhältnis von Synchronie und Diachronie in der Sprachgeschichtsforschung. In: Sprachgeschichte. 1. Teilband (1998), 816–824. (s. u.)

Jakobson, Roman: Linguistische Aspekte der Übersetzung. (1959) In: Wilss 1981, 199–218. (s. u.)

– Linguistik und Poetik. In: Ihwe, Jens (Hg.): Literaturwissenschaft und Linguistik. Ergebnisse und Perspektiven. Band II/1: Zur linguistischen Basis der Literaturwissenschaft. Frankfurt am Main 1971, 142–178. [Engl. Original 1960]

– Poesie der Grammatik und Grammatik der Poesie. In: Mathematik und Dichtung. Versuche zur Frage einer exakten Literaturwissenschaft. Zusammen mit Rul Gunzenhäuser herausgegeben von Helmut Kreuzer. München 1969

Der Jakobsweg. Reiseführer für den Pilger. Editorial Everest S. A. Madrid, Leon, Barcelona u. a. 1990

Janota, Johannes: Germanistische Mediävistik. Von den Schwierigkeiten und der Faszination eines Neubeginns. In: Der Deutschunterricht 41 (1989), H. 1, 3–11.

Jauss, Hans Robert: Alterität und Modernität der mittelalterlichen Literatur. Gesammelte Aufsätze 1956–1976. München 1977

Kaempfert, Manfred: Quantifizierende Verfahren zur Beurteilung neuhochdeutscher Übersetzungen aus dem Mittelhochdeutschen. In: Zeitschrift für deutsche Philologie 90 (1971), 481–499.

Kanzog, Klaus: Artikel <Vers, Verslehre, Vers und Prosa>. In: Reallexikon der deutschen Literaturgeschichte. Vierter Band (1984), 677–698.

Kartschoke, Dieter: Geschichte der deutschen Literatur im frühen Mittelalter. München 1990

Kästner, Hannes J./Schirok, Bernd: Die Textsorten des Mittelhochdeutschen. In: Sprachgeschichte. 2. Teilband (2000), 1365–1384. (s. u.)

Kaufmann, Hans-Günther/Lechner, Odilo OSB: Der Weg der großen Sehnsucht. Santiago de Compostela. München/Zürich 1986

Kayser, Wolfgang: Kleine deutsche Versschule. Einundzwanzigste Auflage. Bern 1982

Keller, Randolf Ernst: The German language. London/Boston 1978

Keller, Jörg/Leuninger, Helen: Grammatische Strukturen – Kognitive Prozesse. Ein Arbeitsbuch. Tübingen 1993

Kirchner, Joachim: Germanistische Handschriftenpraxis. Ein Lehrbuch für die Studierenden der deutschen Philologie. Zweite, ergänzte Auflage. München 1967

Klein, Thomas: Zum Verhältnis von Sprachgeschichte und Literaturgeschichte in der gegenwärtigen Mittelaltergermanistik. In: Der Deutschunterricht 41 (1989), H. 1, 91–103.

– Zur Frage der Korpusbildung und zur computergestützten grammatischen Auswertung mittelhochdeutscher Quellen. In: Sonderheft Zeitschrift für deutsche Philologie 110 (1991), 3–23.

Klein, Thomas/Minis, Cola: Zwei Studien zu Veldeke und zum Strassburger Alexander. Amsterdam 1985

Kleine Enzyklopädie Deutsche Sprache. Mit 93 Abbildungen und 31 Karten im Text sowie 16 Fototafeln. Herausgegeben v. Joachim Schildt, Wolfgang Fleischer, Wolfdietrich Hartung und Peter Suchsland. Leipzig 1983

Knapp, Fritz Peter: Das literarische Übersetzen aus dem Mittelhochdeutschen als sprachphilosophisches und hermeneutisches Problem. In: Helmut Birkhan (Hg.): Festgabe für Otto Höfler zum 75. Geburtstag. Wien/Stuttgart 1976, 386–408.

– Wernher der Gartenære. In: Grimm/Max 1989, 321–328. (s. o.)

Koller, Werner: Einführung in die Übersetzungswissenschaft. 5., aktualisierte Auflage. Wiesbaden 1997

von Kraus, Carl: Das sog. demonstrative *ein* im Mittelhochdeutschen. In: Zeitschrift für deutsches Altertum und deutsche Litteratur 67 (1930), 1–22.

Krewitt, Ulrich: Probleme des Verstehens altdeutscher Texte und die Möglichkeiten ihrer Übersetzung ins Neuhochdeutsche. In: Sprachgeschichte. 1. Teilband (1998), 948–962. (s. u.)

Kriss-Rettenberg, Ruth und Lenz: Reliquie und ornamenta ecclesiae im Symbolkosmos der Kirche. In: Ornamenta ecclesiae. Kunst und Künstler der Romanik in Köln. Katalog zur Ausstellung des Schnütgen-Museums in der Josef-Haubrich-Kunsthalle. Herausgegeben von Anton Legner. Band 3. Köln 1985, 19–24.

Krohn, Rüdiger: Gottfried von Strassburg. In: Grimm/Max 1989, 217–235. (s. o.)

Kroos, Renate: Vom Umgang mit Reliquien. In: Ornamenta ecclesiae, 25–49. (s. Kriss-Rettenberg)

Kühn, Dieter: Der Parzival des Wolfram von Eschenbach. Frankfurt am Main 1997

– Neidhart und das Reuental. Eine Lebensreise. Frankfurt am Main 1996

Lachmann, Eduard: Die Versform in Wolframs Parzival und die Aufgaben des Übersetzers. Metrische Untersuchung von vierhundert Versen, Übersetzung im Versmass des Urtextes und in Prosa. Frankfurt am Main 1938

Lachmann, Karl: Auswahl aus den Hochdeutschen Dichtern des 13. Jahrhunderts. Für Vorlesungen und zum Schulgebrauch. Berlin 1820

Lausberg, Heinrich: Handbuch der literarischen Rhetorik. Eine Grundlegung der Literaturwissenschaft. 3. Auflage. Stuttgart 1990

Le Goff, Jacques: Für ein anderes Mittelalter. Zeit, Arbeit und Kultur im Europa des 5.–10. Jahrhunderts. Weingarten 1987

– Der Mensch des Mittelalters. Herausgegeben von Jacques Le Goff. Übersetzt von Michael Martin, Rainer Spiss, Matthias Springer und Friedrich Giese. Frankfurt am Main 1996

Leisi, Ernst: Der Wortinhalt. Seine Struktur im Deutschen und Englischen. 4. Auflage. Heidelberg 1971

Lenschen, Walter: Übersetzen aus dem Mittelhochdeutschen ins Neuhochdeutsche. In: Etudes de lettres, série 4, tome 4, n° 4 (1981), 163–184.

Lerchner, Gotthard: Übersetzen als Textgestaltung. Standpunkte zu einer Theorie des Übersetzens. In: neue deutsche literatur, Jahrgang 29 (1981), H. 11, 114–123.

Levý, Jiří: Die literarische Übersetzung. Theorie einer Kunstgattung. Frankfurt am Main/Bonn 1969

Linke, Angelika/Nussbaumer, Markus/Portmann, Paul R.: Studienbuch Linguistik. Tübingen 1991

Lönker, Fred: Aspekte des Fremdverstehens in der literarischen Übersetzung. In: Die literarische Übersetzung als Medium der Fremderfahrung. Herausgegeben von Fred Lönker. Berlin 1992, 41–62.

Lubrich, Elga: Die neuhochdeutschen Übersetzungen des Nibelungenliedes. Ein Beitrag zum Problem des Übersetzens aus dem Mittelhochdeutschen. Diss. (masch.) Hamburg 1951

Lüdtke, Helmut: Französisch und Frankoprovenzalisch/Deutsch. In: Sprachgeschichte. Erster Halbband (1984), 869–879. (s. u.)

Maschinelle Verarbeitung altdeutscher Texte IV. Beiträge zum Vierten Internationalen Symposion Trier 28. Februar bis 2. März 1988. Herausgegeben von Kurt Gärtner, Paul Sappler und Michael Trauth. Tübingen 1991

Maurer, Friedrich: Leid. Studien zur Bedeutungs- und Problemgeschichte, besonders in den großen Epen der staufischen Zeit. 4. Auflage. Bern/München 1969

– Zum Übersetzen der Lieder Walthers von der Vogelweide. In: Festschrift für Hans Eggers zum 75. Geburtstag. Herausgegeben von Herbert Backes. Sonderheft Beiträge zur Geschichte der deutschen Sprache und Literatur 94 (1972), 484–500.

Meißburger, Gerhard: Einführung in die mediävistische Germanistik. Herausgegeben von Trude Ehlert, Göppingen 1983

Menge, Heinz H.: Die Diagliederung des Mittelhochdeutschen. In: Sprachgeschichte. Zweiter Halbband (1985), 1180–1185. (s. u.)

Menhardt, Hermann: Verzeichnis der altdeutschen literarischen Handschriften der Österreichischen Nationalbibliothek. 3 Bände. Berlin 1960–1961

Mertens, Volker: Gregorius Eremita. Eine Lebensform des Adels bei Hartmann von Aue in ihrer Problematik und ihrer Wandlung in der Rezeption. Zürich/München 1978

Mohr, Wolfgang: Artikel <Rhythmus>. In: Reallexikon der deutschen Literaturgeschichte. Dritter Band. Berlin/New York 1977, 456–475.

Moser, Hugo: Karl Simrock als Erneuerer mittelhochdeutscher Dichtung. Bemerkungen zu seinem Verfahren. In: Festschrift für Hans Eggers zum 75. Geburtstag, 458–483. (s. Maurer 1972)

– Zu den Typen der Translation mittelalterlicher deutscher Dichtung. In: Untersuchungen zur Literatur als Geschichte. Festschrift für Benno von Wiese. Herausgegeben von Vincent J. Günther, Helmut Koopmann, Peter Pütz und Hans Joachim Schrimpf. Berlin 1973, 4–12.

Müller, Ulrich: Ulrich von Liechtenstein und seine Männerphantasien: Mittelalterliche Literatur und moderne Psychologie. In: Spechtler, Franz Viktor/Maier, Barbara (Hgg.): Ich – Ulrich von Liechtenstein. Literatur und Politik im Mittelalter. Klagenfurt 1999, 297–317.

Muschiol, Gisela: Zur Spiritualität d. Pilgerns i. fr. Mittelalter. In: Herbers/Plötz 1993, 25–38. (s. o.)

Die Nacht. Ausstellungskatalog. Herausgegeben vom Haus der Kunst, München. Wabern – Bern 1998

Nagel, Bert: Das Reimproblem in der deutschen Dichtung. Berlin 1985

Naumann, Bernd: Eine Metamorphose, die keine war. Warum und zu welchem Ende ich vom Mediävisten zum Sprachwissenschaftler wurde. In: Mitteilungen des Deutschen Germanistenverbandes 46 (1999), H. 1, 48–53.

Neumann, Friedrich: Deutsche Literatur bis 1500: Versgeschichte (Metrik). In: Kurzer Grundriß der germanischen Philologie. Herausgegeben von Ludwig Erich Schmitt. Band 2, 608–665.

Nord, Christiane: Textanalyse und Übersetzen. Theoretische Grundlagen, Methode und didaktische Anwendung einer übersetzungsrelevanten Textanalyse. 2., neubearbeitete Auflage. Heidelberg 1991

Obermaier, Sabine: Wider unsere Ignoranz. Zehn Überlegungen zum Umgang von Lehrenden mit Problemen ausländischer Studierender beim Übersetzen aus d. Mittelhochdeutschen. In: Literatur und Linguistik 112 (1998), 141–152.

Ohler, Norbert: Reisen im Mittelalter. 2., durchgesehene Auflage. München/Zürich 1988

– Pilgerleben im Mittelalter. Zwischen Andacht und Abenteuer. Freiburg/Basel/Wien 1994

– Pilgerstab und Jakobsmuschel. Wallfahren in Mittelalter und Neuzeit. Düsseldorf 2000

Öhmann, Emil: Der romanische Einfluss auf das Deutsche bis zum Ausgang des Mittelalters. In: Maurer/Rupp 1974, Band 1, 323–396. (s. S. 251)

Okken, Lambertus: Kommentar zum Tristan-Roman Gottfrieds von Strassburg. Im Anhang: Musik, Aufführungspraxis und Instrumente im Tristan-Roman Gottfrieds von Strassburg (Martin van Schaik); Heilkunde im Tristan-Roman Gottfrieds von Strassburg (Bernhard D. Haage). 2 Bände. Zweite, gründlich überarbeitete Auflage. Amsterdam 1996

Oksaar, Els: Semantische Studien im Sinnbereich der Schnelligkeit. Plötzlich, schnell und ihre Synonymik im Deutsch der Gegenwart und des Früh-, Hoch- und Spätmittelalters. Stockholm 1958

Paul, Hermann: Zu Walther von der Vogelweide. In: Beiträge zur Geschichte der deutschen Sprache und Literatur 8 (1882), 161–209. [181 ff.: Kürzung und Mehrsilbigkeit der Senkung u. a.]

Paul, Otto/Glier, Ingeborg: Deutsche Metrik. 9. Auflage. Bern 1989

Peilicke, Roswitha: Gibt es eine Germanistik des Mittelalters? Zur gegenwärtigen Forschungssituation aus sprachhistorischer Sicht. In: Forschungsberichte zur Germanistischen Mediävistik. Band 5/1. Herausgegeben von Hans-Jochen Schiewer. Bern/Berlin/Frankfurt am Main/New York/Paris/Wien 1996, 153–189.

Pensel, Franzjosef: Verzeichnis der altdeutschen und ausgewählter neuerer deutscher Handschriften in der Universitätsbibliothek Jena. Bearbeitet von Franzjosef Pensel. Berlin 1986

Pensel, Franzjosef/Stahl, Irene: Verzeichnis der deutschen mittelalterlichen Handschriften in der Universitätsbibliothek Leipzig. Bearbeitet von Franzjosef Pensel. Zum Druck gebracht von Irene Stahl. Berlin 1998

Penzl, Herbert: Zu mittelhochdeutschen Dialekten als Gegenstand der Forschung. In: Mittelhochdeutsche Grammatik als Aufgabe. Sonderheft Zeitschrift für deutsche Philologie 110 (1991), 170–182.

Pickering, Frederick P: Literatur und darstellende Kunst im Mittelalter. Berlin 1966

Plötz, Robert: der hunlr hinder dem altar saltu nicht vergessen. Zur Motivgeschichte eines Flügelaltars der Kempener Probsteikirche. In: Epitaph für Gregor Hövelmann. Beiträge zur Geschichte des Niederrheins. Dem Freund gewidmet von Kurt Abels. Herausgegeben von Stefan Frankewitz. Geldern 1987, 119–170.

von Polenz, Peter: Geschichte der deutschen Sprache. Neunte, überarb. Auflage. Berlin/New York 1978

Prenzel, Manfred: Autonomie und Motivation im Lernen Erwachsener. In: Zeitschrift für Pädagogik 39 (1993), Heft 2, 239–253.

Pretzel, Ulrich: Vers und Sinn. Über die Bedeutung der beschwerten Hebung im mittelhochdeutschen Vers. In: Wirkendes Wort 3 (1952/53), 321–330.

– Die Übersetzungen von Wolframs Parzival. In: Der Deutschunterricht 6 (1954), Heft 5, 41–64.

– Deutsche Verskunst. Mit einem Beitrag über altdeutsche Strophik von Helmut Thomas. In: Deutsche Philologie im Aufriss. Herausgegeben von Wolfgang Stammler. Unveränderter Nachdruck der 2. Auflage. Bd. III. Berlin 1967, 2357–2546.

– Einige Anfänge mittelhochdeutscher Dichtungen. Bemerkungen zur richtigen Übersetzung altdeutscher Dichtung. In: Ulrich Pretzel: Kleine Schriften. Herausgegeben von Wolfgang Bachofer und Karl Stackmann. Berlin 1979, 109–122.

– Das mittelhochdeutsche Wörterbuch. In: Ulrich Pretzel: Kleine Schriften, 311–329. (s. o.)

– Zum Prolog von Hartmanns ‚Gregorius'. Mit einem Exkurs über einen Sondergebrauch von mhd. ein. In: Ulrich Pretzel: Kleine Schriften, 123–131. (s. o.)

Ranke, Friedrich: Zum Vortrag der Tristanverse. In: Festschrift Paul Kluckhohn und Hermann Schneider gewidmet zu ihrem 60. Geburtstag. Herausgegeben von ihren Tübinger Schülern. Tübingen 1948, 528–539.

Rau, Einhard: Evaluation der Hochschullehre. Evaluation of Teaching in Higher Education. Eine kommentierte Bibliographie. An Annotated Bibliography. Frankfurt a. M./Berlin/Bern/New York/Paris/Wien 1996

Rautenberg, Ursula: Soziokulturelle Voraussetzungen und Sprachraum des Mittelhochdeutschen. In: Sprachgeschichte. Zweiter Halbband (1985), 1120–1129. (s. u.)

Reiffenstein, Ingo: Bezeichnungen der deutschen Gesamtsprache. In: Sprachgeschichte. Zweiter Halbband (1985), 1717–1727. (s. u.)

Reinke, Joseph: J. G. Herder als Übersetzer altdeutscher Gedichte. Diss. Münster i. W. 1902

Reis, Marga: Lauttheorie und Lautgeschichte. Untersuchungen am Beispiel der Dehnungs- und Kürzungsvorgänge im Deutschen. München 1974

Reiß, Katharina/Vermeer, Hans J.: Grundlegung einer allgemeinen Translationstheorie. Tübingen 1984

Rütimann, Hansheinrich: Sprachentdecker. Eine Grammatik-Werkstatt. Gümligen 1993

Salevsky, Heidemarie: Translationswissenschaft. Ein Kompendium. Unter Mitarbeit von Ina Müller und Bernd Salevsky. Frankfurt a. Main/Berlin/Bern/Bruxelles/New York/Oxford/Wien 2002

de Saussure, Ferdinand: Grundfragen der allgemeinen Sprachwissenschaft. Herausgegeben von Charles Bally und Albert Sechehaye. 2. Auflage, mit einem Register und einem Nachwort von Peter von Polenz. Berlin 1967

Schacks, Kurt: Beschwerte Hebungen bei Otfried und Hartmann. In: Festgabe für Ulrich Pretzel zum 65. Geburtstag dargebracht v. Freunden und Schülern. Herausgegeben v. Werner Simon, Wolfgang Bachofer, Wolfgang Dittmann. Berlin 1963, 72–85.

Schildt, Joachim: Kurze Geschichte der deutschen Sprache. Berlin 1991

Schleiermacher, Friedrich: Über die verschied. Methoden des Übersetzens. In: Störig 1963, 38–70. (s. u.)

Schmidt, Wilhelm: Geschichte der deutschen Sprache. 8. Auflage. Stuttgart 2000

Schmidtke, Dietrich: Studien zur dingallegorischen Erbauungsliteratur des Spätmittelalters. Am Beispiel der Gartenallegorie. Tübingen 1982

Schmugge, Ludwig: Zu den Anfängen des organisierten Pilgerverkehrs und zur Unterbringung und Verpflegung von Pilgern im Mittelalter. In: Gastfreundschaft, Taverne und Gasthaus im Mittelalter. Herausgegeben von Hans Conrad Peyer unter Mitarbeit von Elisabeth Müller-Luckner. München/Wien 1983, 37–60.

Schneider, Karin: Paläographie und Handschriftenkunde f. Germanisten. Eine Einführung. Tübingen 1999

Scholz, Manfred Günter: Spruchdichtung. In: Grimm/Max 1989, 430–441. (s. o.)

Schubert, Martin J.: Zielsprache Mittelhochdeutsch. Zur Didaktik der Altgermanistik. In: Amsterdamer Beiträge zur älteren Germanistik 51 (1999), 197–207.

Schützeichel, Rudolf: Kontext und Wortinhalt. Vorüberlegungen zu einer Theorie des Übersetzens aus älteren Texten. In: „Sagen mit sinne". Festschrift für Marie-Louise Dittrich zum 65. Geburtstag. Herausgegeben von Helmut Rücker und Kurt Otto Seidel. Göppingen 1976, 411–434.

Schwarz, Alexander/Linke, Angelika/Michel, Paul/Scholz Williams, Gerhild: Alte Texte lesen. Textlinguistische Zugänge zur älteren deutschen Literatur. Bern/Stuttgart 1988

Schweikle, Günther: Zur Übersetzung. In: G. S.: Mittelhochdeutsche Minnelyrik. I. Frühe Minnelyrik. Stuttgart/Weimar 1993, 102–113.

Schweikle, Günther und Irmgard (Hgg.): Metzler-Literatur-Lexikon (MLL). Begriffe und Definitionen. Zweite, überarbeitete Auflage. Stuttgart 1990

Seebold, Elmar: Etymologie. In: Sprachgeschichte. Zweiter Halbband (1985), 823–833. (s. u.)

Seelbach, Ulrich: Kommentar zum „Helmbrecht" von Wernher dem Gartenære. Göppingen 1987

Sigal, Pierre André: Les différents types de pèlerinage au Moyen Age. In: Wallfahrt kennt keine Grenzen. 1984, 76–86. (s. u.)

Sitta, Horst: Linguistische Methoden im altgermanistischen Unterricht. In: Wirkendes Wort 22 (1972), 40–57.

– Didaktik der Linguistik. In: Lexikon der germanistischen Linguistik. 2., vollständig neu bearbeitete und erweiterte Auflage. Herausgegeben von Hans Peter Althaus, Helmut Henne, Herbert Ernst Wiegand. Tübingen 1980, 836–841.

Snell-Hornby, Mary (Hg.): Übersetzungswissenschaft. Eine Neuorientierung. Zur Integrierung von Theorie und Praxis. 2. Auflage. Tübingen 1994

Snell-Hornby, Mary/Hönig, Hans G./Kußmaul, Paul/Schmitt, Peter A. (Hgg.): Handbuch Translation. Tübingen 1998

Snyder, Edward Douglas: Hypnotic poetry. A study of trance-inducing technique in certain poems and its literary significance [...] with a foreword by James H. Leuba. Philadelphia: University of Pennsylvania Press 1930

Sonderegger, Stefan: Grundzüge deutscher Sprachgeschichte. Diachronie des Sprachsystems. Band I: Einführung – Genealogie – Konstanten. Berlin/New York 1979

Sowinski, Bernhard: Übersetzungen älterer deutscher Texte als Form ihrer Rezeption. In: Architectura poetica. Festschrift für Johannes Rathofer zum 65. Geburtstag. Herausgegeben von Ulrich Ernst und Bernhard Sowinski. Köln/Wien 1990, 419–435.

Spaemann, C. A.: Wallfahrtslieder. In: Wallfahrt kennt keine Grenzen. 1984, 181–192. (s. u.)

Spechtler, Franz Viktor: Das Übersetzen aus dem Mittelhochdeutschen als Problem der Mediävistik. In: De poeticis medii aevi quaestiones. Käte Hamburger zum 85. Geburtstag. Herausgegeben von Jürgen Kühnel, Hans-Dieter Mück und Ulrich Müller. Göppingen 1981, 129–146.

Spitzer, Leo: Mittelhochdeutsch *ein* in auffälliger Verwendung (mit romanischen Parallelen). In: Neuphilologische Mitteilungen 57 (1956), 285–315.

Sprachgeschichte. (1. Auflage) Ein Handbuch zur Geschichte der deutschen Sprache und ihrer Erforschung. Herausgegeben von Werner Besch, Oskar Reichmann, Stefan Sonderegger. Erster Halbband: Berlin/New York 1984. Zweiter Halbband: Berlin/New York 1985

Sprachgeschichte. (2. Auflage) Ein Handbuch zur Geschichte der deutschen Sprache und ihrer Erforschung. Vollständig neu bearbeitete und erweiterte Auflage. Herausgegeben v. Werner Besch, Anne Betten, Oskar Reichmann, Stefan Sonderegger. 1. Teilband: Berlin/New York 1998. 2. Teilband: Berlin/New York 2000

Stackmann, Karl: Aufgaben der deutschen Philologie des Mittelalters. In: Mittelalterliche Texte als Aufgabe. Kleine Schriften I. Herausgegeben von Jens Haustein. Göttingen 1997, 1–25.

– Neue Philologie? In: Joachim Heinzle (Hg.): Modernes Mittelalter. Neue Bilder einer populären Epoche. Frankfurt am Main/Leipzig 1999, 398–427.

Stapel, Wilhelm: Warum Übertragung in Prosa? In: Wolfram von Eschenbach: Parzival. In Prosa übertragen von Wilhelm Stapel. München/Wien 1980, 430–437.

Steinthal, Heyman: Geschichte der Sprachwissenschaft bei den Griechen und Römern mit besonderer Rücksicht auf die Logik. 2 Bände. Fotomechanischer Nachdruck der 2., vermehrten und verbesserten Auflage Berlin 1890. Hildesheim 1961

Stolze, Radegundis: Übersetzungstheorien. Eine Einführung. Tübingen 1994

Stopp, Hugo: Veränderungen im System der Substantivflexion vom Althochdeutschen bis zum Neuhochdeutschen. In: Studien zur deutschen Sprache und Literatur des Mittelalters. Festschrift für Hugo Moser zum 65. Geburtstag. Herausgegeben von Werner Besch, Günther Jungbluth, Gerhard Meissburger, Eberhard Nellmann. Berlin 1974, 324–344.

Stopp, Hugo/Moser, Hugo: Flexionsklassen der mittelhochdeutschen Substantive in synchronischer Sicht. In: Zeitschrift für deutsche Philologie 86 (1967), 70–101.

Störig, Hans Joachim (Hg.): Das Problem des Übersetzens. Stuttgart 1963

Swinarski, Ursula: Herrschen mit den Heiligen. Kirchenbesuche, Pilgerfahrten und Heiligenverehrung früh- und hochmittelalterlicher Herrscher (ca. 500–1200). Bern/Frankfurt a. Main/New York/Paris 1991

Tervooren, Helmut: Minimalmetrik zur Arbeit mit mittelhochdeutschen Texten. 3. ergänzte und verbesserte Auflage. Göppingen 1979

Timpanaro, Sebastiano: Die Entstehung der Lachmannschen Methode. 2. Auflage. Hamburg 1971

Tomasek, Tomas: Das deutsche Rätsel im Mittelalter. Tübingen 1994

– Artikel <Traugemundslied>. In: Die deutsche Literatur des Mittelalters (VL). Band 9, 1008 f. (s. o. S. 259)

Tschirch, Fritz: Geschichte der deutschen Sprache. Zweiter Teil: Entwicklung und Wandlungen der deutschen Sprachgestalt vom Hochmittelalter bis zur Gegenwart. 3., ergänzte und überarbeitete Auflage, bearbeitet von Werner Besch. Berlin 1989 ([1]1969)

Übersetzen im Mittelalter. Cambridger Kolloquium 1994. Herausgegeben von Joachim Heinzle, L. Peter Johnson, Gisela Vollmann-Profe. Berlin 1996

Uhland, Ludwig: Alte hoch- und niederdeutsche Volkslieder mit Abhandlung und Anmerkungen. Zweiter Band: Abhandlung. Stuttgart 1866 (Uhlands Schriften zur Geschichte der Dichtung und Sage. Dritter Band. Stuttgart 1866)

Veith, Werner H.: Sprachandragogik als Aufgabe der Germanistik. In: Ergebnisse und Aufgaben der Germanistik am Ende des 20. Jahrhunderts. Ludwig Erich Schmitt zum 80. Geburtstag. Hildesheim/Zürich/New York 1989, 478–490.

Vennemann gen. Nierfeld, Theo: Der Zusammenbruch der Quantität im Spätmittelalter und sein Einfluss auf die Metrik. In: Quantitätsproblematik und Metrik. Greifswalder Symposion zur germanischen Grammatik. Herausgegeben von Hans Fix. Amsterdam – Atlanta 1995, 185–223.

Vermeer, Hans J.: Skizzen zu einer Geschichte der Translation. Band 2: Altenglisch, Altsächsisch, Alt- und Frühmittelhochdeutsch. Frankfurt am Main 1992

Vogel, Agnes: Die Gedichte Walthers von der Vogelweide in neuhochdeutscher Form. Ein Beitrag zur Geschichte und Technik der deutschen Übersetzungskunst. (Diss. Bern) Gießen 1922. Neudruck Amsterdam 1968

Wachinger, Burghart: Rätsel, Frage und Allegorie im Mittelalter. In: Werk – Typ – Situation. Studien zu poetologischen Bedingungen in der älteren deutschen Literatur. Herausgegeben von Ingeborg Glier u. a. Stuttgart 1969

Wagemann, Carl-Hellmut: Briefe über Hochschulunterricht. Weinheim 1991

Wagenknecht, Christian: Deutsche Metrik. Eine historische Einführung. 3., durchg. Aufl. München 1993

Wallfahrt kennt keine Grenzen. Themen zu einer Ausstellung des Bayerischen Nationalmuseums und des Adalbert Stifter Vereins, München. Herausgegeben von Lenz Kriss-Rettenberg und Gerda Möhler. München/Zürich 1984

Wallfahrt und Alltag in Mittelalter und früher Neuzeit. Internationales Round-Table-Gespräch Krems an der Donau 8. Oktober 1990. Wien 1992

Wapnewski, Peter: Die Übersetzungen mittelhochdeutscher Lyrik im 19. und 20. Jahrhundert. Ein Beitrag zur Geschichte der deutschen Minnesang-Auffassung und -Forschung und zum Problem des Übersetzens aus dem Mittelhochdeutschen. Diss. (masch.) Hamburg 1949

– Hartmann von Aue. 7., ergänzte Auflage. Stuttgart 1979

– Ein Rest freilich bleibt immer ungesagt. In: Die Weltwoche Nr. 37, 16. Sept. 1993, 41 ff.

Weddige, Hilkert: Einführung in die germanistische Mediävistik. 4. Auflage. München 2001

Wegera, Klaus-Peter: Mittelhochdeutsche Grammatik und Sprachgeschichte. In: Deutsche Sprachgeschichte. Grundlagen, Methoden, Perspektiven. Festschrift für Johannes Erben zum 65. Geburtstag. Herausgegeben von Werner Besch. Frankfurt am Main/Bern/New York/Paris 1990, 103–113.

– Vorwort zu: Mittelhochdeutsche Grammatik als Aufgabe. Sonderheft Zeitschrift für deutsche Philologie 110 (1991), 1 f.

– Grundlagenprobleme einer mittelhochdeutschen Grammatik. In: Sprachgeschichte. 2. Teilband (2000), 1304–1320. (s. o.)

Wehrli, Max: Literatur im deutschen Mittelalter. Eine poetologische Einführung. Stuttgart 1984

Weisgerber, Bernhard: Vom Sinn und Unsinn der Grammatik. Bonn/Bad Godesberg 1985

Wells, Christopher J.: Deutsch: eine Sprachgeschichte bis 1945. Tübingen 1990 (engl. Original 1985)

Welz, Dieter: Theorie und Praxis der Erneuerung mittelhochdeutscher Texte. Hartmanns „Armer Heinrich“ in neuhochdeutschen Übertragungen. In: Acta Germanica (Jahrbuch des Südafrikanischen Germanistenverbandes) 5 (1970), 95–115.

Werner, Otmar: Linguistische Überlegungen zur mittelhochdeutschen Metrik. In: Formen mittelalterlicher Literatur. Siegfried Beyschlag zu seinem 65. Geburtstag von Kollegen, Freunden und Schülern. Herausgegeben von Otmar Werner und Bernd Naumann. Göppingen 1970, 109–130.

Wießner, Edmund/Burger, Harald: Die höfische Blütezeit. In: Maurer/Rupp 1974, Band 1, 189–253. (s. o. S. 251)

Wilhelm, Friedrich (Hg.): Corpus der altdeutschen Originalurkunden bis zum Jahre 1300. Begründet von F. W. Herausgegeben von Helmut de Boor, Bettina Kirschstein u. a. Lahr (Baden) 1931 ff.

Will, Ursula: Der verschriftlichte Vortragsvers. Untersuchungen zur Metrik dreier Überlieferungen der „Goldenen Schmiede“ Konrads von Würzburg. Erlangen 1991

Wilss, Wolfram (Hg.): Übersetzungswissenschaft. Darmstadt 1981

– Übersetzungsfertigkeit. Annäherung an einen komplexen übersetzungspraktischen Begriff. Tübingen 1992

Wolf, Alois: Deutsche Kultur im Hochmittelalter 1150–1250. Essen 1986

Wolf, Norbert Richard: Das Übersetzen aus dem Mittelhochdeutschen als textlinguistisches Problem. In: Studien zur deutschen Literatur des Mittelalters, 232–248. (s. Beck/Sitta)

– Mittelhochdeutsch aus Handschriften II: Zur Adjektivflexion. In: Mittelhochdeutsche Grammatik als Aufgabe. Sonderheft Zeitschrift für deutsche Philologie 110 (1991), 93–110.

– Syntax des Mittelhochdeutschen. In: Sprachgeschichte. 2. Teilband (2000), 1351–1358. (s. o.)

Wolff, Gerhart: Deutsche Sprachgeschichte. Ein Studienbuch. 4., durchgesehene und aktualisierte Auflage. Tübingen 1999

Zimmermann, Günther: Einstellungen zu Grammatik und Grammatikunterricht. In: Gnutzmann/Königs 1995, 181–200. (s. o.)

Zutt, Herta: Wortbildung des Mittelhochdeutschen. In: Sprachgeschichte. 2. Teilband (2000), 1358–1365. (s. o.)

Zwierzina, Konrad: Die e-laute in den reimen der mhd. dichter. In: Zeitschrift für deutsches Altertum und deutsche Literatur 44 (1900), 249–316.

– Die beschwerte hebung in Hartmanns versen. In: Zeitschrift für deutsches Altertum und deutsche Literatur 45 (1901), 369–393.

Bildnachweis

Titelbild:	Santa Maria del Naranco in Oviedo, Asturien. Foto: Michael Graf
S. 10	Aus: Hubert, Jedin/Latourette, K. S./Martin, J. (Hgg.): Atlas zur Kirchengeschichte. © Verlag Herder, Freiburg 3. Auflage 1988
S. 13	Foto: Michael Graf
S. 18	Aus: Hartmann von Aue: Iwein. Handschrift B. Fotomechanischer Nachdruck in Originalgröße. Köln/Graz 1964
S. 21	Aus: Codex Manesse. Die Miniaturen der Grossen Heidelberger Liederhandschrift. Herausgegeben und erläutert von Ingo F. Walther. Frankfurt am Main 1988
S. 27	Foto: Michael Graf
S. 32	Aus: Paul, Hermann/Wiehl, Peter/Grosse, Siegfried: Mittelhochdeutsche Grammatik. Tübingen 1998
S. 41	Aus: Franciscus Petrarcha: Von der Artzney bayder Glück. Neudruck der Ausgabe Heinrich Steiner 1532. Herausgegeben von Manfred Lemmer. Hamburg 1984
S. 42	Aus: Houvet, Etienne: Cathétrale de Chartres. Portail Occidental ou Royal. Chelles 1919 (?)
S. 50	Repr. n.: Ansichtskarte La Terre. © Ciel et Espace 1999
S. 51	Repr. n.: Ansichtskarte Grammatik. Bildverlag J. Gass, 79232 March-Neuershausen
S. 60	Aus: Irsigler, Franz/Lassotta, Arnold: Bettler und Gaukler, Dirnen und Henker. Randgruppen und Außenseiter in Köln 1300–1600. Köln 1984
S. 63	Aus: Jütte, Robert: Arme, Bettler, Beutelschneider. Eine Sozialgeschichte der Armut in der Frühen Neuzeit. Weimar 2000 © Institut für Geschichte der Medizin der Robert Bosch Stiftung, Stuttgart
S. 69	Repr. n.: Ansichtskarte Battisterio di S. Giovanni, La cupola, L'inferno. © Editrice Giusti, Florenz
S. 75	Foto: Michael Graf
S. 81	Foto: Michael Graf
S. 82	Aus: Der Sachsenspiegel in Bildern. Aus der Heidelberger Bilderhandschrift ausgewählt und erläutert von Walter Koschorrek. Frankfurt a. Main 1976
S. 84	Aus: Hampe, Theodor: Die fahrenden Leute in der deutschen Vergangenheit. Leipzig 1902
S. 89	Aus: Hennebo, Dieter: Gärten des Mittelalters. München/Zürich 1987 © The British Library, London
S. 105	Aus: Salmen, Walter: Der Spielmann im Mittelalter. Innsbruck 1983
S. 110	s. S. 232
S. 114	Aus: Ohler, Norbert: Pilgerleben im Mittelalter. © Verlag Herder, Freiburg 1994
S. 115	Aus: Ohler, Norbert: Pilgerleben im Mittelalter. © Verlag Herder, Freiburg 1994
S. 124	Aus: Die Druckgraphik Lucas van Leydens und seiner Zeitgenossen. Bestandeskatalog der graphischen Sammlung der ETH Zürich. Bearbeitet von Michael Matile. Schwabe & Co. AG Verlag, Basel 2000
S. 129	Aus: Ohler, Norbert: Pilgerleben im Mittelalter. © Verlag Herder Freiburg 1994
S. 136	Aus: Ohler, Norbert: Pilgerleben im Mittelalter. © Verlag Herder Freiburg 1994
S. 137	Foto: Michael Graf
S. 149	Foto: Michael Graf
S. 161	Aus: Der Jakobsweg. Ausgewählt, eingeleitet, übersetzt und kommentiert von Klaus Herbers. Tübingen 2001
S. 164	Foto: Michael Graf
S. 165 ff:	Aus: Gribl, Albrecht: Die Legende vom Galgen- und Hühnerwunder in Bayern. In: Bayerisches Jahrbuch für Volkskunde 1976/77 (1978)
S. 169	Foto: Michael Graf
S. 179	Aus: A. de Bastard: Peintures et ornements des manuscrits classés dans un ordre chronologique. Vol. XI. (Cliché Bibliothèque nationale de France)
S. 189	Foto: Michael Graf
S. 199	Foto: Michael Graf (= Titelbild)
S. 200	Foto: Michael Graf
S. 205	Paul Klee (1879–1940): Der Vollmond. 1919. Öl auf Papier/Pappe, 59x39 cm. (Nr. 129)
S. 213	Aus: Evans, Joan: Blüte des Mittelalters. Zürich 1966
S. 216	Aus: Herrad of Hohenbourg: Hortus deliciarum. Rosalie Green u. a. Leiden 1979
S. 228	Aus: Büttner, Gottfried: Die Dame mit dem Einhorn. Stuttgart 1996
S. 232	Die Milchstraße. [Sambia, Neumond] © Meteobüro u. Bildagentur Dr. A. Walker, CH 5705 Hallwil
S. 234	Karl Gustav Carus: Pilger im Felsental. © Bildarchiv Preußischer Kulturbesitz, Berlin

Autor und Verlag danken folgenden Lizenzgebern für freundliche Genehmigung der Reproduktion: Bibliothèque nationale de France, Paris (S. 129, 179); Bildarchiv Preußischer Kulturbesitz, Berlin (S. 234); Bildverlag J. Gass, March – Neuershausen (S. 51); The British Library, London (S. 89); Ciel et Espace, Paris (S. 50); Editrice Giusti, Florenz (S. 69); Graphische Sammlung Albertina, Wien (S. 105); Greven Verlag, Köln (S. 60); Gunter Narr Verlag, Tübingen (S. 161); Herder Verlag, Freiburg (S. 10, 114, 115, 129, 136); Insel Verlag, Frankfurt am Main/Leipzig (S. 21, 82); Institut für Geschichte der Medizin der Robert Bosch Stiftung, Stuttgart (S. 63); Pinakothek der Moderne, München (S. 205); Réunion des musées nationaux, Paris (S. 228); Schwabe & Co. AG Verlag, Basel (S. 124); Universitätsbibliothek Heidelberg (S. 21); Warburg Institute, London (S. 216)

Sachindex

A

Ablaut 95, 100 f.
Ablautreihe 95 ff.
Abschwächung nicht betonter Vollvokale 35, 132
Abstrakte Ausdrucksweise der höfischen Sprache 39
Abstraktum 128
Adjektiv 28, 58, 71 f., 86, 151, 155, 157 ff., 164, *169–178*
Adjektivische Verwendung (Pronomen, Partizipien, Zahlwörter) *126 f.*, 171, 187, *194*, 197
Adverb 53, 58 f., 69, 71, 74, 77 ff., 83, 106, 155, 158 f., 175, *180–189*
Adverbiale 154, 168
Akkusativ 87, 117, 139–149, 162, *165–168*, 175, 176, 178, 190
Akkusativ, doppelter 167
Akkusativobjekt 68, 87, 153, *165*, 167, 178
Akzentverlagerung, germanische *35*, 59
Alemannisch *31 ff.*, 38, 40, 58, 99, 102, 187, 212
Allegorie 11, 39, 42, 120, 129, 157, 228
Alternation, regelmäßige 53, 55, *204 f.*, 214 ff., 222, 226 f., 230
Altfranzösisch 25, *29*, 31, 36, *38*, 45, 52, 116, 204, 257 f.
Althochdeutsch 30 ff., *33–35*, 93 f., 105, 131 f., 211, 255 f.
Alt-/Mittelniederdeutsch *32 f.*, 38, 257
Anakoluth 62, *84*
Analogische Angleichung 58, 93
Anrede (Vokativ) 40, 116, *151*, 175, 177
Aphärese 215
Apokoinu-Konstruktion 62, *84*
Apokope 55, *59*, 193, *214 f.*
Apparat 14, *17*, 178
Artikellosigkeit des Substantivs 62, *122*, 128
Assimilation *60*, 93, 127
Asynaphie 222
Attributive Verwendung des Adjektivs 175 f.
Auftakt 51, 203 ff., *217 ff.*, 222 ff., 229 ff.
Auslautverhärtung *49 f.*, 96–99, 132, 169, 180

B

Bairisch *31 ff.*, 39, 45, 57 f.
Bedeutung von Wörtern 11, *18 ff.*, 93, 163, 184
Bedeutungsnuance 22, 28 f., 65, 81, 93, 104, 109, 113, 120, 122, 124 f., 128, 153, 158 ff.
Bedeutungswandel 56 f., 59, 127
Beschwerte Hebung 223, *227*, 231
Bestimmter Artikel 62, 120, *121 f.*, 176, 193 f.
Betonung (Akzent) *51–55*, 203 ff., *206*, 229 ff.

D

Dativ 95, 117 ff., 139–149, *161–164*
Dativ, ethischer 162
Dativobjekt 161–163
Dehnung 43, 219
Demonstrativpronomen 74, 78, 118, *121*, *123*, 127, 176, 197
Diachronische Darstellung 93, *131 f.*, 169
Dialog 40, 88, 105, 107
Diphthong 45 f.
Diphthongierung 43, *56 f.*, 59
Doppelform 93, 98, 135, 140, 143, 170 f.

Doppelkonsonanz (Geminate) 48 f., 58, 60, 96, 132, 169, 186
Doppelsubjekt 73

E

Eigennamen 45, 52, 58, *149*
Elision 55, *215*, 219, 224
Endungslosigkeit 119, 132, 149, 151, 170 f., *175–178*, 186, 195 f.
Endungsmuster des Substantivs 133, *137–148*
Enjambement 212, *213*, 220
Enklise, Enklitikon *53*, 54, 64, 72, 86, 201
Entrundung 43, 56
Erstarrter Kasus 154, *186*, *188*
Erweiterungsprobe *62*, 157
Erzählerreflexion 88, *106*, 120, 211
Etymologie 44, 49, 57, 95, 250 f.

F

Fiktion und Realität 25 f.
Flexionsendung 35, 119, *131 ff.*, 170
Flexiv(-muster) des Substantivs 133–136
Formalnegation 69
Formgleichheit 138, 180, 185 f.
Fortis *49*, 89
Frageadverb 79 f.
Fränkisch *32 f.*, 38, 40
Frühmittelhochdeutsch 30, 35, 57, 205, 219
Frühneuhochdeutsch 30 f., 40, 85, 256 f.
Füllungsregel 206, *219 f.*, *223 f.*, 230
Futur 101, 104, 106, 108, *109*

G

Gebrauchssituation *17 f.*, 22, 231
Genitiv 116–119 und 121–124 (Pronomen); 139–149 (Substantiv); 151–160 (Syntax); 155 (subjektiver Genitiv); 156 (objektiver Gen.)
Genitiv der Art und Weise 155
Genitiv der Beziehung *154*, 158
Genitiv der Definition 157
Genitiv der Eigenschaft 122, 153, *157*
Genitiv der Identität 157
Genitiv der Ursache 154
Genitiv der Zugehörigkeit 156
Genitiv des Besitzens 153, 156
Genitiv des Teilens (partitiver Genitiv) 153, 156
Genitivkonstruktion *151 ff.*, 157, 159 f., 162
Genitivobjekt 117, *151 ff.*
Genuswechsel 119, *131*, 138
Germanisch 30 ff., 35, 59, 105, 131
Gerundium 94 f., 99
Gesprochene Sprache 33, *40 f.*, 56, 61, 67, 84, 94, 201, 215 f., 227
Gotisch 93
Grammatische Lesart 109, 138, *178 f.*, 186, 194, 197
Grammatischer Wechsel 95–99
Graphem 43, *44*, 47 ff., 77
Griechisch 19, *29*, 105, 165, 206

H

Halbzahl 196
Handschrift *16 ff.*, 36 f., *40 f.*, 44, 48 f., 56, 70, 74, 180, *215 f.*, 231
Hauptsatz 63, 68, *76*, 78, 80, *83 f.*, 111, 113 f., 150, 214
Hauptton 51–53
Hebung *204*, 212 f., 218 ff. (Haupthebung); *203 f.*, 212 f., 218, 220, 231 (Nebenhebung); *206*, 225 (Hebungsabstand)
Hiat *214 f.*, 224
Hilfsverb 71, 96, *101–104*, 108

‚Höfisch' 23, 26, 29 ff., *36–41*, 61, 106, 108, 116, 204 f., 211 f.
Hyperoché 128
Hypotaktische Konjunktion 74, *80–83*, 176
Hypotaxe *73*, 80 f.

I

i-Probe 99
Imperativ *94*, *99*, 102, 112, 114, *118*
Indefinitpronomen *125–127*, 159, 177
Indikativ 87, 94, 96, 99 f., 102 f.
Indirekte Aussage (‚Indirekte Rede') 77, *112*
Indirekter Fragesatz *79 f.*, 113
Indogermanisch 30, 95, 100, 102, 131
Infinitiv 71, *87–104*, 108 f.
Inkongruenz 62, *72 f.*, *125*, 153
Instrumental 79, *190*
Interjektion 40, *160*, *164*
Interpunktion 36, 61, *70*, 77, 214
Interrogativpronomen 79, *123 f.*, 159
Intertextualität 106
Intonation 42
Ironie 29, 36, *66*, 106, 188
Irrealis 109, *111*, 114

J

jan-Verb 93 f.

K

Kardinalzahl 193–196
Kasus 117, 151, 167 (Wechsel beim Übersetzen); 119 (Poss.-Pron.); 125 (Inkongruenz); 138–149 (Substantiv); 150–168 (Syntax); 170–172 (Adjektiv); 186, 188 (erstarrter Kasus); 190 (Präposition)
Klangprobe 43, 48, *61*
Klassenmerkmal des starken Verbs 88, *95–99*
Kompositum 39, *52 f.*, 58, 96, 126, 184
Kongruenzprobe 62
Konjunktiv 68 f., 77, *94*, 96, *99–104*, 108, *111–114*, 115, 118
Konkordanz 12, 25, 54, 77, 93, 138, 179, *252 f.*
Kontext *18*, 22, 28 f., 67, *81*, *93*, 117, 120, 131, 138, 184 ff.
Kontrahiertes Verb (Kontraktion) 40, 61, 100, *103*
Krasis 215
Kurzsilbe 94, 138, 170, 206, 217, *218*, 219, 223 f.
Kürzung 43, *58*

L

Länge bzw. Kürze von Silben 89, 94, 138, 170, 206, 217, *218*, 219 f., 223 f., 227, 229 f.
Latein 22, 28 f., *33–35*, 36, 41, 105, 110, 116, 149, 258
Lautwandel (diachronisch) *56–60*, 93
Lautwechsel (synchronisch) 90, 94, 100
Lehnwort 29, *38*, 45, 59
Lenis *48*, 89
Lerntechnik 11–13, 17
Lernziel 27, 43, 64, 70, 96, 100, 102, 116
Litotes 66

M

Mentalität 26, *37*, 39, 81
Metaplasmus 214–216
Metrische Interpretation 216, *218 f.*
Metrische Zeichensprache 203
Metrum 203
Minnesang *36*, 37–40
Mittelalterkunde 20, *21–26*, 67
Mitteldeutsch *32 f.*, 57 f., 60, 170 f.
Modalverb 64, 71, 100 f., *108 f.*, 112
Modus 100, *111–114*

Monophthongierung 43, 45, *57*
Mora *204*, 213, 218 ff., 223
Multiplikationszahl 198

N
Nasalschwund und Ersatzdehnung 90
Nebensatz 76; *69*, 77 (exzipierend); 68, *81–83*, 114 (final); *81–83*, 114 (kausal); 76, *80–83*, 113 f. (konditional); 76 f., *81–83*, 114 (konzessiv); *81–83*, 114 (modal); *77–79*, 112 f., 118, 125, 127 f., 160 (relativ); *80–83*, 113 (temporal); 69, *76 f.* (uneingeleitet)
Nebenton *52 f.*, 201, 219
Negation *64–69*, 112, 159
Negationspartikel 54, *64 f.*, 77, 86
Nominativ 62, 72, 127, 132 f., 139–149, *150 f.*, 153, 175 f., 178
Nominativ, isolierter 150
Normalisierung *18*, 36, 40 f., 245 f.

O
Objektsatz 68
Öffnung 57
Ordinalzahl 123, *197 f.*

P
Palatalisierung 47, 93
Paradigma des Verbs 94 (schwach), 99 (stark)
Parataktische Konjunktion *74*, 80, 82 f.
Parataxe 73
Partizip I (Partizip Präsens) 94, 99
Partizip II (Partizip Präteritum) 71, 89, 93–104, 108 f., 115
Passiv 39, *115*
Pause 203 f., *224*
Perfekt 105, *108*, 110
Perfektives Verb 108
Periodisierung 30 f.
Personalendung 61, 87 f., 94, 99
Personalpronomen *116–118*, 129, 176
Phonem 35, 43, *47 f.*, 57
Pilgerlied 201, 204, 207–210, 233
Plusquamperfekt 105, 107, *109*
Poetologie (Rhetorik) *24*, 45, 66, 106, 128, 166, 202, 226, 231
Possessivpronomen 72, *119 f.*, 123, 127, 176, 194, 197
Potentialis *111*, 112 ff.
Prädikat 61, *70 ff.*
Prädikativ *71*, 164, 178
Prädikative Verwendung des Adjektivs 178
Präfix 52 f., 59, 64, *86*, 90, 93, 96, 106 ff., 125 f., 217
Präposition 53, 59, 80, 83, 122, 187 f., *190–192*
Präpositionale Fügung 71, *122*, 162, 166, 193
Präsens 88 ff., 93, 94, 96 f., 98, 99, 101 f., 104, *105 f.*, 111, 115
Präterito-Präsentien 100 f.
Präteritum 87 f., *89*, 93 f., *95–99*, *100–104*, 105, *107 f.*, 115
Präteritum-*t* 49, 87 f., *89*, 94, 100 f., 104
Primärberührungseffekt 90
Prohibitives Verb 68
Proklise, Proklitikon 53, 64
Prosa 16, 41, 55, 150, *202 f.*, 206
Publikum 26, 29, 36 f., 39, 106 f., 227

Q
Quelle 16, 19, 21–26, 36, 40 f.

R
Referenzsprache 14, 245 f.
Reim 30, 33, 35, 39, 44, 50, 56, 73, 78, *211–214*
Reimpaarvers *51*, 73, 202 f., 205 f., 212, 220
Reimzwang 39, 175, 177, 185, 194

Relatives Adverb 78 f.
Relativpronomen *78*, 112, 125, 160
Rezitation 37, 70, 107, 202, 204, 217, 220, 226, *231*
Rhythmische Untermalung 226
Rhythmisches Erlebnis 201 f.
‚Rückumlaut' 87, *89–94*
Rundung 58

S

Satzgefüge 62 f., 69, 74, *76*, 77–84, 112
Scheinsubjekt *ez* 72
Schriftdialekt 32, 40
Schwa 44 f.
Schwäbisch *32 f.*, 57–59, 187
Schwebende Betonung 229 f.
Schwund 59, 132, *171*, 215
Senkung (lautgeschichtlich) 58
Senkung (metrisch) 51, 53, 55, *204*, 212 f., 223 f., 229 f.
Sentenz 88, 106
Silbenlänge bzw. -kürze s. Länge bzw. Kürze von Silben
Simplex (Grundwort) *51 f.*, 125 ff.
Skansion *216 f.*, 218, 225, 229 ff.
Sprachgeschichte 27 f., 30 f., 36, 43, 93, 131
Sprachraum *31 f.*, 38, 187, 231
Sprachwissenschaft 12, 93, 131
Spruchdichtung 36 f.
Stabreim *33*, 211 f.
Stamm 19, 59, 87 f., 94, 131, *132*, 134 f., *138*, 139–148, *169 f.*, 174
Stammform *95 f.*, 96–99
Starke und schwache Flexion (Deklination) 119, 127, 129, *133*, 136, 138, 149, 151, *169*, 172, *174 f.*, 176 f., 194 f., 197
Steigerung *173 f.*, 175, 187 f.
Steigerungsadverb 175, 187 f.
Stil 26, *38–40*, 45, 68, 76, 106
Stricker-Kadenz 218 f.
Subjekt 62, 70, *72*, 73, 104, *117*, 120, 150, 153, 178, 186
Substantivierung 72, 95, 156, 158, 177
Substantivische Verwendung (Pronomen, Partizipien, Zahlw.) *126 f.*, 159 f., *193*, 194 f., 197
Suffix *38*, *52*, 59, 185 f., 198
Suppletive Bildung 102, *174*, 187 f.
Synalöphe 215
Synaphie 222
Synchronische Darstellung 93, *131 f.*, 135, 169
Synkope 55, *59*, 93 f., 127, 171, 193, *215*

T

Takt 204, *205 f.*, 218–220, *223 f.*, 227, 229
Teilsatz 64, *73*, 75 f., 80, 83 f.
Tempus 70, *105–110*, 111
Textkritik 17
Tonverschiebung 55, *230 f.*
Tonvokal 88, *96*

U

Überlieferung 16, *17*, 33, 35, 40, 94, 180, 215 f.
Übersetzen 11, 16 ff., 21 f., 27, 42, 62, 67, 76, 78, 81, 90, 93, 105, 107, 116 ff., 128, 151, 167, 175
Umlaut 35, 43 ff., *93 f.*, 96, 100, 108, 134 f., 140–144, 173, 180, 185, 187, 215
Unbest. Artikel 120, *127 f.*, 176, 193
Unpersönliche Konstruktion *72*, 152, 163, 167
Untergruppen A, B, C (Adjektiv) *169–172*, 175
Untergruppen A, B, C (Substantiv) 134 f., *138*, 139–148

V

Valenz 61, *86 f.*, 150 f., 161, 163, 166
Velarer Reibelaut 46
Verben mit Dativ oder Akkusativ 162, 166
Verbzusatz (Partikel) 53, 71, 166
Vers 35, 51, 53, *203*, 204 ff., 211, 216, 224
Versausgang (Kadenz) 52, *218*, 219 f., 225
Verschiebeprobe *62*, 157
Verschmelzung *53 f.*, 117, 194, 215
Verseingang *217*, 222, 225, 229–231
Versinneres 223 f.
Versrhythmus 211, *225 f.*
Verwechslung v. Formen (Homonymenkollision) 61, 64, 74, 87, *116 ff.*, 121, 129, 197, 246
Vokallänge 43, 52

W

Weglassprobe 63
Wendung (Phraseologismus) 19, 67, 103 f., 166, 185, 201
Wortbildung 38, 52 f., 93, 174, 184–189
Wörterbuch 11, *18–20*, 21, 25, 86 ff., 93, 138, *250 f.*
Wortstellung 62, 70, *73*, 76, 78, 80, 175–177, 186, 194
Wunschsatz 80, 101, 107, *111 f.*
Wurzelverb 102

Z

Zirkumflex *18*, 43, 54, 225
Zusammenfall von Bezugswort und Relativpronomen 125
Zusammengesetztes Tempus 108 ff.
Zusammengezogener Satz 75
Zweite Lautverschiebung 32 f., 38
Zwischenvokal *e* 87, 89, 94

Wortindex

Adj. = Adjektiv
Adj. Part. = Adjektivisches Partizip
Adv. = Adverb
anV = Anomales Verb
Best. Art. = Bestimmter Artikel
Dem. Pron. = Demonstrativpronomen
Indef. Pron. = Indefinitpronomen
Interj. = Interjektion
Interr. Adv. = Interrogatives Adverb
Interr. Pron. = Interrogativpronomen
Kard.-Z. = Kardinalzahl
Konj. = Konjunktion
Pers. Pron. = Personalpronomen
Poss. Pron. = Possessivpronomen
Präp. = Präposition
Präp. Füg. = Präpositionale Fügung
Refl. Pron. = Reflexivpronomen
Rel. Adv. = Relatives Adverb
Rel. Pron. = Relativpronomen
stF = Starkes Femininum
stM = Starkes Maskulinum
stN = Starkes Neutrum
stV = Starkes Verb (Klasse)
swF = Schwaches Femininum
swM = Schwaches Maskulinum
swN = Schwaches Neutrum
swV = Schwaches Verb
Unbest. Art. = Unbestimmter Artikel
Verb. Füg. = Verbale Fügung
Verschm. = Verschmelzung

Pronomen und Artikel sind im Nominativ verzeichnet. Beim einfachen Demonstrativpronomen sowie beim Interrogativpronomen ist auch der Genitiv Neutrum, beim Reflexivpronomen nur der Dativ verzeichnet.

A

abe[1] Adv. 59, 181
ab/abe[2] Präp. 190
abe slahen stV (VI) 53
abe tuon anV 69, *152*
âbent stM 154
aber[1] Adv. 181, 184
aber[2] Konj. 74
ach Interj. 160, 164
-ære Suffix 52, 59, *139*
affe swM 49
affen/effen swV 94
after Präp. 190
after wege Adv. 181, 188
ahsel stF/swF 46
aht/ahte Kard.-Z. 195
ahzehen/ahtzehen Kard.-Z. 196
al[1] Adj. 169
al[2] Adv. 181
al[3] Indef. Pron. 44, *126*, 127
al[4] Partikel 76
al eine Konj. 83
ald/alder Konj. 74
alle stunde Adv. 168
alle stunt Adv. 168, 181, 188
alle wege Adv. 168, 181, 188
alle wîle Adv. 168
allenthalben Adv. 181, 188
allertegelich Adv. 46, 181
alles Adv. 155, 186
allez Adv. 186
älliu Indef. Pron. 127
almeist Adv. 181, 184
alrêrst Adv. 181
als[1] Konj. 82
als[2] Konj. *82*, 114
alsam Adv. 53, 181
alsô Adv. 83, 164, 175, 181
alsus Adv. 181
alters eine Adv. 181
alumbe[1] Adv. 181
alumbe[2] Präp. 190
alzan/alzane Adv. 181
an Präp. 190
an Verbzusatz 53, *166*
an bieten stV (II b) 167
an blicken swV 53, 166
an bringen stV (III a)/swV 167
an erben swV 167
an gâhen swV 166
an gân anV 166
an grînen stV (I a) 166
an heben stV (VI) 167
an kapfen swV 166

an komen stV (IV) 166
an lachen swV 166
an legen swV 167, 186
an loufen stV (VII) 166
an springen stV (III a) 166
an strîten stV (I a) 166
an tragen stV (VI) 167
an vallen stV (VII) 166
ande Adv. 181
ander[1] Dem. Pron. 123
ander[2] Ordinalzahl 194, *197*
anderhalp Adv. 46, 181, 188
anders Adv. 155, 181
andersît Adv. 181
anderstunt Adv. 181, 188
anderswâ Adv. 181
anderswar Adv. 181, 184
âne[1] Adv. 59, 181
âne[2]*/ân* Präp. 44, *190*
âne angest sîn Verb. Füg. 68
âne mâze Adv. 181, 188
anen swV 167
ange Adv. 185
angest stM/stF 50, 156
angest nemen Verb. Füg. 154
angestlîchen Adv. 181
antlütze stN 48
antwürten swV *90*, 163
anz Verschm. 54
apfel stM 142
ar/are swM 146
arbeit stF 45, *140*
arbeiten swV 94
arc Adj. 173
archeit stF 46
armeclichen Adv. 181, 186
armuot stF/stN 120
arnen swV 94
art stF/stM/stN 139, *140*
Artûs Eigenname 44, 52
arzât stM 48, 52
asche swF/swM 128
Asclêpius Eigenn. 149
âtem stM 139
âventiure stF 59, *145*

B

balde Adv. 106, 181, 184
baniere stF/stN 38
bar Adj. 170
barschenkel Adv. 181
barvuoz Adv. 181
bast stM/stN 66, *142*
baz Adv. 187
be- Präfix 52, 86
bedecken swV 90
bedenken swV 90
bediuten swV 90
bedriezen stV (II b) 152
bedürfen anV 152
begân anV 45
begarwe Adv. 181, 186
begeben stV (V) 69, *152*
begern swV 152
beginnen stV (III a)/ swV 61, 71, *104*, 152
beginnez Verschm. 53
begrîfen stV (I a) 96
behagen swV 163
behalten stV (VII) 178
behendeclîchen Adv. 181, 186
behüeten swV 68, *90*
beide/bêde Zahladj. 44
beidenthalp Adv. 181
Beier Eigenname 149
bekantnisse stF/stN 145
bekennen swV 90
belangen[1] Adv. 181, 187
belangen[2] swV 167
belîben stV (I a) 71
belœsen swV 90
benamen Adv. 181
beneben Präp. 190
benemen stV (IV) 163
ber stF/stN 66
berâten stV (VII) 152
bereit/bereite Adv. 181
bereiten swV 162
bergen stV (III b) 98
bern stV (IV) 98
berouben swV 45, *152*
beschaben stV (VI) 152
bescheiden stV (VII) 162
bescheidenlîchen Adv. 181
beschern swV 163
beschetzen swV 90
beseme swM/stM 146
besîten Adv. 181, 188
bestân anV 178
beste Adv. 188
besunder Adv. 181
beswæren swV 90
bete stF/stN 145
betelîchen Adv. 181
betrâgen swV 72, *152*
betriegen stV (II a) 152
betrüeben swV *90*, 167
betten swV 162
betwingen stV (III a) 50
bevelhen stV (III b) 46
beviln swV 69, *152*, 167
bevinden stV (III a) 79
bewæren swV 90
bewarn swV 68, 69
bewegen stV (V) 152
bewîsen swV 152
bezzer Adj. (Komp. zu *guot*) 48, 158, 174

bezzern swV 48, 162
bezzest/beste Adj. (Superl. zu *guot*) 174
bî[1] Adv. 181
bî[2] Präp. 190
biegen stV (II a) 99
bieten stV (II b) *97*, 153, 163
billîchen Adv. 181
bîme Verschm. 54
binden stV (III a) 97
bir/bire swF 147
bîstân anV 53
biten stV (V) 71, *98*, 162, 166
bîten stV (I a) *96*, 152
bitter Adj. 170
bitterlîchen Adv. 181
bîwonen swV 163
biz Konj. 82
blâ Adj. 169
blanc Adj. 48
blat stN 66, *144*
blenden swV 90
blî stN/stM 128
blinde swM 49, *177*
blint Adj. 49, 169
bliuclichen Adv. 181
bliuwen stV (II a) 97
blôz Adj. 158, 164
blüejen swV 46, *90*
bluome swM/swF 131, *146*
bluot stN 46
bodem stM 139
bœse Adj. 44
bœslîche Adv. 181
bône stF/swF 66
bôsheit stF 46
bote swM 146
boum stM 45
boumwol swF 128
brâ/brâwe stF/swF 138, *145*
breit Adj. 158
brennen swV 90
breste swM/stM 146
bringen stV (III a)/swV 96, *104*, 108, 178
brinnen stV (III a) 98
briuten swV 90
briuwen stV (II a) 97
brôt stN 66
brünne stF/swF 39
bruoder stM *139*, 142, 151
bruoderlichen Adv. 181
bû stM/stN 132
büezen swV 46, *90*, 154, 162, 166
buoch stN 46
buosem stM 138, *139*
-burc Namensuffix 149
burgære stM 44
büte/bütene stF/swF 156

C siehe K

D

da[1]*/dâr* Adv. 181
da[2]*/dâr/dar* Rel. Adv. 78, 181
dâ belîben Verb. Füg. 154
dâ bî Adv. 181
dâ mite Adv. 43, 150, 181, 184
dâ von Adv. 74
dâ vor Adv. 181
dâ wider Adv. 184
dan[1]*/danne* Adv. 69, 77, 83, 181
dan[2]*/danne/denne* Konj. 77, *82*, 114
dan[3]*/dannen* Adv. 83, 181
danc stM 50
danken swV 152
dankes Adv. 155, 181, 188
dannoch/dennoch Adv. 46, 74, 76, 181, 184
dar an Adv. 74, 181
dar inne Adv. 181
dar nâch Rel. Adv. 78
dar umbe Adv. 74
dar zuo Adv. 74
darben swV 152
dâvon Adv. 53
daz[1] Best. Art. oder Dem. Pron. 74, *121*, 127
daz[2] Konj.[1] 68, *82*
daz[3] Konj.[2] 48, 68, *82*
daz[4] Konj.[3] 68, *82*, 111
daz[5] Rel. Pron. *78*, 125, 160
dech-/deh- Präfix 126
decken swV 90
degen stM 39, 139
dehein/dekein Indef. Pron. 46, 65, *126*, 127, 159, 177
deich Verschm. 215
deir/der Verschm. 215
deist Verschm. 45, 54, 215
deiswâr/dêswâr Verschm. 54, 215
deiz Verschm. 215
denken swV 90
der[1] Best. Art. oder Dem. Pron. 44, 62, 74, *121*, 127
der[2] Rel. Pron. *78*, 125
derst Verschm. 215
des Dem. Pron. (Genitiv Neutrum) 122, 153, 154

des endes Adv. 154, 181, 188
des tages Adv. 154, 181, 188
dêst/deist Verschm. 215
deste/dester Adv. 187
deweder Indef. Pron. 65, *126*, 127
dic Adj. 158, 185
dicke Adv. 181, 185, 187
die Best. Art./Dem. Pron. 121
die lenge Adv. 168, 181, 188
die wîle[1] Adv. 168, 181, 188
die wîle[2] Konj. 82
diemüeteclichen Adv. 181, 186
dienen swV 162
dienest stM/stN 132, *139*
dienesthaft Adj. 164
dier Verschm. 54
diezen stV (II b) 97
dîhen stV (I b) 97
dihten swV 87
dîn Poss. Pron. *119*, 153
dinc stN 48, *141*
dirre/diser Dem. Pron. *123*, 176
dise Dem. Pron. 123
disiu Dem. Pron. 123
ditz/ditze/diz Dem. Pron. 48, *123*
diu[1] Best. Art. oder Dem. Pron. 74, *121*, 127
diu[2] Rel. Pron. 45, *78*, 125
diuten swV 90
diutsch/tiutsch Adj. 28 f.
dô[1] Adv. 83, 181
dô[2] Konj. 82
doch[1] Adv. 76, 83
doch[2] Konj. 46, 74, *82*
dörper stM 38
dörperheit stF 38
dort Adv. 181
dræjen swV 90
dræte Adj. 185
drâte Adv. 181, 185, 187
dreun/dröun/dröuwen/drôn swV 45, *90*, 163
drî/drîe/driu Kard.-Z. 195
drîstunt Multiplikationszahl 198
dritte Ordinalzahl 197, *198*
drîzehen Kard.-Z. 196
drîzic Kard.-Z. 196
drô stF/stM 145
drücken swV 90
dû/du Pers. Pron. 43, *116*
dunken/dünken (Präteritum *dûhte*) swV 71, 79, *90*, 166, 167
durch[1] Adv. 181
durch[2] Präp. 46, 83, 122, *190*
durch- Präfix 53, 86
durch daz[1] Konj. 82
durch daz[2] Konj. 82
durch schimph Präp. Füg. 122, 181, 188
durchliuhten swV 90
durchrecken swV 90
durchslahen stV (VI) 53
durfen/dürfen anV 71, *101*, 109, 152
dürftige swM 176, *177*
dürkel Adj. 170, *172*

E

ê[1] Adv. 83, 181, 187
ê[2] Präp. 83
ê[3]*/êwe* stF 145
-e Adv.-Suffix 180
-e/-en Adv.-Suffix 186
ê daz Konj. *82*, 113
eben Adj. 170
ebene Adv. 181
ebenen swV 94
ebenwâc stM 39
-eclîche/-eclîchen Adv.-Suffix 186
edel Adj. 164, 170, 185
edele Adv. 185
edelîchen Adv. 182
êhaft Adj. 44
eht Adv. 181
ei stN 66
eim/eime siehe *ein*[3]
ein[1] Indef. Pron. *126*, 159
ein[2] Kard.-Z. 129, 160, *193 f.*, 197
ein[3] Unbest. Art. 120, 125, *127 f.*
ein stunt Adv. 168
ein teil Adv. 66, 181, 188
eine[1] Adj. 129
eine[2]*/einen* Adv. 129, 181
eines[1] Adv. 181
eines[2] Multiplikationszahl 198
einhalp Adv. 181
einlif Kard.-Z. 195
eischen stV (VII) 99
eislîche Adv. 181
eist Verschm. 215
eitern swV 94
ellenlanc Adv. 181
elliu Indef. Pron. 127
emphâhen stV (VII) 50, 178

emzeclîchen Adv. 181
en[1]/*in* Präp. 190
en-[2]/*ent-* Präfix 64, 86
en-[3]/*-ne*/*n-*/*-n* Negationspartikel *64*, 69
enbern stV (IV) 64, 69, *152*
enbieten stV (II b) 64, 79
enbîzen stV (I a) 64
enblanden stV (VII) 163
enbor Adv. 181
enbresten stV (V) *98*, 162, 178
ende stM/stN/swM 128
endecken/*entdecken* swV 90
endelichen Adv. 181
endelôs Adj. 171
eneben[1] Adv. 181, 184, 187
eneben[2] Präp. 190
enein Adv. 181
ener Dem. Pron. 123
enge[1] Adj. 164, 185
enge[2] Adv. 181
engegen[1] Adv. 181
engegen[2] Präp. 191
engel stM 138, *139*
engelten stV (III b) *152*, 154
engerwen swV 90
enhalp Adv. 181
enmitten Adv. 181, 188
enpfâhen stV (VII) 64
enphinden stV (III a) 152
ensamt Adv. 181
ensliezen stV (II b) 47
enteil Adv. 181
entlîhen stV (I b) 152
entragen stV (VI) 186
entrinnen stV (III a) 97
entriuwen Adv. 181
entsagen swV 69, *152*
entschuohen swV 162
entsetzen swV 48, *152*
entsliezen stV (II b) 162, 166
entslîfen stV (I a) 163
entstân anV 152
entwahsen stV (VI) 163
entweln swV 64
entwenken swV 69
entwesen stV (V) 152
entwîchen stV (I a) 69, 168
entwürken swV 87
envreise Adv. 181
enwâge Adv. 181, 188
enwec Adv. 181, 188
enwiderstrît Adv. 188
enzelt Adv. 181
enzît Adv. 181
enzwei Adv. 181
enzwischen Adv. 181
Equitâniâ Eigenname 149
er Pers. Pron. 62, *117*, 176
er- Präfix 52, 86, 108
-er/*-r* Komparativ-Suffix 173, 187
erbarmen swV 166
erbermeclîchen Adv. 181
erbolgen Adj. Part. 164
erbunnen (Prät. *erban*) anV 163
erde stF/swF 44, 122, 128
erdenken swV 90
erdröuwen swV 90
êre stF 44, *145*
Erec Eigenname 52
ergân anV 72
ergetzen swV 48, *90*, 152
erhengen swV 90
erhœren swV 90
erkennen swV 90
erkiesen stV (II b)/swV 43, 97
erküelen swV 90
erlân anV 152
erledigen swV 152
erleschen swV 90
erliuhten swV 44
erlœsen swV 44, *91*
erlouben swV 106
erlüejen swV 91
ermanen swV 152
ern Verschm. 54
ernest stM 128
eröugen/*erougen* swV 45
ers Verschm. 54
erscheinen swV 165
erschrecken swV 91
erschricken swV 154
ersehen stV (V) 178
ersmecken swV 91
erst Verschm. 54, 215
êrste[1]/*von êrste*/*êrst* Adv. 181, 187 f., 197
êrste[2] Ordinalzahl 197
ersterben stV (III b) 49
erstrecken swV 91
erstrîchen stV (I a) 168
erswern stV (IV) 98
ertœten swV 91
ervollen swV 162
ervröuwen swV 45
ervürben swV *91*, 152
erwecken swV 91
erwenden swV 152
erwerben/*erwerven* stV (III b) *98*, 108
erwern swV 69
erwinden stV (III a) 152
erz Verschm. 54
erzeigen swV 79
erziugen swV 44

erzürnen swV 91
eschîn Adj. 52
-est/-ist/-st Superlativ-Suffix 173, 187
ete-/etes- Präfix 126
etelîch/eteslîch Indef. Pron. 126
eteswâ Adv. 181
eteswenne Adv. 181
etewaz[1] Adv. 66
etewaz[2]*/eteswaz* Indef. Pron. *126*, 127, 159
etewer/eteswer Indef. Pron. *126*, 127
etewie Adv. 181
Etzel Eigenname 149
Eufrosîn Eigenname 45
êven swV 94
êweclichen Adv. 181
ez Pers. Pron. 48, 62, 72, *117*
ezzen stV (V) 95, 96, *98*, 153

F oder V

vadem stM/swM 66, 138, *139*
vælen swV 92
vâhen/vân stV (VII) 45, 58, 99, *103*, 108
val[1] Adj. 49, 169, 170
val[2] stM 49, 132
vâlant stM 139
vallen stV (VII) 166
valsch Adj. 171
valscheitswant stM 39
van/vane swM/stM 146
vâren swV 152
varn stV (VI) 71, *99*, 168, 178
vart stF 143
varwe stF 49, *145*
värwen/verwen swV 92
vaste Adv. 183, 185, 187
vater stM *142*, 151
vazzen swV 48
veige Adj. 172
vellen swV 92
velschen swV 44, 49, *92*
venje stF/swF 166
venster stN 141
ver- Präfix 52, 59, 86
verbern stV (IV) 69
verbieten stV (II b) 68
verborgen Adj. Part. 171
verbrennen swV 92
verch stN 132
verdagen swV 167
verderben[1] stV (III b) 98
verderben[2] swV 92
verdriezen stV (II b) 69, 72, *97*, 152
vereischen stV (VII) 79
vergeben stV (V) 163
vergebene Adv. 183
vergezzen stV (V) 69, 79, *152*
vergiezen stV (II b) 48, 97
verhelen stV (IV) 167
verhengen swV 92
verholne Adv. 183
verjehen stV (V) 77, 163
verlâzen/verlân anV 68
verlegenheit stF 52
verliesen stV (II b) 97
verlougen swV 69
vermîden stV (I a) 69
vernemen stV (IV) 43, 79
verre[1] Adj. 164, 185
verre[2] Adv. 175, 183, 184, 185
versehen stV (V) 152
versellen swV 92
versinnen stV (III a) *97*, 152
verslîzen stV (I a) 96
versmücken swV 92
versnîden stV (I a) 47
versprechen stV (IV) 165
verstân anV 152
verstolne Adv. 183
verswenden swV 92
verswern stV (VI) 165
verswîgen stV (I a) 166, 167
verswînen stV (I a) 96
vert/vernet Adv. 183
vervælen swV 92
verwîzen stV (I a) 162
verworht Adj. Part. 171
verwürken swV 59
verzîhen stV (I b) *97*, 152, 162
veste Adj. 185
vesten swV 92
videl/videle swF 147
vîent/vîant stM 139
vîentlîchen Adv. 183
vier/viere Kard.-Z. 160, *195*
vierde Ordinalzahl 198
vierdehalp Halbzahl 196
vierzec Kard.-Z. 196
vierzec unde viere Kard.-Z. 196
vierzehen Kard.-Z. 196
vil[1] Adj. 158
vil[2] Adv. 43, 66, 164, 175, 183
vil lîhte Adv. 183, 184
vil nâch Adv. 66, 186
vilz stM 49
vinden stV (III a) 96, 108, 167, 178
vinster stF 138
vischære stM 139
vlêhen/vlên swV 103, *152*, 166

vliegen stV (II a) *97*, 162
vliehen stV (II b) 168
vliezen stV (II b) 97
vlîzeclîchen Adv. 183, 185, 186
vlîzen stV (I a) 48, *152*
floitierre stM 45
vlôz stM/stN 139
vlühteclîche Adv. 183
vluochen swV 162
vlust stF 143
vogel stM 43
vol-/volle- Präfix 86
volge stF 145
volgen swV *152*, 163, 168
volleclîchen Adv. 48, 183
vollen/vol Adv. 175, 183, 186
von[1] Adv. 183
von[2] Präp. 192
von diu Adv. 44, 74
von geschihte Adv. 183, 188
von rehte Adv. 183, 188
von sage Adv. 183, 188
von schulden Adv. 183, 188
von verren Adv. 187
von wâne Präp. Füg. 122
von wiu Interr. Pron. 79
vor[1] Adv. 183
vor[2] Präp. 192
vorderst Adv. 184
forhel stF 51
vorhte stF 46, 120, 156
vorhteclîche Adv. 183
vorhtlîchen Adv. 183
vrâgen swV 79, *152*
vrävel[1]*/vrevel*[1] Adj. 171
vrävel[2]*/vrevel*[2] stF/stM 145
vrävellich Adj. 186
vrävellîche/vrevellîchen Adv. 183, 186
vreude/vröude stF/swF 45, *145*
vreuderîch Adj. 45
videlîchen Adv. 183
vriedel stM 39
vriesen stV (II b) 167
vrîlichen Adv. 183, 185
vriunt stM 139
friuntlîch Adj. 164
vriuntlîchen Adv. 183
vrô Adj. 158, 169
vrœlîchen/frœlîche Adv. 44, 183
vrouwe/vrou stF/swF 56, 120, *147*, 151, 172, 214
vröuwelîn stN 45, 151
vröuwen/vreuwen swV 49, *152*, 154
vrüeje Adj. 185
vrümeclîchen Adv. 184
vrumen swV 162, 167, 178
vruo Adv. 184, 185
vüegen swV 92
vüeren swV 46, *92*, 168
vuhs stM 46
vüllen swV 92
vunden Adj. Part. 171
vünf/finf Kard.-Z. 49, *195*
fünf und zweinzic Kard.-Z. 196
fünfte Ordinalzahl 49, *198*
fünfzehen Kard.-Z. 196
vünfzic und hundert Kard.-Z. 196
vuoder stN 156
vuoz stM 49, *142*, 156, 168
vür[1] Adv. 184
vür[2] Präp. 192
vür[3] Verbzusatz 43, *53*
vür houbetsünde Präp. Füg. 122
vürbaz Adv. 53, 184, 187
vürder Adv. 184
vürdermâl Adv. 184
vürgedanc stM 50
vürhten swV 46, 71, 87, *94*, 152
vürlegen swV 53
vürnamens/vürnames Adv. 155, 184
fürste swM 146

G

gabel stF/swF 145
gâch[1] Adj. 164, 169
gâch[2] Adv. 181
gadem stN/stM *141*, 144
gâhen swV 152
gâhes Adv. 155, 181, 186
Galitzen Eigenname 48
galle swF 128
gân/gên anV 39, 58, 71, *102*, 168
ganzlichen/genzlichen Adv. 181
gar[1] Adj. 169
gar[2]*/garwe* Adv. 175, 181, 186
garzûn stM 52
gast stM 142
gastlichen Adv. 181
ge- Präfix (Indefinit-Pron.) 126
ge- Präfix 52, 86, 96, 106, *107*, 108
gebe stF 132, *145*
geben stV (V) 43, 49, 96, 103, 178

gebieten stV (II b) 43, 163
gebirge stN 35
geblüemen swV 46
gebot stN 43, *141*
gebrechen stV (IV) 152
gebresten stV (IV) 72, *152*, 163
gebunden Adj. Part. 171
gedagen swV 152
gedanc stM/swM 139
gedanchaft Adj. 50
gedanchaft sîn/werden Verb. Füg. 79
gedenken swV 44, 46, 71
gedîhen/gedîen stV (I b) *97*, 103
gedinge stM/swM/stN 50
gedingen swV 152
geduldeclîchen Adv. 181
gegen/gein Präp. 45, 122, *191*
gegenwürtec Adv. 181
gehaz Adj. 46, 48
gehügen swV 79, *152*
geil Adj. 45, 158
gein siehe *gegen*
gejustieren swV 29
gel Adj. 169
gelangen swV 152
gelîch Adv. 181
gelingen stV (III a) 72
gellen swV 91
gelouben swV *152*, 163
gelten stV (III b) *98*, 165
gelusten swV 152
gemach[1] Adv. 181
gemach[2] stM/stN 142
gemeinlîchen Adv. 181
gemeit Adj. 158
gemüete stN 52
genâde stF/swF 145
genâden swV *152*, 163
genædeclîchen Adv. 181
genendeclîchen Adv. 181
genesen stV (V) *98*, 108, 152
Gengemôr Eigenn. 50
genieten swV 152
geniezen stV (II b) 48, *152*
genôte[1] Adj. 185
genôte[2] Adv. 181, 185
genôz stM/swM 48, *139*
genüegen swV 72, *91*, 152
genuoc[1] Adj. 158
genuoc[2] Adv. 48, 49, 66, 175, 181, 186
genuoc dunken Verb. Füg. 69
genuoc hân Verb. Füg. 69
gêr stM/swM 39
gerâten stV (VII b) 168
gereite Adv. 181
geriuwen stV (II a) 97
gern swV 152
gerne Adv. 181, 184, 187
geroubet Adj. Part. 171
geruochen swV 71, *152*
geschehen stV (V) 46, 72, 86, 163
gesehen stV (V) 46
geselle swM 146
geselleclîchen Adv. 181
gesihteclîchen Adv. 182
gestellen swV 91
gester Adv. 182, 184
gestrîten stV (I a) 163
geswîchen stV (I a) 163
geteilet Adj. Part. 171
getrûwen swV 71
getwerc stN 48
geutôre swM 45
gevælen swV 29
geværec Adj. 164
gevallen stV (VII) 163
gevangen Adj. Part. 171
gevrumen/gevromen swV 49
gewâget Adj. Part. 171
gewahen stV (VI) 99
gewalt stM/stF *139*, 143
gewant stN 52
gewerlîche Adv. 182
gewern swV *152*, 165
gewerren stV (III b) 69
gewinnen stV (III a) *97*, 166
gewislîchen Adv. 182
gewunnen Adj. Part. 171
gezemen stV (IV) 162
gezogenlichen Adv. 182
giezen stV (II b) 48
giht siehe *jehen*
Ginovêr Eigenname 52
glas stN 128
glesîn Adj. 52
glesten swV 91
gluot stF 128
golt stN 141
got stM 122, *139*
Gotelint Eigenname 49, 149
gouch stM 56
goukelære stM 56
grâ Adj. 169
graben stV (VI) *99*, 162
grâl stM 139
gram Adj. 158
grâmaticâ stF 42
grâmerzî stM 19
gras stN 128
grâwe swM 177
grîfen stV (I a) 165
grimme[1] Adj. 185
grimme[2] Adv. 182, 185
grimmeclichen Adv. 182
grœzlîche Adv. 182

grôz Adj. 158, 174, 185
grôze Adv. 182, 185
grüene Adj. 46
grüezen swV 46, *91*
grûs stM 44
grûsen swV 72, 163
grûz stM/stF 66
güete stF 46, 52, 128
güetlîchen Adv. 182
gunnen anV 100, *101*, 152
-gunt Namensuffix 149
guot[1] Adj. 46, 151, 164, 174
guot[2] stN 141
gürtel stF/swF/stM 145
gürten swV *91*, 162

H

haben/hân anV 39, 43, 46, 71, *103*, 108, 109, 167, 178
haber swM/stM 146
hagel stM 128
hâhen/hân stV (VII) 99, *103*
halsen stV (VII) 99
hame swM 146
han/hane swM 146
handeln swV 165
handelunge stF 52, *145*
hant stF 143
hâr stN 66, 128
härmîn Adj. 44, 52
harte Adv. 66, 175, 182, 185, 187
Hartman Eigenname 46
hase swM 43
hasenwint stM 39
haz stM 120, *139*, 156
heben/heven stV (VI) 43, 46, *98 f.*
heftecliche Adv. 182
heften swV 91
hei Interjektion 45
heide stF/swF 45, 46
heiden stM/swM 139
heil stN 45
heilant stM 139
heiles Adv. 155, 182, 188
heim/hein Adv. 182, 188
heimischen Adv. 182
heimlich Adj. 164
heimlîchen Adv. 182
-heit Namensuffix 149
-heit Suffix 140
heizen stV (VII) 45, 71, 96, *99*, 107, 167
helfe stF 120, *145*, 156
helfeclîchen Adv. 182
helfen stV (III b) 71, *98*, 162, 167
hellehirte swM 39
heln stV (IV) *98*, 166, 167
helt stM 39, *139*
hengen swV *91*, 162
henken swV 91
her[1] Adv. 182
her[2] stN 156
hêrlîchen Adv. 182
herre/her[3] swM 44, *146*, 151
herte Adj. 185
herze swN 44, 46, 48, *148*
herzenlîche Adv. 182
hetzen swV 91
hie Adv. 46, 106
hie an Adv. 182
hie mite Adv. 182, 184
-hilt Namensuffix 149
himel stM 122
himelhort stM 46
hin Adv. 182
hin abe Adv. 184
hînaht Adv. 182
hinder Präp. 191
hinder- Präfix 86
hinderz Verschm. 54
hinnen/hinne Adv. 182
hînte Adv. 182
hirte stM/swM 138, *139*
hiute Adv. 182, 184
hôch Adj. 158, 164, 185
hôchverte Adj. 46
hœhe stF 44
hœnen swV 91
hœnlîche Adv. 182
hœren swV 44, 71, *91*, 106, 107
hof stM 49
hôhe/hô Adv. 182, 185, 187
holt Adj. 164
holunder stM 51
honec stN/stM 141
hornuz stM 51, *139*
houbet stN 45
houwen stV (VII) 99
hovelîch Adj. 44, 174
hövesch Adj. 38, 43
höveschlîchen Adv. 182
hûbe swF 44
hüeten swV 46, *90*, 152
hulde stF 120, *145*
humbel stM 139
hundert Kard.-Z. 196
hundertstunt Multiplikationszahl 198
hungern swV 167
huon stN 135
huote stF 52, *145*
hûs stN 144
hût stF 143

I

ich Pers. Pron. 43, *116*
ichs Verschm. 54

ichz Verschm. 54
ie Adv. 68, 107, 182, 184, 188
ie- Präfix 126
-îe Suffix 38, 52
iedoch[1] Adv. 76, 182, 184
iedoch[2] Konj. 74
iegelîch/ieslîch Indef. Pron. 45, *126*
ieman/iemen Indef. Pron. 68, *126*, 127, 159
iemer/immer Adv. 45, 68, 107, 182, 188
iemitten Adv. 182
iender/iendert Adv. 68, 182
-ieren Suffix 38
iergen Adv. 107
ietweder/ieweder Indef. Pron. *126*, 127
ietwederhalp Adv. 182
iezuo Adv. 182
igel stM 43
igelmæzec Adj. 39
iht[1] Adv. 68
iht[2] Indef. Pron. 46, *126*, 127, 159
ihtes Adv. 159
îlen swV 71
im/ime Refl. Pron. (Dativ Sing.) 118
imz Verschm. 54
in[1] Präp. 191
in[2] Refl. Pron. (Dativ Pl.) 118
-în Suffix 52
in allen wîs Adv. 182, 188
in almitten Adv. 182
in kurzer stunt Adv. 182, 188
inne Adv. 182
-inne Suffix 52, 59, 145
inne ligen Verb. Füg. 154
inneclichen Adv. 182
innen Adv. 182
innen des/indes Konj. 83
innerhalp[1] Adv. 182
inner/innerhalp[2] Präp. 191
inz Verschm. 54
ir[1] Pers. Pron. 44, *116*
ir[2] Poss. Pron. 119
ir[3]*/ire* Refl. Pron. (Dativ Sing.) 118
irn Verschm. 54
irs Verschm. 54
irz Verschm. 54
îs stN 128
Isôt Eigenname 149
îsôten swV 94
-iure Suffix 52
iuwer Poss. Pron. *119*, 153

J

jâ Partikel 118
jæmerlîchen Adv. 182
jærlîche Adv. 182
jâmer stM/stN 44, *139*
jâmern swV 43, 154
jâr stN *141*, 168
jeger stM 138, 139
jehe stF 46
jehen stV (V) 46, *77*, 96, *98*, 108, 152
jener Dem. Pron. *123*, 176
jenhalp/jenenthalp Adv. 182
joch Konj. 74
jugent stF 43, *140*
junc Adj. 50, 151
juncvrouwe swF 172
jungelinc stM 50, 151

K oder C

kal Adj. 169
kärclîchen Adv. 182
kastelân[1] stM 21 ff.
kastelân[2] stN 21 ff.
kein Indef. Pron. 65, *126*, 159
-keit Suffix 52, *140*
kêren (Präteritum auch *kârte*) swV 168
Kerlingen Eigenname 50
keu/kiuwe swM/swF 45
kiesen stV (II b) 97
kint stN 48, *132 f.*, 134, 141, 151
kintlîche Adv. 182
kiuscheclîche Adv. 186
klâ stF/swF 145
klägelîchen Adv. 181
klagen swV 154, 162, 165, 166
klebewort stN 39
klein Adj. 164, 185
kleine Adv. 66, 182, 185, 186
klingen stV (III a) 50
knabe swM 151
knappe swM 146
kneht stM 139
knie stN 141
komen stV (IV) 39, 43, 48, 71, 96, *98*, 108, 162, 178
kondewieren swV 38
Condwîrâmûrs Eigenname 227
kôr stM 44
koufen swV 162
krâ swF/stF 147
kraft stF 49, *143*, 156
krefteclîchen Adv. 182

krieche Eigenname 45, 46, 48, 149
kriechen stV (II a) 178
kriegen swV 79
kriuzewîs Adv. 182
krœnen swV 91
krône stF/swF 48, *140*
kroyieren swV 45
küelen swV 91
kumber stM 139
kûme Adv. 182
kumpf stM 156
künden swV *91*, 163
künec stM 43, 48, *139*
küneginne/künegîn stF 48, *145*
künne stN 141
kunnen anV 71, 100, *101*, 107, 109, 187
kunst/cunst stF 48
kunt Adj. 164
kûrtois Adj. 45
kurtôsîe stF 38
kurz Adj. 185
kurze Adv. 182, 185
kürzen swV 91
kurzlichen Adv. 182
kurzwîle stF 48
küssen swV 91

L

lachen swV 154
lære Adj. 185
lære Adv. 182, 185
lâge stF: 156
lamp stN 144
lanc Adj. 158, 180, 185
lange Adv. 180, 182, 185, 187
lant stN *141*, 168
lantliute stM/stN (Pl.) 44
lasterlîchen Adv. 182
Lavînia Eigenname 149
lâzen/lân anV 44, 48, 64, 69, 71, 96, *103*, 107, 108, 167, 178
leben[1] stN 141
leben[2] swV 44
lebendec Adj. 51
ledeclîchen Adv. 182, 185
leder stN 134
legen swV 103
leiden swV 162, 165
leider Adv. 182
leisieren swV 38
leit[1] Adj. 164
leit[2] stN 141
leit sîn/wesen/werden Verb. Füg. 163
leiten swV 87
lenden swV 91
lenge stF 50
lêre stF 44
lêren (Präteritum auch *lârte*) swV 44, 167
leschen swV 91
lesen stV (V) 98
letzen swV 91
lewe swM 146
lîch stF 125
-lîch/lich Adj.-Suffix 186
-lîche/-lîchen Adv.-Suffix 58, 180, 185
lîden stV (I a) *96*, 165
lîdenlîchen Adv. 182
liebe[1] Adv. 182, 185, 187
liebe[2] stF 120, 155
lieben swV 45, 162
liegen/liugen stV (II a) 45, 58, *97*, 162
liep Adj. 151, 164, 185
ligen stV (V) 71, *98*, 103, 108, 178
lîhen stV (I b) 97
lîhte Adv. 182, 184
lîmen swV 59
-lîn Suffix 52
-lint Namensuffix 149
lîp stM 139
lîse[1] Adj. 185
lîse[2] Adv. 182, 185
list stM/stF 128, *139*
lit stN 144
liuhten swV 91
liut stM/stN 44, *139*
liuten swV 91
liutern swV 91
lobelîche Adv. 182
loben swV 71, *152*, 154
loblîch Adj. 49
lœsen swV 44, 89, *91*
lôn stM/stN 43
lônen swV *94*, 152, 154, 155, 162
lop stM/stN 43, 49, 128, *139*
loufen stV (VII) *99*, 168, 178
löugenen swV 91
loup stN 45
lüsten swV 72, *91*
lût Adj. 185
lûte Adv. 182, 185
lûter Adj. 170
lützel[1] Adj. 48, 158, 174
lützel[2] Adv. 48, 66, 182, 186

M

machen swV 32, 167, 178
mære[1] Adj. 164
mære[2] stN/stF 44, 128, *141*
mæzlîche/mæzlîch Adv. 66

magedîn stN 49
magen stM 156
mager Adj. 170
maget stF 49, *143*
mâl stN 154
man[1] Indef. Pron. *126*, 127
man[2] stM 73, 125, *139*
manec/manic Indef. Pron. *126*, 159, 176
manegen enden Adv. 182, 188
maneges Adv. 159
mangeln swV 152
manheit stF 140
manlîche/manlîchen/manlichen Adv. 180, 182
manneclîch/manclîch/menneclîch Indef. Pron. 50, *126*
manz Verschm. 54
mar Adj. 169
marc stN 39
marterlîche Adv. 182
Mâstrieht Eigenname 46
mâze stF 145
mê[1] Adj. 158
mê[2]*/mêr/mêre*[1] Adv. 44, 182, 184, 187
-me Adj.-Suffix 170, 171
meines/meinez Adv. 182, 188
meiste[1] Adj. (Superlativ zu *michel*) 174
meiste[2]*/meist* Adv. 182, 188
meister stM 45
melm stM/swM *66*, 128
melodîe stF 38
menen swV 162
mêre[2]*/mê*[3]*/merre/mêrer* Adj. (Komparativ zu *michel*) 174
mêren swV 162
merken swV 91
messinc stM 50
mesten swV 91
michel[1] Adj. 158, 171, 174
michel[2] Adv. 175, 182, 186
michels Adv. 158, 182, 186
mîden stV (I a) 69
mîle stF/swF 168
miltеclîche Adv. 186
mîme Verschm. 54
mîn Poss. Pron. 43, 44, *119*, 153
mînhalp Adv. 182
minne stF/swF 120, *145*, 156
minneclichen Adv. 182
minnen swV 178
min/minre[1]*/minner*[1] Adv. 182, 187
minner[2]*/minre*[2]*/minder* Adj. (Komparativ zu *lützel*[1]) 174
minnest/minste[1] Adj. (Superlativ zu *lützel*[1]) 174
minnest/minste[2] Adv. 188
mirst Verschm. 54
mirz Verschm. 54
mis/misse- Präfix 86
missen swV 152
mit Präp. 191
mite Adv. 59, 182
mitten Adv. 182
mohtens Verschm. 54
mohter Verschm. 54
möhtes Verschm. 54
möhtestû Verschm. 54
monîcîrus stM 19
morgen[1] Adv. 106
morgen[2] stM 154, 168
müejen swV 72, *91*
müelîchen Adv. 182
müezeclîchen Adv. 182
müezen anV 46, 48, 58, 71, 100, *101*, 107, 109, 111
mugen/mügen anV 35, 48, 54, 71, *101*, 107, 109, 187
münech stM 155
munt stM *142*, 155
muot stM 46, *139*
muote/muoze stF 38
muoten swV 152
muoter stF 140, *143*, 151
mûs stF 127
mütte stM/stN 156

N

nâch[1] Adv. 182
nâch[2] Präp. 44, *191*
nâch sage Adv. 182, 188
nâdel stF/swF 145
næjen swV 44, *91*
nagel stM 138, *139*
nâhe Adj. 164
nâhen[1] Adv. 182, 186
nâhen[2] swV 72
naht stF 46, *140*, 143, 154, 168
nahten swV 72
nahtes Adv. 182
name stM/swM 43
nämelichen Adv. 182
neben Präp. 44, *191*
nehein/enhein Indef. Pron. 126
neigen swV 49, 154

nein Partikel 118
nemen stV (IV) 39, 96, *98*, 153, 162
nennen swV *91*, 167
neve swM 151
nider Adv. 182
niderhalp Präp. 191
nie Adv. 45, 65, 107, 182
nieman/niemen Indef. Pron. 65, *126*, 127, 159
niemer/nimmer Adv. 65, 106, 107, 182
niender/niendert Adv. 65, 182
niene Adv. 65, 159, 182
niezen stV (II b) 97
niftel swF 151
nîgen stV (I a) 162
niht[1] Adv. 65, 182
niht[2] Indef. Pron. *126*, 127, 159
niht gestân Verb. Füg. 154
nihtes Adv. 159
-nisse Suffix 52, 59, 145
nît stM 44, 128
niun/niwen Kard.-Z. 195
niunzehene Kard.-Z. 196
niuwan Adv. 182, 194
niuwe Adj. 164
niuwelichen Adv. 182
niuwen swV 162
niuwenes Adv. 182
noch[1] Adv. 106, 182
noch[2] Konj. *65 f.*, 74
nœten swV 91
nôt stF 69, *143*
nôte Adv. 182
nû/nu Adv. 43, 44, 83, 106, 182
nû daz Konj. 82
nûst Verschm. 215
nütze[1] Adj. 164, 185
nütze[2] Adv. 182, 185

O

ob[1] Konj. 82
ob[2] Konj. 82
ob[3] Konj. (interr.) 80
ob[4] Präp. 83, *191*
ob[5]*/obe* Adv. 59, 83, 182
obene Adv. 182
oder/ode/od Konj. 74, 83, 214
offen Adj. 171
offenlîche Adv. 182
ofte Adv. 182, 184
öl stN 43
olbende stF/swF/stM/swM 174
ölboum stM 43
ôre/ôr swN/stN 44, *148*
ors/ros stN 29, *141*
ouch[1] Adv. 45, 56, 182
ouch[2] Konj. 74
ouge swN 45, *148*
Ouwe Eigenn. 45, 48
ouwê Interj. 160, 164

P

(*ph* unter *pf*)

palas stM/stN 139
pârâtiere stM 151
Parzivâl Eigenname 52
pfâ/pfâwe swM 146
pfaffe swM 49
phäflîchen Adv. 182
pfellelîn Adj. 50
pfenden swV 91
pfenninc/pfennic stM 50
pferit/pherit/pfärit stN 50
phî Interj. 164
pfîl stM 50
pfingesten stF (Plural) 50, 52
phlege stF/swF 50
pflegen/phlegen stV (V) 48, 50, 71, *98*, 152
pilgerîn swM 72
pîn stM/swM/stF/swF 139
plân stM/stF 139
priester stM 45
prîs stM 139
prîslîchen Adv. 182
prüefen swV 46
puneiz stM/stN 29, 48

Q

quemen stV (IV) 98

R

râmen swV 154
rât stM 69, 128, *142*
-rât Namensuffix 149
râten stV (VII) 45, 162, 163, 165
-re/r Adj.-Suffix 170, 171
-re Komparativ-Suffix 173
rechen stV (IV) *98*, 108
recke swM 39
recken swV 91
rede stF 145
regen stM 128
regenen swV 72
reht[1] stN 141
reht[2] Adj. 185
rehte Adv. 175, 182, 185
reide/reit Adj. 45
rein/reine[1] Adj. 45, 48, 170, 185
reine[2] Adv. 182, 185
reinen swV 162

reise stF 145
rennen swV *91*, 168
ribbalt stM 151
rîch Adj. 151, 164
rîcheit stF 120
rîchlîche Adv. 182, 185
rihtære stM 46
rihten swV 162
ring Adj. 185
ringe Adv. 180, 182, 185
ringe heben Verb. Füg. 167
ringe wegen Verb. Füg. 185
rinnen stV (III a) 178
rint stN 144
rîten stV (I a) *96*, 168, 178
rîter/ritter stM 29, 38, *139*, 151
rîterschaft stF 143
ritterlichen Adv. 182
riuwe stF/swF/stM/ swM 145
riuwec Adj. 158
riuweclîchen Adv. 182
riuwen stV (II a) 97
Rômære Eigenname 149
ros/ors stN 29, *141*
rouben swV 166
roup stM 155
roys/rois (altfranzösisch *roi*) stM 45
rückelingen Adv. 182
rücken swV 91
rüefen swV *91*, 162
rüejen swV 91
rüemen swV *91*, 152
rüeren swV 91
rûmen swV 168
ruochen swV 64, 71, *152*
ruofen/rüefen stV (VII) 99
Ruolant Eigenname 46
-rûn Namensuffix 149

S

sâ Adv. 182
sæjen swV 91
sælde stF 44
sælec/sælic Adj 151
saeleclîch Adj. 46
sæleclîche Adv. 182
sagen swV 79, 103, 162
sahs stN 46
sal Adj. 169
sam[1] Adv. 83, 182
sam[2]*/alsam* Konj. *82*, 114
sanfte Adv. 182, 185
schaben stV (VI) 168
schade swM 43, 120, *146*
schaden swV 69
schaffen stV (VI) 167, 178
schalclichen Adv. 182
schämelîchen Adv. 183
schamen swV 152
schande stF/swF 145
schapel stN 38
schar stF/swF *145*, 156
schedelich Adv. 183
schef stN 141
scheitel stF/swF 145
schellec Adj. 48
schelten stV (III b) *98*, 154
schenden swV 91
schenken swV 91
schepfen swV 91
schieben stV (II a) 97
schiere Adv. 45, 106, 183
schiezen stV (II b) 48, *97*
schilt stM 139
schilthalben Adv. 183
schimpflichen Adv. 183
schîn machen/sîn/tuon/ werden Verb. Füg. 163
schinden stV (III a) 97
schînen stV (I a) *96*, 178
schînlichen Adv. 186
schirmen swV 162
schiuften swV 91
schiuhen swV 46, *91*
schœne Adj. 22, 44, 151, 172, 180, 185
schône Adv. 180, 183, 185
schouwe stF 45
schrîben stV (I a) 43, 45
schrîen stV (I b) *97*, 165
schrift stF 49
schulde/schult stF 145
schulden swV 87
schünden swV 92
schuole stF 46
schürfen swV 92
schütten swV 92
sê stM/stF 139
sehen stV (V) 43, 46, 71, 79, 107, 167, 178
sehs Kard.-Z. 195
sehsstunt Adv. 168
sehzehen Kard.-Z. 196
sehzehende Ordinalzahl 198
seine[1] Adj. 185
seine[2] Adv. 183, 185
selbedritten Adv. 183
sêle stF/swF 44, *145*
selp Dem. Pron. 123
selp ander Adv. 183
selten Adv. 66, 183
senden swV *92*, 153, 162
senelîche Adv. 183
senfte[1] Adj. 185
senfte[2] stF 49

senfteclîchen Adv. 183
senften swV 92
senken swV 92
sêre Adv. 44, 175, 183
sêren swV 152
setzen swV *92*, 93 f.
si/sie/sî/siu Pers. Pron. 62, *117*
siben Kard.-Z. 195
sibenzehen Kard.-Z. 196
sicher Adv. 183
sicherheit stF 140
siech Adj. 178
sieche swM 45, 178
siechen swV 178
siechtuom stM/stN 139
sieden stV (II b) 97
sige stM 139
sim Verschm. 54
sîme Verschm. 54
sin[1] Verschm. 54
sin[2] stM 139
sîn[1] anV 71, *102*, 108, 109, 115, 122, 153
sîn[2] Poss. Pron. 119, 153
singen stV (III a) 50, 95, *97*
sînhalp Adv. 183
sinneclichen Adv. 183
sinnen stV (III a) 98
sippe Adj. 164
sît[1] Adv. 83, 183
sît[2] Präp. 83, *191*
sît[3] Konj.[1] 83
sît[4] Konj.[2] 83
site stM/swM 128, 139
sîte stF/swF 44
sîtz Verschm. 54
sitzen stV (V) 48, 71, 98, 108, 178
siuften swV 92
sîz Verschm. 54
slac stM 48, *142*
slâf stM 128
slâfen stV (VII) 99
slahen/slân stV (VI) 47, *99*, 103, 108, 178
slahte stF 46, 47
slange swM/stF/swF 146
slêhe swF 66
sleht Adj. 47, 185
slehte Adv. 183, 185
slehtes Adv. 155
sliefen stV (II a) 97
slüzzel stM 139
smæhen/smæn swV 46, *92*, 103
smâhen/smân swV 103
smecken swV 92
smerzen swM 47
smielen swV 154
smorgens Verschm. 54
snê stM 128
snel Adj. 47, 164, 185
snelle Adv. 183, 185
snelleclîchen Adv. 183, 186
snîden stV (I a) 96
sô[1] Adv. 43, 74, 76, 83, 175, 183
sô[2] Konj.[1] 74, *83*
sô[3] Konj.[2] 74, *83*
sô[4] Partikel (rel.) 79
sô daz Konj. 83
solich/selch/selh Indef. Pron. 46, *126*
spæhe[1] Adj. 185
spæhe[2] Adv. 183, 185
spæte Adj. 185
spanjôl stM 21
spâte Adv. 183, 185
spengen swV 92
sper stN/stM 134, 138, *141*
sperhalben Adv. 183
spiegelglas stN 47
spil stN 141
spillîchen Adv. 183
spinnen stV (III a) 98
spot stM 155
spotlîche Adv. 183
sprâchhûs stN 19
sprechen stV (IV) 47, 79, *98*, 106, 166
springen stV (III a) 50
spüren swV 92
stapfen/stepfen swV 92
stæteclîchen Adv. 183
stætes Adv. 155
stân/stên anV 46, 53, 71, *102*, 108, 178, 187
starc Adj. 164, 185
starke Adv. 183, 185
stat stF 143
stec stM 47
stechen stV (IV) 178
stecken swV 92
stein stM 139
stellen swV 92
steln stV (IV) 98
sterben stV (III b) *98*, 108, 154
sterken swV 92
stic/stich stM 66
stil stM 138, *139*
stille[1] Adj. 185
stille[2] Adv. 47, 183, 185
stiuren swV 92
stœren swV 92
strackes Adv. 155
strælen swV 162
strâfen swV 79, 154
strâze stF/swF 168
strecken swV 92
strenge Adj. 50, 164
strîchen stV (I a) 168
Strickære Eigenname 47
strît stM *139*, 155
strîten stV (I a) 45, 47
strô stN 66

stückeht Adv. 183
stumbe swM 177
stunde stF/swF *145*, 168
sturm stM 47
sturmes Adv. 155
stürzen swV 92
süeze[1] Adj. 52, 164, 170, 185
süeze[2] stF/swF 46
süezen swV 92
sûgen stV (II a) 97
suln anV 71, 100, *101*, 109, 112
sum Indef. Pron. 125, *127*
sumelîch Indef. Pron. 127
sûmen swV 165
sumer stM 154
sumeren swV 72
sun/suon stM *142*, 151
sunder[1] Adv. 183
sunder[2] Präp. 191
sunder lougen Adv. 188
sunne swF/stF/stM/swM 147
suochen swV 46
suoze Adv. 183, 185
sûr Adj. 164
surzengel stM 29
sus Adv. 175, 183
swâ Rel. Adv. 79
swach Adj. 164, 185
swache Adv. 183, 185
swachen swV 47
swære[1] Adj. 44, 164, 185
swære[2] stF 47, *140*
swæren/swâren swV 162
swâp/swâbe Eigenname 149
swar Rel. Adv. 79
swâre Adv. 183, 185
swarûf Rel. Adv. 79
Swarzwalt Eigenname 47
swaz Rel. Pron. 47, *78*, 112, 125, 160
sweder Rel. Pron. *78*, 112, 125
sweigen swV 87
swelch Rel. Pron. *78*, 112, 125, 160
swenne/swanne Konj. *83*, 113
swer Rel. Pron. 47, *78*, 112, 118, 125, 160
swern stV (VI) *99*, 152
swert stN 141
swester stF/swF *140*, 151
swie[1] Konj. *83*, 176
swie[2] Konj. 83
swîgen stV (I a) *96*, 152
swimmen stV (III a) 97
swinde[1] Adj. 185
swinde[2] Adv. 183, 185

T

tac stM/swM 43, 138, *139*, 168
tägelîchen Adv. 183
tagen swV 72
tageweide stF 168
tal stN/stM 43, *144*, 168
tavel stF/stM/swF/swM 49
tavelrunde stF/swF 52
tegelîchen/tägelîchen Adv. 44, 183
teil stN/stM 45, *141*, 156
Thômas Eigenname 44
tief Adj. 185
tiefe Adv. 183, 185
tihten swV 46, 87, 95
tiure[1] Adj. 185
tiure[2] Adv. 183, 185
tiutsch stF/stN 44
tiuvel stM 44, 66
tjost stF/stM 145
toben swV 43
tœrlîche Adv. 183
tœten swV 92
tœtlichen Adv. 183
tohter stF *140*, 143, 151
tôt[1] Adj. 164, *172*
tôt[2] stM 139
tôt ligen Verb. Füg. 154
tôtriuwesære stM 39
tou stM/stN 66
töude/touwende Adj. 45
touf/toufe stM/stF 45, 49, *142*
tougen[1] Adj. 170
tougen[2] Adv. 183
trâge Adv. 185
træge Adj. 185
tragen stV (VI) 45, 46, 48, *98*, 153, 168, 178
trahen stM 142, 156
treffen stV (IV) 96, 108
trenken swV 92
treten stV (V) *98*, 168
triegen stV (II a) 58, *97*
trinken stV (III a) 153
Tristan Eigenname 52
triuten swV 92
triuwe stF/swF 120, *145*
trœsten swV *92*, 152
Troie Eigenname 45
Trôilus Eigenname 43
Troiman Eigenname 45
troum stM/swM 45, 56
troumen swV 72, 79
trüebe Adj. 46
trüeben swV 92
trûreclîchen Adv. 183
-trût Namensuffix 149
tugen anV 100, *101*, 162

tugent stF 43, *140*
tugenthaft Adj 151
tugentlîchen Adv. 183
tumbe swM 177
tump Adj. 164
tuon anV 64, *102*, 167, 178
tür stF/swF 35, *140*
turnieren swV 29
turren anV 71, *101*, 107
tûsent Kard.-Z. 43, *196*
tûsent stunt Multiplikationszahl 198
tûsentvalt Adv. 183
tûsentwarp Multiplikationszahl 198
twahen stV (VI) 98
twerhes Adv. 155, 183, 186

U
übel[1] Adj. 43, 151, 174, 185
übel[2] stN 43
übele Adv. 183, 185
über[1] Adv. 183
über[2] Präp. 191
über- Präfix 86
über ecke Adv. 183
über lant Präp. Füg. 122
überal Adv. 184
überlût Adv. 183, 187
übersehen stV (V) 162
übertragen stV (VI) 165
überziln swV 168
ûf[1] Adv. 183
ûf[2] Präp. 43, 49, 122, *191*
ûf- Präfix 86
ûfz/ûfez Verschm. 54
ûf geworfen Adj. Part. 171
umbe[1] Adv. 183
umbe[2]*/umb* Präp. 191
umbe- Präfix 86
umben Verschm. 54
unangestlîchen Adv. 183
unbarmeclîchen Adv. 183
unbehendiclichen Adv. 183, 186
unbescheidenlîchen Adv. 183
unbetwungen Adv. 183
und Partikel (rel.) 79
undære Adj. 185
undankes Adv. 155
undâre Adv. 183, 185
unde[1] Adv. 183
unde[2]*/unt* Konj. 49, 74, 76, *83*, 177, 196
under[1] Adv. 183
under[2] Präp. 191
under- Präfix 53, 86
under diu Konj. 83
under wegen Adv. 183, 188
under wîlen Adv. 183, 188
undertragen stV (VI) 53
underwinden stV (III a) 152
unêren swV 94
ungâz Adv. 183
-unge Suffix 52, 59, 145
ungelîche/ungelîches Adv. 183
ungemach stM/stN 139
ungerne Adv. 183
ungesellеclîchen Adv. 183
ungezogenlîchen Adv. 183
ungiudeclîchen Adv. 183
unheiles Adv. 155, 183, 188
unhôhe wegen Verb. Füg. 167
unlanc Adj. 50
unlange Adv. 183
unlange sûmen Verb. Füg. 69
unlasterlîchen Adv. 183
unlougen sîn Verb. Füg. 69
unlûtes Adv. 155
unmæzeclîchen Adv. 183
unmanec Indef. Pron. 127
unmanheit stF 128
unmâzen Adv. 175, 183, 188
unmüezeclîchen Adv. 183
unmüezekeit stF 46
unnâhen Adv. 183
unredelîche Adv. 183
unritterlîche Adv. 183
unruoche stF 46
unsanfte Adv. 183
unschône Adv. 183
unsenfteclîche Adv. 183
unser Poss. Pron. 119
unsitelîchen Adv. 183
unsprechende Adv. 183
unstaete Adj. 44
unstätelîchen Adv. 183
unsuoze Adv. 183
untz Verschm. 54
unväterlich Adv. 183
unverre Adv. 183
unvrœlîche Adv. 183
unwert stM 120
unwilleclîchen Adv. 183
unwirdeclîche Adv. 183
unz[1]*/unze*[1] Adv. 83, 183
unz[2] Konj. *83*, 113
unz[3]*/unze*[2] Präp. 48, 83, *192*
urbor stF/stN 43

urborn swV 94
urloup stM/stN 128
ûz[1] Adv. 183
ûz[2] Präp. 192
ûz der mâze Adv. 183, 188
ûz weln swV 48
ûze Adv. 183
ûzem Verschm. 54
ûzen Adv. 183
ûzer Präp. 192
ûzerhalp[1] Adv. 183
ûzerhalp[2] Präp. 192

V siehe F

W

wâ[1] Interr. Adv. 79, 80, 124
wâ[2] Rel. Adv. 78
wâ bî Interr. Adv./Präp. 80
wâ hin Interr. Adv. 80
wâ mite Interr. Adv./ Präp. 80
wâ von Interr. Adv./ Präp. 80
wâ zuo Interr. Adv./ Präp. 80
wæhe[1] Adj. 44, 185
wæhe[2] Adv. 184, 185
wænen swV 67, 68, 71, 77, *92*
wærlîchen Adv. 184
wætlîche Adv. 184
wâfen/wâpen stN 38
wagen stM 44, 138, *139*
wahs stN 128
wahsen stV (VI) 46, *99*
wallen stV (VII) 99
wälsch Adj. 44
walten stV (VII) 152
wan[1] Adv. 80 (ausnehmende Partikel), 83, 184, 194
wan[2] Konj. (parataktisch) *74*, 80
wan[3] Partikel (im Wunsch- oder Fragesatz) 80
wan[4]*/wanne/wenne* Adv. (interr.) 80, 124
wan[5]*/wande* Konj.[1] (hypot.) 80, *83*
wan[6]*/wan daz* Konj.[2] (hypot.) 80, *83*
wân stM 139
wange swN/stN 148
wannen Interr. Adv. 80, 124
war[1] Interr. Adv. 79, 80, 124
war[2] Rel. Adv. 78
war[3] stF/stM 145
war an Interr. Adv./ Präp. 80
war nach Interr. Adv./ Präp. 80
war nemen stV (IV) 79, *152*
war umbe Interr. Adv./ Präp. 80
war zuo Interr. Adv./ Präp. 80
wâr Adj. 151
wârheit stF 46
wârlich Adj. 43
warnen swV 152
-warp Suffix b. Multiplikationszahl 198
warten swV 79, *152*, 162
waz Interr. Pron. 48, 79, *124*, 126, 159
wazzer stN 128
wê Interj. 164
wec stM *139*, 168
wecholter stM/stF 51
wecken swV 92
weder[1] Interr. Pron. 79, 126
weder[2] Konj. 65
wegen stV (V) 98
weinen swV 165
weise swM 177
welch/welh Interr. Pron. 79, 126
wellen anV 71, *104*, 106, 109
wenden swV 92
wênec[1] Adj. *66*, 158, 164
wênec[2] Adv. 66, 186
wenken swV 92
wer Interr. Pron. 79, *124*, 126, 159
werben/werven stV (III b) 98
werc stN 44, 48
werde Adv. 184
werdekeit stF 140
werden stV (III b) 71, 96, *98*, 115, 122, 153, 178
werlîchen Adv. 184
werlt stF 49, 122, *140*
wern swV 165
werren stV (III b) *98*, 162
wert Adj. 158, 164
wes Interr. Pron. 124, 154
wesen anV 71, *102*, 115, 178
weter stN 141
wîc stM 39
wider[1] Adv. 184
wider[2] Präp. 192
wider- Präfix 86
widergân anV 163
widerhæres Adv. 155
widerrâten stV (VII) 163

widerreden swV 166
widerrîten stV (I a) 163
widersagen swV 69
widersinnes Adv. 155
widerstreben swV 68
widerstrîten stV (I a) 162
widervarn stV (VI) 163
widerzæme Adj. 164
wie Interr. Adv. 80
wiez Verschm. 54
wîgant stM 39
wiht stM/stN 66, 127, *139*, 141
wîle stF/swF 154, 168
wîlen Adv. 184, 188
willeclîchen Adv. 184, 187
winster Adj. 172
winsterhalp Adv. 188
wint stM 66
wîp stN 43, 73, *141*, 151
wîplîchen Adv. 184
wir Pers. Pron. 116
wirdeclîche Adv. 184
wirs Adv. 184
wirser Adj. (Komparativ zu *übel*) 174
wirsest[1]/*wirste*[1] Adj. (Superl. zu *übel*) 174
wirsest[2]/*wirste*[2] Adv. 188
wirt stM 139
wîs Adj. 164
wîse Adj. 151
wîsen swV 165, 168
wîslîchen Adv. 184
wît Adj. 158
wîten Adv. 184, 186
witze stF 48, *145*
wiu Interr. Pron. *79*, 124
wîzen stV (I a) 96
wizzen anV 45, 48, 64, 65, 79, 100, *101* 167, 178
woche swF 168
wol[1] Adv. 43, 164, 175, 184, 187
wol[2] Interj. 160, 164
wol geborn Adj. Part. 164
wol getân Adj. Part. 151
wolken/*wolke* stN/swM/stF/swF 138, 141
wort stN 141
wüeste stF/swF 46
wüesten swV 92
wüeten swV 46, *92*
wunde swF/stF *147*, 186
wunder stN 156
wunderlîchen Adv. 184
wundern swV 79, *152*, 167
wünneclîch Adj. 151
wünneclichen Adv. 184
wünschen swV *92*, 152
würken swV 87, *94*

Y

Ypocras Eigenname 48

Z

zage swM 43, *177*
zagel stM 139
zagelîchen Adv. 184
zaher stM/stF 142
zal stF 145
zaller vorderst Adv. 184
zartlichen Adv. 184
ze[1]/*alze* Adv. 164
ze[2]/*zuo* Präp. 48, 83, 122, 162, *192*, 194
ze-/*zer-* Präfix 86
ze diu Konj. 83
ze jungest Adv. 184, 187
ze leide Adv. 184, 188
ze liebe Adv. 184, 188
ze lobe Adv. 184, 188
ze mâze Adv. 184, 189
ze rehte Adv. 184, 189
ze staten Adv. 184, 189
ze tal Adv. 122, 184
ze wunsche Adv. 184, 189
zehant Adv. 184, 188
zehen/*zên* Kard.-Z. 195
zehenzec Kard.-Z. 196
zeim Verschm. 127
zeinem Verschm. 54, 194
zeiner Verschm. 194
zeln swV 92
zem Verschm. 54
zemen[1] stV (IV) 19, 43, *98*, 162
zemen[2]/*zamen* swV 19, *92*
zer Verschm. 54
zerren swV 92
zerstœren swV 44
zesamene Adv. 184
zestunt/*zestunde* Adv. 184
zeswe Adj. 48
zeswenhalp Adv. 188
zevüeren/*zervüeren* swV *92*, 108
zewâre Adv. 76, 184, 187
ziehen stV (II b) *97*, 163
zîhen stV (I b) *97*, 152
zil stN 141
zim Verschm. 54
zimier stN 38
zindâl stM/stF 52
zir Verschm. 54

zît stF/stN 48, 128, *140*, 168
ziuwerem Verschm. 53
zorn stM/swM/stN 139
zornlichen Adv. 184
zücken swV 92
zuht stF 46, *143*
zühteclîchen Adv. 184
zünden swV 92
zunge swF/stF 147
zuo Adv. 184
zuorîten stV (I a) 53
zürnen swV *92*, 165
zweinzic Kard.-Z. 196
zweinzegest Ordinalzahl 198
zwelif/*zwelf* Kard.-Z. 195
zwêne/*zwô*/*zwei* Kard.-Z. 195
zwir/*zwirnt* Multiplikationszahl 198
zwischen[1] Adv. 184
zwischen[2] Präp. 192
zwiu Interr. Pron. 79
zwîvel stM 44, 48, 69
zwîveln swV 69, 79